BERND KRONER / HERBERT SCHAUER
UNTERRICHT ERFOLGREICH PLANEN UND DURCHFÜHREN

Bernd Kroner / Herbert Schauer

Unterricht
erfolgreich planen und durchführen

Der Ratgeber
aus der Praxis
für die Praxis

 Aulis Verlag Deubner & CO KG

Wahrscheinlich gibt es nicht viele Berufe, an die die Gesellschaft so widersprüchliche Anforderungen stellt: Gerecht soll er sein, der Lehrer, und zugleich menschlich und nachsichtig, straff soll er führen, doch taktvoll auf jedes Kind eingehen, Begabungen wecken, pädagogische Defizite ausgleichen, Suchtprophylaxe und Aids-Aufklärung betreiben; auf jeden Fall den Lehrplan einhalten, wobei hochbegabte Schüler gleichermaßen zu berücksichtigen sind wie begriffsstutzige.

Mit einem Wort: Der Lehrer hat die Aufgabe, eine Wandergruppe mit Spitzensportlern und Behinderten bei Nebel durch unwegsames Gelände in nordsüdlicher Richtung zu führen und zwar so, daß alle bei bester Laune und möglichst gleichzeitig an drei verschiedenen Zielorten ankommen.

Bei einem Hearing zitiert von Professor Müller-Limmrot aus „Die Weltwoche, Zürich" vom 2.6.1989.

Inhaltsverzeichnis   Seite

	Vorwort	13

ERSTER TEIL
DIE THEORIE IM ÜBERBLICK

I	**Der Bereich Didaktik**	19
1	**Grundlegende didaktische Modelle**	21
1.1	Reformpädagogik	21
1.2	Bildungstheoretische Didaktik	22
1.3	Lerntheoretische Didaktik	27
1.4	Kybernetische, informationstheoretische, systemtheoretische und strukturtheoretische Modelle	30
1.5	Lernzielorientierte Didaktik	31
1.6	Kommunikative Didaktik	32
1.7	Das didaktische Modell der Curriculumentwicklung (-theorie)	33
	Zusammenfassung	35
2	**Neuere didaktische Konzepte**	36
2.1	Offener Unterricht	37
2.2	Freie Arbeit (Freiarbeit)	38
2.3	Handlungsorientierter Unterricht	40
2.4	Fächerübergreifender Unterricht	41
2.5	Entdeckendes Lernen	42
2.6	Exemplarisches und genetisches Lehren und Lernen	44
	Zusammenfassung	44
3	**Lernziele**	48

| II | **Der Bereich Methodik** | 53 |

1	**Methodenkonzeptionen**	54
1.1	Das hermeneutische Verfahren	54
1.2	Das induktive und das deduktive Verfahren	54
1.3	Das ganzheitlich-analytische und das elementenhaft-synthetische Verfahren	55
1.4	Das darbietende Verfahren, das entdecken-lassende Verfahren und das genetische Vorgehen	56
1.5	Das methodische Prinzip der „originalen" Begegnung	57
	Zusammenfassung	58

2	**Artikulationsschemata**	59
2.1	Das Stufenmodell von Herbart	59
2.2	Die sechs Stufen von Roth	59
2.3	Das Schema von Robert Lado	60
2.4	Das Kreismodell von Klingberg	60
2.5	Das Phasenmodell von Grell/Grell	61
	Zusammenfassung	62

3	**Sozialformen**	63
3.1	Frontalunterricht	63
3.1.1	Direkte Aktionsformen	65
	Vortragen	65
	Vormachen (Demonstration)	66
3.1.2	Erarbeitende Formen	66
	Unterrichtsgespräch	66
	Impulsunterricht	68
	Das Problem der Lehrerfrage	68
	Team-Teaching (Verbundunterricht)	69
3.2	Schülerzentrierte erarbeitende Formen	69
3.2.1	Einzelarbeit	70
3.2.2	Gruppenarbeit	70
3.3	Besondere Formen	73
3.3.1	Planspiele	73
3.3.2	Projektunterricht	74

3.4	Differenzierung	75
3.4.1	Äußere Differenzierung	76
3.4.2	Innere Differenzierung oder Binnendifferenzierung	77
	Zusammenfassung	78
4	**Medien**	**81**
4.1	Visuelle Medien	82
4.1.1	Lehrbuch	82
4.1.2	Arbeitsblatt	83
4.1.3	Wandtafel	84
4.1.4	Overheadprojektor (Tageslichtschreiber)	85
4.1.5	Computer	86
	Computersimulationen	88
	Computer und Internet	89
4.1.6	Weitere visuelle Medien: Diaprojektor, Epidiaskop, Wandbilder, Wandkarte, Präparate, Mikroskop	91
4.2	Auditive Medien	92
4.2.1	Tonträger/ Sprachlabor	92
4.2.2	Schulfunk	94
4.3	Audio-visuelle Medien: Fernsehen, Videokassetten, Schulfernsehen	94
	Zusammenfassung	95
5	**Lernerfolgskontrollen und Notengebung**	**96**
5.1	Hausaufgaben	96
5.2	Schriftliche Formen der Überprüfung: Klassenarbeiten, Klausuren, schriftliche Übungen, Tests	98
5.3	Mündliche Mitarbeit	99
5.4	Probleme der Leistungsmessung	101
	Zusammenfassung	104
6	**Unterrichtsstile**	**105**
7	**Motivation**	**109**

ZWEITER TEIL
DIE PRAXIS

I	**Die Planung von Unterricht**	113
	Einleitung	113
	Grundlegende Modelle verschriftlichter Planung	120
	Die einzelnen Planungsfelder im additiven Entwurf	123
1	**Deckblatt**	123
2	**Bedingungsanalyse/ Analyse der Voraussetzungen**	125
3	**Didaktische Aspekte**	126
3.1	Die Sachanalyse	126
3.2	Die Didaktische Analyse (Die Didaktische Analyse im engeren Sinne; die didaktische Reduktion)	127
3.2.1	Der Legitimationsanspruch (Richtlinien; Exemplarizität, Gegenwarts-/ Zukunftsbedeutung)	128
3.2.2	Die unterrichtliche Kontextualisierung	128
3.2.3	Mögliche Schwierigkeiten	129
4	**Lernziele**	130
5	**Methodische Reflexion**	132
5.1	Artikulationsschemata	133
5.1.1	Die Einstiegsphase	134
5.1.2	Darbietungs- und Erarbeitungsphasen	136
5.1.3	Die Ausstiegsphase	139
5.1.4	Kontrollphasen	140
5.2	Medien	141

6	Der Verlaufsplan	143
7	Der Dokumentationsteil	144
	Der integrative Entwurf	145
	Der synoptische Entwurf	146
	Zusammenfassung	146
II	**Die Durchführung des Unterrichts**	**151**
	Einleitung	151
1	**Die Lehrerpersönlichkeit**	152
1.1	Überlegungen zum allgemeinen Auftreten	152
1.2	Überlegungen zum Unterrichtsstil	153
1.3	Lernen und Lehren - die Bedeutung von Unterricht für den Lernprozeß	157
2	**Die Unterrichtssteuerung durch den Lehrer**	162
2.1	Die vorplanerische Organisation	162
2.2	Hinweise zum allgemeinen Verhalten vor der Lerngruppe	164
2.3	Hinweise zu möglichen pädagogischen Verhaltensmaßnahmen, um Ruhe und Ordnung sicherzustellen	164
2.4	Die Gesprächsführung	170
2.4.1	Hinweise zum allgemeinen Sprachverhalten	171
2.4.2	Die Frage im Unterricht: Verschiedene Funktionen von Fragen, Hinweise zur Gestaltung des fragend-entwickelnden Unterrichts	172
2.4.3	Die Impulsgebung	176
2.5	Hinweise zur Gestaltung wichtiger Unterrichtsphasen	177
2.5.1	Allgemeine Hinweise	177
2.5.2	Der Einstieg	177
2.5.3	Die Gelenkstellen	178
2.5.4	Der Ausstieg	179

2.6	Hinweise zur Gestaltung wichtiger Sozialformen (Still-, Partner-, Gruppenarbeit)	181
2.7	Der Umgang mit Medien	184
2.7.1	Die Wandtafel	185
2.7.2	Andere Medien (Lehrbuch, Texte, Arbeitsblätter, Tonträger, Fernsehen/ Video, Bilder/ Dias)	187
2.8	Hinweise zu Erfolgskontrollen	193
2.8.1	Die Hausaufgaben	193
2.8.2	Schriftliche Lernerfolgskontrollen (Klausuren, Klassenarbeiten, schriftliche Übungen, Tests, Protokolle)	198
2.8.3	Der mündliche Bereich	202
2.9	Die Organisation besonderer Unterrichtsformen (Planspiel, Projektunterricht, Freiarbeit)	205
	Zusammenfassung	206
III	**Die Reflexion über Unterricht**	209
1	**Anregungen für die erste Phase der Ausbildung**	209
1.1	Allgemeine Hospitation an der Schule	209
1.2	Beobachtungen im Unterricht und im Schulleben	210
2	**Analyse von Unterrichtsmitschau/ Beobachtung von Unterricht**	213
3	**Hinweise zur Gestaltung der Stellungnahme zum eigenen Unterricht**	216
IV	**Schlußbetrachtungen**	220
	Droht 30 Jahre nach Picht die Bildungskatastrophe? Kritische Bilanz der heutigen Voraussetzungen für Unterricht	
	Anregungen zur Neuorientierung	

DRITTER TEIL
ENTWURFSBEISPIELE

	Einleitung und Übersicht der Themen	236
D1	Deutsch - Jahrgang 6 - additiver Entwurf	239
D2	Deutsch - Jahrgang 6 - additiver Entwurf	249
E1	Englisch - Jahrgang 6 - additiver Entwurf	261
E2	Englisch - Jahrgang 7 - synoptischer Entwurf	274
F	Französisch - Jahrgang 11/ LK - additiver Entwurf	283
EK	Erdkunde - Jahrgang 8 - additiver Entwurf	295
GE	Geschichte - Jahrgang 10 - integrativer Entwurf	312
M	Mathematik - Jahrgang 5 - integrativer Entwurf	322
BI	Biologie - Jahrgang 11/ GK - additiver Entwurf	327
CH	Chemie - Jahrgang 12/ LK - integrativer Entwurf	337
SP	Sport - Jahrgang 11/ GK - additiver Entwurf	347

VIERTER TEIL
ANHANG

1	**Wichtige Erlasse**	362
1.1	Hausaufgaben	363
1.2	Lernerfolgskontrollen	365
1.3	Sicherheisbestimmungen (Naturwissenschaften/ Sport)	378
2	**Nützliche Adressen**	386
2.1	Kultusministerien	386
2.2	Fachverbände	387
2.3	Allgemeine Einrichtungen	388
2.4	Rundfunk- und Fernsehanstalten	389
2.5	Schulbuchverlage	391
3	**Bibliographie**	393

Vorwort

Es war im Jahre 1980. Das deutsche Bildungswesen, frei von Zwängen normativer Didaktik der Vor- und unmittelbaren Nachkriegszeit, hatte bei anscheinend unerschöpflich sprudelnden Geldquellen eine wahre Flut von miteinander konkurrierenden didaktischen Modellen und Schulformen, von Medien und neuen Fächern, von widersprüchlichen Begrifflichkeiten und Forderungen, von pädagogischen, soziologischen und psychologischen Fragestellungen hervorgebracht, die alle zum Ziel hatten, Unterricht zu verbessern.

Auf einem vielbeachteten Symposium wagte ein damals eher unbekannter Hochschullehrer, Prof. Rainer Winkel, vor den Größen moderner Didaktik, den Professoren Blankertz, Klafki, Schulz, v. Cube und Möller, die provozierende Feststellung: „Ich kenne keinen Praktiker, der sich nach der Zweiten Prüfung mit uns in irgendeiner Form auseinandersetzt [...], weil ihn die Realität der Schule dermaßen erschlägt, daß er gar nicht zu dem kommt, was wir hier so klug als überaus wichtige und praxisbedeutsame Punkte aufgestellt haben."[1]

Die hier angesprochene Kluft zwischen Theorie und Praxis, zwischen Anspruch und Wirklichkeit, ist in der Tat erschreckend. Noch nie wurde in der deutschen Bildungsgeschichte so viel an intellektuellem und materiellem „Input" in das „Unternehmen Schule" investiert, noch nie wurde so intensiv über das defizitäre „Output" geklagt. Ist, so muß man fragen, der Praktiker durch die Theorie im Stich gelassen, ja vielleicht sogar durch deren sich dauernd ändernden Anspruchsperspektiven in die Resignation getrieben worden?

Es gibt zu denken, daß die Akzeptanz der zahllosen theorieorientierten Schriften äußerst gering ist und sich meist in geschlossenen kleinen (Hochschul-) Zirkeln bewegt. Die Wertigkeit der vorgestellten Ansätze wird durch Zitierungskreise suggeriert, bei denen die gleichen „Autoritäten" sich wechselseitig zitieren. Hört man sich bei Lehrern[2] aller Schulformen um, so werden folgende Argumente gegen die Auseinandersetzung mit pädagogischer Literatur vorgebracht:

---

[1] Gudjons, H.; Teske, R.; Winkel, R.: *Didaktische Theorien*. Braunschweig 1983 (2. Aufl.), S. 98
[2] Die Verfasser bitten um Verständnis, wenn in diesem Buch aus Gründen der Lesbarkeit von Lehrern, Schülern etc. nur in der maskulinen Form die Rede ist.

- Die meisten der dort erhobenen Forderungen werden als praxisfern, ja geradezu utopisch empfunden. Die Rahmenbedingungen der Schulbildung – so wird häufig ausgeführt – waren selten so schlecht wie heute. Als Argumente werden genannt: die zunehmende Unterversorgung mit Lehrern aufgrund knapper Finanzmittel, unaufhörlich wachsende Schülerzahlen, der steigende Anteil ausländischer Kinder mit Sprachproblemen sowie gesellschaftliche Verwerfungen, deren Folgen vor der Klassentür nicht Halt gemacht haben, eine Erwartungshaltung an die Schule, die mehr auf Animation als auf Wissensvermittlung ausgerichtet ist. Hinzu komme, daß die Leistungsspielräume von Lehrern durch bürokratisch eng gesetzte Vorgaben und durch egoistisch genutzte Einflußnahme von Eltern immer mehr schrumpfen.[3]
- Viele der publizierten didaktischen Fragestellungen gelten entweder als zu trivial oder heben auf derart spezielle Probleme ab, daß sie für die Praxis nicht verwertbar sind.
- Die Untersuchungen werden vorwiegend von wissenschaftstheoretisch ausgerichteten Spezialisten verfaßt, die meist einzelne Aspekte atomisieren und so gut wie nie den ganzheitlichen Erfüllungsanspruch des alltäglichen Unterrichts erfassen.
- Die verwendete Sprache ist vielfach derart esoterisch, daß sie nur nach langen Vorstudien verständlich ist.
- In unserer pluralistischen Gesellschaft ist die Heterogenität der Schulwirklichkeit nahezu unüberschaubar geworden. Zwischen den täglichen Anforderungen an den Gesamtschullehrer in einem großstädtischen, von hohem Ausländeranteil geprägten Arbeiterviertel und an den Lehrer, der in einem privaten Mädchengymnasium im ländlichen Raum unterrichtet, liegen pädagogische und fachdidaktische „Welten".

---

[3] Ein Grund für die angesprochene Kluft zwischen schulpädagogischer Theorie und Wirklichkeit mag in der Tatsache zu suchen sein, daß die meisten derjenigen, die Verbesserungsvorschläge in Form von ständig neuen Forderungen an den Unterricht publizieren, die Praxistauglichkeit der gestellten Ansprüche nicht selbst erproben müssen. Viele Hochschullehrer im Bereich der Erziehungswissenschaft sind ehemalige Lehrer, die der Schule den Rücken gekehrt haben. Sie glorifizieren – was nur allzu menschlich ist – die erlebte Schulpraxis aus der retrospektiven Sicht bzw. legen Maßstäbe an, die zu ihrer lange zurückliegenden „Schulzeit" gegolten haben mögen, jedoch durch die Wirklichkeit völlig überholt sind. Es gibt sogar vereinzelt Hochschullehrer aus dem genannten Bereich, die in Lehrerfortbildungsveranstaltungen, auf die Praxisferne ihrer Vorschläge angesprochen, regelrecht damit kokettieren, daß sie sich als Wissenschaftler äußerten und noch nie vor einer Klasse gestanden haben.

- Viele Publikationen sind – nicht zuletzt aus markttechnischen Gründen – auf eine breite Fülle von möglichen pädagogischen Situationen ausgerichtet und wirken für spezifische Bedürfnislagen unverbindlich und daher wenig brauchbar.[4]

Was will das vorliegende Buch vor dem geschilderten Hintergrund leisten?

Bei allem Verständnis für die vorgebrachten Klagen darf nicht übersehen werden, daß der Schulalltag des Lehrers im wesentlichen immer noch durch Unterricht mit seinen zeitlosen Forderungen bestimmt wird.[5] Vereinfacht ausgedrückt: Der Lehrer muß Stoff auswählen und ihn mit dem Ziel aufbereiten, daß möglichst viele Schüler mit Freude sehr viel lernen; er muß zudem überprüfen, ob die Schüler den vermittelten Stoff beherrschen – und das alles in sechs oder mehr Stunden am Tag.

Entsprechend stellt das Buch Anregungen zur Erleichterung der täglichen Unterrichtsgestaltung in den Mittelpunkt. Es behandelt somit den Bereich Unterrichtslehre und klammert bewußt andere Felder der Pädagogik aus, etwa die Lernpsychologie und soziologische Fragestellungen, so wichtig sie im einzelnen für die Bewältigung unterrichtlicher Probleme sein mögen.

Innerhalb der Unterrichtslehre steht die Unterrichtspraxis im Vordergrund. Diese wird allerdings nie ganz auf die Theorie verzichten können, zum einen weil dort immer wieder entscheidende Denkanstöße auch für die Praxis entwickelt werden, zum anderen weil in der Theorie ein Beschreibungsvokabular unterrichtlicher Fragestellungen entwickelt wurde, ohne das eine zielgerechte Verständigung über Unterricht kaum möglich ist. Entsprechend werden wesentliche didaktische und methodische Theorieansätze im ersten Teil

---

[4] Es gibt allerdings vereinzelt Publikationen, die auf solche Diskrepanzen zwischen Anspruch und Realität kritisierend hinweisen. So benennt Meyer als Schwachstellen der gängigen Didaktikkonzepte die ungenügende Berücksichtigung der Arbeitsplatzstruktur des Lehrers, die Vernachlässigung des Schüleraspekts sowie die Annahmen eines Maximums an verfügbarer Zeit, an Motivation, an theoretischer und praktischer Handlungskompetenz und die Unterschätzung heimlicher Unterrichtstheorien. Meyer, Hilbert: *Leitfaden zur Unterrichtsvorbereitung*. Königstein, 1980, S. 180 ff.. Auch Peterßen stellt fest: „Didaktische Theorie ignoriert bisher weitgehend ihre Aufnahme und Verwertung durch den Lehrer. Sie führt bisher keine Kontrolle ihrer eigenen Wirksamkeit durch." Peterßen, Wilhelm. H.: *Lehrbuch allgemeine Didaktik*. München 1989 (2. Aufl.), S. 53

[5] Es sei in diesem Zusammenhang daran erinnert, daß trotz aller Einschränkungen der Lehrerberuf immer noch vielfältige Möglichkeiten einer ungestörten alleinverantwortlichen Entfaltung bietet und daß auch andere Berufsgruppen unter sich verschlechternden, z.T. sogar existenzbedrohenden Rahmenbedingungen leiden oder sich mit großen Anstrengungen um erhebliche Änderungen im Eigenprofil bemühen müssen. Selbst lehrerfreundlich ausgerichtete Untersuchungen beklagen, daß die ursprünglich auf Schüler bezogene Bewertung der Schule als „Schonraum" zunehmend auch auf das Anspruchsdenken einzelner Lehrer zu beziehen sei.

des Buches kurz umrissen und in ihrer Bedeutung für die moderne Unterrichtslehre bewertet.

Es folgt ein ausführlicher zweiter Teil, in dem mit fächerübergreifendem Bezug auf alle wesentlichen Aspekte der Unterrichtsplanung und -durchführung eingegangen wird. Fachdidaktische Fragen werden dabei nur in Form von konkretisierenden Beispielen berührt.

Ein dritter Teil enthält 11 Unterrichtsentwürfe aus der Praxis, und im vierten Teil findet man wichtige Erlasse, nützliche Adressen und einen Literaturüberblick.

Das Buch wendet sich demnach an alle diejenigen, die sich in ihrem beruflichen Alltag mit der Planung und Durchführung von Unterricht auseinandersetzen müssen und praxisbezogene Orientierunghilfen suchen, möglicherweise mit Blick auf eine Bewertung ihres Unterrichts. Dies sind vornehmlich Lehramtsanfänger, vor allem, wenn sie bald nach Eintritt in das Referendariat zum selbständigen Unterricht verpflichtet werden. Dies sind aber auch gestandene Praktiker, deren zweite Ausbildungsphase bereits einige Jahre zurückliegt und die sich aus Resignation vor der erdrückenden Fülle von Literatur oder aus Mißtrauen gegenüber allzu praxisfernen Forderungen in der Sekundärliteratur aus der pädagogischen Diskussion zurückgezogen haben, möglicherweise aber vor der Frage stehen, wie sie – etwa mit Blick auf anstehende Revisionsverfahren – ihre Kompetenz möglichst schnell auf einen aktuellen Stand bringen können.

Die Autoren würde es freuen, wenn das Buch über den angesprochenen Adressatenkreis hinaus auch für diejenigen Denkanstöße vermitteln könnte, die Unterricht vielfach nur noch 'von außen' erleben, also etwa Erziehungswissenschaftler an den Hochschulen oder Seminar- bzw. Behördenvertreter, die beruflich mit der Bewertung von Unterricht befaßt sind.

Die Gedanken, die in diesem Buch verarbeitet wurden, stammen aus Beobachtungen und analysierenden Besprechungen von etwa 4000 Unterrichtsstunden (vornehmlich Unterricht von Referendaren an Studienseminaren in Nordrhein-Westfalen), aus einschlägigen Publikationen, aus unveröffentlichten Seminararbeiten, aus Informationsaustausch mit Lehrern aller Schulformen auf Fortbildungsveranstaltungen und privater Basis sowie aus langjährigen eigenen Unterrichtserfahrungen der Autoren in verschiedenen Schulformen, vor allem am Gymnasium.

Der Dank der Autoren gilt zunächst einmal den vielen Referendaren, die mit großer Kompetenz Unterricht geplant und durchgeführt und immer wieder dazu angeregt haben, über Unterricht nachzudenken. Der Dank bezieht sich auch auf die Seminar- und Fachleiter (v.a. aus dem Studienseminar Jülich), die den Blick für viele Fächer und anregende Fragestellungen geöffnet haben und mit denen fast ausnahmslos eine konstruktive Verständigung über Unterrichtsqualität möglich war. Namentlich erwähnt werden sollen Frau Ahrens-Verbeek, Frau Baumann-Groten, Frau Kleines, Frau Schick, Frau Sauer, Frau Wollenweber, Herr Höckendorf, Herr Piechatzek, Herr Soffner und Herr Dr. Wergen, die dankenswerterweise von ihnen erstellte Unterrichtsentwürfe zur Verfügung gestellt haben.

Gedankt werden muß auch Frau Dr. Mielke-Vandenhouten, Frau Feiten sowie Herrn Hildebrand, Herrn Dr. Linke und Herrn Dr. Wergen für die Durchsicht des Manuskripts. Besonderer Dank gilt Herrn Dirk Schlüter für die vielfältigen Anregungen.

Jülich, im Herbst 1996

Erster Teil
Die Theorie im Überblick

I Der Bereich Didaktik

Es gibt selbst bei sehr theorieorientierten Lehrern große Unsicherheiten, was unter den Begriffen 'Didaktik' und 'Methodik' im einzelnen zu verstehen ist. Viele vermeiden die Schwierigkeit, sich festzulegen, indem sie sich auf die konglomerierende Formulierung 'didaktisch-methodisch' zurückziehen, selbst wenn eine Zuordnung in eine spezifische Richtung möglich und sinnvoll wäre.

Grundlegend – wenn auch etwas vereinfacht – gilt, daß die Didaktik sich mit der Frage auseinandersetzt, **was und wozu** gelehrt werden soll, sie gibt eine Begründung für die Auswahl von Unterrichtsinhalten und die verfolgten Intentionen. Die Methodik hingegen bezieht sich primär auf die Frage, **wie** die gewählten Inhalte unterrichtlich umgesetzt werden. Da zunächst die Unterrichtsinhalte, dann deren Vermittlung bestimmt werden müssen, kann man von einem chronologischen Primat der Didaktik vor der Methodik sprechen.

Weil Unterrichtsinhalte – damit die Ergebnisse didaktischer Reflexion – zu einem großen Teil durch Richtlinien, schulinterne Curricula oder Lehrwerke vorbestimmt sind, muß sich die Planungsarbeit des Lehrers vor allem auf die methodische Entscheidungsfindung ausrichten.

Die herkömmliche und im Prinzip recht stimmige terminologische Differenzierung wurde allerdings in den letzten Jahrzehnten ihrer eindeutigen Konturierung beraubt, da zahlreiche Bildungswissenschaftler den Inhalt des Didaktikbegriffes erheblich erweitert haben und unter diesem Terminus alles subsumiert wissen wollen, was unterrichtsbezogen ist, also auch methodische Entscheidungsfindungen. Didaktik (aus dem Griechischen: *didaktiké techné*), im wörtlichen Sinne Lehrkunst, wird zunehmend verstanden als wissenschaftliche Reflexion von organisierten Lern- und Lehrprozessen, d.h. von Entscheidungsfindungen in bezug auf Bildungsinhalte.

In dem hier vorgelegten Werk wird demgegenüber wegen der dann besseren Systematisierbarkeit die Differenzierung zwischen Didaktik und Methodik im traditionellen Sinn aufrechterhalten. Dabei liegen aus dem o.g. Grund die inhaltlichen Schwerpunkte im methodischen Bereich.

Innerhalb der Entwicklung von Unterrichtstheorien hat es seit jeher verschiedene Strömungen gegeben. Sie stellten sich allerdings meist inhaltlich beschreibend dar, vielfach auch überhöhend philosophisch. Erst in jüngeren Jahren wurden sie im heutigen Sinne „didaktisch" reflektiert und begründet – etwa in Form der Entwicklung von „didaktischen Modellen".

Innerhalb der Didaktik wird unterschieden zwischen einer allgemeinen (=fächerübergreifenden) Didaktik und einer „Fachdidaktik".[1]

In den folgenden beiden Kapiteln sollen grundlegende allgemein-didaktische Modelle sowie neuere didaktische Konzepte umrissen werden.

---

[1] In der bildungspolitischen Diskussion wird der Begriff „Fachdidaktik" häufig als Kollektivsingular verwendet, als ob es die spezifische Fachdidaktik gäbe. Dahinter steht vielfach die Auffassung einer Art „Abbilddidaktik", deren Aufgabe es sei, den wissenschaftlichen Gegenstand für Schüler mundgerecht „kleinzuarbeiten". Die Vertreter der erziehungswissenschaftlichen Grundlagenfächer sehen es in ähnlicher Weise als Aufgabe der Fachdidaktik an, erzieherische und didaktische Grundprinzipien wie Selbstfindung, Erwerb von Sozialkompetenzen, die Umsetzung verschiedener Sozialformen etc. auf den jeweiligen Fachunterricht zu übertragen.

1 Grundlegende didaktische Modelle

Didaktik als pädagogischer Begriff wurde erstmals bekannt durch die *didactica magna* des Johann Amos Comenius von 1657. Comenius definiert darin Didaktik als „vollständige Kunst, alle Menschen alles zu lehren".[2]

Comenius' Ansatz entspricht dem einer normativen Didaktik, die von meist ideologischen – bei Comenius religiösen – Setzungen als Prämissen ausgeht; sie erhebt alle als gut eingestuften Erfahrungen induktiv zu didaktischen Prinzipien, die dann deduktiv auf neue Fälle angewendet werden.[3]

Eine so dogmatisch verstandene Didaktik muß in unserer modernen pluralistischen Gesellschaft mit ihrer Vielfalt von entwickelten und akzeptierten Normierungen als nicht mehr haltbar gelten.

Es wurden, in Deutschland oftmals gesellschaftlichen und wissenschaftlichen Strömungen folgend, zahlreiche Theorien und Modelle der Didaktik entwickelt, die in der Reihenfolge ihrer Entstehung im Überblick vorgestellt und in ihrer Bedeutung für die heutige Unterrichtslehre bewertet werden sollen:

1.1 Die Reformpädagogik

Die Reformpädagogik, deren Wurzeln bis ins erste Drittel des 19. Jahrhunderts zurückreichen, erstreckte sich von der Jahrhundertwende bis zur Zeit des Nationalsozialismus[4]. Sie propagierte unter dem Anspruch einer grundlegenden Orientierung „vom Kinde aus" zahlreiche neue pädagogische Schwerpunkte, Experimente und unterrichtliche Organisationsformen.

---

[2] Comenius, Johan Amos: Große Didaktik, Übersetzt und hg. von Andreas Flitner, Düsseldorf und München 1966 (3. Aufl.), S. 9. Die Begriffe „alle" und „alles" bezogen sich auf junge Menschen beiderlei Geschlechts, auf wissenschaftliche Bildung, auf die Erziehung zum sittlichen, d.h. christlichen Leben und auf das, „was für dieses und das künftige Leben nötig ist."

[3] Vgl. zu „induktiven" und „deduktiven" Verfahren 1. Teil, II - Kap. 1.2.

[4] Der Nationalsozialismus nahm mit dem ideologischen Absolutheitsanspruch einer Diktatur massiven Einfluß auf Unterrichtsinhalte, hatte aber wenig nachhaltige didaktische Prägekraft. Er fand sein phasenverlängertes Gegenstück – zwar unter anderen politischen Ansprüchen, aber in fast identischer praktischer Umsetzung – bis vor wenigen Jahren in den eng gesetzten didaktischen Vorgaben durch die Verantwortlichen in der DDR.

Zu nennen sind in diesem Zusammenhang:
- Die Entdeckung des Spiels; vgl. Gründung von Kindergärten – Friedrich Fröbel (1782-1852); Betonung des Rechtes auf Entfaltung nach natürlichen Entwicklungsgesetzen in der Kleinkinderziehung – Maria Montessori (1872-1952).
- Die Erkenntnis der im Kinde angelegten Spontaneität, seines Dranges nach körperlicher, v.a. manueller (handwerklicher) Betätigung; vgl. die „Arbeitsschule" von Georg Kerschensteiner.
- Die Betonung der natürlichen Selbstentwicklung des jungen Menschen in seiner Umwelt; vgl. die Forderung von Theodor Litt (1880-1962) nach „Wachsenlassen" bis hin zur antiautoritären Erziehung, wie sie etwa in „Summerhill" durch Alexander Neill (1883-1973) realisiert wurde.
- Eine Ergänzung der individualisierenden Erziehung durch Hervorhebung des Gemeinschaftsprinzips, konkretisiert in der Betonung des Primats der Erziehung gegenüber der Bildung; vgl. die Charaktererziehung etwa durch Martin Buber (1878-1965), die staatsbürgerliche Erziehung – vgl. Kerschensteiner (1854-1932), Gruppenarbeit und Projektunterricht – vgl. Peter Petersen (1884-1952), die Heimerziehung verwahrloster Jugendlicher unter Einbeziehung einer kollektivistischen Arbeitspädagogik – vgl. etwa Anton Semjonowitsch Makarenko (1888-1939).

Manche Ideen wurden in jüngerer Zeit wieder aufgegriffen, zum Beispiel unter Stichwörtern wie „Freiarbeit", „Handlungsorientierung" und „fächerübergreifender (Projekt-)Unterricht".

1.2 Bildungstheoretische Didaktik

In der Nachkriegszeit – 1950 bis Ende der 60er Jahre – lebten einige Reformideen weiter, bis es im Zuge einer radikalen politischen Bewußtseinsänderung gerade in intellektuellen Kreisen zu einer nachhaltigen Bildungsreform kam, deren theoretische Grundlagen nicht zuletzt durch die sog. Kritische Theorie der Frankfurter Schule (Horkheimer, Adorno, Habermas) wissenschaftsideologisch bestimmt wurden.[5] Der damals angestrebte Zeitgeist dieser Linksintellektuellen läßt sich mit der Devise „Nach dem Aufbau der Umbau" wiedergeben.

---

5   Horkheimer, Max: *Kritische Theorie*. Frankfurt 1968
    Adorno, Theodor W.: *Negative Dialektik*. Frankfurt 1966

Die Kritische Theorie, im Frühstadium ihrer Entwicklung stark von marxistischem Gedankengut geprägt, versteht sich als ein Erkenntnisverfahren, das wissenschaftliche Analyse mit philosophischer Reflexion durch die „Kritik" verbindet. Kritik, ausgewiesen als perpetuierte negativ-kritische Dialektik, versteht sich dabei gleichermaßen als Wissenschafts- und Gesellschaftskritik. Ihre Anwendung führt zur Herausbildung von emanzipatorischen Erkenntnisinteressen, die eine Dominanz von Menschen über andere ablehnt, konsequenterweise auch die starre Festlegung von Bildungsinhalten und deren Vermittlung durch die „Herrschenden".[6]

Die Einflußnahme der Kritischen Theorie auf die Pädagogik führte zur Herausbildung der „Kritischen Erziehungswissenschaft" mit einer Vielfalt von theoretischen und praxisbezogenen Ansätzen. In dem hier verfolgten Zusammenhang ist der häufig betonte Emanzipationsanspruch des Einzelnen im Bildungsprozeß der wichtigste Aspekt. Er stellt z.B. eine wesentliche Bezugsgrundlage der sich geisteswissenschaftlich begründenden bildungstheoretischen Didaktik dar.

Dieser Ansatz überprüft gesellschaftliche Einflüsse auf die Schule ideologiekritisch mit Blick auf die zentrale Kategorie des Bildungsbegriffes.[7]

Aufgabe der Didaktik nach diesem Modell ist es, aus der möglichen Fülle lernbarer Bildungsinhalte diejenigen zu wählen, welche den Lernenden befähigen, sich mit „seiner" gegenwärtigen und zukünftigen Welt im Sinne des o.g. Emanzipationsprozesses gewinnbringend auseinanderzusetzen.

Als wichtigster Vertreter dieses Ansatzes muß Wolfgang Klafki gelten, der gleichsam rückschauend auf sein Lebenswerk die Grundforderung dieses Modells wie folgt zusammenfaßt: „Bildung muß m. E. als selbsttätig erarbeiteter und personal verantworteter Zusammenhang dreier Grundfähigkeiten verstanden werden:
– als Fähigkeit zur Selbstbestimmung jedes einzelnen,
– als Mitbestimmungsfähigkeit,
– als Solidaritätsfähigkeit."[8]

---

[6] Bezogen auf Schule und Unterricht führten Gedanken der Kritischen Theorie zu Forderungen nach dem Abbau der aus ihrer Sicht dort tradierten „Herrschaftsverhältnisse". So sind Lehrer und Schüler als „kritische" Subjekte gleichberechtigt; Lehrer haben lediglich einen Wissensvorsprung.

[7] Wichtige Exponenten sind hier Wolfgang Klafki und Erich Weniger.
Klafki, Wolfgang: *Studien zur Bildungstheorie und Didaktik.* Weinheim 1963
Weniger, Erich: *Didaktik als Bildungslehre*, 2 Bde. Weinheim 1965-71

[8] *Abschied von der Aufklärung?* Grundzüge eines bildungstheoretischen Gegenentwurfs. In: Krüger, H.H. (Hg): *Abschied von der Aufklärung.* Opladen 1990, S. 91-104

Klafki entwickelte fünf grundlegende Kategorien und entsprechende Fragestellungen einer Didaktischen Analyse (vgl. auch Abb. 1):

- *Exemplarizität:* Welches Allgemeine läßt sich an diesem besonderen Gegenstand oder Thema erschließen?
- *Gegenwartsbedeutung:* Welchen Wert hat der gewählte Inhalt im gegenwärtigen Leben der Schüler?
- *Zukunftsbedeutung:* Worin liegt die Bedeutung des Inhaltes für die Zukunft der Schüler?
- *Struktur:* Ist der Gegenstand mit Blick auf eine nutzbare Zugänglichkeit immanent geschichtet bzw. weist er auf übergreifende Zusammenhänge hin?
- *Zugänglichkeit:* Welche konkreten Fälle machen den Zugang zum Inhalt besonders motivierend oder anschaulich?

Die Problematik dieses Modells liegt einerseits in den sich ändernden Auffassungen von Bildungswerten, andererseits in der Nicht-Vorhersehbarkeit zukünftiger allgemein-gesellschaftlicher und persönlicher Entfaltungsmöglichkeiten. Eine allgemeine Festlegung von Bildungsinhalten kann demnach nur von einem konsensfähigen gemeinsamen Vielfachen ausgehen und muß, um ihrem Anspruch gerecht zu werden, einer permanenten, sich an den verändernden gesellschaftlich-politischen und wissenschaftlich-technischen Entwicklungen orientierenden Überprüfung unterliegen.[9]

Diese Anforderung stellt sich heutzutage wohl als schwieriger denn je zu erfüllen dar. Zwischen den häufig utilitaristisch ausgerichteten sozialen und kulturellen Orientierungen der jugendlichen Schüler und den traditionellen Vorstellungen von Bildung und kultureller Identität von Lehrern sind zunehmend Problemzonen entstanden. So wird z.B. in unserer industriell-technisierten Welt der Machbarkeit der Mangel an Bildung und Kultur nicht unbedingt als Defizit empfunden.[10]

In der geisteswissenschaftlichen Auseinandersetzung um den Bildungsbegriff wird unterschieden zwischen „formaler" Bildung, welche die Methoden des Lernens, und „materialer" Bildung, die bestimmte Inhalte zum Ziel hat. Der

---

[9] Der pejorativ gefärbte Begriff „Schulwissen" impliziert den unzureichenden pragmatischen Wert von in der Schule erworbener Bildung für die Bewältigung der Lebenswirklichkeit.

[10] So wird von vielen Deutschlehrern der zunehmende Verfall der „Lesekultur" bei Schülern mit seinen negativen Begleiterscheinungen wie z.B. Rechtschreibschwächen oder gering ausgebildete Sensibilität bis hin zu einer verächtlichen Haltung bei der Erschließung literarischer Werke beklagt.

erstgenannte Begriff ist eher subjektorientiert, der zweitgenannte vorwiegend objektorientiert. Klafki bezieht mit seiner Theorie von der „kategorialen Bildung" beide Felder aufeinander. Aufgabe der Pädagogik sei es, „prägnante Erfahrungen und Erlebnisse aufzuspüren oder zu schaffen, in denen oder an denen das Wesentliche zur Erscheinung kommt". Dann könne man von „kategorialer Anschauung" sprechen.[11]

Durch den Ansatz von Klafki ist auch das Normenproblem in der Didaktik um einen neuen Aspekt erweitert worden. Das oben erwähnte Ringen um eine konsensfähige Bestimmung des Bildungsbegriffes hat traditionelle „Tugendvorstellungen" wie Vernunft, Selbstbestimmung, Mitbestimmung oder Solidaritätsfähigkeit wieder in die Diskussion gebracht. So wird als umfassendes Ziel im Strukturplan für das Bildungswesen „die Fähigkeit des einzelnen zu individuellem und gesellschaftlichem Leben, verstanden als seine Fähigkeit, die Freiheit ... zu verwirklichen, die ihm die Verfassung gewährt und auferlegt", genannt.[12] Ähnliche, auf Demokratisierung und Humanisierung schulischen Lernens abhebende Zielbestimmungen finden sich in den Oberstufen-Richtlinien des Gymnasiums in NRW in der fächerübergreifenden Forderung nach „Selbstverwirklichung in sozialer Verantwortung".[13]

Die Bedeutung des Didaktikmodells von Klafki liegt zum einen in der kontinuierlich entwickelten Verbindung zu pragmatischen, vor allem planerischen Unterrichtsmomenten, zum anderen in der hier verfolgten umfassenden Systematik. Klafki entwickelte ein ausdifferenziertes Perspektivenschema (vgl. Abb. 1) zur Planung von Unterricht, das heute noch mit zahlreichen der dort vorgestellten Facetten seinen festen Platz in der Unterrichtslehre hat.

Klafki betont, daß die Lehr- und Lernprozesse nicht nebeneinander, sondern in gegenseitiger Wechselbeziehung stehen, und propagiert die These „von der Interdependenz aller für den Unterricht konstitutiven Faktoren."[14]

---

[11] Klafki, Wolfgang: *Didaktische Analyse als Kern der Unterrichtsvorbereitung*. In: Roth/ Blumenthal: *Didaktische Analyse*. Hannover 1969 (10. Aufl.), S. 5 ff.
[12] Deutscher Bildungsrat (Hg:) *Strukturplan für das Bildungswesen*. Stuttgart, 1970, S. 29
[13] *Richtlinien Gymnasiale Oberstufe*. Kultusminister NRW, Köln 1982, S. 18
[14] Klafki, Wolfgang: *Neue Studien zur Bildungstheorie und Didaktik*. Weinheim 1991 (2. Aufl.), S. 259

Didaktik wird hier mit „Theorie von Unterricht" gleichgesetzt. Dabei gilt das Primat der Didaktik vor der Methodik.[15] Damit sind letztlich alle unterrichtlichen Konstituenten unter den Begriff „Didaktik" subsumiert, das „Wie?" methodischer Überlegungen wird dann als Teil des allgemeinen „Was?" verstanden.[16]

Diese Wertigkeitsabfolge kann aus unterrichtspragmatischer Sicht kritisiert werden, da – wie schon angedeutet – didaktische Momente dem Lehrer vielfach curricular vorgegeben sind, während methodische Entscheidungen und vor allem deren Umsetzung fast ausschließlich dem Lehrer obliegen.

Perspektivenschema zur Unterrichtsplanung

Bedingungsanalyse = Analyse
 — der konkreten, sozio-kulturell vermittelten Ausgangsbedingungen einer Lerngruppe
 — des/der Lehrenden
 — der unterrichtsrelevanten institutionellen Bedingungen

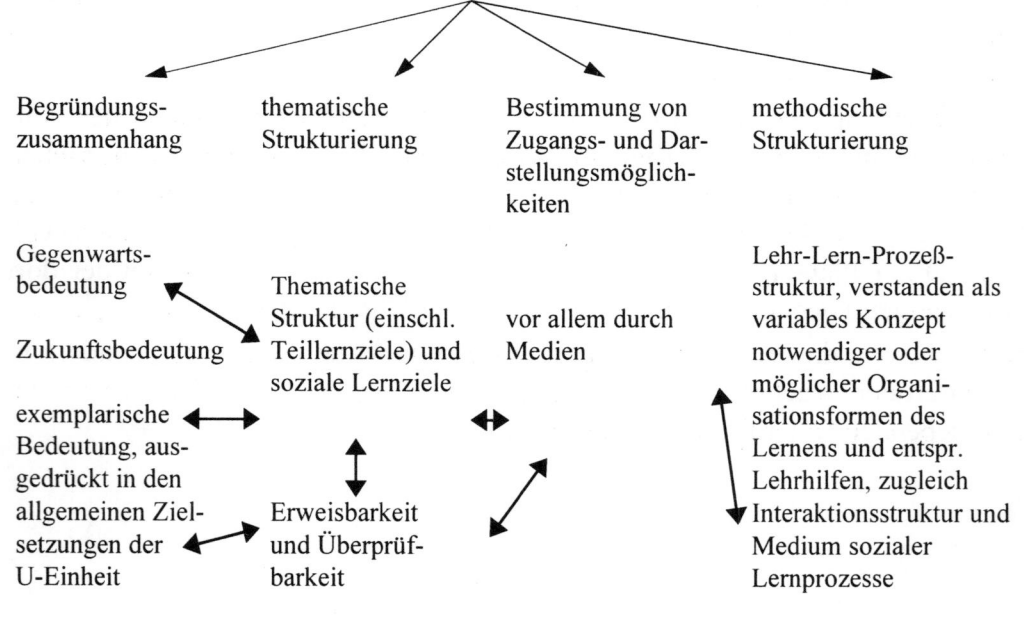

Abb. 1: *Schema zum bildungstheoretischen Modell nach Klafki*

---

[15] Klafki, Wolfgang: *Zum Verhältnis von Didaktik und Methodik.* In: *Probleme stufenbezogener Didaktik.* Düsseldorf 1976, S. 46

[16] Vgl. dazu die Ausführungen auf S. 19

Mit methodischer Brillanz – etwa: Lebendigkeit im Vortrag, diskussionsanreichernden Impulsgebungen, abwechslungsreichen Sozial-/ Aktionsformen, hohe mediale Anschaulichkeit – können selbst gemeinhin als langweilig empfundene Stoffe – etwa: Grammatik, faktenorientierte Landes- und Historienkunde, naturwissenschaftliche Formeln – zu beeindruckenden Unterrichtserfolgen führen. Demgegenüber können durch methodische Fehlleistungen – etwa: Monotonie in der Unterrichtssteuerung, das Einbringen von Suggestiv- oder Mehrfachfragen, allzu abstrakte Darstellung unterrichtlicher Inhalte – selbst die interessantesten Gegenstände „kaputtunterrichtet" werden.

Allgemeine Hilfe bei der Inhaltsauswahl und der Intentionalität erhält der Unterrichtende in der Praxis durch die Richtlinien der einzelnen Bundesländer, vielfach umgesetzt in den eingeführten Schulbüchern, und durch schulinterne Curricula. Bei der konkreten Auswahl der Inhalte ist dann die pädagogische Verantwortlichkeit des Lehrers gefordert, mögliche Entscheidungsspielräume mit Blick auf die individuelle Lerngruppe zu nutzen.

1.3 Lerntheoretische Didaktik (Heimann, Otto, Schulz -> Berliner Schule)

In Berlin wurde Anfang der 60er Jahre ein sog. „Didaktikum" an der Pädagogischen Hochschule als Stätte der schulpraktischen Ausbildung gegründet. Das dort entwickelte lerntheoretische Modell fand 1965 unter dem Schlagwort „Berliner Schule" Eingang in die Unterrichtslehre und stieg zum weitverbreiteten Bezugsmodell in der zweiten Phase der Lehrerbildung auf. Dieses Modell zielt darauf ab, alle im Unterricht wirksamen Strukturmomente einer wissenschaftlichen Kontrolle zu unterwerfen. In den Mittelpunkt rücken neben inhaltlichen vor allem methodische Entscheidungen.[17] (vgl. Abb. 2)

---

[17] Wichtige Exponenten sind hier: Paul Heimann, Günter Otto, vor allem Wolfgang Klafki, Heinrich Roth.
Heimann, Paul; Otto, Günter; Schulz, Wolfgang: *Unterricht - Analyse und Planung.* Hannover 1972 (6. Aufl.)
Roth, Heinrich: *Pädagogische Psychologie des Lehrens und Lernens.* Hannover 1973 (14. Auflage)
Die für pädagogische Publikationen exorbitant hohen Auflagen und entsprechenden Verkaufsziffern indizieren die grundlegende Bedeutung und Verbreitung dieser Modelle.

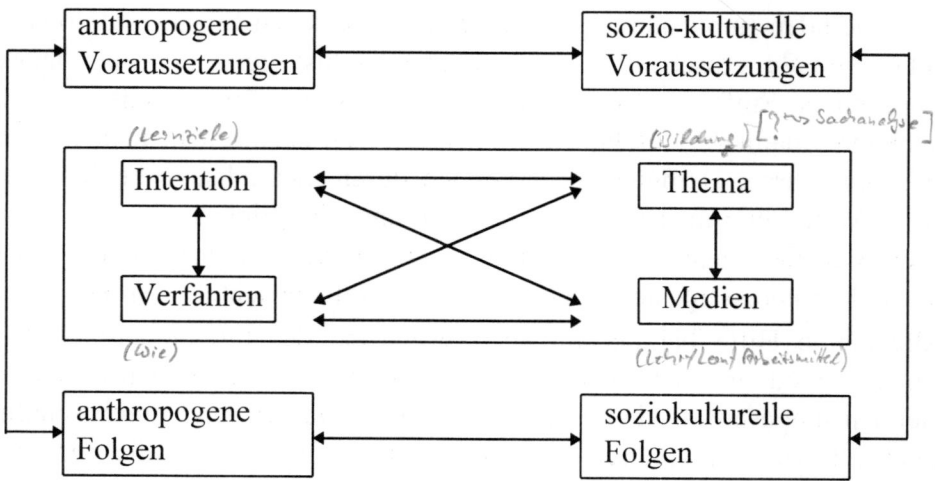

Abb. 2: *Schema der Interdependenz der unterrichtskonstituierenden Momente des lerntheoretischen Modells der Berliner Schule (nach: Peterßen)*[18]

Die in diesem Schema verwendeten Begriffe seien kurz erläutert:

Unter *anthropogenen* und *sozio-kulturellen Voraussetzungen* werden Anlagen, Haltungen und Gewohnheiten verstanden, welche die Schüler als Individualpersonen, aber auch als Mitglieder sozialer Verbände einbringen. Letztere entwickeln sich beispielsweise aus der Zugehörigkeit zu Familie oder Verein, treten aber auch auf als Manifestationen, die sich bei ihnen als Lerngruppenmitglieder herausgebildet haben.

Mit *Intention* ist hier das bezeichnet, was anderenorts Lernziele genannt wird und die Ausrichtung des Unterrichts auf bestimmte zu erreichende Ergebnisse meint. *Verfahren* stehen in diesem Modell für die methodische Seite des Unterrichts, d.h. die Art und Weise, wie die Themen vermittelt werden. Der Begriff *Thema* läßt sich mit dem Begriff *Bildung* in Verbindung bringen. Die meisten Lehrtheoretiker bejahen Bildung als Ziel jeglichen Unterrichtens; sie verstehen Bildung dann allerdings gegenüber der gängigen Begriffsbestimmung verengend als zu strukturierende Sach- und Fachbezogenheit des jeweiligen Unterrichts.

Medien sollen nach dem lerntheoretischen Didaktikmodell wegen ihrer allgemein großen Gegenwartsbedeutung in besonderer Weise berücksichtigt werden. Sie können nach Schulz gemäß ihrer Eigenart *monovalent* oder *polyvalent*

---

[18] Peterßen, Wilhelm H.: *Handbuch der Unterrichtsplanung.* München 1984 (2. Aufl.), S. 72

und entsprechend ihrer methodischen Verwendung Lehr-, Lern- oder Arbeitsmittel sein.[19] Damit stellen sie Vermittlungsinstrumente in bezug auf didaktische und methodische Aspekte dar.

In späteren Jahren überhöhte Schulz sein Didaktikmodell noch durch Leitziele wie Solidarität, Emanzipation und Kompetenz, die er auf jegliche Form von Unterricht bezogen wissen mochte. Dieses Modell fand, da Schulz mittlerweile in Hamburg lehrte, als „Hamburger Modell" Eingang in die Unterrichtslehre.

Ähnlich wie beim bildungstheoretischen Modell wurden auch beim lehrtheoretischen Modell unterrichtspragmatische Planungsschritte entwickelt, die in den Unterrichtsentwürfen für alle Schulformen eine breite und nachhaltige Resonanz gefunden haben. Als Planungsschritte sollten gelten:[20]

1. Bedingungsanalyse (anthropogene, sozio-kulturelle Voraussetzungen)
2. Intentionen (gleichsetzbar mit Lernzielen)
3. Thema (gleichsetzbar mit Sachanalyse und daraus entwickelter didaktischer Analyse)
4. Methoden
5. Medien (Es hat sich aber vielfach durchgesetzt, die Reflexion über den Einsatz von Medien als Teil der Methodenplanung zu behandeln.)
6. Verlaufsplanung
7. Weiterführung des Unterrichts.

Mit diesen Planungsfeldern verband Schulz später – dabei ist die Berührung mit dem Modell Klafkis nicht zu übersehen – die Prinzipien *Interdependenz*, um eine widerspruchsfreie Integration der Einzelelemente herbeizuführen, *Variabilität* (gleichsetzbar mit Flexibilität), um auf unerwartete Entwicklungen im Unterricht reagieren zu können, und *Kontrollierbarkeit* (vgl. Abb. 3). Damit sollte die Vergleichbarkeit von Unterricht sichergestellt werden, bezogen etwa auf die Erfüllung von Lernzielen, auf Motivationsträchtigkeit und Strukturierbarkeit.

---

[19] Vgl. 1. Teil, II - Kap. 4.
[20] Modelle, die über Jahre entwickelt und diskutiert werden, „produzieren" gleichsam als „Abfallprodukte" Begrifflichkeiten, die den unterrichtspraktisch orientierten Leser meist verwirren und deren Trennschärfe oftmals so gering ist, daß die Notwendigkeit ihrer Bildung hinterfragt werden muß. Entsprechend werden in Klammern Begriffe beigefügt, die sich in der unterrichtsplanerischen Diskussion stärker durchgesetzt haben und für die Gliederung dieses Buches im Planungsbereich verwendet werden.

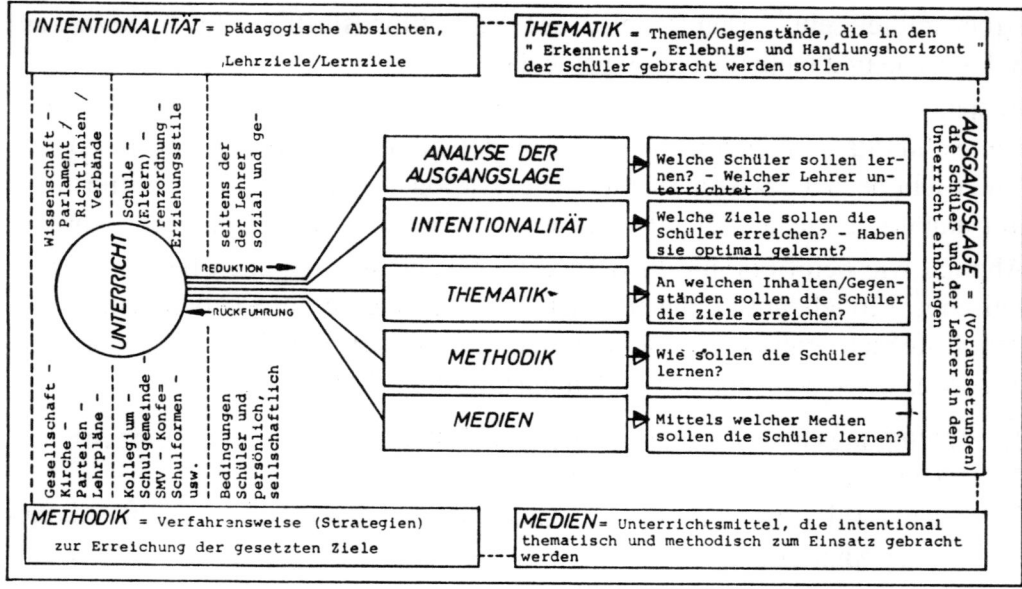

Abb. 3: *Interdependenzmodell nach Braun, Buckenmaier, Kalbreyer*[21]

Das lerntheoretische Modell gewinnt seine Bedeutung durch die verfolgte Systematik und Erfassung von wesentlichen unterrichtlichen Konstituenten, wozu auch Medien gehören, die in anderen Modellen dem methodischen Bereich zugeordnet werden. Die Vernachlässigung von Bildungs- und Erziehungszielen sowie die Mißachtung der für den Lernprozeß wichtigen interpersonalen Beziehungen, d.h. solchen zwischen Schülern und Lehrern, aber auch von Schülern untereinander, muß jedoch kritisch angemerkt werden.

1.4 Kybernetische, informationstheoretische, systemtheoretische und strukturtheoretische Didaktikmodelle

Allen diesen Didaktikmodellen ist gemeinsam, daß sie von einem den Naturwissenschaften entlehnten Wissenschaftsbegriff ausgehen und im wesentlichen auf die Optimierung der unterrichtlichen Effizienz zielen.[22]

---

[21] Braun, Dieter; Buckenmaier, Armin; Kalbreyer, Walter: *Lernzielorientierter Unterricht.* Heidelberg
[22] Bruner, Jerome S.: *Entwurf einer Unterrichtstheorie.* Berlin, Düsseldorf 1974
Cube, Felix von: *Kybernetische Grundlagen des Lernens und Lehrens.* Stuttgart 1982 (4. Aufl.)
Frank, Helmar: *Kybernetische Grundlagen der Pädagogik.* Baden-Baden, Stuttgart 1969
König, Ernst; Riedel, Harald: *Unterrichtsplanung I.* Weinheim, Basel 1975
Weltner, Klaus: *Informationstheorie und Erziehungswissenschaft.* Quickborn 1970

Am meisten beachtet wurde das Kybernetische Didaktikmodell, nicht zuletzt, weil es konkrete Schritte für die Unterrichtsplanung enthielt. Es faßt unterrichtsbezogene Erziehung und Ausbildung als vollständig planbare Regelung auf und orientiert sich entsprechend am Regelkreis mit folgenden Schritten:

1. Zielplanung: Reflexion über Ziel- und Zeitvorgaben, über Adressaten und Realisierungsmöglichkeiten
2. Strategieplanung: Auswahl und Entwicklung einer Lehrstrategie durch Ausbilder in bezug auf Teilziele und Methoden
3. Medienplanung: Überdenken eines Zeichenrepertoires der Adressaten und mögliche Kodierung des Stoffes mit Bezug auf auditive oder audiovisuelle Aufnahme, auf Abstraktionsniveau oder Begrifflichkeit
4. Kontrollplanung: Reflexion über Rückkopplungsmöglichkeiten in bezug auf Fortschritt vor dem nächsten Schritt – vergleichbar den Lernzielkontrollen
5. Verlaufsplanung: Sie erfolgt nach Festlegung aller Vorentscheidungen.[23]

1.5 Lernzielorientierte Didaktik

Grundsätzlich wird bei diesem didaktischen Modell unterschieden zwischen *Lehr*zielen, also Zielen, die der Lehrer zu erfüllen hat und die etwa im methodischen Bereich angesiedelt sind, und *Lern*zielen, welche die Schüler erreichen sollen. Für unsere Themenstellung sind in diesem Zusammenhang die Lernziele von Bedeutung.

Die wissenschaftstheoretische Grundlage des lernzielorientierten Modells bildet der Behaviorismus.[24] Die Diskussion um Lernziele wurde vorbereitet durch die Versuche, über didaktische Modelle Unterrichtsplanung und -durchführung systematisch zu erfassen (vgl. bildungs- und lerntheoretische Modelle unter 1.2 und 1.3). Sie wurde intensiviert durch die Entwicklung von Curriculumtheorien und erreichte ihren Höhepunkt Mitte der 70er Jahre, nicht zuletzt verstärkt durch amerikanische Lehrplantheorien.

---

[23] Cube, Felix von: *Kybernetische Grundlagen des Lernens und Lehrens*. Stuttgart 1982 (4. Aufl.)
[24] Als wichtige Exponenten sind zu nennen: Skinner, Bloom, Mager, Robinsohn

Lernzielorientierung wurde hier als *conditio sine qua non* für erfolgreichen Unterricht angesehen.[25] Als Begründung galt, daß ein entsprechend ausgerichteter Unterricht (endlich) subjektgebundene Willkür aus den Klassenzimmern verbanne. Der Unterricht und vor allem sein Erfolg, so wurde von Befürwortern der Lernzielorientierung reklamiert, würde für Lehrer, Schüler, Eltern und Aufsichtsbehörden transparent und fixierbar. Gleichsam „checklistenhaft" könne festgestellt werden, welche der geplanten Lernziele erreicht worden seien, und entsprechend könne der Grad des Unterrichtserfolges fixiert werden.

Im Mittelpunkt dieses Modells steht die Forderung an den Lehrer, in Form von Lernzielen zu beschreiben, welche Veränderungen sich im Bereich Wissen, Fertigkeiten und Bewußtsein (Verhaltensdispositionen, Einstellung) nach einem Lernvorgang eingestellt haben sollen. Ihre Realisation soll im Anschluß an den Lernprozeß kritisch überprüft werden. Entsprechend diesem Postulat müssen Lernziele operational beschrieben werden, d.h. Tätigkeiten (Operationen) ausweisen, an denen ablesbar ist, ob und möglicherweise in welchem Umfang die Schüler die gesetzten Erwartungen erfüllt haben.

1.6 Kommunikative Didaktik

Die Kommunikative Didaktik bezieht sich auf Paradigmen der Kommunikations- und Interaktionstheorie und verfolgt unter Bezug auf die von Habermas aufgestellten Kategorien die Absicht, „eine Unterrichtspraxis [zu schaffen], deren Kommunikationsprozesse emanzipatorische Prozesse sind".[26] Der Begriff „kommunikativ" impliziert, daß im Mittelpunkt dieses Modells die Axiome der Kommunikationstheorie – konkretisiert durch Vermittlungsaspekte, Inhaltsaspekte, störfaktoriale Gesichtspunkte – stehen. Dieses Modell wurde durch Winkel erweitert zu einer kritisch-kommunikativen Didaktiktheorie.[27] Dabei beinhaltet der Begriff „kritisch" den Anspruch, daß dieses Modell die jeweilige Wirklichkeit über entsprechende Analysen permanent zu verbessern trachtet.

---

[25] Robinsohn, Saul B.: *Bildungsreform als Revision des Curriculum.* Neuwied 1969 (2. Aufl.)
Bloom, Benjamin S.: *Taxonomy of Educational Objectives. The Classification of Educational Goals, Handbook I: Cognitive Domain.* New York, 1956.
Bloom, Benjamin S. (Hg.): *Taxonomie von Lernzielen im kognitiven Bereich.* Weinheim, Basel 1974 (4. Aufl.)
Mager, Robert F.: *Lernziele und programmierter Unterricht.* Weinheim, Berlin, Basel 1971

[26] Schäfer, Karl-Hermann; Schaller, Klaus: *Kritische Erziehungswissenschaft und Kommunikative Didaktik.* Heidelberg 1972, (2. Aufl.) S. 181

[27] Winkel, Rainer: *Momentmal. 20 pädagogische Miniaturen.* Ravensburg 1993 (4. Aufl.)

Die grundlegende Bedeutung dieses Modells liegt darin, daß ein Gesamtraster unterrichtlicher Wirklichkeit vorgelegt wird, das die vielen Aspektierungen des Unterrichts – Vermittlungsaspekt, Inhaltsaspekt, Beziehungsstrukturen, störfaktoriale Gesichtspunkte – nicht nebeneinander, sondern ineinandergreifend entwirft. Gerade die Auseinandersetzung mit *störfaktoriellen Aspekten*, wie z.B. Disziplinlosigkeit, Provokationen, Lernverweigerung, neurotisch bedingten Störungen bei Schülern, oder solchen, die vom Lehrenden ausgehen, wie geringer Belastbarkeit, burn-out-Syndrom oder institutionellen Störungen durch schlechte Rahmenbedingungen im Unterricht – von anderen Didaktikern meist „totgeschwiegen" –, läßt dieses Modell auch heute noch als reflexionswürdig erscheinen. Es kann allerdings kritisch angemerkt werden, daß der Schwerpunkt zu sehr auf der wissenschaftsorientierten Analyse und nicht auf der Anleitung zu effektiven Gegenmaßnahmen liegt. Neben der Einbeziehung störfaktorieller Aspekte liegt die Bedeutung dieses Modells in der Betonung des Beziehungsaspektes, d.h. den Interaktionen zwischen Schülern und Lehrern, aber auch zwischen Schülern untereinander. Letztgenannte betonen die für moderne didaktische Strömungen wichtigen Aspekte der Auflösung des Frontalunterrichts, des selbstgesteuerten Lernens, der Heranbildung einer Teamfähigkeit etc.[28]

1.7 Das didaktische Modell der Curriculumentwicklung (-theorie)

Der Begriff Curriculum als gängiger erziehungswissenschaftlicher Terminus im amerikanischen Sprachraum wurde Mitte der 60er Jahre im Deutschen als Ersatz für den Begriff „Lehrplan" übernommen.

Die Verbreitung der Curriculumtheorie erhielt ihren entscheidenden Anstoß durch ein grundlegendes Buch des zurückgekehrten Emigranten Saul. B. Robinsohn.[29] Robinsohn setzt auf wissenschaftlich geplanten, gesellschaftlich begründbaren und praktisch umsetzbaren Unterricht. Er kritisiert zu Recht den fehlenden Zusammenhang zwischen Zielen, Inhalten, Methoden und Medien der traditionellen Lehrpläne, die fast ausschließlich Stoffverteilungspläne darstellten. Robinsohn fordert Curricula, die auf der Grundlage eindeutig bestimmbarer Fähigkeiten und Fertigkeiten, welche in der zukünftig zu gestaltenden Gesellschaft notwendig sind, beruhen. Bildung bedeutet für ihn der

---

[28] Einzelne Fachdidaktiker schlugen vor, den Verlaufsplan nach den Kategorien Vermittlungsaspekt, Inhaltsaspekt und Beziehungsaspekt zu strukturieren.
Vgl. etwa: Koch, Karl; Meyners, Eckart: *Unterrichtsplanung, Unterrichtsbeobachtung, Unterrichtsbeurteilung.* Schorndorf 1970, S. 142f.

[29] Robinsohn, Saul B.: *Bildungsreform als Revision des Curriculums.* Neuwied 1975 (5. Aufl.)

Erwerb präzise ausweisbarer Qualifikationen. Für die Curriculumentwicklung sollten folgende Kriterien maßgebend sein:
1. Rationale Begründungen durch Offenlegung von Kriterien in bezug auf Lehrplanentscheidungen
2. Allgemeine gesellschaftliche Übereinstimmung auf wissenschaftlicher Grundlage und nicht mehr Durchsetzung einzelner (elitärer) Gruppeninteressen
3. Eindeutige Formulierung von Inhalten und Qualifikationen, von Zielen und Umsetzungsmöglichkeiten (Operationalisierungen)
4. Dauernde Überprüfung durch Anwendung wissenschaftlicher Methoden, wie das neu Entwickelte eingeführt (Frage der Implementation) und der Erfolg überprüft werden kann (Frage der Evaluation).

Da damals für alle – selbst extrem scheinenden – Bildungsreformen der 70er Jahre fast unerschöpflich sprudelnde öffentliche Kassen zur Verfügung standen, wurden in einer euphorischen bildungspolitischen Aufbruchstimmung unter dem skizzierten Anspruch zahlreiche Schulversuche initiiert, in denen sich Wissenschaftler und Praktiker vereinten. Der berühmteste Versuch in Deutschland ist wohl die Bielefelder Laborschule (Curriculumwerkstatt), die sich mit dem Namen Hartmut von Hentig verbindet.[30]

Häufig mit Bezug auf im Ausland (USA, Schweden, selbst Südamerika) entwickelte Ansätze wurden immer wieder neue organisationstechnische Modelle propagiert. Dies geschah unter der Prämisse, eine Curriculumdiskussion in Gang zu halten, die in der Lage war, sich den immer wieder veränderten gesellschaftlichen Bedingungen anzupassen. Häufig waren die Verwirrungen in der verwendeten Terminologie und das eher verschwommene Darstellungsprofil den vielfach guten Kernideen abträglich. Hinzu kam, daß die entwickelten Ansätze alle am Unterricht Beteiligten zur Einbindung in vollkommen verplante Abläufe zwangen.

Gleichsam als „Gegenbewegung" wurden sogenannte „offene Curricula" entwickelt, die mehr Raum für Spontaneität und Kreativität boten und situationsgebundene und individuelle Herausforderungen durch Schüler und Lehrer berücksichtigen konnten.

Obwohl der theoretische Ansatz von Robinsohn und die vielfältigen praktischen Umsetzungen, nicht zuletzt aus einsetzendem Geldmangel, als gescheitert angesehen werden müssen, ist der grundlegende Anstoß, die Erstellung von Lehrplänen nicht nur der Kultusbürokratie zu überlassen und zentrale Elemente

---

[30] von Hentig, Hartmut: *Das Bielefelder Oberstufen-Kolleg*. Stuttgart 1971

verbindlich in der Unterrichtsplanung und -durchführung zu verankern (etwa: konkrete Befunde in der Bedingungsanalyse, Eingrenzung des Themas, die Erstellung und Kontrolle ausdifferenzierter Lernziele), heute anerkanntes Prinzip in der Unterrichtslehre[31].

Zusammenfassung

Von den oben skizzierten didaktischen Modellen hat der lerntheoretische Ansatz wegen seiner breitflächigen und systematischen Anwendbarkeit für die praktische Unterrichtsplanung das größte Echo gefunden.

Ebenfalls Einflüsse genommen auf die derzeitig gängige Unterrichtslehre haben das bildungstheoretische Modell, die Curriculumtheorie und das lernzielorientierte Modell, da sie einerseits die zeitlos diskutierbare Frage nach der Wertigkeit von Bildung und andererseits die notwendige Reflexion über die Anpassung von Lehrplänen sowie das Aufstellen verbindlicher Zielperspektiven und ihrer Erfüllung in den Mittelpunkt stellen.

Das kybernetische Modell, zur Zeit seiner Entstehung als zukunftsweisend gepriesen und dann zwei Jahrzehnte später in praktische Bedeutungslosigkeit versunken, erhält möglicherweise im Computerzeitalter reaktivierende Anstöße.

Inwieweit das Kommunikationsmodell als Grundlage für die Auseinandersetzung mit Negativentwicklungen im Umfeld von Schule dienen wird, etwa unter dem Aspekt der Erziehung zur Reduzierung von Gewaltbereitschaft oder Fremdenfeindlichkeit, kann momentan kaum abgeschätzt werden.[32]

Grundlegend kann kritisiert werden, daß die dargestellten didaktischen Modelle – wie auch die im folgenden behandelten neueren didaktischen Strömungen – vorgeben, auf alle Schulformen beziehbar zu sein. Die wenigen empirischen Grundlagen sind aber meist nur aus Erfahrungen in Volksschulen (Grund-/Hauptschulen) gewonnen und dann *cum grano salis* auf andere Schulformen übertragen worden.

---

[31] Die Kultusbürokratie geht vielfach den Weg über Erhebungen von curricularen Vorstellungen durch einzelne Fachkonferenzen; dabei muß allerdings der Nachteil in Kauf genommen werden, daß zwischen basisorientierter Erhebung und ihrer Umsetzung in den Richtlinien oftmals ein beträchtlicher „time lag" entsteht.

[32] Voraussetzung hierfür wäre ein offenes Bekenntnis zu Negativerscheinungen in Schulen, die nicht zuletzt aus Gründen des drohenden „Imageverlustes" einzelner Lehrer oder einer ganzen Schule meist totgeschwiegen werden.

2 Neuere didaktische Konzepte

Es gibt eine Fülle von didaktischen Konzepten, deren relativ gering entwickelte Theoriebildung ihre Klassifizierung als Modell (noch) nicht zuläßt bzw. von denen sich einige Elemente in der unterrichtlichen Umsetzung als nahezu deckungsgleich darstellen. Diese Konzepte haben meist Eingang unter didaktische Kategorisierungen in die Literatur gefunden. Dies geschieht unter Zugrundelegung des erweiterten Didaktikbegriffes. Er bezieht sich auf alle für den Unterricht wesentlichen Konstituenten. Diesem Ansatz wird auch hier gefolgt, obwohl viele der hier aufgenommenen Konzeptionen, gerade mit Blick auf ihre Umsetzung auch methodischen Prinzipien zugeordnet werden können.[33] Solche Konzepte ordnen sich ein in die vermehrt zu beobachtenden Initiativen zur inneren Schulreform bzw. zur „Bildungsreform von unten" mit dem Anspruch, etwas Neues, Verbesserndes, Weitergehendes im Vergleich zu dem als nicht zeitgemäß eingestuften Istzustand vorzustellen. Leider werden solche Konzepte meist von Tönen aufgeregter Neuerungslust, der Anpreisung, der 'Muntermacherwerbung' begleitet. Auf Kritik folgen heftige Reaktionen; es gibt zu wenig ideologieunverdächtige Untersuchungen, welche den praxisorientierten Wert solcher Konzeptionen objektivierbar erscheinen lassen. Diese „neue" pädagogische Richtung hat vielfältige Forderungen und eine entsprechende Terminologie entwickelt.

Die entwickelten Konzepte verbinden sich mit einem bestimmten Verständnis von Lernen. Je nach Perspektive werden unterschiedliche Begriffe verwendet. Steht der Lernprozeß im Mittelpunkt der Betrachtung, werden verstärkt Termini wie ganzheitliches, mehrdimensionales oder handlungsorientiertes Lernen verwendet, steht der Schüler im Mittelpunkt, ist häufig die Rede von „Schülerorientierung", „selbstgesteuertem" oder „interessegeleitetem" Lernen.

Die Forderung nach schülerzentriertem Unterricht erhielt vor allem Anschübe durch die in den letzten 25 Jahren sich immer stärker entwickelnde „humanistische" Psychologie. Sinnvolles Lernen ist danach nur immer persönliches Lernen.[34]

Entsprechend lassen sich eine Reihe von Zielen aufstellen: Im Bereich der sogenannten Selbstkompetenzen sind dies: Erziehung zur Selbstbestimmung, Selbstverwirklichung, Mündigkeit, Individualität oder Kreativität, im Bereich

---

[33] Vgl. etwa u.a. in bezug auf handlungsorientierten Unterricht: Meyer, Hilbert: *Unterrichtsmethoden.* Frankfurt 1994 (6. Aufl.), Band II, S. 402

[34] Vgl. v.a. Rogers, C. R.: *Lernen in Freiheit.* München 1974

der Sozialkompetenzen etwa Kooperationsfähigkeit, Teamfähigkeit oder die Fähigkeit zur Konfliktbewältigung.[35]

Trotz der Fülle der überaus attraktiv klingenden neuen Begriffsbildungen, verfolgt die „neue" Pädagogik *de facto* den traditionellen Bildungsanspruch vieler berühmter Pädagogen, die auf eine allseitige Entfaltung der Kräfte von Kopf, Herz und Hand, also auf die Trias von Verstand, Gefühl und Tätigkeit abzielt.

Zu diesen „neuen" alternativen Konzepten gehören:

2.1 Offener Unterricht

Als Reaktion auf die seit den 70er Jahren in den oben genannten didaktischen Modellen häufig geforderten geschlossenen, d.h. vorherplanbaren und überprüfbaren Unterrichtsabläufe entwickelte sich die Forderung nach „Offenem Unterricht".[36] „Offener Unterricht" bezeichnet alle Bestrebungen, Unterricht gegenüber einer starken Programmierung (Ziele, Inhalte, Methoden, Medien, Leistungskontrollen) immer wieder zu öffnen. Dies kann sich in zwei Richtungen vollziehen: einmal mit Blick auf die Interessen, Bedürfnisse und Lernmöglichkeiten von Schülern (schülerorientierter Unterricht), zum anderen in Richtung variabler Lernangebote innerhalb und außerhalb der Schule.[37] Offenheit von Schule wird auch vielfach mit Darstellung in der Öffentlichkeit gleichgesetzt, ein v.a. zu Zeiten der Schülerknappheit probates Mittel zur schönfärberischen Eigenwerbung. Die sich öffnende Schule hat einen zuverlässigen Verbündeten in der (Lokal-)Presse. Es vergeht kaum eine Woche, ohne daß nicht über 'offene Schule' berichtet wird. Sie – nicht der „normale" Unterricht (von naiven Journalisten häufig mit Negativkonnotationen belegt) wird „veröffentlicht".[38] Das Szenario der 'offenen Schule' suggeriert Aktua-

---

[35] In zahlreichen Publikationen wird zunächst, weit ausholend, um terminologische und inhaltliche Standortbestimmungen gerungen. Vgl. stellvertretend für viele: Jürgens, Eiko: *Offener Unterricht im Spiegel empirischer Forschung*. Oldenburger Vordrucke, Oldenburg 1995, S. 3 ff.

[36] Kunert, Kristian: *Theorie und Praxis des offenen Unterrichts*. München 1978
Garlis, Arianne et al: *Didaktik offener Curricula*. Weinheim 1976 (2. Aufl.)
Geißler, Erich E.: *Analyse des Unterrichts*. Bochum 1981 (5. Aufl.), S. 95 ff.
Kaiser, Arnim; Kaiser, Ruth: *Studienbuch Pädagogik*. Frankfurt 1992 (6. Aufl.), S. 269 ff.

[37] Bönsch, Manfred: *Offener und kommunikativer Unterricht - Freiarbeit und Beziehungsdidaktik*. Oldenburger Vordrucke. Heft 150. Oldenburg 1991

[38] Beispiele solcher Kontrastivformulierungen sind etwa: „tauschten die harten Schulbänke mit ..."; „statt ... zu pauken, lernten sie das Leben aus ... kennen". Ein im Amte ergrauter Kollege zeichnete in einem gemischten Anflug aus Resignation und Zynismus die Vision, erst wenn in der Lokalpresse die Überschrift prangere „Am ... Gymnasium wurde seit drei Wochen ungestört unterrichtet", wäre Schule wieder ernstzunehmende Bildungsstätte.

lität, Bedürfnisorientierung, Neuheit. Veränderung und rasches Wechseln sind Kennzeichen einer 'offenen Schule' und zugleich der Wirklichkeit, dessen Bild der Journalismus konstruieren möchte. Plötzlich werden aus gewaltbereiten, gestreßten, nicht motivierbaren Jugendlichen lernhungrige, einsatzbereite kulturbeflissene „Kids" und „Pänz".[39] Didaktisch verbindet sich diese Unterrichtskonzeption mit dem „offenen Curriculum" (vgl. Kapitel 1.8).

Im einzelnen lassen sich folgende Merkmale ausweisen:
- Schaffung einer anregenden Lernumwelt bis hin zur Werkstattatmosphäre
- flexible oder sogar freie Lernorganisation
- Zurücknahme des Frontalunterrichts zugunsten mehr schülergesteuerter Unterrichtsphasen (Still-/ Partner-/ Gruppenarbeit, Projektunterricht, Änderungen der traditionellen Sitzordnung etc.)
- Abkehr von einer traditionellen Unterrichtsorganisation (schülerseits manifestiert durch Aufzeigen, Stillsitzen, lehrerseits durch Unterbinden von Dazwischenrufen, Sanktionen bei nicht gemachten Hausaufgaben etc.).

Die wenigen vorliegenden empirischen Untersuchungen lassen folgende vorsichtige Bewertungen über den „offenen" im Vergleich zum traditionell geführten Unterricht zu:
- Traditionell geführter Unterricht scheint „Offenem Unterricht" tendenziell überlegen zu sein bezüglich der Effizienz und der Qualität von erreichten Schülerleistungen.
- Klar strukturierter, anleitender Unterricht scheint vor allem für lernschwächere Schüler wichtig zu sein; bei „Offenem Unterricht" fühlen sich solche Schüler häufig desorientiert.
- „Offener" Unterricht scheint – so wird reklamiert – besser geeignet, allgemeine Persönlichkeitsmerkmale wie Selbststeuerung, Selbständigkeit, Eigeninitiative zu fördern und zudem die Lernfreude zu verstärken.[40]

2.2. Freie Arbeit (Freiarbeit)

Eine besondere Form des „Offenen Unterrichts" stellt die „Freie Arbeit" (Freiarbeit) dar.

In diesem auf die Reformpädagogin Maria Montessori (1870-1952) zurückgehenden Konzept sollen die Schüler möglichst selbständig über Inhalte, Ziele und Gestaltung ihrer Aktivitäten entscheiden. Sie wählen dabei nicht nur selbst

---

[39] Günther, Henning: *Kritik des Offenen Unterrichts*. Bielefeld 1996, S. 5
[40] Vgl. Jürgens, Eiko: *Offener Unterricht im Spiegel empirischer Forschung*. Oldenburger Vordrucke. Oldenburg 1995, S.12

die Aufgaben, sondern auch die Sozialform (Einzel-, Partner-, Gruppenarbeit).[41]

Der Lehrer ist weniger direkter Vermittler, er arrangiert vielmehr lediglich die vielfältigen Lernsituationen, stellt Material bereit, verfolgt den individuellen Lernfortschritt und hilft bei Schwierigkeiten.

Die „Freie Arbeit" wird an vielen Grundschulen in nahezu allen Bundesländern, zunehmend auch in den unteren Klassen der weiterführenden Schulen als profilanreichernde Ergänzung zum traditionellen Unterricht angeboten. Ein wesentliches von Vertretern der weiterführenden Schulen zugunsten der „Freien Arbeit" angeführtes Argument lautet, daß damit den zunehmend festgestellten Schwierigkeiten beim Übergang von der Grundschule auf weiterführende Schulen begegnet werden kann.

Die wenigen empirischen, zudem regional begrenzten Untersuchungen zur praktischen Gestaltung der Freien Arbeit deuten darauf hin, daß etwa die Hälfte aller beteiligten Schüler „Freiarbeit" anderem Unterricht vorzieht, die Aufgaben selbständig wählt und ohne Fremdhilfe zu Ende führt. Die überwiegende Zahl der Schüler (80 %) bevorzugt Aufgaben im Sinne des Lernprogramms, d.h. Unterrichtsmaterial mit präzisen Arbeitsanweisungen. Demgegenüber steht, daß nur die Hälfte aller Schüler die angefangenen Aufgaben auch ohne Hilfe beendet.

Von Befürwortern werden die Hinführung zum selbstgesteuerten Lernen und die breiteren individualisierenden Entfaltungsmöglichkeiten des Schülers als Schubkräfte für eine positive Persönlichkeitsentwicklung gelobt. Kritiker beklagen dagegen, daß viele Schüler wertvolle Unterrichtszeit „vertrödeln", daß der Lehrer als quasi „abgestellte" Aufsichtsperson bei den meist in Randstunden gelegten fächerübergreifend ausgerichteten Freiarbeits-Stunden bei motorisch hypertrophen, ihm möglicherweise unbekannten Kindern nervlich und fachlich überfordert ist.[42]

---

[41] Nicklis, Werner S. (Hg.): *Handwörterbuch der Schulpädagogik*. Bad Heilbrunn 1975 (2. Aufl.), S. 306 ff.

[42] Vgl. Jürgens, Eiko: *Offener Unterricht im Spiegel empirischer Forschung*. Oldenburger Vordrucke. Oldenburg 1995, S.16ff.
Das pädagogisch und fachlich wohl überzeugendste Konzept sieht vor, daß „Freie Arbeit" zum einen vom Klassenlehrer, der mit einer hohen Anzahl von Stunden in der jeweiligen Klasse vertreten ist, übernommen wird, zum anderen, daß Freie Arbeit in mehreren Lerngruppen parallel durchgeführt wird, so daß eine möglichst breite Fachkompetenz der „Freiarbeits-Lehrer" lerngruppenübergreifend genutzt werden kann.

2.3 Handlungsorientierter Unterricht

Mit diesem Begriff wird ein Unterrichtskonzept bezeichnet, mit dem Schüler möglichst viel durch Handeln lernen. Handeln bezieht sich auf Überlegungen zu einem Unterrichtsvorhaben, seine Erörterung, Planung, Durchführung und schließlich Bewertung. Die Idealform des handlungsorientierten Unterrichts stellt das Projekt dar.[43] Gleichzeitig wird angestrebt, durch die aktive Auseinandersetzung mit Unterrichtsgegenständen in den verschiedenen Aufgabenfeldern die als künstlich empfundene Trennung von Schule und Leben soweit wie möglich aufzuheben und somit die alte Forderung nach wahrer Vorbereitung auf das spätere Leben zu erfüllen.[44] Der Begriff wird häufig auch mit „produktorientiert" in Verbindung gebracht.[45] Unterricht soll so oft wie möglich zu Ergebnissen kommen, die einen vorführbaren „Gebrauchswert" haben. Dieser Konzeption, die sich u.a. an der Entwicklungspsychologie Piagets ausrichtet, liegt folgende Vorstellung des Lernbegriffs zugrunde: Weltaneignung vollzieht sich zunächst durch sinnlich-praktisches Tun, ehe über Versprachlichung und Bewußtmachung geistige Operationen, d.h. Reflexionen, Transfers, Induktion, Deduktion etc. gelingen.[46] Damit stellt dieses Konzept eine Absage an den vielfach als allzu „kopforientiert" kritisierten traditionellen Unterricht dar.

Während Befürworter im handlungsorientierten Unterricht eine Anreicherung sehen, bringen Kritiker neben dem Hinweis auf „alter Wein in neuen Schläuchen" vor, daß die Verwirklichung dieses Konzeptes vielfach sehr undifferenziert in bezug auf alle Schulformen gefordert wird; man müßte aber, so wird argumentiert, die Zielperspektive konkreter und differenzierter fassen und einen solchen Unterricht etwa verstärkt, vielleicht sogar dominant, im Sonderschul-, Hauptschul- oder Berufsschulunterricht implementieren, während im Gymnasium „Kopfarbeit" immer noch die bestgeeignete Form einer zügigen Lernzieloperationalisierung darstelle.

---

[43] Vgl. dazu 1. Teil, II - Kap. 3.3.2 und 2. Teil, II - Kap. 2.9.
[44] Huwendiek, Volker: *Ganzheitliches, soziales und handlungsorientiertes Lernen in Schule und Seminar.* In: Mitteilungen des Bundesarbeitskreises der Seminar- und Fachleiter. Heft 3-4, Rinteln 1994, S. 4 ff.
Gudjons, Herbert: *Handlungsorientiert lehren und lernen. Projektunterricht und Schüleraktivität.* Bad Heilbrunn 1989 (2. Aufl.)
Becker, Georg E.: *Handlungsorientierte Didaktik.* Weinheim 1990 (4. Aufl.)
Vgl. auch: Bönsch, Manfred: *Handlungsorientierter Unterricht.* Oldenburger Vordrucke. Heft 28. Oldenburg 1988.
[45] Bovet, Gislinde; Huwendiek, Volker (Hg.): *Leitfaden Schulpraxis.* Berlin 1994, S. 186 ff.
[46] Bönsch, Manfred: *Handlungsorientierter Unterricht.* Oldenburger Vordrucke. Heft 28. Oldenburg, 1988, S. 5

Zahlreiche Praktiker fordern daher, daß im Gymnasium der handlungsorientierte Unterricht fast ausschließlich auf dafür prädestinierte Fächer wie Kunst- oder Werkunterricht, Literaturunterricht und labororientierten Unterricht beschränkt werde.[47]

2.4 Fächerübergreifender Unterricht

Ausgehend von dem Gedanken, daß die erlebte Welt dem Schüler nicht in der gleichen Ordnung begegnet, wie sie durch die Schule und in einzelnen Fächern strukturiert wird, hat es in der Geschichte der Pädagogik immer wieder die Forderung nach Unterricht gegeben, der sich an einer komplexen Leitidee, nicht an einem einzelnen Fach orientiert. In den letzten Jahren ist in Verbindung mit „Offenem Unterricht", Handlungsorientierung, Projektunterricht auch die Forderung nach fächerübergreifendem Unterricht reaktiviert worden.[48]

Das Problem der Realisierung solcher Forderungen liegt vor allem in der Wahl der Leitthemen. Es gibt deren zahllose, so daß die Gefahr der Beliebigkeit besteht. Es wäre deshalb wünschenswert, wenn auch für diesen Bereich konkrete Lehrpläne entwickelt würden, um einen höheren Grad an Verbindlichkeit zu garantieren.

Hinzu kommt, daß der Organisationsaufwand in bezug auf Abstimmungen sehr hoch ist. So bleibt in der Praxis die gelegentliche Verwirklichung einzelnen zur Kooperation bereiten und fähigen Kollegen bzw. dem Projektunterricht überlassen. Denkbare und in beschränktem Umfang erfolgreich erprobte Themenbereiche sind: „Umweltprobleme" (es gibt Forderungen nach der Schaffung eines Faches „Umwelterziehung", in das chemische, biologische und geographische Fragestellungen einfließen sollten), „Wahrscheinlichkeit und Determinismus" (Mathematik, Sprache, Geschichte, Religion/Philosophie, Biologie), „Literatur" (etwa: Vergleiche gleicher literarischer Themen oder Gattungen in

---

[47] Damit ist das Fach aus dem sprachlich-literarisch-künstlerischen Aufgabenfeld der gymnasialen Oberstufe gemeint, das anstelle von Kunst oder Musik gewählt werden kann. Hier werden vielfach Theateraufführungen geprobt.

[48] In NRW ist die Forderung, Unterricht stärker fächerübergreifend zu erteilen, in den letzten Jahren sehr intensiv verfolgt worden. So sehen die neuen SI-Richtlinien eine Verpflichtung für Klassen- bzw. Fachkonferenzen vor, entsprechende Konzeptionen zu entwickeln.
Eine besondere Form des fächerübergreifenden Unterrichts stellen bilinguale Zweige an Schulen dar. Die Zahl der Antragsteller - nicht zuletzt mit Blick auf eine besondere Profilierung - hat seit Beginn der 90er Jahre hier stetig zugenommen. Die meisten Schulen bieten Englisch, einige wenige auch Französisch an.

verschiedenen Sprachen und Kulturkreisen).[49] Die grundlegende Idee, einzelne Leitthemen unter fächerübergreifenden Aspekten zu behandeln, findet an den Universitäten in den – leider allzu selten angebotenen – Ringvorlesungen ihren Niederschlag.

2.5 Entdeckendes Lernen

Das *entdeckende Konzept* bezieht seine Grundlagen aus der Kognitionspsychologie Bruners.[50]

Die Grundthese geht von der Annahme aus, daß Lernen in allen Bereichen – sowohl Reproduktions- als auch Transferleistungen – umso effektiver gestaltet werden kann, je mehr es durch aktive Erfahrungen oder durch selbständige entdeckerische Tätigkeiten betrieben wird.

Auf der Basis dieser Grundthese können folgende didaktischen Maßnahmen ergriffen werden:

1. Speziell in den Naturwissenschaften und in der Mathematik können die Inhalte – meist durch hohe innere logische Verflechtung gekennzeichnet – oft in anschaulich zugänglichen Situationen präsentiert werden, die ein eigenes Entdecken zulassen. Damit ist bereits deutlich gemacht, daß die Vorgabe des Inhaltes auch hier weitgehend durch den Lehrer erfolgen muß, da nur er die Bedeutung für das Folgelernen abschätzen kann.
2. Die Anknüpfung an den Erfahrungshorizont schafft die notwendigen motivationalen Voraussetzungen für die Eigentätigkeit.
3. Die eigenständige Erschließung neuen Wissens muß neben den positiven Motivationsschüben auch Mißerfolgserlebnisse zulassen und damit im Sinne des stetigen Weiterlernens auch Tugenden wie Durchhaltevermögen, Vertrauen in die eigenen Fähigkeiten, etwa auch die Fähigkeit zur Eigenkorrektur etc. fördern. Von daher ist der einzuplanende Zeitbedarf und auch die Phasierung des eigentlichen Unterrichtsablaufs nicht in vollem Maße vorhersehbar, da auch 'Irrwege' (in beschränktem Maße) beschritten werden müssen.[51]

---

[49] Das in seiner schulischen Existenz „geschmälerte", z.T. sogar bedrohte Fach Erdkunde erhofft sich durch die hier mögliche Konglomerierung vieler und umweltbezogener Themenstellungen einen erhöhten Legitimationsnachweis.

[50] Bruner, Jerome S.: *Entwurf einer Unterrichtstheorie*. Berlin 1974
Neber, Heinz (Hg.): *Entdeckendes Lernen*. Weinheim, Basel 1981 (3. Aufl.)

[51] Die lineare Erfüllung einer Verlaufsplanung läuft Gefahr, nur oberflächlich entdeckendes Lernen vorzutäuschen, wenn die Teilschritte vorgegeben oder die Ergebnisse im 'Frage-Antwort-Betrieb' erfragt werden.

4. Die Schüler müssen als Mitverantwortliche am Lernprozeß akzeptiert und somit auch an Entscheidungen zum Fortschreiten beteiligt werden.

Eine Gegenüberstellung der Lehrertätigkeit im Lernen durch Entdeckenlassen und im Lernen durch Belehren soll diese Unterrichtsform verdeutlichen:[52]

Lernen durch Entdeckenlassen	Lernen durch Belehren
L. setzt auf Neugier und Wissensdrang.	L. setzt auf Methoden seiner Vermittlung.
L. betrachtet die Schüler als Mitverantwortliche am Lernprozeß.	L. neigt zu Bild der Schüler als zu formende Objekte.
L. versteht sich als Erzieher und mitverantwortlich für die Gesamtentwicklung.	L. versteht sich mehr als Wissensvermittler.
L. versucht, die allgemeine Bedeutung des Lernstoffes zu erhellen.	L. beschränkt sich auf die fachliche Einordnung des Lernstoffes.
L. versucht, zentrale Ideen deutlich werden zu lassen.	L. legt größeren Wert auf lokale Abgrenzung des Inhaltes.
L. versucht, den Beziehungsreichtum der Lerninhalte sichtbar werden zu lassen.	L. hält Separationen und Isolationen für lernwirksamer.
Lehrer bietet herausfordernde, lebensnahe und nicht so arm strukturierte Situationen an.	L. gibt das Lernziel – in möglichst engem Stoffkontext – an.
L. ermuntert zum Beobachten, Erkunden, Probieren, Fragen.	L. erarbeitet den Stoff durch Darbieten oder gelenktes Unterrichtsgespräch.
L. gibt Hilfen als Anleitung zum Selbstfinden.	L. gibt Hilfen als Anleitung zur Produktion der gewünschten Antwort.
L. fördert intuitives Handeln.	L. achtet auf raschen Gebrauch der Fachsprache.
L. gibt der Eigendynamik von Lernprozessen Raum.	L. setzt auf kleinschrittiges und den Schwierigkeiten gemäßes, gestuftes Vorgehen.
L. hält die Schüler an, ihre Lösungsansätze selbst zu kontrollieren.	L. fühlt sich verpflichtet, im wesentlichen selbst Schülerbeiträge zu beurteilen.
L. versucht Schülerfehler (auch vermeintliche) mit Schülern zu analysieren.	L. versucht, das Auftreten von Schülerfehlern zu unterbinden.
L. thematisiert das Lernen und Verstehen. Insbesondere legt er Wert auf das Bewußtwerden heuristischer Strategien.	L. vermeidet eher Reflexionen über das Lernen und über das Lösen von Problemen. Problemlösen vollzieht sich naiv.

---

[52] Nach: Winter, Heinrich: *Entdeckendes Lernen im Mathematik-Unterricht.* Braunschweig 1991 (2. Aufl.)
Dabei muß kritisch angemerkt werden, daß diese Gegenüberstellung aus der Sicht von Befürwortern des entdeckenlassenden Verfahrens verfaßt wurde. Sie ignoriert die Frage nach der unterrichtlichen Effizienz solchen Vorgehens.

2.6 Exemplarisches und genetisches Lehren und Lernen[53]

Entstanden aus der Bemühung, der immer größer werdenden Stoffülle zu begegnen, ist der Versuch einer Loslösung vom systematischen Lehrgang und der Begegnung des damit verbundenen Hanges zur Vollständigkeit durch das exemplarisch-genetische Vorgehen nach Wagenschein zu werten (vgl. auch Didaktisches Modell nach Klafki – Exemplarizität des Gegenstandes).[54] Ein linearer und zwangsläufig oberflächlicher Durchlauf eines Themenkanons wird ersetzt durch intensives Verweilen auf einer 'Plattform' im Rahmen eines allgemeinen Überblicks, um an einzelnen Stellen eine 'echte Begegnung' mit der (naturwissenschaftlichen oder historischen oder ...) Welt zu haben.

Etwas enger faßt Pukies seinen historisch-genetischen Ansatz, der eine Brücke zwischen den sich befehdenden Grundeinstellungen (Fachsystematik *versus* Wissenschaftskritik) schlagen sollte. Die methodische Vermittlung soll „zum einen das Verstehen der Begriffe und zum anderen das Verstehen der gesellschaftlichen und philosophischen Implikationen der Entwicklung dieser Begriffe und damit der Wissenschaft" ermöglichen.[55]

Schließlich sei noch die *Gestaltpädagogik* genannt, die im therapeutischen Bereich mehr Anklang als im schulischen gefunden hat. Sie bemüht sich um die erlebnisorientierte, d.h. auch emotionale Erschließung von Themen.[56]

Zusammenfassung

Die alternativen didaktischen Strömungen sind so etwas wie klingende Münzen in der Hand von theorieorientierten Pädagogen geworden; es sind Münzen, die an sich nicht so neu sind, sondern vielfach lediglich als solche propagiert werden.

Wie immer, wenn neue Münzen in Umlauf gebracht werden, wird es eine breite Masse geben, die sie staunend, ja fasziniert betrachtet, obwohl sie mitunter weniger Silber enthalten als die alten! Neue Münzen blinken verführerisch, jedoch besteht auch die Gefahr, daß sie den Betrachter lediglich blenden. Sind solche Münzen im Vergleich zu anderen in sich wertvoller, kann man mit ihnen mehr, d.h. besseren Unterricht, „kaufen"?

---

[53] 'genetisch' = sich entwickelnd
[54] Wagenschein, Martin: *Verstehen lehren*. Weinheim, Basel 1989 (8. Aufl.)
Pukies, J.: *Das Verstehen der Naturwissenschaften*. Braunschweig 1979
[55] Pukies, J.: *Das Verstehen der Naturwissenschaften*. Braunschweig 1979, S. 136
[56] Burow, O.-A.: *Grundlagen der Gestaltpädagogik*. Dortmund 1988

In der Praxis haben die alternativen Unterrichtsformen relativ breite Resonanz in den Grundschulen (Freie Arbeit), in Gesamtschulen (Projektarbeit) sowie in den alternativen Schulformen gefunden. Punktuell werden sie auch in traditionellen anderen Schulformen (Freiarbeit in unteren Klassenstufen, Projektwochen) umgesetzt, nicht zuletzt intensiviert durch den einen Pluralismus fördernden Zeitgeist.[57]

Befürworter werden auf mehr Selbständigkeit, Kreativität, Phantasie, Lebendigkeit, Individualität oder Zeitgemäßheit als Positivmerkmale solcher Unterrichtskonzepte verweisen. Sie können mit Recht darauf verweisen, daß sich in unserer Gesellschaft die Fähigkeit zum selbständigen Handeln immer mehr zu einem entscheidenden Qualifikationsnachweis entwickelt.

Es gibt immer mehr außerschulische Ausbildungsgänge, etwa an Hochschulen und Betrieben mit technischer Ausrichtung, in denen Teile projektorientierten Charakter haben.

Die Rechtfertigung von alternativen Unterrichtsformen läßt sich auch an den von der Bildungskommission des Deutschen Bildungsrates schon 1970 im „Strukturplan" eingeführten Grundsatz der Wissenschaftsorientiertheit (Wissenschaftspropädeutik) anbinden.[58]

Zur Realisierung einer Erweiterung der Handlungsfähigkeit auf der Grundlage wissenschaftlich begründeten, reflektierten und kritischen Lernens muß der Unterricht das Initiativverhalten, das bewußte Aneignen von Lernwegen, die Reflexionsfähigkeit und die Selbständigkeit fördernd organisieren.

Kritiker werden die Intensität und den Ausschließlichkeitscharakter vieler Forderungen beklagen und den Vergleich mit der moralisierenden Aussage im Märchen „Des Kaisers neue Kleider" anführen können.

Es fällt schwer, zu einem angenähert objektivierbaren Urteil zu kommen, da hier vielfach Bekenntnisfragen angesprochen sind. Hinzu kommt, daß Verfechter und Praktizierende von alternativen Unterrichtsformen sich scheuen werden – zumindest nach außen hin – die geleistete Arbeit als negativ darzustellen. Kritiker werden sich erst gar nicht auf alternative Unterrichtsformen einlassen.

---

[57] Vgl. etwa den Andrang auf alternative Schulen oder die Betonung eines schuleigenen Profils durch die erhebliche Zunahme von Schulen mit sog. bilingualem Angebot etc.
In NRW ist darin auch der Grund für das in den Richtlinien SI geforderte 'Schulprogramm' einer jeden Schule zu sehen.
[58] Deutscher Bildungsrat (Hg:) *Strukturplan für das Bildungswesen*. Stuttgart, 1970, S. 33ff.

Wie eigentlich immer, wenn es um die Güte von Unterricht geht, wird sich Erfolg oder Mißerfolg in hohem Maße an die Persönlichkeit des Unterrichtenden knüpfen.

Bei allem Respekt vor den beeindruckenden Erfolgen, die einzelne Lehrer mit den ihnen anvertrauten Lerngruppen nachweisen können, überwiegt die Skepsis, ob die Ausweitung solcher Unterrichtsformen den „Massenbetrieb" Schule unter den herrschenden Rahmenbedingungen tatsächlich anreichern kann. Die wenigen empirischen Untersuchungen geben eher zur Skepsis Anlaß. Diese Skepsis knüpft sich an folgende Überlegungen:

- Zunehmend fehlendes Wissen von Schülern führt auch bei alternativen Unterrichtsformen zu „alten" Lehrerüberlegenheiten, die sich in einer Kognitivierung von Unterricht „durch die Hintertür" dokumentieren, d.h. etwa im Erklären, Vormachen, in der Beschaffung von Materialien etc. niederschlagen und damit die eigentliche Zielrichtung solcher Unterrichtsformen aushöhlen.
- Der handlungsorientierte, selbstgesteuerte Unterricht läßt sich mit lernpsychologischen Grundsätzen nur schwer in Übereinklang bringen. Zu fordern ist die Lernorientierung des Handelns, nicht die Handlungsorientierung des Lernens, und zwar aus folgenden Gründen:
  - Die Fähigkeit des Lernenden zur Informationsverarbeitung hängt von den Charakteristika der Aufgabe ab. Hier spielen angemessener Schwierigkeitsgrad, Anschaulichkeit, Lernhilfen etc. eine entscheidende Rolle.
  - Schüler lernen am besten, wenn sie aufgabenbedeutsame Vorkenntnisse haben, die sie in den Lernprozeß gewinnbringend einordnen können.
  - Schüler können nur effektiv lernen, wenn ihnen alle Begriffe – bezogen auf die Aufgabenstellungen und den Lerngegenstand (etwa Text) klar sind.

  Alle diese Voraussetzungen können nur von jemandem geschaffen werden, der genaue Kenntnisse über Gegenstand, Aufgabe und Zielperson hat. Dies kann niemals der Schüler, sondern nur der Lehrer sein.[59]
- Selbstgesteuertes Lernen führt in erheblichem Maße zu Ineffizienzschleifen. Steht die verfolgte alternative Unterrichtsform unter Zeitdruck – *terminus ad quem* etwa vorgegeben durch 45-Minuten Rhythmus einer Stunde, durch Ende der Projektwoche, durch Termin der Publikation oder

---

[59] Vgl. etwa die massive Kritik, die Henning Günther vorbringt. Günther, Henning: *Kritik des Offenen Unterrichts.* Bielefeld 1996, S. 16 ff.

Aufführung, kommt es zur Hektik und Zusatzbelastungen in Form von Sonderterminen, die nicht alle Schüler zu übernehmen bereit sind.[60]
- In der Durchführung der Arbeit gibt es z.b. vielfach Probleme in den Aufgabenbewältigungen, in der Bildung und Zusammenarbeit von Gruppen; die positive Grundstimmung, der Anfangseifer sind häufig schnell verflogen, Demotivation und Frust über organisierte Zeitvergeudung werden greifbarer und artikulierter vorgebracht als bei lehrerzentriertem Unterricht.
- Viele Lehrer, die ihre Vorstellung von Unterricht mit der Einhaltung eines festen Ordnungsrahmens verbinden, empfinden diese „neuen" Unterrichtsformen als anstrengender aufgrund der geforderten geringeren Toleranzschwelle gegenüber normabweichenden Verhaltensformen von Schülern.
- Alternativer Unterricht entzieht sich fast immer der zu leistenden Pflicht des Lehrers zur begründbaren Notenfindung. Wer wagt schon, den überdurchschnittlich gezeigten Einsatz eines Schülers selbst bei mageren oder falschen Ergebnissen mit einer schlechten Note zu verbinden? Das Problem stellt sich noch gravierender bei Gruppenarbeit dar, wo die Leistung des einzelnen nicht meßbar ist, im Selbstverständnis vieler Verfechter solcher Arbeitsformen sogar bewußt nicht individualisierbar sein soll.
- Inwieweit die vielfach reklamierte affektive Dimension bei alternativen Unterrichtsformen erfaßt wird, läßt sich im Sinne einer Operationalisierung *ad hoc* nicht entscheiden. Die Realisierung von mehr Freude am Lernen, die Entwicklung eines Humanisierungs- und Demokratiebewußtseins sowie von Erkenntnisfähigkeiten und Lernstrategien, v.a. auch mit Blick auf die zunehmende Gewaltbereitschaft an Schulen, kann erhofft, nicht aber zwingend abgeleitet werden.

Die vorgebrachten Bedenken legen den Schluß nahe, daß die alternativen Unterrichtsformen im schulischen Alltag an den meisten Schulformen allenfalls als isoliert einsetzbare Kontrapunkte zum traditionellen Unterricht fungieren können. Sie greifen zudem nur dann in der gewünschten Form, wenn der Lehrer überaus einsatzbereit und organisationstalentiert ist und über Lerngruppen verfügt, in denen die Kompetenzbereiche Wissen und Methoden ausbaufähig grundgelegt sind.

---

[60] Häufig ist festzustellen, daß vor einer Aufführung, Ausstellung etc. Schüler und Lehrer viele Nachmittage und sogar Abende zur Perfektionierung des Vorhabens verbringen müssen. Hier kann es zu erheblichen organisationstechnischen Störungen im Schulalltag kommen, z.B. in bezug auf Fahrtbelastung bei flächengroßem Einzugsgebiet oder Reduzierung der Vorbereitungszeit bei – möglicherweise versetzungsentscheidenen – Klassenarbeiten bzw. Klausuren.

3 Lernziele (Möller, Mager, Bloom)

Das in Kapitel 1.5 behandelte lernzielorientierte Didaktikmodell wurde Mitte der 60er Jahre entwickelt und hat in verschiedenen Entwicklungssträngen vor allem in den 70er Jahren vielfältige Ideenschübe für die Unterrichtslehre in Gang gesetzt. Auch wenn die Diskussion um diesen Bereich mittlerweile erheblich abgeflacht ist, haben Lernziele als eigenes Feld von Unterrichtsplanung in den meisten Planungsmodellen ihren grundsätzlichen Stellenwert bewahren können.

Im weitesten Sinne bezeichnet der Begriff Lernziel die intentionale Ebene von Erziehung und Unterricht, im engeren Sinne das beobachtbare Verhalten, das gezeigt werden muß, wenn ein Ziel als erreicht gewertet werden kann.

Mit Blick auf die praktische Umsetzung von Zielen ist eine Fülle von Ansätzen und entsprechende Begrifflichkeiten entwickelt worden. Grundsätzlich kann unterschieden werden zwischen *Lehr*zielen und *Lern*zielen (vgl. Kap. 1.5). Entsprechend unserer Themenstellung beschränken wir uns hier auf Lernziele.

Kaiser/ Kaiser fassen den momentanen Diskussionsstand zusammen, der Lernziele ausschließlich auf die inhaltliche, nicht auf die erzieherische Ebene bezogen wissen will. Lernziele sind nach diesem Verständnis solche, in denen Bezug auf einen Gegenstand, einen Lerninhalt genommen wird (z.B.: Der Schüler soll ein bestimmtes Gedicht von Goethe analysieren können.). Erziehungsziele dagegen sind allgemeine Leitlinien der erzieherischen Arbeit, die mit Bezug auf ein Fach, eine Fächergruppe, dem Gesamtauftrag von Schule und Unterricht formuliert werden.[61]

Die entwickelten Modelle einer Klassifizierung beziehen sich sowohl auf eine vertikale als auch eine horizontale Ebene. Entsprechend spricht man von Lernzielhierarchisierung und Lernzieldimensionierung.

Der in Deutschland anerkannteste Versuch zur Hierarchisierung stammt von Christine Möller.[62] Mit Bezug auf das von Robinsohn entwickelte hierarchische Ausbausystem (Qualifikationspyramide) schlägt sie folgende Differenzierung vor:[63] Allgemeine, übergreifende *Richtziele* – etwa: „befähigt werden, am Kultur- und Wirtschaftsleben des Staates teilzunehmen" – daraus abzuleitende Teilziele (*Grobziele*) – etwa: „Die verschiedenen Anredeformen in Geschäfts- und Privatbriefen kennen" – und Feinziele, die an Lehr- in Lern-

---

[61] Kaiser, Arnim; Kaiser, Ruth: *Studienbuch Pädagogik*. Frankfurt 1994 (7. Aufl.), S. 273
[62] Möller, Christine: *Technik der Lernplanung*. Weinheim 1976 (5. Aufl.)
[63] Robinsohn, Saul B.: *Bildungsreform als Revision des Curriculum*. Neuwied 1975 (5. Aufl.)

inhalten festgemacht werden können – etwa: „In 10 vorgegebenen Geschäftsbriefen ohne Anrede von den 10 vorgegebenen Anredeformen mindestens 8 richtig zuordnen können."[64]

Nicht zuletzt das Fehlen einer konkreten fachspezifischen Ausrichtung beim Ansatz von Möller hat dazu geführt, verschiedenen Fächern ein einziges übergeordnetes Richtziel zuzuordnen. Im Fremdsprachenunterricht lautet dieses etwa: Kommunikationsfähigkeit, im Fach Erdkunde: die Herstellung von Raumbezügen, in Mathematik: Problemlösungsstrategien entwickeln.

Nach einer in der Unterrichtslehre weit verbreiteten Vorstellung ist das Grobziel gleichzusetzen mit dem Stundenziel, während die Feinziele, die heute in vielen Planungsmodellen mit Teilzielen gleichgesetzt werden, auf einzelne Phasen oder Fertigkeitsbereiche bezogen sind.

Mit der Forderung nach Lernzielbeschreibung ist die Forderung nach Operationalisierung verbunden. In Anlehnung an den Behaviorismus wird darunter die Formulierung eines beobachtbaren Verhaltens verstanden. Zielbeschreibungen wie „wissen" oder „verstehen" sind danach unzureichend. V.a. der sich der Didaktik des programmierten Unterrichts verbunden fühlende Didaktiker Mager betonte schon in einem frühen Stadium der Diskussion, daß operationalisierte Lernziele konkrete Angaben über das Verhalten, die Hilfsmittel und der Beurteilungsmaßstab für die Realisierung enthalten müssen.[65] Die Forderung nach konkreter Ausweisung, wie ein Lernziel operationalisiert werden soll, ist auch heute noch gültige Forderung in der Lernzieldidaktik.

Vielbeachtete Kriterien für Lernzielklassifikationen sind neben den von Mager (Konkretisierungsanspruch) und Möller entwickelten (Richt-, Grob-, Feinziel) die von Bloom formulierten Vorstellungen. Bloom wurde durch die Entwicklung von Lernzielstufen, die er Taxonomie nannte, (engl.: *taxonomy*) bekannt. Bloom stuft „Wissen" als niedrige Stufe, „Analyse" und „Synthese" als höherwertige Stufen ein.[66] Krathwohl erweitert die zu verfolgende Taxonomie noch um den Aspekt der Internalisierung und stuft unter der Taxonomie der affektiven Lernziele z.B. „Aufmerksamwerden" als niedrige, „Bindung an einen

---

[64] Die Funktionalität von Grobziel und Fein-(Teil-)ziel wurde auch mit Begriffen wie Lernziel erster bzw. zweiter Ordnung wiedergegeben.
Zitiert nach Thiel, Siegfried: *Lehr- und Lernziele*. Ravensburg 1976 (5. Aufl.), S. 34 f.
[65] Mager, Robert F.: *Lernziele und programmierter Unterricht*. Weinheim 1972
[66] Bloom, Benjamin S.: *Taxonomie von Lernzielen im kognitiven Bereich*. Weinheim, Basel 1972

Wert" als hohe Stufe der Internalisierung ein.[67] Für den psychomotorischen Bereich haben Dave und Guilford Stufungen eingeführt.[68]

Für den kognitiven Bereich werden Lernziele nach dem Grad ihrer Komplexität unterschieden:
Bloom:
einfach ──────────────────────────────────────► komplex
Kenntnisse   Verständnis   Anwendung   Analyse   Synthese   Beurteilung

Für den psychomotorischen Bereich werden Lernziele nach dem Grad der Koordination (Dave) bzw. dem Grad der Komplexität unterschieden:
Dave:
gering ──────────────────────────────────────► groß
Imitation   Manipulation   Präzision   Handlungsgliederung   Naturalisierung
Guilford:
einfach ──────────────────────────────────────► komplex
Kraft Stoß Geschwindigkeit statische Präzision dynamische Präzision Koordination Flexibilität

Für den affektiven Bereich werden Lernziele nach dem Grad der Internalisierung unterschieden:
Krathwohl:
außen ──────────────────────────────────────► innen
Aufmerksamwerden   Reagieren   Werten   Organisation   Charakterisierung
Beachten   durch einen Wert
                                                            oder Wertstruktur

Die vor allem im englischsprachigen Raum aufgestellten Taxonomien sind z.T. noch erheblich weiter bis in feinste Verhaltensweisen hinein aufgegliedert worden.

Abb. 4: *Übersicht über die verschiedenen Taxonomien*

Wenn auch das Ringen um Begrifflichkeiten heute allenfalls noch wissenschaftshistorischen Wert hat oder von (den wenigen) Lernzielfetichisten vermittelt wird, ist die damals entwickelte Forderung nach der Ausweisung unterschiedlicher Stufen von Lernleistungen bis heute anerkannt. Sie war z.B. ein wesentlicher Bestandteil des Strukturplanes für das Bildungswesen von 1970 und liegt heute vielen Beurteilungen von v.a. schriftlichen Leistungen von Schülern zugrunde. Die breit anerkannte Abstufung bezieht sich auf folgende aufsteigende Qualifikationsmerkmale:

---

[67] Krathwohl, David R. et al: *Taxonomie von Lernzielen im affektiven Bereich*. Weinheim, Basel 1975
[68] Dave, R.H.: *Eine Taxonomie pädagogischer Ziele*. In: Ingenkamp, Karl-Heinz: *Möglichkeiten und Grenzen der Testanwendung*. Weinheim, 1969
Guilford, J.P.: *A system of psychomotor abilities*. In: American Journal of Psychology. 1971

- Das Verfügen über Wissen, Reproduktion von Fakten, aber auch von Theorien
- Selbständige Reorganisation des Gelernten
- Transfer
- Neuleistungen, Innovationen, Problemlösungen

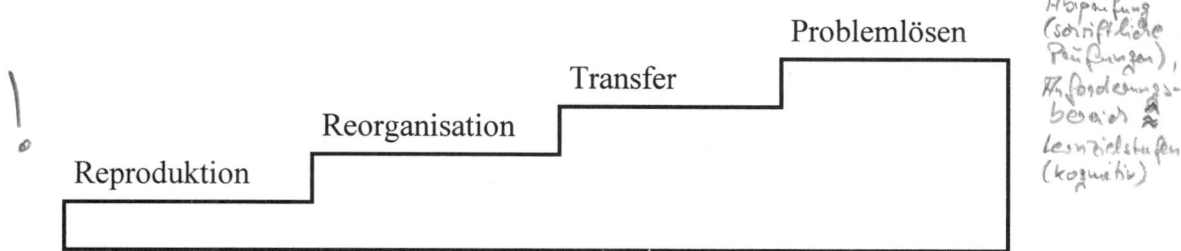

Abb. 5: *Stufung der kognitiven Lernziele nach dem Strukturplan*

Hinsichtlich der Dimensionierung wurden verschiedene Ansätze initiiert. Das Klassifikationsschema, das zunächst die stärkste Resonanz fand und in manchen Richtlinien und Fachseminaren noch immer verbreitet ist, unterscheidet zwischen einer kognitiven (instrumentellen, pragmatischen) und affektiven Dimension.

Die Schwierigkeiten, mit diesen Begriffen in den einzelnen Fächern alle Anforderungsbereiche abdecken zu können, führte dann zu weiteren fächerspezifischen Differenzierungen und Begriffsentwicklungen wie Spracherwerb, Methodenerwerb, Wissenserwerb (Fremdsprachen), motorische, kognitive und soziale Lernziele etwa im Fach Sport.

Gerade in jüngerer Zeit sind Lernziele zur lernpsychologischen Verstärkung der Lernmotivation und solche, die sich auf die Entwicklung sozialer Kompetenzen beziehen, stark in die Diskussion gerückt.[69]

Vor allem durch die kommunikative Didaktik (vgl. Kap. 1.6) wird die Verständigung der Beteiligten über die Ziele gefordert. Damit die Schüler nicht zu Objekten externer Planungen werden, so wird argumentiert, muß es zum Dialog, zur Reflexion, zum Diskurs über Lernziele (und auch Lehrziele) kommen. Der Unterricht bleibt dann offen für situative Entscheidungen des Lehrers. Die Prozeßerfahrungen werden dann fast wichtiger als der Nachweis

---

[69] Es stellt sich hier allerdings die Frage, ob der erstgenannte Zielbereich im „klassischen" Ansatz nicht den Lehrzielen, der zweitgenannte nicht den Erziehungszielen zugeordnet werden sollte.

erreichter Endverhaltensweisen. Bei diesem Ansatz werden allgemeine Lernziele wie Ich- oder Sozialkompetenz fachlichen Lernzielen gleich- oder sogar übergeordnet.

Die zuweilen an einen Ausschließlichkeitsanpruch grenzende Intensität, mit welcher die dem behavioristischen Credo verpflichteten Lernzielstrategen ihre Forderungen propagierten, hat schon früh und dann mit wachsender Radikalität Kritik evoziert. Diese läßt sich wie folgt zusammenfassen:

1. Das Erreichen von Lernzielen läßt sich allenfalls bei einfachen, möglichst wissenerwerbsorientierten Unterrichtsinhalten überprüfen. Komplexe Inhalte werden möglicherweise zunächst nur partiell oder in bezug auf verschiedene Anspruchsebenen verstanden. Eine Einteilung in 'erreicht'/'nicht erreicht' ist daher kaum möglich.
2. Ebenso ist in vielen Lernprozessen eine klare Trennung zwischen einzelnen Lernzielbereichen nicht möglich.
3. Grundsätzlich ist der affektive Lernzielbereich, da es sich um eine angestrebte Bewußtseinsveränderung handelt, kaum überprüfbar. Hier werden fälschlicherweise oftmals vordergründige Lippenbekenntnisse von Schülern als Gradmesser für eine erfolgte Operationalisierung herangezogen.
4. Bei der Überprüfung der Lernzielerfolge lassen sich in der Regel nur einzelne Schüler oder Gruppen erfassen.
5. Der möglicherweise existierende Erfüllungszwang von Lernzielen schränkt die Freiheit des Lehrers erheblich ein. Gewinnbringender Unterricht lebt jedoch nicht zuletzt von der Unberechenbarkeit der Reaktionen von Schülern, die sich etwa in überraschenden Ideen oder unerwarteten Fragen äußern. Ein unter Operationalisierungszwang von Lernzielen stehender Lehrer kann nicht mit der dann geforderten Flexibilität reagieren; der Unterricht läuft Gefahr, steril zu werden.

II Der Bereich Methodik

Wenn Unterricht systematisch geplant, begleitend analysiert oder im nachhinein reflektiert wird, so muß das damit verbundene komplexe Geschehen in eine Fülle von Einzelmomenten gegliedert werden. Daß solche Differenzierungen oftmals nur heuristischen Wert haben, da viele Aspekte sich gegenseitig durchdringen, versteht sich von selbst.

Einen wesentlichen Teil, vielleicht sogar den wesentlichsten, stellt dabei der methodische Bereich dar. Unterrichtsmethoden sind darauf angelegt, Lernprozesse so zu strukturieren, daß die gesetzten Unterrichtsziele möglichst schnell, wirkungsvoll und erzieherisch angemessen erreicht werden.

Innerhalb der Methodenlehre lassen sich verschiedene Bereiche unterscheiden.[70] Die schon beklagte, der babylonischen Sprachverwirrung nicht unähnliche terminologische Uneinheitlichkeit auf dem Gebiet pädagogischer Begrifflichkeiten wird hier besonders greifbar. Begriffe wie Lehrverfahren, Lehrweise, Lernverfahren, Methodenkonzeptionen, Aktionsform, Arbeitsform, Unterrichtsverfahren, Unterrichtsform werden in synonymischer oder mit affiner Sinngebung verwendet und stiften selbst beim belesenen Lehrer häufig mehr Verwirrung als Klärung. Die Vielfalt der Begriffsauslegungen läßt eine konsensfähige systematische Typologie als geradezu utopisches Unterfangen erscheinen.

Die hier verwendete Nomenklatur orientiert sich an der in vielen Seminaren der zweiten Ausbildungsphase etablierten Begrifflichkeit. Dabei werden die in der unterrichtspraktischen Umsetzung diametralen Verfahren wegen ihrer dann oftmals leichteren gegenseitigen Erhellung zusammenfassend behandelt.

---

[70] Eine vielbeachtete Strukturierung im Bereich Methodik liefert Wolfgang Schulz, indem er in Konkretisierung seiner Modellentwicklung (vgl. 1. Teil, I - Kap. 1) fünf Methodenebenen ausweist, von denen vier in der Unterrichtslehre etabliert sind. Die fünfte Ebene wird von Schulz „Urteilsformen" genannt. Sie charakterisieren den Stil des Lehrers.
Schulz, Wolfgang: *Aufgaben der Didaktik*. In: Kochan, Detlef C. (Hg.): *Allgemeine Didaktik - Fachdidaktik - Fachwissenschaft*. Darmstadt 1972 (2. Aufl.)

1 Methodenkonzeptionen[71]

1.1 Das hermeneutische Verfahren

Das hermeneutische Verfahren gilt als das wohl älteste und am häufigsten angewandte innerhalb der Geisteswissenschaften. Hermeneutisch [von griech.: *hermeneutiké (techné)*] läßt sich erklären mit 'dolmetschen' oder 'wiedergeben'. Ursprünglich als Kunst der Bibelauslegung verstanden, wurde dieses Verfahren seit dem 18. Jahrhundert, maßgeblich durch den Philosophen, Theologen und Pädagogen Friedrich Ernst Schleiermacher (1768-1834) gefördert, zu einer allgemeinen Theorie der Textinterpretation erweitert. Ohne auf die vielen wissenschaftstheoretisch relevanten Ansätze im einzelnen einzugehen, sei mit Blick auf eine unterrichtliche Verwertbarkeit festgehalten, daß es sich um ein zunächst von der allgemeinen Erfassung von Einzelheiten ausgehendes Verfahren handelt. Diese werden mit dem Vorverständnis des Interpreten in Verbindung gebracht und führen dadurch zu einem vagen, vorläufigen Eindruck, der dann im Laufe der Auseinandersetzung mit dem Gegenstand zunehmend präzisiert und differenziert, vielleicht durch teilweise Falsifizierung auch modifiziert wird. Der Interpret erhebt sich gleichsam „spiralförmig" auf eine immer höhere und komplexere Ebene des Verständnisses.[72]

Ein klassisches Beispiel ist die Auseinandersetzung mit einem Gedicht, bei dem in der Einstiegsphase erste Beobachtungen gesammelt werden und meist unstrukturiert in einen größeren Kontext (Gedicht als literarische Form, Themenschwerpunkte im Gedicht, evtl. Vergleich mit anderen Texten) gebracht werden. In diesem Zusammenhang spricht man daher auch von einem hermeneutisch-analytischen Verfahren. Es folgt die Detailanalyse, während der die jeweils früheren Eindrücke und vorläufigen Ergebnisse reflektiert, korrigiert, modifiziert oder auch verifiziert werden. Am Ende steht ein vertieftes Verständnis des Gedichtes.

1.2 Das induktive und das deduktive Verfahren

Beim erstgenannten Verfahren schließt man vom Besonderen auf das Allgemeine, also von einzelnen Fällen oder Sätzen auf generell gültige Tatsachen bzw. Sätze. Im Unterrichtsbereich ist dazu wesentlich die Wahl eines

---

[71] Methodenkonzeptionen werden hier ausschließlich mit Blick auf ihre Verwendbarkeit im Unterricht angesprochen.

[72] Es wird hier bewußt vereinfachend vorgegangen. Publikationen zum 'hermeneutischen Zirkel' sind häufig philosophisch ausgerichtet und ohne entsprechende Vorkenntnisse nicht immer einfach zu verstehen.

Beispieles (eines Falles), das möglichst praxisnah und umfassend diejenigen Merkmale enthält, deren Abstrahierung dann die Formulierung der allgemeingültigen Aussage ermöglicht. Der induktive Schluß ist nur in der Mathematik, sonst in keiner Wissenschaft, logisch einwandfrei – etwa: der Schluß von n auf n+1. Dennoch spielt er im täglichen Leben und auch im Unterricht eine große Rolle. Jeder Mensch richtet in dieser Weise sein Verhalten und seine Ansichten nach Erfahrungen aus. Wichtig ist, daß er einzelne konkrete Erfahrungen nicht für absolut gültig hält.[73]

Der Grundgedanke des deduktiven Verfahrens liegt darin, aus allgemeinen Erkenntnisprinzipien, z.B. Gesetzen oder Regeln, spezielle Einsichten abzuleiten. Das deduktive Verfahren ist in der Mathematik besonders weit verbreitet, denn hier werden aus wenigen Axiomen, Definitionen und Postulaten die weiteren mathematischen Erkenntnisse und Sätze durch logisches Denken erschlossen. Es gibt auch Gebiete der Physik und der Chemie, in denen ähnlich verfahren wird. Natürlich spielt auch dieses Verfahren im täglichen Leben und im Unterricht eine große Rolle: Jeder Mensch hat eine mehr oder weniger große Zahl von (manchmal unbewußten) Prinzipien, an denen er sein Handeln ausrichtet.

Für den unterrichtlichen Einsatz kann im Prinzip keines der beiden Verfahren in reiner Form angewandt werden. Einer induktiven Hinführung (z.B.) zu einer Gesetzmäßigkeit werden nach dem Abstraktionsschritt auch Phasen deduktiven Vorgehens folgen müssen, um weitere 'Fälle' zu untersuchen.

1.3 Das ganzheitlich-analytische und das elementenhaft-synthetische Verfahren[74]

Das *ganzheitlich-analytische Verfahren* geht von einem „kompletten" Unterrichtsgegenstand – etwa einem Text oder einer Maschine – aus, der im Unterrichtsverlauf dann mit Blick auf eine besser vermittelbare Strukturierung, Memorier- oder Transferierbarkeit in einzelne „Teile" zerlegt wird; bei einem Text sind dies etwa verschiedene Sinnabschnitte, Sprachregister oder Grammatikstrukturen.

---

[73] In den naturwissenschaftlichen Fächern spricht man auch dann von einem induktiven Verfahren, wenn eine Verallgemeinerung formuliert wird, zu der nur ein Exemplum paßt. Entsprechend ist die Induktionsbasis dann äußerst gering.

[74] Diese Begriffe haben Ende der 50er Jahre zu der vehement geführten Diskussion um die adäquate Methode – Ganzheitsmethode, Zusammensetzmethode – bei der aufbauenden Vermittlung der Lesefertigkeit geführt.

Das *elementenhaft-synthetische Verfahren* dagegen verfolgt den umgekehrten Weg, d.h., es geht von Elementen aus, die im Unterrichtsprozeß dann zu einer Ganzheit zusammengefügt werden.

Im fremdsprachlichen Grammatikunterricht etwa stellt sich dieses Verfahren wie folgt dar: Es werden Teilaspekte eines grammatikalischen Feldes durchgenommen, die am Ende zu einer das gesamte Phänomen erfassenden Regel zusammengeführt werden.

Im Geschichtsunterricht können verschiedene Perspektiven zu einer Epoche, etwa sozial-, wirtschafts-, militär-, kunsthistorisch etc., am Ende zu einer Gesamtbetrachtung zusammengefügt werden.

Illustrative Beipiele bietet etwa der Sportunterricht. Beim Schwimmen wird zunächst der Beinschlag, dann der Armzug elementenhaft gelernt, ehe beide Elemente zur gesamten Schwimmlage „synthetisiert" werden.[75]

Zuweilen findet sich auch der Terminus *analytisch-synthetische Methode*. Diese wurde in Padua bei medizinischen Forschungen entdeckt und dann von dem italienischen Naturforscher Galileo Galilei (1564-1642) nach Überarbeitung zur klassischen Methode der Naturwissenschaften entwickelt. Diese Methode wurde u.a. vom englischen Philosophen und Staatstheoretiker Thomas Hobbes (1588-1679) übernommen, mit dem Ziel, eine strenge Wissenschaftlichkeit der politischen Philosophie zu begründen. Gemeinhin wird analytisch-synthetisch jedoch mit elementenhaft-synthetisch gleichgesetzt.

1.4 Das darbietende, das entdecken-lassende und das genetische Verfahren

Im *darbietenden Verfahren* werden die zu behandelnden Sachverhalte durch den Lehrer oder andere Informationsträger (Texte, Filme etc.) vorgegeben. Die Schüler übernehmen die mehr oder weniger fertigen Strukturen gemäß ihrer individuellen Aufnahmefähigkeit.

---

[75] Weitere Beispiele bieten das Erlernen des Kugelstoßens (Standstoß - Angleiten - Gesamtbewegung) sowie die Vermittlung des Angriffschlages beim Volleyball (Schlagbewegung - Anlauf - Absprung - Gesamtbewegung).

Das *entdeckende* oder besser *entdecken-lassende Verfahren* wird auch 'forschender Unterricht' genannt. Die Schüler erarbeiten die Sachverhalte weitgehend selbständig; sie entdecken sachimmanente Strukturen und weisen eventuell neue Teilstrukturen aus.[76]

Das *genetische Verfahren* ist vor allem von psychologischen Gesichtspunkten bestimmt. Der genetisch-sokratisch-exemplarische Ansatz sieht im längeren Verweilen mit 'echter' Begegnung auf sogenannten Plattformen die Stärken für die Verankerung von Lerninhalten, die als 'exemplum' dann zur 'Ganzheit' führen können. Der historisch-genetische Ansatz geht von der Prämisse aus, daß Lehrinhalte interessanter und besser memorierbar sind, wenn nicht fertige Gegenstände, Regeln, Gesetze oder Erkenntnisse erschlossen werden, sondern wenn sie in ihrem jeweiligen Entstehungsprozeß aufgelöst werden.[77]

1.5 Das methodische Prinzip der „originalen Begegnung"

Alle zuletzt genannten Verfahren können sich des methodischen Prinzips der „originalen" Begegnung bedienen, das mit einem pädagogisch-psychologischen Begründungsansatz vor allem von Heinrich Roth in die Unterrichtslehre eingebracht wurde.[78] Das Prinzip der „originalen Begegnung" verbindet sich mit der Erwartung, daß Schüler durch die unmittelbare Auseinandersetzung mit einem gegenständlich faßbaren Stoff eher Fragehorizonte entwickeln, als wenn sie auf abstrakte Weise mit einem Lerngegenstand konfrontiert werden. Dieses ist am besten realisierbar durch Exkursionen, aber auch dadurch, daß geeignete Gegenstände in ihrer originalen Beschaffenheit im Klassenzimmer vorgestellt werden. Die „originale Begegnung" wird sehr häufig in der Funktion eines besonders motivationsträchtigen Einstieges verwendet.

---

[76] Eine auch für andere Fächer sehr bedenkenswerte Differenzierung in bezug auf Verfahrensweisen im Sportunterricht bietet Wurzel an. Sie unterscheidet zwischen 'darbietendem', 'erarbeitendem' und 'anregendem' Verfahren. Als Themenbeispiel gibt sie das 'Erstellen einer Bewegungsverbindung am Stufenbarren unter Einbezug der Fertigkeit Hüftaufschwung'. Das 'darbietende' Verfahren konkretisiert sich durch die Information über die Zielbewegung durch den Lehrer, das 'erarbeitende' Verfahren durch Erproben (hier sollen die Zielbewegung und ihre wichtigsten Merkmale gefunden werden). Das 'anregende' Verfahren vollzieht sich über die Bewegungsaufgabe, entsprechend unterschiedliche Fertigkeiten zu finden, die in definierter Weise mit der Zielbewegung übereinstimmen.
Wurzel, Bettina: *Methodenaspekte bei der Vermittlung von Fertigkeiten*. In: sportunterricht 8, August 1990, S. 285- 290

[77] Vgl. auch 1. Teil, I - Kap. 2.6

[78] Roth, Heinrich: *Pädagogische Psychologie des Lehrens und Lernens*. Hannover 1971

Im Erdkundeunterricht ist etwa das Mitbringen von Kohle- oder Erzbrocken, in der Biologie das von Pflanzen, Tieren etc. denkbar.[79]

Von einer eingeschränkt „originalen Begegnung" kann man sprechen, wenn der Lerngegenstand nicht unmittelbar authentisch, doch über ein sehr anschauliches Medium dem Schüler nahegebracht wird, etwa durch filmische Dokumentationen von Naturkatastrophen oder Tierverhalten.

Der Begriff „originale Begegnung" läßt sich auch auf Menschen beziehen, etwa wenn der Lehrer einen Gast als Experten im Unterricht berichten und anschließend befragen läßt, z.B. einen Landwirt, einen Politiker oder einen Muttersprachler für eine zu erlernende Fremdsprache.

Zusammenfassung

Alle hier genannten Verfahren haben ihren festen Platz in der Unterrichtslehre. Induktives Lernen, Entdeckungslernen und genetisches Lernen gehen vom Konkreten (Kenntnis von Einzelfällen) zum Abstrakten (Erkenntnis), folgen also dem klassischen didaktischen Grundsatz einer allmählichen Internalisierung oder dem schon von Comenius propagierten Erschließungsweg vom Einfachen zum Schweren.[80] Diese Verfahren werden häufig im Sinne des aufbauenden Lernens, d.h. in Frühstadien der Auseinandersetzung mit Lerngegenständen eingesetzt. Das deduktive Verfahren schließt von allgemeingültigen Regeln auf besondere Situationen. Seine Anwendung ist häufig in fortgeschrittenen Lernstadien zu finden.

Es fällt schwer, die Wertigkeit der einzelnen Verfahren grundlegend zu beurteilen. Dazu sind sie in einzelnen Abläufen zu affin, zudem werden vielfach Mischformen angewendet. So kann etwa beim induktiven Verfahren bei zu geringer Induktionsbasis durch weitere Beispiele und Hinweise Hilfestellungen bei der Regelformulierung gegeben werden. In der Praxis sollte der Grundsatz des Abwechslungsreichtums gelten und die Anpassung an die gegebenen Bedingungen (Stoff, Lerngruppe) gesucht werden. Gemeinhin sollte bei Lerngruppen mit geringerer Abstrahierfähigkeit anschaulicher, d.h. z.B. stärker unter Einbezug des Prinzips der originalen Begegnung, vorgegangen werden. Es kann auch angeführt werden, daß die zuerst genannten Verfahren sich in puristischer Form meistens als zeitaufwendiger erweisen als z.B. das deduktive Verfahren.

---

[79] Vgl. auch 2. Teil, II - Kap. 2.7 – Medienauswahl, -verwendbarkeit
[80] Comenius, Johan A.: *Große Didaktik*. Übersetzt und hg. von Andreas Flitner, Düsseldorf und München 1966 (3. Aufl.)

2 Artikulationsschemata

Artikulation bezeichnet die Gliederung unterrichtlicher Prozesse in Phasen, Stufen, Schritte oder Etappen. Entsprechend spricht man von Artikulationsphasen oder -stufen, von Lern-, Lehr- oder Unterrichtsstufen oder -schritten. Bei Unterrichtsgegenständen mit einer immanenten Sachstruktur, das sind häufig solche in naturwissenschaftlichen Fächern, bietet sich vielfach eine Verbindung von didaktischer Erschließung auf einzelnen Ebenen und methodischer Vermittlung in darauf abgestimmten Phasen an. Als Beispiele lassen sich etwa nennen: Phasenabfolge bei einem Vulkanausbruch oder bei einer Experimentalreihe.

Die unterrichtsbezogene Pädagogik hat eine Fülle von Artikulationsschemata entwickelt, von denen die wichtigsten im folgenden kurz umrissen werden sollen:

2.1 Das Stufenmodell von Herbart

Das früheste allgemein anerkannte Stufenmodell stammt von Johann Friedrich Herbart (1776-1841).

Herbart unterscheidet drei aufeinander bezogene Unterrichtsphasen: die darstellende, die analytische und die synthetische. Für jede dieser drei Stufen nimmt er eine vierstufige Artikulation an, von denen die beiden ersten mehr auf den Unterrichtsgegenstand, das Objekt, die beiden anderen mehr auf den Lernenden, das Subjekt, ausgerichtet sind. Es sind dies: Klarheit (Gliederung des Gegenstandes in kleine Teile), Assoziation (Zuordnung von neuen Inhalten zu bereits Gewußtem), System (Erstellung einer systematischen Ordnung) und Methode (bei Herbart verstanden als Anwendung des Gelernten).[81]

2.2 Die sechs Stufen von Roth

Von den in jüngerer Zeit entwickelten Artikulationsschemata hat vor allem das unter lernpsychologischen Aspekten erstellte Schema von Heinrich Roth ein breites Echo gefunden. Es umfaßt folgende Stufen:
1. Motivation
2. Schwierigkeiten
3. Lösungsversuche
4. Tun und Ausführen
5. Behalten und Einüben
6. Bereitstellen, Übertragung, Integration des Gelernten.

---

[81] Herbart, Johann. F.: *Umriß pädagogischer Vorlesungen*. Paderborn 1964 (2. Aufl.), S. 23 ff. Herbart gilt als der Begründer der pädagogischen Psychologie.

Gemäß seines lernpsychologischen Ansatzes gilt nach Roth, daß die 1. Stufe, die Motivation, nicht nur das Interesse am Gegenstand wecken, sondern auch alle folgenden Stufen begleiten sollte.[82]

2.3 Das Schema von Robert Lado

Breite Resonanz hat auch das Schema von Robert Lado, v.a. für den Fremdsprachenunterricht gefunden.[83] Es wurde entwickelt unter dem Einfluß behavioristischer Lerntheorien und konkretisiert sich in der Praxis v.a. durch das Einüben von Satzmustern (*Pattern Drills*). Lado unterscheidet dabei folgende Grobphasen:

1. Hören und Verstehen *(Perception, Recognition)*
2. Nachahmen und Einüben *(Imitation, Reproduction)*
3. Wiederholen und Anwenden (*Repetition, Reinforcement, Overlearning*, d.h. Einschleifen)

2.4 Das Kreismodell von Klingberg

Lothar Klingberg, führender Didaktiker der DDR, betont, daß die einzelnen Unterrichtsschritte nur aufgrund der ihnen zugewiesenen unterschiedlichen didaktischen Funktionen ihre endgültige Bedeutung im Unterricht erfahren können. Deshalb verzichtet er bewußt auf ein starres Ablaufschema und gliedert die einzelnen Phasen nach didaktischen Funktionen:

1. Hinführung zu einem neuen Unterrichtsgegenstand
2. Zielorientierung
3. Arbeit am neuen Stoff
4. Didaktisches Konsolidieren durch Wiederholen, Einprägen, Üben
5. Systematisierung des Wissens und Könnens
6. Anwendung
7. Kontrolle und Bewertung von Unterrichtsergebnissen

Klingberg betont dabei sehr stark den Kreislauf didaktischer Funktionen, deren Elemente sich im Einzelfall durchaus überlagern können.[84]

---

[82] Roth, Heinrich: *Pädagogische Psychologie des Lehrens und Lernens*. Hannover 1967 (10. Aufl.), S. 245 ff.
[83] Lado, Robert: *Moderner Sprachunterricht*. München 1967
[84] Klingberg, Lothar: *Einführung in die Allgemeine Didaktik*. Berlin/DDR 1982 (5. Aufl.), S. 195 f.

2.5 Das Modell von Grell/ Grell

Ein Buch, das wegen seines Praxisbezuges und der zum Teil sehr offensiv vorgebrachten Ablehnung einer allzu theoriebehafteten Modellentwicklung große Resonanz gefunden hat, ist das von Jochen und Monika Grell.[85]

Die Verfasser gehen von der Prämisse aus, daß zu Beginn einer Stunde der Schüler über das vorgesehene Unterrichtsthema so gut wie keine Information besitzt, und fordern, daß dem Lernenden zunächst solche zur Verfügung gestellt werden, so daß er anschließend eine entsprechende Aufgabe selbständig lösen kann. Die Autoren entwickeln neun Phasen, von denen die ersten fünf lehrerzentriert ausgerichtet sind.

1. Der Lehrer bereitet einen Lerngegenstand vor.
2. Er versucht – etwa durch geeignete Fragen – ein günstiges Lernklima herzustellen.
3. Er informiert sehr präzise über den geplanten Stundenablauf und die Zielsetzungen.
4. Der Unterrichtende stellt sodann ein Informationsinput zur Verfügung.
5. Er bereitet Lernaufgaben vor, von denen er einzelne oder Teile beispielhaft vormacht.
6. Mit genauen Ziel- und Zeitvorgaben entläßt der Lehrer die Schüler in die selbständige Bewältigung der Lernaufgaben.
7. Die Bearbeitung einzelner Problemstellungen im Klassenverband ist fakultativ.
8. Fakultativ ist auch die Weiterverarbeitung des gesamten Themenkomplexes.
9. Am Ende sollte es zu einer Gesamtevaluation kommen.

Das skizzierte Modell gewinnt seine Bedeutung – v.a. in der Abgrenzung zu anderen Modellen – durch die starke Betonung lehrerseitiger Aktivitäten. Besonders nachhaltige Beachtung fand die unter Punkt 3 genannte, später als „informierender Einstieg" bekannt gewordene von Grell/ Grell propagierte Anfangsphase im Unterricht. Sie wird v.a. von solchen Lehrern und Schülern geschätzt, denen die in anderen Modellen unter dem Gesichtspunkt einer hohen Motivationsträchtigkeit vorgestellten Einstiegsphasen zu „offen" und schülerzentriert sind und somit die Gefahr von ineffektiven „Irrwegen" bei der Vermittlung von Sachverhalten in sich bergen.

---

[85] Grell, Jochen; Grell, Monika: *Unterrichtsrezepte*. München 1979

Zusammenfassung

Vergleicht man die verschiedenen Modelle miteinander, so wird deutlich, daß sie zwar in den Termini und der Anzahl der Stufen differieren, in ihren Grundannahmen und Zielsetzungen aber im wesentlichen übereinstimmen. Allen sind eine Hinführungs-, eine Erarbeitungs- und eine Kontrollstufe immanent. Die entwickelten Unterrichtsphasen, mögen sie im einzelnen durch didaktische oder methodische Vorgaben zu erweitern sein, bilden im Prinzip das Strukturgerüst jeder sorgfältigen Stundenplanung und -durchführung. Vor diesem Hintergrund wird im praxisorientierten Teil – vgl. dort Methodische Reflexion und Verlaufsplan – sehr ausführlich auf die planerische und unterrichtspraktische Umsetzung der Artikulationsschemata eingegangen.

3 Sozialformen

Es gibt in der pädagogischen Literatur eine schlechte Tradition, sich mehr um die vermeintlich attraktiveren Themen der Unterrichtslehre zu kümmern als um jene Themen, die im Schulalltag die wichtigsten Rollen spielen. Dies gilt vor allem für die Organisationsformen im Unterricht, die unter dem Begriff „Sozialformen" zusammengefaßt werden.

Hier gibt es z.B. zum Stichwort „Gruppenunterricht" Hunderte von Büchern, Tausende von Aufsätzen, sogar einen eingetragenen Verein. Zum Stichwort „Frontalunterricht", etwa zehnmal so häufig praktiziert wie Gruppenunterricht, sind die Publikationen an einer Hand abzuzählen.[86] Dabei wird der in der Sekundärliteratur am häufigsten vertretenen Einstufung gefolgt, welche die Sozialformen über die Aktionsformen stellt. Es gibt Autoren, die Sozialformen und Aktionsformen als gleichberechtigte Ebenen methodischer Entscheidungen ausweisen.[87]

Die folgenden Ausführungen richten sich in ihrer Abfolge an der Häufigkeit der Sozialformen in der Unterrichtspraxis aus.

3.1 Frontalunterricht

Frontalunterricht ist *per definitionem* lehrerzentriert. In der Regel handelt es sich um einen straff geführten Unterricht, der von Bestimmungsmomenten wie Lehrervortrag, und vor allem vom Frage-Antwort-Betrieb geprägt wird. Untersuchungen haben ergeben, daß Frontalunterricht nahezu 90%, seine fragend-entwickelnde Gestaltung immerhin mehr als 60% ausmachen[88].

---

[86] Vgl. hierzu: Meyer, Hilbert; Paradies, Liane: *Frontalunterricht lebendiger machen.* Oldenburger Vordrucke. Heft 192. Oldenburg. 1993

[87] Vgl. etwa das sich an Schulz anlehnende Modell der Bielefelder Sportpädagogen. Bielefelder Sportpädagogen: *Methoden im Sportunterricht.* Schorndorf 1989, S. 16 f.

[88] Meyer, Hilbert: *Unterrichtsmethoden II: Praxisband.* Frankfurt 1994 (6. Aufl.), S. 187. Vgl. auch Geißler, Erich E.: *Analyse des Unterrichts.* Bochum 1978 (4. Aufl.), S. 176. Geißler unterscheidet bei Unterrichtsstilen zwischen einem „koartierten" Stil, d.h. einem Unterrichtsverhalten, in dem der Lehrer fast ausschließlich einen einzigen methodischen Weg verfolgt, und einem „offenen" Unterrichtsstil, in dem der Lehrer mehrere Verfahren einsetzt. Geißler führt aus, daß sogar 95% aller Unterrichtsstunden in Form des Frontalunterrichts gehalten werden.

Die Vorteile des Frontalunterrichts zentrieren sich um folgende Aspekte[89]:
- Frontalunterricht ist naturgemäß hervorragend geeignet für lehrerzentrierte Handlungsmuster, etwa Lehrervortrag (in Form von Geschichtenerzählen, Vermittlung von Sachinformationen), lehrerseitige Demonstration oder Experimentdurchführung.
- Frontalunterricht macht dabei eine rasche, präzise und gleichartige Informationsvermittlung für alle Schüler möglich. Er ist unentbehrlich, wenn der Lehrer in ein neues Thema einführen und eine gemeinsame Orientierungsgrundlage schaffen will oder mit dem stofflichen Pensum „durchkommen" möchte.
- Frontalunterricht in Form des Frage-Antwort-Betriebs stellt eine größere Übersicht über den Grad des erworbenen Verständnisses durch alle Schüler sicher. Er ermöglicht, Zeitdimensionen besser zu beachten, und vermeidet in der Regel größere Disziplinprobleme.
- Hinzu kommt ein immer wieder in informellen Gesprächen mit leistungsstarken Kollegen vorgebrachtes Argument: Sie bekennen, im Frontalunterricht mehr „Lustgewinn" als in anderen Unterrichtsformen zu erleben, weil sie „sinnlich-handfest" mit unmittelbarer Rückmeldung erfahren, was Schüler gelernt haben, weil es sie befriedigt, wenn sie mit Lehrgeschick komplizierte Sachverhalte selbst lernschwächeren Schülern gewinnbringend vermittelt haben, oder wenn sie etwas erzählt oder vorgeführt haben, was Schüler fasziniert.

Vor allem die sich als „progressiv" bezeichnende pädagogische Lehre ist seit Beginn der 70er Jahre sehr stark gegen den aus ihrer Sicht „autoritären" lehrerzentrierten Frontalunterricht zu Felde gezogen. Dabei wurden als wesentliche Argumente vorgebracht, daß der Lehrer in einem solchen Unterricht ungehemmt seine Machtposition ausüben könne; die Aneignung von Kompetenzen, die in einer modernen Gesellschaft eine immer größere Rolle spielen, wie Mitbestimmung, Kreativität, Selbständigkeit, Teamfähigkeit, Mut und Fähigkeit, Entscheidungen zu treffen und ggf. zu revidieren, würde im Frontalunterricht unterdrückt; Schüler verkümmerten zu Befehlsempfängern, würden zum Obrig-

---

[89] Die Prozentanteile schwanken je nach Schulform, Schulfach, Bundesland und Eigenart der empirischen Forschung. Im ostdeutschen Schulsystem und an Hauptschulen in Nordrhein-Westfalen liegt der Anteil bei 75%, an Gesamtschulen hier immerhin bei 65%, an Gymnasien in Bayern bei 95%. Bedauerlicherweise sind für Realschulen, eine Schulform, die trotz ihres ungeheuren Zuspruchs ohnehin im Schatten akademischer Aufmerksamkeit liegt, keine Informationen verfügbar. Vgl. hierzu: Meyer, Hilbert; Paradies, Liane: *Frontalunterricht lebendiger machen.* Oldenburger Vordrucke. Heft 192. Oldenburg 1993, S. 8 und S. 11.

keitsstaatsdenken erzogen.[90] Mittlerweile bedient sich die Kritik am lehrerzentrierten Frontalunterricht einer milderen Sprachgebung, dennoch wird er nach wie vor in zahlreichen Publikationen als primäre Ursache für viele Mißstände innerhalb und außerhalb von Unterricht gewertet. Aufgeführt werden in diesem Zusammenhang: Langeweile bei Schülern, Streß bei Lehrern, zu starke Verkopfung mit Folgeerscheinungen wie gestörte Sozialisationsfähigkeit und Aggressionen.[91]

Es steht fest, daß der Frontalunterricht auf absehbare Zeit die mit Abstand wichtigste Sozialform der Schule bleiben wird. Sie ist die flexibelste, effizienteste, billigste und bei entsprechendem Lehrgeschick wohl befriedigendste Unterrichtsform. Die Vorstellung einiger Lehrer – dies gilt in besonderem Maße durch die im Studium und Seminar von entsprechender Literatur beeinflußten Lehramtsanfänger –, sie könnten, ja müßten den Frontalunterricht auf ein Minimum reduzieren, ist mit Blick auf die tägliche Unterrichtspraxis nicht haltbar.

Innerhalb des Frontalunterrichts kann unterschieden werden zwischen *direkten* und *indirekten* Aktionsformen.[92]

3.1.1 Direkte Aktionsformen

Hierunter versteht man Formen wie: Vortragen und Vormachen (Demonstration)

Vortragen

Mögliche Formen des **Vortragens** sind z.B. Erzählung, Schilderung, Bericht oder Beschreibung.

---

[90] „Autoritär" wurde, entgegen der ursprünglichen Bedeutung des Wortes (lat.: auctoritas = Vorbild, Glaubwürdigkeit, Sicherheit), mit Vorstellungen von Unterdrückung, Willkür, Machtgebaren gleichgesetzt. Es wurde zum absoluten Reizwort in der „fortschrittlichen" Pädagogik. Autorität mußte aus ihrer Sicht auf allen gesellschaftspolitischen Ebenen bekämpft werden.

[91] Vgl. etwa: Meyer, Hilbert; Paradies, Liane: *Plädoyer für Methodenvielfalt im Unterricht.* Oldenburger Vordrucke. Heft 219. Oldenburg 1993

[92] Die schon an anderen Stellen beklagte Begriffsvielfalt und die damit verbundene Schwierigkeit, einen Konsens über eine systematische Darstellung zu erreichen, wird auch hier deutlich. Einige wenige Publikationen grenzen Aktionsformen von Sozialformen ab und unterscheiden hier zwischen direkten Aktionsformen, die wiederum unterteilt werden in darbietende (Vortragen, Vormachen) und erarbeitende Formen (Unterrichtsgespräch, fragend-entwickelnder Unterricht, Lehrgespräch, Impulsunterricht), und indirekte Formen.
Vgl. etwa Martial, Ingbert von; Bennack, Jürgen: *Einführung in schulpraktische Studien.* Baltmannsweiler 1994, S. 108 ff.

Der **Lehrervortrag** war als ein häufig gepflegter Teil des Frontalunterrichts bei vielen Didaktikern in den 70er und 80er Jahren verpönt. Die vorgebrachte Kritik bewegte sich entlang der o.g. Argumente gegen den Frontalunterricht. Dennoch hat der Lehrervortrag seinen Stellenwert in der Unterrichtspraxis gewahrt.

Es ist vor allem das Verdienst des sich der Unterrichtspraxis verpflichtet fühlenden Buches von Jochen und Monika Grell, den Lehrervortrag als hocheffiziente Vermittlungsform auch in der didaktischen Diskussion wieder „hoffähiger" gemacht zu haben.[93] Jochen und Monika Grell fordern, ähnlich wie bei ihrem Appell für einen „informierenden Unterrichtseinstieg", ohne „Motivationsschnickschnack" zügig zur Sache zu kommen.

Eine Abwandlung dieser Gesprächsform ist der „geschichtenerzählende" Erlebnisbericht, der lange aus ähnlichen Gründen wie der Lehrervortrag verpönt war. Er hat aber durchaus seinen Wert, etwa im Erdkundeunterricht als Reisebericht mit humorvollem, spannendem und vor allem mit hohem fachspezifisch auswertbarem Informationsgehalt.[94]

Vormachen (Demonstration)

Das Vormachen (die Demonstration) hat vor allem im naturwissenschaftlichen Unterricht, im Kunst- und Sportunterricht große Bedeutung. Dabei kann in der Praxis auf besonders befähigte Schüler als „Lehrerersatz" zurückgegriffen werden.

3.1.2 Erarbeitende Formen
Das Unterrichtsgespräch

Ein Unterrichtsgespräch dient dem Zwecke des Lehrens *und* Lernens. Je nach der Funktion im Unterrichtsprozeß und nach dem Ausmaß des Lehrereinflusses werden verschiedene Gesprächsformen unterschieden. Grundlegend kann differenziert werden zwischen *freien (offenen)* und *gebundenen Gesprächsformen.*[95]

Vor allem beim freien Unterrichtsgespräch tritt der Lehrer optisch zurück. Die verbale Interaktion der Schüler wird durch die den Blickkontakt der Gesprächsteilnehmer fördernde Sitzanordnung – entweder Kreis- oder U-Form –

---

[93] Grell, Jochen; Grell Monika: *Unterrichtsrezepte*. München 1979, S. 199-231

[94] Als Bericht mit der hier vorgestellten Zielrichtung lassen sich zahlreiche Einleitungskapitel der Reiseberichte Karl Mays nutzen.

[95] Vgl. etwa: Martial, Ingbert von; Bennack, Jürgen: *Einführung in schulpraktische Studien*. Baltmannsweiler 1994, S.118 ff.

unterstützt. Letztere wird häufiger gewählt, da sie die Einbeziehung eines zentralen Mediums (Tafel, Tageslichtprojektor) zuläßt. Der Lehrer reiht sich als *primus inter pares* in die Sitzordnung ein. Häufig wird ein derart gestaltetes Unterrichtsgespräch in Form einer Meldekette organisiert. Hier soll derjenige, der das Wort führt, seinen Nachfolgeredner bestimmen.

Die *Unterhaltung* ist die lockerste Gesprächsform der freien Gesprächsformen. Nach Klingberg ist die Unterhaltung kein unterrichtliches Handlungsmuster, während Meyer sie als durchaus berechtigten Beitrag im Unterricht, etwa zur Pflege des sozialen Klimas, ansieht.[96]

Das *Schülergespräch* zielt auf den Austausch von Meinungen sowie Phantasien von Schülern. Der Lehrer tritt weitgehend zurück und moderiert allenfalls oder hält das Gespräch durch sparsame Impulse in Gang.

Diskussion, Streitgespräch, Debatte sind stark verregelte Gespräche zur Erörterung konsensbedürftiger Problemstellungen. Sie haben in den von britischen Bildungsvorstellungen geprägten Curricula (Großbritannien, USA, Australien, Neuseeland, Südafrika) einen traditionsreichen Stellenwert und sind auch deutschen Schülern durch entsprechende Medienerfahrung zunehmend bekannt. Solche Gesprächsformen können der Einübung demokratischer Formen der Konfliktlösung sowie der wissenschaftspropädeutischen Schulung – etwa mit Blick auf die Heranbildung der Argumentationsfähigkeit – dienen.

Unter den *gebundenen Unterrichtsgesprächen* kommt in der Praxis dem **gelenkten Unterrichtsgespräch (auch lenkendes/ engschrittiges Lehrgespräch)** mit zwei Dritteln der umfassendste Anteil zu.[97] Die Gründe hierfür liegen darin, daß die meisten Lehrer in nahezu allen Fächern eine fortwährende „Rückversicherung" haben wollen, ob Schüler dem Unterricht aufmerksam folgen und Gedankengänge mitvollzogen haben. Darüber hinaus bietet diese Gesprächsform die Möglichkeit, dauernd zu ermahnen, zu loben, zu disziplinieren und zu ermuntern. Schließlich hilft das gelenkte Unterrichtsgespräch am besten, versäumte Unterrichtsvorbereitungen zu überspielen. Ein geschickter Lehrer kann die ersten Schülerbeiträge nutzen, um die zu Stundenbeginn noch diffuse Zielstellung blitzschnell zu konkretisieren und aus den eingebrachten Beiträgen dann ein Konzept für die nächste(n) Unterrichtsstunde(n) zu entwickeln. Hilfreich für einen Zeitgewinn ist auch die Forderung an die Schüler, die wichtigsten Ergebnisse der letzten Stunde einleitend zusammenzufassen.

---

[96] Meyer, Hilbert: *Unterrichtsmethoden II, Praxisband.* Frankfurt 1994 (6. Aufl.), S. 280
[97] Vgl. dazu: Meyer, Hilbert; Paradies, Liane: *Frontalunterricht lebendiger machen.* Oldenburger Vordrucke. Heft 192. Oldenburg 1993, S. 34

Das gelenkte Unterrichtsgespräch ist eine unterrichtliche Gestaltungsform, in welcher der Lehrer Inhalte und meist auch Ziele des Gespräches vorgibt und die Schüler durch regelmäßige Rückfragen im Sinne einer Verständniskontrolle zum Mitvollziehen des Gedankenganges zwingt.

Innerhalb der gelenkten Unterrichtsgespräche stellt der **fragend-entwickelnde Unterricht** die häufigste Gesprächsform dar, vor allem in den geisteswissenschaftlichen Fächern. Sie hat ihren berühmten Vorläufer im Sokratischen Gespräch (Mäeutik).[98] Der Lehrer bezieht immer wieder Vorkenntnisse der Schüler ein und bringt sie in kleinen Schritten gleichsam spiralförmig zu einem sich erweiternden Wissens-, Erkenntnisstand oder Problembewußtsein.

Der Impulsunterricht (Impulsgebende Steuerung)

Der Impulsunterricht schließt zwar auch Fragen ein, bemüht sich aber im wesentlichen um andere Steuerungsmomente, etwa um Befehlssätze (z.B.: „Schaut Euch die Formel noch einmal ganz genau an!"), um reaktionsfördernde Feststellungen (z.B.: „Ich habe Deine Argumentation nicht verstanden."), oder er zielt auf Interaktionen ab (z.B.: „Wenn ich Deine Äußerungen richtig einschätze, mußt Du der Aussage von L. widersprechen.").

Impulsgebungen können sich auch non-verbal vollziehen, etwa mit Hilfe gestischer (z.B.: Achselzucken), mimischer (z.B.: fragender Blick), akustischer (Lehrer kann z.B. durch rhythmisches Klopfen im Musikunterricht dazu anregen, unterschiedliche Formen des Taktes zu erkennen) oder deiktischer Signale (etwa: stummes Zeigen auf eine bestimmte Stelle eines Schaubildes, einer Karte, eines Tafelbildes; Erklären eines oder mehrerer Wörter im Fremdsprachenunterricht durch Demonstrieren eines Vorganges, etwa: Händewaschen, verschiedene Möglichkeiten der Fortbewegung etc.).

Das Problem der Lehrerfrage

Mit Ausnahme des impulsgebenden Unterrichts basieren die gebundenen Unterrichtsgespräche auf Fragen. Diese stellen die traditionsreichste und immer noch mit Abstand häufigste Art der Lernprozeßgestaltung dar. Überzeugende Beispiele finden sich schon in Platons Schriften.

Andererseits ist seit langem und z.T. sehr heftig gegen die Lehrerfrage polemisiert worden, vor allem mit dem Vorwurf, sie evoziere eine absurde Grund-

---

[98] Etwa im Menon-Dialog, in dem Sokrates einen Sklaven in straffer Gesprächsführung (Mäeutik) zu der Erkenntnis bringt, daß der Flächeninhalt des Quadrats über der Diagonalen eines Quadrats doppelt so groß ist wie der Flächeninhalt des Quadrats, von dem ausgegangen wurde.

situation, da der Lehrer eine Frage stelle, die er selbst beantworten könne. Es müsse vielmehr umgekehrt sein: Der Schüler stellt Fragen über Dinge, die er nicht weiß, und der Lehrer beantwortet sie.[99]

Mit teutonischer Gründlichkeit wurde Anfang der 60er Jahre auch gegen die sogenannten W-Fragen (z.B.: wer, was, wie, wann, warum, wozu, weshalb?) zu Felde gezogen, mit der Begründung, daß solche Fragen zu strukturmonoton seien und meist auf den Nachweis von simplem Nachschlagewissen abzielen.

Die wichtige Rolle der Lehrerfrage – auch der W-Fragen – wird allerdings heutzutage wegen ihrer funktionalen Vielfältigkeit im Unterrichtsalltag kaum mehr bezweifelt.

Team-Teaching (Verbundunterricht)
Team-Teaching ist eine in den USA entwickelte Organisations- und Führungsform des Unterrichts, bei der eine oft größere Schülerzahl durch eine Gruppe von Lehrern – sehr häufig sind es allerdings nur zwei – geleitet wird. Gemeinsam wird in arbeitsteiliger Weise ein meist fächerübergreifendes Unterrichtsvorhaben vorbereitet, durchgeführt und bewertet. Die Schüler werden teils in einem Raum in einer Großgruppe zu vortragendem Unterricht zusammengefaßt, teils bilden sie mehrere Kleingruppen, in denen sie unter der Betreuung jeweils eines Lehrers das vermittelte Wissen selbsttätig anwenden.

Team-Teaching ist in der momentanen Praxis häufiger allenfalls in Gesamtschulen, die für manche Jahrgangsstufen feste Teams bilden, sowie in der Referendarausbildung realisierbar. Vereinzelt findet *Team-Teaching* zudem noch beim „Tag der Offenen Tür" und bei Projektunterricht statt. *Team-Teaching* kann vor allem auch für die Durchführenden äußerst gewinnbringend sein, da diese sich in der gleichen Lehrsituation befinden und durch gegenseitige konstruktive Kritik schnell ein praxisorientiertes besseres Lehrniveau erreichen können.

3.2 Schülerzentrierte erarbeitende Formen

Die Lehrakte des Lehrers lassen sich *mutatis mutandis* grundsätzlich auch als Lernakte der Schüler im schülerzentrierten Unterricht verwenden. Folgende Formen sind denkbar:

---

[99] Vgl. etwa: Gaudig, Hugo: *Didaktische Präludien.* Leipzig 1923, S. 13
Aebli, Hans: *Grundformen des Lehrens.* Stuttgart 1963 (2. Aufl.), S. 139 ff.

- Schülervortrag: Dieser hat im Rahmen wissenschaftspropädeutischen Lernens, vor allem im Oberstufenunterricht, darüber hinaus auch als pragmatisch zu rechtfertigende Vorbereitung auf mündliche Abiturprüfungen, einen hohen Stellenwert. Inhaltlich und auch in bezug auf methodische Vermittlungsstrategien muß der Schülervortrag gut vorbereitet sein und sollte im Informationsgehalt dem Lehrervortrag kaum nachstehen.
- Schülerdemonstration: etwa durch Tafelanschrieb, Vorführen eines Versuchs oder durch das Vormachen einer Übung im Sportunterricht.
- Schüler können Handlungsträger in einem Rollen- oder Theaterspiel sein oder die Lehrerfunktion im Unterrichtsgespräch übernehmen (Moderation, Stellen von Fragen etc.).
- Schüler sammeln Fragestellungen, bilden Ketten von Fragen, die gegenseitig gestellt und (interaktionell) beantwortet werden.

Meistens wird die Selbsttätigkeit der Schüler in bestimmten Sozialformen wie Still-, Partner- oder Gruppenarbeit mittels bestimmter Medien erreicht. Der Lernerfolg wird dann nicht direkt durch Austausch von Fragen und Antworten bzw. Impulsen und Reaktionen, sondern indirekt durch die Beschäftigung mit dem Medium erzielt.

3.2.1 Einzelarbeit (Alleinarbeit/Stillarbeit)

Die Einzelarbeit stellt diejenige Sozialform dar, welche das höchste Maß an Individualisierung bietet. Sie kann nach unterschiedlichem Arbeitstempo oder auch arbeitsteiligen Aufgabenstellungen organisiert werden und wird meistens in Kombination mit dem Frontalunterricht durchgeführt. Es ist denkbar, daß der Lehrende die Steuerung des Lernprozesses auch einem bestimmten Medium überläßt. Dies ist etwa bei dem – heute allerdings kaum noch gepflegten – „Programmierten Unterricht" der Fall, gilt aber auch für die Bearbeitung von Arbeitsblättern und für bestimmte Arbeitsabläufe im Sprachlabor.

3.2.2 Gruppenunterricht

Arbeiten zwei Schüler miteinander, so spricht man von Partnerarbeit, bei mehr Schülern von Gruppenarbeit, wobei man wiederum unterscheiden kann zwischen Kleingruppen (3-5 Schüler) und Großgruppen (ab 5 Schülern).

Es gibt sehr viele Varianten des Gruppenunterrichts, die jedoch im wesentlichen auf drei Grundformen zurückgeführt werden können.[100]

---

[100] Vgl. hierzu: Greving, Johannes; Meyer, Hilbert; Paradies, Liane: *Gruppenunterricht.* Oldenburger Vordrucke, Heft 191/93, Oldenburg S. 7 ff.

1. *Konventioneller Gruppenunterricht als methodische Variante des Frontalunterrichts*
   Bei dieser Form handelt es sich um mehr oder weniger lange Einschübe im Frontalunterricht, die meist vom Lehrer initiiert und kontrolliert werden. Es ist üblich, diesen konventionellen Gruppenunterricht nach den Kriterien der Gruppenbildung, d.h. entweder nach arbeitsgleich (themengleich) und arbeitsteilig (themendifferenziert) oder nach leistungsdifferenzierten bzw. neigungsdifferenzierten Kriterien zu klassifizieren. Bei der leistungsdifferenzierten Gruppenarbeit können noch einmal Lerngruppen mit gleich hohem Leistungsstand (leistungshomogen) und mit (absichtlich) gemischtem Leistungsstand (leistungsheterogen) unterschieden werden.
2. *Gruppenunterricht als Element von Offenem Unterricht, Freiarbeit und Projektunterricht*
3. *Gruppenunterricht als Basisstruktur des Unterrichts*
   Insbesondere an Reform-, Versuchs- und Modellschulen gibt es Formen der Unterrichtsorganisation, bei denen auf Dauer gebildete Kleingruppen, sog. „Teams" oder „Stämme", zum Ausgangspunkt der gesamten Lernarbeit gemacht werden. Diese Gruppenbildung bleibt über lange Zeit bestehen.

Von den drei genannten Grundformen ist die erstgenannte die häufigste. Hier wird Partner- und Gruppenarbeit in verschiedenen unterrichtlichen Phasen eingesetzt. Sie kann vorbereitend sein, der Erarbeitung oder Verarbeitung schon durchgenommenen Stoffes dienen sowie schließlich zur Weiterführung oder Vertiefung herangezogen werden.

Die Vorteile anderer Sozialformen ergeben sich zunächst aus der Umkehrung der Kritik am Frontalunterricht: Schüler werden stärker zur Eigenständigkeit und bei Partner- und Gruppenarbeit zusätzlich noch zur Teamfähigkeit erzogen. Gruppenarbeit kann sehr förderlich für die Entwicklung der Basisqualifikation „Kommunikationsfähigkeit" sein. Es gibt zurückhaltende Schüler, die Scheu haben, sich im Plenum zu äußern, in kleinen Gruppen jedoch ungleich mitteilungsbereiter sind. Ein weiteres, in der theoretischen Literatur häufig unterschlagenes Argument kommt hinzu: Der Lehrer wird im laufenden Unterricht entlastet, und zwar bei reibungslosem Ablauf sowohl auf der physiologischen (Schonung der Stimme) als auch auf der psychischen Ebene.

Über die fachliche Dimension hinaus können vom Frontalunterricht abweichende Sozialformen auch sehr wertvolle pädagogische, soziologische oder psychologische Informationen über einzelne Schüler bereitstellen. Diese können sich auf folgende Fragen beziehen:

- Gibt es Spannungen zwischen einzelnen Gruppenmitgliedern, die möglicherweise das gemeinsame Lernen paralysieren?
- Dominiert ein Schüler? Wenn ja, in konstruktiver Form?
- Gibt es Außenseiter?
- Wer wendet sich besonders häufig rat- oder aufmerksamkeitssuchend an den Lehrer?
- Erhalten schwächere Gruppenmitglieder Hilfe von anderen?
- Gibt es eine starre Rollenverteilung in der Gruppe?

Dennoch wird die in der erziehungswissenschaftlichen Literatur weit verbreitete Bewertung vor allem von Gruppenarbeit als das Non-plus-Ultra des Lernens von vielen Lehrern und Schülern nicht geteilt. In einer auf NRW und auf die Sekundarstufe I bezogenen Studie wurde festgestellt, daß im Durchschnitt lediglich 7,43 % des Gesamtunterrichts aus Gruppenunterricht, 2,88 % aus Partnerarbeit besteht.[101] Folgende Gründe spielen hierbei eine Rolle:

1. Die reklamierte Entlastung des Lehrers ist nur scheinbar. Der zu leistende Aufwand wird in die Planung verlagert; dieser ist, vor allem bei arbeitsteiligem Gruppenunterricht, wegen der notwendigen umfassenden Materialbeschaffung und -sichtung erheblich.
2. Der verantwortungsvolle Lehrer wird den Fortschritt der einzelnen Gruppen verfolgen müssen. Dieser Anspruch verlangt immer neue Einstellungen auf unterschiedliche Situationen.
3. Die Organisation von Gruppenarbeit ist häufig sehr aufwendig, vor allem, wenn Mobiliar umgeräumt werden muß oder Schüler gegen die Einweisung in eine Gruppe aus inhalts- oder personenbezogenen Aversionen protestieren.
4. Es besteht die Gefahr, daß Schüler Gruppenarbeit als eine Möglichkeit mißbrauchen, andere arbeiten zu lassen oder sich mit fachfremden Dingen zu beschäftigen.
5. Die Vergabe von Individualnoten, notwendigerweise Grundlage der Notenfindung, ist bei Gruppenarbeit kaum möglich.
6. Gruppenarbeit führt bei unterschiedlichem Arbeitstempo und gerade bei arbeitsteiligen Aufträgen häufig zu Leerläufen. Während eine Gruppe fertig ist und sich langweilt oder sogar stört, befindet sich die andere noch in der Erarbeitungsphase. Entsprechende Leerläufe gibt es auch bei den Auswertungsphasen, wenn eine Gruppe aktiv ist und die anderen sich geistig „ausruhen".

---

[101] Hage, Klaus et al.: *Das Methoden-Repertoire von Lehrern.* 1985, S. 57. Zitiert nach: Greving, Johannes; Meyer, Hilbert; Paradies, Liane: *Gruppenunterricht.* Oldenburger Vordrucke. Heft 191/93. Oldenburg S. 8.

Der Erfolg von Gruppenarbeit ist demnach eng gekoppelt an die „Regiekompetenz" des Lehrers, die sich konkretisiert in der Bereitstellung möglichst zeitgleich zu bewältigender Themenbereiche, klaren Aufgabenstellungen, der Sicherstellung zügiger Organisationsabläufe sowie der „Verschränkung" der Gruppen in der Auswertungsphase. Gruppenarbeit wird vielfach an die Forderung gekoppelt, Schüler an der Planung, Durchführung und Ergebnissicherung zu beteiligen. Auch hier vermittelt die Theorie häufig mittels attraktiver Begrifflichkeiten, genannt seien emanzipatorisches, partnerschaftliches oder demokratisches Lernen, Visionen, die vielfach nichts mit der Realität gemein haben. Neben den in anderen Zusammenhängen schon beklagten möglichen Ineffiziensschleifen spielen auch soziale Selbstkonzeptionen eine Rolle. Empirische Untersuchungen haben gezeigt, daß viele Schüler in ihrem Lernverhalten mehr auf den Lehrer als auf den Mitschüler bezogen sind.[102] Es ist eine fast banale Erfahrung, daß ein Schüler, bei einem Lehrer als fleißig und zuverlässig bewährt, bei einem anderen faul und aufsässig sein kann – die Mitschüler sind jedoch immer die gleichen. Eine Demokratisierung der Lernsituation ist daher nur von relativer Wichtigkeit. Bei manchen Themen und Lehrern wird Mitgestaltung in bestimmten Phasen des Gruppenunterrichts möglich und sinnvoll sein, in anderen Fällen nicht. Die Mitgestaltung der Schüler kann Ausdruck einer guten Schüler-Lehrer-Beziehung sein. Die vielfach verbreitete Umkehrung – an der Mitgestaltung erkenne man eine solche oder die Mitgestaltung sichere eine solche – ist nicht haltbar. Es gibt Korrelationen, jedoch keine Kausalzusammenhänge.

3.3 Besondere Formen

3.3.1 Planspiele (Simulationsspiele – vgl. auch unter 4.1.5)

Planspiele haben in einigen, vor allem in den gesellschaftswissenschaftlichen Fächern (Sozialwissenschaften, Erdkunde, Geschichte, Politik) ihren bewährten Platz. Sie streben die Operationalisierung einer breiten Lernzielpalette an: je nach Dimensionierung können die Lernziele kognitiver, affektiver, psychomotorischer, sozialer oder instrumenteller Natur sein.

Die Attraktivität von Planspielen läßt sich entsprechend breit begründen. Sie weisen Wettbewerbscharakter auf, trainieren Fertigkeiten wie das Beschaffen und Aufarbeiten von Sachinformationen, simulieren reale Lebenssituationen und lassen Konsequenzen ohne wirkliches Leiden erfahren[103].

---

[102] Günther, Henning: *Kritik des offenen Unterrichts.* Bielefeld 1996, S. 21
[103] Großer Beliebtheit erfreuen sich die Börsenspiele von Banken und Sparkassen.

In jüngerer Zeit finden computergesteuerte Simulationsspiele Eingang in den Unterricht. Hier verbindet sich eine interessante Sozialform mit einem hochaktuellen Medium. Es muß allerdings kritisch angemerkt werden, daß sich ein solcher „Unterricht" über die zweipolige Interaktion zwischen Person und Sache vollzieht. Damit steht er vielen Grundideen des „reinen" Planspiels konträr entgegen, die auf die Entwicklung der sozialen und interpersonalen Kommunikationsfähigkeit abzielen.

3.3.2 Projektunterricht

Projektunterricht verbindet sich mit dem Namen des großen amerikanischen Reformpädagogen John Dewey (1895-1952) und dem Schlagwort „learning by doing", d.h., diese Form des Unterrichts ordnet sich dem in Kapitel 2.3, behandelten handlungsorientierten didaktischen Modell zu. Hier spielen Zielvorstellungen vom mehrdimensionalen, ganzheitlichen Lernen eine große Rolle.[104] Mit Projektunterricht sollen Voraussetzungen dafür geschaffen werden, daß schulisches Lernen nicht einseitig auf die zumeist kognitive Wissensvermittlung berufsrelevanter Qualifikationsprofile verengt wird. Ähnlich wie beim *Team-Teaching* ist der Projektunterricht meist fächerübergreifend und lebensnah angelegt. Projektunterricht gewinnt zunehmend an Bedeutung, auch wenn nicht, wie von Befürwortern gefordert, als häufig verwendetes unterrichtsintegratives Element, sondern in sog. Projektwochen, in denen der an Stundentafeln gebundene traditionelle Unterricht durch organisationsfreiere Projekte ersetzt wird.[105]

Befürworter von Projektunterricht verbinden ihre Argumentation häufig mit Kritik an bestehendem Unterricht, der als zu sehr leistungsorientiert angesehen wird. Die leider nur in geringer Zahl vorliegenden empirischen Untersuchungen stellen jedoch fest, daß Schülermeinungen über Projektunterricht diesen als nicht leistungsorientiert einstufen.[106] Schüler befürworten Projektunterricht vor allem mit Argumenten wie: der Lehrer werde dort weniger streng erlebt, es werde ohne Notendruck gearbeitet, man müsse nicht so viel leisten. Allerdings

---

[104] Der Begriff „Projektunterricht" bietet ein anschauliches Beispiel, wie überaus schwer es der Erziehungswissenschaft fällt, eindeutige Definitionen zu entwickeln. In der deutschsprachigen Schulpädagogik werden neben dem Begriff „Projektunterricht" noch die Bezeichnungen „projektartiger Unterricht", „projektorientierter Unterricht" oder auch nur „Projekt" geführt.

[105] Ein beliebtes Projekt ist die Wassergüteanalyse heimatlicher Gewässer, bei der chemische, biologische, geographische, sogar historische Perspektiven eine Rolle spielen können.
Im 2. Teil, II - Kap. 2.9, wird die gängige Phasenabfolge bei der Planung und Durchführung eines Projektes ausführlich dargestellt.

[106] Günther, Henning: *Kritik des offenen Unterrichts*. Bielefeld 1996, S. 82

setzen die meisten Schüler Projektunterricht nicht mit 'Schule' gleich. Sie lehnen sogar das Ersetzen traditionellen Unterrichts durch projektorientiertes Lernen ab. Zu den von den Schülern am häufigsten vorgebrachten Einwänden zählt, daß bei Projektarbeit einige wenige Schüler viel Arbeit leisten, während viele sich ausruhend gebärden.

Die Befürworter von Projektunterricht sind vielfach Anhänger einer reformpädagogischen Bewegung, welche die Politisierung aller Lebensbereiche zum Ziel hat. Entsprechend findet sich in vielen publizierten und empfohlenen Themen ein Übergewicht an politischen und gesellschaftlichen Schwerpunktsetzungen. Schüler stehen einer solchen Politisierung eher skeptisch gegenüber (18% Befürworter).[107] Befürworter von Projektunterricht führen als Argument zudem oft an, daß Schüler hier neue Freunde gewinnen und bekannte Mitschüler von anderen Seiten kennenlernen. Auch hier widerlegen empirische Untersuchungen diese Erwartungshaltung. Viele Schüler wählen Projektthemen nicht aus Interesse an der Sache, sondern schließen sich der Wahl ihrer Freunde an. Die Projektarbeit bedeutet für die meisten allenfalls ein kurzzeitiges kooperierendes Miteinander, Freundschaften ergeben sich aus anderen Gründen, selten aus Projektarbeit.[108] In der Untersuchung, auf die hier Bezug genommen wird, beklagen Schüler, daß sie Mitschüler zuweilen durch die Projektarbeit schätzengelernt haben, es aber eine Nähe ohne Folge gewesen sei. Günther wirft zu Recht die Frage auf, ob offenere Unterrichtsformen – zu ergänzen wären die Möglichkeiten vieler Kontakte auf Partys, in Diskotheken, bei Austauschmaßnahmen – nicht das Kennenlernen ohne tiefere Empfindungen und Bindungen fördern. In der Tat indizieren informelle Befragungen ehemaliger Schüler, daß sich kaum echte Schulfreundschaften aus gemeinsam besuchtem Kurs- oder Projektunterricht entwickeln. Sie stammen in der Regel aus Zeiten fester Klassenverbände.

3.4 Differenzierung

Man kann darüber streiten, ob das Thema 'Differenzierung' unter dem Kapitel Sozialformen abgehandelt werden soll oder anderen Themenbereichen bzw. Begriffen (etwa: Organisationsformen des Unterrichts) zugeordnet werden muß.

Das Suchen nach effektiven Differenzierungsmaßnahmen, um möglichst jedem Schüler gerecht werden zu können, hat eine lange Tradition. Dieses beweist die

---

[107] Günther, Henning: *Kritik des offenen Unterrichts.* Bielefeld 1996, S. 84
[108] Günther, Henning: *Kritik des offenen Unterrichts.* Bielefeld 1996, S. 85

Herausbildung verschiedener *Schularten* (Grund- und Hauptschulen, Realschulen, Gymnasien, Kollegschulen, Sonderschulen, Berufsbildende Schulen) bzw. *Schultypen* (altsprachliche, neusprachliche, mathematisch-naturwissenschaftliche Gymnasien, Sonderschulen für Lernbehinderte, für Taubstumme, Blinde etc.). Das Bemühen um solche Differenzierungen intensivierte sich extrem in der radikalreformatorischen Bewegung ab dem Ende der 60er Jahre und verband sich dort vielfach mit scharfer bildungsideologischer Kritik am bestehenden Schulsystem. Argumente wie, das starre dreigliedrige Schulsystem verfestige Herrschaftsstrukturen, entmündige und entfremde Schüler durch „Entsubjektivierung", verhindere Aufstiegschancen, oder Klassenwiederholer seien Opfer eines unmenschlichen gesellschaftlichen Systems, das es nicht fertigbringe, die in jedem Kinde vorhandenen Begabungsreserven durch Differenzierungsmaßnahmen zu wecken und zu fördern, trafen bei vielen Eltern von zumeist wenig erfolgreichen Schülern auf offene Ohren.[109] Sie fanden Unterstützung bei Politikern, die den Bildungsbereich als Möglichkeit einer Wählerstimmen sichernden breiten Profilierungsmöglichkeit entdeckten.

Es mag wie anachronistischer bildungspolitischer Hohn klingen, daß gerade der Unterricht in den vielgeschmähten ein- oder zweiklassigen Zwergschulen eine recht effektive und kostengünstige Form differenzierter Unterrichtsvermittlung darstellte, in einer Schulform also, die sich aus den engen Grenzen des Möglichen und dem Zwang zum Praktischen herausbildete.[110]

Innerhalb der bestehenden Schul- und Unterrichtsformen hat sich eine Fülle von möglichen Differenzierungsformen herausgebildet, die im folgenden kurz skizziert werden sollen. Dabei wird unterschieden zwischen äußerer und innerer Differenzierung.

3.4.1 Äußere Differenzierung

Als „äußere" Differenzierung bezeichnet die Erziehungswissenschaft und die Schulpraxis die zeitlich relativ stabile Einteilung in Lerngruppen. Die „innere Differenzierung" meint demgegenüber eine flexible und zumeist zeitlich begrenzte Einteilung in mehr oder weniger große Gruppen.

---

[109] Vgl. dazu etwa: Jürgens, Eiko: *(Offener) Unterricht und Schülerinteresse. Was sagt die neuere Forschung zum interessegeleiteten Lernen*. Oldenburger Vordrucke. Heft 216. Oldenburg 1993.

[110] Mit dem heutigen üblichen Beschreibungsvokabular hätte man die aus der Not der Praxis kreierten Methoden durchaus mit attraktiven Attributen versehen können. Da der Lehrer nicht distributiv unterrichten konnte und nicht zur Multilokation fähig war, vollzog sich der Unterricht *nolens volens* meist in „selbstgesteuerter Form" oder „Partnerarbeit", in denen der gute dem schwächeren Schüler helfen mußte. Es gab sogar die Form des „lehrenden Lernens", wenn der älteste oder begabteste Schüler die Rolle des Lehrers übernahm.

Die „äußere" Differenzierung zielt auf die Bildung möglichst homogener Lerngruppen. Dabei wird unterschieden zwischen jahrgangsgebundenen Leistungsgruppierungen (*streaming*) und fachspezifischen Leistungsgruppierungen (*setting*). Erstere konstituieren sich etwa nach dem durch Tests ermittelten allgemeinen Begabungsgrad – vgl. etwa entsprechende Praktiken in Gesamtschulen. Eine nach Leistungsaspekten vorgenommene Differenzierung wird auch *ability grouping* genannt.

Die zweitgenannte Differenzierung vollzieht sich etwa nach Kurssystemen, Arbeitsgemeinschaften, Förder- und Orientierungsstufen, Stütz- und Liftkursen, den o.g. „Teams" oder „Stämmen" an Reformschulen, v.a. aber in Kurssystemen der weiterführenden Schulen. Die hier gegebenen Wahlmöglichkeiten (vgl. etwa Leistungs-, Grundkurse) bieten in der Regel Schwerpunktsetzungen in Natur-, Sozialwissenschaften und Sprachen, so daß ein Schüler in diesen Fächern unterschiedlichen Niveaukursen angehören kann.

Den konsequentesten Versuch, durch Differenzierungsformen und Verzicht auf selektierende Notengebung in den ersten Jahren, das letzte Gran an möglicher Begabung bei dem individuellen Schüler auszuschöpfen, stellt die Gesamtschule dar.[111]

3.4.2 Innere Differenzierung (Binnendifferenzierung)

Die innere Differenzierung ist für die Unterrichtslehre ungleich wichtiger als die äußere. Diese Form beinhaltet Maßnahmen des Lehrers, durch die er Lernprozesse auf das Begabungs-, Entwicklungs- und Leistungsgefälle einer Klasse abstimmt. Folgende Maßnahmen sind in diesem Zusammenhang denkbar:

1. Mit Blick auf die anthropogenen und sozio-kulturellen Voraussetzungen der Schüler unterscheidet man leistungsbezogene (homogene, heterogene), interessenbezogene oder soziale Differenzierung. Letztere können etwa in bezug auf die Integration von Ausländern, Außenseitern oder Behinderten vollzogen werden.
2. Mit Bezug auf Unterrichtsinhalte bietet sich die unter anderem Blickwinkel schon angeführte Differenzierung in arbeitsgleich und -verschieden an.

---

[111] Es gibt leider wenige Untersuchungen über die Effektiviät von differenziertem Unterricht, vor allem auch unter Einbezug des geleisteten finanziellen und personellen Aufwandes. Von vielen Lehrern wurde der mit der zunehmenden Differenzierung verbundene hohe Organisationsaufwand anfänglich sehr begrüßt, schuf er doch eine Fülle gut dotierter Posten.

3. Die genannte Differenzierung kann auch im Bereich der Methoden und Medien (visuell, auditiv, mündlich, schriftlich) vollzogen werden.[112]
4. Schließlich kann die Differenzierung auch dem Chaos-Prinzip folgen, d.h., sich nach Zufällen oder Sitzordnung ausrichten. Die erlebte Praxis zeigt, daß das letztgenannte Prinzip am häufigsten angewendet wird.[113]

Wichtig erscheint, daß der Lehrer eine flexible Anpassung des fachlichen Anspruchs und des gesetzten Zeitrahmens an den Leistungsstand einzelner Schüler oder Gruppen plant und daß er auf die Unterstützung von einzelnen Schülern oder ganzen Gruppen vorbereitet ist.

Zusammenfassung

Der Begriff „Sozialformen" wird in der Sekundärliteratur sehr unterschiedlich definiert. Punktuell werden Sozialformen mit Unterrichtsformen gleichgesetzt, zuweilen auch als gleichberechtigter Teilbereich neben Lehrverfahren, Unterrichtsverfahren oder Arbeitsformen unter Unterrichtsformen subsumiert. Eine Systematisierung oder Typologisierung, die für sich in Anspruch nehmen könnte, alle vorgefundenen Formen in einem Schema mit logischer Konsequenz zu erfassen, erscheint utopisch. Im Sinne einer möglichst breiten Darstellung werden Sozialformen hier mit Organisationsformen im Unterricht gleichgesetzt. Sie beziehen sich damit auf die verschiedenen bewußt eingesetzten Formen des Unterrichts, die sich nach der Art der Beziehungen zwischen den Schülern untereinander, aber auch zwischen dem Lehrer und den Schülern unterscheiden lassen.

Die seit jeher mit Abstand am häufigsten praktizierte Sozialform ist der Frontalunterricht. Dieses Phänomen muß überraschen, da der Frontalunterricht sich immer wieder, v.a. ab Mitte der 60er bis in die 80er Jahre hinein heftiger Kritik ausgesetzt sah. Im Mittelpunkt der vorgebrachten Kritik stand der Vorwurf, daß der Frontalunterricht demokratischen Prinzipien entgegenstehe. Erst in den letzten Jahren ist der Frontalunterricht als effektivste Organisationsform des Unterrichts auch in der theoretischen Literatur wieder „hoffähiger" geworden.

Innerhalb des Frontalunterrichts kann unterschieden werden *zwischen direkten Arbeitsformen* (Vortrag, Vormachen durch den Lehrer) und den *erarbeitenden Gesprächsformen*. Dabei ist das gelenkte Unterrichtsgespräch die in der Praxis

---

[112] Vgl. hierzu auch die Ausführungen zum Sprachlabor und zum programmierten Unterricht.
[113] Vgl. dazu: Greving, Johannes; Meyer, Hilbert; Paradies, Liane: *Gruppenunterricht*. Oldenburger Vordrucke. Heft 191. Oldenburg 1993, S. 11

verbreiteteste Form, da sie nach Meinung vieler Praktiker eine effektive Steuerung des Unterichts mit der Möglichkeit einer direkten Verständniskontrolle verbindet.

Wichtigstes Steuerungsinstrument bei einem solchen Verfahren ist die Lehrerfrage, gegen die in ähnlicher Vehemenz wie gegen den Frontalunterricht immer wieder polemisiert wurde.

Bei den schülerzentrierten Formen können Schüler die Rolle des Lehrers übernehmen, etwa in bezug auf Vortragen und Vormachen. Häufiger sind allerdings Einzelarbeit (besonders durch Arbeitshefte im Fremdsprachenunterricht und Arbeitsblätter im naturwissenschaftlichen Unterricht) bzw. Partner- oder Gruppenarbeiten. Alle diese Sozialformen lassen sich grundsätzlich arbeitsgleich oder arbeitsteilig durchführen.

Schülerzentrierte Sozialformen werden von zahlreichen Didaktikern seit Jahren gegenüber lehrerzentriertem Unterricht favorisiert, da die demokratischen Prinzipien aus ihrer Sicht hier wesentlich besser realisierbar sind. Sie werden demgegenüber von vielen Praktikern allerdings eher kritisch bewertet und entsprechend sparsam eingesetzt. Bei dieser Bewußtseinsbildung spielen Momente wie Scheu vor hohem Organisationsaufwand, Ineffizienz oder mit Blick auf die Verpflichtung von Notenvergabe auftretende Schwierigkeiten bei der wertenden Erfassung einzelner Schülerleistungen eine wesentliche Rolle.

Es hat immer wieder Versuche gegeben, die vor allem zur Zeit der Reformpädagogik entwickelten besonderen Sozialformen im Unterricht stärker zu verankern. Hierbei wird dem Projektunterricht gerade in jüngerer Zeit wieder verstärkt viel Unterstützung in Publikationen und durch behördliche Fördermaßnahmen zuteil. Zwei Argumente spielen in diesem Zusammenhang eine wesentliche Rolle:

1. Schulischer Unterricht müsse rechtzeitig auf Lern- und Sozialisationsformen vorbereiten, die in der Arbeitswelt zunehmend an Bedeutung gewinnen.
2. Projektunterricht sei besonders geeignet, die aus Sicht der Kritiker unzureichende, da atomisierende Kompetenzvermittlung über einzelne Fächer zugunsten eines realitätsnäheren fächerübergreifenden Unterrichts aufzuheben.

Auch bei dieser Sozialform überwiegt bei vielen Praktikern eine kritische Einstellung, die mit ähnlichen Argumenten wie die Skepsis in bezug auf Gruppenarbeit argumentativ gestützt wird.

Unter den besonderen Organisationsformen des Unterrichts erlebt das Planspiel, vor allem in Form der computergesteuerten Simulationsspiele, einen deutlichen Aufschwung. Sein zukünftiger unterrichtsbezogener Umfang ist allerdings schwer kalkulierbar, da hier die leeren öffentlichen Kassen die notwendige technische Ausstattung retardieren.

Als wichtiger Teilbereich von Sozialformen kann der Bereich der „Differenzierung" ausgewiesen werden. Bei diesem „zeitlos" existierenden Anforderungsbereich an Unterricht kann zwischen „innerer" und „äußerer" Differenzierung als Organisationsform unterschieden werden.

4 Medien

Medien gewinnen in unserer modernen Welt immer größere Bedeutung. Mit Blick auf das Fernsehen sprechen Kulturpessimisten wie Neil Postman von 'Wirklichkeit aus zweiter Hand' und prognostizieren verheerende Auswirkungen auf zukünftige Generationen.[114] Die politische, soziologische und pädagogische Diskussion um erzieherisch wirksame Maßnahmen zur Reduktion von Gewaltbereitschaft bei Jugendlichen, wohl in erheblichem Maße hervorgerufen durch wahllosen Fernseh- und Videokonsum, hat ein bisher nicht gekanntes Ausmaß erreicht.

Vor diesem Hintergrund kommt der Auseinandersetzung mit Medien auch im Unterricht eine erzieherische Bedeutung zu, d.h., Unterricht kann und soll zum Nachdenken über Medienkonsum und zur Verhaltensänderung anregen.[115] Dennoch wird der schulische, meist rational ausgerichtete Einfluß nur punktuell erfolgreich gegen die emotionsgeladene Medienwelt sein können.

Da dieses Buch auf Unterrichtsplanung und Durchführung zielt, verfolgt es vornehmlich Aspekte, die sich auf eine mögliche Auswahl und Funktionsbestimmung von Medien beziehen, und kann folglich sozialpädagogische Perspektiven allenfalls andeuten.

Medien werden von einer Reihe von Didaktikern als eigenständiges Feld ausgewiesen.[116] Im allgemeinen jedoch hat sich die Auffassung durchgesetzt, sie als Teil des Methodenbereiches einzustufen, da sie dominant zur Unterstützung bei der Stoffvermittlung eingesetzt werden.

Ähnlich wie bei anderen methodischen Feldern gibt es in bezug auf Medien keine einheitliche Definition. Teilweise wird der Begriff „Medium" so weit gefaßt, daß darunter sowohl das Lehrbuch, die Kreide, der Schwamm als auch der Lehrer und das Schulgebäude fallen; im anderen Extrem werden als Medien lediglich technische Geräte verstanden.

---

[114] Postman, Neil: *Das Verschwinden der Kindheit*. Frankfurt 1987
Postman, Neil: *Wir amüsieren uns zu Tode*. Frankfurt 1988

[115] In einem Vortrag in Jülich am 27.1.1994 mit dem Thema „Was ist (k)ein gutes Gymnasium?" stellte Professor Rainer Winkel folgende erschreckende Zahlen für Deutschland vor: täglicher Fernsehkonsum von durchschnittlich ca. 2 Stunden pro Einwohner; 6-13jährige ca. 80 Min., 14-18jährige ca. 90 Min.; ein 18jähriger hat demnach in seinem Leben etwa 18.000 h Fernsehen konsumiert (dabei ca. 40.000 Gewalttaten miterlebt); demgegenüber stehen jedoch nur 15.000 erhaltene Unterrichtsstunden.

[116] Vgl. Peterßen, Wilhelm H.: *Handbuch Unterrichtsplanung*. München 1984 (2. Aufl.), S. 341 ff.
Scholz, Günter; Bielefeldt, Heinz: *Schuldidaktik*. München 1978 (2. Aufl.), S. 140 ff.

Im Blick auf ihre jeweilige Funktion lassen sich Medien als Mittel definieren, die der Unterrichtende einsetzt, um ein bestimmtes Lernziel in optimaler Weise zu realisieren. Dabei kann man hinsichtlich des Bezuges von Unterrichtsmedien und Zielsetzung zwischen Monovalenz (Operationalisierung einzelner Lernziele) und Polyvalenz (auf mehrere Lernziele ausgerichtet) der Medien unterscheiden.

Im einzelnen können Medien folgendes leisten:
- Informationen aufnehmen, speichern, reproduzieren, sogar multiplizieren
- Darbietungen, besonders komplizierte Abläufe, veranschaulichen und strukturieren
- Lernprozesse individualisieren.

Die meisten Untersuchungen teilen Medien, nicht zuletzt mit Blick auf Lerntypen, in visuelle und auditive Lehr- und Lernmittel ein.

Im folgenden sollen die wichtigsten Medien kurz vorgestellt und mit Blick auf unterrichtspragmatische Aspekte skizzierend bewertet werden.

4.1 Visuelle Medien

4.1.1 Das Lehrbuch

Das Lehrbuch gilt auch heute noch als grundlegendstes Arbeitsmittel. Es bietet folgende Vorteile:
- Wegen des in der Regel hohen altersgemäßen Didaktisierungsgrades entlastet das Lehrbuch den Lehrer bei der Auswahl, Strukturierung und Vermittlung des Unterrichtsstoffes.
- Es kann jederzeit schülerseits zur Vor- und Nachbereitung verwendet werden. Dabei fördert es Differenzierungen und Individualisierungen im Lernprozeß.
- Das Lehrbuch gibt einen Erfüllungsrahmen im Unterricht vor, der die Vergleichbarkeit von Lerngegenständen sicherstellt.

Folgende Nachteile lassen sich aufzählen:
- Bei Fächern mit sich rasch verändernden Gegebenheiten (Erdkunde, Geschichte, Sozialwissenschaften) sind Lehrbücher schnell veraltet.[117]
- Das Lehrbuch setzt den Lehrer möglicherweise – vor allem, wenn es am Schuljahresende abgegeben werden muß – unter Erfüllungszwang mit Begleiterscheinungen wie Hektik, Oberflächlichkeit oder dem Risiko, Lücken entstehen zu lassen.
- Lehrbücher sind meist für einen möglichst breiten Markt verfaßt. Sie sind in einzelnen Fächern sogar mit Blick auf sehr unterschiedliche Schulformen konzipiert. Die verschiedenen Lerngruppen können daher durch ein derart konzipiertes Lehrbuch deutlich unter- oder überfordert werden.

4.1.2 Das Arbeitsblatt

Arbeitsblätter werden vielfach, vor allem im naturwissenschaftlichen Unterricht, als ergänzendes Medium eingesetzt. Einige Mediendidaktiker fassen den Begriff sehr weit und beziehen ihn auch auf solche Blätter, die primär der Information dienen (d.h. expositorische Texte, Statistiken oder Graphiken). Vorherrschender ist allerdings die engere Definition von Arbeitsblatt als einem Medium, das Arbeitsanweisungen enthält und als Übung oder zur Lernzielkontrolle dient. Es sind dies Blätter mit Merkeinträgen, Übungsaufgaben, Lückentexten etc.[118] Gleichsam eine Sammlung von Arbeitsblättern stellen auch die im Fremdsprachenunterricht sehr häufig parallel zum Lehrbuch benutzten Arbeitshefte (*workbooks, cahiers d'exercises*) dar.

Als Vorteile lassen sich festhalten:
- Arbeitsblätter ergänzen und vertiefen Fachbücher, vor allem durch neue Inhalte.
- Sie lockern den Unterricht methodisch durch die gegebene Möglichkeit einer Differenzierung und den Einsatz anderer Sozialformen auf.
- Sie entlasten den Lehrer bei der Unterrichtsdurchführung.
- Sie ermöglichen eine breitere und individuellere Lernzielkontrolle.
- Sie ermöglichen eine eigenständige Anwendung des Gelernten sowie – je nach Ausrichtung des Arbeitsblattes – auch die Übung von methodischen Angängen.

---

[117] Eine Alternative könnte in der Beschaffung aktueller Daten aus den Datenbanken der Online-Dienste mit Hilfe des Computers bestehen (vgl. hierzu Kap. 4.1.5).

[118] Eine Renaissance erleben im übrigen unter dem Druck der Klage über unzureichendes topographisches Wissen die in den 60er Jahren durch Umrißstempel weit verbreiteten „stummen" Karten im Erdkundeunterricht, allerdings in technisch verbesserter Form.

Als Nachteile können auftreten:
- Die Erstellung von Arbeitsblättern erfordert meist eine umfassendere Vorbereitung durch den Lehrer als bei 'normalem' Unterricht.
- Arbeitsblätter verleiten zur „Gängelung". Der Unterricht verläuft in den im Arbeitsblatt vorgesehenen Profilen.
- Bei unterschiedlichem Arbeitstempo in den Bearbeitungsphasen kommt es zu „Leerläufen" bei einzelnen Schülern.
- Arbeitsblätter gaukeln, wenn sie anspruchslos gestaltet sind – etwa geringe Entscheidungsbreite, suggestive Vorgaben bei Lückentexten – einen fragwürdigen Unterrichtserfolg vor.

4.1.3 Die Wandtafel

Trotz der zunehmend häufigen Verwendung moderner audio-visueller Lehr- und Lernmittel gilt die Wandtafel immer noch als eines der wichtigsten und gebräuchlichsten Medien.

Als Vorteile des Einsatzes der Wandtafel lassen sich nennen:
- Der Einsatz erfordert einen relativ geringen organisatorischen Aufwand und läßt spontane Reaktionen des Lehrers zu, etwa um überraschende Ideen festzuhalten oder um zusätzliche Anschauungshilfen für eine mit Unverständnis reagierende Lerngruppe zu geben.
- Die Wandtafel ist in verschiedenen Unterrichtsituationen und mit verschiedenen Zielperspektiven einsetzbar, z.B. als Protokollmedium für Ergebnisse, Medium zur Veranschaulichung – etwa in Form von bildhaften oder farbigen Darstellungen bzw. um Interdependenzen aufzuzeigen – oder um Arbeitsanweisungen einzubringen.
- Sie kann im Sinne der Methodikschulung durchaus schülerorientiert genutzt werden, etwa mit der Maßgabe, daß Schüler ein Tafelbild im Anschluß an einzelne Unterrichtsphasen entwerfen oder ergänzen sollen; Methodenschulung kann auch durch die Anforderung erzielt werden, komplexe Sachverhalte sprachlich kondensiert zu erfassen.
- Die Wandtafel verursacht ökonomisch und ökologisch so gut wie keine Belastungen – von ganz wenigen Lehrern abgesehen, die unter einer Kreide-Allergie leiden.

Als Nachteile des Tafelanschriebs können angeführt werden:
- Die sukzessive Erstellung eines Tafelbildes als Protokollmedium für Ergebnisse unterbricht den Unterrichtsfluß, vor allem wenn die Schüler angehalten werden, kontinuierlich mitzuschreiben. Die hier verlangte distributive Aufmerksamkeit – Mitarbeit im Unterricht und Tafelabschrieb – kann Schüler überfordern.
- Es besteht die Gefahr, daß nicht der Unterrichtsstoff, sondern die Einpassung von Antworten in ein Tafelbild im Vordergrund steht. Dabei können wertvolle Ergebnisse durch allzu starke Kondensierung oder Modifizierung bis zur Unkenntlichkeit „verstümmelt" werden.
- Bei sehr zeitaufwendigen Tafelanschrieben besteht die Gefahr, daß die jeweilige Lerngruppe den fehlenden Sichtkontakt des Lehrers zu unterrichtsfremden Tätigkeiten ausnutzt.

4.1.4 Der Overheadprojektor (Tageslichtschreiber)

Das Besondere dieses Mediums besteht darin, daß der Lehrer von vorne die Klasse ansehen kann, weil der Projektor rückwärts über den Kopf auf eine Wand projizieren kann (daher: Overheadprojektor – OHP) und die Projektion auch bei Tageslicht möglich ist (daher: Tageslichtschreiber). Dies ermöglicht die Kontakterhaltung zwischen Lehrer und Klasse. Benutzt werden können Folien, die manuell oder computergestützt selbst erstellt werden, die von nichttransparenten Vorlagen umkopiert werden sowie solche, die als vorgefertigte Folien zu kaufen sind. Schließlich ist dieses Medium auch als (meist) staubfreie Wandtafel und, wenn der OHP mit einer Folienrolle bestückt ist, dazu sogar mit erheblicher Länge einsetzbar.

Neben den oben genannten organisationstechnischen Vorteilen bietet der Overheadprojektor noch folgende weitere:
- Erarbeitetes kann gespeichert und jederzeit wieder präsentiert werden; somit werden stundenübergreifende Erarbeitungphasen erleichtert.
- Eine besondere Eignung besitzt das Arbeitstransparent für den kognitiven Bereich, d.h. für das Lernen von Fakten, das Erschließen von Modellen oder das Erfassen statistischer Darstellungen etc. Besonders bei vorbereiteten Folien können komplexe Zusammenhänge gezeigt und erklärt sowie Zuordnungen verbalisiert werden. Bei einer derartigen Verwendung erweitert sich die Erarbeitung einer Folie zu einem audiovisuell aufbereiteten Unterricht.

- Die rasche Veränderbarkeit der Folie durch Abdeckung, Erweiterung bzw. Überlegung (Overlay-Folien) macht dieses Medium – etwa im Vergleich zur Wandtafel – äußerst flexibel.

Als Nachteile lassen sich anführen:

- Der Unterricht wird in einem gewissen Maße apparaturabhängig und damit „störanfällig"; dies ist besonders dann der Fall, wenn der Schule nicht genügend funktionstüchtige Geräte zur Verfügung stehen.
- Beschränkt sich der Einsatz auf die Analyse vorgefertigter Folien, geht dem Schüler das „Entwicklungserlebnis" verloren.
- Die Arbeitsprojektion kann beim Schüler zu einer passiven Erwartungshaltung führen, wenn er sich zu sehr auf die Kenntnisnahme der Folienbilder einstellt.
- Gerade Folien mit einem dichten und perfekt aufbereiteten Informationsgehalt können Schüler „ersticken" und somit demotivieren.[119]

4.1.5 Der Computer

Allgemeine Bemerkungen

Der Computer wird auch in der Schule eine zunehmend bedeutende Rolle spielen. Die Ausstattung der Schulen mit leistungsstarken Computern ist allerdings noch nicht so weit fortgeschritten wie in didaktischen Fortbildungsveranstaltungen und Publikationen thematisiert und gefordert wird. Die Gründe dafür liegen in den Finanznöten der meisten Schulträger, den Berührungsängsten vieler Lehrer, die den 'Medienschock' in der Schulreformphase der 70er Jahre bewußt miterlebt haben, sowie in der hektischen Marktentwicklung, welche neuangeschaffte Hard- und Software schon nach kürzester Zeit als veraltet erscheinen läßt.

Folgende technikbejahende Argumente sprechen für den grundsätzlichen Einsatz von Computern im Unterricht:

- Computer spielen heute in vielen Berufen eine entscheidende Rolle. Unterricht, der sich nicht auf diese Gegebenheiten einstellt, läuft Gefahr, wirklichkeitsfremd zu sein, kann auf keinen Fall das berühmte *„non*

---

[119] Der an manchen Schulen übliche exzessive Einsatz des Overhead-Projektors, in dem Schüler nur noch kenntnisnehmend mit vorgefertigten Arbeitsblättern und Folien konfrontiert werden, ist sicherlich nicht sinnvoll. Schüler des Oberstufen-Kollegs in Bielefeld haben vor einigen Jahren einen Warnstreik gegen Overhead-Projektoren inszeniert mit dem Argument, diese seien Herrschaftsinstrumente der Lehrer, die eine schülerzentrierte demokratische Unterrichtsarbeit verhinderten.

scholae, sed vitae discimus" oder die Klafkische Forderung nach der Ausrichtung von Unterricht auf die Zukunft der Schüler erfüllen.
- Die mit der Reformwelle der 70er Jahre breit publizierten Lerneffekte des programmierten und sprachlabororientierten Unterrichts lassen sich im wesentlichen auch auf den computergestützten Unterricht übertragen. Zu nennen sind hier: selbstgesteuertes, hochindividualisiertes Lernen, Objektivität bei der Ausweisung von Erfolg und Mißerfolg sowie Förderung des systematischen und logischen Denkens.

Die Gründe, die gegen den Einsatz von Computern sprechen, werden meist von Kulturkritikern vorgebracht:
- Der Lehrer ist gut beraten, sich nicht von technischen Geräten und ihrer Defektanfälligkeit abhängig zu machen. In der Tat ist der Umgang mit Computern – wie jeder Benutzer aus bitterer Erfahrung weiß – häufig von äußerst zeitaufwendigen Rückschlägen begleitet. Es steht zu befürchten, daß ganze Unterrichtsstunden mit der Lösung eines manchmal kleinen technischen Problems „vergeudet" werden.
- Kritische Lerntheoretiker bringen vor, daß das rein technische, algorithmische Denken übermäßig gefördert wird. Dies geht zu Lasten der Persönlichkeitsentwicklung, da Bereiche wie Kreativität und Kommunikationsfähigkeit und vor allem das soziale Lernen verkümmern (vgl. Einfluß des Fernsehens!).
- Der Wert des computergestützten Unterrichts wird vielfach überschätzt. Er beschränkt sich auf einfache Bereiche wie die reine Informationsvermittlung oder auf Lehrprozesse, die ein „Richtig-Falsch-Muster" aufweisen. Bei komplexeren Gegenständen und in bezug auf die Heranbildung einer umfassenden Urteilsfähigkeit versagt der Computer weitgehend.
- Als Hauptargument wird auch vorgebracht, daß die Hochschätzung des Computers naiv sei, vor allem, wenn auf Zukunftsperspektiven abgehoben wird. In den meisten Berufen werden Computer in Form von Text- und Verwaltungsprogrammen benutzt; die notwendigen Fertigkeiten können in relativ kurzer Zeit betriebsintern und praxisorientiert und auf einem aktualisierbaren Niveau vermittelt werden. Hier geht der schulische Unterricht viel zu theoretische und komplizierte Wege, die dem Lernenden in der zukünftigen beruflichen Anwendungspraxis kaum helfen.
- Es werden auch psychische und physische Beeinträchtigungen angeführt, etwa die Heranbildung von Ungeduld oder die Schädigung der Sehkraft, der Muskeln und Gelenke.
- Schließlich, so wird vielfach argumentiert, verlangt der Computer einen sorgsamen Umgang, um extrem kostenträchtige Reparaturen zu vermeiden. Gerade dazu sind aber, wie das Beispiel Sprachlabor gezeigt hat, viele der heutigen Schüler nicht mehr bereit oder fähig.

Computersimulationen

Die fachdidaktisch größte Bedeutung für die unterrichtliche Praxis haben bisher sog. Simulationsspiele gewonnen. Sie werden zunehmend in gesellschaftswissenschaftlichen (Erdkunde, Politik, seltener in Geschichte) und naturwissenschaftlichen (Biologie, Physik, Chemie) Fächern eingesetzt.

Die Computersimulation als Medium der Erkenntnisvermittlung weist durch ihre spezifischen Merkmale – Systemcharakter, Interaktion zwischen Lernenden und Programm, dynamische graphische Darstellungsmöglichkeiten – folgende Vorteile gegenüber anderen Medien auf.

In bezug auf den *Lernprozeß*:
- Gesteigerte Motivation bei den meisten Schülern
- Unterstützung des entdeckenden und individuellen Lernens
- Anstoß zu elementaren Denkprozessen (Wechsel zwischen analytischem und synthetischem Denken).

In bezug auf die *Gegenstandsstruktur*:
- Erleichterung des Denkens in vernetzen Systemen
- Verdeutlichung der negativen Konsequenzen monokausalen Denkens
- Erwerb kybernetischen Wissens durch Einsicht in dynamische Systeme, hierbei vor allem Sensibilisierung für Auswirkungen (durch die Veränderung eines Systemparameters), etwa durch Einbau eines Zufallsparameters, der z.B. Naturkatastrophen simuliert.

In bezug auf die *technischen Möglichkeiten*:
- Anders als beim Realexperiment können Prozesse gebremst, aufgehalten, beschleunigt und beliebig wiederholt werden; der Ablauf kann sogar umgekehrt werden.
- Sehr komplexe Systeme werden leichter erfaßt, da der Computer mit großer Geschwindigkeit den möglicherweise anfallenden hohen Rechenaufwand übernehmen kann.

Fungiert die Computersimulation als Unterrichtsinhalt, so bietet vor allem der Modellcharakter eine Reihe von Möglichkeiten zur Realisierung von wissenschaftsorientiertem Unterricht durch:
- das Kennenlernen der Modellmethode und dadurch das Einüben des Prozesses der Modellbildung
- das Kennenlernen der Computersimulation als wissenschaftliche Methode
- die Integration forschungsnaher Problemstellungen in den Unterricht
- die Erschließung von komplexeren Problembereichen mit interdisziplinärem Charakter.[120]

---

[120] Schrettenbrunner, Helmut: *Hunger in Afrika*. In: Geographiedidaktische Forschungen. Nürnberg 1991, S. 40-54

Gegenüber den zahlreichen Vorteilen werden in der Literatur fast übereinstimmend einige wenige, aber ernstzunehmende Bedenken vorgebracht:[121]

- Computersimulationen bedienen sich vielfach einer zu starken Vereinfachung von Systemen und einer allzu starken Reduzierung der Parameter. Dies impliziert die Gefahr, daß solche Simulationen zu bloßem, oft utopischem Spiel degradieren, das den Blick für die Wirklichkeit eher verstellt als erhellt.
- Da in der Regel nicht alle Algorithmen offengelegt werden, kann der Eindruck eines gesetzmäßigen Determinismus entstehen, welcher zu falscher „Computergläubigkeit" führen könnte; zudem kann der Eindruck einer nicht kontrollierbaren Manipulationsmöglichkeit erweckt werden.
- Vielfach wird die Mathematisierbarkeit von Problemen suggeriert, ohne die Unberechenbarkeit menschlichen Handelns zu berücksichtigen.
- Es kommt häufig zur Ausklammerung von historischen, kulturellen und sozialpolitischen Gegebenheiten und damit fälschlicherweise zur Übertragung etablierter Vorstellungen aus unserem Kulturraum. Diese Schwäche wird besonders greifbar in manchen Computersimulationen, die sich auf die Dritte Welt beziehen.
- Es ist keine Operationalisierbarkeit von affektiven Lernzielen möglich, etwa mit Blick auf die Herausbildung eines von Verantwortung getragenem Umweltbewußtseins.

Computer und Internet

In wenigen Jahren stehen den Schülern und Lehrern in jeder Schule die Online-Medien über angeschlossene Computer zur Verfügung.[122] Das aufwendige Sammeln von Informationen im weitesten Sinne wird als Grundlage für die Vorbereitung vieler Unterrichtsreihen durch die neuen Medien möglicherweise in Zukunft vereinfacht, da ein mühsames Abtippen oder umständliches Kopieren, Ausschneiden und Zusammenkleben entfallen und ein sekundenkurzes Einladen aus dem Daten-Netz zur sofortigen Bearbeitung am PC (Kürzungen, Änderungen, Drucken) erfolgen kann. Die vielfach in

---

[121] Nolzen, Heinz: *Der Computer als Medium im lehrergeleiteten Geographieunterricht am Beispiel des Programms Föhn*. In: Geographie und Schule. Heft 50. Köln 1987, S. 22-28
Gergeley, S.M.: *Wie der Computer den Menschen und das Leben verändert*. München, Zürich 1986
Wedekind, J.: *Unterrichtsmedium Computersimulation. Neue Lernverfahren*. Weil 1981
Simon, H. (Hg.): *Computer-Simulation und Modellbildung im Unterricht. Datenverarbeitung/ Informatik im Bildungsbereich*. München/ Wien 1980 (3. Aufl.)

[122] Sowohl ein in den Bundesländern gestartetes als auch ein bundesweites Förderungsprogramm 'Schulen ans Netz' stellt die hierzu notwendigen Mittel für Hard- und Software zur Verfügung.

Lehrbüchern überholten Daten (vor allem: in Erdkunde-Lehrwerken) können ohne hohen Kosten- und Zeitaufwand aktualisiert werden.[123]

Die eigene fachliche Weiterbildung wird durch die Zugänglichkeit von Informationen über Entwicklungen und Trends der affinen Wissenschaften erleichtert.

Die Online-Dienste sollten jedoch nicht nur als Medium genutzt werden. Wegen ihrer zweifelsfrei steigenden Bedeutung müssen sie auch Unterrichtsgegenstand werden, etwa mit Lernzielen wie 'Informationen einholen', 'Suchkriterien aufstellen und ordnen' oder 'Datenrecherchen erlernen', um neben den fachspezifischen Lernzielen eine Medienkompetenz aufzubauen, die Schüler befähigt, neben dem reinen „Handling" auch Nutzen und Gefahren der heutigen informationstechnischen Einrichtungen abschätzen zu können. Den Bestrebungen nach Mitverantwortlichkeit für den Lernprozeß kann durch diese Betätigungen nachgekommen werden.

Die Präsentation der Schule selbst im Internet (über eine Homepage) könnte zu Partnerschaften im nationalen oder auch internationalen Bereich führen, aus denen breitere und vor allem direkte Kooperationen bis hin zum Schüleraustausch erwachsen können. Die inhaltliche und äußere Gestaltung der Präsentation kann den Forderungen nach einem Schulprogramm entsprechen.

Momentan ungeklärt sind allerdings folgende Fragestellungen angesichts der heftig beklagten Leere in den öffentlichen Kassen:

1. Wer übernimmt die laufenden Betriebskosten, etwa für Reparaturen, die anfallenden Telefonkosten, Gebühren für Online-Dienste?
2. Wer ist in der Lage, die notwendigen Fortbildungsveranstaltungen für Lehrer fachlich zu leisten? Und in welcher Form werden direkte Kosten (Dienstreisen, Anschauungsmaterial) und indirekte Kosten (Freistellung von anderen Dienstverpflichtungen) finanziert?[124]

---

[123] Die Verwendung aktuellerer Daten im Unterricht wird in diesem Zusammenhang allein daher an Bedeutung gewinnen, weil die Schüler den Lehrern - wie bereits bei Einführung der PCs - in „Handling" und Cleverness zunächst meilenweit vorauseilen und somit möglicherweise über aktuellere Daten als der Lehrer verfügen.
Der interessierte Leser findet für viele Fächer konkrete Beispiele, eine Reihe nützlicher Adressen im Internet und vor allem eine genaue Anleitung zum Arbeiten mit dem Internet (einschließlich der Erklärung grundlegender Termini) in: Hildebrand, Jens: *internet: ratgeber für lehrer*. Köln 1996

[124] Selbst die Telekom kann bei Bereitschaft zum Veranstalten von Projekttagen z. Zt. keine fachlich versierten Moderatoren zur Verfügung stellen.

4.1.6 Weitere visuelle Medien (Diaprojektor, Epidiaskop, Wandbilder, Wandkarten, Präparate, Mikroskop)

Ohne im einzelnen auf die jeweiligen didaktisch-methodischen Funktionen einzugehen, seien im folgenden weitere visuelle Medien in der Abwägung von Vor- und Nachteilen stichwortartig gekennzeichnet.

Diaprojektor

Die Vorteile dieses Mediums liegen in der darstellbaren Komplexität von Informationen, etwa aus dem geographischen, naturwissenschaftlichen oder künstlerischen Bereich. Ein Dia kann auch als Ersatz für eine „originale Begegnung" dienen.

Die Nachteile sind vorwiegend organisationstechnischer Art. Die Bindung der Diaprojektion an verdunkelbare Räume macht ein Mitschreiben von Informationen nahezu unmöglich. Zudem werden problematische Lerngruppen möglicherweise zu Undiszipliniertheiten verführt.

Epidiaskop:

Dieses Medium ist in seiner Funktionalität vergleichbar mit der Diaprojektion. Dem zusätzlichen Vorteil, daß Bilder projiziert werden können, steht der Nachteil entgegen, daß die vielfach noch im Gebrauch befindlichen älteren Geräte eine lange Warmlaufzeit benötigen, meist recht lichtschwach sind und durch hohe Hitzeentwicklung die Bilder beschädigen können.

Wandbilder

Wandbilder werden etwa im Fremdsprachenunterricht vielfach alternativ zu Folien eingesetzt. Sie sind aber in Stunden, die auf sukzessive Erarbeitung von Unterrichtsgegenständen angelegt sind, nacheinander aufdeckbaren Transparenten deutlich in ihrem methodischen Funktionswert unterlegen. Dies ist etwa auch in Stunden der Fall, denen ein sich aufbauender Spannungsbogen immanent ist.

Wandkarte

Sie erleben eine große Renaissance als zentrales Medium neben dem Atlas zur Vermittlung und Überprüfung topographischer Kenntnisse, nachdem in den 70er und 80er Jahren dieser Blickwinkel aus dem didaktischen Zentrum des Erdkundeunterrichts gedrängt worden war. Es wird von Fachdidaktikern zunehmend sogar gefordert, daß in jeder Stunde die Wandkarte als „latentes" visuelles Medium vorhanden sein sollte. In eingeschränktem Maße gilt diese Forderung auch für den Geschichtsunterricht.

Es gibt eine Reihe von Medien, die primär der Veranschaulichung dienen und vorwiegend in naturwissenschaftlichen Fächern eingesetzt werden, etwa: physikalische und chemische Gerätschaften bei Versuchsabläufen, Präparate im Biologieunterricht, Mikroskope. Darauf soll an dieser Stelle wegen der relativ beschränkten Zuordnung auf nur wenige Fächer nicht näher eingegangen werden.

4.2 Auditive Medien

4.2.1 Tonträger (Tonkassette/Sprachlabor)

Die Tonkassette spielt in den meisten Fächern keine wesentliche Rolle. Eine deutliche Ausnahme bildet allerdings der Fremdsprachenunterricht, in dem sie neben dem Lehrbuch und der Tafel (Folie) als Vermittlungsträger authentischer Sprachsituationen wohl das wichtigste fachspezifische Medium darstellt.

Eine sehr komplex nutzbare Form eines auditiv eingerichteten Unterrichts stellt das Sprachlabor (Sprachlehranlage) dar. Hier sind alle Schüler mit Hilfe von Kopfhörern mit einer Programmquelle (z.B. Mikrophon am Lehrerpult, Kassettenrecorder (Spulentonbandgerät) oder Plattenspieler verbunden.

Es gibt dabei verschiedene Systeme. Im einfachsten Fall hat der Schüler nur die Möglichkeit, einen Lehrtext abzuhören. Eine erweiterte Form besteht im Hören und Sprechen des Schülers, eine dritte Form im Hören, Sprechen, Aufnehmen. Die umfassendste Form stellt sich als Stimulus-Response-Abfolge Hören-Sprechen-Aufnehmen und schließlich Hören der richtigen/ korrigierten Form dar. Entsprechend wird von Ein- bis Vier-Phasen-Drill gesprochen.

Während zu Beginn der 70er Jahre der Anspruch nach sprachlaborgestütztem Unterricht für alle Schulformen breite Resonanz fand, der sogar vereinzelt in der Forderung nach weitgehendem Ersatz des Lehrers durch das Sprachlabor gipfelte, ist das mediendidaktische Pendel jetzt nach der anderen Seite ausgeschlagen. Zahlreiche Schulen haben die kostspieligen Labors sogar abgebaut. Folgende Argumente spielen dabei eine Rolle:

- Mediendidaktisch wird angeführt, daß Sprachlaborarbeit meist einseitig auf die Fertigkeiten Hörverstehen und Sprechen ausgerichtet ist.
- Mit Blick auf die zu bewältigende Vorbereitung wird vorgebracht, daß Sprachlaborarbeit häufig mit erheblichem organisatorischen Aufwand für den Lehrer verbunden ist. Dieser bezieht sich auf die zu leistende Vor-

planung, auf den Umgang mit zahlreichen technischen Anforderungen und den raschen Wechsel in der Einstellung auf einzelne Schüler.
- Es kommt zunehmend zu Kritik über unterrichtshemmendes Schülerverhalten in Sprachlaborstunden. Dies geschieht im wesentlichen unter zwei Aspekten:
  – Viele Schüler sind nicht mehr in der Lage, längere Spracheinheiten zu memorieren und zu wiederholen.[125]
  – Schüler klagen zunehmend nach kurzer Zeit über Kopfschmerzen. Wenn man sich das freiwillige Ausgesetztsein vieler Schüler in ihrer Freizeit durch intensive Walkman-Benutzung und dröhnender Discomusik „vor Ohren hält", mag man als Lehrer mißtrauisch gegenüber solchem Eskapismusverhalten sein, doch wer riskiert bei zunehmend protestwilligen Eltern schon eine falsche Reaktion im berechtigten Einzelfall?[126]
- Schließlich werden finanzpolitische Aspekte angeführt, die gerade in der heutigen Zeit Bildung am nachhaltigsten beeinflussen: Sprachlaboranlagen sind sehr störanfällig. Besonders bei der wachsenden motorischen Unruhe vieler und dem zunehmenden Vandalismusgebaren einzelner Schüler sind häufig Reparaturen durch Spezialfirmen nötig, die zu bezahlen die meisten Schulträger nicht mehr bereit sind.[127]

Dennoch gibt es auch heute noch Lehrer, die das Sprachlabor regelmäßig nutzen, und zwar aus folgenden nachvollziehbaren Gründen:

1. Eine Sprachlaborstunde stellt methodisch eine vielseitig nutzbare Abwechslung gegenüber dem traditionellen Unterricht dar.
2. Sprachlaborarbeit kann in hohem Maße zur Individualisierung von Lehr- und Lernprozessen genutzt werden, vor allem in Anlagen mit fest installierten Trennwänden. Schwächen einzelner Schüler – dies bezieht sich vor allem auf phonetische Defizite – können dabei gezielt erkannt und behoben werden.

---

[125] Eigene Erfahrungen haben ergeben, daß eine entscheidende Marge in der schülerseitigen Memorierbarkeit bei einem Umfang von 7 Silben liegt. Viele Lehrprogramme sind aber syntaktisch derart umfangreich aufgebaut, daß nach schwungvollem Beginn selbst eine simple phonetische Reproduktion in ein verschwommenes Gemurmel ausläuft.

[126] Ein Walkman wird i.d.R. in einer Lautstärke von 120-130 db bedient, was der Lärmbelastung eines Preßlufthammers in ca. 2m Entfernung entspricht (Vortrag von Prof. Winkel am 27.1.1994 in Jülich).

[127] Die zunehmende Schließung von Sprachlehranlagen hat dazu geführt, daß die Zahl der wartungsfähigen Firmen drastisch abgenommen hat und solche vielfach in geographisch sehr ungünstigen Entfernungen zu finden sind. Mit den längeren Anfahrtswegen entstehen zusätzlich zu den eigentlichen Reparatur- auch extrem hohe Wegstreckenkosten.

3. Sprachlaborunterricht kann in hohem Maße authentische Kommunikationssituationen simulieren, so daß vor allem bei auditiven Lerntypen durch *pattern drill*-Verfahren ein beeindruckender Lernzuwachs erreicht werden kann.

4.2.2 Schulfunk

Der Schulfunk spielt für den Unterricht eine relativ unbedeutende Rolle, obwohl viele Sendeanstalten mit großer Themenvielfalt und didaktischer Kompetenz auf dem „Unterrichtsmarkt" vertreten sind. Natürlich ist im Gegensatz zu früheren Zeiten, in denen das Radio das einzige technische Medium im Haushalt war, eine Sendung, bei der die Schüler gebannt 15 Minuten lang einem äußerst billig zu produzierenden „märchenonkelhaften" Vortrag über seltene Pflanzen und Tieren lauschten, heute nicht mehr anbietbar. Dennoch lassen sich Schulfunksendungen, etwa durch authentische Sprachgebung bei der Präsentation fremdsprachlicher Literatur, besonders bei der Gattung Drama (Hörspiele, *radio plays*) oder in Form von Hörspielen aufbereiteter Erlebnisberichte für die Fächer Geschichte, Politik oder Erdkunde motivationsanreichernd nutzen.

4.3 Audio-visuelle Medien (Videokassette, Schulfernsehen)

Einziges nennenswerte Medium in diesem Bereich, wenngleich das mit der wohl expansivsten Bedeutung, ist die Videokassette. Sie hat den Einsatz des klassischen Spulenfilms (8 mm) praktisch verdrängt.[128] Auch die regional eingerichteten Filmstellen gehen immer mehr zum ausschließlichen Anbieten der bedienungsfreundlichen Kassetten über. Diese bieten folgende Vorteile:

- Fernsehsendungen – etwa mit bestimmtem Blick auf spezifische Fragestellungen und Lernvoraussetzungen der Gruppe – sind jederzeit über meist einfach zu bedienende Videorecorder speicherbar.
  Die leicht über Satellit oder Kabelfernsehen zu nutzende Sende- und damit Themenvielfalt kann für alle Fächer wertvolle Unterstützung leisten, vor allem im Sinne der Aktualisierung von Informationen. Besonders hilfreich ist dieses Medium für die Fächer Geschichte, Erdkunde, Politik und Wirtschaftskunde. Sie können aber auch den landeskundlich orientierten Fremdsprachenunterricht bis hin zum bilingualen Unterricht anreichern.
  Neben allgemeinen Fernsehsendungen gibt es – ähnlich dem Schulfunk – auch spezielle Schulfernsehsendungen, die den Vorteil einer gezielten Didaktisierung aufweisen und eine beeindruckende Anschaulichkeit, etwa

---

[128] Der im Studienseminar früher obligatorische Erwerb eines sogenannten 'Filmvorführscheines' ist in der Praxis gegenstandslos geworden.

in der Rekonstruktion des Alltagslebens in verschiedenen Geschichtsepochen, bieten. Zu zahlreichen Sendungen gibt es überzeugend aufbereitetes Begleitmaterial, das bei den einzelnen Rundfunkanstalten – zum Teil sogar kostenlos – bestellt werden kann (vgl. Liste der einzelnen Sender im 4. Teil, Kap. 2.4).

- Das Abbrechen und die Wiederaufnahme einer Filmdarbietung, somit ein stundenübergreifender Einsatz, ist jederzeit möglich. Im Literaturunterricht könnte der Einsatz von Videoaufzeichnungen z.B. zur vergleichenden Darstellung eines Werkes herangezogen werden. Hierdurch sind historisierende rezeptionsästhetische Erschließungen möglich. Ein solches Vorgehen empfiehlt sich vor allem bei Dramen, etwa: „Faust", „Woyzeck", „The Jew of Malta", „Hamlet".
- Durch die Videokassette ist eine verdichtete Informationsvermittlung leistbar: die Verbindung von Bild und Sprache erhöht die Anschaulichkeit und Memorierbarkeit beträchtlich.
- Schließlich ist die Gefahr technischer Defekte, etwa eines Filmrisses, äußerst gering.

Als mögliche Nachteile lassen sich anführen:

- Die Informationsdichte kann Schüler überfordern.
- Eine perfekt gemachte Anschauung läßt vielleicht den „Alltagsunterricht" als rückständig erscheinen.
- Unterrichtsgegenstände werden nicht in Interaktion mit den Schülern entwickelnd erarbeitet, sondern als „Fertigprodukt" serviert.

Zusammenfassung

Neben Wandtafel und Lehrbuch, die als traditionsreichste Medien aufgrund der Vielfältigkeit und Benutzerfreundlichkeit fächerübergreifend uneingeschränkt ihren Platz im Schulalltag behaupten können, spielen andere (Arbeitsblätter, Folien, Video- und Ton-Kassetten) eine wichtige ergänzende Rolle.

Die in den 70er Jahren weit verbreitete Euphorie über die Leistungsfähigkeit von Sprachlehranlagen ist nahezu gänzlich verschwunden.

Genauere Prognosen, welche Stellung Computer als wichtigstes Medium der Zukunft und weltumspannende Datennetze im Unterrichtsalltag einnehmen werden, sind derzeit noch kaum möglich. Hier spielen die engen finanziellen Grenzen durch die immer intensiver reklamierten Ebben in öffentlichen Haushalten sicherlich gegenüber didaktischen und methodischen Überlegungen die durchschlagskräftigste Rolle.

5 Lernerfolgskontrollen und Notengebung

Bezogen auf Unterrichtsabläufe kann unterschieden werden zwischen stundenimmanenten und stundenübergreifenden Lernerfolgskontrollen. Erstere werden, wie der Name sagt, in einer einzelnen Unterrichtsstunde eingebracht, etwa durch Zusammenfassungen von Teil- oder Endergebnissen durch Schüler, Erstellen eines Tafelbildes, Bewältigung von kontrollierenden Übungsaufgaben, durch Beantwortung gestellter Fragen u.a.m. Auch Hausaufgaben (siehe unter 5.1), vor allem ausführende, werden meist der stundenimmanenten Kontrolle zugeordnet. Als stundenübergreifende Lernkontrollen gelten z.B. Klassenarbeiten, Klausuren, Tests oder Referate.

5.1 Hausaufgaben

Hausaufgaben gehören zum festen Bestandteil des Unterrichts; sie stellen vielfach die Gelenkstelle zwischen zwei Unterrichtsstunden dar. Bezogen auf die ihnen zugedachte Funktionalität und die damit verbundenen Phasierung im Unterricht kann man unterscheiden zwischen einführenden und ausführenden Hausaufgaben, bezogen auf das didaktische Profil zwischen vorbereitenden und nachbereitenden (vertiefenden) Hausaufgaben.

Es hat seit jeher Vorwürfe *gegen* Hausaufgaben gegeben, etwa mit folgenden Argumenten:

- Grundsätzlich ist es nicht zu vertreten, schulisch „unerledigte" Aufgaben auf das Zuhause zu verlagern. Lehrer sollten alles Wesentliche im Unterricht behandelt haben.
- In der Praxis sind Hausaufgabenstellungen oft bloße Rituale. Ihre Anfertigung wird vielfach ohne Prüfung ihres didaktischen Wertes gefordert und damit zur „Beschäftigungstherapie" degradiert.
- Hausaufgaben stellen Schüler häufig vor unlösbare oder nur mit fremder Hilfe zu bewältigende Probleme, weil sie im Unterricht nicht genügend vorbereitet sind.
- Das Erstellen von Aufgaben am Nachmittag, so wird häufig argumentiert, belastet Schüler zusätzlich, raubt ihnen erholsame Freizeit, überfordert die Schwächeren, nicht zuletzt weil der Lehrer häufig den Zeitbedarf falsch einschätzt.

- Durch Hausaufgaben greift die Schule tief in das häusliche Leben ein, bis an die Grenze des Hausfriedensbruches, da vielfach Eltern zur Mithilfe gezwungen werden.[129]
- Soziale Ungerechtigkeiten werden durch Hausaufgaben gefördert, da die häuslichen Bedingungen in bezug auf das Vorhandensein eines eigenen Zimmers, Ruhe, Zeit, sowie auf die Möglichkeit elterlicher Mithilfe unterschiedlich sind.
- Lehrer sind häufig über geleistete Mithilfe bei der Hausaufgabenbewältigung durch Eltern oder Nachhilfelehrer nicht informiert und lassen sich über Unterrichtserfolge und Leistungsstand täuschen.

Demgegenüber kann man zunächst einmal darauf hinweisen, daß Hausaufgaben seit jeher unterrichtsbegleitender Bestandteil von Schule gewesen sind. Sie stellen auch in anderen Ländern, bei häufig erheblich längerer Unterrichtsdauer am Tag, einen festen Teil des zu leistenden schulischen Pensums dar.

Als weitere Argumente *für* Hausaufgaben sind zu nennen:

- Gewisse Lernbereiche, etwa das Aneignen von Vokabeln, lassen sich am effektivsten in ungestörter Individualarbeit zu Hause erledigen.
- Sinnvoll gestellte Hausaufgaben, wobei sowohl Inhalt als auch Zeitaufwand verantwortungsvoll überlegt sein sollten, können eine polyvalente Ergänzung zum Unterricht darstellen.
- Hausaufgaben können ein Bindeglied zwischen Schule und Elternhaus sein und einen Beitrag zur sachorientierten „Öffnung" von Schule liefern, indem sie Eltern Informationen über den Unterrichtsstoff und die Leistungsfähigkeit ihrer Kinder liefern.
- Das schulbezogene Arbeiten zu Hause bietet im günstigen Falle Gelegenheit zu ungestörter und streßfreier Konzentration auf eine Sache.
- Hausaufgaben können einen wertvollen Beitrag zur Realisierung moderner Erziehungsziele leisten, wie z.B. Erziehung zur Selbständigkeit, zu individueller Entfaltung und zur Sorgfalt.

---

[129] Dieses Argument gipfelt zuweilen in dem Vorwurf, daß Eltern als Hilfslehrer der Nation mißbraucht würden.

Die Tatsache, daß die Gesamtschule, fast ausschließlich als Ganztagsschule konzipiert, den Bereich „Hausaufgaben" schulintern regelt und damit Eltern entlastet, trägt wesentlich zur Attraktivität dieser Schulform bei.[130] Auch in anderen Schulformen wird Hausaufgabenbetreuung in immer stärkerem Maße angeboten und von Eltern dankbar angenommen.

Beide Aspekte zeigen, welchen Stellenwert Hausaufgaben im Zusammenhang mit der Schule für Eltern haben.

5.2 Schriftliche Formen der Überprüfung (Klassenarbeiten, Klausuren, Tests)

Es gibt eine Fülle von reglementierenden Hinweisen, wie der Lehrer formaljuristisch bei der Stellung und Korrektur schriftlicher Arbeiten vorzugehen hat. Die wichtigsten Rechtsvorschriften (vgl. 4. Teil, Kap. 1.2) beinhalten folgendes:

- Die Leistungsbewertung muß sich auf die im Unterricht vermittelten Fähigkeiten und Fertigkeiten beziehen.
- Der Eigenart von Schulstufe, Schulform und Unterricht ist Rechnung zu tragen.
- Die Anforderungen sind der durchschnittlichen Leistungsfähigkeit der Lerngruppe anzupassen.
- Bei Klassenarbeiten und Klausuren darf in der Regel höchstens ein Drittel der Arbeiten mit mangelhaft und schlechter bewertet werden. Schlechter ausgefallene Arbeiten können nur nach Genehmigung durch den Schulleiter in die Wertung eingehen.
- Für die Oberstufe gibt es Anforderungen wie die Verpflichtung zur Ankündigung der Klausuren oder zur Notengebung am Ende eines Kursabschnittes; auch sind Zahl und Dauer der zu schreibenden Klausuren vorgeschrieben. Darüber hinaus gilt, daß die Note für die „Sonstige Mitarbeit" sich auf alle Leistungen außerhalb der Klausuren, also schriftliche, mündliche und praktische, beziehen soll.[131]

---

[130] Von Bildungspolitikern wird gerne bei Schulformdebatten als Argument „Freiheit der Entscheidung durch Elternwille" verwendet, da diese Formulierung den Beweis einer bildungspolitischen Mündigkeit der Betroffenen nahelegt. Es gibt allerdings deutliche Anzeichen, daß dieser Elternwille sich sehr häufig nach rein egoistischen Kategorien ausrichtet. Die gerade für demokratische Systeme zentralen Begriffe wie Freiheit und Verantwortung werden als Recht (miß)verstanden, Verantwortung auf andere, etwa den Staat und seine Institutionen, abzuwälzen, indem man z.B. das häusliche Dasein von Hausaufgaben „befreit". Dieses (Miß)Verständnis von Demokratie wird dann häufig in Form wütender Proteste ausgeweitet, wenn aus der Sicht der Eltern der mit der Verantwortung betraute Lehrer nicht den Erwartungen entsprechend agiert, z.B. aus ihrer subjektiven Sicht heraus bei der Förderung ihres Kindes versagt hat.

[131] Vgl. in NRW die sog. ASCHO (Allgemeine Schulordnung); BASS - 1995/6 12-01 Nr. 2.

In das Ermessen des Lehrers fällt u.a., ob Klassenarbeiten angekündigt werden sollen oder nicht. Als wesentlichstes Argument für eine Ankündigung läßt sich anführen, daß hierdurch der Schüler zur verantwortungsvollen Vorplanung in bezug auf den zu lernenden Stoff erzogen wird. Dies schließt die Forderung ein zu lernen, sich gezielt auf eine Prüfungssituation einzustellen.

Gegner der Ankündigungen von Klassenarbeiten können vorbringen, daß Lernerfolgskontrollen nur dann ein zutreffendes Bild vermitteln, wenn sie jederzeit einsetzbar sind. Schüler werden dann stärker zur unterrichtlichen Aufmerksamkeit angehalten, wenn sie jederzeit mit einer Überprüfung zu rechnen haben. Man kann auch darauf hinweisen, daß die Ankündigung von Klassenarbeiten das Familienleben stören könne, wenn familiäre Aktivitäten der notwendigen Vorbereitung auf Klassenarbeiten zum Opfer fielen. Angeführt wird auch, daß Schüler nach Ankündigung einer Arbeit zunehmend über gesundheitliche Störungen (Schlaf- und Appetitlosigkeit, Nervosität) klagen, was ihre eigentliche Leistungsfähigkeit stark beeinträchtige und zu einem falschen Notenbild führe. Es ist allerdings zu fragen, ob eine unangekündigte Arbeit keinen größeren ergebnisverzerrenden Spontanschreck auslösen kann.

Die meisten Lehrer kündigen Klassenarbeiten an, weil sie ohnehin gehalten sind, den Termin mit Kollegen abzustimmen und einzutragen oder die Termine durch die Schulleitung wie in der Oberstufe koordinierend gesetzt werden.

5.3 Die mündliche Mitarbeit

Es gibt zahlreiche Untersuchungen über die mündliche Beteiligung von Schülern. Sie sind jedoch meist entweder soziologisch (gruppendynamisches Verhalten) oder psychologisch (Analyse von Hemmschwellen) angelegt. Es gibt nur wenige Untersuchungen aus der Lehrerperspektive, die bei der Lösung grundlegender Fragestellungen im Alltag helfen, z.B.:

- Wie sind mündliche Leistungen im Vergleich zu schriftlichen zu werten?
- Wie bewertet man bei möglichst großer Transparenz häufige, aber wenig gehaltvolle Antworten im Vergleich zu sporadischen, aber substantiellen?

Das Problem wird eher erschwert als erleichtert durch die Tatsache, daß Lehrer aus unterschiedlichen Gründen (Sicherstellung von Fleiß, Disziplinierung etc.) zunehmend regelmäßig – etwa bei der Überprüfung von Vokabelkenntnissen – Lernerfolgskontrollen einfordern, die dem mündlichen Bereich zugeordnet werden, obwohl sie dem Wesen nach kurze Klassenarbeiten auf einfacher

Reproduktionsebene sind.[132] Die in mündlichen Beiträgen geforderten spezifischen kommunikationsorientierten Fähigkeiten wie Spontaneität und Reaktion auf Argumente anderer oder in den Fremdsprachen phonetisch exakte Sprech- und Hörfähigkeiten können durch solche Verfahren nicht nachgewiesen werden.

Die meisten Lehrer neigen bei sogenannten „schriftlichen" Fächern dazu, die Leistungen in Klassenarbeiten deutlich höher als die mündlichen Leistungen zu bewerten. Der meistgenannte Grund für eine solche Präferenzhaltung ist der, daß alle Schüler sich gleichzeitig identischen Anforderungen stellen müßten und damit die Vergleichbarkeit der Noten am stärksten sichergestellt sei. Hinzu kommt, wenn auch nicht so häufig genannt, daß viele Lehrer sich bei der schriftlichen Notenfindung sicherer fühlen; sie können Leistungen in Ruhe analysieren, kommentieren und somit justitiabel dokumentieren. Die Bewertung von mündlichen Leistungen muß dagegen oft spontan erfolgen, die Kriterien sind hier in geringerem Maße eindeutig festlegbar.[133]

Ein besonderes Problemfeld ergibt sich punktuell im Fremdsprachenunterricht, in abgeschwächter Form auch für den Deutschunterricht. Es bezieht sich auf Fälle, in denen überdurchschnittlich sprachbegabte Schüler (authentische phonetische Performanz, überdurchschnittliche Fähigkeiten im Hörverstehen und Sprechen, große Ideenvielfalt) dennoch notenmäßig gefährdet sein können, ja sogar zu Klassenwiederholern werden, wenn sie in der Rechtschreibung nicht sicher sind. Es ist leider geforderte Praxis, daß im Fremdsprachenunterricht selbst „misprints" als ganze Fehler gewertet werden und ein Schüler demnach in solchen Klassenarbeiten stärker bestraft wird als für das gleiche Vergehen in der Muttersprache. Das Problem verschärft sich, wenn die überdurchschnittliche mündliche Leistungsfähigkeit zu wenig aktualisiert wird, weil der Schüler relativ zurückhaltend ist und der Lehrer ihn nicht aktiviert.

Auch in den „nicht-schriftlichen" Fächern gibt es praktizierte „Unsitten", z.B. daß pro Halbjahr eine schriftliche (verbotene) Lernerfolgsüberprüfung angesetzt wird und das dort erreichte Ergebnis dann auch die Zeugnisnote darstellt, unabhängig von der quantitativen und qualitativen Mitarbeit eines Schülers und der sonstigen Mitarbeit oder der Qualität der Heftführung.

---

[132] Solche Überprüfungen werden im „gemeinen" Sprachgebrauch von Lehrern, v.a. aber von Schülern als „Tests" bezeichnet.

[133] Aus unserer Sicht wird bisher das, was man im weitesten Sinne Kommunikationsfähigkeit nennen kann, an deutschen Schulen im Fremdsprachenunterricht zu wenig in der Diskussion um die „richtige" Notenfindung berücksichtigt, wenn es um das Verhältnis schriftlicher - mündlicher Leistung geht.

5.4 Probleme der Leistungsmessung

Das schon an anderen Stellen beklagte gestörte Verhältnis der Praktiker zur Theorie wird bei diesem Thema besonders evident. Auch wenn die pädagogische Diskussion um Leistungsmessung in den letzten zwei Jahrzehnten recht stark in den Hintergrund getreten ist, so haben sich zahlreiche der heute unterrichtenden Kollegen in den 70er Jahren in ihren pädagogischen Ausbildungsgängen mit Standardwerken zu diesem Thema auseinandersetzen müssen.[134] Neben einer Abneigung gegenüber den viel propagierten „objektiven", für Laien oft nicht nachvollziehbaren mathematischen Testverfahren und der Gaußschen Normalverteilungskurve haben solche Lehrer meist Berührungsängste gegenüber der Kritik von „Schreibtischtätern" in ihre Praxis mitgenommen. Die Noten von Lehrern, so konnte man in früheren Publikationen lesen, sind weder objektiv noch vergleichbar, schon gar nicht prognostisch valide, sie verfestigen Herrschaftsstrukturen, sind in ihrer Willkür bei der Verteilung von Lebenschancen unverantwortlich und laufen im Ernstfall Gefahr, nicht justitiabel zu sein.[135] Eine Rolle, so wurde vielfach monierend propagiert, für eine falsche Notengebung spiele der sog. „Halo-Effekt" (*halo*: engl.: Heiligenschein), der besagt, daß sich ein Lehrer in der Beurteilung von anderen als den geforderten fachspezifischen Kriterien leiten lasse, z.B. Auftreten des Schülers, Elternhaus oder Notenstand in anderen Fächern.

Wie so oft, wenn die Theorie die geforderte Praxis nicht durch die Bereitstellung praktikabler Handlungsmuster unterstützt, minimiert sie selbstverschuldet die Bereitschaft, sich mit ihr auseinanderzusetzen, mehr noch, sie schürt das schlechte Gewissen, die Verunsicherung und trägt zur Belastung des Berufsstandes bei.[136]

---

[134] Ingenkamp, Karl-Heinz: *Die Fragwürdigkeit der Zensurengebung.* Basel, Weinheim 1977 (7. Aufl.)
Gaude, Peter; Teschner, Wolfgang, P.: *Objektivierte Leistungsmessung in der Schule – Einsatz informeller Tests im leistungsdifferenzierten Unterricht.* Frankfurt 1973 (3. Aufl.)
Ziegenspeck, Jörg: *Zensur und Zeugnis in der Schule.* Hannover 1973
Winkel, Rainer: *Momentmal. 20 pädagogische Miniaturen.* Baltmannsweiler 1993; PÄDAGOGIK, 6/1993. Themenheft *Wirtschaft, Schule, Leistung.*

[135] Potthoff, Willy: *Erfolgskontrolle.* Ravensburg 1974, S. 25 ff.
Ingenkamp, Karl-Heinz: *Die Fragwürdigkeit der Zensurengebung.* Basel, Weinheim 1977 (7. Aufl.)

[136] Die Verbitterung über die Diskrepanz zwischen hehrer Forderung und nicht-realisierbarer Umsetzung an der Basis, zwischen wohlklingenden, doch in der Praxis nicht umgesetzten Reden, zwischen Schein und Sein scheint sich zu einem allgemein gesellschaftlichen Belastungsmoment zu entwickeln, am eindrucksvollsten fixierbar im Bereich Politik und der dort heftig beklagten Politikmüdigkeit.

Dabei ist unbestritten, daß die Notengebung einen überaus wichtigen alltäglichen Bestandteil des Lehrerberufes ausmacht und wert ist, umfassend reflektiert zu werden. Jährlich werden hierzulande etwa 400 Millionen Zensuren erteilt.[137] Ein Lehrer, der in 6 Klassen bei einer Klassenstärke von 30 Schülern eines der sog. „schriftlichen Fächer" unterrichtet, muß jährlich ca. 1500 Arbeiten korrigieren und 360 Zeugnisnoten erteilen.[138]

Im Gegensatz zu den Vorwürfen in der „kritischen" Theorie zeigt die Erfahrung, daß die meisten schulischen Noten nachvollziehbar sind, wenn akzeptiert wird, daß eine klare Trennlinie zwischen etwa einem schwachen „befriedigend" und einem guten „ausreichend" kaum herstellbar ist.[139] Man sollte sich das von Lehrern viel zu wenig verwendete häufige Argument der Schulbehörden zu eigen machen, daß Noten als Diagnosehilfe zur Einschätzung der Leistungsfähigkeit durch die Schüler selbst und deren Eltern dienen. Dadurch entlastet man sich – zumindest „taktisch" – von dem Vorwurf, ungerechtfertigt Druck auszuüben.

In jüngster Zeit hat die Diskussion um einen veränderten Lernbegriff und die zunehmende Propagierung offener Unterrichtsformen wieder Stimmen laut werden lassen, die auf eine Veränderung der Form von Leistungsbeurteilungen drängen. Als Begründung wird vielfach angeführt, daß über die kognitive und inhaltlich-fachliche Dimension hinaus Schlüsselqualifikationen vermittelt werden sollten, die im methodischen oder sozial-kommunikativen Kompetenzbereich liegen. Eine Konsequenz aus solchen Überlegungen, die für die ersten Grundschuljahre in den meisten Bundesländern schon Niederschlag gefunden hat, ist der Ersatz der Zifferzensuren durch Worturteile. In der Praxis können diese allerdings in ihrer Wertigkeit hinterfragt werden.

Zwar eröffnen Worturteile tatsächlich mehr Möglichkeiten, den sozialkommunikativen Bereich beschreibend und wertend zu erfassen, doch muß mit Blick auf die erlebte Praxis kritisiert werden, daß es unter dem Druck der Massenbewältigung von zu verschriftlichenden Urteilsfindungen zwangsläufig

---

[137] Winkel, Rainer: *Momentmal. 20 pädagogische Miniaturen*, Baltmannsweiler 1993

[138] Die reinen jährlichen Korrekturbelastungen der Lehrer mit zwei Korrekturfächern nehmen – bezogen auf 40 Stunden Arbeitszeit pro Woche – mindestens 6 Wochen in Anspruch.

[139] Der konsequenteste Vorstoß, eine angenäherte Objektivität herzustellen, wurde in NRW Anfang der 70er Jahre in bezug auf die Korrektur fremdsprachlicher Arbeiten unternommen. Im Fach Englisch mußten Klausuren mit einem Fehlerquotienten (Fehlerzahl x 100 geteilt durch Wortzahl) von 4,0 zwangsweise „mangelhaft" genannt werden. Diese Vorgabe wurde von der Aufsichtsbehörde jedoch bald wieder zurückgezogen, da sie aus juristischen Gründen nicht haltbar war. Als Hauptargument galt hierbei, daß es Lernrückstände gibt, die der einzelne Schüler nicht zu verantworten hat, etwa wenn ein Lehrer über einen längeren Zeitraum ausgefallen war.

zur Verwendung erstarrter Sprachmuster kommt, die im einzelnen recht unverbindlich wirken. Es muß auch gesehen werden, daß die Dekodierung solcher Worturteile durch die Schüler selbst, durch Eltern, interessierte Verwandte und Lehrer an anderen Schulen sowie potentielle Arbeitgeber vor allem durch zwei Aspekte besonders erschwert wird:

1. Ähnlich wie im etablierten Sprachgebrauch bei Zeugnissen in der Arbeitswelt hat sich auch bei der Wortbeurteilung in Schulzeugnissen die Tendenz herausgebildet, möglichst schonend zu formulieren. Die Sprachgebung ist demnach vielfach euphemistisch gefärbt. So impliziert die in der ureigenen Aussage positiv konnotierte Formulierung „bemüht sich" im etablierten Leseverständnis die Erfolglosigkeit der Anstrengung. Es kann aber nicht Sinn von Beurteilung sein, dem Rezipienten Dekodierungsrätsel zuzumuten, die er je nach Informationsstand richtig oder falsch bewältigt.[140]
2. Je breiter die Palette der semantischen Beschreibungsmuster ist, desto weniger ist die Vergleichbarkeit der beurteilten Leistungen sichergestellt.

Es melden sich auch zunehmend wieder Stimmen, die für eine Abschaffung der Noten plädieren. Die in Zukunft zu erwartende Diskussion wird sich bekannter Argumente bedienen; sie wird dabei auf die angeblich vielfach ungerechte und fehlerhafte Notenpraxis hinweisen, die Unmöglichkeit herausstellen, mit dem bestehenden Notensystem die in einem zeitgemäßen offenen Unterricht angestrebten Qualitäten zu erfassen und schließlich anführen, daß der permanente „Notendruck" sich vielfach als „anti-pädagogisch" erweise.

Notenbefürworter können dem entgegenhalten:

- Die Schüler befinden sich in einer Leistungsgesellschaft. Demnach hat die Schule ihrem gesellschaftspolitischen Auftrag gemäß im Sinne der Erziehung zur Lebenswirklichkeit die Schüler auf entsprechende Anforderungen vorzubereiten.
- Schulnoten, so umstritten sie im einzelnen auch sein mögen, stellen im allgemeinen immer noch gesuchte Orientierungs- und Vergleichshilfen für Außenstehende dar. In diesem Zusammenhang muß davor gewarnt werden, daß die Schule die Notenvergabe aus der Hand gibt. Es ist mit der Gefahr verbunden, daß das in seiner Reputation ohnehin angeschlagene Schulwesen sich einer seiner wesentlichen angestammten Profilierungsplattformen beraubt. Es gibt bereits eine zunehmende Anzahl von großen

---

[140] So wirkt die häufig gewählte Formulierung „ ... bewegt sich relativ sicher im Zahlenbereich zwischen 1 und 100, wenn er konzentriert ist." schon für Pädagogen – umso mehr für Laien – wenig aussagekräftig.

Firmen, die grundsätzlich eigene Einstellungskriterien mit dem Hinweis erarbeiten, daß die Schulnoten ohnehin nichts aussagen. Meist wird dieser Vorwurf um die Kritik erweitert, daß die Schule zu gut bewerte bzw. wichtige Anforderungsbereiche nicht konkret ausweise, darunter zuverlässige Arbeitshaltung, Belastbarkeit, Führungstalent, Fähigkeit der Unterordnung etc.[141]

Zusammenfassung

Die Vergabe von Noten gehört zum alltäglichen Pflichtbereich eines jeden Lehrers. Sie ist mit einer Fülle von Problemen – genannt sei nur das Verhältnis von schriftlichen und mündlichen Leistungen bei einer Endnotenfindung – verbunden, die der einzelne Lehrer nach bestem Wissen und Gewissen entscheiden muß.

Leistungsbeurteilungen gehören nicht nur im schulischen Raum zu einem äußerst sensiblen Bereich, weil hier möglicherweise entscheidende Lebenschancen verteilt werden. Wenn Menschen andere Menschen zu beurteilen haben, wird sich die Gefahr einer gewissen Subjektivität nie ganz ausschließen lassen. Entsprechend gab es (vor allem in den 70er Jahren) und wird es immer wieder Kritik an geübten Praktiken der Leistungsbewertung geben. Die bisher entwickelten Modelle, von denen seit einigen Jahren die Wortbeurteilungen zumindest in anfänglichen Jahrgangsstufen recht breite Anwendung gefunden haben, werfen in ihrer Aussagevalidität eher mehr Probleme als die etablierte Vergabe von Ziffernnoten auf.

---

[141] Angesichts einer Quote an Studienabbrechern von nahezu 30%, die allein in NRW 1,2 Milliarden DM kosten, wurde auf einer öffentlichen Sitzung des Ausschusses für Wissenschaft und Forschung am 16.4.1996 im Düsseldorfer Landtag von zahlreichen Bildungsexperten die geringe Aussagekraft von Abiturnoten beklagt und eigene Verfahren zur Feststellung der Studierfähigkeit gefordert. Einzelne Bildungsexperten rechneten sogar vor, daß „es preiswerter und auch gerechter sei, anstelle der ZVS das Los entscheiden zu lassen." („Welt am Sonntag", 21.04.1996)

6 Unterrichtsstile

Man kann darüber streiten, ob das Kapitel „Unterrichtsstile" überhaupt unter Methodik zu subsumieren ist. Es geschieht hier, wenn auch bewußt abgesetzt von anderen Bereichen der Methodik, mit der Begründung, daß der Lehrer der wichtigste Methodenträger ist. Zudem bietet dieses Kapitel wohl den besten Übergang zum praxisorientierten Teil, da die Qualität von Unterrichtsplanung und -durchführung fast ausschließlich von der Person des Unterrichtenden abhängt.

Die Frage, welche Merkmale den besten Unterrichtsstil und damit den guten Lehrer ausmachen, ist gestellt worden, seit es Unterricht gibt. Die Beantwortung führte oftmals – und zunehmend in den letzten Jahren – zu einseitigen Klassifizierungen, die der Komplexität des Anspruchs an eine überzeugende Lehrerpersönlichkeit nicht gerecht werden. Wurde in früheren Jahren der Lehrer hauptsächlich als moralischer Vorbildmensch, als Bildungsträger und Wissensvermittler gesehen, so werden heute andere Aspekte betont. Je nach Perspektive des Beurteilenden können folgende Beurteilungskategorien im Vordergrund stehen:

- Die Bereitschaft zur Übernahme außerunterrichtlicher Aktivitäten – vielfach Bewertungsperspektiven von Schülern oder Eltern.[142]
- Die Professionalität im Organisieren von Lernprozessen – oft die Perspektive von Hospitierenden bei Lehrproben.
- Die Fähigkeit zum Konfliktmanager – häufig die Perspektive des Schulleiters.
- Die Kompetenz als verwaltungsbegabter Bürokrat – Forderung der Aufsichtsbehörden an den Lehrer.

Vor dem Hintergrund einer derartigen Heterogenität an möglichen subjektiven Einstufungen von Qualitätsmerkmalen stellt sich die Forderung nach einer objektivierbareren Klassifizierung.

Erste wissenschaftliche Versuche, einen Zusammenhang zwischen pädagogischem Verhalten und Unterrichtsklima zu erforschen, unternahmen

---

[142] Die sog. Öffnung der Schule und damit die Erweiterung des Einblicks der Eltern in die Schule, die Vermassung und der damit verbundene Qualitätsverfall sowie die dem Zeitgeist unterworfene Tendenz einer Fremdschuldzuweisung bei Mißerfolgen haben vielfach zu oberflächlichen Meinungsbildern geführt. Der gute Lehrer wird vielfach mit dem populären Lehrer gleichgesetzt. Dabei sind die genannten Maßstäbe oft vordergründig: bei Schülern und Eltern, vor allem wenn sie die fachliche Dimension nicht abschätzen können und das Einhalten eines straffen Ordnungsrahmens als autoritär einstufen, gilt vielfach der als guter Lehrer, welcher keine schlechten Noten gibt, keine Scheu vor außerunterrichtlichen Aktivitäten hat, die eher dem Bereich Sozialarbeit zuzuordnen sind, und mit Schülern und Eltern kumpaneihaft umgeht.

Sozialpsychologen, etwa Lewin und Tausch/ Tausch.[143] Sie ermittelten durch außerschulische Versuche Führungsstile, die sie auf Unterricht übertrugen.[144] Es wurden Klassifikationen von Unterrichtsstilen nach *autoritär* (autokratisch), *demokratisch* (sozial-integrativ) und *laissez-faire* (lax) vorgenommen.[145]

Tausch/ Tausch schlugen später vor, das Lehrerverhalten anhand zweier gegenpoliger Begriffe zu erfassen: Lenkung (maximale versus minimale Dirigierung und Kontrolle) und Wertschätzung (gering, sich niederschlagend in emotionale Kälte/ Abneigung versus hoch, d.h. emotionale Wärme/ Zuneigung).[146] Eine Fortführung dieses Ansatzes stellt das „Sozio-emotionale Interaktions-Kategoriensystem" (SIK) von Wagner dar.[147] Es enthält 10 auf den schülerzentrierten Unterricht bezogene Kategorien. Von ihnen kennzeichnen 4 (Lob, Reflektieren, Verbalisieren von eigenen Gefühlen, gesprächsstrukturierende Äußerungen) den guten, dagegen direktive Äußerungen, enge Fragestellungen, dominante Äußerungen, Tadel (Mißbilligung, Ironie, Sarkasmus) den schlechten Lehrer.

In der heutigen pädagogischen Literatur hat die von Lewin eingeführte Terminologie allenfalls noch wissenschaftshistorischen Wert, nicht zuletzt weil sich die Begriffe autoritär und demokratisch als höchst irritierend erwiesen haben.[148]

Unabhängig von den Schwierigkeiten in der terminologischen Bestimmung lassen sich drei grundsätzliche Unterrichtsstile voneinander abgrenzen.

In einem **autokratisch/ direkt** bestimmten **(dominativen) Unterricht** lenkt der Lehrer nach seinen Vorstellungen den Unterricht. Er alleine legt das didaktische Profil fest. Die Leistungsbeurteilung obliegt ausschließlich ihm; die Unterrichtsführung ist eng an ihn gebunden. Diese vollzieht sich fast ausschließlich durch fragend-entwickelnden Unterricht, etwa in Form von Anweisungen, durch Ankündigung von Sanktionen bei Fehlverhalten oder durch

---

[143] Lewin, Kurt: *Führungsstil in der Gruppe.* In: Flitner, A.; Scheuerl, H. (Hg.): *Einführung in pädagogisches Sehen und Denken.* München 1972
Tausch, Reinhard; Tausch, Anne-Marie: *Erziehungspsychologie.* Göttingen 1965

[144] Die Synonymisierung von Führungsstil und Unterrichtsstil ist nicht unproblematisch, da die Entfaltungsbedingungen in starken Verregelungen, wie sie in der Schule systembedingt gegeben sind, kaum vergleichbar sind mit der Führung einer Gruppe bei Freizeitgestaltungen.

[145] Die im folgenden von Tausch/ Tausch vorgenommenen Klassifizierungen finden sich in Klammern.

[146] Tausch, Reinhard;Tausch, Anne-Marie: *Erziehungspsychologie.* Göttingen 1971 (6. Aufl.)

[147] Wagner, Angelika C.: *Schülerzentrierter Unterricht.* München 1982

[148] Erstgenannter wird vielfach in etymologisch falscher pejorativer Einfärbung, letzterer in diktatorischen Systemen, die alles andere als demokratisch sind, verwendet.

Vor- und Nachmachen, ist also grundsätzlich auf eine zweipolige Lehrer-Schüler-Interaktion ausgerichtet.

Bei einem **sozial-integrativen Unterricht** werden Unterrichtsinhalte zwischen Lehrer und Schüler abgesprochen. Die Unterrichtsführung baut auf weitgehender Selbständigkeit der Schüler auf, was sich in interaktionell strukturiertem Unterrichtsgespräch, in Partner-, Gruppenarbeit etc. niederschlägt. Schüler beurteilen sich vielfach selbst, der Lehrer agiert nicht mit Drohungen, sondern hofft auf Solidarität und Einsicht.

Beim **laissez-faire-Stil** tritt der Lehrer nahezu völlig zurück, er hilft allenfalls durch Beantwortung von Fragen; alles andere entscheiden die Mitglieder der Lerngruppe in eigener Verantwortung.

Zuweilen wird *laissez-faire* als Unterrichtsstil auch mit *anti-autoritär* gleichgesetzt. Dies ist aus zwei Gründen problematisch:

1. Anti-autoritär hebt auf einen Erziehungsstil, nicht auf einen Unterrichtsstil ab.
2. Das Bekenntnis zu einem anti-autoritären Erziehungsstil entwickelte sich in Deutschland als linksideologisch geprägte Bewegung gegen die als autoritär – meist mit anti-demokratisch gleichgesetzt – empfundenen sozialen und politischen Rahmenbedingungen der 60er und 70er Jahre. Es war somit ein 'bewußt' gepflegter Erziehungsstil.

Wie im 2. Teil noch näher ausgeführt werden wird, sind in der Praxis die dargelegten Unterrichtsstile in puristischer Form eher selten. So kann ein guter Lehrer in der Unterrichtslenkung 'autokratisch', in bezug auf didaktische Entscheidungen 'sozial-integrativ' sein. Folgt man der vorherrschenden semantischen Vorstellung, die Autorität positiv, autoritär negativ konnotiert, so läßt sich als Forderung an den guten Lehrer der Slogan prägen: „Autoritär nein, mit Autorität ja!"

Die in der Sekundärliteratur häufig allzu extrem kontrastierten Vergleiche legen nahe, daß der sozial-integrative Lehrertyp von einem philanthropischen, der autokratisch Agierende dagegen von einem misanthropischen Menschenbild geleitet wird.

Die Ergebnisse der mit Blick auf solche Klassifizierungen vorgenommenen Untersuchungen über Schülerreaktionen liegen auf der Hand: *sozial-integrativ* angeleitete Schüler sind gut motiviert, haben Vertrauen zu ihrem Lehrer und entwickeln sich in stärkerer Individualität und Kreativität. Dagegen neigen autokratisch geführte Schüler zu Anpassung, zu Unselbständigkeit. Bei Schülern schließlich, die einem *laissez-faire* Unterricht ausgesetzt sind, ist der

Hang zum Durchsetzen egoistischer Interessen und zur Aggressivität festzustellen.[149]

In der Praxis stellen sich die Probleme, den richtigen Unterrichtsstil zu finden, als komplizierter dar, als die meisten Publikationen in ihrer griffigen Systematik und Bewertung glauben machen. Daher wird im Praxisteil die Frage des Unterrichtsstiles (noch einmal) zu behandeln sein.

---

[149] Peterßen, Wilhelm H.: *Handbuch der Unterrichtsplanung.* München 1984 (2. Aufl.), S. 333 ff.

7 Motivation

Das Thema Motivation wird bei der Auseinandersetzung mit Unterricht häufig im Zusammenhang mit anderen Teilthemen – Lernpsychologie, Bedingungsanalyse, Einstiegsgestaltung, Medien, Lehrerpersönlichkeit – abgehandelt. Der Stellenwert, der sich mit dem Begriff „Motivation" verbindet, stellt sich aber in der unterrichtlichen Theorie und Praxis als derart wichtig dar, daß die Behandlung in einem eigenen Kapitel notwendig erscheint. Dabei wird die Auseinandersetzung mit diesem Begriff erschwert, da er als Modewort in die Alltagssprache abgesunken ist und dementsprechend meist unscharf verwendet wird. Einzelne Beweggründe heißen „Motive" (nicht „Motivationen"); wenn sie sich auf Sachverhalte beziehen, spricht man von „Interessen".

Der Begriff „Motivation" als solcher ist darüber hinaus sehr komplex, da er sich sowohl auf eine psychologische als auch auf eine pädagogische Dimension beziehen läßt. Im psychologischen Sinne kann Motivation als die aus beobachtbarem Verhalten erschlossene Handlungsbereitschaft definiert werden, die der Befriedigung eines Bedürfnisses oder dem Erreichen eines Zieles dient. Die Motivation bestimmt gemeinsam mit äußeren Reizen, Wahrnehmungs- und Lernvorgängen sowie bestimmten Fähigkeiten oder Voraussetzungen das menschliche Verhalten.

Zur Erklärung und Systematisierung haben sich aus psychologischer Sicht folgende Theorien als bedeutsam herausgestellt:

1. Instinkt- oder Triebmodelle[150]

   Sie gehen davon aus, daß die Entstehung und Steuerung von Verhalten auf angeborene Instinkte und Triebe des Organismus zurückgehen. Diese Verhaltensmuster sind durch Lernprozesse kaum veränderbar. Vertreter der Tiefenpsycholgie (z.B. Sigmund Freud, 1856 - 1939) sehen das menschliche Verhalten dabei fast ausschließlich durch bestimmte Triebe (Selbsterhaltungs-, Sexual-, Aggressions-, Machttrieb) aktiviert und gesteuert.

   Auf ähnlichen Vorstellungen beruhen die sog. Antriebs- und Anreizmodelle. Sie postulieren, daß physiologische Einzeltriebe wie Hunger und Durst Anreiz zu Zielobjekten auslösen (etwa: Nahrung, Wasser).

---

[150] Wichtigster Exponent: Konrad Lorenz, Tierpsychologe, Begründer der vergleichenden Verhaltenslehre

2. Psychophysiologische Aktivierungsmodelle[151]
Sie beziehen Erkenntnisse aus der Erforschung des Nervensystems ein und vertreten die Auffassung, der Organismus strebe die Erreichung eines mittleren Aktivierungsniveaus an. Dies kann sich dann auch auf ein bestimmtes Verhalten wie Lernen oder Leistung positiv auswirken.
3. Kognitive Modelle[152]
Diese neueren Motivationstheorien beziehen sich im wesentlichen auf das angeborene Neugierverhalten, den Explorationstrieb oder „Was ist das?-Reflex", die vor allem bei jungen Menschen besonders ausgeprägt sind. Diese Modelle räumen den dann erfolgenden kognitiven Prozessen – etwa gedankliche Vorwegnahme von anzustrebenden Ergebnissen, Vergleich mit anderen erstrebten oder erreichten Erkenntnissen – einen entscheidenden Stellenwert ein.
4. Anthropologische Theorie der Lernmotivation
Sie versucht, den ganzen Menschen u.a. durch folgende Konstituenten zu erfassen:
- Biologische Grundlagen (Vitalität, Schlaf, Nahrung, Konzentrationsfähigkeit)
- Gewöhnungsfähigkeit (Pünktlichkeit, Zuverlässigkeit)
- Strukturierungsfähigkeit (von Arbeit, mit Blick auf Zeitfaktor)
- Schaffensfreude (Herstellen, Bewirken, Handeln, Selbertun)
- Erfolg (Erlebnis des Gelingens, Bestätigung durch Lob)
- Sozialer Bezug (Freude an Zusammenarbeit mit anderen, Wetteifer, Übernahme von Verantwortung in der Gruppe).

Zusammenfassend kann festgehalten werden, daß die früheren Motivationstheorien eher mechanistisch (trieb-/ reizgeleitet), die jüngeren Ansätze eher auf eine aktive, individualistisch ausgerichtete Verhaltensdisposition abheben, die auf bestimmten Kognitionen oder anthropologischen Gegebenheiten basiert.

Wichtiger als die psychologischen sind in dem hier verfolgten Zusammenhang pädagogische Aspekte von „Motivation".

In der Pädagogik stellt die Motivation eine grundlegende Bedingung für erfolgreiche schulische Lernprozesse dar. Dabei wird häufig grundlegend unter-

---

[151] Wichtigster Exponent: D.B. Lindsay
[152] Exponenten: Kurt Lewin, Heinz Heckhausen
Lewin, Kurt: *Führungsstil in der Gruppe.* In: Flitner, A./ Scheuerl, H. (Hgg.): *Einführung in pädagogisches Sehen und Denken.* München 1972.
Heckhausen, Heinz: *Förderung der Lernmotivierung und der intellektuellen Tüchtigkeiten.* In: Heinrich Roth: *Begabung und Lernen.* Stuttgart 1976 (10. Aufl.).

schieden zwischen intrinsischer (primärer) und extrinsischer (sekundärer) Motivation als einer angeborenen oder zu vermittelnden Bereitschaft des Lernenden zum Erbringen geforderter Leistungen.

Der extrinsisch Motivierte läßt sich von äußeren Gegebenheiten leiten, z.B. 'Anerkennung finden', 'Strafe vermeiden' etc. Der intrinsisch Motivierte rekrutiert seinen Lerneifer aus der Begeisterung für unterrichtliche Elemente. Diese kann geweckt werden durch didaktische Konstituenten, etwa: den Lerngegenstand selbst, das Erfassen seines erkenntnistheoretischen Wertes oder durch die Aneignung von Wissen und Begriffen, die den Zugang zu einer höheren Verstehens- und Verständnisfähigkeit ebnen. Der intrinsisch Motivierte kann auch durch methodische Prinzipien angeregt werden, etwa: durch die erlebte Freude am Entdecken, an der Problemlösung, durch das Finden eines Lösungsverfahrens, durch die Ästhetisierung des Gegenstandes, durch probierende Erarbeitung, handlungsmäßige Darstellung, Einkleidung in eine spielerische Situation sowie Einbringen von Verfremdungseffekten und Provokationen u.a.m.

In der unterrichtlichen Praxis lassen sich Bezüge zu Artikulationsschemata, in denen sich besonders in der Einstiegsphase die Frage nach der Motivationsträchtigkeit stellt, zu den Hausaufgaben – Anreiz zum vertiefenden oder weiterführenden Lernen – , zum Medieneinsatz – Gebot der Anschaulichkeit, der Eröffnung von Fragehorizonten – sowie schließlich zum Lehrer selbst herstellen. Dieser repräsentiert – wie mehrfach betont – als zentrales Medium auch den wichtigsten Motivationsvermittler, etwa durch Schaffung einer entspannten Unterrichtsatmosphäre, durch anschauliche Stoffvermittlung oder durch anreichernde Gestik, Mimik, eben durch großes Lehrtalent.

Unterrichtende aller Schulformen, darunter auch besonders beliebte und hochangesehene Lehrer, klagen zunehmend darüber, daß trotz erheblicher Anstrengungen ihrerseits, interessanten Stoff auszusuchen und motivationsträchtig methodisch aufzubereiten, Schüler immer schwerer zu „motivieren" seien. Auf Kurzzeitigkeit und Rezeption ausgerichtete „professionelle" Motivationsmedien wie Fernsehen und Computer schaffen ebenso wie die vielfältigen anderen Freizeitangebote und ein immer mehr auf Konsumbefriedigung ausgerichtetes Familienleben eine für seriösen Unterricht mehr als ungünstige Konkurrenzlage.

Dennoch sollte der Lehrer hier nicht in resignativer Passivität verharren oder sich fast ausschließlich auf sog. „Motivationshappen" stürzen.[153]

Aus der Einsicht, daß die Förderung der Lernbereitschaft nicht nur Unterrichtsaufgabe, sondern auch Erziehungsziel ist, ergeben sich Überlegungen, wie verantwortlich mit unterrichtlicher „Motivation" umzugehen ist. Dauernde Überstimulation kann zerstreuen statt sammeln. Tritt der Lehrer allzu häufig als „Animateur" auf, werden Schüler verwöhnt, anspruchsvoll und abhängig, statt selbständig und flexibel. Sie werden bei der Durchnahme „trockener" Inhalte ihre Mitarbeitsbereitschaft reduzieren.

Ein verantwortlicher Unterrichtender, d.h. ein solcher, der sich den fachspezifischen Bedürfnissen und nicht nur der Motivationsträchtigkeit verpflichtet fühlt, wird auf die Bedeutung bestimmter Stoffgebiete hinweisen.[154] Er wird notwendige Schülertugenden wie Fleiß, Zuverlässigkeit, Konzentrationsfähigkeit, Lerntechniken, die das Memorieren erleichtern, fördern und fordern.

Obwohl die Motivation heutzutage durch außerschulisch bestimmte Konkurrenz immer schwerer sicherzustellen ist, kann sich der Lehrer seiner Verantwortung zur Motivation nicht entziehen. Anzustreben ist das Heranführen des Schülers an seine Selbstverantwortung, an seine potentielle Mündigkeit. Je älter er wird, desto mehr sollte er für seine eigene „Motivation" verantwortlich sein. Auch Einsicht, Pflichtbewußtsein, Selbstachtung, Fremdachtung und Selbstbeherrschung sind legitime Lernmotive.

Der Unterrichtende muß den Schüler fördern, indem er ihm – ohne ängstliche Rücksicht auf momentane Stimmungen – Lernen bezogen auf interessante, aber auch weniger attraktive Stoffgebiete zumutet. Bei erlebtem Erfolg wird der Schüler selbstbewußter im Sinne von „sich seiner selbst bewußt" werden. Die Förderung der Lernmotivation ist demnach Hilfe zur Selbsthilfe, ein wesentlicher Ansatz zum Mündigwerden.

---

[153] Ein weit verbreitetes negatives Beispiel bietet der Deutschunterricht. Im Bewußtsein, die Lerngruppe „bei Laune halten zu müssen", widmen viele Lehrer einen Großteil der Stunden motivationsträchtigen Texten (Fabeln, Märchen), handlungsorientiertem Unterricht (Spielen) oder soziologisch ausgerichteten Diskussionen, in denen jeder alles sagen darf. Diese Schwerpunktsetzung geht auf Kosten der oftmals dringend notwendigen Verbesserung von Kompetenzen in den Bereichen Rechtschreibung, Grammatik und Ausdrucksvermögen.

[154] So wäre es unverantwortlich, im Fremdsprachenunterricht die gemeinhin von Schülern als 'trocken' empfundene Grammatik zu vernachlässigen. In solchen Stunden sollte der Lehrer versuchen, durch Motivationsschübe auf anderen Ebenen (attraktive, lustige Beispiele, sehr illustrative Darstellung des Gegenstandes, Lernerfolgskontrollen über Spielformen, andere Sozialformen etc.) die Lernlust anzuregen.

Zweiter Teil
Die Praxis

Einleitung

Es gibt nur wenige Publikationen zur Unterrichtsforschung. Sie beziehen sich meist auf die Methodologie und/ oder auf kleine Ausschnitte aus dem Unterricht. Die methodologischen Anforderungen sind vielfach so idealisiert, daß sie für die Praxis kaum Hilfestellung bieten. Der Grund für die schlechte Literaturlage liegt wohl an der Komplexität des Gegenstandes. Es ist leicht, etwa Laborexperimente zu Lernhypothesen durchzuführen; es ist nahezu unmöglich, in dem hochkomplexen Unterrichtsgeschehen Ursachen und Wirkungen von Lehrerhandeln und Schülerverhalten so zu korrelieren, daß objektive, übertragbare Erkenntnisse gewonnen werden können.[1] Dennoch gibt es Qualitätsmerkmale von unterrichtlicher Planung und Durchführung, über die sich Fachleute schnell verständigen können. Bewährteste Gradmesser sind hier Unterrichtserfahrungen. Sie lassen sich einmal beziehen auf verschiedene Schulformen, unterschiedliche Fächer und Klassenstufen, dann auch auf die Sicht des Lehrenden und die des Beobachtenden von Unterricht.

Ein sicheres Urteilsvermögen über Unterricht, *conditio sine qua non* für eine erfolgreiche Planung und Durchführung, setzt die Fähigkeit voraus, das komplexe Gefüge unterrichtsrelevanter Konstituenten in einer stringenten Systematik zu erfassen und die so erhaltenen Teilbereiche in einer angemessenen Begrifflichkeit zu beschreiben. Die dazu notwendige Kompetenz läßt sich einerseits, vor allem mit Blick auf Terminologieerwerb, durch Literaturstudium, andererseits durch Beobachtung, Durchführung von und Reflexion über Unterricht erwerben (vgl. Abb. 6 – folgende Seite).

---

[1] Achtenhagen, Frank (Hg.): *Neue Verfahren zur Unterrichtsanalyse*. Düsseldorf 1982

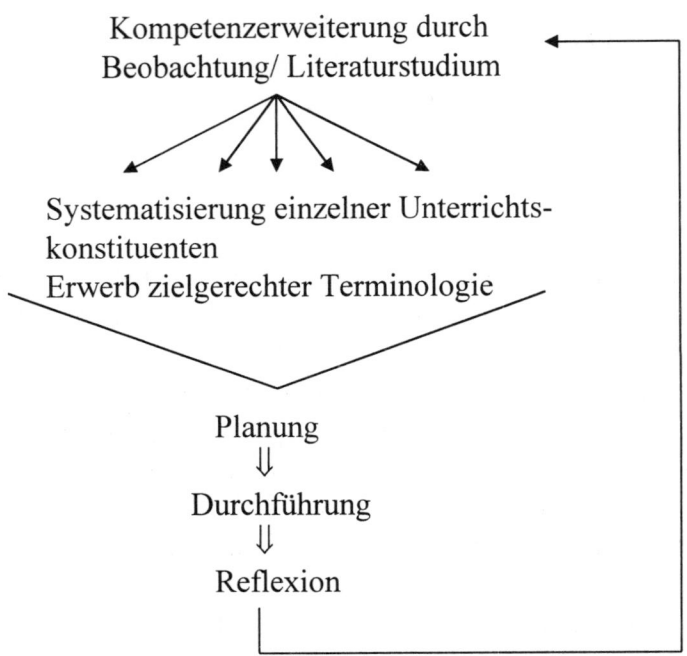

Abb. 6: *Kompetenzerweiterung im unterrichtlichen Bereich*

Im ersten Teil wurde die Vermittlung der notwendigen Systematik und die einer umfassenden Begrifflichkeit angestrebt, so daß im folgenden der Schwerpunkt auf das Beobachten von Unterricht, die Planung und die Durchführung gelegt werden kann.

Es wurde schon mehrfach betont, daß Unterricht ein sehr komplexes Wirkungsgefüge verschiedener Konstituenten darstellt. Entsprechend schwer ist es daher, eine systematische Analyseanleitung zu vermitteln. Jede Form der hier notwendigen Atomisierung birgt die Gefahr einer zu geringen Beachtung der zu berücksichtigenden Implikationen in sich.

I Die Planung von Unterricht

Einleitung

„Planung von Unterricht" soll hier mit der Erstellung eines Unterrichtsentwurfes (schriftlicher Plan) gleichgesetzt werden. Der Begriff läßt sich natürlich auch anwenden auf die vorplanende Organisation von Unterricht, z.B. auf das Beschaffen geeigneter Unterrichtsmaterialien oder das Ausprobieren einzelner Unterrichtsmomente mit Blick auf eine anstehende Lehrprobe.

Bevor die möglichen Planungsfelder eines Unterrichtsentwurfes behandelt werden, sei noch eine klärende allgemeine Stellungnahme zur Planung und Durchführung von Lehrproben erlaubt, die oftmals als sogenannte „Feiertagsstunden" bezeichnet werden.

Zuweilen wird von Lehrproben-Kandidaten, vor allem von etablierten Lehrern bei Revisionsverfahren, vorgebracht, sie unterwürfen sich auf keinen Fall dem Zwang, „Schaustunden" zu zeigen, sondern führten bewußt „Alltagsunterricht" vor. Unabhängig davon, daß sich eine solche Aussage häufig lediglich als attraktives Lippenbekenntnis mit dem Charakter eines Bescheidenheitstopos erweist, sollte man sich folgendes vor Augen halten: Lehrproben werden fast immer bewertet. Sie dienen in der Referendarausbildung der Vorbereitung des Zweiten Staatsexamens; ihre Qualität geht in Form der Endgutachten in die Gesamtbeurteilung ein.[2] In der Revision werden Lehrproben als Selektionsinstrument mit Blick auf Beförderungsstellen verwendet.

Schon wenn andere Kandidaten oben genannte Auffassung nicht teilen, gerät der vorgeführte „Alltagsunterricht" schnell in eine ungünstige Konkurrenzlage. Ein Prüfungskandidat sollte sich grundsätzlich die Auffassung zu eigen machen, daß Hospitationsstunden als Darstellungsplattform für die eigene unterrichtliche Leistungsfähigkeit zu nutzen sind. Bildhaft ausgedrückt: Nur wer demonstriert, daß er eine Feiertagsmahlzeit zubereiten kann, dem wird abgenommen, daß er unter dem Druck alltäglicher Belastungen gehaltvolle Alltagskost zustande bringen wird.

Es gibt auch Kandidaten, die darauf bauen, daß im Ernstfall alles reibungslos verlaufen wird, und daher nur eine minimale Vorplanung leisten. Die Er-

---

[2] Das Zweite Staatsexamen wird in der Regel für alle Berufsgänge, auch solchen außerhalb der Schule, wichtiger als das universitäre Examen eingestuft, da es über die pädagogische Eignung des Kandidaten Auskunft gibt. Diese spielt in allen Berufsfeldern eine Rolle, in denen Menschen angeleitet oder überzeugt werden sollen.

fahrung lehrt zwar, daß sich in aller Regel Lerngruppen in exponierten Situationen, vor allem bei beliebten Lehrern, besondere Mühe geben und Störfaktoren selten auftreten; dennoch ist das Hoffen auf eine besondere „Sternstunde" meist sehr trügerisch. Es mag „Unterrichtskünstler" geben, die in bestimmten Fächern und bei segmentierbaren Inhalten ihren Unterricht durchaus abrufbereit mit der notwendigen Überzeugungskraft „verkaufen" können, doch im allgemeinen gilt, daß der Erfolg des vorgeführten Unterrichts an viele vorher erworbene Fertigkeiten gebunden ist. So merkt der erfahrene Unterrichtsbeobachter sehr rasch, ob grundlegende Verhaltensdispositonen bei Schülern oder Lehrern internalisiert sind. Es ist z.B. unmöglich, im Alltagsunterricht auf bestimmte Verhaltensdispositionen der Schüler, wie z.B. präziser Terminologiegebrauch, Komplexität oder Strukturierung bei Antwortgebung, unaufgefordertes Abschreiben des Tafelbildes, die Fähigkeit zur systematischen Medienauswertung, zur Methodenreflexion, zum raschen Organisationsvollzug bei Gruppenarbeit oder auf angemessenes Disziplinverhalten keinen Wert zu legen und dies dann *ad hoc* in Hospitationsstunden einzufordern.[3]

Es muß also gelten: Auf der Grundlage der eigenen Erfahrungen mit Blick auf die Spezifika der Lerngruppensituation, die eigenen Fähigkeiten und den Unterrichtsinhalt sollte man gleichsam mosaikhaft seine „ideale" Stunde aufbauen und einzelne Facetten durchprobieren. Hier gilt, was erfahrene Sportler wissen: Im Ernstfall (Wettkampf) kann man gesichert nur auf das zurückgreifen, was gründlich geübt wurde. Dieses Üben muß sich natürlich vor allem auf unterrichtliche Anforderungen beziehen, die transferierbar sind, also Aktions- und Sozialformen, Medieneinsatz, Methodenschulung, Organisationsformen, eingeschränkter auf inhaltliche Dimensionen.

Gemeint ist damit nicht, daß alle Unterrichtsteile so antrainiert sind, daß die Schüler nur noch mit Widerwillen eine weitere Wiederholung erdulden.[4]

Planung vollzieht sich auf einer *Makro-* und einer *Mikroebene*, und hier wiederum jeweils in einem weiteren und einem engeren Bereich.

---

[3] Die Liste läßt sich mit Blick auf einzelne Fächer beliebig erweitern: Im Fremdsprachenunterricht wären Einsprachigkeit, im Sportunterricht der Vollzug von Hilfestellungen durch Schüler, rasches Auf- und Abbauen der Geräte, im Experimentalunterricht Sauberkeit, Exaktheit und Beachtung der Sicherheitsvorgaben bei Schülerversuchen aufzuführen.

[4] Die – möglicherweise von Schülern ins unterrichtliche Chaos – hineingebrüllte Frage: „Sollen wir alles genauso wie gestern machen?" wird bei Unterrichtsbeobachtern Irritationen hervorrufen.

Auf der Makroebene sind dies Planungen für ein Halbjahr und für eine Unterrichtssequenz (-reihe), auf der Mikroebene solche für einzelne Stunden sowie für einzelne Phasen.[5] Als Beispiele seien genannt:

Halbjahresthema: Konsum, Produktion und ihre Koordination
Unterrichtssequenz: Die Stellung des Verbrauchers in der Marktwirtschaft
Einzelstunde: Preisbildung am Beispiel von ...
Phase: Eröffnung der Lernsituation

Gemäß seiner Zielsetzung wird sich dieses Buch auf die Planung von Einzelstunden und ihren möglichen Phasen beschränken müssen.[6]

Es muß in diesem Zusammenhang auf die große Bedeutung der Themenformulierung hingewiesen werden. Vor allem im Stundenthema soll klar die inhaltliche, möglicherweise auch methodische Schwerpunktsetzung ausgewiesen werden. Hier wird allzu häufig unverbindlich formuliert.[7]

Bei Hospitationsstunden (Unterrichtsdemonstrationsstunden) innerhalb der Lehrerausbildung und auch bei laufbahnbestimmenden Revisionsverfahren wird die Vorlage eines schriftlichen Unterrichtsentwurfes gefordert.

Über den grundsätzlichen Wert einer fixierten Planung kann umfassend diskutiert werden. Eine sehr naive Vorstellung findet sich in der sog. „Volksmeinung", die bei der Einstufung der Lehrerarbeitszeit den Planungsanspruch für Unterricht meist völlig ignoriert und nur die reine Unterrichtszeit als Gradmesser nimmt.[8]

Seriösere Auseinandersetzungen mit dem Thema kommen zu dem Ergebnis, daß jede Stunde, soll sie dem Anspruch der Verantwortlichkeit gegenüber dem Fach und den Schülern genügen, sorgfältig vorbereitet sein muß. Dabei wird sich je nach didaktischem Profil der Stunde (Lehrbucharbeit in der Unterstufe

---

[5] In NRW werden in der SI geplante Unterrichtsreihen auch Unterrichtsvorhaben genannt.

[6] Die grobzeitlichen Planungsebenen wurden früher an Hauptschulen in sog. Stoffverteilungsplänen dokumentiert. Sie sind mittlerweile durch sog. Standortpläne ersetzt, in denen die Unterrichtsgegenstände ohne Zeitzuordnung aufgelistet werden. Solche Pläne spielten auch in den dem ideologischen Anspruch der Plan- und Kontrollierbarkeit aller gesellschaftlichen Prozesse unterworfenen unterrichtlichen Rahmensetzungen der DDR eine entscheidende Rolle.

[7] Als Negativbeispiele können gelten: „Einführung in die Bruchrechnung", „Der Dreißigjährige Krieg", „Das Ohmsche Gesetz". Positivbeispiele finden sich in den vorgestellten Entwürfen im dritten Teil.

[8] Es liegt der Verdacht nahe, daß die Kultusbürokratie vielfach ein solches plebejisches Meinungsbild nutzt, evtl. sogar selbst verstärkt. Wie anders ist zu verstehen, daß bei seriös dokumentierter zunehmender Belastung im Lehrerberuf und angesichts der in den meisten Berufen erfolgten Arbeitszeitverkürzungen mit apodiktischer Unbekümmertheit eine Erhöhung der Lehrerarbeitszeit gefordert wird oder schon durchgesetzt ist?

oder buchgestützter Oberstufenunterricht), dem Erfahrungsstand des Unterrichtenden (Anfänger oder Routinier) oder dem Anforderungscharakter (Alltagsstunde oder laufbahnentscheidene Revisionsstunde) die Planung zwischen einzelnen Stichwörtern und einem ausführlichen mehrseitigen Entwurf zu bewegen haben.

Es gibt durchaus ernstzunehmende Kritik an einer sehr ausführlichen Planungsarbeit. Dabei lautet das valideste Argument, daß eine allzu detaillierte Planung eine zu starke Präformierung von Unterrichtsabläufen nach sich zieht, die zu wenig Raum für unvorhersehbare, jedoch möglicherweise anreichernde Beiträge zulasse. Zudem könne das möglicherweise erlebte Mißverhältnis von planerischem Aufwand und mageren Unterrichtsergebnissen zur Frustration des Unterrichtenden führen.

Obwohl man zugeben wird, daß die Brillanz einzelner Stunden vielfach gerade auf das Fehlen einengender Planungsüberlegungen zurückgeführt werden kann, so dürften doch weitaus mehr mißlungene Stunden ihren Grund in fehlenden oder defizitären Vorüberlegungen haben. Zudem wird in aller Regel nur der äußerst erfahrene Lehrer über die notwendige Flexibilität verfügen, um angemessen auf Unwägbarkeiten im Unterricht reagieren oder sie sogar noch zur Anreicherung nutzen zu können.

Akzeptiert man den grundlegenden Wert einer schriftlichen Planung, stellt sich die Frage nach deren Umfang und Struktur. Es hat immer wieder Vorstöße gegeben, den Umfang der Entwürfe *ex cathedra* – etwa durch seminarinterne Absprachen oder behördlich „verordnete" Margen – zu beschränken.[9] In der Praxis haben sich aus nachvollziehbaren Gründen solche Beschränkungen nicht durchhalten lassen. Unabhängig davon, daß sich die Seitenzahl über ein entsprechendes *Layout* fast beliebig manipulieren läßt und nie eindeutig festgelegt werden kann, ob die materialbezogenen Seiten als Additum oder Teil des eigentlichen Plans zu bewerten sind, hängt der Umfang eines auskunfts-

---

[9] In NRW wurde Mitte der 80er Jahre mit großem Aufwand von seiten der Aufsichtsbehörden eine Limitierung der Unterrichtsentwürfe auf fünf Seiten initiiert. Dieses Vorgehen legte den Verdacht nahe, sich an der Macht des Faktischen zu orientieren, da dieser Vorstoß zeitlich mit der Installierung von kostengünstigeren Doppelprüfungen beim Examen zusammenfiel. Da es keine Rechtsgrundlage für das Vorlegen von Entwürfen vor dem Prüfungstage gab, mußte ein Prüfer im Extremfall am Prüfungstag selbst, ohnehin durch vier Lehrproben, zwei Kolloquien, Stellungnahmen von Fachlehrern und Kandidaten sowie Protokollerstellung belastet, vier umfangreiche Entwürfe lesen und bewerten. Es sind massive Zweifel angebracht, ob diese Anforderung mit der gebotenen Seriosität erfüllbar ist und damit die von dem Kandidaten erbrachten Leistungen gerecht beurteilt werden. Verantwortungsvolle Prüfer werden in solchen Fällen von Referendaren das vorherige Einreichen der Entwürfe erbitten.

trächtigen Entwurfes primär und wesentlich vom Unterrichtsgegenstand und von der Lernstufe ab. Auf der Unterstufe und bei klar strukturierbaren einfachen Stoffen und wohl auch zumeist in naturwissenschaftlichen Fächern scheint eine Beschränkung auf wenige Seiten durchaus möglich. Im geisteswissenschaftlichen Oberstufenunterricht mit komplexen Unterrichtsinhalten fällt der Nachvollzug solcher Vorgaben jedoch ungleich schwerer. Der Verfasser von Entwürfen steht vor einem grundlegenden Dilemma: Bei einer sehr ausführlich dargelegten Planung setzt er sich möglicherweise dem Vorwurf aus, die Flucht in die Quantität angetreten zu haben durch Redundanzen, Ausführungen unwichtiger Aspekte etc.[10] Bemüht er sich um Kürze, läuft er Gefahr, daß ihm das Auslassen wichtiger Aspekte angelastet wird.

Auch wenn eine konkrete Umsetzung im Einzelfall sehr schwer erscheint, schließen sich Kürze und Auskunftsträchtigkeit nicht aus: Das Motto „brevity is the soul of wit" oder die Forderung, ein Entwurf sollte „non multa, sed multum" enthalten, sollte auch bei der Planung von Unterricht zum grundlegenden Anspruch erhoben werden.[11]

Zunächst seien einige grundlegende Hinweise zum Abfassen eines Unterrichtsentwurfes vorangestellt.

1. Unterrichtsentwürfe vermitteln vielfach einen ersten Eindruck von dem Kandidaten; sie werden zudem meist in die Personalakte aufgenommen und können bei allen Bewerbungsverfahren von Gutachtern als Grundlage eingesehen werden. Vor diesem Hintergrund empfiehlt sich eine besondere Sorgfalt in bezug auf korrekte Rechtschreibung, Zeichensetzung, Layout[12] etc.
2. Neben der formalen Lesbarkeit sollte auch auf Verständlichkeit geachtet werden. Sie beruht auf präziser Begrifflichkeit, klarem Satzbau sowie Stringenz in der Gedankenführung.
3. Im Sinne der Informationskondensierung sollten selbst in einem ausführlichen Entwurf nur Aspekte aufgenommen werden, die für die spezifische Stunde von Bedeutung sind oder sein können.
4. Man sollte sich, wo immer möglich, um sprachliche Konzentration bemühen. Geeignete Wege dazu scheinen Auflistungen oder die Setzung

---

[10] Der leider allzu früh verstorbene ehemalige Leiter der Studienseminare in Neuß und Jülich, Herr OStD Breuer, pflegte in diesem Problemzusammenhang Erasmus von Rotterdam mit den Worten zu zitieren: „Ich hatte keine Zeit, mich kurz zu fassen."
[11] Das erstgenannte Zitat: Hamlet II, 2
[12] Es empfiehlt sich z.B. zur Verbesserung der Lesefreundlichkeit, bestimmte Strukturwörter in einem Entwurf optisch hervorzuheben.

von Informationsangaben in Klammern zu sein (vgl. dazu die Beispielgebungen u.a. des Sportentwurfs im 3. Teil).
5. Ein Entwurf sollte grundsätzlich alle Materialien – in Kopierform – enthalten, auf die in der Unterrichtsstunde Bezug genommen wird.[13]

Ähnlich schwierig wie das Problem des Umfangs gestaltet sich die Strukturierung der schriftlichen Unterrichtsplanung. Ist nicht jedwede Gliederung ein Widerspruch zu der immer wieder beschworenen Interdependenz einzelner Planungsfelder, unterliegen einzelne Aspekte nicht einem derart umfangreichen Beziehungsgefüge, daß ihre Verschriftlichung notwendigerweise nie alle Aspekte berücksichtigen kann?

Grundsätzlich kann gelten, daß in der Regel Auswahl und Abfolge von Strukturelementen ins Benehmen des Verfassers gestellt sind. Referendare erhalten dazu in den einzelnen Fachseminaren die notwendigen konkreten Anleitungen.

Gleichwohl gibt es eine Reihe planerischer Grundgedanken, die sich im Laufe der Zeit als gewinnbringend herausgestellt hat und in vielen Studienseminaren vermittelt wird. Ihre Kategorisierung orientiert sich – wie im Theorieteil ausgeführt – an den von Klafki und vor allem von Schulz entwickelten Planungsrastern. Dort wird auch das Problem der Interdependenz *expressis verbis* angesprochen (vgl. Abb. 1-3).

Der qualitätsanreichernde Nachweis, daß solche Interdependenzen erkannt und reflektiert worden sind, läßt sich durch Querverweise – in Klammern oder Anmerkungen – belegen.

Grundlegende Modelle verschriftlicher Unterrichtsplanung (Unterrichtsentwurf)

Es gibt verschiedene Möglichkeiten, die Planung einer Stunde anzugehen. Vielfach hängt das Plangungsvorgehen vom Persönlichkeitstyp ab.

Praxisorientierte Lehrer werden mit vagen Grundideen zur Durchführung anfangen, die sich dann immer mehr verfeinern. Andere, meist positivistisch ausgerichtete Lehrer werden sich zunächst klarmachen wollen, welche Ergebnisse am Ende der Stunde erreicht werden sollen – sie werden ihre Planung mit den Zielen beginnen. Diejenigen, welche sich vorwiegend der fachlichen Seite

---

[13] Diese Forderung bezieht sich v.a. auf Materialien in Verbindung mit (einführenden, ausführenden) Hausaufgabenstellungen, Texten (mit Quellenangaben), Folienbildern etc. Es ist natürlich auch möglich, bei schlecht kopierbaren Materialien, z.B. dem Atlas, ein entsprechendes Exemplar dem Entwurf beizufügen.

verpflichtet fühlen, werden die Informationsbeschaffung über den Unterrichtsgegenstand an den Anfang aller unterrichtsbezogenen Überlegungen stellen. Entsprechend ist die Abfolge der Planungsfelder relativ unwichtig.

Grundsätzlich sollte folgendes beachtet werden:
- Die Feinplanung einer Stunde sollte sich stets in die Grobplanung einer Reihe organisch einbetten. Daher ist die Planung einer guten Einzelstunde ohne seriöse Vorstellung über Sequentionalisierungen kaum denkbar.
- Der Planende sollte alle getroffenen Entscheidungen zunächst mental, später in verschriftlicher Form unter Einbeziehung möglicher Alternativen begründen. Dabei sollten die Begründungen von Befunden einzelner Planungsfelder ableitbar sein. Vielfach hilft gerade bei einem Planungsvorhaben, das gedanklich beim Verlauf der Stunde angesetzt hatte, ein „Rückwärtslesen" des Planes.

Grundsätzlich sind zwei Modelle von schriftlichen Unterrichtsentwürfen verbreitet. Eine dritte (seltenere) Form berücksichtigt in besonderem Maße das Ziel einer kondensierten Information:

1. ***Der additive Entwurf***
   Der additive Entwurf behandelt die einzelnen Planungsfelder isoliert. Er bezieht sich auf wichtige in den didaktischen Modellen herausgearbeitete Planungsaspekte. Die additive Art einer Planungsdokumentation weist den Nachteil auf, daß die Trennung oft künstlich wirkt und möglicherweise starke Redundanzen einfließen. Sie bietet allerdings ein solides Orientierungsgerüst, das gleichsam „checklistenhaft" abgehandelt werden kann (vgl. entsprechende Beispiele im 3. Teil – Fächer: D, E, F, EK, BI, SP).

2. ***Der integrative Entwurf***
   Ein integrativer Entwurf trägt den eben geäußerten Bedenken Rechnung, daß die grundsätzliche Komplexität einer Unterrichtsplanung die Trennung in einzelne Unterrichtskonstituenten nicht zuläßt. Ein solcher Entwurf behandelt Unterricht demnach ganzheitlich, d.h., er trennt nicht strikt zwischen einzelnen Planungsfeldern (vgl. dazu entsprechende Beispiele im 3. Teil – Fächer: GE, M, CH).

3. ***Der synoptische Entwurf***
   Der synoptische Entwurf – gewissermaßen „Steigerung" eines integrativen Entwurfs – versucht in noch strengerem Maße eine Verdichtung der Information, indem er außer einer Einleitung (informierender Teil) alle Planungsgesichtspunkte in den Verlaufsplan integriert und Entscheidungen nur z.T. begründet (vgl. entsprechendes Beispiel im 3. Teil – Fach E).

Für die Ausbildungspraxis von Lehrern hat sich folgendes bewährt: Anfänger im Lehrberuf sollten zunächst den additiven Plan kennenlernen und umsetzen. Bei wachsender Routine sollten geeignete Aspekte miteinander verknüpft werden, d.h. die Abfassung eines integrativ oder synoptisch gefaßten Entwurfs angestrebt werden.

Gemäß dieser Abfolge und mit Blick auf eine dabei besser vermittelbare Systematik und Vollständigkeit wird zunächst ein additiver Entwurf in der Gesamtheit möglicher Facetten vorgestellt. Im Anschluß daran werden Ansätze zu einem integrativen Plan behandelt. Beide Planungstypen werden mit Hinweisen auf die im 3. Teil aufgenommenen Beispiel-Entwürfe versehen und stellen somit einen praxisorientierten Leitfaden bereit.

Die Abfolge der gewählten Planungsfelder ist nicht obligatorisch, sondern stellt nur eine, wenngleich weit verbreitete Möglichkeit dar.[14]

Den Autoren ist bewußt, daß ein solches Vorgehen die Gefahr in sich birgt, als Verteilung bloßer Rezepte angeprangert zu werden. Es gilt als unwissenschaftlich, solche zu geben oder anzunehmen. Auf Erfahrungen basierende Ratschläge geraten zudem fast immer in den Verdacht, mit subjektiven Bekenntnissen vermischt zu werden.

Solchen Vorwürfen kann zweierlei entgegengehalten werden:

Zum einen ist eine Orientierung an konkreten praxisnahen und bewährten Hinweisen bei der Planung und Durchführung von Unterricht überhaupt nicht zu vermeiden. Dies gilt in besonderem Maße für unerfahrene Lehrer, was bedeutet, daß solche Rezepte im Bereich der Lehrerausbildung eine große Rolle spielen. Werden sie dort verweigert, holen sich die jungen Kollegen entsprechende Handlungsorientierungen an anderen Stellen, bei Mentoren oder in Form der Erinnerung an die eigene Schulzeit, vielfach mit dem utopischen Anspruch, alles besser als erlebt zu machen. Dieses Vorgehen erscheint gefährlicher, da es unkontrollierbarer und vielfach mit Irrwegen verbunden ist, die der junge Lehrer selbst schmerzlich „auszubaden" hat.

Der Ratsuchende muß die gegebenen Anregungen immer auf die vorliegenden spezifischen unterrichtlichen Bedürfnisse beziehen, d.h., er muß auswählen, reflektieren und transferieren. Eine bloße Übernahme der vorgestellten Ideen sichert nicht den Erfolg.

---

[14] So gibt es beeindruckende Entwürfe, die, abweichend von dem hier verfolgten Schema, mit Blick auf klar zu erfüllende Perspektiven die Lernziele dem eigentlichen Entwurf voranstellen. Dies ist vielfach in naturwissenschaftlichen Fächern der Fall und bei Seminarvertretern, die zu Zeiten der didaktischen Hochkonjunktur von Lernzielen ausgebildet worden sind.

Zum anderen gibt es zeitlos gültige, zumindest aber in der Praxis bewährte Hinweise zur Optimierung von Unterricht und auch im vielfältigen Erfahrungsaustausch abgesicherte und damit angenähert objektivierbare Evaluationskriterien. Dort, wo mögliche Meinungsverschiedenheiten auftreten können, wird der jeweilige Themenbereich – ähnlich wie dies schon im Theorieteil angestrebt wurde – in dialektischer Abwägung behandelt.[15]

Die einzelnen Planungsfelder in einem additiven Entwurf
Folgende Teile sollten in einem vollständigen Entwurf enthalten sein:
> Deckblatt
> Bedingungsanalyse
> Didaktische Aspekte
> Lernziele
> Methodische Reflexion
> Verlaufsplan
> Dokumentationsteil

1 Deckblatt
Das Deckblatt sollte Auskunft über den Namen und den laufbahnmäßigen Status des Unterrichtenden geben sowie Schule, Ort, Fach, Zeit (Tag, Stunde), Lerngruppe, Klassenraum, hospitierende Personen, Thema nennen.

Im Sinne einer verdichteten Information und auch zur Entlastung der anderen Teile können zusätzlich aufgenommen werden:
- geschlechtsspezifische quantitative Verteilung – in Klammern hinter die Lerngruppe gestellt,
- Thema des Halbjahres, der Reihe; Thema der vorangegangenen und der folgenden Stunde,
- einführende (und ausführende) Hausaufgabenstellungen.

(Vgl. etwa das im Studienseminar Jülich vorgeschriebene Deckblatt auf der folgenden Seite.)

---

[15] Die Autoren bitten schon jetzt um Nachsicht, wenn in den folgenden Ausführungen zuweilen der Eindruck entstehen könnte, daß die eingebrachten Hinweise allzu stark mit einem „didaktischen Zeigefinger" vorgebracht werden. Die Anregungen sind nicht als aufdringliche Besserwisserei, sondern als gut gemeinte Ratschläge intendiert.

Studienseminar für das Lehramt für die Sekundarstufe II - JÜLICH

Kurfürstenstr. 20a
52428 J Ü L I C H

....
(Datum)

Unterrichtsentwurf

Studienreferendar/ in:
Schule:
Fach:
Datum:
Zeit:
Klasse/ Kurs:
Raum:
Fachlehrer:
Fachleiter:
Hauptseminarleiter:

Thema der Unterrichtsreihe:

Thema der vorangegangenen Unterrichtsstunde:

Thema der heutigen Unterrichtsstunde: *

Hausaufgaben zur heutigen Unterrichtsstunde:

Thema der folgenden Unterrichtsstunde:

* Das formulierte Stundenthema sollte außer einer inhaltlichen Komponente auch Schwerpunktwahl und Verfahren verdeutlichen.

2 Bedingungsanalyse (Analyse der Voraussetzungen)
Sie bezieht sich auf folgende Aspekte:
1. Die Zeitdauer, in der sich der Unterrichtende mit der Lerngruppe auseinandergesetzt hat. Bei Referendaren wird unterschieden zwischen der Anzahl der hospitierten und der selbst erteilten Stunden. In jüngerer Zeit wird vielfach auch der Unterrichtende – etwa mit Blick auf seine Persönlichkeitsstruktur – als eine wesentliche Konstituente mit in die Bedingungsanalyse einbezogen. Die Berücksichtigung dieses Aspektes setzt allerdings die Fähigkeit zu einer kritischen Bewertung der eigenen Person im Unterricht voraus, die selbst bei etablierten Lehrern nicht immer gegeben und häufig bei Lehramtsanfängern in sehr geringem Maße ausgebildet ist.
2. Die Lerngruppenanalyse kann sich beziehen auf sozio-kulturelle und/ oder anthropogene Voraussetzungen (vgl. 1. Teil, I - Kap. 1.4).
Sie kann auch nach den Kriterien Leistungsbereitschaft und Leistungsfähigkeit kategorisiert werden. Erstere ist etwa konkretisierbar durch Auskünfte über das Meldeverhalten, die Hausaufgabenmoral und das außerunterrichtliche Interesse, z.B. dokumentiert durch die Übernahme freiwilliger Zusatzarbeit. Letztere kann durch Noten (mündlich, schriftlich) belegt werden. Die Leistungsfähigkeit kann auch nach Kriterien wie Wissen – unterteilbar in Allgemein- und Fachwissen –, Beherrschung einer angemessenen Fachsprache und Fachmethoden geordnet oder in bezug auf die voraussetzbare Abstraktionsfähigkeit dargelegt werden.
Die Leistungsfähigkeit sollte, wenn möglich und notwendig, entsprechenden fachspezifischen Modifizierungen zugeordnet werden.
Solche können sein:
- in den Fremdsprachen: etwa Klassifizierung nach den verschiedenen Spracherwerbsbereichen,
- im Experimentalunterricht: etwa nach der Fähigkeit, Lösungsstrategien zu entwickeln, und nach den Erfahrungen mit (Schüler-)Experimenten,
- im Sportunterricht: etwa motorisches Verhalten.

Solche Aussagen bieten gleichzeitig auskunftsträchtige Kategorien für die Ausweisung der fachspezifischen Voraussetzungen in einzelnen Bereichen. Sie können für die zu gebende Stunde durchaus stichwortartig aufgelistet werden (vgl. Beispiele im 3. Teil).
Eine besondere Rolle nimmt der sozial-affektive Aspekt in der Bedingungsanalyse ein. Er kann sich in einem allgemeinen Sinne sowohl auf das Verhältnis der Schüler untereinander als auch auf das zwischen Lehrer und

Schüler beziehen und macht dann das aus, was vielfach als „Unterrichtsklima" bezeichnet wird.

In einem spezifischen Sinne kann sich die sozial-affektive Dimension auch auf methodische Bereiche beziehen, etwa auf die Bereitschaft zur und die Art der Gruppenbildung (v.a. im Sportunterricht durchgängig wichtig) oder auf die Bereitschaft zur emotionalen Auseinandersetzung mit besonders konfliktträchtigen Inhalten.

Ein kurzer Hinweis auf die sozial-affektive Ebene der Lernvoraussetzungen erscheint auf jeden Fall angebracht.

3. In einem letzten Teil der Bedingungsanalyse kann auf institutionelle Rahmenbedingungen – Lage der Stunde, Möglichkeiten und Grenzen des Einsatzes von Medien in der Schule, im Unterrichtsraum etc. – eingegangen werden.

3 Didaktische Aspekte

3.1 Die Sachanalyse

Es gibt eine grundsätzliche und seit langem kontrovers geführte Diskussion um die Notwendigkeit der Erstellung einer Sachanalyse in einem Unterrichtsentwurf. Die eine Gruppe, meist Naturwissenschaftler, argumentiert, daß solide fachwissenschaftliche Kenntnisse, die der Kandidat ohnehin in universitären Prüfungen nachgewiesen habe, unabdingbare Grundlage für erfolgreichen Unterricht seien. Folglich müßten diese nicht noch ausdrücklich schriftlich dokumentiert werden.

Die andere Gruppe, meist Geisteswissenschaftler, bringt vor, daß die Komplexität mancher Lerngegenstände eine strukturierende Sachanalyse geradezu zwingend notwendig mache. Hinzu komme, daß etwa im Literaturunterricht eine argumentativ absicherbare Wertung des „Sachgegenstandes" geleistet werden soll. Das Mißraten von Stunden liege – so das Argument – vielfach an der unwissenschaftlichen Auseinandersetzung mit dem Gegenstand.

Wir meinen, eine Sachanalyse sei dann gerechtfertigt, wenn sie bestimmte Kenntnisse über die fachliche Bedeutung und eine mögliche Strukturierung des Unterrichtsgegenstandes vermittelt, so daß die fachwissenschaftliche Bedeutung desselben für interessierte Laien verständlich ist, etwa vergleichbar mit dem Anspruch und Informationsgehalt eines Lexikoneintrages. Sie kann dann entfallen, wenn der Gegenstand sehr einfach ist oder im Unterricht ohnehin detailliert sachanalytisch behandelt wird.[16]

Wird eine Sachanalyse erstellt, dann sollte sie auf jeden Fall – im Sinne der oben geforderten Kondensierung – diejenigen Aspekte des Unterrichtsstoffes behandeln, die im didaktischen Zentrum (Mitte) der geplanten Stunde stehen. Dabei sollen fachwissenschaftlich anerkannte Kategorisierungen beachtet werden. Bei Texten sind dies etwa verschiedene Sprachebenen (semantisch, grammatikalisch), Erzählperspektiven, Zeit- und Adressatenbezug, bei naturwissenschaftlichen Themen etwa eine Aufzählung von alternativen Experimenten, die nachfolgend unter didaktischen und/ oder methodischen Gesichtspunkten zur Entscheidung für einen bestimmten Versuch führt.

Unfunktional dagegen erscheinen bei der geplanten Auseinandersetzung mit Texten inhaltsreproduzierende Ausführungen, es sei denn, sie dienen der Information von fachunkundigen Hospitierenden.[17]

Sachanalytisch einbezogen werden können – dies wird vielfach ignoriert – auch Medien, etwa Lehrwerke, Graphiken, Bilder, falls sie „analysebedürftig" sind. Diese Notwendigkeit kann sich etwa mit Blick auf eine einzugrenzende Polyvalenz, einen obsoleten Sachstand, fehlende Anschaulichkeit etc. ergeben.

3.2 Die Didaktische Analyse

(Die Didaktische Analyse im engeren Sinne; die Didaktische Reduktion)

Trotz der Vielfalt der Begriffe ist hier ein einziges Planungsfeld gemeint. In ihm geht es darum nachzuweisen, warum aus der Vielfalt sachlich möglicher Teilbereiche ganz bestimmte für die geplante Unterrichtsstunde ausgewählt werden.

Im Sinne der oben genannten Systematik läßt sich dieser Planungsbereich noch einmal in einzelne Teilaspekte untergliedern, wobei die hier gewählte Abfolge in der Darstellung empfehlenswert, aber nicht zwingend ist.

---

[16] So sind etwa mehrseitige sachanalytische Ausführungen zur konsonantischen Deklination im Lateinunterricht fehl am Platz; ähnliches gilt für entsprechende grundlegende grammatikalische Felder in anderen Fremdsprachen.

[17] Dies ist etwa der Fall bei schwierigen fremdsprachlichen Texten, wenn der inhaltliche Stellenwert einer Textstelle bei einer wenig verbreiteten Ganzschrift ausgewiesen werden muß.

3.2.1 Der Legitimationsanspruch
(Richtlinien, Exemplarizität, Gegenwarts-/ Zukunftsbedeutung)

Die Legitimation des Unterrichtsgegenstandes kann sich auf unterschiedliche Vorgaben beziehen:

a. Für den Bezug auf die für das Fach und Jahrgangsstufe gültigen Richtlinien genügt meist ein kurzer bibliographischer Hinweis auf die entsprechenden Ausführungen, möglicherweise gestützt durch ein Kernzitat (vgl. Beispiel D1 im 3. Teil).

b. Da die Richtlinien meist einen recht breiten Entfaltungsspielraum zulassen, der vielfach erst durch die schulinternen Curricula konkret gefüllt wird, ist auch hier auf entsprechende Vorgaben konkret Bezug zu nehmen (vgl. Beispiel D1 im 3. Teil).

c. Ein Legitimationsnachweis kann auch ansetzen bei der schullaufbahnbezogenen Bedeutung des Stoffes, etwa wenn in einer Unterstufenklasse ein Entwicklungsland durchgenommen wird und in der Oberstufe sich ein Halbjahresthema erneut mit Entwicklungsländern auseinandersetzt. Hier können im Sinne des Spiralcurriculums Bezüge angedeutet werden.

d. Bei einem Legitimationsnachweis läßt sich die Grundforderung Klafkis an die Stoffauswahl – orientiert an der Gegenwarts- und Zukunftsbedeutung – konkret umsetzen. Folgende Beispiele sind denkbar:
   - die Durchnahme länderkundlicher Themen, welche Schüler als jetzige und zukünftige Touristen ansprechen
   - Planspiele im Politikunterricht mit Bezug auf den Schüler als zukünftigen mündigen Bürger und seine mit diesem Status verbundenen Entscheidungsfreiheiten
   - physikalische Experimente, die Hilfestellungen in einem zunehmend technisierten Umfeld (Bedienung, Reparaturen technischer Geräte) erleichtern.

3.2.2 Die unterrichtliche Kontextualisierung

Die Stellung des Unterrichtsgegenstandes im Rahmen der Unterrichtsreihe sollte sowohl retrospektiv als auch prospektiv klar kontextualisiert werden.[18] Erst vor diesem Hintergrund kann der Stellenwert der zu haltenden Stunde mit Blick auf die geplante Lernprogression in vollem Umfang erfaßt werden, etwa

---

[18] Es gibt Fachleiter, die von Referendaren in Entwürfen die thematische Auflistung aller vor der angesetzten Lehrprobe gehaltenen und danach geplanten Stunden der Reihe verlangen.

unter den Fragestellungen: Was ist neu für die Schüler, was wird wiederholt, was vertieft?

In diesem Zusammenhang ergeben sich auch wichtige Rückbezüge zu den Lernvoraussetzungen und meist auch Begründungsansätze für methodische Entscheidungen (vgl. hierzu Beispiel EK im 3. Teil). Zudem ist das Phänomen der Neudurchnahme eng mit der anzusetzenden Zeit verbunden.

3.2.3 Mögliche Schwierigkeiten

Natürlich sind nicht alle sich in der Durchführung von Unterricht ergebenden Schwierigkeiten im Detail vorhersehbar und durch entsprechende Vorplanungen ausräumbar. Dennoch werden sie allzu häufig völlig ignoriert bzw. mit einer gewissen Naivität fatalistisch hingenommen.

Die seriöse Auseinandersetzung mit möglichen Schwierigkeiten kann den Erfolg eines Unterrichtsvorhabens in ganz entscheidender Weise beeinflussen. Diese Auseinandersetzung kann auf vielfältigen Ebenen ansetzen:

- Im organisatorischen bzw. methodischen Bereich können Schwierigkeiten auftreten in bezug auf die Funktionstüchtigkeit oder eindeutige Erschließbarkeit von Medien (Gefahr, daß ein OHP ausfällt oder eine Wandkarte plötzlich nicht zur Verfügung steht; daß Wandkarten, Folien, Tafelbilder etc. nicht von allen Plätzen aus erschließbar sind).
- Es können auch Probleme in der zeitlichen Dimensionierung einzelner Phasen auftreten (Gefahr eines deutlichen Überziehens oder Unterschreitens der vorgesehenen Zeit).
- Im didaktischen Bereich ergeben sich häufig Schwierigkeiten bei der Abschätzung der zumutbaren Stoffmenge (etwa: Gefahr der Unter- oder Überfrachtung von Stunden).
- Schließlich ist die grundsätzliche Unwägbarkeit menschlicher Reaktionen (etwa: Über- oder Unterschätzung der Leistungsfähigkeit oder Leistungsbereitschaft, der Hausaufgabenmoral etc. einer Lerngruppe) ein auch Unterricht begleitendes grundsätzliches Phänomen.
- Vielfach werden die eingesetzten Medien (Texte, Karikaturen, Statistiken, Versuchsanleitungen etc.) in ihrem Schwierigkeitsgrad für die Schüler falsch eingeschätzt.

Die Unkalkulierbarkeit der Umsetzbarkeit von Planung stellt sich naturgemäß besonders gravierend in Lerngruppen dar, die dem Unterrichtenden noch nicht vertraut sind. Besonders bei solchen Rahmenbedingungen sollte in der Planung die Antizipation möglicher Schwierigkeiten ausgewiesen werden.[19] Sie bietet auskunftsträchtige Anhaltspunkte bei der Beurteilung, ob der Betreffende seinen Unterricht verantwortungsvoll und realitätsnah zu planen in der Lage ist.

Die Antizipation möglicher Schwierigkeiten sollte sich dabei nicht auf (resignative) Feststellungen beschränken, sondern zu planerischen Überlegungen führen, wie diese Probleme konkret überwunden werden können. Zusätzlich zu den Hinweisen in bezug auf die vorplanerische Organisation – vgl. 2. Teil, II - Kap. 2.4 – lassen sich vor allem zwei Aspekte anführen:

1. Bei Unsicherheiten hinsichtlich der zumutbaren Stoffmenge sollten geeignete Zäsuren gefunden werden, an denen die Stunde durch Weglassen eines Teiles oder Verlagerung desselben in die Hausaufgabe didaktisch problemlos umstrukturiert werden kann. Hierbei kann auf die in anderem Zusammenhang – vgl. 2. Teil, II - Kap. 2.5 – gegebene Empfehlung zur Planung von Eventualphasen zurückgegriffen werden (vgl. auch Entwürfe D2, F, EK, BI oder SP im 3. Teil).
2. Bei Unwägbarkeiten hinsichtlich der Leistungsfähigkeit von Schülern (etwa: bezogen auf Abstrahier- oder Memorierfähigkeit) sollten geeignete Überlegungen angestellt werden, die sich z.B. auf die Hinzunahme eines besonders anschaulichen Mediums oder auf den Einbau von Wiederholungs- oder Vertiefungsphasen beziehen können.

Wichtig erscheint, daß die Parameter für den Einsatz solcher didaktischen und methodischen „Reserven" im sich ergebenden Unterrichtsverlauf schon in der Planung berücksichtigt werden. Allzu häufig werden negative Entwicklungen im Lernprozeß – vom routinierten Unterrichtsbeobachter als vorhersehbar empfunden – vom unerfahrenen Unterrichtenden schicksalsergeben als ein zu akzeptierendes Phänomen eingestuft. Vollzogene Reaktionen, selbst wenn sie richtig sind, müssen bei einem solchen Bewußtseinsstand als willkürlich eingestuft werden.

4 Lernziele

Es ist im 1. Teil, I - Kap. 3 schon wesentliches über Lernziele und die damit verbundene Begrifflichkeit ausgeführt worden.

---

[19] Diese sollten sich allerdings nicht im unwichtigen Detail verlieren oder auf Dinge beziehen, die der Unterrichtende durch umsichtige Planung verhindern könnte. Als erlebte Negativbeispiele seien angeführt: „Ich hoffe, die Kreide langt"; „ Ich erwarte, daß endlich alle Schüler pünktlich und vollzählig zum Unterricht erscheinen" (aus Entwürfen des „unbekannten" Referendars).

Für die Planungspraxis haben sich zwei grundlegende Modelle herausgebildet. Das eine – zunehmend angewendet – folgt der Stundenchronologie, reiht also die in den einzelnen Phasen angestrebten Lernziele nacheinander auf (vgl. Beispiel D2 im 3. Teil).

Das andere Modell nimmt Bezug auf Hierarchisierungen und Dimensionierungen. Es unterscheidet demnach zwischen Stunden- und Teilzielen. Letztere werden Kategorien wie kognitiv, instrumental, affektiv, oder Sprach-, Wissens-, Methodenerwerb, sowie im Sportunterricht (senso-)motorisch, sozial zugeordnet (vgl. Beispiele D1, F, SP im 3. Teil).

Modellübergreifend wichtig erscheint:

1. Alle Lernziele sollten so formuliert sein, daß eine Operationalisierbarkeit möglich ist, d.h. verbindliche und konkret umsetzbare und beobachtbare Elemente im Lernprozeß darstellen. Vor diesem Hintergrund sollten sie so präzise wie möglich formuliert werden. Von besonderer Aussageträchtigkeit für die Dimensionierung und die Operationalisierbarkeit von Lernzielen sind grundsätzlich die verwendeten Verben.

    Es empfiehlt sich, die einzelnen Zielbereiche noch einmal – evtl. in Klammern – präzise mit aufzunehmen, etwa mit der Formulierung: Die Schüler sollen ... kennenlernen, indem sie folgende Schritte ... nachvollziehen. Beispiele für überzeugende Lernzielformulierungen finden sich in den Entwürfen im 3. Teil und in den meisten Richtlinien.

2. Lernziele sind verbindliche Festlegungen für die zu erreichenden Ergebnisse in einer Stunde. Umfang und Grad der erreichten Lernziele lassen sich als relativ aussagekräftiger Maßstab für den Erfolg von Unterricht heranziehen.

    Aufgestellte, aber nicht verfolgte Lernziele sind grundsätzlich schlecht und können als Planungsfehler moniert werden.[20]

    Sollte Unsicherheit darüber bestehen, ob einzelne Phasen, Methoden anspruchsadäquat umgesetzt werden können, so sollten Eventualziele bzw. Minimal- und Maximalziele ausgewiesen werden (vgl. dazu Beispiele D1, EK im 3. Teil).[21]

---

[20] Die Festlegung durch Lernziele läßt sich anschaulich mit einer Speisekarte vergleichen, auf welcher der Wirt (Lehrer) dem Gast (Schüler) konkrete Speisen (zu erreichende Lernziele) anbietet. Ist ein Gericht angeboten (im Entwurf ausgewiesen), aber nicht servierbar (operationalisiert), dann ist die Speisekarte (Plan) irreführend.

[21] Auch hier gibt es einen „klassischen" Ansatzpunkt für die Implikation von einzelnen Planungsfeldern: Eventualziele sollten entsprechenden Eventualphasen im Verlauf zugeordnet sein.

3. Das Stundenziel sollte inhaltsgleich mit dem Thema der Stunde sein (vgl. dazu Beispiele im 3. Teil).

Vor allem bei der Erstellung von Lernziel-Dimensionierungen kann es zu erheblichen Irritationen kommen:

1. Nicht immer sind einzelne Lernakte in den Zielbereichen eindeutig dimensionierbar. Das Erstellen einer thematischen Karte z.B. läßt sich auf den Bereich Wissen (was wird wie dargestellt?) und auf die instrumentale Lernzielebene (zeichnerisch richtige Darstellung) beziehen; es tangiert zudem möglicherweise auch noch den affektiven Bereich (Freude wecken am themenorientierten vielfarbigen Zeichnen).

   Man kann dieser Schwierigkeit entgehen, indem man sog. „Kombinationsziele" fixiert, wobei das Dominierende vorangestellt oder optisch hervorgehoben werden kann. Entsprechend sollte allerdings in einer Fußnote auf die dimensionale Vielschichtigkeit einzelner Lernziele hingewiesen werden (vgl. Beispiel D1 im 3. Teil).

2. Es hat sich in einzelnen Fächern eine Lernzielterminologie etabliert, die nicht mehr mit der in den gültigen, wenn auch teilweise 20 und mehr Jahre alten Richtlinien übereinstimmt. Um dem Vorwurf zu entgehen, daß die in den Richtlinien aufgenommenen Lernziele ignoriert werden, wäre auch hier eine erklärende Fußnote angebracht (vgl. Beispiel D1 im 3. Teil).

5 Methodische Reflexion[22]

In der Methodischen Reflexion sollte wie bei der Darlegung didaktischer Entscheidungen besonderer Wert auf eine argumentative Darstellung gelegt werden. Begründungszusammenhänge sollten dabei im Sinne des mehrfach betonten Stellenwertes eines Interdependenznachweises zwischen den Planungsfeldern vor allem auf Befunde der Bedingungsanalyse und auf didaktische Momente bezogen werden. Dabei liegt es letztlich am Unterrichtenden, ob er bei seinen Entscheidungsfindungen besondere Fähigkeiten einer Lerngruppe heranzieht oder den Mut zu dem Versuch hat, durch besondere methodische Maßnahmen lerngruppenspezifische Defizite auszugleichen.

Beispielsweise kann die Begründung für einen „offenen" Einstieg demnach von zwei gegensätzlichen Standpunkten angegangen werden:

---

[22] Weit verbreitet ist auch der Begriff „methodische Analyse". Wir halten ihn für nicht angebracht, da die methodischen Entscheidungen prospektivisch überlegt werden müssen. „Analyse" dagegen setzt sich mit etwas schon Bestehendem auseinander.

Einerseits – so kann argumentiert werden – soll ein solcher Angang möglichst viel Raum zur Sprachentfaltung bieten, um der Redefreudigkeit der Lerngruppe Rechnung zu tragen; oder andererseits soll ein „offener" Einstieg die durch die Redefaulheit der Lerngruppe verfestigten Schwächen in der sprachlichen Darstellungskompetenz ausgleichen helfen.

Es gibt auch Begründungsansätze für unterrichtliche Entscheidungen, die sich aus dem Reihenkontext der Stunde ableiten lassen. Dies ist z.B. denkbar, wenn in einer Stunde eine lehrwerkunabhängige Bildergeschichte, Lektüre, Film etc. mit dem Argument gerechtfertigt wird, daß vorher lange – bei feststellbarem Motivationsabfall – ausschließlich mit dem Lehrbuch gearbeitet worden sei.

Neben der Forderung, die methodische Reflexion argumentativ anzulegen, erscheint der Hinweis wichtig, daß im Sinne der quantitativen Reduzierung auf die Deskription der Performanz einzelner Phasen verzichtet werden kann, da diese dem Verlaufsplan zu entnehmen ist. So sollte etwa der sich auf die Einstiegsphase beziehende Satz: „Ich zeige ein Bild, das den Eiffelturm, viele Touristen und im Hintergrund einen wolkenlosen Himmel zeigt", ersetzt werden durch: „Der gewählte Einstieg rechtfertigt sich aus folgenden Überlegungen: ... ." Was das Bild zeigt, sieht ohnehin jeder.

Die Aufbereitung der methodischen Reflexion orientiert sich im wesentlichen an der im Theorieteil angesprochenen Kategorisierung.

5.1 Artikulationsschema

Praktiker vertreten vielfach den Standpunkt, daß das Artikulationsschema das „Herzstück" einer Stunde sei und die Planungskompetenz eines Lehrers mit am besten ausweise. In der Tat können Wahl und Umsetzung des Artikulationsschemas in einer Stunde aufgrund der dort zu reflektierenden zahlreichen Perspektiven sehr entscheidend für den Unterrichtserfolg sein.

Der Auseinandersetzung mit einzelnen wichtigen Phasen seien einige grundlegende Hinweise vorangestellt:[23]

1. Innerhalb der Phasenabfolge muß eine Anspruchsprogression verfolgt werden, und zwar auf den möglichen Ebenen Wissen (auch Terminologie), Methode und Evaluation. Als Prinzip kann gelten, daß am Ende einer Stunde ein höherer Lernstand oder Schwierigkeitsgrad avisiert sein muß als zu Beginn.

---

[23] Das Thema „Lernerfolgskontrolle", das auch unter dem Aspekt Phasierung unter das Kapitel „Artikulationsschema" subsumiert werden könnte, wird wegen seiner Komplexität in einem eigenen Abschnitt (2. Teil, II - Kap. 2.8) behandelt.

2. Je nach Unterrichtsstoff können Darbietungs-, Erarbeitungs- und Kontrollphasen in einer Stunde mehrfach angesetzt werden.
3. Die inhaltliche Füllung einer Phase sollte niemals überstrapaziert werden. So wirken Stunden auf Schüler demotivierend, die immer mit einer Zusammenfassung auf der didaktischen und methodischen Ebene enden.
4. Besonders wichtig für die Planung erscheint die Forderung nach einer angemessenen sog. Gelenkstellengestaltung. Hier sollten Möglichkeiten für geschmeidige Übergänge geplant werden. Dazu zählen z.B. schülerzentrierte Ansätze, die zur Zusammenfassung der Ergebnisse einer Phase und der daraus resultierenden Ableitung von Fragestellungen in bezug auf den folgenden Abschnitt anhalten. Im Idealfall ergibt sich eine Phase organisch aus der anderen.[24]
5. In vielen Stunden empfiehlt sich die Abfolge: Informationsentnahme bzw. Faktenvermittlung, vertiefende Analyse und abschließende Wertung. Sollte eine Evaluationsphase zu Beginn geplant sein, so muß sie funktional überzeugend – etwa mit Hinweis auf ein hermeneutisch ausgerichtetes Verfahren – begründet sein. Andernfalls besteht die Gefahr, daß hier unfunktionale subjektive Bekenntnisse aneinandergereiht werden, welche ohne faktenorientierte Argumentationsstützung wenig unterrichtsfördernd sind.

5.1.1 Die Einstiegsphase

Eine exponierte Stellung innerhalb des Artikulationsschemas nimmt naturgemäß die erste Phase im Unterricht ein. Sie wird am häufigsten „Einstieg" genannt, daneben finden sich Bezeichnungen wie „Anbahnung", „Eröffnung", „Hinführung zur Lernsituation" oder „Initialimpuls".

Die erste Unterrichtsphase soll in der Regel zweierlei leisten: zum einen das Interesse der Schüler für den Unterrichtsstoff wecken; zum anderen gezielt zu diesem hinführen. Entsprechend sorgfältig und polyvalent muß der Einstieg gewählt werden. Es gibt verschiedene Möglichkeiten, die sich als motivationsträchtig erwiesen haben:

1. Visueller Einstieg (Bild, Dia, Karikatur)
2. Auditiver Einstieg (Tonträger, durch Lehrer oder Schüler vorgetragener Text, Zeitungsartikel, Lied)

---

[24] Es erscheint falsch bzw. allenfalls in Stunden gerechtfertigt, die unter großem Zeitdruck stehen, wenn der Lehrer die Gelenkstellen selbst gestaltet mit Sätzen wie „So, jetzt haben wir uns mit ... beschäftigt; jetzt wollen wir uns mit ... auseinandersetzen."

3. Audio-visueller Einstieg (Film(ausschnitt))
4. Kurzer Lehrervortrag (erlebnisbetont, spannend, problemkontrastierend – etwa in Form von Thesen, möglicherweise mit Provokationsimpulsen angereichert)
5. Einstieg in Form von visuell, akustisch oder verbal vorgebrachter Rätsel
7. Konfrontation mit einem (oder mehreren) Objekt(en) nach dem Prinzip der „Originalen Begegnung"
8. Konfrontation mit einem (verblüffenden) Versuch im naturwissenschaftlichen Unterricht oder einer Behauptung/ einer These/ einem Problem als Eröffnung des induktiven Verfahrens
9. Konfrontation mit einem Lehrsatz als Eröffnung des deduktiven Verfahrens
10. Unterrichtsgespräch über ein zur Stunde hinführendes Thema, wobei der Lehrer sparsam in seiner Impulsgebung sein und möglichst viele Schüler aktivieren sollte. Dieser Einstieg ist besonders verbreitet im Fremdsprachenunterricht. Unter lernpsychologischen und physiologischen Gesichtspunkten läßt sich anführen, daß die Schüler sich hier „freireden" sollen (*warming-up phase*). Mit Blick auf die zu leistende Vorbereitung auf das Thema kann reklamiert werden, daß durch dieses Verfahren Einsicht in das Vorwissen der Schüler gewonnen wird (*brainstorming, mind-mapping*).
11. Im Sportunterricht wird häufig ein bewegungsorientierter Einstieg gewählt, etwa das Aufwärmen mit sportartspezifischer Gymnastik oder ein Einspielen mit dem betreffenden Spielgerät bei Ballsportarten.

Grundsätzlich sind auch folgende Einstiege denkbar:

1. Einzel-, Partner- oder Gruppenarbeit. Sie werden jedoch sehr selten eingesetzt, da sie keine zentrale Aufmerksamkeit sicherstellen. Der Lehrer kann zudem über diese Sozialformen kaum die Motivationsträchtigkeit des Themas einschätzen. Solche Verfahren sind darüber hinaus oftmals sehr zeitaufwendig und organisationsbelastend, vor allem bei Lerngruppen mit heterogenem Arbeitstempo.

Im übrigen muß ein möglicher Einwand gegen diese Art der Planung bedacht werden: Konnte die schülerzentrierte Arbeitsphase zu Beginn nicht durch vorbereitende Hausaufgaben 'eingespart' werden?

2. Kontrolle der Hausaufgaben. Diese Form des Einstiegs wird zwar im Unterrichtsalltag oftmals geradezu als Ritual praktiziert, muß aber aus folgenden Gründen als bedenklich eingestuft werden:

Die Auseinandersetzung mit Hausaufgaben ist nur für Schüler motivationsträchtig, die ihre Mühen bewertet wissen wollen. Sie stellen keinen spontan empfundenen Motivationsanreiz dar. Hausaufgabenkontrollen bieten zudem in ihrer methodischen Aufbereitung eine Fülle von Problemen, die meist nicht hinreichend reflektiert werden.[25]

Die Kontrolle der Hausaufgaben zu Beginn der Stunde erscheint allerdings dann sinnvoll, ja notwendig, wenn sie Voraussetzung für die Durchnahme des Stundenthemas darstellt.

3. Eine Einstiegsform, die durchaus bedenkenswert ist, vor allem wenn der Unterricht zügig gestaltet werden muß, ist der sog. informierende Einstieg, wie er von Jochen und Monika Grell propagiert wird.[26] Hierbei informiert der Lehrer die Schüler in aller Deutlichkeit über Unterrichtsinhalte und Ziele. Es gibt Schüler – vor allem solche, die positivistisch ausgerichtet sind oder die pädagogischen Bemühungen des Lehrers schnell „durchschauen" – welche diese Form des Einstiegs als den motivierendsten empfinden, weil er direkt „zur Sache" kommt und sich dadurch positiv von anderen als „künstlich" empfundenen Einstiegsphasen abhebt.

5.1.2 Darbietungs- und Erarbeitungsphasen

Auf die Einstiegsphase folgt sinnvollerweise eine Darbietungs- oder eine Erarbeitungsphase. Diese sollten sich in ihrer Methodisierung an der Gestaltung der ersten Phase ausrichten. Ist der Einstieg sehr schülerzentriert angelegt, dann kann der folgende Stundenabschnitt durchaus lehrerzentriert ausgerichtet sein. Nach Einstiegsphasen, in denen die Schüler eher rezeptiv waren, empfiehlt sich eine schüleraktivierende Erarbeitungsphase.

Die **Darbietungsphase** kann die gesamte Palette der im Theorieteil ausgeführten Möglichkeiten umfassen, d.h., sie kann bestehen aus einem Vortrag des Lehrers – gebunden an einen Text oder frei –, aus einem Bericht, einer Demonstration bzw. der Erklärung eines oder mehrerer Phänomene.[27]

Beim Vortrag, besonders wenn es sich um das Erzählen einer Geschichte handelt, sollte der Lehrer eine Reihe von Aspekten reflektieren:
– Der Vortrag sollte anschaulich und altersstufengemäß gestaltet werden. Auch ältere Schüler empfinden großes Vergnügen an anschaulich dargestellten Sachverhalten. Hier darf parodiert, ironisiert oder karikiert werden.

---

[25] Vgl. dazu 1. Teil, II - Kap. 5.1 und 2. Teil, II - Kap. 2.8.1
[26] Vgl. dazu 1. Teil, II - Kap. 3.1.1 und 2. Teil, II - Kap. 2.5.2
[27] Im Fremdsprachenunterricht stellt bei einer Lektionseinführung der letztgenannte Ansatz in Form der Präsentation der neuen Lexik die am häufigsten gewählte Füllung der Phase dar, die dem Einstieg folgt.

Bei jüngeren Schülern ist allerdings vor dem Einsatz von Ironie zu warnen, da sie ihn meist nicht oder falsch verstehen.
- Wo immer es möglich ist, sollte der Vortrag spannend gemacht werden. Dies fällt relativ leicht bei Geschichten, da diese einen Handlungsablauf enthalten. Was in der abstrakten Problemanalyse als Ebenen, Schichten oder Erzählperspektiven thematisiert wird, kann in einem guten Vortrag dynamisiert werden.
- Besonders wichtig ist beim Lehrervortrag die Körpersprache. Mimik, Gestik und Proxemik (Bewegung im Raum), Intonation, Laut- und Leisesprechen, Sprechtempo und Pausen tragen zur Lebendigkeit der Erzählung bei.
- Es empfiehlt sich, den Sach-, Sinn- oder Problemzusammenhang zu personalisieren. Abstrakte Vorgänge, Systeme, Strukturen und Entwicklungen müssen in Handlungen, Gefühle, Konflikte und Entscheidungen leibhaftiger Menschen rückübergeführt werden.[28] Dies gelingt vor allem durch die Dramatisierung von Gefühlen, Spannungen und seelischen Konflikten. Die alte Forderung, über Geschichten Inhalte des Faches Geschichte wieder lebendig zu machen, erlebt nach langen Jahren der „Verkopfung" dieses Faches vor allem in unteren Klassen erste didaktische Wiederbelebungsansätze.

Je nach thematischer Anforderung kann die Aktivität des Lehrers durch kurze verständniskontrollierende Rückfragen unterbrochen werden, etwa beim Aufbau einer Versuchsreihe im naturwissenschaftlichen Unterricht, beim Vormachen von Bewegungsabläufen im Sportunterricht oder bei der Vokabel- bzw. Textpräsentation im Fremdsprachenunterricht.

Es ist auch denkbar, daß der Vortrag, der Bericht oder die Demonstration von einem einzelnen oder von mehreren individuell aktivierten Schülern übernommen wird.

Erarbeitungsphase

Unter Erarbeitung soll hier der Sammelbegriff für die in allen Stufen- und Phasenschemata zu findende mittlere Phase des Unterrichtsprozesses verstanden werden. Entsprechend könnte diese Phase auch genannt werden: Aufarbeitung, Vertiefung, Stufen der Lösung, des Tuns und der Ausführung oder Stufe der Gestaltung.[29] Auch in dieser Phase gibt es eine Fülle von Mög-

---

[28] Wahre Meister in der Beherzigung dieser Regel sind die Autoren und Darsteller von Schulfunksendungen.
[29] Vgl. dazu 1. Teil, II - Kap. 2

lichkeiten, etwa die im 1. Teil, II - Kap. 3.1.2 vorgestellten verschiedenen Gesprächsformen oder die arbeitsteilige bzw. arbeitsgleiche Einzel-, Partner- oder Kleingruppenarbeit. Sie bieten sich vor allem dann an, wenn die Lerngruppe unruhig oder disziplinschwierig ist bzw. wenn der Unterrichtende wegen der belastenden Unterrichtsatmosphäre droht, aus dem „pädagogischen" Gleichgewicht zu geraten. Eine derartig gestaltete Phase eröffnet ihm die Möglichkeit, sich zu sammeln und auf Einhaltung der notwendigen Disziplin zu achten.

Wie im Theorieteil ausgeführt, mögen die vom Frontalunterricht abweichenden Sozialformen den Unterrichtenden in der Durchführung zwar entlasten, sie verlangen aber in der Regel einen hohen Planungsaufwand bei der Materialfindung und -aufarbeitung. Grundsätzlich sollte in diesem Zusammenhang folgendes berücksichtigt werden:

1. Der Lehrer sollte mit einem klaren Organisationskonzept in die Stunde gehen, d.h. sich vorher überlegen, ob sinnvollerweise etwa themengleiche oder themenverschiedene Aufgaben gestellt werden und nach welchen Kriterien z.B. die Partner- und Gruppenzusammensetzungen erfolgen sollen.
2. Die Aufgabenstellungen sollten klar gestaltet und nicht zu umfangreich sein. Vielfach empfiehlt sich die Besprechung eines Paradigmas.

Wie im 1. Teil ausgeführt, ist zu unterscheiden zwischen geschlossenen und offenen Arbeitsaufträgen.[30] Bei erstgenannten legt der Lehrer verbindlich und konkret fest, was die Schüler wann und wie leisten sollen.

Solche Arbeitsaufträge sind vor allem dann unverzichtbar, wenn eine Lerngruppe erstmals an die Gruppenarbeit herangeführt wird. Für Lehramtsanfänger empfiehlt es sich, die geplanten Arbeitsaufträge schriftlich vorzuformulieren. Wenn der Arbeitsauftrag nicht auf einem Arbeitsblatt fixiert worden ist, dann sollte er zur Verstärkung der mündlichen Bekanntgabe an die Tafel geschrieben werden.

Der Arbeitsauftrag muß deutlich machen, was die Schüler und wie sie es zu leisten haben, d.h., er muß handlungsorientiert sein.

Es muß in diesem Zusammenhang darauf hingewiesen werden, daß auch offene Arbeitsaufträge bewußt vorher überlegt werden müssen. Sie dürfen

---

[30] In der pädagogischen Literatur wird auch noch der freie Arbeitsauftrag als Form genannt. Er stellt jedoch im engeren Sinne keinen Auftrag dar, sondern eine verbindliche Einleitung oder Fortsetzung der Gruppenarbeit.

auf keinen Fall mit „unverbindlich" gleichgesetzt werden, sondern müssen sprachlich verständlich und in ihrer Zielrichtung eindeutig sein.[31]

3. Die oben genannten Sozialformen sollten bei arbeitsgleichen Aufträgen in einer Unterrichtsstunde allenfalls bis zu 10 Minuten ausgedehnt werden, damit für die Auswertungsphase genügend Zeit bleibt und die Stunde insgesamt methodisch nicht zu einseitig ausgerichtet wird.
4. Arbeitsteilige Gruppenarbeit, wobei erfahrungsgemäß 3-4 Gruppen das quantitative Höchstmaß darstellen, empfiehlt sich in aller Regel nur bei Doppelstunden, da sinnvollerweise alle erarbeiteten Ergebnisse im Anschluß an eine solche Phase auch besprochen und zusammengeführt werden sollten.
5. Die zu bearbeitenden Materialien müssen gut erschließbar sein. Bei komplexem Informationsgehalt empfehlen sich selektive Markierungen durch den Lehrer mit Blick auf das zu bearbeitende Thema oder auch konkrete Hinweise bei der jeweiligen Aufgabenstellung in bezug auf Möglichkeiten einer Informationsbeschaffung.
6. Mit Blick auf eine zügige Bearbeitung und Auswertung scheint es vielfach angebracht, einzelne Schüler zu beauftragen, wesentliche Ergebnisse während der Gruppenarbeit auf Folie festzuhalten.

5.1.3 Die Ausstiegsphase

Dieser Phase kommt ein wichtigerer Stellenwert zu, als vielfach vom Unterrichtenden angenommen und entsprechend berücksichtigt wird.[32] Wie beim Einstieg sollten auch hier Prinzipien des motivationalen Anreizes sowie der Schülerzentriertheit, möglicherweise sogar mit Blick auf eine umfassende Lernerfolgskontrolle, verfolgt werden.

Grundsätzlich ist es ratsam, die Ausstiegsphase auch als ein gewisses Zeitreservoir zu planen, denn trotz sorgfältiger Vorüberlegungen kann es vorkommen, daß sich das Stundenende schneller oder – was seltener vorkommt – langsamer als geplant nähert. Entsprechende Beispiele finden sich im 3. Teil (vgl. hierzu etwa die Entwürfe E1, E2, CH).

---

[31] Arbeitsaufträge wie „ Machen Sie sich Gedanken über..." oder „Versuchen Sie, das Problem ... zu lösen" sind ungeeignet. Geeignet erscheinen Aufträge wie: „Spielt eine (oder eine bestimmte) Szene aus dem Drama in Form einer Pantomime nach!" und: „Stellen Sie aus den folgenden Texten eine Collage her, die für ein Zeitungstheater geeignet ist!"

[32] Sehr häufig wird das Unterrichtsende abrupt durch das Klingelzeichen bestimmt. Es kommt zu einer lärmbehafteten Aufbruchstimmung, in der die Schüler die vielfach noch vorgenommene Hausaufgabenerteilung nur noch zufällig wahrnehmen, meist aber nicht mehr notieren (können). In derart gestalteten Ausstiegsphasen ist eine wesentliche Ursache für die oft beklagte schlechte Hausaufgabenmoral zu suchen.

5.1.4 Kontrollphasen

Kontrollphasen können in einer Stunde mehrfach vorkommen. Für ihre Gestaltung gibt es eine Fülle von Möglichkeiten. Man muß grundlegend unterscheiden zwischen verständniskontrollierenden kleintaktigen Impulsen und eigentlichen Kontrollphasen. Die erstgenannte Form wurde schon im 1. Teil, II - Kap. 3.1.2 angesprochen. Sie konkretisiert sich am häufigsten durch Rückfragen nach jedem Teilschritt, wobei möglicherweise die jeweilige Antwort an der Tafel (OHP) festgehalten wird.

Ausführlichere Kontrollphasen können z.B. durch Zusammenfassung von Teil- oder Endergebnissen durch einen oder mehrere Schüler im Anschluß an einzelne Phasen oder am Stundenende angesetzt werden.

Eine besondere Schwierigkeit bietet die Phase, in der die **Hausaufgabenkontrolle** vorgenommen wird.

Der Begriff Hausaufgaben bezieht sich sowohl auf die in der Vorstunde aufgegebenen, die sog. einführenden, als auch auf ausführende Hausaufgaben, d.h. solche, die in einer Stunde mit Blick auf die nächste Stunde gestellt werden. Beide Arten gehören zum festen Bestandteil einer geplanten Stunde. Der Verzicht auf eine Hausaufgabenstellung in der vorangegangenen Stunde sollte bei Hospitationsstunden grundsätzlich begründet werden. Im Sinne eines möglichst breiten Kompetenznachweises empfiehlt sich selbst dann eine Konzipierung von ausführenden Hausaufgabenstellungen, wenn diese wegen besonderer Umstände – etwa durch nahe Lage der Stunde an Ferien oder an einer Klassenfahrt – *de facto* nicht gestellt werden.[33] Überdurchschnittliches Unterrichtsgeschick wird dann deutlich, wenn die Schüler die ausführende Hausaufgabe selber aus dem vorangegangenen Stundenverlauf schlüssig ableiten können.

Erfahrungsgemäß werden in vielen Lehrproben angefertigte Hausaufgaben unbegründet ignoriert. Der Grund für diese Haltung ist verständlich, da der Unterrichtende seine geplante Stunde mit Blick auf eine möglichst breite Profilierungsplattform mit vielfältigen methodischen und didaktischen Aspekten angereichert hat, und die „simple" Hausaufgabenkontrolle hier als Qualitätsabfall eher störend wirken würde. Dennoch ist eine derartige Einstellung nicht haltbar. Wenn Hausaufgaben in der Vorstunde erteilt worden sind, dann sollten sie auch kontrolliert und ausgewertet werden. Kontrollverfahren sind in der Sekundärliteratur relativ wenig behandelt; sie bieten zudem meist keine prag-

---

[33] Man kann in einem solchen Fall die Formulierung wählen: Eine denkbare (mögliche, fiktive) Hausaufgabenstellung könnte lauten:... . Sie kommt nicht zum Tragen, weil... .

matischen Hilfestellungen für ein sowohl motivations- als auch ergebnisträchtiges Vorgehen.

Die eleganteste, wenn auch wohl schwierigste Lösung des aufgezeigten Problems ist die Planung einer sogenannten integrativ angelegten Hausaufgabenkontrolle. Hierbei wird die Auswertung der Hausaufgaben nicht wie üblich zu Beginn der Stunde vollzogen, wo sie vielfach die Möglichkeit eines attraktiven Einstiegs verhindert, sondern erst in einer der folgenden Phasen. Bei diesem Vorgehen ist aber unbedingt darauf zu achten, daß die Besprechung geschickt in den Ablauf eingepaßt wird (vgl. dazu Beispiel E2 im 3. Teil). In manchen Fällen können die Schüler auch von sich aus die Ergebnisse ihrer Hausaufgaben in den Unterrichtsverlauf einbringen, ohne daß dieses als eigentliche Kontrolle spürbar wird. Ein solches Vorgehen ist etwa im Rahmen fremdsprachlicher Interpretationsarbeit denkbar, welche sich auf die in den Hausaufgaben zu leistende sprachliche Vorbereitungsarbeit – Klärung von Bedeutung und Aussprache des unbekannten Wortmaterials – stützt. Eine ähnliche Möglichkeit bietet sich im naturwissenschaftlichen Unterricht, etwa bei der Abgrenzung des neuen verallgemeinernden Problems in der geplanten Stunde zu den Fällen, die in der Hausaufgabe bearbeitet wurden.

5.2 Medien

Im theoretischen Teil wurde umfassend auf mögliche Funktionsbestimmungen einzelner Medien eingegangen. Darüber hinaus wird in dem Teil, der sich auf die Durchführung bezieht, detailliert der konkrete Einsatz der wichtigsten Medien behandelt. Von daher kann sich im Planungsteil die Kommentierung zu diesem Thema auf einige wenige grundlegende Bemerkungen beschränken:

Das Verteilen von Unterrichtsmaterial – Atlanten, Texte, Arbeitsblätter etc. – sollte so geplant sein, daß es zügig vonstatten gehen kann. Zeitsparend wirkt sich aus, wenn z.B. mehrere Schüler mit der Verteilung beauftragt werden.

Bei der Bearbeitung von – besonders längeren – Texten sind vor allem drei Aspekte für die Planung besonders wichtig:

1. Zum schnelleren Auffinden zitierter Stellen sollten Texte mit Zeilenzählung versehen werden.
2. Es sollte genau überlegt werden, was Schülern einer bestimmten Altersstufe zugemutet werden kann. Vor allem Lehrer mit geringer Unterrichtserfahrung setzen oft zu hohe Maßstäbe an. Es kann den Erfolg einer Stunde grundsätzlich in Frage stellen, wenn das Wissen oder die Fähigkeiten der Schüler überschätzt werden, da z.B. ein eingesetzter Text

semantisch, syntaktisch oder argumentativ zu hohe Anforderungen stellt oder ganz einfach zu lang ist.

Gegebenenfalls sollten die Texte durch Annotationen oder in der Stunde durch entsprechende klare, zügige und gezielte Hinweise ergänzt werden. Es empfehlen sich grundsätzlich Verständniskontrollen bei der Aufgabenstellung und Texterschließung.

3. Der Lehrer sollte sich einen zielgerechten Impuls überlegen, mit dem er auf die geplante themenspezifische Auswertung hinführen kann. Diese Empfehlung gilt vor allem bei rede- und spekulationsfreudigen Klassen und bei Medien mit komplexem Aussagehintergrund, da hier durch ungehemmten Redefluß bzw. Informationsvielfalt die Gefahr von erfolgsgefährdenden Irrwegen gegeben ist.

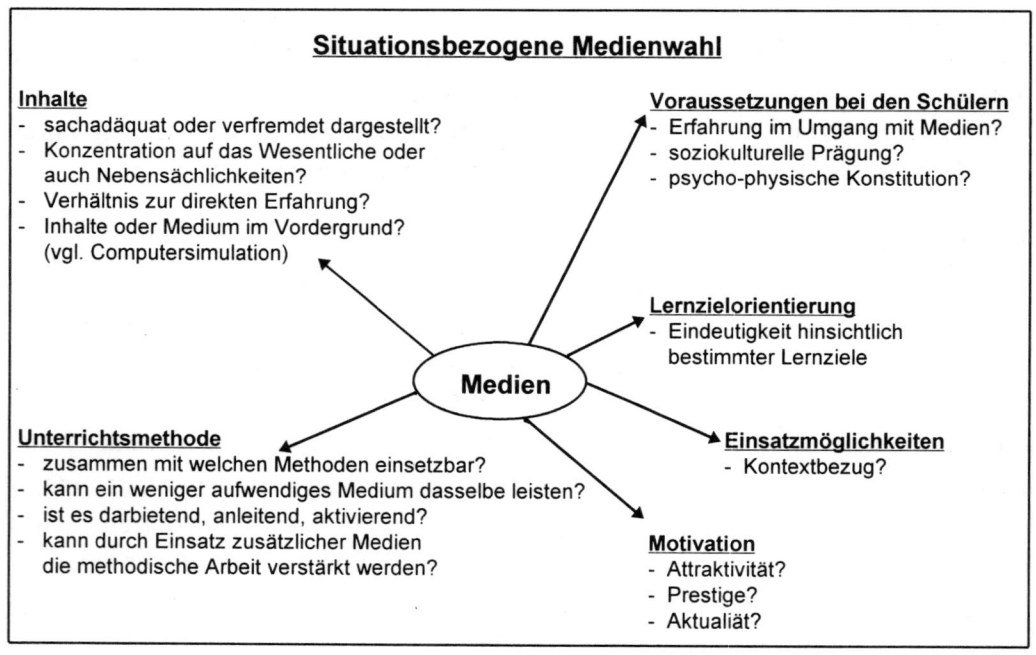

Abb. 7: *Planung des Medieneinsatzes*

In der schriftlichen Planung sollte grundsätzlich begründet werden, warum gerade dieses Medium eingesetzt werden soll. Möglicherweise kann dann eine denkbare Alternative angedeutet werden. Überlegenswerte Prinzipien, die im theoretischen Teil detailliert dargelegt worden sind, seien hier noch einmal *in nuce* zusammengefaßt:

1. Motivationsträchtigkeit
2. Methodische Abwechslung
3. Hohe Anschaulichkeit
4. Mögliche authentische Vermittlung – vgl. Ausführungen zur „originalen Begegnung" im 1. Teil, II - Kap. 1.4 und Abb. 7.

6 Der Verlaufsplan

Es gibt eine Fülle von Verlaufsplan-Modellen (vgl. Entwürfe im 3. Teil). Bei der Erstellung des Verlaufsplanes ist grundsätzlich zu beachten, daß die synoptisch gestaltete Informationsvielfalt, die in diesem Planungsfeld gefordert wird, die Lesefreundlichkeit nicht beeinträchtigt.

Grundsätzlich sollte ein Verlaufsplan folgende Elemente ausweisen:
1. Phasenabfolge im Sinne des gewählten Artikulationsschemas
2. Informationen zur Feingestaltung der einzelnen Phasen. Solche Informationen wurden im weitverbreiteten Modell der Berliner Schule mit „Geplantes Lehrerverhalten/ Erwartetes Schülerverhalten" ausgewiesen. Diese sehr eng geführte und streng behavioristisch angelegte Kategorisierung erscheint allenfalls für engschrittig planbaren Unterricht und mit Blick auf eine sich nach graduierenden Schwierigkeitsstufen aufbauende Kompetenzerweiterung für den Lehramtsanfänger sinnvoll.

Stärker durchgesetzt haben sich Kategorisierungen wie methodisch-didaktischer Kommentar, worunter noch einmal die so bestimmte Funktionalität einzelner Phasen ausgewiesen wird, oder auch Einteilungen nach Lernphasen oder -schritten.

3. Häufig werden auch noch eigene Spalten für die Lernziele und die verwendeten Medien ausgewiesen. Letztere können allerdings auch im methodisch-didaktischen Kommentar eingebracht werden (vgl. Entwurf D1 im 3. Teil).

Die Ausweisung der Lernziele im Verlaufsplan ist vor allem dann eine sinnvolle Maßnahme, wenn der Lernzielkatalog nicht phasenbezogen, sondern nach verschiedenen Dimensionen ausgerichtet ist. Die Verbindung von Phasen und Lernzielen im Verlaufsplan verstärkt den Nachweis der konkreten Ergebnisorientierung. Drucktechnische Voraussetzung für eine solche planerische Anlage ist, daß der Lernzielkatalog mit einer Ziffernabfolge versehen wird.

4. Bei Unterrichtsvorhaben, in denen das Auftreten möglicher Schwierigkeiten eine große Rolle spielt, kann auch im Verlaufsplan darauf Bezug

genommen werden, etwa in einer Rubrik „Mögliche/ Erwartete Schwierigkeiten – geplante Reaktion/ Behebung" (vgl. Entwurf SP im 3. Teil).
5. Sehr unterschiedlich wird das Problem behandelt, ob Zeitangaben in den Entwurf aufgenommen werden sollten. Wenn überhaupt, so sollte es sich um Grobangaben handeln. Grundsätzlich ist die Ausweisung von Zeitangaben nur möglich bei einem sehr präzise planbaren Unterrichtsablauf. Dies ist in aller Regel im Unterstufen-, selten jedoch im Oberstufenunterricht der Fall. Das Aufstellen einer präzisen Zeitleiste erscheint grundsätzlich für den Lehramtsanfänger ratsam, da sie hilft, ein realitätsbezogenes Zeitgefühl zu erwerben.

Es sei an dieser Stelle noch einmal auf den besonderen Wert einer flexiblen Planung vor allem im Oberstufenunterricht hingewiesen. Sie dokumentiert sich vor allem durch die sinnvolle Ausweisung von Eventualphasen im Unterricht.
6. Sehr kontrovers wird diskutiert, ob man im Verlaufsplan Abkürzungen verwenden sollte. Wenn diese überhaupt Verwendung finden, muß bedacht werden, daß die Abkürzungen bekannt sein müssen.[34]

Für die eingebrachten Entwürfe werden die verwendeten Abkürzungen zu Beginn des 3. Teils aufgelistet.
7. Am Ende des Verlaufsplanes empfiehlt sich die Fixierung der geplanten Hausaufgabe, falls dies nicht schon auf dem Deckblatt geschehen ist.

7 Dokumentationsteil

Der Dokumentationsteil wird in seiner Wichtigkeit häufig unterschätzt. Er stellt einen wesentlichen Teil des Entwurfes mit hohem sachlichen Informationsgehalt für den Leser dar. Grundsätzlich sollten folgende Dokumentationen in einem ausführlichen Entwurf enthalten sein:
1. Der/ das geplante Tafelanschrieb/-bild

    Es scheint durchaus akzeptabel, dieses in handschriftlicher Fixierung beizufügen, da es dem authentischen Tafelanschrieb am ehesten entspricht. Im Sinne der empfohlenen Flexibilität empfiehlt sich der Zusatz „Geplant" oder „Nach Maßgabe der Schüler änderbar". Dieser Zusatz wird sich in aller Regel aber nur auf die konkrete Füllung geplanter Teile beziehen können, die grundlegende Strukturierung sollte festliegen.

---

[34] Bei einem Fachleiter, der entsprechende Kürzel auch im Fachseminar verwendet, ist die Lesbarkeit von Abkürzungen natürlich kein Problem, sogar im Sinn der Platzersparnis empfehlenswert. Ansonsten – etwa bei unbekannten Prüfern – empfiehlt sich bei einer Verwendung eine erklärende Liste im Anhang.

Bei der Planung des Tafelanschriebs/-bildes sollte eine grundlegende Aufteilung überlegt werden. So empfiehlt es sich beispielsweise, bei einer dreigliedrigen Tafel im Mittelteil die wesentlichen Ergebnisse der Stunde festzuhalten und die beiden (kleineren) Seitenteile z.B. für Fachtermini oder die Skizzierung des Stundenverlaufs freizuhalten, vor allem wenn im Unterricht darauf Bezug genommen wird – vgl. etwa mit Blick auf die an anderer Stelle empfohlene zusammenfassende Wiederholung des didaktischen und methodischen Profils durch Schüler.
2. Der Dokumentationsteil sollte alle Materialien, die in der Stunde eine Rolle spielen, als Kopie mit Quellenangabe enthalten. Das bezieht sich auch auf Materialien zu den Hausaufgaben. Kann eine Kopie den Detailreichtum einer Vorlage nur ungenügend wiedergeben, genügt allerdings ein entsprechender Hinweis auf die Quelle, wobei dem Hospitierenden natürlich ein Original-Exemplar – etwa ein Atlas im Fach Erdkunde oder ein Bild im Fach Kunst – zur Verfügung gestellt werden muß.
3. Im Dokumentationsteil sollte auch die konsultierte Literatur aufgenommen werden. Dabei empfiehlt es sich, um bei möglichen Rückfragen gewappnet zu sein, nur die tatsächlich gelesene Literatur aufzulisten. Grundsätzlich sollten die Richtlinien (vgl. Anspruch der Legitimierung des Themas) und die Quellen der verwendeten Unterrichtsmaterialien angegeben werden.
Bei umfangreichen Literaturlisten – etwa bei Entwürfen im 2. Staatsexamen – wird eine Aufteilung in Primär- und Sekundärliteratur oder in fachwissenschaftliche und didaktisch-methodische Literatur empfohlen.
4. In einzelnen Fächern – etwa Sport, Naturwissenschaften, Kunst etc. – ist eine kurze Darstellung des Bewegungsablaufes, des Lösungsweges oder der Organisationsformen durch veranschaulichende Zeichnungen sinnvoll (vgl. hierzu Beispiel-Entwürfe BI, SP im 3. Teil).

Der integrative Entwurf
Wie einleitend schon ausgeführt, ist der integrative Entwurf in der Praxis zwar kürzer, kann aber bei geschickter Anlage eine vergleichbare Fülle an Informationen wie der additive Entwurf enthalten. Meist läßt sich eine Einteilung folgender Art finden:
    I   Informierender Teil
    II Geplanter Stundenverlauf
    III Lernziele
    IV Zusammenfassende Begründung did.-meth. Entscheidungen
    V Dokumentation

Folgende Teile einer additiven Planung können integrativ behandelt werden:
1. Die Analyse der Voraussetzungen kann als eigener Planungsteil entfallen, da entsprechende Informationen an geeigneten Stellen als Begründungen für didaktische oder methodische Entscheidungen eingebracht werden können.
2. Methodische und didaktische, hierbei auch sachanalytische Problemstellungen, können miteinander verknüpft werden. Dabei sollte darauf geachtet werden, daß tatsächlich integrativ vorgegangen wird. Es wirkt widersprüchlich, wenn unter der Überschrift methodisch-didaktische Überlegungen dann doch eine Zweiteilung verfolgt wird.
3. Ein Entwurf mit hohem Integrationsanspruch wird sogar auf ein eigenes Planungsfeld „Lernziele" verzichten und diese unter anderen Planungsaspekten – etwa im didaktisch-methodischen Teil – subsumieren.

Integrierte Entwürfe sind für die Fächer GE, M und Ch im 3. Teil eingebracht.

Der synoptische Entwurf

Bei entsprechenden Themenstellungen (einfacher, gut strukturierbarer Inhalt) und Drucklegung (Querformat, Abkürzungen, optische Markierungen durch Fett-, Kursivdruck, Unterstreichungen etc.) ist sogar eine gehaltvolle Planungsarbeit lediglich in Form eines breit angelegten Verlaufsplanes dokumentierbar. Ein solcher erfüllt den Anspruch der Integration in besonderem Maße – vgl. Beispiel E2 im 3. Teil.

Zusammenfassung

Den zusammenfassenden Hinweisen zur Gestaltung der einzelnen Planungsfelder wird eine Liste häufig auftretender Schwächen vorangestellt. Der Leser kann dann mit Blick auf die eigene Planungsarbeit sozusagen „gegenchecken", ob er die genannten Defizite vermieden hat.

1. Generell zur Planung
- Zu **lang** (Flucht in die Quantität; Redundanzen, umfangreiche Darlegung von Selbstverständlichkeiten, langatmige/ überhöhte Auseinandersetzungen mit banalen fachspezifischen Inhalten)
- Zu **kurz** (Lücken im Deckblatt; Fehlen einzelner Felder, obwohl verlangt; kein Hinweis über Umfang der Unterrichtserfahrung in der Lerngruppe; Fehlen von wichtigen Informationsgrundlagen für Hospitierende, etwa: Tafelbild, Material, auf das im Unterricht oder bei den Hausaufgaben Bezug genommen wird [z.B. Übungsblätter, Texte])

- Allzu **geringe Konkretisierung** von Aussagen (etwa in bezug auf Lernvoraussetzungen, didaktische Schwerpunktsetzungen, Kontextualisierung oder methodische Entscheidungsfindungen)
- **Sprachlich** zu gestelzt (Syntax, überzogene Metaphorik) oder zu schlicht (keine Fachtermini); keine fachwissenschaftlichen Perspektiven; Verstöße im Bereich der Sprachrichtigkeit (auch Orthographie und Interpunktion).

Hinweise:
- Rechtzeitiges Sammeln von Informationen, ggf. auch mit Hilfe des Klassenlehrers, des Klassenbuches, anhand eigener Beobachtungen oder durch Sekundärliteratur
- Rechtzeitiges Abwägen möglicher Entscheidungen unter Einbeziehung eigener und lerngruppenbezogener Stärken/ Schwächen
- Bemühen um/ Trainieren von sprachliche/r Kondensierung (denkbar: Konkretisierungen durch Hinweise in Klammern)
- (schrittweises) Einbringen der in den Fachseminaren/ im Hauptseminar vermittelten Begrifflichkeiten
- Zur Vermeidung von Redundanzen Einbringen kurzer Querverweise
- Sorgfältiges Korrekturlesen, evtl. unter Einbeziehung von Fremdhilfe.

2. Zur Bedingungsanalyse/ Analyse der Voraussetzungen

- Allzu weitschweifige/ anekdotenhafte Schilderung von pädagogischen/ fachspezifischen/ notenbezogenen „Einzelschicksalen"
  Negativbeispiele: Langatmige Analysen von häuslichen Verhältnissen, von zurückliegenden Integrationsschwierigkeiten z.B. ausländischer Schüler. Die detaillierte Auseinandersetzung mit einzelnen Schülern, so wertvoll sie aus pädagogischer Sicht im allgemeinen ist, kann von den Beobachtern ohnehin nicht nachvollzogen werden.
- Fehlende Darlegung von materiellen Bedingungen (etwa: Fehlen eines OHP, Beschränkung auf ein Drittel der Turnhalle, keine Verdunklungsmöglichkeiten, Beeinträchtigung durch Lärm) oder: Hinweise auf (für die geplante Stunde) irrelevante Aspekte (etwa Klage über fehlende Verdunklungsmöglichkeit bei Textarbeit, wo ohnehin keine Verdunklung notwendig ist).
- Fehlende Darlegung von organisationsbestimmten Bedingungen (Lage der Stunden, dadurch etwa Beeinträchtigung der Hausaufgabenstellungen; Klassenarbeiten/ Klausuren in der vorangegangenen Stunde; Ausfall von fest eingeplanten Stunden; fordernder Sportunterricht, der zur anschließenden Übermüdung/ Konzentrationsunfähigkeit beiträgt)

- Besonders schwerwiegend, da wichtige Konsequenzen für die Planung in bezug auf Zeitfaktor, Vertiefungsansätze etc. dann nicht erkennbar sind: fehlende Darlegung der fachspezifischen Voraussetzungen für die geplante Stunde. Diese sind – analog den Lernzielebenen – etwa zu unterscheiden nach Wissen, Terminologie (Sprache) und Methode.

Hinweise:
- Beschränkung auf Perspektiven, welche für die zu gebende Stunde relevant sind/ sein können
- Optische Hervorhebung von Schlüsselwörtern
- Befunde der Bedingungsanalyse sollten zur Entscheidungsfindung in anderen Planungsfeldern (didaktisch/ methodisch) beitragen (Forderung nach Interdependenz der einzelnen Felder).

3. Zu Didaktischen Überlegungen
- Durchmischung von didaktischen und methodischen Reflexionen im additiven Entwurf
- Keine Legitimationsnachweise (etwa beim Abweichen vom Lehrwerk), sondern (fragwürdige) Setzungen von Entscheidungen
- Keine kritische Distanzierung zum Lehrwerkangebot, etwa bei sachlich falscher Darstellung/ obsoleten Gegenständen oder bei allzu akzentuierter Behandlung von fachlichen Marginalien, nicht memorierwürdigem Stoff (bei Fremdsprachen etwa: „Friedhofsvokabular"; im Erdkunde-Unterricht: technische Einzelheiten, die fachspezifisch nicht auf andere Themenfelder transferierbar sind) oder Durchnahme von allen angebotenen Übungen im Lehrwerk, obwohl sie als fakultativ ausgewiesen sind
- Keine Präjudizierung von (vorhersehbaren) Schwierigkeiten
- Stoffliche Überfrachtung
- Stoffliche Unterforderung
- Kein Hinweis, warum auf einführende/ ausführende Hausaufgabenstellungen verzichtet wird
- Zu umfangreiche Sachanalyse, die zudem wenig Sachinformationen über den geplanten Unterrichtsgegenstand enthält.

Hinweise:
- Legitimation des Unterrichtsgegenstandes (etwa mit Blick auf Klafki: Exemplarizität oder Gegenwarts-/ Zukunftsbedeutung)
  Empfehlenswert sind folgende Angaben: Bezug zu den Richtlinien, zu den schulinternen Curricula (kann bei enger Lehrwerkbindung entfallen),

schullaufbahnbezogene Legitimation, Legitimation jenseits der Schule (vgl. oben: Gegenwarts-/ Zukunftsbedeutung)
- Kontextualisierung der Stunden unter dem Aspekt, ihre spezifische Stellung innerhalb der Unterrichtsreihe zu erläutern; dabei Bezug etwa auf Anspruchsprogression mit Blick auf Wissen, Terminologieerweiterung, Methodenbeherrschung oder -abwechslung
- Konkrete Planung von Eventualphasen
- Grundsätzliche Planung einer Hausaufgabe (auch fiktiv, wenn eine Hausaufgabe nicht gestellt werden kann, etwa vor Ferien).

4. Zur Lernziel-Formulierung
- Falsche Dimensionierung/ Hierarchisierung
- Keine Operationalisierung möglich
- Redundanzen in den Intentionen
- Verwechslung von Lehr- und Lernzielen.

Hinweise
- Wesentliche Funktion der Verben beachten; sie indizieren die Dimensionierung und die Operationalisierbarkeit (zahlreiche Beispiele finden sich in den einzelnen Richtlinien).
- Möglicherweise Ausweisung sog. „Kombinationsziele" unter Kenntlichmachung der dominanten Dimensionierung.

5. Zur Methodischen Reflexion
- Deskription von Unterrichtsphasen anstelle von Begründungen für methodische Entscheidungen
- Keine reflektorische Einbeziehung möglicher Alternativen.

Hinweise
- Verzicht auf Deskriptionsteile (sie finden sich ohnehin im Verlaufsplan) zugunsten von Begründungen der getroffenen Entscheidungen; dabei (kurze) Einbeziehung von möglichen Alternativen
- Die Begründungen leiten sich aus den Befunden der Bedingungsanalyse bzw. den didaktischen Überlegungen ab.

6. Zur Verlaufsplanung
- Keine Anspruchsprogression, d.h., Phasen am Ende und zu Beginn sind vom Anspruchsniveau her austauschbar
- Der Einstieg erfüllt nicht die grundlegenden Ansprüche eines Motivationsimpulses und einer konkreten Hinführung zum Thema

- Bewertungsphasen sollten – mit den oben genannten Einschränkungen – möglichst am Schluß einer Stunde oder einer Reihe liegen und erst dann zum Tragen kommen, wenn entsprechende Sachkenntnisse bzw. Begrifflichkeiten vermittelt worden sind.

Hinweise
- Am Ende der Stunde muß die Lerngruppe einen höheren Lernstand (vgl. die genannten Ebenen Wissen, Terminologie, Methodik) nachweisen als zu Beginn.

Hausaufgaben
- Sie erfüllen nicht die vorgegebenen Forderungen nach Reproduktion, Transfer und neuer Leistung, sondern beschränken sich nur auf eine Dimension, meist die der Reproduktion.

Hinweise
- Die Hausaufgabenstellungen sind im Sinne der konkreten Operationalisierbarkeit präzise zu formulieren, gegebenenfalls sollte man ein konkretes Beispiel durchsprechen.
  Falsch wäre: „Vielleicht könnt Ihr Euch zur nächsten Stunde einmal ... überlegen." Richtig: „Schreibt eine Zusammenfassung von ... . Ich erwarte etwa eine DIN-A4-Seite".

7. Dokumentation
- Fehlen wichtiger Materialien – besonders Tafelbild, Materialien zu den (einführenden, ausführenden) Hausaufgabenstellungen

Hinweise
- Tafelanschrieb/-bild konkret konzipieren, durch Beifügung von „geplant/ intendiert" oder „Nach Maßgabe der Schüler änderbar" auf den vorläufigen Charakter hinweisen.

II Die Durchführung von Unterricht

Einleitung

Unter Beurteilenden von Unterricht ist die Auffassung weit verbreitet, Lehren sei eine Kunst, die nicht erlernbar, sondern angeboren sei.[35]

Wenn auch fehlendes Lehrtalent nicht leicht zu kompensieren ist, vor allem wohl, weil die grundlegende Persönlichkeitsstruktur eines Erwachsenen wenig veränderbar erscheint, so zeigt doch die erlebte Praxis der Lehrerausbildung, daß Unterrichten nicht ausschließlich eine Kunst, sondern in vielen Bereichen ein erlernbares Handwerk ist.

Vor diesem Hintergrund werden im folgenden Teil Anregungen gegeben, mit denen Unterrichtsqualität verbesserbar erscheint. Dabei sollte klar sein, daß die gegebenen Anregungen nicht gleichzeitig oder in vollem Umfang umgesetzt werden können; zudem muß der Leser grundsätzlich selbst entscheiden, welche Anregungen sich für seine konkreten Bedürfnisse am besten eignen.

Der Lehramtsanwärter ist im Bemühen um Optimierung gegenüber dem etablierten Lehrer sicherlich insofern im Vorteil, als fehlerhaftes Verhalten bei ihm noch weniger eingeschliffen und mit Hilfe von Beobachtern seines Unterrichts korrigierbar ist. Er hat zudem vielfältige Möglichkeiten, Stunden anderer Lehrer (Mentoren, Fachleiter, Mitreferendare, filmische Unterrichtsmitschau) zu sehen und dadurch sowie über die gebotene Anleitung zur systematischen Analyse seinen Unterricht laufend vergleichend zu reflektieren und zu optimieren.[36]

---

[35] . Die vielfach verwendete Beurteilungsformel „Das ist der geborene Lehrer" verdeutlicht diese Einstellung. Es gibt nicht wenige professionelle Unterrichtsbeobachter mit der Auffassung, daß das pädagogische Talent eines Lehrers nach wenigen Minuten erkennbar sei.

[36] Es wäre angebracht, wenn Fortbildungsveranstaltungen von Lehrern sehr viel stärker, als es gemeinhin der Fall ist, auf die täglichen Anforderungen an eine erfolgreiche Unterrichtsgestaltung abhöben, d.h. stärker das notwendige handwerkliche Rüstzeug des Lehrers in den Blick nähmen. Die wenigen Initiationsschübe, die in den 70er Jahren etwa in Form der Unterrichtsmitschau an Hochschulen und Seminaren getätigt wurden, sind versiegt. Etablierte Lehrer erhalten professionelle Analysen und Bewertungen ihres Unterricht allenfalls – und dann vielfach zu spät – bei Revisionen im Rahmen von Bewerbungen auf Beförderungsstellen, in begrenztem Umfang noch indirekt bei Abiturprüfungen. Die zuweilen geforderten und punktuell auch durchgeführten Supervisionen sind sehr teuer und nur begrenzt hilfreich, nicht zuletzt, weil sie meist von Psychologen durchgeführt werden, die den praktischen Unterrichtsbedürfnissen sehr fernstehen.

1 Die Lehrerpersönlichkeit
1.1 Überlegungen zum allgemeinen Auftreten

Den Hinweisen zur eigentlichen Unterrichtsgestaltung sollen zunächst einige Überlegungen zum allgemeinen Auftreten des Lehrers vorangestellt werden.

Lehrer stehen in ihrem Beruf sehr im Blick der Öffentlichkeit, vor Schülern, Kollegen und Verwaltungsangestellten, also vor immerhin etwa 200 Personen am Vormittag. Der Kreis erweitert sich an Elternsprechtagen und bei Schulkonferenzen. Ein Lehrer hat i.d.R. bis zu seiner Pensionierung in ca. 30.000 Unterrichtsstunden etwa so viele Schüler unterrichtet, wie eine Kleinstadt Einwohner hat.

Der herrschende pluralistische Zeitgeist läßt allgemeingültige Aussagen darüber kaum zu, welches Verhalten ein Lehrer an den Tag legen sollte. Entsprechend breit ist die Palette des erlebten äußeren Auftretens. Sie reicht, etwa was die Kleidung angeht, vom Anzug – der noch bis in die 60er Jahre obligatorische Berufskleidung des (Gymnasial-)Lehrers war – bis hin zu abgewetzten Jeans und ausgeleierten Pullovern. Oft korrespondiert mit der Kleidung bei dem einen Lehrer ein höchst korrekter, mit Fremdwörtern angereicherter Sprachduktus, bei dem anderen eine schülernahe, kumpaneihafte Sprachgebung.

Hier muß jeder Unterrichtende den seiner Persönlichkeit gemäßen Stil finden, den er ohne Verformung seiner eigenen Identitätsfindung nach außen überzeugend vertreten kann. Der Orientierung suchende junge Lehrer sollte sich allerdings folgendes vor Augen halten: Trotz einer zunehmend permissiven Haltung weiter Bevölkerungskreise und trotz eines deutlich feststellbaren Wertewandels in vielen Gesellschaftsschichten – sie lassen sich schlagwortartig mit der Abwendung von Akzeptanzwerten wie Zuverlässigkeit, Gehorsam, Autoritätsgläubigkeit und der Betonung von Selbstentfaltungswerten wie Selbstverwirklichung oder Selbstbestimmung erfassen – gehört der Lehrer immer noch zu dem Personenkreis, von dem die Erfüllung einer Vorbildfunktion erwartet wird. Sie konkretisiert sich etwa in Pünktlichkeit, Freundlichkeit, Gerechtigkeit, Sachkompetenz oder Durchsetzungsvermögen. Nur wenn ein Lehrer diese Tugenden demonstriert, kann er sie glaubwürdig auch von seinen Schülern bei seinem erzieherischen Auftrag einfordern.[37]

---

[37] Jüngere Untersuchungen unter gymnasialen Oberstufenschülern im Düsseldorfer Raum haben ergeben, daß der „ideale" Lehrer groß, bebrillt und arrogant ist. Diese Klassifizierung kann „übersetzt" werden mit belastbar, intellektuell, durchsetzungsfähig (Vortrag von Prof. Schreckenberg auf einer Fachleiter-Fortbildungsveranstaltung in Grevenbroich im April 1994).

1.2 Überlegungen zum Unterrichtsstil

Was für das Auftreten in der „Öffentlichkeit" gilt, kann *mutatis mutandis* auch für den Kern des beruflichen Betätigungsfeldes gelten, dem Auftreten vor den einzelnen Lerngruppen. Es kann hier keine verbindlichen Hinweise zu einem erfolgversprechenden Verhalten geben; dazu ist der Bereich zu sehr an die Persönlichkeitsstruktur gebunden, darüber hinaus stellt sich die pädagogische Bedürfnislage einzelner Schüler immer heterogener dar.

Zwei Beispiele mögen dies verdeutlichen:
- Dem reflexionsorientierten, auf Abstand zu Schülern bedachten Lehrer wird es wahrscheinlich schwerfallen, sich als extrovertierter Schauspieler in einem Lernspiel in einer unteren Klasse einzubringen. Er läuft dabei Gefahr, in seinen Bemühungen unglaubwürdig, sogar lächerlich zu wirken. Hier darf und sollte der Lehrer zu seinen Grenzen stehen.
- Im Umgang mit Schülern ist zunehmend extreme Differenzierung und Flexibilität gefragt. Ein rabaukenhafter, „mit allen Wassern" gewaschener Junge, der Meinung und Atmosphäre in einer Klasse entscheidend beeinflussen kann, wird robuster zu behandeln sein als das schüchterne Mädchen, das dazu neigt, bei jeder Antwort zu erröten; der intellektuelle Oberstufenschüler anders als der quirlige Fünftklässler.

Die an vielen Stellen beklagte Diskrepanz zwischen Theorie und Praxis wird auch bei diesem Themenbereich wieder deutlich. Im theoretischen Teil sind einzelne Unterrichtsstile und ihre pädagogische Bewertung behandelt worden. Die meisten Publikationen zu diesem Themenfeld legen nahe, daß der demokratische oder sozial-integrative Unterrichtsstil aus pädagogischer, psychologischer und soziologischer Sicht der einzig akzeptable sei, da er auf so wertvollen Prinzipien wie Kooperation, sozialer Integration, Freundlichkeit, Vertrauen, Motivationssteigerung etc. aufbaut. Häufig wird allerdings folgendes verkannt:

1. Bei den dargestellten Klassifizierungen handelt es sich um ein mehr oder minder idealtypisches Lehrerverhalten. Gerade angesichts der oben genannten Flexibilität sind Mischformen wesentlich häufiger gefordert.
2. Gerade sich 'progressiv' gebende Publikationen lasten das Fehlverhalten einzelner Schüler meist dem pädagogischen Versagen des Unterrichtenden an. Anerkannte und über Jahrhunderte im Unterrichtsgeschehen als notwendig erwiesene Ordnungskategorien wie Fleiß, Sorgfalt, Disziplin, Ruhe, Autorität etc. werden vielfach bewußt mit Negativkonnotationen

versehen, etwa Strebertum, Penibilität, unterwürfiger Gehorsam, Friedhofsruhe, Herrschaftsdenken.

Wir meinen, daß ein sozial-integrativer Unterrichtsstil der idealtypische ist, aber zumeist erst das Ergebnis intensiver und mühevoller pädagogischer Bemühungen über einen langen Zeitraum darstellt.

Die Praxis zeigt, daß sich Verhaltensdispositionen wie Vertrauen, Partnerschaftlichkeit, Lernbereitschaft etc. erst dann aufbauen lassen, wenn Schüler erlebt haben, daß ein Lehrer mit geeigneten Mitteln Extremverhalten Grenzen setzt, daß bei ihm Tugenden belohnt, Untugenden mit Sanktionen verbunden sind und daß er in seinem Verhalten konsequent ist.[38]

3. Der Begriff Pädagogik enthält das griechische Wort für führen/ leiten (*agein*). Erfüllt ein nicht leitender Lehrer noch seine ureigene Pflicht? Es lassen sich Zweifel anbringen, ob die in den letzten Jahren unter der Einwirkung der reformpädagogischen Bewegung entwickelten und in zahllosen Publikationen vielfältig angepriesenen unterrichtlichen Zielvorstellungen wie Selbstentfaltung oder subjektgesteuertes Lernen dann sinnvoll sind, wenn sie zu früh und ohne einführende Anleitung durch den Lehrer einsetzen. So lassen sich folgende Problemfelder aufzeigen:

– Wie kann ein Schüler über Unterrichtsgegenstände entscheiden, die er nicht oder allenfalls in begrenztem Umfang kennt?[39]

– Wie wird entschieden, wenn Schüler sich untereinander nicht einigen können? Ist dann nicht, nach möglicherweise großem Zeitverlust durch ergebnislose Diskussionen, der Lehrer als Entscheidungsgeber doch gefragt?

– Suggeriert eine Diskussion über Lerninhalte und methodisches Vorgehen nicht einen „weltfremden" Anspruch, da außerhalb der Schule Entscheidungsabläufe vielfach streng an personenbezogene Hierarchisierung gebunden sind?

– Sind nicht die Schüler, deren Meinung – möglicherweise sogar aus sachfremden Erwägungen heraus – ignoriert werden, nicht frustriert und in ihrer Motivation erheblich eingeschränkt?

---

[38] Selbst erfahrene Kollegen gestehen, daß sie, obwohl hundertmal erlebt, die erste Stunde in einer neuen Klasse mit einer gewissen Portion Unbehagen angehen. Andere drängen den Schulleiter dazu, sie möglichst lange in einer Klasse zu belassen, weil sie erst dann endlich die Früchte langer pädagogischer Prägearbeit ernten können.

[39] Bei der Nachfrage an Fachlehrer oder Referendare, warum die inhaltliche Füllung einer Unterrichtssequenz sich in einer bestimmten Form vollzieht, erhält man häufig als Antwort: „Das haben die Schüler sich so gewünscht!" Vielfach deuten Lehrer an, daß sie bei Motivationsabfall die Schüler an ihre Selbstverschuldung erinnern. Wir meinen, daß der Unterrichtende sich hier seiner Verantwortung allzu leicht entzieht.

- Wozu dient die lange Lehrerausbildung, wozu die Kenntnis zahlreicher fachlicher und pädagogischer Publikationen, wenn auch Schüler ohne dieses Wissen problemlos als Entscheidungsträger fungieren können?
4. Viele Schüler sind im Elternhaus einen autoritären Führungsstil gewohnt. Hier sind Barrieren für die Fähigkeit des Schülers aufgebaut, einen anderen Stil als bessere Konzeption anzuerkennen. Das sozial-integrative Verhalten wird dann leicht als Anbiederungsversuch oder als Schwäche ausgelegt.
5. Eine weitere Schwierigkeit ergibt sich, wenn Schüler vorher oder gleichzeitig auch mit „autoritären" Lehrern konfrontiert werden oder wenn ein Fachlehrer autokratisch/ direktiv, ein anderer hingegen im laissez-faire/ permissiven Stil unterrichtet. Aus dieser zwiespältigen Situation heraus können Aggressionen gegenüber dem Mitschüler, verschiedenen Lehrpersonen sowie Motivationsverlust in bezug auf Unterrichtsgegenstände entstehen und sogar zur Lernverweigerung führen.
6. Der Lehrer kann durch äußere Umstände wie z.B. hohe Klassenfrequenz manchmal in Unterrichtsstile hineingedrängt werden, die er nicht beabsichtigt. Der sozial-integrative Stil erfordert persönlichen Kontakt zu den Schülern, der nur bei einer relativ kleinen Schülerzahl möglich ist.

Die hier angesprochenen Problemstellungen zielen auf Lehrertypen ab, die sich vielfach unter dem Deckmantel 'fortschrittlicher' Pädagogik Grundfunktionen ihres Berufes entziehen wollen. Die geäußerten Bedenken stehen in keinem Fall im Widerspruch zu sinnvollen, ja notwendigen Anleitungen zu einer größeren Selbständigkeit von Schülern.

Diese lassen sich auf allgemeine, aber auch auf fachspezifische Bereiche von Schule beziehen. Gefordert ist hier allerdings eine mit Orientierungshilfen, d.h. mit personaler und sachbezogener Autorität, agierende Lehrerpersönlichkeit. Sie verlangt mentale und handlungsbezogene Präsenz, Flexibilität, Feingefühl und Durchsetzungsvermögen. Entsprechend ist die hier aufzubringende pädagogische Energie sehr hoch.

Die Heranführung zur Selbständigkeit durch solche Lehrerpersönlichkeiten läßt sich in folgenden Abläufen konkretisieren:

Mit Blick auf allgemeine Inhalte:
1. Der Lehrer wählt verschiedene Entscheidungsaspekte unter pädagogischer Zielsetzung aus (etwa: Ziele und Gestaltung einer Klassenfahrt).
2. Er betraut einzelne Schüler oder Gruppen mit der Aufbereitung von Entscheidungshilfen (etwa: Lage, Zeitaufwand, Preise).
3. Die einzelnen Aspekte werden mit argumentativer Unterlegung vorgestellt.
4. Es findet eine Diskussion (Nachfragen, Gegenreden) statt.
5. Entscheidungsfindung

Mit Blick auf fachspezifische Inhalte (als Beispiel sei der Literaturunterricht angeführt):
1. Der Lehrer gibt unter Hinweis auf die in den Richtlinien geforderte Obligatorik oder in Berücksichtigung der Spezifika der Lerngruppe einen Entscheidungsrahmen.
2. Er stellt einzelne Werke – evtl. mit zentralen Aussagen – vor.
3. Die Schüler werden zu Rückfragen aufgefordert.
4. Es kommt zur Diskussion, in der die Schüler in Form von argumentativ zu stützenden Reden und Gegenreden ihre persönlichen Entscheidungsfindungen darstellen. Hier hält der Lehrer sich zurück, moderiert allenfalls bei Bedarf (etwa: bei allzu langatmigen oder sachfremden Ausführungen).
5. Es kommt zur Entscheidungsfindung.

Vor allem im Unterricht der Sekundarstufe II lassen sich solche Abläufe auch mit dem Ziel methodischer Kompetenzerweiterung äußerst gewinnbringend nutzen.

Einen relativ verläßlichen Gradmesser für guten Unterrichtsstil kann der erreichte Lernertrag darstellen. Die wenigen, z.T. auf amerikanischen Untersuchungen basierenden Unterrichtsforschungen belegen folgende Ergebnisse:[40]

Den höchsten Lernzuwachs hat der enthusiastische Lehrer, d.h. ein Lehrertyp, der viel direkt und „geschlossen" fragt, eine ausgeprägte Gestik und Mimik einsetzt und viel lobt. Er vermittelt vor allem Wissen, das von ihm klar strukturiert und am Ende noch einmal zusammengefaßt wird. Im Gegensatz etwa zum offen geführten Unterricht, in dem nach einer hohen Anfangsmotivation die Aufmerksamkeitskurve stetig abflacht, nimmt sie hier zu.

Untersuchungen über sozial-integrativen Unterrichtsstil kommen zu dem Ergebnis, daß die durch den Lehrer vermittelte logische Struktur des Unterrichtsgegenstandes den Grad der Selbsttätigkeit der Schüler bestimmt. Je unlo-

---

[40] Vgl. etwa Kahl, Thomas N.: *Unterrichtsforschung*. Kronberg 1977

gischer der Lerngegenstand strukturiert ist, um so weniger können die Schüler selbständig im Sinne von Kreativität tätig werden.[41]

Günther geht sogar so weit zu behaupten, daß das Modell des sozial-integrativen Unterrichts nach Tausch, Rogers, Gordon fälschlicherweise suggeriert, daß Zurückhaltung des Lehrers und geringe Steuerung produktive Schülerleistungen hervorruft. Der Lehrer muß „initiierende Stellgrößen" geben, um Schüler zum effektiven selbständigen Lernen anzuleiten. Der sozial-integrative, halb-offen geführte Unterricht produziert mehr als ein Drittel falscher Lernergebnisse.[42]

1.3 Lernen und Lehren –
die Bedeutung von Unterricht und Unterrichtenden für den Lernprozeß

Ein Merkmal der hochzivilisierten Welt ist, daß Kindheit und Jugendzeit Lernzeiten sind. Dafür wird ein hoher Anteil der Staatsfinanzen ausgegeben. Im Gegensatz zu vielen anderen Staaten, vor allem auch in Schwellenländern oder der Dritten Welt, in denen Schulzeit bezahlt werden muß und dennoch dankbar als Angebot genutzt wird, sich mit gewaltigen Anstrengungen aus der notleidenden Masse „herauszuarbeiten", gehört es in Deutschland zum guten Ton vieler Jugendlicher, auf Schule zu schimpfen.[43] Dies geschieht, obwohl sie ohne große Belastung zur Schule gefahren werden oder sogar eigene Fahrzeuge nutzen und vielfach den Nachmittag in freier Verfügung gestalten können. Auslandsaufenthalte von einem Jahr werden meist ohne Rückstufung selbst von mittelmäßig begabten Schülern problemlos kompensiert; die meisten Lehrer bemühen sich unter Einsatz von Freizeit und Energie um Förderung, individuelle Beratung, um Identitätsfindung mit der Schule und um Fahrten, Feste und Freizeitangebote.

Das alles müßte zur Dankbarkeit gegenüber den Beteiligten, vielleicht sogar zur Glorifizierung von Schuldasein führen.

---

[41] Louis, Brigitte: *Unterrichtliche Steuerung und Selbständigkeit des Denkens*. München 1974
[42] Günther, Henning: *Kritik des offenen Unterrichts*. Bielefeld 1996, S. 38
[43] Den Kontrast erleben die Autoren immer wieder bei Besuchen von Schulen im Ausland und in den neuen Bundesländern. Die in zahlreichen persönlichen Gesprächen mit dortigen Schülern und Schulleitern gewonnenen Eindrücke legen nahe, daß trotz sicherlich ungünstigerer Rahmenbedingungen auch Schüler in der DDR insgesamt positiver zum Schulbesuch eingestellt waren und ihre positive Grundeinstellung nach der Wende konserviert haben. Vandalismus, Unterrichtsstörungen, Schulschwänzen oder schlechte Lernmoral sind Erscheinungen, die in den besuchten Schulen nur ganz vereinzelt auftraten.

Das Gegenteil ist der Fall. Bezogen auf Schule und Unterricht gehören bei vielen Schülern „öde" – bezogen auf Lehrer „Langeweiler" oder „Brutalo" – noch zu den harmlosen Vokabeln.

Die Frage, woran die offensichtliche Schulunlust vieler Schüler liegt, ist sicherlich schwer zu beantworten. Klassifizierungen wie „verhätschelte" Generation, Hinweise, daß Schulabschlüsse und entsprechende Anstrengungen keine Lebenschancen garantieren, daß Schule in eine ungünstige Konkurrenzlage zu anderen lebensbegleitenden Prägungsmomenten geraten ist, mögen im Einzelfall Erklärungsansätze sein, sie reichen aber nicht aus, das Gesamtphänomen zu erfassen.

Denn die Erfahrung zeigt, daß viele Schüler außerhalb der Schule erheblich lernbereiter sind. Die Beispiele reichen von den erfolgreichen Anstrengungen selbst junger Schüler in der Auseinandersetzung mit der komplizierten Materie Computer, über die unternommenen Anstrengungen im Ausland, in kürzester Zeit eine selbst abseits liegende Sprache zu erlernen. Es werden beeindruckende Kompetenzen durch intensives Training in Sportvereinen vorgeführt oder erstaunliche Gedächtnisleistungen gezeigt, wenn es um Wissensnachweis aus der Pop- oder Sportwelt geht.[44]

Ein erfolgversprechender Erklärungsansatz liegt in den kontraproduktiven Konstellationen zwischen Lernadaptionsprozessen und schulischer Wirklichkeit. Hier gäbe es ein dankenswertes und im Prinzip methodisch sehr einfach zu erschließendes Betätigungsfeld für empirisch-wissenschaftliche Untersuchungen.

Schon die ältere Lernforschung hebt hervor, daß im sinnvollen Zusammenwirken von Lernanstrengung und Pause jeder Tag eine produktive Bereicherung für den Lerner sein kann. Ein gesunder Mensch kann z.B. an einem Vormittag fünfmal 25 Minuten und nachmittags weitere zwei- bis dreimal 25 Minuten bereichernd lernen.[45]

Wichtig ist dabei, daß der Lernende im stetigen Training bleibt. Unterbrechungen von Tagen, sogar Wochen wirken sich, wie bei anderen Organen, auch für das Zentralnervensystem verkümmernd aus.

---

[44] Irritieren muß auch der Aufwand, zu dem viele Schüler bei den in den letzten Jahren in NRW vehement verfolgten sog. Abi-Scherzen (Gags) bereit sind. Die hier investierten Mühen übertreffen, so der Verdacht des Beobachters, die für die Abiturprüfungen aufgewendeten Anstrengungen häufig bei weitem.

[45] Vgl. Günther, Henning: *Kritik des offenen Unterrichts*. Bielefeld 1996, S. 38

Die reformpädagogische Radikaltheorie über Schule, die in den letzten drei Jahrzehnten in Deutschland das erziehungswissenschaftliche Feld beherrschte, suggeriert, daß Lernen mit Angst, Streß, unzumutbarer Anstrengung, Dressur und Lebensfeindlichkeit assoziiert wird. Dies ist wissenschaftlich nicht haltbar. Im Gegenteil: es muß davon ausgegangen werden, daß jedes Organ des Menschen – also auch das Gehirn – eine eigene Organlust hat, die nach Betätigung drängt. Die oben genannten Beispiele bestätigen dies. Die zu beantwortende Frage muß also lauten: Warum schafft es die Schule nicht, diesen Drang zu befriedigen?

Unter der Einwirkung der reformpädagogischen Bewegung hat die genutzte Lernzeit in den Schulen eklatant abgenommen. Die indirekt erhobene Forderung von Schulzeit als Schonzeit, dokumentiert in Bereichen wie dem Ablösen schwieriger Fächer (Griechisch) durch leichtere (gesellschaftswissenschaftlicher Unterricht), Aufweichungen im Lernkontrollbereich, die Möglichkeit, daß Schüler durch geschicktes Wahlverhalten Anstrengungen abschwächen, hat eine Atmosphäre geschaffen, die den sich der Leistung verpflichtenden Lehrer fast resignieren läßt, den weniger leistungsbereiten Lehrern Argumente für das gute Gewissen liefert, durch Vermeiden von Lernen im reformpädagogischen Trend zu liegen und sich als Wohltäter von Schule und Gesellschaft zu präsentieren. Jede Gelegenheit, Unterricht ausfallen zu lassen, wird genutzt, aber in reformpädagogischer Verbalisierung verbrämt, etwa durch das bildungspolitisch vor allem von den „Grünen" geforderte Motto „Lebensschule statt Lernschule".[46]

Es mehren sich die Fälle, in denen über mehrere Wochen durch Klassen- und Studienfahrten, Berufsorientierungswochen, die Organisation von Tagen der offenen Tür, von Projektwochen, Basarveranstaltungen, Austauschmaßnahmen, Kooperationsveranstaltungen zwischen nahegelegenen Schulen u.a.m. 'Lernvermeidung' betrieben wird. Die zunehmende Vergreisung von Lehrerkollegien führt zu erhöhten krankheitsbedingten Ausfällen, weiterhin gibt es Unterrichtsausfall durch fortbildungsbeflissene Lehrer, wobei viele Fortbildungsveranstaltungen verschenkte Zeit sind, da sie an den Bedürfnissen der Praxis vorbeigehen. Hinzu kommt, daß Schüler bei 'echtem' Vertretungs-

---

[46] Informelle Befragungen von Referendaren im Ausbildungsbereich Jülich vor fünf Jahren haben ergeben, daß ein durchschnittlicher dreistündiger Grundkurs nur mit 1,7 Stunden, ein fünfstündiger Leistungskursus nur mit 3,2 Stunden zum Tragen kommt. Der Umfang an erteiltem Unterricht in diesen Kursarten dürfte seither eher ab- als zugenommen haben. Es gibt punktuelle Erfahrungen von schulpflichtigen Kindern in der eigenen Familie, daß die auf vier Wochenstunden bezogene vorgeschriebene Erfüllung von 4 Klassenarbeiten im Halbjahr auf eine Grundlage von 18 erteilten Stunden gestellt wurde.

unterricht häufig die Mitarbeit verweigern, so daß hier mehr Beschäftigungsmaßnahmen als Unterricht stattfinden. Lehrer, die auf fachlich orientierten Unterricht drängen, werden unter dem Druck der reformpädagogischen Bewegung häufig schon zu Außenseitern, die sich in die absurde Rolle gedrängt fühlen, die Wertigkeit „bloßen" Unterrichts verteidigen zu müssen.[47]

Dabei ist der gute Unterricht in der Praxis seiner Gesamtheit immer noch der effektivste Garant erfolgreichen Lernens. Im Gegensatz zu vielen alternativ propagierten Lernformen ist Unterricht in seinen zeitlichen Dimensionen (Wochenstunden, Unterrichtszeit) kalkulierbar, durch Richtlinien und bewährte Lernerfolgskontrollen (Klassenarbeiten, Hausaufgaben, Klausuren, Abitur) einer Transparenz unterworfen, durch erprobtes didaktisches Material (Lehrwerk, andere Medien) vor- und nachbereitbar.

Noch mehr als organisationstechnische Aspekte spielen personengebundene Konstellationen eine entscheidende Rolle bei der Wertbestimmung von Unterricht.

Eine wichtige Rolle spielt in diesem Zusammenhang der Begriff Wissen. Der Lehrer zeichnet sich gegenüber seinen Schülern durch ein größeres Wissen aus. Befürworter reformpädagogischer Ansätze argumentieren häufig, daß auf Wissen – häufig schon terminologisch diskreditiert als „Nachschlagewissen" – verzichtet werden kann zugunsten anderer Qualitäten wie Lebensfreude, Freizeitgestaltung, Kontakt, Kommunikation, sozialer Begegnung etc. In der logischen Konsequenz wäre der Lehrer in seiner Funktion als Unterrichtender überflüssig. Das Organisieren der o.g. Lebensschule können auch andere Berufsgruppen, etwa Sozialarbeiter übernehmen. Tatsächlich kommt Lernen ohne Wissen nicht aus. Wissen stellt wesentliche Strukturmomente für einen sich systematisch vollziehenden Lernprozeß bereit. Da Schüler meist zu Beginn eines Lernprozesses zunächst über kein oder nur ungeordnetes Wissen in bezug auf einen Gegenstand verfügen, sind sie auf Hilfestellungen angewiesen. Der Lehrer als Experte gibt Hilfen mit Blick auf das (nur) von ihm überschaubare Lernfeld und auf präzise Lernzielvorstellungen. Untersuchungen haben gezeigt, daß Aufgaben ohne klares Bewußtsein über Lernziele eklatant schlechter gelöst werden.[48] Die Vertreter reformpädagogischer Ideen suggerieren, daß die von ihnen zugegebene Ineffizienz des Suchens durch die Freude am Suchen kompensiert würde. Dieses Postulat ist allerdings aus der erlebten Erfahrung heraus

---

[47] Dieses Phänomen gilt vor allem für Lehrer mit einer entsprechenden Einstellung im Gesamtschulbereich.

[48] Hage, Willi; Westermann, Rainer: *Zur Wirkungsweise von Zielvorgaben beim Lernen aus Texten.* Psychologie in Erziehung und Unterricht. 1986, S. 17 ff.

keineswegs immer haltbar. Die Angabe von klaren Vorgaben durch den Lehrer wirkt keinesfalls lähmend auf die Motivation, im Gegenteil: Schüler sind viel eher frustriert, wenn sie über Zielvorstellungen im unklaren gelassen werden.

Es klingt wie eine Binsenwahrheit: Erfolgreiches Lernen ist demnach an regelmäßigen Unterricht und einen Unterrichtenden mit klaren Zielvorstellungen gebunden.

Untersuchungen haben gezeigt, daß der erfolgreiche Lehrer seine Anerkennung und sogar Beliebtheit immer noch durch Unterrichtsleistungen sichert. Er zeichnet sich durch konsequente Führung der Klasse, Lehrstofforientierung, Klarheit in der didaktischen und Variabilität in der methodischen Gestaltung aus. Er verfügt über eine gewisse Adaptionsfähigkeit an unterschiedliche Leistungsniveaus und ist in der Lage, auf der Grundlage einer ihm eigenen diagnostischen Sensibilität anspruchsdifferenzierend vorzugehen.[49] Er legt viel Wert auf eine affektiv geprägte Beziehung, die sich mit Begriffen wie Achtung, Wärme, Rücksichtnahme erfassen lassen.

Neben solchen, eher an die Persönlichkeitsstruktur des Unterrichtenden angebundenen Qualitätsmerkmalen eines Lehrers zur Sicherstellung eines erfolgreichen Unterrichts gibt es solche, die sich mehr auf das unterrichtliche „Management" beziehen.

Hierbei sind zahlreiche Aspekte zu bedenken, die jedoch, im Gegensatz zu den meisten der o.g. Kompetenzen, auf einer „handwerklichen" Ebene relativ leicht erlernbar sind. Sie sollen in den nachfolgenden Kapiteln kurz vorgestellt werden.

---

[49] Günther, Henning: *Kritik des offenen Unterrichts*. Bielefeld 1996, S. 39 f.

2 Die Unterrichtssteuerung durch den Lehrer

2.1 Die vorplanerische Organisation

Unterricht beginnt im Schulalltag leider häufig nicht mit dem Klingelzeichen, da Schüler vielfach und leider auch Lehrer zuweilen nicht pünktlich sind. Mit Verspätung beginnender Unterricht stellt natürlich eine gute Planungsarbeit fundamental in Frage und sollte unbedingt vermieden werden. Dabei muß sich der Lehrer vor Augen halten, daß nur sein eigenes stets pünktliches Erscheinen die Einforderung eines gleichen Verhaltens von Schülern mit der gebotenen Glaubwürdigkeit unterstützt. Neben dem sichergestellten pünktlichen Beginn müssen alle möglichen Vorbereitungen getroffen und präjudizierbaren Störfaktoren ausgeräumt sein. Dazu gehören: die Verfügbarkeit einer geputzten Tafel, eine aufgeräumte Klasse, möglicherweise die aufgehängte Wandkarte, bei einer Lehrprobe Sitz- und Mitschreibgelegenheiten für die Besucher.[50]

Neben der Sicherstellung günstiger allgemeiner Rahmenbedingungen gibt es spezifischere, die je nach geplanter Schwerpunktsetzung eine Rolle spielen können. Dabei kommt den unterrichtlichen Medien die größte Bedeutung zu.

- Es muß sichergestellt sein, daß das geplante Medium in der Stunde auch zur Verfügung steht. Das Kollegium (oder die mit Verwaltungsaufgaben betrauten Kollegen) sollte(n) mündlich oder schriftlich auf das Planungsvorhaben hingewiesen worden sein. Jeder vernünftige Kollege wird, in der gebotenen Höflichkeit angesprochen, der exponierten Bedeutung etwa einer Lehrprobe gemäß, auf das reklamierte Medium zugunsten des Kandidaten verzichten.

- Alle Medien, die in der Lehrprobe eingesetzt werden, sollten beherrscht werden und vorher ausprobiert sein, damit keine irritierenden Mißgeschicke auftreten. Diese Forderung bezieht sich etwa auch auf die Positionierung im Klassenraum: Medien dürfen sich nicht gegenseitig im Wege sein; so darf z.B. die Wandkarte nicht die Tafel verdecken, das Stromkabel nicht zur Trennschnur werden, die nur durch Akrobatik zu überwinden ist.

- Medien müssen von allen Plätzen aus gut einsehbar sein. Der Unterrichtende sollte die Realisierbarkeit dieser Forderung in einer „Alltagsstunde" durch entsprechende Positionseinnahmen überprüfen.

---

[50] Es gibt Schulen, in denen durch regelmäßige Lautsprecherdurchsagen minutenlang störend in den Unterricht eingegriffen wird. Bei besonders wichtigen Stunden sollte der Lehrer dafür sorgen, daß sein Unterricht hiervon „verschont" bleibt.

- Alle Hilfsmittel sollten vor der Lehrprobe bereitgehalten werden, so daß sie ohne umständliches „Kramen" benutzbar sind. Dazu gehören etwa: Klammern für Folienfixierungen, farbige Kreide, Zeigestock etc.
- Wenn Schüler zum Mitbringen von Medien (Arbeitsmaterial) aufgefordert werden, sollte für einen „Reservepool" gesorgt werden, indem etwa mehrere Schüler gebeten werden, die benötigten Gegenstände mitzubringen.
- In der Lehrprobe sollte der Zugriff auf die Materialien zügig erfolgen. Gegebenenfalls müssen einzelne Schüler, deren mitgebrachtes Material keine Verwendung findet, auf eine spätere Unterrichtsstunde vertröstet werden.

Weitere vorplanerische Überlegungen und Maßnahmen können sich auf folgende Aspekte beziehen:

- Es ist sinnvoll, einen „Spickzettel" zu erstellen, auf dem die wichtigsten Phasen in bezug auf die geplante Zeit und die vorgenommenen Ergebnisse festgehalten sind. Er sollte nicht zu umfangreich, wichtige Schlüsselwörter zudem durch farbige Markierung schnell erfaßbar sein, da ohnehin bei den Belastungen während der Stundendurchführung vielfach nur ein kurzer Blick auf diesen Zettel möglich ist. Zudem wirkt es nicht gut, wenn der Blickkontakt zu der Vorlage allzu auffällig, im Extremfall sogar mit Unterbrechungen des Unterrichtsablaufes vollzogen wird.
- Es empfiehlt sich, neuralgische Stellen mit einer anderen Person vorher durchzusprechen. Dies muß nicht unbedingt ein „Schulexperte" sein. Oft ist die Sicht eines Unbelasteten oder von Schülern in identischem oder affinem Alter wie die Mitglieder der Lerngruppe die klarere.
- Gegebenenfalls sollte eine Festlegung geeigneter Fragen für die Schlüsselstellen der Unterrichtsstunde erfolgen, u.U. mit entsprechender Fixierung auf dem „Spickzettel", selbst wenn ein relativ offenes Vorgehen geplant ist. Es ist möglicherweise hilfreich, sich auf eine „didaktische Reserve" zurückziehen zu können.
- Es kann kontrovers diskutiert werden, ob Unterrichtsbesuche angekündigt und Besucher vor dem Beginn des eigentlichen Unterrichts der Lerngruppe vorgestellt werden sollen. Einerseits kann ein Hinweis auf die spezifische Situation die Schüler zu besonders vorbildhaften Leistungen ermuntern; andererseits kommt es immer wieder vor, daß sich Lerngruppen im

Bewußtsein der besonderen Anforderung verkrampfen und die sonst übliche Bereitschaft zur Mitarbeit deutlich abgeschwächt wird.[51]
- Überlegungen zu möglichen Disziplinmaßnahmen – sozusagen als Handlungsreserve – sollten ebenfalls zur Vorbereitung gehören. Kaum etwas anderes läßt die Unsicherheit eines Lehrers klarer hervortreten und führt zur Ausweitung von Störungen wie die Aufschiebung einer erwarteten Reaktion auf Disziplinverstöße.[52]

2.2 Hinweise zum allgemeinen Verhalten vor der Lerngruppe

- Es empfiehlt sich, einen situationsgerechten Platz einzunehmen, von dem aus der Unterrichtende alles sieht und gut gesehen werden kann.
- Je unruhiger die Klasse ist, desto stärker sollte der Lehrer um Beruhigung bemüht sein, d.h. keine Hektik etwa durch aufgeregte Bewegungen, aufdringliche Stimmführung etc. verbreiten.
- Der Lehrer sollte eine natürliche, aber nicht allzu nachlässige Haltung einnehmen.
- Gestik und Mimik sollten als wichtige Persönlichkeitsattribute für den Unterricht genutzt werden. Sie müssen jedoch natürlich und nicht aufgesetzt wirken.[53]

2.3 Hinweise zu möglichen pädagogischen Verhaltensmaßnahmen, um Ruhe und Aufmerksamkeit sicherzustellen

Einleitend sei gesagt, daß der Unterrichtende, besonders der Anfänger, Störungen nicht persönlich nehmen und bei unbefriedigendem Unterrichtserfolg nicht in selbstquälerischer Analyse die Schuld immer wieder bei sich suchen sollte. Unterrichtsbesprechungen in der Lehrerausbildung verstärken manchmal den auch in zahlreichen pädagogischen Publikationen suggerierten Vorwurf, daß der Lehrer fast nichts richtig macht (machen kann). Selten genug

---

[51] Bei einer Ankündigung empfiehlt es sich, vor allem in unteren Klassen, nicht ausschließlich auf die Lehrperson, sondern auf die gesamte Unterrichtssituation abzuheben. Denkbar wäre der Hinweis: „In der nächsten Stunde kommt Besuch, der einmal sehen möchte, wie wir arbeiten/ was wir alles können."

[52] Aussagen wie: „Ich werde mir für die nächste Stunde eine geeignete Maßnahme überlegen!" sind wenig hilfreich für die Konfliktbewältigung in der gegebenen spezifischen Situation. Diese Ankündigung ist vor allem dann wirkungslos, wenn die Maßnahme vergessen oder extrem gering ausfällt oder wenn die nächste Stunde erst nach einem längeren Zeitraum stattfindet.

[53] Folgendes in Lehrproben beobachtete Lehrerverhalten sollte vermieden werden: Sprinten durch die Klasse, Schneidersitz auf dem Pult, Gestik/ Mimik-Gebaren, das an Schattenboxen erinnert.

werden allerdings praxisorientierte konkrete Hilfen aufgezeigt.[54] Erst wenn sich negative Erscheinungen, etwa permanentes Schwätzen, dauerndes Widersprechen, stetiges Abgelenktsein im Unterricht perpetuieren, ist massive Selbstkritik gefordert. Sie sollte allerdings dann im Extremfall so weit gehen, schonungslos zu überlegen, ob man für den Beruf geeignet ist. Der Lehrberuf erhält durch den ihm immanenten Anspruch, junge Menschen zu formen und an ihrer Reaktion den Erfolg der Bemühungen zumindest auf der interpersonalen Ebene „quittiert" zu erhalten, gleichermaßen seine Faszination wie seine Abschreckung.[55] Ein erfolgreicher Lehrer wird seinen Beruf trotz der zunehmend schlechteren Rahmenbedingungen immer wieder als befriedigende Herausforderung werten, während der erfolglose Lehrer jeden Tag als Qual erleben kann, die er nicht ohne weiteres wird durchhalten können.[56]

Es sollte nicht verkannt werden, daß Lehrer zunehmend mit Situationen innerhalb und außerhalb des Unterrichts konfrontiert werden, in denen jedwedes pädagogisches Geschick versagt.[57] Dennoch gibt es einige Empfehlungen, die sich in der unterrichtlichen Praxis sehr bewährt haben.

Bei Übernahme einer Klasse empfiehlt es sich, Erkundigungen einzuholen, welches Verhalten bisher toleriert wurde und welche Sanktionen üblich waren. In Rücksprache mit dem Mentor oder dem Vorgänger im Unterricht sollten vorher Maßnahmen überlegt werden, die dann im Unterricht gezielt eingesetzt werden (vgl. dazu die Liste der unten gegebenen Ratschläge). Was dabei zunächst an Nervenkraft aufgewendet wird, trägt längerfristig zu einem entspannteren Unterricht bei.

---

[54] Leider wird bei Stundenbesprechungen allzu häufig gegen den alten pädagogischen Grundsatz verstoßen, daß das Positive verstärkt, das Negative kritisiert werden soll. Häufig wird nur letztgenanntes herausgestellt und das Positive als selbstverständlich vorausgesetzt.

[55] Berufsgruppen wie Ärzte oder Juristen, die ebenfalls intensiv mit anderen Menschen zu tun haben, können mangelnde Empathie oder fehlendes Durchsetzungsvermögen hinter einem Wall von Fremdwörtern und „abschirmenden" Hilfskräften verbergen. Dies ist im Lehrberuf nicht möglich. Der Lehrer ist fast immer „Einzelperson" vor der Klasse, zudem täglich, ja stündlich mit zunehmend heterogenen Zielgruppen konfrontiert. Der Gebrauch vieler Fremdwörter steht der Kernaufgabe des Lehrers, dem Verständnis weckenden „Erklären", konträr entgegen

[56] Lehrer stehen seit Jahren an der Spitze der Langzeitkranken aller Berufsgruppen im öffentlichen Dienst, vor allem bedingt durch psychosomatische Störungen. In den meisten der uns bekannten Schulen bewegt sich die Zahl der Langzeitkranken zwischen 3 und 5. Dabei sind oft gute, sensible Lehrer, die viel verlangen und gezwungen sind, schlechte Noten zu geben, sowie ältere Lehrer, die einen „pflegeleichteren" Unterricht erlebt haben, diejenigen, die am meisten leiden.

[57] Eine solche unterrichtliche Konstellation stellt sich etwa dar, wenn einem akademisch geprägten Lehrer zugemutet wird, sich in einer allen Verhaltenskonventionen ignorierenden Lerngruppe durchzusetzen, die an einen Florettkämpfer in der Auseinandersetzung mit Mistgabeln erinnert.

Bei Unterricht in einer neuen Lerngruppe ist es angebracht, in einer der ersten Stunden die geforderten unterrichtlichen Verhaltensregeln kurz vorzustellen. Sie können sich beziehen auf das Abstellen von aktiven und passiven Störungen im Unterrichtsablauf. Aktive Störungen sind Zuspätkommen, Vergessen von Arbeitsmaterialien, schlechte Hausaufgabenmoral, unaufgefordertes Verlassen des Platzes, sogar des Raumes, Reinrufen etc. Passive Störungen sind Kaugummikauen, Benutzen eines Walkman, Lesen unter dem Tisch, Legen der Füße auf den Tisch etc.

Man sollte die Analyse eines solchen Verhaltens mit der Ankündigung von vorher überlegten Sanktionen verbinden. Referendare haben den Vorteil, die Lerngruppe einige Stunden beobachtet zu haben, und können sich in ihrer Argumentation entsprechend darauf beziehen. Das Besprechen von allgemeinen Verhaltensregeln im und zum eigenen Unterricht sollte anschließend als durchgenommener Unterrichtsinhalt im Klassenbuch festgehalten werden. So kann man sich bei diesbezüglichen kritischen Diskussionen – etwa mit Eltern – darauf zurückziehen, daß den Schülern die pädagogische Erwartungshaltung eingehend und seit langem klargemacht worden ist.

Gerade Unterrichtsanfänger, die vielfach mit Unbehagen in ihre erste Stunde gehen – vor allem, wenn der Altersabstand zwischen ihnen und den Schülern gering ist –, sollten ein gesundes, wenn auch nicht übertriebenes oder gar an Arroganz grenzendes Selbstbewußtsein zur Schau stellen. Immerhin haben sie Leistungen erbracht, welche die Schüler erst nachweisen müssen. Immerhin werden pro Tag in Deutschland etwa 40 Millionen Unterrichtsstunden gehalten, darunter auch von Lehrern, die mit Sicherheit nicht den gleichen Planungsaufwand wie junge Lehrer betreiben können und möglicherweise auch weniger Lehrtalent haben.

Erfahrene Lehrer, gerade solche in einem sehr aufreibendem Tätigkeitsfeld – Hauptschulen in sozialen Brennpunkten, Sonderschulen, bestimmte Zweige an berufsbildenden Schulen – weisen immer wieder auf den alten Grundsatz hin, daß die Erstbegegnung mit der Lerngruppe entscheidend sei, daß dabei zunächst recht enge Grenzen gesetzt werden sollten und bewußt autokratisch zu agieren sei. Erst wenn ein gewisser Ruf etabliert ist, ist eine Lockerung empfehlenswert. Entsprechend sollten die ersten Stunden didaktisch und methodisch äußerst gut vorbereitet sein, so daß die Lerngruppe durchgängig stark gefordert ist und der Lehrer stets souverän reagieren kann.

Die folgenden pädagogischen Hinweise können zur Sicherstellung der Disziplin hilfreich sein, ohne daß man sich dabei als „Dompteur" fühlen muß.[58] Dabei sollten durchaus auch die in der Sekundärliteratur häufig mit Negativkonnotationen kommentierten weitverbreiteten Rituale des gelebten Schulalltags reflektiert werden. Vielfach werden solche Rituale ausschließlich als einseitig-negativ autoritäre Machtrituale einer Untertanen-Schule gewertet. Rituale können aber auch demokratisch vereinbart sein. Sie dienen der immer wieder gefährdeten Sicherung der „Machtbalance" zwischen Lehrern und Schülern, sie schaffen die möglicherweise notwendige soziale Distanz. Nur scheinbar widersprüchlich leisten sie gleichzeitig eine soziale Integration, da die Beziehungen geklärt werden und eine „verläßliche" Arbeitsatmosphäre hergestellt wird, was gerade schwächeren Schülern, die Orientierungen benötigen, entgegenkommt. Folgende Aspekte sollten in diesem Zusammenhang reflektiert werden:

- Der Lehrer sollte sich durchgehend verpflichtet fühlen, Unterricht pünktlich zu beginnen und zu schließen.
- Er sollte erst dann mit dem Unterricht beginnen, wenn Ruhe eingekehrt ist. Sollte eine Klasse dazu neigen, den Unterrichtsstart zu verschleppen, empfiehlt sich eine Begrüßung im Stehen. Dieses Prinzip wird an vielen Schulen bis einschließlich Klasse 10 ohnehin noch gepflegt. Schüler, die stehen, sind weniger ablenkbar.[59] Dabei hilft die Aufnahme eines kurzen Blickkontaktes mit einzelnen Schülern und eine klare (schwungvolle) Begrüßung, die entsprechend auch von Schülern eingefordert werden sollte.
- Wenn anhaltende Unruhe herrscht, sollte man die Schüler das Tafelbild abschreiben lassen oder eine andere Form der Stillarbeit einsetzen (Übungsaufgaben).
- Bei Unruhe durch einzelne Schüler sollten die besonders auffälligen gezielt und in sich graduierender Schärfe angesprochen werden. Dabei muß durch genaue Beobachtung sichergestellt sein, daß der richtige Schüler angesprochen wird.

---

[58] Vgl. entsprechende Formulierungen in dem sehr lesenswerten Buch von Hilbert Meyer: *Leitfaden zur Unterrichtsvorbereitung*. Frankfurt 1984 (6. Aufl.), S. 32 f.
[59] Sollte die Klasse kaum Notiz vom Lehrer nehmen, kann er auffällig einen großen senkrechten Strich an der Tafel ziehen, nach einer halben Minute einen weiteren. Wenn nach und nach durch Neugier, was dieses ungewohnte Gebaren zu bedeuten habe, Ruhe eingekehrt ist, kann er in aller Gelassenheit kundtun, daß mittlerweile so und so viel Zeit vergangen sei, welche die Schüler durch eine entsprechend umfangreichere Hausaufgabe wieder „hereinholen" müssen.

Pauschalappelle wie z.B. „Nun seid doch endlich ruhig!" oder in der modernen Form einer Ich-Botschaft: „Ich fühle mich durch Euer Verhalten in meinem Unterricht gestört" bewirken in der Regel wenig.[60]

- Es ist wirksam, immer die ganze Lerngruppe im Auge zu behalten. Jeder Schüler muß das Gefühl haben, ständig vom Lehrer beobachtet zu werden.
- Bei Ablenkung und Unruhe empfiehlt es sich, die Anforderungen durch Tempo- und Niveausteigerung zu erhöhen. Gleichzeitig sollten häufige Rückfragen eingeschaltet werden, vor allem in gezielter Ansprache der unaufmerksamen Schüler. Die – meist festzustellende – Unfähigkeit des Angesprochenen, die gestellte Frage zu beantworten oder zu wiederholen, sollte entsprechend von dem Lehrer scharf kritisiert werden; möglicherweise auch unter Hinweis auf die Notenfindung im mündlichen Bereich.
- Der Lehrer sollte keine langatmigen umständlichen Einführungen geben, sondern relativ rasch zum ersten Impuls kommen.
- Wenig ergiebig sind auch eigendidaktische Kommentare, etwa: „Eigentlich wollte ich Euch zwei Informationsblätter geben, doch sind diese leider meiner Katze zum Opfer gefallen. Deshalb machen wir jetzt etwas anderes". Ebenso überflüssig ist der Hinweis: „Ich lege jetzt eine Folie auf ...", da jeder Unterrichtsteilnehmer dies ohnehin sieht.
- Wenn die Lautstärke zunimmt, empfiehlt es sich, entsprechend leiser zu reden. Ein solches Vorgehen hat natürlich Grenzen.
- Auf keinen Fall sollte positiv auf Schüler reagiert werden, die ihre Antworten in die Klasse rufen. Andernfalls besteht die Gefahr, daß Schüler sich im lauten 'Reinbrüllen' ihrer Antworten überbieten.
- Wenn 'schnipsende' Schüler grundsätzlich ignoriert werden, dann hört diese Unart von alleine auf.
- Zusammensitzende Störenfriede sind nach entsprechender Verwarnung auseinanderzusetzen.
- Gehen Unterrichtsstörungen vornehmlich von einem Schüler aus, dann hilft es meist, nach der Stunde mit ihm unter vier Augen zu reden, vor allem, wenn man den Eindruck hat, daß er anderen (Clique, bestimmten Mädchen, bei Mädchen entsprechend Jungen) imponieren will. Man kann sie/ ihn evtl. mit der Verantwortung einer unterrichtsförderlichen Aufgabe betrauen (Spielführer, Zeitnehmer, Schiedsrichter oder Hilfesteller im

---

[60] Fast lächerlich wirkt es, wenn diese „Botschaft" am Ende noch mit o.k.!? abgeschlossen wird.

Sport; Kartenholer oder Assistent bei Diavorführungen in Erdkunde, Geschichte oder Kunst; Hilfestellung im Experimentalunterricht).
- *Ultima ratio:* Die Verteilung von Sonderarbeiten – man vermeide unbedingt den Ausdruck „Strafarbeiten" – nach Verwarnung an einzelne Schüler. Der Unterrichtende sollte sich nie dazu hinreißen lassen, solche Zusatzarbeiten an die gesamte Klasse zu verteilen. Als Begründung für Sonderarbeiten kann dienen, daß der Lehrer verpflichtet ist, den Lernerfolg zu kontrollieren. Als jederzeit in einem gehaltvollen Unterricht einsetzbare Sonderarbeit bietet sich ein Stundenprotokoll an (vgl. hierzu 2. Teil, II - Kap. 2.8.2 und 4. Teil, Kap. 1).
Die Vergabe von Sonderarbeiten kann an die Forderungen zu einer formal vorbildhaften Erstellung und zur Einhaltung eines Zeitpunktes der Abgabe geknüpft werden (nächster Tag; wenn der Lehrer in der Klasse dann keinen Unterricht hat, Abgabe im Lehrerzimmer oder Sekretariat).
- Es gibt auch Lehrer, die empfehlen, Schüler aus dem Unterricht zu entfernen. Bei einer solchen Maßnahme sollte allerdings bei offener Tür Sichtkontakt zum Schüler gewahrt bleiben, da ansonsten die Gefahr besteht, daß der Unterrichtende gegen seine Aufsichtspflicht verstößt.
- Dringend abzuraten ist von der Maßnahme, einen störenden Schüler zum Schulleiter zu schicken, da das Suchen nach Fremdhilfe wahrscheinlich die Autorität untergräbt. Zudem kommt es sehr auf die Haltung des Schulleiters an. Geradezu katastrophal auf das Erziehungsbemühen des agierenden Lehrers muß sich auswirken, wenn, wie vereinzelt berichtet wird, der Schulleiter sich mit dem Schüler gegen den Kollegen solidarisiert.

Grundsätzlich ist anzuraten, einmal verhängte Sanktionen nicht zurückzunehmen, da ansonsten die Glaubwürdigkeit unterminiert wird. Eine Ausnahme ist natürlich gegeben, wenn der Lehrer sich nachweislich geirrt hat.

Die oben genannten Regeln betreffen Reaktionen auf Fehlverhalten mit der Zielvorgabe, dieses abzubauen. Es gibt aber auch grundlegend aufbauende Verhaltensmaßnahmen des Lehrers:

- Der Lehrer sollte, wenn angebracht, zum entspannenden Lachen anregen.
- Ist die Lernatmosphäre entspannt, kann der Unterrichtende durchaus bewußt humorvoll, ja sogar mit feinfühliger Ironie agieren. Er sollte allerdings bedenken, daß Ironie vor allem von jüngeren Schülern häufig nicht oder falsch erfaßt wird. Sollte er über spezielle Kenntnisse von einzelnen Schülern verfügen (Hobbys, Elternhaus etc.), so kann er diese im Sinne eines differenzierenden persönlicheren Ansprechens pädagogisch sehr gewinnbringend nutzen.

- Der Lehrer sollte, wann immer möglich, Lob als Verstärkung einsetzen. Wenn der größte „Rabauke" sich Mühe gegeben hat, so sollte man ihn spüren lassen, daß seine Anstrengungen wahrgenommen wurden. Das gilt auch für das Bemühen einer gesamten Klasse. Dabei können bei anhaltend gutem Verhalten durchaus Belohnungen in Aussicht gestellt werden.[61]
- Ein Lehrer sollte für Sondersituationen von Schülern Verständnis zeigen und entsprechend seine Anforderungen gezielt reduzieren. Dies ist etwa in Verbindung mit Klassenarbeiten in anderen Fächern oder unmittelbar vor einer Klassenfahrt, bei besonderen Leistungen der Klasse im Bereich Sport oder bei Projekten angebracht. Erfahrungsgemäß kann ein so agierender Lehrer seine Beliebtheit deutlich erhöhen, ohne auf grundsätzlich fachlich angemessene Anforderungen und sanktionierendes pädagogisches Handeln bei Fehlverhalten von Schülern zu verzichten.

2.4 Die Gesprächsführung

Auf verschiedene Funktionen des Unterrichts- bzw. Lehrgesprächs wurde im Theorieteil schon ausführlich eingegangen. Wichtig erscheint für die Praxis, daß in den genannten Formen das Gespräch nicht zum unverbindlichen Plausch – in schülernaher Diktion auch als 'Labern' bezeichnet – abgleitet oder zur Reproduktion von Klischees bzw. zum Austausch von aggressionsgeladenen Argumentationsmustern ausartet. Es ist bekannt, daß Schüler testen, wie weit ein Lehrer „anfällig" fürs 'Labern' ist. Oftmals sind dies Lehrer, die nicht genügend vorbereitet oder an dem für sie immer wiederkehrenden Unterrichtsstoff nur noch wenig interessiert sind. Der Grund für ein derartiges Verhalten kann auch ein starkes fachungebundenes Interesse am „Schicksal" einzelner Schüler oder an der Entlastung der eigenen Person durch sein. Es wird dann häufig mit dem Argument gerechtfertigt, interpersonale Beziehungen pflegen zu wollen. In diese Kategorie einzuordnen sind auch psychologische Betroffenheitsstunden, in denen sich immer die gleichen Schüler diskussionsbereit zeigen. Manchmal treten lange peinliche Pausen ein, weil es nichts mehr zu diskutieren gibt und der Lehrer kein weiterführendes Konzept überlegt hat. Wenn man Schüleraussagen Glauben schenken darf, ist der Anteil der 'verlaberten' Stunden erschreckend hoch.

---

[61] Zu den extrinsischen Motivationsarten wie Bedürfnis nach Lob, Geltung etc. vgl. Heckhausen, Heinz: *Förderung der Lernmotivierung und der intellektuellen Tüchtigkeiten*. In: Roth, Heinrich: *Begabung und Lernen*. Stuttgart 1976 (10. Aufl.). Solche Belohnungen könnten sein: Verzicht auf Hausaufgabenstellungen, Durchführung eines Wandertages, Einlegen einer „Spielstunde" etc.

2.4.1 Hinweise zum allgemeinen Sprachverhalten

- Der Lehrer sollte angemessen laut reden; nicht anhaltend brüllen oder grundsätzlich flüstern. Dabei muß er auf klar verständliche Artikulation und modulierte Stimmführung achten.
- Im Sinne der Vorbildfunktion des Lehrers sollten grammatikalische, phonetische und semantische Nachlässigkeiten vermieden werden.[62]
- Unfunktionale Füllwörter sollten ebenso vermieden werden wie Kürzel.[63]
- Der Lehrer sollte Satzfragmente selbst vermeiden und auch bei Schülern „abblocken". Diese Forderung erscheint besonders wichtig in Fächern, die – wie Deutsch oder die Fremdsprachen – als Richtziel die Heranbildung einer gehobenen Kommunikationsfähigkeit verfolgen.
- Der Redeumfang des Lehrers sollte kontrolliert sein. Durch allzu vieles Reden wird die Aussagekraft einzelner Sätze oder Wörter vielfach erstickt und Schüler „mundtot" gemacht.
- Es ist auf ein schülergerechtes Sprachniveau zu achten, d.h. extreme syntaktische Strukturen und unverständliche Ausdrücke, etwa seltenes oder schwieriges, unbekanntes Fachvokabular, sind zu vermeiden.
- Eingeführte Fachtermini sollten andererseits bewußt verwendet und auch von Schülern eingefordert werden.
- Man sollte nicht auf Nebensächlichkeiten herumreiten.
- Falsche Antworten sind als solche klar und knapp kenntlich zu machen. (Ausnahmen können hierbei Brainstorming/ Sammelphasen darstellen.)
- Wichtig ist es, differenziert zu loben unter Berücksichtigung einer adäquaten Abstufung, die etwa von „exzellent", „gut", „brauchbar", „nicht präzise genug", bis „falsch" reichen kann. Dabei sollte man kurz klarmachen, warum die gegebene Antwort besonders gut oder nicht brauchbar ist. Ein solches Vorgehen erhöht die Transparenz bei der Notengebung im mündlichen Bereich und hilft, wenig fruchtbare Diskussionen um Bewertungen abzubauen.
- Der Lehrer sollte sich nicht allzu rasch mit Antworten zufriedengeben, sondern sich bei Unklarheiten oder Verständnisschwierigkeiten durch Nachfragen auf den betreffenden Schüler einlassen. Geschieht dies häufiger, wird dieser sich im zukünftigen Unterricht im vorhinein um mehr Präzision bemühen.

---

[62] Erlebte Negativbeispiele sind hier etwa: falsche Superlativbildung von einzig (einzigste); die häufige Verwendung ausdrucksschwacher (Hilfs-)Verben, wie „tun", „machen" oder „sein", die tautologische Verwendung einer finalen Aussage (letztendlich), die häufige Verwendung des unfunktionalen Verbs „hingehen" („Wenn wir jetzt hingehen und die Ergebnisse vergleichen, ...") oder die Verwendung von dialektal eingefärbten Konsonanten („j", „sch" anstelle von „g" und „ch").

[63] Als Negativbeispiele lassen sich in diesem Zusammenhang anführen: die Verwendung von Komposita mit „irgend", „o.k." mit aufsteigender Stimmführung am Satzende sowie der vielfache Gebrauch des Wortes „so" in Verbindung mit verschiedenen Impulsgebungen.

2.4.2 Die Frage im Unterricht

Verschiedene Funktionen von Fragen

In Verbindung mit Fragestellungen läßt sich eine Vielzahl von Zielperspektiven aufzeigen. Lehrerfragen bzw. -impulse können sich sowohl auf eine inhaltliche als auch auf eine methodische Ebene ausrichten, etwa auf:

- Vergleiche („Wodurch unterscheidet sich die lateinamerikanische Großstadt von der mitteleuropäischen?")
- Hypothesenbildung („Welche Schlußfolgerung können wir jetzt ziehen?")
- Verbesserung („Was muß verändert werden, damit sich das chemische Gleichgewicht in diese Richtung verlagert?")
- Analyse („Welche Konstituenten weist der Text auf?")
- Entscheidung („Welchem Vorschlag folgen wir denn nun?" „Nehmen wir den Sinus- oder den Cosinussatz als Lösungsansatz?")
- Begründung („Warum halten Sie das für den besseren Ansatz?")
- Folgerung („Was ergibt sich nun aus dem Festgestellten?")
- Präzisierung („Kannst Du das noch genauer formulieren?")
- Reflexion („Welche Überlegungen müssen wir jetzt anstellen?")
- Wertung („Wie stellen Sie sich zu einem solchen Verhalten?")
- Weiterführung („Welche Frage stellt sich im Anschluß an das Gesagte?"; „Wie können wir jetzt weiter vorgehen?")
- Gezielte Verlangsamung, etwa wenn der Lehrer feststellt, daß eine gute, schnell vorgetragene Antwort andere Schüler überfordert („Hervorragende Antwort, doch ich glaube, nicht alle haben das verstanden. Kannst Du bitte noch einmal langsam und Schritt für Schritt den Lösungsweg vorstellen?").

Hinweise zur Gestaltung des fragend-entwickelnden Unterrichts

In diesem Kapitel sollen zunächst einmal wichtige Aspekte für die Konstruktion von Fragestellungen vorgestellt werden, ehe dann unter der eingebrachten Themenstellung wichtige Momente der Unterrichtssteuerung sowohl mit Blick auf eine Grob- (*macro-teaching*) als auch eine Feinsteuerung (*micro-teaching*) reflektiert werden.

Zu dem erstgenannten Bereich gehören folgende Aspekte:

- Insgesamt muß die Lerngruppe möglichst breit aktiviert werden, d.h., der Unterricht darf sich nicht nur auf bestimmte Leistungsträger stützen.
- Nach einer gestellten Frage sollte vom Unterrichtenden abwartende Ruhe bewahrt werden; dies bedeutet durchaus, 10-15 Sekunden den *horror vacui*

ertragen zu müssen. Erst wenn danach immer noch keine Reaktion erfolgt ist und der Unterrichtende merkt, daß die Frage an den Schülern „vorbeigestellt" wurde, erscheint eine neue Frage sinnvoll. Diese muß dann aber den Unterrichtsfluß fördern, also einen weiterführenden Hinweis enthalten. Solche Fragen sollten im Sinne einer didaktischen Reserve vorüberlegt sein. Eventuell muß bei ausbleibender Reaktion eine komplexe Fragestellung in Einzelfragen aufgelöst werden. Bei einer Abfolge von sich verengenden Fragestellungen spricht man von einem sog. „Fragetrichter".

- Eine Frage sollte zunächst an die ganze Gruppe gegeben werden. Erst danach sollte ein Schüler gezielt aktiviert werden. Ein umgekehrtes Vorgehen impliziert die Gefahr, daß sich andere Schüler aus dem Unterrichtsgeschehen „ausklinken".
- Bei der Aktivierung einzelner Schüler sollte keine feste Reihenfolge eingehalten werden. Andernfalls rechnen Schüler möglicherweise den Zeitpunkt ihrer eigenen Aktivierung hoch und schalten vorher ab.
- Der Lehrer sollte durchaus den Mut haben, auch Schüler zu aktivieren, die sich nicht melden oder abgelenkt sind. Eine von Lehramtsanfängern meist gescheute, aber höchst wirksame pädagogische Disziplinierung in diesem Zusammenhang ist das „fragende Eindringen in Schwätznester".
- Auf keinen Fall soll der Lehrer der Gefahr erliegen, nur die raschen, sich lautstark bemerkbar machenden Schüler aufzurufen.
- Fragen in persönlicher Anrede wirken günstiger als in unpersönlicher Formulierung. Daher sollte die Aktivierung über konkrete Namensnennung erfolgen. Wenn die Namen nicht präsent sind, etwa weil man die Klasse gerade erst übernommen hat, sollten entsprechende Schilder aufgestellt werden. Im Notfall kann auch die Kleidung beschrieben oder auf Schüler gezeigt werden. Wichtig ist, daß klar sein muß, wer gemeint ist. Wenn ein Name in einer Lerngruppe mehrfach vorkommt, müssen Differenzierungen etwa durch Nennung der Nachnamen oder eindeutiges Zeigen auf den betreffenden Schüler vorgenommen werden.
- Im Unterricht muß sichergestellt werden, daß alle Schüler ausreden können, vor allem, wenn es sich um überschaubare Antworten handelt. Erst am Ende einer Aussage sollten durch den Lehrer oder schülerbezogene Interaktionen Korrekturen eingebracht werden.[64]

---

[64] Das Korrekturverhalten des Lehrers stellt eine besondere Anforderung im Fremdsprachenunterricht dar. Eine seit langem kontrovers diskutierte Frage lautet hier, ob man sofort korrigieren und damit möglicherweise gute weitere Gedanken oder sogar die generelle Sprechbereitschaft abblockt oder ob man warten soll, bis der Schüler ausgesprochen hat, mit der Gefahr, möglicherweise zahlreiche Sprachverstöße nicht vollzählig verbessern zu können. Bei dieser Problemstellung beginnt sich die Auffassung durchzusetzen, daß der Redefluß (im englischen Sprachgebrauch: *fluency*) Vorrang vor der Korrektheit (*accuracy*) hat.

Zu dem zweitgenannten Bereich lassen sich folgende Aspekte anführen:
- Das Fragewort sollte im Regelfall an den Anfang gestellt werden.
- Die Frage darf nicht schon die Antwort enthalten.
- Suggestivfragen und rhetorische Fragen sollten vermieden werden.
- In Anknüpfung an die o.g. Begründung zur Vermeidung von Satzfragmenten sind Fragen, die nur Kurzantworten – im Extremfall ein einziges Wort oder ein bloßes „Ja" oder „Nein" – zulassen, als wenig unterrichtsfördernd einzustufen.
- Kontrollfragen, die auf Definitionen abheben, bieten für Schüler erhebliche Schwierigkeiten. Dies gilt im besonderen Maße bei Wortschatzarbeit im Fremdsprachenunterricht der unteren Klassen.[65]
- Fragen sollten klar formuliert werden. Dabei sollte beachtet werden, daß keine Verständnishürden durch zu lange Satzkonstruktionen oder schwierige Fachtermini aufgebaut werden.
- Es sollte nur immer eine Frage gestellt werden: Doppelfragen oder – noch gravierender – Fragekaskaden sind unbedingt zu vermeiden. Sie können verheerende Wirkungen auf die Reaktionsbereitschaft einer Lerngruppe zeigen und die Atmosphäre zwischen Lehrer und Schüler in erheblichem Umfang belasten.[66]

Zu der Themenstellung, wie fragend-entwickelnder Unterricht optimierend zu gestalten ist, gehört auch die Behandlung des Problems, wie der Lehrer auf Schülerantworten bzw. auf Schülerfragen reagieren soll.
- Unbedingt zu vermeiden ist das sogenannte „Lehrerecho", also die Wiederholung der gesamten Schülerantwort oder einzelner Teile. Eine solche Reaktion, so verständlich sie als Ausdruck der Erleichterung über die unterrichtsfördernde Richtigkeit einer Antwort sein mag, kostet unnötige Zeit und wirkt im Extremfall „papageienhaft". Lehrerecho stellt neben der

---

[65] Beispiele für falsche Fragestellungen sind etwa:
„Darunter versteht man was?"
„Wie viele Blätter hat ein vierblättriges Kleeblatt?"
„Meint Ihr nicht auch, daß dieses eine unmögliche Haltung ist?"
„Es stellt sich hier die Frage, ob so etwas überhaupt machbar ist"
„Wie heißt Tell mit Vornamen?". „Lebte Goethe in Weimar?". "Is London situated in Britain?"
Doppelt falsch wäre etwa die Frage: "A personal computer is what?"
(Derartige Fragen werden gerne für die Aufnahme in den Abiturzeitungen gesammelt.)

[66] Zur Verdeutlichung sei folgendes Beispiel angeführt: Der Lehrer stellt fünf Fragen hintereinander. Ein Schüler bezieht sich in seiner richtigen Antwort auf die erstgestellte Frage. Der Unterrichtende weist mit mentalem Bezug auf die letztgestellte Frage die Antwort als absolut falsch zurück. Der Schüler protestiert (zu Recht) und wird vom Lehrer wegen ungebührlichen Verhaltens (zu Unrecht) gerügt.

Mehrfachfrage die häufigste Schwäche im Anfängerunterricht dar. Eine Ausnahme stellt das der akustischen Verstärkung dienende 'funktionale' Lehrerecho dar.
- Der Lehrer sollte unbedingt, selbst wenn er in Zeitnot geraten ist und unbedingt eine gute Antwort für den Tafelanschrieb benötigt, eine verfälschende Überformung der Schülerantwort vermeiden. Ganz ungünstig ist es, wenn er auf eine unbrauchbare oder unverständliche Antwort mit dem Kommentar reagiert: „Ich glaube, Du meinst das Richtige" und dann eine völlig neue Version gibt. Solch ein Verhalten ist unredlich und dämpft darüber hinaus die Bereitschaft von Schülern, über Beiträge von Mitschülern nachzudenken; sie „schalten" sich erst ein, wenn der Lehrer „gefiltert" die richtige Version anbietet.
- Sollte eine an sich gute Antwort/ Frage zu einem bestimmten Zeitpunkt nicht unterrichtsfördernd verwendbar sein, so kann diese später verlagert werden. Dabei ist allerdings zu beachten, daß eine solche Ankündigung auch eingelöst werden muß, was sowohl eine gewisse Souveränität in der Unterrichtssteuerung, vor allem aber eine gute Memorierfähigkeit des Lehrers voraussetzt. Ein nicht gehaltenes Versprechen, vor allem, wenn es wiederholt und gleichsam zum Slogan – „Dazu kommen wir später" – wird, macht den Lehrer unglaubwürdig und gibt ihn möglicherweise der Lächerlichkeit preis.

Um sich selbst zu entlasten, kann der Lehrer den betreffenden Schüler um die eigenständige Wiederholung seines Beitrages an geeigneter Stelle bitten.[67]

In bezug auf die zweitgenannte Problemstellung kann folgendes festgehalten werden:
- Stellen Schüler Fragen, die von Mitschülern beantwortet werden können, so sollte der Lehrer diese weitergeben. Ein solches Vorgehen fördert im günstigsten Falle die Interaktionsfähigkeit der Lerngruppe, gibt aber auf jeden Fall dem Unterrichtenden Gelegenheit, sich mit der Frage erst einmal innerlich auseinanderzusetzen und dann eine zielgerechte Antwort einzubringen.[68] Es ist allerdings eindringlich vor der Überstrapazierung eines solchen Verfahrens zu warnen, da es hierdurch zu einem amorphen

---

[67] Dies kann z.B. mit dem Hinweis geschehen: „Wenn wir uns mit ... beschäftigen/ bei ... angelangt sind, bitte ich Sie, Ihren Beitrag noch einmal zu wiederholen."

[68] Im fremdsprachlichen Unterricht ist häufig zu registrieren, daß der Schüler, gerade wenn er Antworten mühsam konstruiert, seine einsprachigen Formulierungsbemühungen mit einer Frage nach der zielsprachlichen Bedeutung eines deutschen Wortes unterbricht. Eine solche Frage trifft den Lehrer, der „ganzheitlich" in der Zielsprache mitdenkt, oft „auf dem falschen geistigen Fuß". Auch in einem solchen Fall ist das oben empfohlene Vorgehen angezeigt.

'Redebrei' kommen kann, durch den der Unterrichtsfluß in der Ergebnisfindung erheblich retardiert werden kann.
- Sollten die Antworten anderer Schüler oder eigene Versionen nicht präzise genug sein, kann man die richtigere Version in der nächsten Stunde nachholen.[69]

2.4.3 Die Impulsgebung

Im Sinne einer sinnvollen Variabilität sollte der Unterrichtende überlegen, ob er nicht die reine Frageform punktuell zugunsten anderer Impulsgebungen aufgeben kann.

Auch Impulse können, ähnlich wie Fragen, verschiedene Funktionen erfüllen. Im folgenden seien einige genannt, die sich auf eine vom Lehrer planbare Unterrichtslenkung ausrichten, etwa:

- Der Einsatz einer gezielten **informativen Einleitung** in die Stunde oder in eine Phase (etwa: „Wir haben schon vieles über Magnetismus gelernt. Heute wollen wir uns ausführlich mit Elektromagnetismus befassen!")
- Impulse zur **Gliederung** (etwa: „Wir wollen uns erst einmal die politische Rede auf einer Kassette anhören, und uns dann den verwendeten rhetorischen Mitteln zuwenden, um schließlich zu einer Wertung des gewünschten Effektes zu gelangen.")
- Zur **Abgrenzung** (z.B.: „Ehe wir uns der geschichtlichen Bedeutung des amerikanischen Bürgerkrieges zuwenden, müssen wir erst einmal ein paar Fakten lernen!")
- Zur **Ermunterung** („Nimm Dir ruhig Zeit, Du kommst sicherlich noch auf den Lösungsansatz!")
- Als **Hinweis auf eine Abweichung** (etwa bei Literaturanalysen im Formalbereich: „An einer Stelle wird das Versschema durchbrochen"; oder im Experimentalunterricht: „Eine Reaktion ist nicht so wie erwartet!").

Sieht man von der rein technischen Seite der Fragestellungen ab, so gelten alle Momente, die in Verbindung mit Fragen für die Unterrichtssteuerung von Wichtigkeit sind, *mutatis mutandis* auch für Impulsgebungen.

---

[69] Die nobel gemeinte Antwort „Das weiß ich nicht!" sollte nicht überstrapaziert werden. Sie kann dazu führen, daß gerade schwache Schüler möglicherweise zur eigenen Entlastung das Argument verwenden: „Wie soll ich das wissen? Sie wissen ja auch vieles nicht."

2.5 Hinweise zur Gestaltung einzelner Unterrichtsphasen
2.5.1 Allgemeine Hinweise

- Schüler sollten nicht zu mehreren Dingen gleichzeitig aufgefordert werden. Die bei einem solchen Vorgehen vorzubringende Kritik ist vergleichbar mit der an die Stellung von Mehrfachfragen.
- Erst sollten alle störenden Dinge eliminiert sein, ehe mit neuen begonnen wird. Diese Forderung kann sich etwa auf das notwendige Wegwischen von an der Tafel fixierten Ergebnissen beziehen. Dabei sollte aber sichergestellt sein, daß alle Schüler die entsprechenden Teile des Tafelanschriebs/ Tafelbildes in ihr Heft übertragen haben.
- Vor allem in unteren Klassen ist anzuraten, die einzelnen Schritte eines Arbeitsprozesses an der Tafel festzuhalten. Dieses Prozedere ist auch denkbar bei mehrgliedrigen Aufträgen, etwa im Projektunterricht, bei Partner- oder Gruppenarbeit oder in Freiarbeitsstunden, so daß bei Unklarheiten und entsprechenden Rückfragen recht unauffällig auf die entsprechenden Aufgabenstellungen verwiesen werden kann, ohne daß andere Schüler in ihrer Konzentration gestört werden.
- Bei entsprechend geeigneten Lerngruppen ist es im Sinne der Methodenschulung sehr gewinnbringend, Schüler selbst einen (geplanten oder durchgeführten) Arbeitsprozeß strukturieren zu lassen.

2.5.2 Der Einstieg

Im Planungsteil wurde schon auf die exponierte Stellung des Einstiegs in seiner Doppelfunktion als Motivationsimpuls und Hinführung zum Thema hingewiesen. Entsprechend wurde dort auch eine Reihe von Möglichkeiten vorgestellt, so daß die Darstellung sich hier auf einige ergänzende auf konkrete Umsetzungen bezogene Bemerkungen beschränken läßt.

- Abgesehen von der an anderer Stelle angeführten Begründung für den punktuellen Einsatz eines lehrerzentrierten Einstiegs (Vortrag, Information über Stundenverlauf und -ziele) sprechen viele pädagogische und psychologische Gründe (Motivationsschub, Aufwärmfunktion, Erfassen von Vorwissen etc.) für einen schülerzentrierten Einstieg. Dies bedeutet, daß der Lehrer in dieser Phase zurücktritt und äußerst sparsam in seiner Impulsgebung ist bzw. eine schülerinteraktionell angelegte Phase lediglich moderiert.
- Grundsätzlich ist zu überlegen, ob die Einstiegsphase, etwa über den Einsatz eines Mediums offen (etwa: über stummen Impuls) oder mit einem gezielten Auftrag eingeleitet werden soll (etwa: „Schaut Euch das Bild

unter folgenden Aspekten an!"). Wird letztgenannte Vorgehensweise gewählt, sollte die Impulsgebung allerdings nicht zu umfangreich sein. Ein solcher auf selektive Information angelegter bzw. lenkender Einstieg empfiehlt sich bei Lerngruppen, die zu großer abwegiger Phantasie neigen, sowie in Stunden, die wegen der zu bewältigenden Stoffmenge – etwa bei Vorbereitung auf eine Klausur/ Klassenarbeit – von Beginn an unter einem gewissen Erfüllungszwang stehen.

- Im Sinne einer lernprogressiven Anlage der Stunde – vgl. Forderungen wie: Vom Einfachen zum Schweren, vom Isolierten zum Komplexen – sollte auch darauf geachtet werden, daß die ersten Impulse nicht zu anspruchsvoll sind.
- Der Einstieg sollte möglichst unmittelbar zum Kern der Stunde hinführen.[70]
- Die Einstiegsphase sollte nicht zu lang sein. Die Mehrzahl der überzeugenden Einstiege bewegt sich zwischen 3 und 10 Minuten.

2.5.3 Die Gelenkstellen

Die Gelenkstellengestaltung als Gelegenheit zu einer gezielten methodischen Schulung bleibt in der Praxis vielfach ungenutzt. Dabei bietet sie ein Reihe von Möglichkeiten, die an einen modernen Unterricht gestellten Anforderungen zu erfüllen. Viele Lehrer machen den Fehler, übergangslos von einer Phase in die andere zu wechseln.

Statt dessen sollten die Phasen fließend ineinander übergehen und abrupte Übergänge vermieden werden. Einen Ansatz hierfür, auch im Sinne des schülerzentrierten Unterrichts, bieten Zusammenfassungen durch Schüler in Verbindung mit Impulsen, die auf die neue Phase vorbereiten, etwa indem Schüler aufgefordert werden, Fragen für die neue Phase zu entwickeln.

Denkbar wäre auch, entsprechend geschulte Schüler nach einer möglichen methodischen Gestaltung dieser Phase zu fragen.

---

[70] Im Sportunterricht sollte die Einstiegsphase zu dem in der Stunde angestrebten Bewegungsvollzug führen. Als eines von vielen Beispielen kann gelten, daß etwa die Aufwärmphase für eine Basketballstunde möglichst mit Ball erfolgen und Bewegungsabläufe berücksichtigen sollte, die in der geplanten Stunde zum Tragen kommen.

2.5.4 Der Ausstieg

Bei der Organisation des Ausstiegs sollte folgendes reflektiert werden:

- Ausstiege, in denen sich die Klasse im lärmenden Aufbruch befindet und der Lehrer in die Unruhe „noch einmal eben" die Hausaufgabenstellung hineinruft, sind grundsätzlich unangebracht. Sie wird von den Schülern eher zufällig wahrgenommen, vielfach nicht notiert. In derart gestalteten Ausstiegsphasen liegt eine wesentliche Ursache für schlechte Hausaufgabenmoral. Äußerst schlecht wirkt zudem, wenn Minuten vor dem Schellen auf den Fluren lärmende Klassen das Zeichen zur Beendigung der Stunde geben.
  Der Unterrichtende sollte vielmehr den Mut haben, klar darauf hinzuweisen, daß er allein den Unterricht schließt und notfalls auch ein paar Minuten der Pause in Anspruch nehmen wird. In diesem Falle könnte er anbieten, die damit verbundene Verkürzung der Pause an einem anderen Tag wieder „gutzumachen".
- Grundsätzlich, vor allem aber in unteren Klassen, ist darauf zu achten, daß die Schüler Gelegenheit erhalten, die Hausaufgabenstellung in ihr Aufgabenheft abzuschreiben. Empfehlenswert ist auch, sich die Hausaufgabenstellung noch einmal nennen und ggf. wesentliche Aspekte zu ihrer Bewältigung erklären zu lassen sowie einen mittleren Zeitrahmen für die Anfertigung anzugeben.
- Sollte der Lehrer frühzeitig merken, daß er in Zeitverzug geraten ist, dann empfiehlt sich in einer schüleraktiven Still- oder Gruppenarbeitsphase das Anschreiben der Hausaufgabenstellung bei verdeckter Tafel. Bei Stunden, die schon von der Planung her Gefahr laufen, überfrachtet zu sein, ist es angebracht, die Hausaufgabenstellung und notwendige Hinweise zu ihrer Bewältigung auf Blätter zu fixieren, die am Stundenende zügig verteilt werden.

Neben vorwiegend organisationsbestimmten Überlegungen gibt es auch solche zur inhaltlichen Füllung des Ausstiegs. Dabei läßt sich, ähnlich wie beim Einstieg, eine doppelte Funktion herausstellen:

Zum einen sollte zum Schluß der Stunde noch einmal ein Motivationsschub mit Blick auf die folgende Stunde erfolgen, zum anderen der Lernerfolg kontrolliert werden.

Vor diesem Hintergrund erscheint ein häufig praktizierter Ausstieg, der aus dem Kopieren des erstellten Tafelanschriebs/ -bildes besteht, aus mehreren Gründen nicht günstig: Ein solcher Ausstieg ist wenig motivierend; vielfach wird den Schülern zu wenig Zeit gegeben, was zu einer Verkürzung der Pause oder zu lückenhaftem Abschreiben führt. Bei sehr heterogenem Arbeitstempo sind einige Schüler schneller als andere fertig und stören diese möglicherweise. Folgende „Ausstiege" können dagegen als funktional überzeugend eingestuft werden:

- In unteren Klassen empfehlen sich Spielformen, etwa Frageketten. In ihnen vereinigen sich hohe Motivationsträchtigkeit, Schülerzentriertheit, die Funktion einer Erfolgskontrolle und die Möglichkeit, den zeitlichen Rahmen dieser Phase flexibel zu gestalten.
- Sehr empfehlenswert erscheint auch ein Ausstieg, in der die Schüler zur Zusammenfassung der in der Stunde geleisteten Arbeit aufgefordert werden. Diese Art der Kontrollphasengestaltung bietet den Vorteil, daß die Schüler sich darin üben, etwa mit Blick auf mündliche Abiturprüfungen oder außerschulische Anforderungen, Ergebnisse verdichtet und systematisierend zusammenzufassen. Ein solches Vorgehen verlangt zudem, daß der Stundenablauf noch einmal ganzheitlich in Erinnerung gerufen wird, was sich günstig auf die Memorierbarkeit des durchgenommenen Stoffes auswirkt und sich darüber hinaus als sehr vorteilhaft für die Bewältigung von Lernerfolgskontrollen (Hausaufgaben, schriftliche Arbeiten etc.) erweist.

Die Zusammenfassung einer Stunde läßt sich sowohl auf der didaktischen Ebene – Welche Inhalte wurden durchgenommen, welche Erkenntnisse gewonnen? – als auch auf der methodischen Ebene – Wie sind wir vorgegangen? – durchführen. Gerade beim letztgenannten Bereich ist es durchaus angebracht, die Schüler mit einem entsprechenden Beschreibungsvokabular im methodischen Bereich vertraut zu machen, etwa: deduktiv, induktiv, hermeneutisch-analytisch, elementenhaft-synthetisch, ganzheitlich-analytisch, Kontext-Text, Text-Kontext-Verfahren etc.[71]

Methodenbewußtsein kann über dieses Verfahren schon auf unteren Lernstufen geschult werden, wobei natürlich mit der gebotenen aufbauenden Behutsamkeit vorgegangen werden muß.

Vor allem in höheren Klassen kann gerade die Auseinandersetzung mit dem methodischen Bereich zu der hier immer wieder geforderten Schulung fachmethodischer Vorgehensweisen herangezogen werden, indem die Schüler das erlebte methodische Prozedere kritisch werten und langsam zu eigenen Vorstellungen über methodische Gestaltungen gelangen. Die hier

---

[71] Weniger ertragreich stellt sich die begriffliche Vermittlung verschiedener Sozialformen (arbeitsteilige/ -gleiche Einzel-, Partner-, Gruppenarbeit) dar.

vermittelte Kompetenz läßt sich im folgenden Unterricht für eine methodische Fragestellung in einer der Anfangsphasen (Einstiegs-, Einleitung für Erarbeitungsphase) gewinnbringend nutzen, etwa mit der Frage „Welche der bekannten Verfahren bieten sich für den anstehenden Lerngegenstand nun an?" Entsprechend sensibilisierte Schüler werden hier zu wertvollen abwägenden Evaluationen kommen.
- Als sehr gewinnbringend kann sich auch die Rückgriff auf die thematische Ausgangslage und damit die Schaffung einer Kreisstruktur in der Stunde im Sinne des hermeneutischen Zirkels erweisen; ein solches Vorgehen läßt sich – vor allem in guten Oberstufenkursen – durchaus auch mit der Einforderung einer Zusammenfassung verknüpfen.
- Schließlich kann ein gelungener Ausstieg auch aus dem eigenständigen Finden einer Hausaufgabenstellung durch Schüler bestehen. Sie sollte dann von diesen mit Blick auf den erfahrenen Unterricht begründet werden.
- Vor allem in höheren Klassen bietet sich in der Endphase einer Stunde auch das Entwickeln neuer Problemperspektiven – etwa in Form neuer Fragestellungen – für die nächste Stunde oder für die restliche Unterrichtssequenz an. Dieser Ansatz kann mit der Diskussion über geeignete methodische Vorgehensweisen verknüpft werden.

2.6 Hinweise zur Gestaltung wichtiger Sozialformen (Still-, Partner-, Gruppenarbeit)

Auch hier seien einige organisationsbestimmte Überlegungen vorangestellt.
Bei der Durchführung von **Gruppenarbeit** stellt die Zuordnung von Schülern zunächst einmal das größte Problem dar. Der Lehrer kann die Leistungsstärken mischen in der Hoffnung, daß der schwächere Schüler vom guten profitiert. Er kann auch – etwa bei arbeitsteiligem Gruppenunterricht – anforderungsdifferenzierend vorgehen. Schließlich kann er die Schüler nach eigenen Interessenlagen wählen lassen, mit dem Risiko, daß sich fast alle Schüler für ein vermeintlich interessantes, kaum einer für ein unattraktives Thema melden wird.

In der Literatur wird an die schülerzentrierten Sozialformen eine Fülle fachlicher, vor allem aber sozialer und lernpsycholgischer Lernziele geknüpft, die sich zusammenfassen lassen unter Stichworten wie interessengeleitetes, subjektgesteuertes, eigenverantwortliches soziales Lernen. Entsprechend wird auch die eigenständige Themenwahl gefordert. Diese Forderung erweist sich vielfach als praxisfern, da Schüler mit diesen Ansprüchen häufig überfordert sind und erst langsam an solche herangeführt werden müssen. Gerade bei in

derartigen Sozialformen ungeübten Lerngruppen empfehlen sich deshalb zunächst klare Vorgaben des Lehrers unter Beachtung folgender Hinweise:
- Das geplante Thema muß für den Gruppenunterricht geeignet sein.
- Die möglicherweise notwendigen Änderungen in der Sitzordnung sollten zügig vonstatten gehen. Es sollte darauf geachtet werden, daß am Ende der Stunde genügend Zeit bleibt, den Klassenraum wieder in dem vorgefundenen Zustand zu verlassen.[72]
- Alle Arbeitsanweisungen müssen klar formuliert sein.
- Arbeitsteilige Aufgabenstellungen sollten entweder an der Tafel festgehalten werden oder – um die Tafel etwa für Ergebnisfixierungen freizuhalten – vorher auf entsprechende Blätter oder – z.B. bei Textanalysen – unter das zu bearbeitende Material fixiert worden sein. Gerade in unteren Klassen empfiehlt es sich, Arbeitsanweisungen vor der Entlassung in die Einzel-, Partner- oder Gruppenarbeit wiederholen zu lassen.
- Es sollte ein Zeitrahmen vorgegeben werden, der möglichst eng gefaßt ist, um von Beginn an ein konzentriertes Arbeiten der Schüler sicherzustellen. Sollte sich erweisen, daß die Zeit zu knapp bemessen war, kann die Phase immer noch verlängert werden. Wenn der gesetzte Zeitrahmen sich dem Ende nähert, ist ein kurzer Hinweis angebracht. Dieses Vorgehen empfiehlt sich auch bei schriftlichen Lernerfolgskontrollen. Um die Konzentrationsfähigkeit nicht zu stören, kann ein solcher Hinweis auch gleichsam „stumm" an der Tafel fixiert werden.
- Der Lehrer sollte unbedingt vermeiden, in Stillarbeits- oder Gruppenarbeitsphasen mit nachgeschobenen Informationen „einzubrechen". Vor dem Eintritt in solche Unterrichtsabschnitte müssen alle organisatorischen und inhaltlichen Probleme geklärt sein. Diese Forderung bezieht sich auch auf den Umgang mit möglichen oder tatsächlichen Verständnisschwierigkeiten. Es ist unfunktional, wenn diese erst während der Arbeitsphase ausgeräumt werden müssen.
- Sollten dennoch bei einzelnen Schülern Verständnisschwierigkeiten auftreten, können diese im Flüsterton behandelt werden. Dabei kann der Lehrer, aber auch der in der Nähe sitzende Mitschüler, dem Fragesteller als Ansprechpartner dienen.

---

[72] Hier gibt es häufig Klagen gerade über solche Kollegen, die mit modernen Unterrichtsformen ein sozial-integratives Verhalten fördern wollen, selbst aber in unkollegialer Weise den Unterricht des nachfolgenden Kollegen belasten, da sie es versäumen, den durch Gruppenarbeit in Unordnung geratenen Klassenraum wieder „herzurichten".

- Bei Still- oder Gruppenarbeit sollte sich der Unterrichtende vom Fortgang der Arbeit überzeugen. Dieses Vorgehen bietet zwei Vorteile: Zum einen fühlen sich die Schüler beobachtet und strengen sich besonders an, zum anderen erhält der Unterrichtende wertvolle Informationen in bezug auf die benötigte Zeit und die zu erwartende inhaltliche Erfüllung der Arbeitsaufträge. Sofern nicht vorher ein Schüler bestimmt wurde, um etwa auf einer ausgehändigten Folie wesentliche Ergebnisse festzuhalten, kann der Lehrer bei seinem Rundgang gezielt einen Schüler für den im Anschluß an eine schülerzentrierte Phase zu leistenden Vortrag auswählen.
- Wie im Planungsteil dargelegt, empfiehlt es sich im Sinne einer möglichst ökonomischen Unterrichtsgestaltung, vor allem bei Gruppenarbeit in arbeitsteiliger Form, wesentliche Ergebnisse von dem einzelnen Team selbst festhalten zu lassen. Dazu ist in vielen Fällen die Verteilung von Folien und Stiften sinnvoll. Kontrovers diskutiert werden kann, ob der Lehrer ein Mitglied als Vortragenden bestimmen oder dessen Benennung der Gruppe überlassen sollte. Im Sinne der Methodikschulung – etwa unter dem Aspekt Vortragskompetenz – sollte auf jeden Fall sichergestellt sein, daß bei mehrfach eingesetzter Gruppenarbeit in einer Unterrichtsreihe die Aufgabenverteilung wechselt.
- Im Sportunterricht, eingeschränkt auch im Experimentalunterricht, ist denkbar, daß einzelne Gruppen unterschiedliche Ergebnisse im Anschluß an die Übungsphasen dar-/vorstellen. Dabei sind im Sportunterricht kontrastierende Darstellungen besonders illustrierend. Etwa: im Anschluß an „offene Bewegungsaufgaben", z.B. Aufforderung über Ausprobieren, in die Stützhaltung am Reck oder Barren zu gelangen; oder: über Ausprobieren, Musik in Bewegung umzusetzen; oder: im Basketball, den Korb zu treffen.

Hinweise für die Gestaltung der Auswertungsphase:
- Als wesentlichste Forderung bei der Gestaltung der Auswertungsphase muß die Zurückhaltung des Lehrers gelten. Diese Phase ist von ihrem Selbstverständnis her auf hohe Schülerzentriertheit (meist Schülervorträge) angelegt. Der Unterrichtende sollte hier allenfalls moderieren, indem er um Ergänzungen, Begründungen oder um Stützung des Vortrags durch Veranschaulichung bittet.
- Es ist auch denkbar, daß bei arbeitsgleicher Gruppenarbeit eine Phase eingeschoben wird, in der die einzelnen Gruppen ihre Ergebnisse miteinander vergleichen können. Sind diese unterschiedlich, sollte zudem Raum für Diskussionen gegeben werden.

- Bei der Auswertung einer Stillarbeit (Einzelarbeit) empfiehlt sich vielfach auch der Einsatz eines Kreisgespräches (bei entsprechend angelegter Sitzordnung). Hier kommt es überraschend häufig zu erstaunlichen Redeleistungen ansonsten zurückhaltender Schüler.
- Ein grundsätzliches Problem für die Unterrichtsgestaltung ergibt sich aus der Tatsache, daß in der Auswertungsphase manche Schüler hochaktiv und andere eher passiv sind. Zur Sicherstellung einer sich „verschränkenden" Mehrfachbeteiligung können folgende Maßnahmen ergriffen werden:
  - Die Darstellungsarbeit wird auf zwei Gruppenmitglieder verteilt. Einer trägt vor, ein anderer demonstriert das Gesagte, etwa an einer Karte, auf einer Grafik (Folie) oder an einem Versuchsobjekt.
  - Die vortragenden Schüler sollten in Stichworten mitschreiben. Im Anschluß daran können die Stichwortprotokolle vorgelesen und von den vortragenden Schülern auf ihre Richtigkeit hin überprüft werden.
  - Die beim Vortrag nicht aktiven Mitglieder der Lerngruppe sollen in einer anschließenden kurzen Stillarbeitsphase jeweils einige Fragen an die „Experten" aufschreiben, die dann vorgebracht und diskutiert werden.

Da die oben genannten Abläufe in der Regel zeitaufwendig sind, kann es manchmal genügen, wenn die nicht aktiven Schüler zumindest die Aufgabenstellung der anderen Gruppe nennen und möglicherweise ihre Erwartungen mit Blick auf den anstehenden Beitrag formulieren und/ oder seinen Stellenwert für das gesamte Thema bewerten können.

2.7 Der Umgang mit Medien

Eine ganze Reihe von Aspekten, die für den Einsatz von Medien wichtig sind, wurde schon in früheren Kapiteln angesprochen. Entsprechend kann sich dieser Teil auf einige wesentliche Ergänzungen beschränken.

Grundlegend gilt, daß der Lehrer mit An- und Abschreibmedien wie Tafel und Overheadprojektor äußerst sorgfältig umgehen sollte. Die hier aufgebrachte Qualität finden meist ihren korrespondierenden Niederschlag in der Güte der Heftführung der Schüler.

2.7.1 Die Wandtafel

Wichtigstes Medium, so wurde festgestellt, ist in der Unterrichtspraxis immer noch die Wandtafel. Man kann grundsätzlich unterscheiden zwischen Tafelanschrieb und Tafelbild. Bei erstgenanntem steht die Verschriftlichung wichtiger Gedanken, die im Unterricht geäußert werden, im Vordergrund. Die Tafel wird dann häufig zum Protokollmedium.

Tafelbilder heben mehr auf die Darstellung von Zusammenhängen ab. Entsprechend wird hier vielfältig mit Symbolen, Verknüpfungs- oder Strukturmarkierungen, etwa Pfeilen, Unterstreichungen, Umkreisungen etc. zu arbeiten sein. Der Abstraktionsanspruch liegt bei Tafelbildern in aller Regel höher als bei Tafelanschrieben.

Folgende grundsätzliche Forderungen an einen erfolgreichen Einsatz der Wandtafel lassen sich auflisten:

- Tafelanschrieb oder Tafelbild sollten gut lesbar, d.h. vom Schriftbild und von der Einsehbarkeit her für alle Schüler erschließbar sein. Bei schlechter Handschrift empfiehlt sich der Rückgriff auf Druckbuchstaben bzw. auf zu Hause in Ruhe vorgeschriebene, möglicherweise gedruckte Folien.
- Im Sinne der Vorbildfunktion des Lehrers müssen Tafelanschriebe frei von Fehlern (Rechtschreibung, Zeichensetzung und Grammatik) sein.
- Neigt man zu einer stark abfallenden oder aufsteigenden Handschrift, sollte man sich kleine Orientierungspunkte an der Tafel markieren. Neuere Tafeln weisen solche schon auf.
- In früheren Jahren galt farbige Kreide als wichtiges Anschauungsmedium. Wir meinen, andere Formen der Illustration erfüllen mit weniger Aufwand den gleichen Effekt, z.B. Unterstreichen, Einkreisen, Beziffern. Wird jedoch farbige Kreide gewählt, dann sollte die Lesbarkeit bedacht werden. Grüne Kreide ist auf grüner Tafel kaum, gelbe eher schlecht zu lesen.
- Tafelanschriebe sollten zügig erstellt werden. Wenn die Tafel als Protokollmedium für Unterrichtsergebnisse fungiert, sollten diese nach sinnvollen Zäsuren eingebracht werden, d.h., der Lehrer sollte nicht minutenlang den Schülern den Rücken zukehren. Er sollte aber auch nicht nach jedem minimalen Teilergebnis zur Tafel „spurten".
- Manche Lehrer bevorzugen einen Tafelanschrieb durch Schüler mit dem Argument, eine stärkere Schüleraktivierung sicherzustellen. Dieses Vorgehen birgt zwei mögliche Gefahren in sich: Gerade wenn viele Teilergebnisse von jeweils einem Schüler angeschrieben werden, kann es zu einer gewissen Organisationshektik kommen. Zudem ist gerade bei recht-

schreibschwachen Schülern die Gefahr von Fehlern gegeben, die – einmal fixiert – nur aufwendig verbessert werden können. Ein solches Verfahren ist vor allem dann störend, wenn Fehler erst nach einiger Zeit entdeckt werden und Teile des Tafelanschriebes/ -bildes schon kopiert sind.

- Im Kapitel zur Planung ist schon auf die empfohlene Dreiteilung der Tafelnutzung – Fixierung der zentralen Ergebnisse im großen Mittelteil, des methodischen Gangs der Stunde sowie das Festhalten der im Unterricht erarbeiteten Begriffe auf die kleineren linken bzw. rechten Tafelseiten – hingewiesen worden. Ein Überschreiben der metallenen Scharnierteile sollte vermieden werden.
- Gerade bei komplexen Sachverhalten empfiehlt sich die Aufnahme von Interdependenzstrukturen im Tafelbild durch Pfeile. Dieses Vorgehen hat allerdings Grenzen. Eine Häufung solcher Markierungen verwirrt eher, als daß Anschaulichkeit erreicht wird.
- Im Unterricht auf höheren Klassenstufen kann sich bei komplexen Sachverhalten die Arbeit an der Wandtafel auf die Fixierung einzelner Schlüsselbegriffe beschränken. Eine noch konsequentere Verdichtung besteht in der Verwendung von Abkürzungen oder Symbolen.[73] Der Lehrer kann die Schüler auffordern, in ihrer Abschrift wichtige Informationen selbsttätig zu ergänzen. Bei diesem Verfahren empfehlen sich allerdings stichprobenartige Kontrollen.
- Immer wieder kontrovers wird diskutiert, zu welchem Zeitpunkt Schüler Ergebnisse von der Tafel kopieren sollen. Grundsätzlich kann gelten, daß bei nicht zu aufwendigem Tafelanschrieb/-bild Lerngruppen im Sinne der Unterrichtsökonomie möglichst bald an ein mit der Erstellung simultan vollzogenes Abschreiben herangeführt werden sollen. Dieses Vorgehen setzt allerdings voraus, daß keine Änderungen mehr vorgenommen werden. Die Korrektur von einmal Abgeschriebenem ist für Schüler irritierend. Wenn der Platz für Teile eines Tafelanschriebs/-bildes nicht ausreicht, dann sollte sich der Unterrichtende vergewissern, daß alle Schüler den wegzuwischenden Teil bereits abgeschrieben haben, bevor Platz für eine Erweiterung geschaffen wird.
- Die Erstellung eines Tafelanschriebes kann einen wichtigen Beitrag zur Methodenschulung leisten. Dieser kann sich dadurch vollziehen, daß Schüler nach einzelnen Phasen oder komplexen Antworten dazu ange-

---

[73] Solche Abkürzungen können sich auf Maßeinheiten (cm, m, km, h etc.) und auf Symbole (wie beispielsweise: $\Rightarrow$ = daraus folgt, > = größer als, < = kleiner als etc.) beziehen.

halten werden, die erarbeiteten Ergebnisse in anschreibfähiger Kondensierung zu formulieren.

Eine affine Forderung läßt sich ebenfalls als Teil eines Arbeitsauftrages bei Still-, Partner- oder Gruppenarbeitsphasen einfordern. Schließlich kann die Erstellung oder Ergänzung eines Tafelanschriebs/ -bildes auch als ausführende Hausaufgabe angesetzt werden, etwa wenn aus Zeitgründen in einer Stunde kein Tafelanschrieb/-bild mehr erstellt werden konnte oder bewußt in der Planung darauf verzichtet wurde.

Anlaß zu kontroversen Diskussionen gibt immer wieder die Frage, wann der Overheadprojektor der Wandtafel vorzuziehen sei. Dies ist in folgenden Fällen gegeben:
– wenn ein Anschrieb ganz oder in Teilen schnell zur Verfügung stehen muß, entweder schon am Beginn oder auch im Verlauf der Stunde
– falls ein Anschrieb graphisch anspruchsvoll gestaltet ist
– wenn durch die besondere Möglichkeit des *overlay* Entwicklungen oder Sachverhalte sehr anschaulich dargestellt werden können
– wenn eine Klasse zur Disziplinlosigkeit neigt, weil der Lehrer dann beim Beschriften der Folie die Klasse gleichzeitig im Blick behalten kann.

2.7.2 Andere Medien

Das Lehrbuch

Dieses Medium bedarf mit Blick auf die praktische Verwendbarkeit keiner ausführlichen Kommentierung, da meistens ein Lehrerhandbuch zur Verfügung steht. Ein gewissenhafter Lehrer sollte allerdings die dort aufgenommenen Informationen und Empfehlungen auf fakultative Teile hin durcharbeiten, da es vielfach nicht sinnvoll erscheint, alle Übungen *in toto* durchzunehmen.[74] Hier sollten Umfang und Schwierigkeitsgrad der ausgewählten Übungen an den Leistungsstand der Lerngruppe angepaßt sein. Sollte bei den Schülern eine Lehrbuchmüdigkeit feststellbar sein, ist es sinnvoll, andere Formen der Unterrichtsgestaltung (Spiel, Lektüre, Bildergeschichten, Filme) einzubauen.

Texte

Die Durchnahme einzelner Texte spielt im lehrbuchunabhängigen Unterricht eine große Rolle, vor allem in geisteswissenschaftlichen Fächern auf der Oberstufe. Grundlegend kann unterschieden werden zwischen nicht-fiktionalen, das

---

[74] Dies gilt in besonderem Maße für Lehrwerke, die unterschiedslos für mehrere Schulformen konzipiert wurden.

sind meist informationsgebende, sog. expositorische Texte, und fiktionalen Texten. Auf die Notwendigkeit einer Didaktisierung von Texten durch Zeilenangaben oder Annotationen wurde an anderer Stelle schon hingewiesen. Die Zeilenangaben dienen der schnelleren Orientierung und sollten auch in Tafelanschrieben/ -bildern, die sich auf Textstellen beziehen, aufgenommen werden.

In der Unterrichtspraxis stellt sich das grundlegende Problem, in welcher Form Texte erschlossen werden. Folgende Möglichkeiten sind denkbar:

1. Der Lehrer liest den Text ohne Textvorlage für die Schüler vor. Er fordert anschließend eine spontane, ungeordnete Reaktion im Sinne des hermeneutisch-analytischen Verfahrens ein. In der folgenden Phase werden die Texte ausgeteilt und im Detail fragend-entwickelnd oder über verschiedene Sozialformen erschlossen.

2. Der Lehrer liest den Text bei gleichzeitigem stillen Mitlesen der Schüler vor. Dieses Vorgehen wird häufiger als das erstgenannte praktiziert, obwohl es problematischer ist, vor allem, wenn diese Phase noch mit einem Arbeitsauftrag – etwa Schlüsselbegriffe, Unverständlichkeiten oder Sinnabschnitte zu markieren – verbunden ist. Hier ist eine verdichtete, distributive Aufmerksamkeit gefordert in Form eines gleichzeitigen Hörens, Lesens und Schreibens.

Grundsätzlich muß sich das Vorlesen durch den Lehrer funktional begründen lassen. Eine allgemeine Rechtfertigung ergibt sich aus der Tatsache, daß der Lehrer im Sinne der Vorbildfunktion richtig vorträgt und zudem die Fähigkeit besitzt, didaktisierend zu lesen, d.h. besonders auffällige Textstellen stimmlich hervorzuheben.[75] Dies ist vor allem bei dialogisch und spezifisch dramaturgisch ausgerichteten Texten angebracht. Dieses Vorgehen setzt allerdings eine gewisse Darstellungsbegabung des Lehrers voraus.

Viele Lehrer bitten einen Schüler zum Vorlesen mit der Begründung, damit Forderungen nach Schülerzentriertheit oder Motivationsanreicherung Rechnung zu tragen. Unabhängig davon, daß die Aktivierung eines einzelnen Schülers diese Ansprüche nicht erfüllt, muß auch das schülerseitige Lesen funktional begründbar sein. Für das Vorlesen sollten jedenfalls nur Schüler mit der Fähigkeit, richtig und sinndarstellend zu lesen, ausgewählt werden.[76] Bei

---

[75] Vor allem im Fremdsprachenunterricht ist die sprachliche Vorbildfunktion des Lehrers von immenser Wichtigkeit, so daß hier beim Erstlesen i.d.R. der Lehrer aktiv werden sollte.

[76] Beim Vorlesen fremdsprachlicher Texte durch Schüler – vor allem bei der Erst- oder Frühbegegnungsphase – ist unbedingt darauf zu achten, daß solche mit überdurchschnittlicher Lesekompetenz aktiviert werden. Sind phonetische Feinheiten erst einmal falsch internalisiert, sind sie kaum mehr zu eliminieren.

dialogisch ausgerichteten Texten empfiehlt sich ein rollenverteiltes Lesen. Besonders schwierige Rollen sollten ebenfalls bewußt mit guten Schülern, evtl. sogar mit dem Lehrer besetzt werden. In diesem Zusammenhang stellt sich die Frage, wie mit Zwischentexten – etwa Regieanweisungen – umgegangen werden soll. So wirken Stellen, die sich auf die Vermittlung von Gefühlslagen beziehen, in ungeübter vorgelesener Form häufig befremdend. Hier empfiehlt sich eine vorbereitende Leseübung einzelner Schüler unter Anleitung des Lehrers, das Vorlesen durch den Lehrer selbst, evtl. sogar der Verzicht auf solche Stellen.

Während auf der Primar- und in unteren Klassen der Sekundarstufe I Leseübungen einen überaus wichtigen Stellenwert einnehmen, belasten solche in höheren Klassen vielfach die Unterrichtsatmosphäre. Erfahrungsgemäß empfinden Schüler etwa ab der Klasse 8 Leseübungen häufig als kindisch.[77] Bei der zunehmenden Leseschwäche der Schüler – die Zahl der Schüler, die regelmäßig Bücher lesen, nimmt immer mehr ab – sollte allerdings auch in höheren Klassen auf das Vorlesen nicht verzichtet werden. Einen Sonderfall stellt das Vorlesen von Gedichten dar. Hier kann das Lesen auch in der Oberstufe thematisiert werden; über das Erstellen von Lesepartituren kann durch einen Vortrag der erste Schritt zur Sinnerschließung erfolgen.

Arbeitsblätter bzw. das Lehrbuch ergänzende Übungshefte
Meistens werden diese Medien bei Still- oder Partnerarbeitsphasen verwendet. Ihr Einsatz eignet sich besonders am Ende eines langen Schulvormittags, da sie in individualisierendem Tempo und mit qualitativen und quantitativen Anforderungsdifferenzierungen bearbeitet werden können. Sie können zudem zur Entlastung des Lehrers beitragen. Zusätzlich besteht die Möglichkeit, die im Unterricht nicht bewältigten Aufgaben in die Hausaufgabenstellung zu verlagern.

Eintragungen in Arbeitsblätter oder Übungshefte sollten grundsätzlich mit Bleistift geleistet werden, da sie dann in den Korrekturphasen problemloser verbessert werden können.

Es versteht sich von selbst, daß die hier eingebrachten Aufgabenstellungen eindeutig verständlich sein müssen. Besonders bei anspruchsvollen Übungen

---

[77] Es gibt vor allem in den Klassen 8 und 9 immer wieder einzelne Schüler, die aus einer gewissen Abwehrhaltung heraus zuweilen dazu neigen, ihre Leseschwächen bewußt zur „Eigenprofilierung" zu nutzen, indem sie etwa Texte mit ernstem Inhalt „verballhornen"; in der Folge kann es zu Unruhe und Veralberungen kommen, die in weiteren Phasen nur noch mit großem Aufwand abzustellen sind.

empfiehlt es sich, eine Aufgabe paradigmatisch vor der eigentlichen Bearbeitungsphase durchzunehmen.

Bei den lehrbuchbegleitenden Übungsheften sollte man mit Blick auf das häufig recht gering ausgeprägte Langzeitgedächtnis der Schüler überlegen, Übungen im Sinn der verfestigenden Wiederholung oder des reaktivierenden Lernens mit einer Phasenverschiebung – bewährt hat sich eine solche von 4-6 Wochen – zum Lernstoff im Buch einzusetzen.[78]

Tonträger

Bei dem Einsatz von Tonträgern sollte grundsätzlich darauf geachtet werden, daß die Schwierigkeiten bei der auditiven Erschließung, etwa von fremdsprachlichen Texten, nicht zu groß sind. So sind z.B. Aufnahmen mit schwer verständlichen dialektalen Einfärbungen, einem hohen Anteil an Fachvokabular oder komplizierten syntaktischen Strukturen zu vermeiden. Gegebenenfalls muß das Material vorentlastet werden. Bei ungeübten Lerngruppen sollten kleine Sinnabschnitte vorgespielt werden bzw. die Schüler eine Textvorlage erhalten, möglicherweise mit Annotationen versehen. Diese werden dann in einer kurzen vorbereitenden Stillarbeitsphase vor der Textpräsentation erst durchgelesen. Eine andere Möglichkeit der Vorentlastung besteht darin, daß der Lehrer mögliche Unklarheiten einleitend beseitigt.

Eine besondere Anforderung stellt das Einspielen eines Songs dar. Hieran knüpfen sich oft naive Illusionen über die implizit gegebene Motivationsträchtigkeit.[79] Oftmals ist nach dem Vorspielen in der ersten Analysephase ein deutlicher Aufmerksamkeitsabfall festzustellen.

---

[78] Als Beispiel mag gelten: Im Unterricht wurde intensiv, d.h. unter Durchnahme zahlreicher Beispiele und eines Teils der im Lehrbuch angebotenen Übungen, die indirekte Rede eingeführt. Schüler neigen dazu, das relativ komplizierte Regelwerk bald zu vergessen. Mit der oben skizzierten Phasenverschiebung werden die Regeln kurz wiederholt und dann die entsprechenden Übungen im Begleitheft eingefordert. Ein solches Vorgehen erhöht den Behaltenseffekt beträchtlich. Es empfiehlt sich auch bei der Wiederholung von Vokabeln, Formeln oder Versuchsabläufen.

[79] In der Literatur wird häufig auch von „erschlichener" Motivation gesprochen. Vorsicht ist auch geboten, wenn der Lehrer in gut gemeinter Absicht Lieblingssongs von Schülern behandelt. Hier gibt es zuweilen massive Abblockungen von Schülern, die ihre mit dem Song verbundene private Gefühlswelt nicht einer „zersetzenden" unterrichtlichen Analyse preisgeben wollen.

Eine in der Praxis oftmals bewährte Phasierung bei der Erschließung eines Songs stellt sich wie folgt dar:
1. Vorspielen des Songs (ohne Textvorlage)
2. Sammeln von Ersteindrücken
3. Textausteilung – Detailanalyse nach bestimmten thematischen, sprachlichen (evtl. auch musikbezogenen) Kategorien
4. Nochmaliges Vorspielen
5. Als Hausaufgabe: Abfassen eines themenaffinen Songtextes (vgl. hierzu etwa Entwurf F im 3. Teil).

Fernsehen/Video
Wesentliche Forderungen, etwa mit Blick auf den zumutbaren Schwierigkeitsgrad, die beim Einsatz von Tonkassetten gelten, können auch auf die unterrichtliche Verwendung einer Videokassette übertragen werden. Grundsätzlich hat der Lehrer zu entscheiden, ob das Sehen ganzheitlich oder in Teilen, ob ungebunden oder mit Beobachtungsaufgaben vollzogen werden sollte. Beobachtungsaufträge können dabei arbeitsgleich oder arbeitsteilig gestellt werden. Die Aufträge können sich – etwa in unteren Klassen – auf die bloße inhaltliche Informationsentnahme oder auf spezifisch vorgegebene speziellere Fragestellungen beziehen.

Es ist denkbar, daß die Schüler wesentliche Ergebnisse in Form von Stichworten festhalten. Die Parallelisierung von Sehen und Schreiben gelingt wegen der geforderten distributiven Aufmerksamkeit allerdings nur bei geübten Lerngruppen. Eine diese Anforderung vorbereitende Methode wäre, den Film nach einigen Minuten anzuhalten und dann zum Schreiben aufzufordern.

Die andere oben genannte grundlegende Form wäre das „offene", d.h. ungelenkte Sehen. Es eignet sich vor allem bei Filmen, welche auf die affektive Dimension ausgerichtet sind. Im Anschluß an das Sehen bietet sich ein zunächst unstrukturiertes Auswertungsgespräch an, das am Ende dann allmählich in eine strukturierte Analyse übergeleitet wird. Dabei wäre es sehr wertvoll, wenn die Schüler selbst Strukturmomente nennen könnten. Hier sollte der Unterrichtende auf jeden Fall an geeigneten Zäsuren den Film anhalten und – offen oder gelenkt – eine systematische Auswertung vornehmen lassen.

Ein besonderes Feld stellt die unterrichtliche Auseinandersetzung mit Literaturverfilmungen dar. Das Angebot an guten Filmen ist hier umfassend, die Palette der unterrichtlichen Nutzungsmöglichkeiten sehr breit.

Grundsätzlich können Literaturverfilmungen den Kenntnisstand über einen Autor, eine Epoche oder eine Gattung erweitern.[80]

Die Durchnahme von Literaturverfilmungen kann als Einleitung, im Anschluß an die Textdurchnahme oder auch parallel zu ihr erfolgen. Es bietet sich auch die Möglichkeit, über den Film als Darstellungsmedium isoliert oder im Vergleich zum Text zu sprechen.

Bilder/ Dias

Diese Medien finden vor allem im Erdkunde-, in begrenzterem Maße auch im Biologie- und Geschichtsunterricht Verwendung.[81] Vor dem Hintergrund ihres beschränkten Einsatzes sollen sie hier am Ende und nur kurz behandelt werden.

Wie bei den anderen Medien so stellt sich auch hier die grundlegende Frage, ob Bilder und Dias „offen" oder durch gezielte Beobachtungsaufgaben erschlossen werden. Wird letzteres Verfahren gewählt, so kann eine Systematik durch die Forderung nach fach- oder themenspezifischer Wertigkeit (Impuls etwa: „Was sagt das Bild/ Dia für unser/e Fach/ Themenstellung aus?") oder nach richtungserschließenden Kategorien (Impuls etwa: „Beschreibt das Bild/ Dia systematisch, indem Ihr vom Vordergrund zum Hintergrund, von links nach rechts, von oben nach unten vorgeht!") erzielt werden.[82]

Für beide methodischen Angänge muß der „altbewährte" Grundsatz gelten: Erst spricht das Bild, dann der Schüler, zum Schluß der Lehrer, d.h., der Lehrer sollte sich in den ersten Phasen deutlich zurückhalten.

In geübten Lerngruppen kann auf die o.g. Nennung von Erschließungskriterien verzichtet werden. Hier werden Schüler von sich aus systematisierende Kategorien nennen.

---

[80] Gute praktische Erfahrungen wurden mit Shakespeare-Verfilmungen gemacht. In einer Halbjahresreihe wurde ein Text statarisch gelesen. Vorher und nachher wurden etwa fünf Literaturverfilmungen eingesetzt, wobei ein Schüler als „Inhaltsexperte" fungierte, der den Lesetext und entsprechende Sekundärliteratur durchgearbeitet hatte, und Verständnisfragen der Mitschüler beantworten mußte. Jedes Stück wurde im Sinne des Spiralcurriculums mit wechselnder Schwerpunktsetzung unter vergleichender Bezugnahme auf andere Stücke besprochen. Ein solches Vorgehen läßt sich auch im Literaturunterricht anderer Fächer verfolgen.

[81] Genannt werden könnte in diesem Zusammenhang auch die Karte. Wegen ihrer allerdings im Vergleich zum Bild/ Dia noch eingeschränkteren Verwendung (Erdkunde-/ Geschichtsunterricht) wird auf eine eigene Behandlung hier verzichtet. Viele der angeführten Aspekte können problemlos auch auf den Einsatz von Karten übertragen werden.

[82] Im Erdkundeunterricht können in diesem Zusammenhang folgende Teilthemenbereiche angesprochen werden: aus dem naturgeographischen Bereich: Klima, Vegetation, Geomorphologie, aus dem kulturgeographischen Feld verschiedene Wirtschaftsbereiche (Land-, Forstwirtschaft, Industrie), Bevölkerung oder Verkehr.

2.8 Hinweise zu Erfolgskontrollen

Eine der wesentlichsten Funktionen des Lehrers ist das Beurteilen. Dieser Bereich ist deshalb so sensibel, weil er mit der Verteilung von Lebenschancen und juristischen Dimensionen verbunden ist. Vor diesem Hintergrund empfiehlt sich eine sorgfältige Dokumentation aller ermittelten Leistungen. Diese Forderung bezieht sich vom Festhalten des Datums einer Leistungsüberprüfung bis hin zur doppelten Führung des Kursheftes und der Notenlisten.

2.8.1 Die Hausaufgaben

Hausaufgabenstellungen und -kontrollen sind vom Lehrer fast täglich zu leisten. Vor diesem Hintergrund werden sie hier als erstes und relativ umfassend behandelt.

Bei der **Stellung von Hausaufgaben** sollte folgendes beachtet werden:

1. Zu formalen Vorgaben – Zeitdauer auf einzelnen Stufen – und Funktionen (Wiederholung, Vertiefung, Weiterführung) geben die Hausaufgabenerlasse in einschlägigen Verwaltungsvorschriften Auskunft (vgl. 4. Teil, Kap. 1.1).
2. Die Aufgabenstellung muß inhaltlich präzise sein; in unteren Klassen sollte sie grundsätzlich angeschrieben sowie genügend Zeit zum Eintragen in das (hoffentlich vorhandene) Hausaufgabenheft gewährt werden. Möglicherweise sollte ein (schwächerer) Schüler im Sinne einer Verständniskontrolle noch einmal die gestellten Anforderungen erklären. Gegebenenfalls sollte ein Paradigma durchgesprochen werden.
3. Die Hausaufgabenanforderungen sollten mit Bezug auf den gestellten Erwartungsrahmen klar abgesteckt sein. So muß geklärt sein, ob sie mündlich oder schriftlich zu leisten sind und welcher zeitlicher Umfang zu ihrer Bewältigung anzusetzen ist. Bei Lerngruppen mit sehr heterogenem Arbeitstempo empfiehlt sich hierbei die Angabe einer auf die mittlere Leistungsebene abhebenden Arbeitszeit.

Empfehlenswert sind in geisteswissenschaftlichen Fächern Hausaufgabenstellungen, welche die Erstellung von Protokollen, die Entwicklung weiterführender Fragen oder das Zusammentragen von nach- oder vorbereitenden Fakten beinhalten.[83]

---

[83] In geisteswissenschaftlichen Fächern sind Hausaufgabenstellungen, die einen Perspektivwechsel beinhalten – bezogen auf Personen oder Textform – als sehr gewinnbringend einzustufen.

Die Kontrolle von Hausaufgaben

Die (fast) täglich durchzuführende Kontrolle stellt einen methodisch „verschatteten" Bereich dar. Es wurde schon im Planungsteil darauf hingewiesen, daß die vielfach zu Beginn der Stunde vollzogene Hausaufgabenkontrolle einen funktional hochwertigen Einstieg verhindert. Von daher empfiehlt sich die integrative Hausaufgabenkontrolle in einer der dem Einstieg folgenden Phasen.

In NRW z.B. gilt die Regelung, daß Hausaufgaben auf der Sekundarstufe I wegen der nicht auszuschließenden Fremdhilfe (Eltern, ältere Geschwister, andere Verwandte, Nachhilfelehrer) nicht zur Notenfindung im mündlichen Bereich herangezogen werden dürfen. Dennoch ist es unangebracht, nicht erbrachte Hausaufgaben einfach zu tolerieren (vgl. unten).

Auf der Sekundarstufe II ist die in Hausaufgaben erbrachte Leistung Teil der 'Sonstigen Mitarbeit' und fließt somit in die Leistungsbeurteilung für diesen Bereich ein.

Über diese Aspekte hinaus sollte folgendes reflektiert werden:

1. Nicht erstellte Hausaufgaben sollten mit Datum bei jedem einzelnen Schüler registriert werden. Bei Häufung (etwa: dreimal und mehr pro Halbjahr) sollten die Erziehungsberechtigten informiert und Sanktionen ergriffen werden. Eine sinnvolle Möglichkeit hierzu ist die Erweiterung des zu leistenden Pensums durch Zusatzaufgaben. Diese sollten allerdings auf gar keinen Fall den betreffenden Schüler in der Vorbereitung auf eine Klassenarbeit, Klausur oder Test bevorteilen.[84] Im Extremfall – d.h., wenn mehrere Schüler Hausaufgaben nicht geleistet haben, die für die betreffende Unterrichtsstunde Voraussetzung sind, kann wie folgt vorgegangen werden: Während die „Versäumnisschüler" ihre Hausaufgabenerstellung nachholen, erhalten die Mitschüler eine Stillarbeit, welche die erstgenannten dann zu Hause nachzuholen haben.

2. Es gibt Schüler, die das selbstverschuldete Versäumnis einer Hausaufgabenanfertigung mit dem „Bekenntnis" zu kaschieren suchen, sie hätten die Aufgabenstellung nicht verstanden, in der Hoffnung, Sanktionen zu entgehen oder sogar in einer Art individuell gestaltetem „Nachhilfeunterricht" Lösungswege für alle Aufgaben aufgezeigt zu erhalten.[85]

---

[84] Es sind Fälle bekannt, in denen unorganisierte Lehrer die gestellten Zusatzaufgaben in einer Klassenarbeit verwendet und damit die zugedachte Sanktion in einen Vorteil für die betreffenden Schüler umgewandelt haben.

[85] Es soll (naive) Lehrer geben, die sich in einem solchen Falle sogar bei den Schülern für die Schwere der Aufgabe entschuldigen und sich dann wundern, wenn sie als Autoritätsperson nicht mehr ernstgenommen werden.

Um dieser „Bauernfängerei" zu entgehen und seine Autorität in der Lerngruppe zu erhöhen, sollte der Lehrer den betreffenden Schüler in aller Gelassenheit auffordern, die genaue Aufgabenstellung zu wiederholen sowie die aufgetretenen Schwierigkeiten und die von ihm versuchten Lösungsansätze konkret zu benennen.[86]

3. In unteren Klassen ist es auch aus pädagogischen Gründen – Erziehung zur angemessenen Hausaufgabenmoral, engerer persönlicher Kontakt zu einzelnen Schülern – grundsätzlich angebracht, erstellte Hausaufgaben korrigierend durchzusehen. Dies kann in der Unterrichtszeit erfolgen, indem der Lehrer durch die Reihen geht. Diese Forderung kann auch umgesetzt werden, indem er einzelne Schüler nach vorne kommen läßt. Dieses Vorgehen empfiehlt sich vor allem bei Übernahme einer neuen Klasse, weil dadurch ein schnellerer persönlicher Kontakt zu den einzelnen Schülern sichergestellt werden kann. Um in Ruhe agieren zu können, ist es auch hierbei empfehlenswert, den anderen Schülern eine „Stillarbeit" aufzugeben.

Bei der Kontrolle empfiehlt es sich, lieber einige Aufgaben gründlich als viele oberflächlich zu lesen. Um nicht allzu viel Unterrichtszeit zu verlieren, ist die beschränkende Kontrolle etwa auf eine Bankreihe denkbar. Diese Phase sollte aber so gestaltet werden, daß sie nicht von Schülern kalkuliert werden kann.[87] Die erfolgte Kontrolle sollte durch die Paraphe und möglicherweise durch einen Kurzkommentar („überzeugend!", „fleißig!" oder „dürftig!") oder durch Symbole – etwa: Plus für „überzeugend", Kreis für leichte, Minus für starke Schwächen – dokumentiert werden. Bei der Durchsicht kann auch die schlechte Lesbarkeit moniert werden. Solche Hinweise können nützliche Informationsgrundlagen für Schüler und interessierte Eltern sein. Auf die beschränkte Aussagekraft einzelner Markierungen – etwa: bloße Kenntnisnahme – muß allerdings eindringlich hingewiesen werden, da Schüler und Eltern häufig meinen, die Kontrollmarkierungen dokumentierten grundsätzlich Richtigkeit.

Vor der Vergabe von eigentlichen Noten bei solchen Durchsichten ist zu warnen, da die schnelle Durchsicht zu irreführenden Oberflächlichkeiten (Übersehen von Fehlern) führen kann.

---

[86] Häufig wird der betreffende die Hausaufgabenstellung nicht einmal nennen können und sich somit selbst entlarven.

[87] In der Praxis bedeutet dies, daß der Unterrichtende ruhig dreimal hintereinander die Aufgaben derselben Schüler begutachten sollte. Über die Selektion bei der Hausaufgabenkontrollen gibt es (noch) keine die Entfaltungsfreiheit des Lehrers einengenden Vorgaben.

4. Die Mitnahme der Haushefte ist empfehlenswert, sollte aber im angemessenen Verhältnis zu der jeweiligen Korrekturbelastung stehen. Dabei muß entschieden werden, ob die Abgabe der Hefte überraschend – es stellt Schüler unter permanente Anforderung zur vorbildhaften Führung des Heftes – oder nach Vorankündigung geschieht. Letzteres Vorgehen eröffnet den Schülern die Möglichkeit, fehlende Teile gezielt zu ergänzen.

Bei Mitnahme der Haushefte sollte der Lehrer darauf achten, daß er vor der Rückgabe der Hefte seinen Unterricht so gestaltet, daß diese nicht benötigt werden. Dies gilt etwa in bezug auf das Abschreiben von Tafelbildern, Hausaufgaben oder – besonders gravierend – für Vorbereitungen auf Klassenarbeiten oder schriftliche Übungen, die nur auf Grund von Informationen aus dem Hausheft leistbar sind.

5. Die üblichste Form der Hausaufgabenkontrolle vollzieht sich mündlich. Dabei muß der Lehrer entscheiden, ob er Freiwillige aufruft oder solche, die sich nicht melden. Für beide Entscheidungen gibt es pädagogisch überzeugende Argumente.

In großen Lerngruppen und in den Fächern, deren Notengebung vorwiegend oder ausschließlich auf mündlichen Beiträgen basiert, sollte der Lehrer die Hausaufgabenkontrolle als Profilierungsmöglichkeit von zurückhaltenden Schülern nutzen, um ausreichende Grundlagen für eine valide Notengebung zu schaffen. Ein häufig praktizierter Weg bei diesem Verfahren stellt der Vortrag eines oder mehrerer Schüler dar. Ihre Beiträge werden besprochen und die anderen Schüler zur Korrektur aufgefordert. Dieses Verfahren ist dann effektiv, wenn die Richtigkeit von Beiträgen eindeutig bestimmbar ist. Dies ist etwa häufig im Mathematikunterricht, in naturwissenschaftlichen Fächern oder im Grammatikunterricht der Fall. Schwieriger gestaltet sich ein solches Vorgehen bei möglichen Alternativen, etwa bei Anforderungen, die auf individuelle sprachliche Entfaltungen abheben. Hier sollte der Unterrichtende auf jeden Fall genügend Zeit zu Rückfragen einplanen.

Der Vortrag der Hausaufgaben von Schülern, gerade wenn sie sich nicht freiwillig gemeldet haben, ist vielfach durch Monotonie in der Stimmführung bei hoher Lesegeschwindigkeit belastet, so daß der Vortrag „vorbeirauscht" und dem Lehrer und den Mitschülern in der sich anschließenden Würdigung lediglich banale Kommentierungen ermöglichen. Im Fremdsprachenunterricht wird zudem meist nur ein Bruchteil der aufgetretenen Sprachverstöße erfaßt. Das Problem wird allenfalls abgeschwächt, wenn Lehrer und Schüler sich schriftliche Notizen machen. Die sinnvolle

Funktionsbestimmung einer überzeugenden Hausaufgabenbesprechung, dokumentiert in einer differenzierenden Wertung, der Korrektur von Fehlern – beides ertragreich im Sinne der Anspruchssteigerung als nutzbare Beiträge für den weiteren Unterricht – ist bei einem solchen Verfahren kaum gegeben.

Vor diesem Hintergrund sollte zur Effizienzsteigerung folgendes bedacht werden:

1. Es ist im Sinne der Auswertbarkeit und der Kompetenzerweiterung des Schülers – Anleitung zu angemessenen Vortragsformen, etwa mit Blick auf mündliche Abiturprüfungen – wesentlich günstiger, wenn der Schüler die in seiner Hausaufgabe erarbeiteten Ergebnisse mündlich einbringt, wobei ihm lediglich Blickkontakt zu seinem Heft eingeräumt wird. Bei ungeübten Schülern kann diese Phase durch eine wenige Minuten umfassende einleitende „Stillarbeit" vorbereitet werden.
2. Trägt der Schüler Hausaufgaben vor, die sich in Abschnitte gliedern lassen, so sollte nach jedem Block kurz eingehalten werden, um wesentliche Aspekte zu besprechen und möglicherweise an der Tafel festzuhalten. Dabei erscheint es im Sinne einer möglichst breiten Aktivierung sinnvoll, nach jedem Abschnitt einen anderen Schüler aufzurufen.
3. In entsprechend trainierten Lerngruppen kann der Hausaufgabenvortrag auch von arbeitsteiligen analysierenden Arbeitsaufträgen an Mitschüler begleitet werden.[88]
4. Es ist auch denkbar, daß der Lehrer sich ein Heft geben läßt und die Hausaufgabe didaktisiert – durch gezieltes Einhalten, durch besondere Akzentuierung problematischer Stellen – vorträgt. Ein solches Verfahren bietet den zusätzlichen Vorteil, daß *ad hoc* Handschrift und Ordnung bewertet und vor allem Orthographiefehler angesprochen werden können.
5. Sinnvoll ist auch die folgende Form der Hausaufgabenkontrolle: Es erfolgt die paradigmatische Besprechung einer schriftlichen Hausaufgabe nach vorher erarbeiteten Kriterien im Plenum. Anschließend werden die Hefte ausgetauscht und jeder Schüler kontrolliert die Arbeit des neben ihm sitzenden Mitschülers. Weitere Hausaufgaben (-teile) und erarbeitete Bewertungen können abschließend wieder im Plenum behandelt werden.

---

[88] Im Fremdsprachenunterricht bietet sich eine Teilung in Inhaltsbereich und Sprachbereich an, wobei bei letztgenanntem weiter differenziert werden kann in Aspekte wie Wortschatz (Fachterminologie) und Grammatik.

2.8.2 Schriftliche Lernerfolgskontrollen (Klausuren, Klassenarbeiten, schriftliche Übungen, Protokolle)

Analog zu den Bestimmungen für Hausaufgaben gibt es auch eine Fülle reglementierender Vorgaben zur allgemein-organisatorischen und fachspezifischen Handhabung von schriftlichen Lernkontrollen. Auf wesentliche Aspekte – Ankündigung von Klausuren und schriftlichen Übungen (Tests) – wurde an anderer Stelle – vgl. 1. Teil, II - Kap. 5.2 – schon eingegangen, so daß sich die Darstellung hier auf einige ergänzende Hinweise beschränken kann.

1. Bei der Vorbereitung auf eine schriftliche Arbeit steht neben der Frage der Ankündigung auch das Problem im Raum, inwieweit der Lehrer gezielte Hinweise zur Vorbereitung geben soll. Im Extremfall kann er sich auf den Standpunkt stellen, der Schüler „müsse mit allem rechnen".

   In der Praxis wohl verbreiteter ist allerdings das rechtzeitige Ankündigen von Klassenarbeiten und Klausuren sowie das Abstecken der vorzubereitenden Stoffmenge durch den Lehrer.[89] Dieses Vorgehen läßt sich über pragmatische Aspekte wie Sympathieerhaltung bei Schülern, Vermeidung des Neuschreibens durch schlechte Ergebnisse hinaus mit dem lernpsychologischen Argument stützen, daß hier das ganzheitliche (Überblicks-) Lernen gefördert wird. Dadurch kann der Schüler Zusammenhänge oft klarer erfassen als in dem notwendigerweise segmentierenden alltäglichen Unterricht. Hinzu kommt, daß der Schüler Kompetenzen in bezug auf eine vorplanerische Zeiteinteilung erwirbt, ein Anforderungsbereich, der für die Qualität der individuellen Lebensgestaltung einen hohen Stellenwert besitzt.[90]

   Die o.g. Empfehlung, rechtzeitig Hinweise zu geben, gilt vor allem für den Oberstufenbereich, da hier Schüler in kurzer Zeit mehrere Klausuren zu schreiben haben.

   Auf allen Stufen ist es durchaus sinnvoll, wenn der Lehrer den quantitativen Vorbereitungsrahmen relativ weit setzt, da somit eine umfassende Wiederholung sichergestellt ist, selbst wenn bei der

---

[89] In den meisten Schulen werden Listen geführt, in denen die Termine von schriftlichen Lernerfolgskontrollen einzutragen sind.

[90] Bedauerlicherweise stellt der Nachweis einer solchen Kompetenz allenfalls indirekt ein Kriterium bei der Beurteilung von Lehrern dar. Dabei ist die Fähigkeit zum vorplanerischen Abbau von Belastungsspitzen sowohl im Vorbereitungsdienst (Häufung von Lehrproben zu bestimmten Zeiten, Parallelisierung von Lehrproben und Erstellung der 2. Staatsarbeit) als auch im etablierten Lehrerdasein (Klassenarbeiten, Abiturprüfungen in z.T. recht eng gesetzten Zeiträumen) durch die vorgegebenen Rhythmisierungen immer wieder gefordert.

eigentlichen Lernerfolgskontrolle nur ein Teil der angegebenen Stoffmenge thematisiert wird.

Sollte die Lerngruppe zum ersten Male eine Klassenarbeit (Klasse 5) oder Klausur (etwa in Jahrgangsstufe 11) schreiben, so ist mit Blick auf den Abbau aufkommender Ängste empfehlenswert, Informationen über den zu erfüllenden Organisationsrahmen und die angelegten Bewertungsmaßstäbe bekanntzugeben sowie eine Probearbeit zu schreiben. Bei dieser sollten jedoch inhaltliche Dopplungen zur eigentlichen Arbeit allenfalls in minimalem Umfang auftreten.

2. Die oben genannten Verwaltungsvorschriften weisen auf die Verpflichtung des Lehrers hin, Arbeiten zügig zu korrigieren; auf jeden Fall muß dem Schüler zwischen der Rückgabe einer Arbeit und dem Schreiben der nächsten genügend Zeit zur Verbesserung der eigenen Leistungsfähigkeit gewährt werden.

Das zügige Korrigieren bietet auch praktische Vorteile. Schon bei der Erstellung der Aufgaben macht sich der Lehrer meist Gedanken über den schülerseits konkret zu erfüllenden Erwartungsrahmen; oftmals geschieht dies sogar in bezug auf eine differenzierte Notenabstufung. Bei einem zeitlich engen Abstand zwischen Erstellung und Korrektur der Arbeit sind ihm die überlegten Bewertungskriterien eher präsent. Hinzu kommt, daß die zügige Korrektur die für eine gerechte Bewertung vielfach notwendige Geschlossenheit sicherstellt. Ist der Abstand zwischen der Korrektur einzelner Arbeiten sehr groß, so ist die Gefahr unterschiedlicher Maßstäbe gegeben.

Es ist auch zu empfehlen, genaue Notizen über angewendete Kriterien anzufertigen und bei der Korrektur jeder Arbeit, vor allem in oberen Klassenstufen, begleitende Stichworte festzuhalten. Dieses Verfahren erleichtert den zu leistenden endgültigen Kommentar bei der Notenfindung erheblich. Die Durchsicht von Arbeiten sollte eindeutig unter Anwendung einschlägiger Korrektur- und Bewertungszeichen, die in nicht zu großer Zahl verwendet und den Schülern einmal kurz vorgestellt werden sollten, vorgenommen werden. Der Lehrer ist – außer bei der Durchsicht von Abiturarbeiten – zur Positivkorrektur verpflichtet, d.h. zur Verbesserung auftretender Fehler (Orthographie, Grammatik). Die Erfüllung einer solchen Forderung hat natürlich mit Blick auf die Belastbarkeit Grenzen und kann sich in der Praxis auf die Positivkorrektur von Fehlern beschränken, die aus Sicht des verantwortungsvollen Lehrers dem Schüler unverständlich sind.

3. Am Ende der Arbeit sollten Vorzüge und Schwächen der erbrachten Leistung begründend dargestellt werden. Dabei kann man unterscheiden zwischen einer „objektiven" (absoluten) und einer „subjektiven" (relativen) Ebene, die sich auf den festgestellten individuellen Fortschritt oder Leistungsabfall bezieht und mit Blick auf die pädagogische Dimension (Ermunterung, Tadel) auch eingebracht werden sollte. Diese Forderung kann etwa auf die Tatsache angewendet werden, daß ein Schüler sich in der Notenskala von einem sonst für ihn üblichen „Ungenügend" auf ein „Ausreichend" hochgearbeitet hat.
4. Jede Arbeit sollte unter Offenlegung der angewandten Bewertungskriterien ausführlich besprochen werden. Dabei empfiehlt sich eine systematische Aufbereitung nach Aufgabenschwerpunkten und Fehlerfeldern.
Der häufig beklagten Unsitte, daß Schüler die Korrekturarbeit des Lehrers durch bloße Kenntnisnahme der Note ignorieren und damit konterkarieren, kann begegnet werden, indem Schüler – auch solche in der Oberstufe – zu einer schriftlich oder mündlich zu leistenden Korrektur ihrer jeweiligen Arbeit angehalten werden. Diese Forderung kann etwa mit dem Auftrag verbunden werden, nicht nur alle Fehler zu korrigieren, sondern sich auch genau über das Fehlerumfeld zu informieren.[91] Die Überprüfung der geleisteten Arbeit kann als Teil der Notenfindung im mündlichen Bereich herangezogen werden.[92]
5. Alle korrekturrelevanten Unterlagen sollten mit Blick auf mögliche Einsprüche vom Lehrer drei Jahre lang aufbewahrt werden.

Eine wichtige Rolle – sowohl mit Blick auf schulische Lernerfolgskontrollen, aber auch auf außerschulische Kompetenzanforderungen – können Protokolle übernehmen. Sie stellen schriftliche Leistungskontrollen dar, werden aber bei der Notenermittlung fast immer der 'Sonstigen Mitarbeit' zugeordnet. Man kann grundsätzlich unterscheiden zwischen einem Stundenprotokoll und einem Sitzungsprotokoll. Letztgenanntes kann bei schulischen Versammlungen, etwa bei den Vorbereitungen zum Projektunterricht oder zu Planspielen funktional eingesetzt werden.

---

[91] Als Beispiel für den Fremdsprachenunterricht läßt sich anführen: Ein Verstoß gegen die Tempussetzung bei der indirekten Rede führt zur Forderung nach Auseinandersetzung mit allen für dieses Grammtikkapitel wichtigen Regeln. Die (wieder) erworbene Kompetenz wird dann überprüft.

[92] Es versteht sich von selbst, daß bei umfangreichen Korrekturanforderungen, etwa solchen in einer Oberstufenklausur, den Schülern ein Zeitrahmen eingeräumt werden muß, der jenseits der nächsten Unterrichtsstunde liegt. Erfahrungsgemäß reicht maximal eine Woche Vorbereitungszeit selbst bei umfangreichen Leistungskursklausuren aus.

Wichtiger in diesem Zusammenhang ist allerdings das Stundenprotokoll. Wegen seines hohen Stellenwertes sollen noch einmal in Kurzform die wichtigsten Regeln zur Anfertigung aufgelistet werden:
1. **Oben rechts**: Ort und Datum der Protokollanfertigung, d.h. der Anfertigung der Reinschrift
2. **Oben links**: Name, Vorname des Protokollanten, Klassenstufe, Unterrichtsfach
3. **Überschrift**, in der enthalten sein muß: Thema der Stunde (evtl. Thema der Unterrichtseinheit), Datum (evtl. Zeitpunkt) der Unterrichtsstunde (z.B. 'Bismarcks Außenpolitik'; Unterrichtseinheit: 'Bismarck'; Geschichtsstunde vom 20. 11. 1996)
4. Nennung der **Anwesenden**. Bei Stundenprotokollen genügt es i.d.R., die Lehrkraft namentlich und den Kurs in seiner Gesamtheit zu nennen, da ja meist in anderer Form (Klassenbuch, Kursheft) eine Anwesenheitsliste geführt wird.
5. Hinweise zum **Aufbau**:
5.1 Im Vorfeld ist zu klären, ob ein Verlaufs- oder ein Ergebnisprotokoll geschrieben werden soll.
5.2 Im Verlaufsprotokoll müssen alle geäußerten Beiträge während der Unterrichtsstunde in Form eines Kurzberichts notiert werden, so daß der Diskussionsprozeß nachvollziehbar bleibt. (Manche Lehrer fordern sogar, daß die Äußerungen namentlich festgehalten werden.)
5.3 Das Ergebnisprotokoll faßt das zusammen, was als Thesen, grundlegende Aussagen, Regeln oder Beweise in der Stunde erarbeitet wurde. Sollten Tafelanschriebe/ -bilder angefertigt worden sein, so müssen diese kopiert und evtl. erläutert werden.
5.4 Vom Lehrer eingebrachte Aufgaben, aber auch von den Mitschülern gestellte Fragen, die nicht abschließend behandelt wurden, müssen möglichst wörtlich notiert werden.
6. Hinweise zur **Versprachlichung**:
Grundsätzlich gilt: Das Protokoll ist eine Art des Berichts und muß sich somit an die Regeln dieser Textsorte halten.
6.1 Statt der wörtlichen Rede wird die indirekte Rede verwendet.
6.2 Die Wahl der Zeitform ist nicht festgelegt. Es ist sowohl die Gegenwartsform (wie im Bericht) als auch die Vergangenheitsform (dann aber als Imperfekt) möglich. Die Zeitform darf aber nicht gewechselt werden.
6.3 Ausschmückungen jeder Art und persönliche Wertungen durch den Protokollführer sind zu vermeiden.
6.4 Es ist möglich, sparsam zu zitieren.
7. Das Stundenprotokoll soll unterschrieben werden.

2.8.3 Die 'Sonstige Mitarbeit' (mündliche Beteiligung, Referate)

Hierunter fallen vor allem die **mündliche Beteiligung,** aber auch die Bewertung von **Referaten** und Hausaufgaben mit der o.g. Einschränkung.

Bei der Beurteilung der mündlichen Beteiligung stellt sich in der Praxis als häufigstes Problem dar, wie eine rege, jedoch von simplen Antworten geprägte Beteiligung im Verhältnis zu seltenen, jedoch substantiellen Beiträgen bewertet werden soll. Im Gegensatz zum schriftlichen Bereich sind Beurteilungen für mündliche Leistungen meist nicht umfassend dokumentiert, die angelegten Bewertungskriterien zudem häufig verschwommen.

Es stellt sich darüber hinaus auch die Frage, ob der Lehrer sich tatsächlich auf den justitiablen Standpunkt zurückziehen sollte, daß er einen Schüler nur in der Sekundarstufe I aktivieren muß, in der Oberstufe dagegen diesem die „Bringschuld" überträgt, mit der Konsequenz, daß evtl. Zurückhaltung bestraft, aufdringliches „Geschwätz" belohnt wird.

Auch hier ist die Transparenzmachung gewählter Vorgehensweisen empfehlenswert, indem Bewertungskriterien, etwa in bezug auf qualitative Unterschiede bei gegebenen Antworten offengelegt werden. Gradmesser können hierbei sein:

- Die Qualität der Sprachgebung, konkretisiert etwa durch Korrektheit, Stil oder durch die Anwendung einer angemessenen Fachterminologie
- Inhaltliche Vielfalt der vorgebrachten Beiträge
- Nachweis problemlösender, weiterführender Gedanken gegenüber simpler Reproduktion
- Einbeziehung von Vorwissen durch angemessene Vergleiche, d.h. Nachweis von vernetzten gegenüber atomisierten, additiv angelegten Denkstrukturen
- Die Fähigkeit, argumentativ vorzugehen und sich mit den Beiträgen von Mitschülern sachlich auseinanderzusetzen
- Der Nachweis, wesentliche Gedanken kondensiert zusammenfassen zu können.

Ein in der Praxis bewährtes System bei der Feststellung der Leistung im mündlichen Bereich stellt sich wie folgt dar:

1. Gegebene Antworten werden mit einer Punktwertung zwischen 3 (komplex, präzise Fachterminologie) und 1 (einfach, die jeder Schüler eigentlich hätte leisten müssen) bewertet. Den Schülern wird die Wertigkeitsabstufung an entsprechenden Beispielen klargemacht.

2. Es wird eine abgestufte Punktverteilung für einzelne Notenstufen ermittelt. Sie berücksichtigt alle Stunden, in denen die Schüler Gelegenheit hatten, sich durch mündliche Beiträge zu profilieren. Stunden, in denen Klausuren geschrieben, längere Filmausschnitte etc. gesehen wurden, werden pauschal, entschuldigtes Fehlen bei einzelnen Schülern individuell von der Bewertung ausgeklammert.

Für die Note „sehr gut" muß ein Schüler etwa im Stundendurchschnitt 5, für ein „gut" 4, für ein „befriedigend" 3 Punkte etc. erreicht haben, bei 25 bewerteten Stunden also mindestens 125 für den obersten Notenbereich. In der Praxis erreicht nur der Schüler diese Punktzahl, welcher sich oft und mit substantiellen Antworten zu Wort meldet. Der sich häufig mit simplen Antworten beteiligende Schüler erreicht kaum mehr als ein „Befriedigend".

Dieses Modell weist den Nachteil auf, daß der Lehrer gezwungen ist, sich laufend Notizen zu gegebenen Antworten zu machen; es entlastet ihn und die Unterrichtsatmosphäre jedoch, wenn solche Bewertungen in Zwischenpausen, am Ende einer Stunde oder aus dem Kurzzeitgedächtnis in der „großen Pause" festgehalten werden.

Dieses Modell kann auch – bei entsprechend disponierten Schülern – einen ständigen Leistungs- und Konkurrenzdruck schaffen, der das Unterrichtsklima belasten kann. Hier müßte der Lehrer gegensteuern.

Die erlebte Praxis zeigt jedoch, daß die Vorteile überwiegen. Die unerquicklichen Diskussionen, warum ein Schüler mit einem Notenpunkt besser bewertet worden ist als ein anderer, werden durch dieses Modell verhindert. Die aus Resignation erlebte, punktuelle Praxis, daß trotz schlechter Leistungen bei einigen Lehrern die Notenskala bei „befriedigend" aufhört und damit Ungerechtigkeiten geschaffen werden und die Schüler (zu Recht) empört sind, könnte aufgebrochen werden. Diese Form der Notenfindung ist für Schüler nachvollziehbar. Hinzu kommt, daß andere Bereiche der 'Sonstigen Mitarbeit' einbezogen werden können. Dies kann sich beziehen auf Referate, die etwa mit maximal 15 Punkten bewertet werden können, auf komplexe Hausaufgabenstellungen (z.B. maximal 10 Punkte) oder umfassende mündliche Prüfungen (etwa: maximal 8 Punkte). Hierdurch haben stillere, jedoch gute Schüler genügend Gelegenheit zur Profilierung. Den Schülern sollte ab und zu der „Zwischenstand" bekanntgegeben werden, so daß sie sich selbststeuernd um Verbesserungen durch o.g. Profilierungsmöglichkeiten bemühen können.

Dieses Modell stellt auch eine wirkungsvolle Maßnahme gegenüber „Unterrichtsschwänzen" dar. Nicht glaubhaft entschuldigte Stunden gehen voll (mit 0 Punkten) in die Berechnung ein.

Schüler–Referate spielen vor allem im Oberstufen-Unterricht als Vorbereitung auf wissenschaftliche und berufsvorbereitende Ausbildungsgänge eine große Rolle. Sie bilden dabei wichtige Bezugsgrundlagen für die Notenfindung der 'Sonstigen Mitarbeit'.

Schülerreferate sind vom Lehrer unter Beachtung der folgenden Aspekte sorgfältig vorzubereiten:

1. Es müssen eindeutige Vorgaben zum Thema und zum Umfang geleistet werden.
2. Es sind klare Hinweise auf die Zusammenstellung und Auswertbarkeit von Materialien zu geben. Bei Lerngruppen, die über Erfahrungen bei der Erstellung von Referaten verfügen, ist im Sinne des wissenschaftspropädeutischen Lernens die eigenständige Zusammenstellung und Auswertung von Materialien zu fordern, etwa unter Einbeziehung von schuleigenen und öffentlichen Bibliotheken.[93]
3. Der Lehrer sollte Empfehlungen zum Vortragsverfahren geben. Diese können sich beziehen auf den anzusetzenden Zeitrahmen – eine häufig angewendete Marge liegt bei einem Maximum von 15 Minuten – aber auch auf Darstellungstechniken. Hier sollten Schüler dazu angeleitet werden, einschlägige Hilfsmittel – Folien, Wandtafel, Karte, Präparate, Thesenpapiere etc. – einzubeziehen. Den Schülern muß grundsätzlich klargemacht werden, daß das Referat vor allem zur Kompetenzerweiterung der Mitschüler angesetzt wurde und somit nicht ausschließlich auf den Lehrer auszurichten ist. Entsprechend sollte die Gefahr eines Imponiergehabes des vortragenden Schülers, dokumentiert durch Unangemessenheit in bezug auf Quantität, Fremdwörter, Zitate oder Sekundärliteratur in den Vorbesprechungen abgeblockt werden. Die Sprechrichtung des vortragenden Schülers sollte – gemäß der einschlägigen „Schauspielerregel" – zudem auf das Publikum ausgerichtet sein.

Bei umfangreichen, etwa auf der Grundlage von Gruppenarbeit erstellten Referaten, die den Unterricht über einen längeren Zeitraum begleiten, sollte sich der Lehrer mit Blick auf die weitere Planung und die möglicherweise

---

[93] Es kann nur davor gewarnt werden, Schülern wertvolles Material aus dem eigenen Privatbesitz zur Verfügung zu stellen, da viele Schüler – meist noch nicht einmal in böswilliger Absicht – nicht gelernt haben, pfleglich mit ausgeliehenem Material umzugehen.

notwendigen Korrekturen oder Hilfestellungen eine Übersicht über den „Entwicklungsstand" der einzelnen Referate verschaffen.

Die unterrichtliche Gestaltung der Vortragsphase kann sich an den gleichen Überlegungen ausrichten wie die in bezug auf die Auswertungsphase von Gruppenarbeit – vgl. 2. Teil, II - Kap. 2.6.

2.9 Die Organisation besonderer Unterrichtsformen (Projektunterricht, Planspiel, Freiarbeit)

Der idealtypische Verlauf solcher Unterrichtsformen stellt sich wie folgt dar:

1. Finden eines Themas, Aufgabe, Anliegen
   Beim **Projektunterricht** empfiehlt sich eine Themenstellung mit fächerübergreifender Bedeutung. Denkbare Ansätze können sein:
   - einzelne Epochen, z.B. das Zeitalter des Barock aus der Sicht der Musik, der Sozialwissenschaften, der Geschichte, der Kunst etc.
   - (aktuelle/ lokale) Themenstellungen aus verschiedenen Blickwinkeln: Stadtsanierung, Umsiedlungen (Geographie, Geschichte, Sozialwissenschaften); Müllbeseitigung (Geographie, Chemie, Politik, Wirtschaftswissenschaften); Rekultivierung; Schaffung von Ökotopen (Biologie, Geographie, Politik, Wirtschaftswissenschaften)
   - Untersuchung über die Funktionsweise eines Wirtschaftsunternehmens (Fabrik, Kaufhaus, Bauernhof, Reisebüro etc.), einer Institution, die dem Wohle der Bevölkerung dient (Stadt-/ Kreisverwaltung, Krankenhaus, Müllabfuhr, Wasserwerk), eines Gebietes (Heimatstadt/ -kreis, Region der Partnerschule/ -stadt) aus den Blickwinkeln verschiedener Fächer.

   Bei solchen Projekten lassen sich auch wertvolle Informationen für eine mögliche Berufswahl der Schüler vermitteln.

   Beim Projektunterricht sollte die Frage der Produkterstellung bzw. der Publikationswirksamkeit eine wesentliche Rolle spielen.

   Beim **Planspiel** ist ein Thema zu wählen, das Interessenkonflikte hervorruft. Mögliche Beispiele sind: der Bau einer Autobahn, die Errichtung einer umweltbelastenden Fabrikanlage oder eines Gewerbegebietes etc.
2. Strukturierung: Fragen formulieren, Arbeitsplan erstellen, Gruppen bilden – möglicherweise bei produktorientiertem Projekt –, Gebrauchswert identifizieren
3. Durchführung: Beim Projektunterricht kann sich diese Phase sowohl beziehen auf die Herstellung eines Produktes als auch auf die Publikation (Ausstellung, Aufführung, Demonstration) des Unterrichtsgegenstandes.

Beim Planspiel stellt diese Phase den Kern des Vorhabens dar.
4. Bilanzierende Evaluation des Projektes/ Planspiels mit Überlegungen zu einer zukünftigen Optimierung dieser Lernform. Diese können sich auf alle drei o.g. Phasen beziehen.

In bezug auf den Organisationsablauf sollten folgende Aspekte berücksichtigt werden:
- Eindeutige Verteilung der Spielrollen bzw. der Teilthemen
- Rechtzeitige Verteilung von Informations- und Darstellungsmaterial
- Klare Festlegung der Gestaltungsregeln, ein besonders beim Planspiel wichtiger Aspekt. Diese Vorgaben können sich bei Diskussionen z.B. auf Redezeiten, Reihenfolge der Redner, Verhaltensdispositionen (Zuhören, Ausredenlassen etc.) beziehen.
- Festlegung von Zielperspektiven und Beurteilungskriterien. Beim Planspiel ist es zudem sinnvoll, Zuschauer mit bestimmten beobachtenden oder protokollarischen Aufgaben in den Unterrichtsablauf einzubeziehen.

Zusammenfassung

Analog zu der Zusammenfassung im Planungsbereich sollen auch im Durchführungsbereich noch einmal häufig auftretende Schwächen aufgelistet werden, so daß der Leser sein eigenes Unterrichtsvorhaben zur Vermeidung möglicher Schwächen „gegenchecken" kann.[94]

- Mangelnde Souveränität des Unterrichtenden. Sie kann sich beziehen auf fehlende Sachkenntnis und defizitäres unterrichtliches Management, etwa in bezug auf Arbeitsgruppenbildung, Medieneinsatz, Tafelanschrieb. Eine derart gelagerte *Orientierungslosigkeit* erweist sich, wenn sie durchgehend feststellbar ist, als schwerwiegender Mangel, da sie Unterrichtsqualität grundsätzlich in Frage stellt. Hier sind Zweifel angebracht, ob der Betreffende überhaupt für den Lehrberuf geeignet ist.
- *Keine Kongruenz* zwischen Planung und Durchführung. Dabei ist zu unterscheiden zwischen vorhersehbarer Nichterfüllbarkeit des gesetzten Rahmens (etwa durch stoffliche Überfrachtung der Stunde, Festlegung falscher Zeitvolumina, Wahl unfunktionaler Sozialformen etc.) – hierbei liegen eindeutige Planungsdefizite vor – und Anforderungen, die sich im Unterricht erst überraschend entwickeln. Dies ist z.B. der Fall, wenn Schüler unerwartet berechtigte Rückfragen in bezug auf Inhalt,

---

[94] Es muß hier analog zu der Auflistung möglicher Schwächen im Planungsverhalten betont werden, daß viele Bereiche sich überlagern.

Terminologie oder methodische Angänge stellen. Solche Forderungen ergeben sich besonders häufig im Oberstufenunterricht, etwa bei Interpretationsstunden. Hier muß der Lehrer mit Flexibilität adäquat reagieren.
In Anbindung an den zuletzt angeführten Aspekt ist als häufig feststellbare Schwäche die *mangelnde Flexibilität* im Umgang mit Schülerantworten zu nennen. Die Vermeidung einer solchen Schwäche setzt voraus, daß die Nutzbarmachung von Schülerantworten für den Unterricht sofort erfaßt und entsprechend differenzierend bewertet wird. Leider werden allzu häufig gute und schlechte Antworten unterschiedslos zur Kenntnis genommen, allzu häufig beharrt mancher Lehrer nachhaltig auf beabsichtigten Lösungswegen oder Begrifflichkeiten. In der Folge kommt es zu atmosphärischen Störungen – Schüler empfinden ein solches Lehrerverhalten meist als penetrante Pedanterie – und unfunktionalen Abweichungen vom geplanten didaktischen Profil.
Die Wertigkeit von Schülerbeiträgen zu erfassen, heißt auch, unterscheiden zu können zwischen berechtigten Bedürfnislagen von Schülern im o.g. Sinne und solchen Beiträgen, die zu Ineffizienzschleifen führen und abgeblockt werden müssen.

- *Unangemessene Lehrerdominanz* durch zu starke und enge Lenkung. Eine solche Schwäche tritt besonders häufig in der vielfach von Nervosität geprägten Einstiegsphase oder bei Gelenkstellen auf. Eine noch gravierendere Schwäche stellt ein solches Vorgehen in Unterrichtsabschnitten dar, die von ihrem Selbstverständnis her eindeutig schülerorientiert sind, etwa in Auswertungsphasen im Anschluß an Einzel-, Partner- oder Gruppenarbeit bzw. bei Vorträgen von Hausaufgaben oder Referaten. In diesem Zusammenhang ist auch die unangemessene Überformung von Schülerantworten als Negativmerkmal anzuführen. Als Teil einer unfunktionalen Dominanz müssen weiterhin Zusammenfassungen von Teil- oder Endergebnissen durch den Lehrer gewertet werden. Als Schwäche marginaler zu bewerten, dennoch zu vermeiden, ist die Wiederholung der zu besprechenden Hausaufgabenstellung durch den Lehrer. Es muß gelten: Alles, was der Schüler wissen kann, sollte von ihm eingebracht werden.
- *Unfunktionales Lehrerecho*. Lehrerecho kann toleriert werden, wenn die Akustik im Klassenraum schlecht ist, so daß wertvolle Antworten erst durch zeitaufwendige Wiederholungen – hier ist der Lehrer sicherlich der effizienteste „Wiederholer"- nutzbar werden. Wenn Lehrerecho bewußt eingesetzt wird, sollte dies in die Planung begründend eingebracht werden,

etwa bei der Methodischen Reflexion mit begründendem Bezug auf die Bedingungsanalyse.[95]
- *Schwächen in der Gesprächsführung*, speziell bei Impulsgebungen: Sie reichen von ungünstigen Fragen (unorthodoxe Syntax, Evozierung von Antwortfragmenten) bis hin zu Mehrfachimpulsen, als deren negative Steigerung Fragekaskaden eingestuft werden müssen.
- *Qualitätsarmes Tafelbild*: Diese Schwäche kann sich beziehen auf die unzureichende Lesbarkeit (schlechte Handschrift; allzu kleine Schriftgröße) oder auf eine diffuse Strukturierung (ungünstige Aufteilung der Tafelfläche; Auslassen von Überschriften oder Markierungen von Wertigkeiten oder Interdependenzen).

---

[95] Eine solche Wiederholung von Schülerantworten durch den Lehrer kann besonders im Sportunterricht in Dreifachturnhallen oder in Hallenbädern fast zwingend notwendig werden.

III Die Reflexion über Unterricht

Auf den folgenden Seiten finden sich u.a. zwei Raster, die sich in der Praxis – vor allem in den ersten Phasen – der Lehrerausbildung über Jahre bewährt haben. Sie stellen erste systematisierende Anhaltspunkte für die Reflexion über Unterricht und unterrichtliches Handeln dar. Sie werden deshalb trotz der mit solchen Rastern verbundenen Schwächen – Atomisierung von komplexen, z.T. sich parallel vollziehender Vorgänge, Gefahr einer vorwissenschaftlichen Analyse, etc. – vorgestellt.

Das erste Raster (vgl. Nr. 1) bindet die geforderte Beobachtung stark an die institutionellen und personenbezogenen Rahmenbedingungen an. Es bezieht sich auf Aspekte, die der erfahrene Lehrer gleichsam „im Hinterkopf" hat, der Lehramtsanfänger jedoch erst mühsam erwerben muß.

Das zweite Raster (vgl. Nr. 2) nimmt hauptsächlich die Unterrichtsdurchführung in den Blick, d.h. den beobachteten Unterricht von Mentoren und Konreferendaren und die Analyse von Unterrichtsmitschau.

Es folgen einige Hinweise für die Gestaltung einer Stellungnahme zur eigenen Unterrichtsstunde, wie sie bei den Staatsexamensprüfungen und auch bei Revisionsverfahren vorgesehen sind.

1 Anregungen für die erste Phase der Ausbildung

1.1 Allgemeine Hospitation an der Schule

Es gilt zunächst, die Schule als Organisationsraum des Lernens und Stätte der Erziehung zu erkennen. Dazu gehören:
- Einblicke in die soziogeographische Lage (Einzugsbereich, Nachbarschaftsschulen, Verkehrslage im Einzugsbereich)
- Einblick in die Raumplanung und -nutzung (Lageplan der Schule, Klassenräume, Zustand, Mobiliar, Anordnung der Tafeln etc., Fachräume und deren innere Ausstattung, Bibliotheken, Zustand, Betreuung, Konferenzzimmer, Lehrerarbeitszimmer, Aula, Sportanlagen, Pausenräume etc.)

Gewinnen Sie Einblick in die Zusammensetzung von Lehrer- und Schülerschaft, damit Sie erfahren, unter welchen Bedingungen sich der Unterricht vollzieht!

Verschaffen Sie sich Zugang zu statistischen Angaben im Hinblick auf Lehrer und Schüler etwa in folgendem Rahmen:
- Zahl der Schüler (männlich, weiblich)
- Zahl der Klassen (Richtzahl für die einzelnen Klassen und Realität)
- Sozialstruktur
- Lehrer: Verhältnis in Zahlen (Ist/ Soll, Fächer, Fachunterbesetzung, Stundenausfall, System der Kompensierung – fachfremder Unterricht, Lehrerüberstunden, Aushilfskräfte oder bedarfsdeckender Unterricht von Lehramtsanwärtern –, Stundenplanprobleme)
- Analysieren Sie das Klassenbuch einer Lerngruppe, in der Sie längere Zeit hospitieren, damit das, was Sie aus der Schülerstatistik über Ihre Schule erfahren haben, im Blick auf eine Klasse deutlicher wird!
- Differenzierung nach Geschlecht
- Auswärtige Fahrschüler, Länge der Wege, Wartezeiten
- Altersstreuung
- Wiederholer
- Zugehörigkeit zu Vereinen, Jugendgruppen, Clubs
- Leistungsprofil der Schüler nach dem Zensurenbild im Klassenbuch (was gibt es her, was ist daraus nicht zu ersehen?)
- Wollen Sie mehr über eine Klasse erfahren, so benötigen Sie Informationen über die Geschichte der Klasse (Zugänge, Abgänge, Lehrerwechsel, Unterrichtsbedingungen), über die Gruppenbildung innerhalb der Klasse, über die Schulentwicklung einzelner Schüler etc., Zusammensetzung, 'Geschichte' (Lehrerwechsel, Fluktuation) und soziales Klima einer Klasse. Die Herkunft und das soziale Milieu des einzelnen Schülers innerhalb der Klasse sind Faktoren, die das Unterrichtsgeschehen wie die Leistungen wesentlich mitbestimmen können.

Erkundigen Sie sich nach Schul- und Schülerzeitungen, nach Jahresberichten sowie Festschriften! Sie können dadurch Einblick in die Geschichte und die besondere Prägung der Schule gewinnen, an der Sie Ihre Ausbildungszeit verbringen.

1.2 Beobachtungen im Unterricht und im Schulleben

Im folgenden werden Beobachtungsaufgaben genannt, die sich auf die Hospitationen in allen Fächern, auf solche in den eigenen Fächern und auf das Schulleben allgemein beziehen. Jeder Lehramtsanwärter könnte – nach freier Wahl – eine Aufgabe der allgemeinen Hospitation oder des außerunterricht-

lichen Geschehens und eine entsprechende fachspezifische als Vorbereitung auf die Übernahme von Unterricht bearbeiten.
- Vergegenwärtigen Sie sich die im Klassenstundenplan enthaltenen Forderungen an die Schüler einer bestimmten Klasse (Mischung der Fächer, Blöcke in den Naturwissenschaften)! Wie stellen Sie sich einen optimalen Stundenplan vor?
- Welche Funktionen hat die Pause? Beobachten Sie das Schülerverhalten (Motorik, Essen, Kontakte, Raumwechsel)!
- Beobachten Sie Wege des Einübens und der Sicherung von Unterrichtsstoffen der verschiedenen Fächer in einer Klasse!
- Beobachten Sie die Stellung und Kontrolle der Hausaufgaben im Unterricht!
Welche Formen von Hausaufgaben begegnen Ihnen, welche Bedeutung kommt ihnen zu? Mögliche Gesichtspunkte: Die Hausaufgabe als Mittel zur Festigung und Vertiefung von Unterrichtsergebnissen; als Mittel, individuelle Leistung zu fördern etc.; die Praxis der Hausaufgabenkontrolle.
- Die Arbeit mit der Wandtafel in einer Klassenstufe im Unterricht verschiedener Fächer. Beobachten Sie die gebräuchlisten Formen der Veranschaulichung im Unterricht (z.B. Faustskizze, Diagramm, Schauzahlen, Schaulinien etc.)!
- Die Einbeziehung audio-visueller Hilfsmittel (Tonband, Film, Dia, etc.) in den Unterricht und ihre Auswirkung auf die Unterrichtssituation (wann werden sie eingesetzt, verändern sie Schüler- und Lehrerverhalten?).
- Welche charakteristischen Verhaltensdispositionen können Sie beim Unter-, Mittel-, Oberstufenschüler feststellen? Beobachten Sie daraufhin Schüler zweier Stufen! Welche pädagogischen Verhaltensweisen der Lehrer ergeben sich im Hinblick auf die Einstellung der Schüler zum Unterricht?
- Vergleichen Sie Formen der Aufmerksamkeit bei Schülern verschiedener Stufen!
- Untersuchen Sie die Aufmerksamkeitskurve eines Schülers im Verlauf eines Vormittages im Unterricht! Welche Gründe können für Kurvenschwankungen oder auftretende Konstanz maßgeblich sein?
- Untersuchen Sie, in welcher Weise und wo Schüler planmäßig selbsttätig werden! Halten Sie gute Schülerantworten und -fragen fest! Welche Möglichkeiten, Selbsttätigkeiten herauszufordern, sind Ihren Beobachtungen oder weiterführenden Überlegungen nach gegeben?

- Zum Problem der Beurteilung von Schülerleistungen: Versuchen Sie, einen Katalog von Schülerleistungen aufgrund Ihrer Beobachtungen zusammenzustellen! (Grundfragen: Was ist Schülerleistung? Wie kommt sie zustande?)
- Informieren Sie sich über Hilfs- und Arbeitsmittel in Ihren Fächern, und beobachten Sie, in welcher Weise diese im Unterricht verschiedener Klassenstufen eingesetzt werden!
- Wie gelingt es dem Lehrer, Unterschiede im Leistungsniveau der Schüler zu berücksichtigen und für die Arbeit im Unterricht fruchtbar zu machen?
- Beobachten Sie, wann und in welcher Weise der Lehrer im Unterricht Fragen und Impulse gibt! Versuchen Sie dabei festzustellen, was die verschiedenen Frageformen und Impulse leisten!
- Versuchen Sie für jede Unterrichtsstunde charakteristische Schwierigkeiten festzuhalten und die Mittel zu beschreiben, mit denen sie gemeistert werden!
- Beobachten Sie, wie der Lehrer Hemmfaktoren im Unterricht (etwa fehlende Mitarbeit, mangelnde Konzentrationsfähigkeit und Ausdauer, Unruhe verschiedener Arten, Lethargie u.a. Widerstände) zu überwinden versucht!
- Welche disziplinarischen Maßnahmen begegnen Ihnen im Schulalltag? Wann und wie wirken sie?

Es empfiehlt sich, bei Hospitationen zu unterscheiden zwischen:
1. den Hospitationen, bei denen man einen ganzen Vormittag über eine einzige Klasse aus der Sicht des Schülers beobachtet. Hier kann der Ablauf eines Vormittages mit den Anforderungen der verschiedenen Fächer, mit den Auswirkungen des Stundenwechsels etc. erfaßt werden.
2. den fortlaufenden Hospitationen im Unterricht eines spezifischen Faches in bestimmten Klassen. Hierbei kann der Unterricht unter vorher festgelegten Einzelgesichtspunkten (vgl. auch folgendes Raster) beobachtet und protokolliert, oder aber der didaktisch-methodische Gesamtaufbau einer Stunde verfolgt werden. Das letztere ist für den Anfänger sehr schwierig, weil es eine Beherrschung von didaktischen und methodischen Kategoriebildungen voraussetzt, die er erst gewinnen muß. Deshalb wird zunächst die Unterrichtsbeobachtung unter einzelnen Gesichtspunkten empfohlen.

2 Analyse von Unterrichtsmitschau/ Beobachtung von Unterricht

Vorüberlegungen
- Artifizielle Situation für alle Beteiligten
- Atomisierung von miteinander vernetzten Planungs- und Durchführungsbereichen
- Unmöglichkeit einer Erfassung aller wesentlichen Bewertungsperspektiven
- Wiederholbarkeit zur genaueren Analyse

Mögliche Aspekte	Wichtige Überlegungen
1. (Vom Lehrer geplante) Strukturelemente	
1.1 Einstieg/ Ausstieg	Einstieg: Motivationsschub Hinführung zum Thema/ zu Problemstellung Ausstieg: Zusammenfassung von didaktischem/ methodischem Profil HA-Stellung (Aspekte: Reorganisation, Transfer, Lösung, Evaluation) (evtl. Finden einer HA-Stellung durch Schüler)
1.2 Phasenfolge	Angemessene Abstufung zwischen Präsentation, Erarbeitung, Kontrolle? Wird (bei vorgelegter Planung) eine Kongruenz zwischen Planung/ Durchführung erreicht? Wird angemessen mit dem Zeitfaktor umgegangen (etwa durch Auslagerung einer Phase [in HA?])? Wird am Ende eine höhere Ebene (Wissen, Terminologie, Abstraktion, Methodenanspruch) als zu Beginn avisiert? Oder bewegen sich die Phasen auf einer austauschbaren Ebene, sind also additiv ausgerichtet?
1.3 Gelenkstellengestaltung	(Affinität zu 1.2) Organisatorischer Übergang zwischen einzelnen Phasen, etwa durch Zusammenfassung von Teilergebnissen durch Schüler und Aufzeigen eines Fragehorizontes für die nächste Phase; gleichzeitig Methodikschulung.

Mögliche Aspekte	Wichtige Überlegungen
1.4 Methodenvariation	(Affinität zu 1.2) Ausgewogene Sozialformen unter Berücksichtigung eines angemessenen Zeitfaktors. Ist der Einsatz der Medien angemessen in bezug auf Klarheit in der Aussage, Umfang, Motivationsträchtigkeit, Altersstufenadäquatheit/ Abstraktionsgehalt, Abwechslungsreichtum? Besonderes Medium: Tafel. Lediglich 'Protokollmedium'? Oder wird sie auch verwendet zur Schulung von Denken und Formulierung in bezug auf Kondensation/ Interdependenzen? Handhabung des Abschreibens (sofort, am Ende einer Phase, am Stundenende?)
2. (persönlichkeitsbezogene) Steuerungselemente	
2.1 Unterrichtsstil /-typ	autoritär (autokratisch); sozial-integrativ; laissez-faire (lax) bewegt sich im Raum; sitzt; Blick auf Notizen
2.2 Lehrersprache	allgemein: schülernahe Sprache (Sprachebene) (übertrieben) semantische/ grammatikalische/ phonetische Richtigkeit variationsreiche Intonationskurven; bewußter Umgang mit Lautstärke speziell: angemessene Fachsprache Lehrerecho; Lieblingswendungen
2.3 Gestik, Mimik	ausgeprägte Gestik, Mimik zur Unterstützung/ Hervorhebung
2.4 Gesprächsführung	Welche Impulsgebungen werden eingebracht? (ausschließlich Fragen, Fragekaskaden?); Nennung von Schülernamen vor Fragen: Provokationsimpulse; non-verbale Impulse? Umgang mit Schülerantworten: lediglich kenntnisnehmend oder 'sich einlassend', nachfassend. Bewertet Schülerantworten differenziert, Spielen eines 'advocatus diaboli'

Mögliche Aspekte	Wichtige Überlegungen
	Flexibilität in bezug auf unerwartete, komplexe oder allzu weitschweifige Ausführungen, dabei Beachten der Zeitökonomie? Nennt Lernziele der Stunde, einer Phase; Festhalten von Ergebnissen (vgl. 1.4 – Tafel), faßt selbst zusammen, läßt zusammenfassen Abweisen von Zwischenrufen?
2.5 Handhabung von Störfaktoren	Zuspätkommen; Hausaufgabenmoral (Festhalten der Namen, Einfordern von Erklärungen) Neuanknüpfung von Unterricht nach Unterbrechung
3. Schülerverhalten	
3.1 Innere/ äußere Aufmerksamkeit	Innere: nach vorne gerichtete bei Frontalunterricht, Konzentration bei Partner-/ Stillarbeitsphasen Äußere: Aufmerksamkeit, vgl. Meldeverhalten
3.2 Fachsprache	Verwenden die Schüler ein angemessenes Fachvokabular oder bewegen sich die Darstellungen auf einer laienhaften evtl. sogar informellen Ebene? (wird überhaupt, und wenn ja, wie vom Lehrer korrigiert – sofort oder im Anschluß an Aussageblöcke?)
3.3 Komplexität der Antworten	Antworten die Schüler im ganzen Satz (wichtig v.a. bei Fremdsprachen!) oder in Antwortfragmenten?
3.4 Abstraktionsvermögen	(Affinität zu 3.2 Fachsprache) Sind die Schüler in der Lage, Sachverhalte (etwa: Auswertung von Karten, Bildern, Grafiken, Texten, Versuchen [naturw. Unterricht] etc.) auf abstrahierendem Niveau darzustellen, oder bewegen sich die Darstellungen lediglich auf der Beschreibungsebene?

3 Hinweise zur Gestaltung der Stellungnahme zum eigenen Unterricht

In aller Regel wird im Anschluß an Hospitationsstunden – Lehrproben von Referendaren, von Bewerbern um Beförderungsstellen – eine Stellungnahme des Kandidaten zum eigenen Unterricht gefordert.

Die Fähigkeit, den eigenen Unterricht differenzierend selbstkritisch zu analysieren, stellt eine wesentliche Forderung an den Lehrer dar. Sollte der Eindruck entstehen, daß unterrichtliche Entscheidungsfindungen eher willkürlich getroffen wurden, so wird die Beurteilung sicherlich eher negativ ausfallen, selbst wenn der Unterricht insgesamt frei von gravierenden Schwächen war.

Solche Kommentierungen stellen sich aus folgenden Gründen als nicht ganz einfach dar:

- Vielfach steht der Kandidat noch im Banne erheblicher physischer und psychischer Belastungen, die ein abständiges differenzierendes Urteil erschweren.
- Überzeugend Selbstkritik zu üben ist ein in sich höchst schwieriges Unterfangen. Die Fähigkeit, eine ausgewogene Balance zwischen selbstbewußtem Bekenntnis zu didaktischen und methodischen Entscheidungen bzw. zum eigenen Unterrichtsstil einerseits und zur sachlichen Kritik andererseits zu finden, eine Balance zwischen Subjekt- und Objektbezug, ist eng an die Persönlichkeitsstruktur des einzelnen gebunden. Hochqualifizierte Lehrer neigen dazu, ihr Können nivellierend als selbstverständlich zu bewerten; bescheidene Lehrer schätzen ihre Leistung meist wertmindernd ein; sensible Kandidaten flüchten sich häufig in eine von Allgemeinplätzen geprägte Abwehrhaltung.
- Es gibt Kandidaten, die durchaus Schwächen im eigenen Unterricht erkannt haben, aber von der grundsätzlich manifesten Subjektivität menschlicher Beurteilungen derart überzeugt sind, daß sie in ihrer bewertenden Darstellung die gezeigten Schwächen bewußt übergehen oder „schönreden".[96]

---

[96] In der Referendarausbildung gehören die Unterrrichtsbesprechungen zu den sensibelsten Bereichen. Es gibt Referendare, die selbst bei vorsichtiger Kritik dem Zusammenbruch nahe sind, andere, die über genügend Robustheit verfügen, auf deutliche Kritik drängen, um möglichst bald Schwächen zu eliminieren. Hier muß der jeweilige Ausbilder viel pychologisches Feingefühl entwickeln, das dann Grundlage einer vertrauensvollen Atmosphäre bilden kann, in der der Kandidat sich nicht scheut, eigene Schwächen selbst zu benennen.
In Revisionsverfahren, in denen oft unbekannte Beurteiler involviert sind, stellen sich solche Besprechungen atmosphärisch ungleich schwieriger dar.

Der Anspruch, daß die Planung und Durchführung von Unterricht erlernt werden muß, kann auch auf die Reflexion über Unterricht bezogen werden. Wie schon oben angedeutet, gehört die Fähigkeit zur konstruktiven Kritik zu den wertvollsten Fähigkeiten, die ein Lehrer erwerben muß, da nur dann eine Qualitätsanreicherung seines Unterrichts sichergestellt ist. Entsprechend stellt in der Referendarausbildung, hier vor allem beim 2. Staatsexamen, aber auch in Revisionsverfahren, die Kritikfähigkeit einen wesentlichen Faktor in der Beurteilung dar.
Welche Orientierungshilfen können der Analyse des eigenen Unterrichts zugrundegelegt werden?
Zunächst einmal muß festgehalten werden, daß der Unterrichtsentwurf die wesentlichste Bezugsgrundlage aller Kommentierungen darstellt. In einem guten Entwurf werden alle vorherplanbaren Entscheidungen prospektiv begründet und mögliche Alternativen aufgezeigt. Vor diesem Hintergrund kann sich die Kommentierung retrospektiv auf den gehaltenen Unterricht und hier auf den im Verlaufsplan dokumentierten Ablauf beschränken.
Es lassen sich drei grundlegende Analysemodelle unterscheiden:
1. Eine Analyse, die der *Stundenchronologie* folgt. Wichtig erscheint dabei, daß der Kommentar sich nicht auf die Deskription dessen beschränkt, was der Unterrichtsbeobachter ohnehin gesehen hat, oder Argumente aus dem Entwurf wiederholt werden. Die Analyse muß sich vielmehr auf die Umsetzung, noch stärker auf die Nicht-Realisierung vorgenommener Inhalte und Methoden beziehen.[97] Dabei sollten alle Abweichungen vom geplanten Verlauf in angemessener Ehrlichkeit begründet werden. Solche Begründungen können sich in vielen Fällen auf unerwartetes Schülerverhalten ausrichten. Dieses kann sich beziehen auf besondere Fragestellungen, unerwartet schnelle oder langsame Phasierungsgestaltung durch entsprechendes Abstraktionsverhalten, Arbeitstempo oder Disziplinverhalten. Solche Begründungen können sich auch beziehen auf andere störfaktoreale Einflüsse, etwa vorher geschriebene Klassenarbeiten oder Klausuren, besonders anstrengender anderer Fachunterricht (etwa Sport), Lautsprecherdurchsagen, Getobe in und vor Nachbarklassen, Baulärm etc.

---

[97] Unangebracht wäre eine Formulierung wie: „Ich habe einen visuellen Einstieg gewählt, weil die Schüler hierdurch besser motivierbar sind." Eine solche Aussage gehört in den Unterrichtsentwurf. Richtig wäre: „Der gewählte Einstieg führte unerwartet zur raschen Benennung der zentralen Problemstellung für die erste Erarbeitungsphase. Deshalb habe ich auf eigentlich geplante weitere Impulsgebungen verzichtet und die im Raume stehende Fragestellung sofort als Ausgangspunkt für die nächste Phasengestaltung genutzt."

Denkbar sind auch Abweichungen, die sich auf den Medieneinsatz beziehen. Schließlich sind noch Änderungen des vorgenommenen Ablaufes durch ungeplante Reaktionen des Lehrers denkbar, etwa, wenn er sich in angemessener Flexibilität von Präformationen löst oder Aspekte durch mentale Befangenheit vergessen oder zu spät wahrgenommen hat.

Ein Aspekt erscheint in diesem Zusammenhang besonders wichtig: Abweichungen werden vielfach mit Zeitdruck gerechtfertigt. Dieses Argument hat deutliche Grenzen. Es erscheint nahezu absurd, wenn es für die Eingangsphase in Anspruch genommen wird. Aber auch in bezug auf weitere Phasen muß sorgfältig geprüft werden, ob der entstandene Zeitdruck nicht auf fundamentale Planungsfehler, ausgelöst durch Unter- oder Überschätzung der Leistungsfähigkeit einer Lerngruppe, durch den unreflektierten Einsatz von Medien, Unterlassung des Abstellens von möglichen Störfaktoren u.a.m. zurückzuführen ist.

2. Eine Unterrichtsanalyse mit *Bezug auf die erstellten Lernziele*. Hier muß detailliert und begründend dargelegt werden, welche Lernziele ganz, partiell oder nicht erreicht worden sind.

   Die Begründungen können sich an die im ersten Modell dargelegten Aspekte anlehnen.

3. Das dritte Modell richtet sich an folgenden Kategorien aus:
   – *Kongruenz* zwischen Planung und Durchführung. Hier sind deckungsgleich zum ersten Modell vor allem Abweichungen zu kommentieren.
   – *Schülerverhalten*. Hier werden erfahrungsgemäß zu gleichen Teilen eine Erwartungskonformität, ein negatives und ein positives Abweichen in der Bereitschaft zur Mitarbeit angeführt. Die beiden Verhaltensdispositionen – gedämpfte oder besonders intensive Mitarbeitsbereitschaft – werden fast immer auf die gleiche Ursache zurückgeführt: auf das Bewußtsein der besonderen Situation und die Anwesenheit eines oder mehrerer unbekannter Besucher. Solche Argumentationen werden von ehrlichen Unterrichtenden zuweilen mit dem Hinweis verbunden, daß sich das Disziplinverhalten der Lerngruppe in der besonderen Situation deutlich besser als gewohnt darstellte.

   Der beurteilte Lehrer sollte sich darüber im klaren sein, daß die Hospitierenden in aller Regel die Lerngruppe nicht kennen. Vor diesem Hintergrund sollten sich Ausführungen zum Schülerverhalten in engen quantitativen Grenzen bewegen. Pädagogisch anerkennenswert, aber für den Unterrichtsbeobachter unfunktional erscheint, wenn einzelne

Schüler in ihrem abweichendem Verhalten zu sonst erlebtem Unterricht *in extenso* kommentiert werden.
- *Verhalten des Lehrers.* Hier sollte mit aller Vorsicht vorgegangen werden. Es kann nicht um destruktive Selbstanklage gehen, indem Planungs- oder Durchführungskompetenzen oder die eigene Persönlichkeit in Frage gestellt werden. Doch spräche es für eine beeindruckende Souveränität, wenn der Unterrichtende z.B. Schwächen wie Lehrerecho, Mehrfachimpulse, falsche Fragestellungen, sprachliche Unsauberkeiten, *lapsus linguae* und *lapsus manus*, Organisationsschwächen beim Medieneinsatz, Gruppenarbeit etc. erkennen, in angemessener Terminologie beschreiben und in nobler Ehrlichkeit begründen könnte. Ein, allerdings nicht überstrapazierbares, mögliches Argument kann die durchlebte Anspannung sein.

Vor allem bei unbekannten Hospitierenden ist zuweilen eine Kommentierung des eigenen Unterrichtsstils angezeigt, soweit dieser nicht als Begründungsgrundlage für methodisches Vorgehen schon im Plan aufgenommen ist. So kann für den Beobachter das scharf-mahnende Ansprechen eines Schülers, das extreme Loben einer allenfalls durchschnittlichen Schülerleistung, das fordernde Antreiben zur zeitgebundenen Ergebnisfindung in Gruppenarbeitsphasen oder eine gewisse Lehrerzentriertheit für den uninformierten Beobachter zunächst irritierend wirken, sich jedoch sinnvoll erklären lassen. Dies kann etwa durch die Hinweise geschehen, daß der eine Schüler zu Störungen neigt, der andere sich im Bewußtsein seines schwachen Leistungsstandes in anderen Stunden nie gemeldet hat, Schüler bei Gruppenarbeit häufig trödeln oder schülerzentrierte Lernstrategien sich in dieser Lerngruppe als höchst ineffizient erwiesen haben und – möglicherweise (auch) mit Blick auf die bald anstehende Klassenarbeit – hier bewußt ignoriert wurden.

IV Schlußbetrachtungen

Droht 30 Jahre nach Picht die Bildungskatastrophe?
Kritische Bilanz der heutigen Voraussetzungen für Unterricht
Anregungen zur Neuorientierung

1964 erschien das Buch „Die Deutsche Bildungskatastrophe" von Georg Picht, das nachdrücklich auf die nach Meinung des Verfassers bedrohliche Situation im Bildungswesen der Bundesrepublik Deutschland hinwies. Der Altphilologe Picht kritisierte insbesondere die schlechte Position Deutschlands in der vergleichenden internationalen Schulstatistik und beklagte den sich abzeichnenden eklatanten Lehrermangel.[98] Die Redeweise vom Bildungsnotstand wurde von reformradikalen Erziehungswissenschaftlern gerne benutzt, um ihre eigenen Vorstellungen über Bildungs- und Schulreformen durchzusetzen.

Heute, gut 30 Jahre nach der Negativvision Pichts, nähert sich nach Meinung vieler Praktiker das deutsche Schulwesen tatsächlich einer Katastrophe, wenn auch unter anderen Apostrophierungen als von Picht vorgebracht. Nur einige der anzuprangernden Fehlentwicklungen seien hier kritisch bilanziert.

1. Mehr als 10 Millionen Unterrichtsstunden fallen pro Jahr aus.

2. Schulabgängern mangelt es vielfach an der Beherrschung selbst einfacher Kulturtechniken.

Es gibt vehemente Klagen von Lehrern aller Schulformen, von Hochschullehrern und von betrieblichen Ausbildern, daß die Beherrschung von Rechtschreibung und Grundrechenarten, die Nachweisfähigkeit von Grundlagen- und Allgemeinwissen selbst bei Schülern mit zufriedenstellenden und besseren Abschlußnoten verkümmert sind.

---

[98] Eine wesentliche Schwäche in der Argumentation Pichts bestand darin, daß er seine Kritik auf die im Vergleich zu den USA in Deutschland zu geringen Studentenzahlen bezog, dabei aber offensichtlich den zentralen Begriff „student" mißverstand. Im anglo-amerikanischen Sprachraum werden teilweise Grundschüler, alle älteren Schüler, aber auch Auszubildende und sogar Hausfrauen, die einen Abendkurs belegt haben, als „students" bezeichnet. In Deutschland wird dagegen sehr genau zwischen Schülern, Studenten und Studierenden (Abendgymnasium, Abendrealschulen) und Hörern (VHS) unterschieden.

3. Es herrscht Lehrermangel.

Der von Picht apostrophierte Lehrermangel ist Realität; doch nicht, weil, wie von Picht angemahnt, nicht genügend Lehrer vorhanden sind, sondern weil für ihre Einstellung kein Geld ausgegeben wird. Diese Situation erscheint besonders bedrückend, da es viele junge Menschen gibt, die dem Ruf der Bildungsideologie der 70er und 80er Jahre gefolgt sind und alle Stationen einer akademischen Ausbildung durchlaufen haben. Viele Lehrer, selbst solche mit exzellenten Examina, finden keine oder eine nicht ihren Qualifikationen entsprechende Anstellung.

4. Es gibt eine zunehmende „Vergreisung" der Kollegien.

Ironisierungen wie „Unser Jüngster wird 50" oder „Omas und Opas unterrichten Enkel" evozieren mehr Bitterkeit als Schmunzeln. Die Anzahl von Lehrern mit Burn-out-Syndrom hat dramatisch zugenommen; der psychosomatisch anfällige Lehrer ist in Ärztekreisen schon zum Typ geworden. Hier spielt das Lebensalter eine eher untergeordnete Rolle im Vergleich zu dem Kräfteverzehr durch eklatant schlechtere Rahmenbedingungen.[99] Manche Kollegien hocken gruppendynamisch lähmend beieinander; die Entschuldigungslisten für Konferenzen und Kollegienausflüge werden länger, private Treffen von Kollegen, die der Solidarität und Entlastung dienen können, finden allenfalls in kleinen Schulen statt; es gibt zunehmend Lehrer, die sich in Zeiten hoher Belastung ihre „Auszeiten" nehmen, die trotz vorhandener Vitalität die frühzeitige Pensionierung suchen und die moralische Rechtfertigung ihres Handelns offen oder versteckt aus der Unzumutbarkeit der Arbeitsbedingungen ableiten.

5. Die älteren Lehrer müssen Erziehungsaufgaben junger Eltern übernehmen.

Die Zahl alleinerziehender Mütter und Väter steigt ständig. Die Zahl der Familien, in denen sich ein Elternteil ganztägig um die Kinder kümmern kann, nimmt weiter ab. Dadurch kommt dem Erziehungsauftrag der Schule immer mehr Bedeutung zu. Der Trend, der Schule heute abzuverlangen, was das Elternhaus nicht mehr zu leisten in der Lage ist, nimmt z.T. bereits groteske Formen an.[100] Die Fälle häufen sich, in denen Eltern bekennen, in bestimmten Erziehungssituationen völlig hilflos zu sein, und Lehrer um Ratschläge bitten.

---

[99] In NRW blieben 1992 nur noch 18% der Lehrer bis zum Ende der normalen Dienstzeit im Amt. Im Jahre 1976 waren es noch 40%. *Lehrer '93: Immer älter und immer länger krank*. In: Die Höhere Schule (1993), S. 7 ff.

[100] Was kann ein verantwortungsbewußter Lehrer mit ernsten Erziehungsabsichten noch bewirken, wenn ihm bekannt wird, daß ein Schüler mit dem 'Freund' seiner Mutter zu Hause Drogen konsumiert?

6. Schülerzahlen, Klassenfrequenzen und Lehrerarbeitszeiten sind gestiegen.

Es gibt unaufhörlich wachsende Schülerzahlen, die in Verbindung mit organisationstechnischen Maßnahmen (Reduzierung schülerbezogener Lehrerstellen auf immer kleinere Werte) zur Erhöhung der Klassenfrequenzen führen. Gleichzeitig wird in fast allen Bundesländern die Arbeitszeit von Lehrern erhöht, die ohnehin durch Abbau von Ermäßigungsstunden, vor allem aber durch die ständige Übernahme von Vertretungsunterricht und Korrekturarbeit für Kurz- und vor allem Langzeitkranke schon drastisch gestiegen ist.[101]

7. Es gibt immer mehr Schüler mit Integrationsproblemen.

Der Anteil der ausländischen Schüler mit vielfältigen Integrationsproblemen sowie der Kinder, die unter gesellschaftlichen Verwerfungen zu leiden haben, steigt unaufhörlich. Die Auswirkungen, besonders stark dokumentiert in der wachsenden Gewaltbereitschaft und einem sich intensivierenden Durchsetzungsdrang egoistischer Interessen, machen vor der Klassentür nicht Halt. Sie wirken sich unterrichtshemmend aus und belasten den Alltag des Lehrers erheblich.

Entwicklungen, die ein so breites Feld wie Schule und Bildung erfassen, bleiben nicht unbemerkt. Zuweilen wird die Öffentlichkeit mit reißerischen Schlagzeilen wie *Schule – Stätte der Bildung oder des Horrors? Ist die deutsche Schule noch zu retten?* kurzfristig aufgeschreckt. Die Zahl derer, welche öffentlich Lehrer als „Faulenzer der Nation" oder „bestbezahlte Halbtagsjobber mit Beamtenstatus" bezeichnen, nimmt ab; die Anstrengungen des Lehrerberufes werden mit mehr Verständnis, zuweilen sogar Mitleid bewertet.

Wie immer, wenn ein Bereich in den Mittelpunkt des Interesses gerät, fehlt es in unserer Informationsgesellschaft nicht an breit publizierten Erklärungsversuchen, Verbesserungsvorschlägen, Forderungen etc. Sie sind vielfach – und das ist für das deutsche Bildungswesen der letzten Jahrzehnte charakteristisch – durch allzu vielfältige Argumentationsprofile, durch Theorielastigkeit und

---

[101] Es gehört zum taktischen Gebaren vieler Politiker, geforderte Opfer vor der Öffentlichkeit so zu verbrämen, daß sie als Chance zur Solidarität und als bereichernde Herausforderung aufgefaßt werden sollen. Behördenvertreter übernehmen zuweilen diese Unart. Da werden Unzumutbarkeiten – etwa die Durchführung eines gehaltvollen Unterrichts in Klassen mit kommunikationsunfähigen Schülern mehrerer Nationalitäten, die Erhöhung der Klassenfrequenzen, die Mehrarbeit für Projektunterricht – als neue interkulturelle, pädagogische oder effizienzausgerichtete Herausforderungen dargestellt. Meist wirken solche Durchschaubarkeiten peinlich; sie tragen auf jeden Fall zum mentalen Abwehrverhalten gegenüber Behörden bei, die vielfach dann auch ungerechtfertigterweise gegenüber redlichen Vertretern angewendet werden.

esoterische Sprachgebung geprägt, so daß sie eher verwirren als helfen. Vielfach melden sich Kritiker aus Bereichen zu Wort, die mit Schule nur peripher zu tun haben; zuweilen kommt es zu simplen Schuldzuweisungen, indem der Lehrerstand als zu empfindlich, weltfremd oder nicht entwicklungsbereit angeprangert wird.

Sicherlich gibt es untalentierte, ausgebrannte oder faule Lehrer und entsprechend schlechten Unterricht. Doch ist dieses ein zeitloses Phänomen, so wie es verantwortungslose Ärzte und unfähige Juristen, Kunstfehler und falsche Urteile gibt. Neu ist, daß die schulischen Rahmenbedingungen so gestaltet wurden, daß selbst leistungsfähige und -bereite Lehrer sich nicht ihren Fähigkeiten gemäß entfalten können.

Im folgenden seien einige Maßnahmen aufgeführt, durch welche die weitverbreitete Resignation, die „innere Emigration" in vielen Kollegien aufgebrochen werden könnte.

1. Vordringlich gilt, daß das Selbstverständnis von Schule sich wieder auf den absolut vorrangigen Stellenwert von Unterricht besinnen muß.

Es sollte nicht widerspruchslos hingenommen werden, daß Unterricht im Schulalltag in vielen Phasen in den Marginalbereich gedrängt wird. Vielfach herrscht eine Bewußtseinslage bei den für den Schulalltag verantwortlichen Behördenvertretern, Schulleitern, Lehrern und Schülern vor, in dem Unterrichtsausfall nicht nur toleriert, sondern geradezu gesucht wird. Der Umfang des durch Projekte, Tage der offenen Tür, Austauschmaßnahmen, Berufsorientierungswochen, Wandertage, Sportveranstaltungen, Theaterproben, Abiturscherze u.a.m. bedingten Unterrichtsausfalls sollte drastisch reduziert werden. Die vielfach von den Organisatoren solcher Maßnahmen reklamierte Primärmotivation von Schülern für derartige Veranstaltungen erweist sich meist als trügerisch, wenn Unterrichtsausfall vermieden wird.

Die Wertigkeit der genannten Veranstaltungen sollte stets an die kontrollierbare Nutzbarkeit für den Unterricht angebunden werden. Die Verantwortlichen sollten den Mut haben, erfolglose Veranstaltungen aufzugeben, auch wenn sie fast zum ritualisierten Bestandteil des Schullebens geworden sind.[102]

---

[102] Es nehmen die Fälle zu, in denen Studienfahrten zu reinen „Vergnügungsfahrten", z.T. mit hohem Alkoholkonsum, umfunktioniert werden.

2. Es sollten mehr junge Lehrer eingestellt werden.

Es ist weder volkswirtschaftlich noch sozialpolitisch nachvollziehbar, wenn begabte und leistungsbereite junge Menschen, in deren Ausbildung Milliarden investiert wurden und die allen gesellschaftlichen Erwartungen gerecht geworden sind, aus finanziellen Gründen ins Abseits gestellt werden, während für gesellschaftsschädigende Gruppen sehr hohe Aufwendungen bereitgestellt werden müssen.[103] Junge Lehrer brächten neue Ideen, viel Idealismus und aktualisierte Fachkompetenz in die Schulen und könnten durch ihre Unverbrauchtheit und größere Belastbarkeit ältere Kollegen entlasten. Appelle auf Fortbildungsveranstaltungen und in der Literatur, neue Technologien und Unterrichtsformen anzuwenden, klingen wie Hohn, wenn weite Kreise älterer Lehrer keinen PC bedienen können und froh sind, über die angeeignete unterrichtliche Routine einen *modus vivendi* im streßbelasteten Alltag gefunden zu haben.

3. Die pädagogische Handlungs- und Durchsetzungsfähigkeit der Schule und des einzelnen Lehrers muß stärker gestützt werden.

Die öffentliche Hand könnte sich kosten- und zeitaufwendige erziehungswissenschaftliche Projekte zur Feststellung von effektiven Maßnahmen zur Eindämmung von Gewaltbereitschaft sparen, wenn sie die Handlungsfähigkeit von verantwortungsvoll agierenden Pädagogen stärken würde. Es hat sich im pädagogischen Raum vielfach, ähnlich wie in bezug auf den Strafverfolgungsbereich ein Bewußtsein gebildet, das den Täter zum Opfer macht und den Kraft seines Amtes und seiner Ausbildung befähigten Beamten durch die Unterstellung eines möglichen Mißbrauchs in die Rechtfertigungshaltung zwingt. Dieses Bewußtsein lähmt die Bereitschaft zum verantwortungsvollen erzieherischen Handeln.

Die etwa in NRW das Schulleben regelnde Erlaßsammlung hat den Umfang eines regionalen Telefonbuches. Bei der Suche nach konstruktiven Handreichungen zur Bewältigung alltäglich auftretender pädagogischer Probleme wird der Ratsuchende häufig enttäuscht. Der pädagogisch Handelnde ist in ein

---

[103] Dies bezieht sich etwa auf den Polizeieinsatz bei Gewalttaten von Extremisten oder ausländischer Gruppierungen, die auf politische Konflikte in ihren Heimatländern aufmerksam machen wollen, auf die Resozialisierungsmaßnahmen von Drogenabhängigen, Straftätern etc., die in ihrer Effektivität nicht kontrolliert werden, auf die Strafverfolgung krimineller Banden, welche die liberale Gesetzgebung in Deutschland skrupellos mißbrauchen oder auch auf den Mißbrauch des Asylrechtes.

Korsett von Reglementierungen eingebunden, das ihn (und seine Kollegen) durch Zusatzbelastungen bestraft.[104]

Notwendig wäre, daß Konferenzen mehr durch pädagogische als verwaltungstechnische Akzentuierungen geprägt würden. So sollte unter diesem Aspekt die Position der Klassenkonferenz gestärkt werden.[105] Hier sollten Erfahrungen im Umgang mit problematischen Schülern wieder offen und in voller Verantwortung vor dem einzelnen Schüler, aber auch der Schulgemeinschaft ausgetauscht werden, die dann in gezielten präventiven oder sanktionierenden Maßnahmen ohne anschließenden „bürokratischen Hürdenlauf" münden.

Dabei ist pädagogische Solidarität gefragt.[106] Es schadet, wie vielfach von Kollegen praktiziert, wenn hier besserwisserisch realitätsferne Bewältigungsstrategien empfohlen werden oder schlimmer noch, vor Schülern mit Blick auf Sympathiezuwachs für sich selbst das Vorgehen des Kollegen ironisierend kritisiert wird.

Viele Schulen in privater Trägerschaft, unbelastet durch das Mißtrauen gegenüber möglichem Amtsmißbrauch, weisen den richtigen Weg. Im Bewußtsein, daß sich in der Schule, ähnlich wie bei der Verkehrsteilnahme, gewisse Verstöße häufig wiederholen, haben sie Kataloge höchst wirkungsvoll sanktionierender Maßnahmen entwickelt, die von Kollegen, Schülern und Eltern mitgetragen werden. Es kommt nicht von ungefähr, daß solche Schulen einen erheblichen Zulauf haben; übrigens auch von vielen ausländischen Mitbürgern mit anderen als christlichen Konfessionen, die offensichtlich der Erziehungskompetenz dieser Schulen mehr zutrauen.[107]

---

[104] So muß der Lehrer als ausgebildeter pädagogischer Experte seine Handlungen – etwa das Sanktionieren von unverantwortlichen Unterrichtsversäumnissen, von extremen Disziplinverstößen, von Faulheit etc. – vielfach vor anderen Gremien rechtfertigen. Diese werden von Kollegen gebildet, die den Fall nicht authentisch miterlebt haben oder in denen die Meinungs- und Entscheidungsbildungen von pädagogisch nicht qualifizierten Eltern- und Schülervertretern geprägt werden.
Ein Lehrer, der aus pädagogischer Verantwortung heraus bei einer Klassenarbeit oder Klausur einen Täuschungsversuch aufdeckt, läuft fast immer Gefahr, daß die Arbeit neu geschrieben werden muß. Das bedeutet für ihn die Erstellung und Korrektur einer weiteren Arbeit mit schwierigeren Bewertungsmaßstäben und häufig genug auch die Übernahme von zusätzlichen Aufsichtspflichten.

[105] In NRW gibt es hier seit 1996 durch entsprechende Verfügungen erfreulicherweise erste Ansätze.

[106] Der notwendige „pädagogische Schulterschluß" ist in kleineren Schulsystemen ungleich leichter als in großen.

[107] Zwei Beispiele mögen diesen Sachverhalt verdeutlichen:
1. Ein früherer Kultusminister in NRW schickte seine Kinder zum Entsetzen seiner eigenen Partei in den ausländischen Privatschulbereich.
2. Um die Aufnahmechancen ihrer Kinder zu erhöhen, campierten Eltern eine Nacht vor dem Tag der Anmeldung auf dem Schulhof einer Privatschule im Jülicher Seminarbezirk.

4. Die unterrichtsfremden Belastungen von Lehrern sollten reduziert werden.

Die Zahl der Konferenzen und Dienstbesprechungen sollte abnehmen. Es ist z.B. nicht nachvollziehbar, daß ein Schulleiter einem akademisch gebildeten Kollegium jedes Jahr die gleichen Abiturvorschriften vorliest. Manche Lehrer werden gezwungen, die Vorstellung und Diskussion identischer Inhalte in drei verschiedenen Gremien mitzutragen. Dadurch geht viel Lebensenergie und Zeit verloren, die dem Unterricht zugute kommen könnte. Hier sollte mehr Mut zu Aushängen mit entsprechenden Markierungen von Änderungen gezeigt werden.

Lehrer sollten von Aufgabenfeldern, die nicht unterrichtliche oder erzieherische Bereiche tangieren und von mittleren Verwaltungsbeamten, Sozialarbeitern oder sogar durch Aushang erfüllt werden könnten, so entlastet werden, daß sie mehr Unterricht (in kleineren Klassen) geben könnten. Das wäre billiger als die jetzigen Regelungen. Viele Funktionsstelleninhaber an Schulen sind hervorragende Lehrer, ihre teure Position wird aber durch relativ simple juristische, beratungsfunktionale oder gar nur kompilatorisch ausgerichtete Aufgabenfelder definiert.[108]

5. Die pädagogische Zuwendung sollte nicht den Außenseiter in den Mittelpunkt stellen.

Eng im Zusammenhang mit den vorher genannten Forderungen steht, daß die erziehungswissenschaftliche und schulisch-organisationstechnische wie pädagogische Zuwendung nicht nahezu ausschließlich auf die Außenseiter, d.h. den Störer im Unterricht, den Gewalttätigen auf dem Schulhof, den Schulschwänzer, auf den Unbegabten und Faulen ausgerichtet werden darf. Es werden kostenaufwendige Stütz- und Förderkurse gebildet, Hausaufgabenbetreuungen organisiert, Schulpsychologen bemüht, um auch das letzte Gran an Begabung zu erschließen und selbst integrationsunwillige Außenseiter ans Schulleben heranzuführen. In einem auf geistige Ressourcen angewiesenen Land wäre es dagegen angebracht, eine höhere Förderung den Begabten und den sozial verantwortlich handelnden Schülern zukommen zu lassen.

---

[108] Es darf nicht verkannt werden, daß die Beratung in der Schule eine wichtige pädagogische Aufgabe geworden ist. Sie vollzieht sich aber zu häufig auf der wahltechnokratischen und nicht auf der wichtigen Orientierungshilfen vermittelnden erzieherisch-psychologischen Ebene.

6. Richtlinien sollten stärker die Vermittlung überprüfbarer und vergleichbarer Qualifikationen, die Vermeidung von Redundanzen, die Reduzierung von konfliktträchtigen Inhalten und die seriöse Erprobung neuer Unterrichtsformen sicherstellen.

Richtlinien sollten wieder die Vermittlung von grundlegendem Allgemeinwissen und transferierbaren Fertigkeiten verbindlich festlegen.[109] Das Vorhandensein von Überblickswissen erleichtert wegen der dann besser vollziehbaren systematischen Einordnungsmöglichkeit die Aufnahme von neuem Stoff.

Auf der Grundlage verbindlicher und vergleichbarer Inhalte und Anforderungen sollten die vergebenen Noten wieder zuverlässige Orientierungshilfen für voraussetzbare Qualifikationen sein. Es darf nicht sein, daß der Umzug in ein anderes Bundesland aus einem exzellenten Schüler plötzlich einen extrem schlechten Schüler macht und umgekehrt. Es darf auch nicht sein, daß einzelne Schulformen wesentlich geringere Anforderungen stellen, die jahrgangsbezogenen Abschlüsse aber formaljuristisch als gleichrangig gewertet werden. Die arbeitsplatzverteilenden Institutionen korrigieren meist solche Ungerechtigkeiten, indem sie die Abgänger der anspruchsvolleren Schulform ungeachtet der erreichten Noten vorziehen. Unschuldige Opfer sind vielfach ahnungslose Schüler und deren Eltern, die auf der rein formaljuristischen Ebene beraten wurden.

Es sollte sichergestellt sein, daß in verschiedenen Fächern nicht identische Inhalte vermittelt werden. So sind Themenbereiche wie „Entwicklungshilfe", „Drogen", „Gewalt" oder „Ausländer" Gegenstand mehrerer Fächer. Vielfach wird zur Rechtfertigung solcher didaktischer Profile die Erfüllung der modernen Forderung nach fächerübergreifendem Unterricht angeführt. Es ist unbestritten, daß ein fächerübergreifender Unterricht mit mehrperspektivischem Vorgehen zu einer erheblichen Horizonterweiterung von Schülern und Lehrern führen kann. Sie würde jedoch eine klare Abstimmung unterrichtlicher Inhalte zwischen mehreren Kollegen und den Kenntniserwerb über die Richtlinien

---

[109] So sollte der Teilnehmer eines Kurses in Erdkunde über grundlegendes landeskundliches Wissen verfügen, der Schüler in Geschichte wesentliche Zahlen und historische Ereignisse im Kopf haben; ein Schüler, der Deutsch gewählt hat, sollte sicher in der Beherrschung der Orthographie sein und über Grundzüge der deutschen Literaturepochen Bescheid wissen. Im Fremdsprachenunterricht sollten nicht nur grundlegende Kommunikationsfertigkeiten, sondern auch landeskundliches Wissen vermittelt werden.

anderer Fächer voraussetzen. Oftmals sind Kollegen dazu aus Zeitgründen nicht bereit.[110]

Es sollte überdacht werden, ob die über viele Jahre entwickelte „Tradition" der Durchnahme konflikträchtiger Inhalte nicht mehr Schaden als Nutzen bringt. Sicherlich muß gesehen werden, daß viele Schüler mit einer konfliktbelasteten Gesellschaft direkt oder indirekt (durch Medien und andere geheime Miterzieher) konfrontiert werden und die Schule sich der Behandlung von Themen wie „Umweltbelastungen", „Gewalt", „Drogen" etc. nicht entziehen darf. Bedenklich ist allerdings die häufig feststellbare Überfrachtung des Unterrichts mit solchen Inhalten, vor allem wenn keine Lösungsmöglichkeiten angesprochen werden. Hierdurch wird eine Welt entworfen, die Lebensunfähigkeit suggeriert.[111] Unabhängig von der Auslösung möglicher psychischer Schäden darf nicht unterschätzt werden, daß viele Schüler sich ihre vermeintlich „heile Welt" außerhalb der Schule in radikalen Gruppierungen, Sekten oder in bewußter Isolierung suchen. Lehrer merken eine solche Distanzierung von der „Schwarzmalinstitution Schule" häufig zu spät, da die betreffenden Schüler sich fast schizophren den unterrichtlichen Erwartungshaltungen anpassen, indem sie schnell gelernte Betroffenheitsfloskeln für die genannten Unterrichtsthemen einbringen.

Die Propagierung von neuen oder neuaufgelebten didaktischen Strömungen darf nicht der naiven Vorstellung einer Gütequalifikation unterworfen werden, die das Neue in der Attraktivität und Wertigkeit grundsätzlich über das Alte erhebt. Es muß sichergestellt sein, daß neue unterrichtliche Inhalte und Formen der Vermittlung mit der gebotenen Vorsicht praxisnah erprobt werden. Erst nach ehrlich ermittelter Bewährung darf eine breitere schulische Verankerung erfolgen.

---

[110] Selbst das „Konglomeratfach" Gesellschaftslehre (vor allem an Gesamtschulen etabliert), das den Anspruch eines anreichernden fächerübergreifenden Unterrichts von der Organisationsstruktur her am leichtesten erfüllen könnte, erweist sich in der unterrichtlichen Praxis vielfach als wenig überzeugend. Der Grund hierfür liegt darin, daß ein entsprechendes Lehramtsstudium nicht existiert und vielfach jeweils ein Lehrer mit der Lehrberechtigung für eines der Fächer Sozialwissenschaften, Geschichte oder Erdkunde eingesetzt werden muß. Zudem wird das Fach allzu häufig im sog. 'Epochenunterricht' erteilt.

[111] Zuweilen werden jüngere Kinder durch Erziehungswissenschaftler und Psychologen aufgefordert, ihre Vorstellung von der Welt zu malen. Es ist erschreckend, welche endzeitlichen Vorstellungen hier ihren Niederschlag finden.

Dabei müssen differenzierende Kriterien der Verwendbarkeit ausgewiesen werden, etwa mit Blick auf verschiedene Schulformen, unterschiedliche Lern- oder Lehrertypen.[112]

7. Universitäre Ausbildungsgänge und Fortbildungsveranstaltungen müssen praxisnäher werden.

Die seit Jahrzehnten existierende Forderung nach einer stärker berufsorientierten universitären Ausbildung von Lehrern sollte von den politisch Verantwortlichen durchsetzungsintensiver als bisher verfolgt werden. Immerhin bleiben weniger als 1% der Lehramtsstudenten an den Universitäten, die meisten streben den Lehrberuf an. Ein Drittel aller Studienanfänger in NRW orientiert sich in der Studienwahl um. Viele von ihnen, die ihre Schulmüdigkeit langsam abgeschüttelt haben, erinnern sich mit veränderter Perspektivierung an den „Schonraum" Schule und wählen, durch den Umstand bestärkt, daß Lehramtsstudiengänge meist numerus-clausus-frei und wenig reglementiert sind, entsprechend um, so daß es zu einer Vermassung in den Lehramtsstudiengängen und damit zur Verwischung von fachlichen Qualifikationsprofilen kommt.

Die Veranstaltungen im Didaktikbereich werden hochschulintern vielfach auf die wenigen „Mittelbau-Vertreter" abgewälzt, die oftmals nur in der lange zurückliegenden Referendarzeit Unterrichtserfahrungen gesammelt haben.[113]

Hier müßte mehr Professionalität durch Berufsberatungen von Fachleuten aus der Praxis, intensive Praktika mit Benotungen, gründlichere unterrichtsbezogene Vorlesungen und Übungen in den Ausbildungsgängen verankert werden. Sie würden bei manchem Studenten die fundamental fehlenden Voraussetzungen für den Lehrberuf rechtzeitig entlarven und somit volkswirtschaftlichen und auch menschlichen Fehlsteuerungen entgegenwirken. Zudem stünden

---

[112] So wäre es völlig absurd, eine zur hohen Abstraktion fähigen Lerngruppe über die Forderung nach handlungsorientiertem Unterricht wochenlang mit dem Bau einer Burganlage aus Pappe zu betrauen, um zu vermitteln, daß die Burg Zentrum mittelalterlichen Lebens war, eine Unterrichtsgestaltung, die in lernschwächeren Klassen durchaus empfehlenswert erscheint.

[113] Die unter „Didaktik" angebotenen Veranstaltungen sind aus den genannten Gründen dann meist praxisfern. Hier hat auch die häufig mit dem Argument der praxisnäheren Ausbildung für Lehramtsstudenten gerechtfertigte Integration der Pädagogischen Hochschulen in die Universitäten kaum etwas bewirkt; die PH-Vertreter fühlten sich nun meist als Wissenschaftler herausgefordert, froh den „Niederungen" schulpraxisorientierter Themenbereiche entronnen zu sein.
Obwohl fast alle Referendare in recht hohem quantitativem Umfang an den Universitäten didaktische Veranstaltungen besucht haben, sind nur die wenigsten auf die im Hauptseminar traditionell gestellte Eröffnungsfrage nach dem Unterschied zwischen didaktischen und methodischen Fragestellungen fähig, in ein Gespräch einzutreten.

Seminarvertreter dann nicht so häufig am Ende einer langen Kette von Fehlbeurteilungen vor der undankbaren, von ihnen nicht verschuldeten Notwendigkeit, Lehramtsanwärtern im gestandenen Lebensalter zwischen 28 und 35 nachzuweisen, daß sie für den Beruf nicht oder nur eingeschränkt tauglich sind. Kostenaufwendige Fortbildungsveranstaltungen, die bei vielen Teilnehmern wegen ihrer Praxisferne, Visionärhaftigkeit und der verwendeten euphorischen, avantgardistischen Sprache, die an Schwärmereien von Reformpädagogen erinnern, mehr Frust als Lust (zum Ausprobieren) hinterlassen, sind mittlerweile eher die Regel als die Ausnahme geworden. Hier verbinden sich pekuniäre wie inhaltliche Fehlplanungen. Sinnvoller wären Fortbildungsveranstaltungen, die sich unter Verwendung einer verständlichen Sprache an unterrichtspragmatischen Bedürfnissen unter den häufig vorzufindenden Rahmenbedingungen orientieren.[114]

Wünschenswert wäre auch, daß in Kollegien wieder mehr über praxisnahe Gestaltungsmöglichkeiten im Unterricht diskutiert wird. Wichtig wäre zudem, daß schulintern oder überregional ein individualisiertes Lehrertraining angesetzt wird. Die meisten Lehrer haben sich nach ihrem 2. Staatsexamen nie mehr mit der Fremdanalyse von eigenem oder Unterricht von anderen auseinandersetzen müssen. Sie unterrichten nach bestem Wissen und Gewissen. Maßstäbe für ihre subjektive Festlegung von Unterrichtsqualität sind vielfach Reaktionen von Schülern und Eltern, weniger didaktisch und methodisch bestimmte fachliche Kategorien. Eine solche Bezugsgrundlage kann jedoch sehr trügerisch sein. Erfahrungsgemäß werden Schüler einen Lehrer, der sich unter dem Anspruch der unterrichtlichen Mitbestimmung immer wieder auf vordergründige „Motivationshappen" einläßt, der ein bequemes Unterrichtstempo einschlägt, der das Privatleben von Schülern und Eltern durch wenig Hausaufgaben kaum belastet und die Notenskala bei „ausreichend" enden läßt, zunächst als sehr positiv einstufen. Die von ihm zu verantwortenden Lerndefizite werden erst später offenkundig. Vielfach wird dann der verantwortungsvolle Nachfolgelehrer doppelt bestraft: er muß versuchen, die entstandenen Defizite auszugleichen und sich gleichzeitig mit dem Unmut von Schülern und Eltern auseinandersetzen, die sich mit Blick auf höhere Anforderungen bei schlechteren Noten ungerechtfertigterweise gegen seine Person, nicht seinen Vorgänger

---

[114] Ein Positivbeispiel wäre etwa die Vorstellung und Diskussion von ausprobierten Möglichkeiten zum Thema: „Mit welchen inhaltlichen und methodischen Mitteln ist von einem Lehrer (jenseits der 50) in einer Klasse von 30 und mehr Schülern mit extrem heterogener Sozialstruktur auch in der 6. Stunde noch einigermaßen ertragreicher Unterricht zu gestalten?"

richten. Die Kollegialität gebietet es, daß er den Verursacher noch nicht einmal anprangern darf.

Fachlich verantwortungslose Lehrer sollten auch als solche entlarvt werden. Das kann nur durch fachkompetente Beurteilungen geschehen, d.h. durch Beobachter, die durch hohen didaktischen Kenntnisstand und professionelle Unterrichtsbeobachtung qualifiziert sind. Vielfach sind es jedoch nur Kleinigkeiten im eingefahrenen Verhaltensrepertoire, welche eine Optimierung des Unterricht verhindern. In jedem gut geführten Unternehmen gibt es solche professionelle Beratung am Arbeitsplatz. Einzelne, insgesamt jedoch zu wenige Lehrer nutzen die Möglichkeiten der Referendarausbildung in Form von Mentorentätigkeit und Teilnahme an Unterrichtsbesprechungen zur Anreicherung ihres eigenen Aufgabenfeldes.

8. Schulleiter sollen durch fachliche und menschliche Eignungen, nicht durch Parteizugehörigkeit qualifiziert sein.

Profil und Atmosphäre eine Schule werden immer noch in hohem Maße vom Schulleiter geprägt. Er tritt im Gegensatz zu früher allerdings weniger als Bildungsträger, sondern als Verwaltungsbeamter in Erscheinung. Die Auswahl der Schulleiter in Deutschland geschieht vielfach nach dem Gesichtspunkt der Parteizugehörigkeit.[115] Leider tragen manche Schulleiter Politikergebaren in die Schulen. Für sie ist die Außendarstellung „ihrer" Schule eng verbunden mit ihrem Funktionsverständnis als Schulleiter. Entsprechend ist ihr Drängen auf vorbildhaft geführte Kurs- und Klassenbücher, ihr Engagement für außerunterrichtliche Aktivitäten intensiver als das in bezug auf die Sicherstellung von ungestörtem, gehaltvollem Unterricht. Solche Schulleiter finden vielfach eifrige Verbündete in der Lokalpresse. Aktualität, Ereignis, Neuheit, Veränderung sind Kennzeichen, die sie und der Journalismus konstruieren möchten. Dahinter muß der Alltagsunterricht zurückfallen.

Ganz abwegig ist die Sozialisation von Schulleitern über die Kommunalpolitik nicht. Man muß über viel Sitzfleisch, eine hohe Belastbarkeit, Ehrgeiz, diplomatisches Geschick und mentale Beweglichkeit verfügen. Das sind auch gefragte Qualitäten bei einer Schulleitung. Doch noch wichtiger sind: Freundlichkeit, Herzlichkeit, die Bereitschaft, sich in Kollegen, Eltern, Schüler

---

[115] Es ist dann vielfach Glücksache, ob der Einzelne seinen vielfältigen Aufgaben gerecht wird. Böse Zungen unterstellen, daß unfähige Schulleiter in hohe Behördenstellen aufsteigen. Immerhin kann man festhalten, daß sie alle umfassend Unterricht gegeben haben und in kleinem Umfang noch geben, daß der von ihnen gegebene Unterricht Bestandteil ihrer dienstlichen Beurteilung war. Dagegen werden hohe Positionen in den Kultusbehörden in erstaunlichem Maße von Personen ohne pädagogischen Qualifikationshintergrund ausgefüllt.

hineinzudenken, ein offenes Ohr für ihre Nöte zu haben, im Konfliktfall klar Stellung zu beziehen, wenn möglich, Erleichterungen zu schaffen, Anordnungen transparent zu machen, vor allem aber ermunternde Anerkennung für gute Arbeit zu zollen. Auch hier sollte wieder der Unterricht, nicht die Fähigkeit zur Außendarstellung vorrangiger Gradmesser werden.

Schulleiter und auch Lehrer sollten zudem mehr Mut haben, intern und extern Fehlentwicklungen an der eigenen Schule anzuprangern. Vielfach werden wegen eines vermeintlichen „Imageverlustes" selbst untragbare Zustände „totgeschwiegen" oder sogar verbrämt. Eine solche Haltung läßt notwendige Verbesserungen nicht zu.

9. Die Bildungskatastrophe läßt sich auch kostenneutral verhindern.

Der Begriff „Kostenneutralität" hat sich zur aktuellen Beschwörungsformel von Politikern und den ihnen unterstellten Behördenvertretern entwickelt. Er ist das Nadelöhr, durch das alle bildungsbezogenen Überlegungen gepreßt werden. Wenn es um die Einstellung neuer Lehrer, um Arbeitszeit von Lehrern, um die dringend notwendige Reduzierung von Klassenfrequenzen geht oder um die Umsetzung neuer Ideen, wird fast immer apodiktisch auf die leeren öffentlichen Kassen verwiesen.

Unabhängig davon, daß – durch viele Beispiele belegbar – Zweifel angebracht sind, ob bei knappen Haushaltsmitteln wirklich grundsätzlich verantwortlich mit öffentlichen Geldern umgegangen wird, lassen sich allein im Bildungsbereich Millionen einsparen, die problemlos zur Erfüllung der o.g. Verbesserungen eingesetzt werden könnten. Voraussetzung wäre die Bereitschaft, bildungsideologisch bestimmte Positionen, eingefahrene Verwaltungsstrukturen und das Angebots- und Leistungsprofil von Schule neu zu überdenken. Eine Reihe von möglichen Sparmaßnahmen wurde schon angedeutet. Sie sei durch weitere ergänzt:

Eine Gesamtschule kostet das Dreifache eines Gymnasiums. Wenn solche Gesamtschulen gemäß den Ideen der „Gründungsideologen" mit hauseigenen Druckereien, Handwerkern, Diskotheken etc. ausgestattet sind, liegt der Unterschiedsbetrag noch höher. Bildungspolitiker und Wissenschaftler sollten den Mut haben, auch verstärkt Gesamtschulen zum Gegenstand wissenschaftlich-empirischer Untersuchungen zu erheben.

Dabei dürften, sollte der Hinweis auf leere Kassen wirklich ernstgenommen werden, Effizienzberechnungen, etwa mit Blick auf finanzielle Aufwendungen und vergleichbare Leistungsfähigkeit von Schülern, kein Tabuthema sein.[116]

Es werden von öffentlich bezahlten Bildungsinstitutionen, die ihren aufgeblähten Personalbestand durch die Produktion einer endlosen Kette von Veröffentlichungen zu rechtfertigen suchen, Schriften produziert, deren Erstellung und Versand Hunderttausende kosten, deren Leseakzeptanz und praktische Verwertbarkeit für die meisten Adressaten jedoch nahezu bei Null liegt.[117] Das Finanzgebaren solcher Institutionen wird von den politisch Verantwortlichen meist erst dann überdacht, wenn Aufdeckungen durch den Rechnungshof oder andere Mißstände in die Medien geraten.

Es werden richtlinienartige Empfehlungen für die fachliche Umsetzung von Bildungsinhalten erarbeitet, an denen hochqualifizierte Fachleute in zahlreichen Kommissionen über Monate und Jahre arbeiten, die dann plötzlich durch politisch bestimmte Umorientierungen gegenstandslos werden. Hier fallen erhebliche direkte (durch Dienstreisen) und indirekte (Freistellung vom eigentlichen Aufgabenfeld) Kosten an.

Es gibt eine hierarchisch und weitläufig strukturierte Bildungsbürokratie auf Landes-, Bezirks- und Kommunalebene, in denen bei vielen Verwaltungsvorgängen, die mehrere Instanzen durchlaufen, ungeheure Reibungsverluste entstehen. Das gleiche Phänomen gilt für die Ideenentwicklung und deren Umsetzung durch vielfältige Expertenkommissionen. Sie schlagen sich nieder in

---

[116] Es erscheint in hohem Grade widersprüchlich zu grunddemokratischem Gedankengut, wenn einem befreundeten Psychologen – als bekennendes Mitglied der führenden Partei in NRW jenseits aller Verdachtsmomente eines ideologisch schädigenden Verhaltens –, der als Beamter an einem Arbeitsamt mit der Entwicklung und Durchführung von Tests in bezug auf grundlegende Kulturtechniken zur Ermittlung von Qualifikationen betraut ist, die vorher übliche Veröffentlichung von Ergebnissen verboten wurde. Er hatte festgestellt, daß die Leistungen von Gesamtschülern im Bereich überprüfbarer Kulturtechniken (Rechtschreibung, Grundrechenarten, Allgemeinwissen) zu einem hohen Prozentsatz weit hinter denen von Real- und Gymnasialschülern zurückfielen.

Aus früheren Jahren sind Fälle bekannt, in denen Texte aus einem für die 8. Klasse bestimmten Lehrwerk als Grundlage für Abiturvorschläge an Gesamtschulen eingereicht und vom Dezernenten, der für die Schulform, nicht für das Fach zuständig war, genehmigt wurden. Diese skandalöse Wettbewerbsverzerrung ist mittlerweile allerdings behoben.

[117] Als ein Beispiel von vielen sei das folgende angeführt: In einer vom damaligen Kultusministerium (jetzt: Ministerium für Schule und Unterricht) des Landes NRW herausgegebenen Schriftenreihe erschien Ende 1994 ein aufwendig gestaltetes Heft von 103 Seiten mit dem Tiel 'Vorläufige Richtlinien und Lehrpläne Japanisch (Gymnasiale Oberstufe)'. Diese Schrift wurde flächendeckend in dreifacher Ausfertigung verschickt, obwohl nur für ganz wenige Schulen im Düsseldorfer Raum das Fach Japanisch von Interesse ist. Erstaunlicherweise wurden die Richtlinien für weitverbreitete Fächer wie Deutsch, Englisch und Mathematik auch nur jeweils dreifach zugestellt.

sachlichen Fehlern, diffusen Auslegungsbestimmungen und Irritationen in bezug auf die Verantwortlichkeit sowie Verschleppungen im zeitlichen Ablauf von Entscheidungsfindungen und ihrer rechtswirksamen Umsetzung. Hier sind vielfach zeit- und kostenträchtige Rückfragen, Dienstbesprechungen oder Korrekturen notwendig. Der bekannte Vorwurf, die Bürokratie verschaffe sich ihre eigenen Bedürfnisse, dokumentiert sich an solchen Beispielen.[118]

In allen zuletzt genannten Bereichen müßte in bezug auf die praxisbezogenen Konsequenzen von eingeleiteten Maßnahmen mit größerer vorplanerischer Verantwortlichkeit agiert werden. Es wären zudem klarere Kompetenzverteilungen und eindeutigere Umsetzungsbestimmungen notwendig. Hier könnten Millionen eingespart werden.

Es muß kritisch geprüft werden, ob das mit der Oberstufenreform eingeführte fast uneingeschränkte Wahlverhalten von Schülern in einem verantwortbaren Verhältnis zum Kostenaufwand steht. Das Recht des Schülers auf Unterricht, selbst bei ungünstigem Wahlverhalten, macht punktuell zwingend, daß ein Lehrer einen einzigen Schüler unterrichtet.[119] Diese Konstellation ist teuer und bringt in der Praxis – etwa bei schlechten Leistungen in bezug auf den Drittelerlaß – erhebliche Probleme mit sich.

In den letzten Jahren sind zunehmend sogenannte Kooperations-Kurse (Lerngruppen, die von Schülern zweier oder sogar mehrerer Schulen besucht werden) gebildet worden. Solche Kurse sind sicherlich sinnvoll, um eine gewisse Angebotsbreite kleinerer Schulen sicherzustellen, um bestimmte Qualifikationen (etwa: Erwerb des „Latinums") zu ermöglichen oder auch mit Blick auf zukünftige Ausbildungsgänge besondere Begabungen (Beispiele: spezifische Förderung in einem Leistungskurs Musik, Sport, Latein, Religion

---

[118] Obwohl die Qualität gerade der nordrhein-westfälischen Lehrerausbildung überregional und international hohe Anerkennung genoß, wurde die OVP (Ordnung des Vorbereitungsdienstes und Prüfungsordnung) mit apodiktischer Unbekümmertheit fast in jedem Jahr verändert. Häufig handelte es sich um „Verschlimmbesserungen", die sich dann in der Praxis als unhaltbar erwiesen und in der Folge mühsam und kostenaufwendig korrigiert werden mußten, z.T. dadurch, daß die alten Bezugsgrundlagen wiederhergestellt wurden (z.B. die sog. 'Weitere Schriftliche Hausarbeit' in der OVP NRW). Es steht zu befürchten, daß die unter pekuniären Aspekten ab 1997 geplanten einschneidenden Veränderungen in der Lehrerausbildung hier einen von praxisfernen Irrungen und Wirrungen geprägten, behördlicherseits verordneten Entfaltungsrahmen in der Seminarausbildung schaffen, dessen Korrektur nach erprobter Praxis extrem zeit- und kostenaufwendig sein wird.

[119] Das ist etwa der Fall, wenn in einer folgenden Jahrgangsstufe ein Fach nicht angeboten wird, ein Schüler, der dieses Fach belegt hat, jedoch dahin rückversetzt wird.

etc.) zu fördern.[120] Man muß aber auch sehen, daß hier für die Kommunen Fahrtkosten in Millionenhöhe anfallen und daß die Wahl vieler Schüler häufig von „extrinsischen" Kriterien bestimmt wird.[121] In solchen Fällen sollte das Wahlverhalten stärker reglementiert werden und auch Überlegungen einschließen, ob einem Schüler, der unbedingt ein nicht angebotenes Fach belegen möchte, mit dem Eintritt in die Oberstufe nicht ein Schulwechsel zuzumuten ist.

Schluß

Ein großer Teil der Probleme, die sich im Schulbereich zeigen oder aber ihm zur Last gelegt werden, sind letztlich gesamtgesellschaftlich bedingt. Eine in Wertfragen weitgehend verunsicherte, rastlose und stark auf Freizeit und Konsum ausgerichtete Gesellschaft kann nicht erwarten, daß ihre Schulen „Reparaturfunktion" für alle entstehenden Schäden übernehmen.

Schule ist in den letzten Jahrzehnten vielfach Objekt rascher Modewechsel geworden. Die endlosen als Reformen gepriesenen Veränderungen erwiesen sich häufig genug als Deformationsschübe – am Ende steht in vielen schulischen Bereichen bei den Betroffenen eine ähnliche Orientierungslosigkeit wie in der Gesamtgesellschaft.

Dennoch bieten gerade Zeiten der Orientierungslosigkeit auch Chancen einer besonderen Profilierung. Hier sollte das Nachdenken von allen Verantwortlichen über das Selbstverständnis von Schule ansetzen. Wenn Schule wieder verläßliche Orientierungshilfen zur Lebensbewältigung junger Menschen bereitstellt, wird sie sich als der beste Garant für die Sicherstellung einer lebenswerten Zukunft erweisen. Dann kann das zu Beginn des Buches eingefügte Zitat mit Schmunzeln, nicht mit Bitterkeit zur Kenntnis genommen werden.

---

[120] In der Praxis werden sowohl von Schülern als auch von Lehrern in solchen „Koop-Kursen" überdurchschnittliche Belastungen (vor allem im Bereich der Organisation – Zuspätkommen, Fehlquoten) beklagt. Gründe sind einmal Unzuverlässigkeiten der Transportunternehmer, vor allem aber die vielfältigen unterrichtsfremden Veranstaltungen, die selten an den einzelnen Schulen zeitgleich stattfinden.

[121] „Unter vier Augen" wird dies von Schülern häufig zugegeben. Meistgenannte Argumente sind, daß
 – ein Fach oder ein Lehrer als weniger anspruchsvoll (=arbeitsintensiv) eingestuft wird
 – das Wahlverhalten an die Entscheidung der Freundin oder des Freundes gekoppelt wird
 – daß die Lage eines bestimmten Faches im Stundenplan günstiger ist.

Dritter Teil
Entwurfsbeispiele

Bei den folgenden 11 Stundenentwürfen handelt es sich um authentische Unterrichtsplanungen, die allenfalls minimal stilistisch und drucktechnisch überarbeitet sind. Eine Übersicht über die Spezifika der ausgewählten Entwürfe findet sich auf der übernächsten Seite.

Um einen möglichst hohen Gebrauchswert sicherzustellen, wurden folgende Auswahlkriterien zugrundegelegt:

1. Gemäß der im Theorieteil vorgestellten Entwurfstypen sind additive und integrative und als „Steigerung" dieser Kategorien ein Beispiel für einen synoptischen Entwurf eingebracht.
   Der leichte quantitative Überhang des additiven Entwurfstyps rechtfertigt sich aus der Tatsache, daß die hier implizite Systematik die planungskonstituierenden Elemente eindeutiger und damit transferierbarer aufbereitet.
2. Aufnahme aller Unterrichtsstufen und Kursarten
3. Berücksichtigung verschiedener Anforderungen in der unterrichtlichen Darstellung. Alle Entwürfe sind realitätsnah in dem Sinne, daß sie Unterricht vorstellen, der vor bewertenden Hospitanten gehalten wurde. Dabei reicht die Palette derartiger Rahmenbedingungen von der „bloßen" Hospitation durch den Fach- oder Hauptseminarleiter über Examenslehrproben bis hin zur Lehrdemonstration eines Fachleiters vor Lehramtsanfängern.
4. Breite Repräsentanz gängiger Unterrichtsinhalte. Sie reichen im Bereich Sprachunterricht von der Lehrwerkarbeit (Grammatik, Wortschatz) über die Erschließung von Bilderreihen und die Aufbereitung eines Chansons mit identischen Inhalten zur Lyrik bis hin zur Erschließung eines Ganztextes und spielerisch-gestaltenden Elementen im Deutschunterricht, von versuchsorientiertem naturwissenschaftlichen Unterricht bis hin zu länder- und wirtschaftskundlichen Themen.
5. Eng in Verbindung mit dem vierten steht das fünfte Auswahlkriterium: umfangreiche Transfermöglichkeiten. Diese können auf folgende Bereiche bezogen werden:
   - Schulformen: So lassen sich die in der Lehrwerkarbeit für Klasse 6 (Gymnasium) verarbeiteten Unterrichtsmomente ebenso problemlos auf entsprechende Klassen anderer Schulformen beziehen wie die

dargestellten Erschließungselemente der Bildergeschichte. Ähnliches gilt für die Erdkundestunde.
- Fächer: Die für das Fach Chemie gewählte Experimentalstunde läßt sich ebenso auf affine Fächer, etwa Biologie, Physik wie Elemente der Erdkundestunde auf Fächer wie Sozialkunde, Politik, Wirtschaftslehre beziehen, zahlreiche aufgenommene Elemente einzelner fremdsprachlicher Stunden lassen sich problemlos auf andere Sprachen und verschiedene Lernstufen beziehen.

Vor den Entwurfbeispielen ist zur besseren Lesbarkeit ein Verzeichnis von gebräuchlichen Abkürzungen in Unterrichtsentwürfen und zur besseren Übersicht eine Auflistung der Themen zu den einzelnen Einwürfen eingebracht.

Unter jedem Entwurf finden sich kurze Bemerkungen zu den besonderen Qualitätsmerkmalen eines jeden Entwurfes sowie Hinweise zu seiner Verwendbarkeit.

Es muß abschließend betont werden, daß das Vorstellen solcher Entwürfe dazu dient, konkrete Konzipierungsgrundlagen eines anspruchsvollen Entwurfes und Ideen für moderne unterrichtliche Gestaltungsmöglichkeiten zu vermitteln.

Ein bloßes Übernehmen von formalen und inhaltlichen Elementen widerspräche der Absicht der Autoren. Der Benutzer muß in jedem Fall sorgfältig prüfen, vor allem mit Blick auf die von ihm unterrichtete Lerngruppe, aber auch auf den geforderten Entfaltungsrahmen (Lehrprobe vor Fachleitern, Prüfungskommission im Examen, Revisionsstunde im Rahmen einer Bewerbung), welche Elemente er übernimmt und wie sie zu modifizieren sind.

Verwendete Abkürzungen

AF	Aktionsform	SV	Schülervortrag
SF	Sozialform	LV	Lehrervortrag
UG	Unterrichtsgespräch	EA	Einzelarbeit
GUG	gelenktes Unterrichtsgespräch	PA	Partnerarbeit
frUG	freies Unterrichtsgespräch	GA	Gruppenarbeit
KG	Kettengespräch	OHP	Tageslichtprojektor
FE	fragend-entwickelnd	Tf	Tafel
L	Lehrer	AB	Arbeitsblatt
S	Schüler	LZ	Lernziele
Ss	Schüler (Plural)	TZ	Teilziele

Themen-Übersicht

Fach	Jahrg.	Thema	Form	Seite
D1	6	Gerhard Zwerenz: Nicht alles gefallen lassen – Eine humurvoll-satirische Parabel – Strategien zur Konfliktlösung	add.	239
D2	6	Won-a-pa-leis Umgang mit dem Schmuck der Aleuter – Erabeitung der Handlung und ihrer Motive (Scott O'Dell, Insel der blauen Delphine, S. 43-44)	add.	251
E1	6	Situative Anwendung des *going to-Future* bei der Erstellung eines Tagesprogramms für einen Inselurlaub	add.	261
E2	7	Erschließung einer Bildergeschichte – *Analysis of a picture story*	syn.	274
F	11 LK	Einführung und Analyse des Chansons von Francis Cabrel *La Cabane du Pêcheur*	add.	283
EK	8	*Industrial Farming* am Beispiel des Industrietomatenanbaus in Kalifornien – Erste Analysen von Problementwicklungen	add.	295
GE	10	Problematisierung der britischen Appeasement-Politik gegenüber Hitler am Beispiel des Münchener Abkommens	int.	312
M	5	Das Zweiersystem – Spielerische Einführung als Grundlage für die Analyse der Gesetzmäßigkeiten von Stellenwertsystemen und als Vorbereitung seiner fundamentalen Bedeutung in Mathematik und Informatik	int.	322
BI	11 GK	Der Ionenfallenmechanismus – eine Hinführung zu Möglichkeiten des Stofftransportes über Membranen	add.	327
CH	LK 12	Untersuchung der Abhängigkeit der Reaktionsgeschwindigkeit von den Anfangskonzentrationen der Edukte bei der Reaktion von Natriumthiosulfat mit Salzsäure mit Hilfe eines durch die Schüler geplanten Schülerexperimentes	int.	337
SP	11 GK	Verbesserung der Grundfertigkeiten (Pritschen und Baggern) unter besonderer Berücksichtigung der Reaktions- und Orientierungsfähigkeit	add.	347

Deutsch	Jahrg. 6 (Gymn.)	additiver Entwurf
Ganzschrift – Parabel		

Thema des Unterrichtsvorhabens[1]
Sorten-, struktur- und motivverschiedene literarische Texte zum Thema: Strategien zur Konfliktlösung.

Thema der vorigen Stunde:
Wilhelm Busch: Bewaffneter Frieden. – Paradoxer Pazifismus in einem lyrischen Beispiel.

Thema der heutigen Stunde:
Gerhard Zwerenz: Nicht alles gefallen lassen. – Eine humorvoll-satirische Parabel.

Thema der folgenden Stunde:
Ausweitung des Themas: Von der Rezeption zur kreativen Auseinandersetzung mit dem Text der vorigen Stunde. Der Brief als Hausaufgabe und seine kommunikativen Absichten.

1. Bedingungsanalyse
1.1 Zur Lerngruppe
Die Klasse 6c, die ich seit Beginn der 5. Klasse vier Wochenstunden im Fach Deutsch unterrichte, umfaßt 30 Schüler und Schülerinnen (15 Jungen, 15 Mädchen). Die alterspezifische Zusammensetzung ist relativ homogen. Es gibt keine Repetenten. Ein zu Beginn des Schuljahres neu aufgenommener Schüler hat weder fachliche noch soziale Integrationsschwierigkeiten.
Die Lernatmosphäre ist im allgemeinen als recht positiv zu bezeichnen. Vereinzelte Phasen geringerer Konzentrationsfähigkeit und Leistungsbereitschaft sind teilweise altersspezifisch bedingt oder auch situationsgebunden (etwa bei Unterricht in der letzten Stunde oder nach Klassenarbeiten), doch konnte hier durch weitere pädagogische Maßnahmen (z.B. durch vermehrte Stillarbeit oder durch besonders motivierende Einstiege) eine deutliche Verbesserung erzielt werden.
Die Bereitschaft zur Mitarbeit stellt sich insgesamt als recht inhomogen dar, eine für diese Altersstufe typische Verhaltensdisposition. Etwa sieben Schüler und Schülerinnen sind äußerst aktiv. Ihr Beteiligungseifer erstreckt sich dabei gelegentlich auch auf unterrichtsferne Bereiche. Drei dieser Schüler und Schülerinnen neigen nicht selten zu unkontrollierten Einwürfen und müssen entsprechend dann auf den Ordnungsrahmen hingewiesen werden. Ein Schüler ergeht sich gerne in langen, aber immer sachzugewandten Monologen, was für die Altersstufe nach meiner Erfahrung selten ist. Weitere etwa sechzehn Schüler und Schülerinnen zeigen eine gute bis befriedigende Mitarbeit. Nur etwa sieben Schülerinnen sind eher zurückhaltend und müssen kontinuierlich ermuntert und teilweise auch ermutigt werden. Sie sind aber

---
[1] Terminologie nach den neuen Richtlinien SI, die nicht mehr von Unterrichtsreihen sprechen.

keineswegs die leistungsschwächsten Schülerinnen der Klasse, sondern folgen mehrheitlich dem Unterricht mit erfreulichem Verständnis.

Die <u>Hausaufgabenmoral</u> ist durchweg sehr zufriedenstellend; nur vier Schüler und Schülerinnen sind in dieser Hinsicht zu monieren.

Die <u>Notenverteilung</u> stellt sich wie folgt dar: 1 mal „sehr gut"; 13 mal „gut"; 8 mal „befriedigend"; 7 mal „ausreichend"; 1 mal „mangelhaft". Eine Schülerin scheint den Anforderungen der gymnasialen Erprobungsstufe nicht gewachsen zu sein.

1.2 Zum Lernstand

1.2.1 Wissen und Terminologie

Die Lerngruppe ist seit der 5. Klasse mit der <u>Analyse verschiedener fiktionaler</u> und <u>nichtfiktionaler Textsorten</u> bekannt gemacht worden (Lyrik, Märchen, Fabeln, Sagen, Legenden, Sachtexte u.a.). <u>Gliederungsprinzipien</u> und <u>Aufbauelemente</u> (z.B.: Einleitung, Hauptteil, Schluß, Erzählschritte, Höhepunkt, Pointe) sind den Schülern und Schülerinnen sachlich wie terminologisch bekannt.

1.2.2 Methode

Verschiedene <u>Methoden der Textinterpretation</u> (intrinsische und extrinsische) sind geübt worden. Die Schüler und Schülerinnen sind stetig dazu angehalten worden, sich schriftlich wie mündlich in sachgerechter, grammatikalisch richtiger und stilistisch angemessener Sprache zu äußern.

1.2.3 Unterrichts- bzw. Lernstil

Die Schüler und Schülerinnen kennen das <u>Unterrichtsgespräch</u>, auch den <u>Lehrervortrag</u>. Sie sind mit (arbeitsgleicher, weniger mit arbeitsteiliger) <u>Stillarbeit</u> und gelegentlich mit entsprechender <u>Partnerarbeit</u> vertraut gemacht worden. <u>Gruppenarbeit</u> habe ich bisher nicht eingeführt; ihre Ergebnisse stehen nach meiner Erfahrung in dieser Altersstufe selten in einem angemessenen Verhältnis zur aufgewendeten Zeit (vgl. auch Bedingungsanalyse).

Didaktische Analyse

2.1 Sachanalyse

Die Geschichte „Nicht alles gefallen lassen" von Gerhard Zwerenz (geb. 1925), veröffentlicht im Jahre 1962, ist eine <u>Beispielgeschichte (Parabel)</u>, die auch einige typische Züge der Kurzgeschichte (Kürze, Realitätsbezug – nicht Realistik, Verdichtung u.a.) aufweist, ohne daß sie dieser Gattung im strengen Sinne zugeordnet werden könnte. Es ist eine <u>lehrhafte Erzählung</u>, die in der paradoxen Form einer Anti-Gleichnisgeschichte ihre Lehre eben nicht durch einen analogen Vergleich kundtun will, sondern den Leser durch einen indirekten (apagogischen) Beweis zur Erkenntnis führen möchte. Das wesentliche Element dieser literarischen Konstruktion, mit dem diese Absicht erreicht werden soll, ist die <u>Satire</u>, die hier vornehmlich mit dem Mittel der Übertreibung (Hyperbel) arbeitet. Dem Typus der Gattung entsprechend gibt die Geschichte nicht ein in allen Einzelheiten unmittelbar übereinstimmendes Beispiel (wie etwa die Fabel) und bietet auch (wie das Gleichnis) keine direkte Verknüpfung mit dem zu Erläuternden („Wie mit dem... verhält es sich auch mit ...").

Der Text weist erhebliche <u>formale Vorzüge</u> auf: Kürze, Dichte, eindeutige Gliederung in Einleitung (Z. 1-4), Hauptteil (Z. 5-65) und Schluß (Z. 66-69), straff gegliederter

Hauptteil mit linearer Steigerung; klar bestimmbar sind: Erzählform (Ich-Erzähler), Erzählverhalten (auktorial), Erzählhaltung (ironisch-kritisch) und Erzählperspektive (Innensicht). Das Ganze ist von einem fein- und hintersinnigen Humor durchzogen.

2.2 Legitimation

Das zu behandelnde Thema erfährt seine Legitimation durch folgendes:
Die neuen „Richtlinien und Lehrpläne" der Sek. I am Gymnasium im Lande Nordrhein-Westfalen für das Fach Deutsch (im folgenden zitiert als „Richtl. I") schreiben als einen der drei Bereiche des Faches den „Umgang mit Texten" (vgl. Richtl. I, S. 49-58) vor (neben „Sprechen und Schreiben" und „Reflexion über Sprache").
Der Text von Zwerenz ist dem „pragmatischen" Kriterium des „Wirklichkeitsbezuges" gemäß (vgl. Richtl. I, S. 49) ein fiktionaler Text, und gegenüber den alten betonen die neuen Richtlinien wieder in weitaus höherem Maße, daß der „Beschäftigung mit Literatur" im „Deutschunterricht der Sekundarstufe I besondere Bedeutung" zukomme (vgl. Richtl. I, S. 53).
Auch das schulinterne Curriculum Sek.I („Hauscurriculum") im Fach Deutsch sieht unter dem „Lernbereich: Textbetrachtung" (gemäß den alten Richtlinien) „Lesestücke aus verschiedenen Bereichen" vor.
Der Text ist im Lesebuch der Klasse abgedruckt und damit auch nach Meinung der Editoren unterrichtlich geeignet und stufengerecht.
Das Phänomen „Gewalt" ist in vielfältigen Ausprägungen (z.B. „Gewalt gegen Ausländer", „Gewalt in der Schule") seit einiger Zeit besonders stark in das Bewußtsein der Öffentlichkeit gerückt (worden). Die Aktualität des Textes, in dem eine extreme Eskalierung von Gewalt dargestellt wird, ist daher offensichtlich und auch schon für Schüler der Klasse 6 erkennbar.

2.3 Didaktische Analyse (im engeren Sinne) (= didaktische Reduktion)

Aus der Fülle der in der Sachanalyse angesprochenen Aspekte sollen mit Blick auf das spezifische Profil der Lerngruppe folgende Bereiche thematisiert werden:
Bei der ersten Begegnung der Schüler und Schülerinnen mit dem Text dürften die humoristisch-satirischen Elemente in der grotesken Eskalierung der gegenseitigem Kampfhandlungen und der doch überraschende Schluß die Schüler emotional-affektiv ansprechen und damit eine erste Identifikationsbasis schaffen. Mit anderen Worten: Die Schüler und Schülerinnen werden den Text „lustig" und „spannend" finden, womit die beiden Hauptkategorien altersspezifischer Akzeptanz gegeben sind. (So kann, nebenbei bemerkt, grundsätzlich ihre Lesebereitschaft geweckt, stabilisiert oder gar gefördert werden.) Diese Aspekte sind wichtig für die Gestaltung und das Gelingen der Eingangsphase der Stunde.
Der Text ist inhaltlich zunächst sehr leicht verständlich, bietet dann aber die Möglichkeit, zu einer deutlich tieferen Verstehensebene vorzudringen, und ist damit für die Interpretationsarbeit ergiebig. Dies ist für die Erarbeitungs- und Vertiefungsphase von Bedeutung.
Der Text ist aktuell, indem er (vordergründig) Gewaltanwendung als Mittel zur Lösung von Konflikten zu legitimieren, ja zu empfehlen scheint. Er knüpft damit an die Seh- und Lesegewohnheiten vieler Schüler und Schülerinnen an: Fernsehen, Video, Comics, die zunehmend Gewaltdarstellungen zeigen, und erfüllt hierdurch das päda-

gogische Erfordernis, die Schüler und Schülerinnen bei ihrer Alltagserfahrung „abzuholen" und an sie anzuknüpfen, um auf diese Weise dann ihren „Erfahrungshorizont zu erweitern" (vgl. Richtl. I, S. 49). Dies ist für die Eingangs-, aber besonders auch für die Schlußphase der Stunde wichtig.

Der Text ist (hintergründig) moralisch-didaktisch, und das ist auch schon für Schüler und Schülerinnen der Klasse 6 erkennbar, und zwar spätestens durch den geradezu surrealistischen Schluß. Die Geschichte hat damit eine appellierend-korrigierende Tendenz und kann die Schüler und Schülerinnen im Bereich ihres Gewaltverständnisses sensibilisieren. Dies muß als ein Ergebnis der Stunde erkennbar werden.

2.4 Retrospektive Kontextualisierung
Innerhalb des Unterrichtsvorhabens sind im Rahmen des Gesamtthemas Texte von Siegfried Lenz, Ephraim Kishon und Wilhelm Busch gelesen worden, die, selbst gattungs-, struktur- und motivverschieden, das Thema „Konfliktbewältigung" in verschiedener Art darstellen.

2.5 Prospektive Kontextualisierung
Es folgen weitere Texte zum Thema; eine Ausweitung erfolgt von der Rezeption zum produktionsorientierten „Umgang mit Texten": Briefe, Textwiedergabe mit Wechsel der Perspektive u.a.

3 Lernziele
3.1 Ziele des Unterrichtsvorhabens
Die Schüler und Schülerinnen sollen
- mit Texten zum Thema „Konfliktbewältigung" bekannt gemacht werden.
- sie in ihrer inhaltlichen Aussage verstehen und von ihrer Erzählstruktur her analysieren können (dabei sollen ihre Fähigkeiten zur inhaltlichen und formalen Interpretation von Texten erweitert und gefestigt werden).
- für das Thema „Konfliktbewältigung" sensibilisiert werden; sie sollen die verschiedenen Arten der „Konfliktbewältigung" in den Texten beurteilen lernen und Konsequenzen für ihr eigenes Verhalten ziehen können.

3.2 Ziel der Unterrichtsstunde
Die Schüler und Schülerinnen sollen den vordergründigen inhaltlichen Ablauf der Geschichte erkennen, aber auch ihre hintergründige Aussageabsicht durchschauen; sie sollen die Erzählstruktur untersuchen und dabei die wesentliche Funktion der Schlußpointe für das Verständnis der zentralen Aussageabsicht erfassen.

3.3 Teilziele der Unterrichtsstunde
3.3.1 Kognitive Teilziele
Die Schüler und Schülerinnen sollen
1. den inhaltlichen Ablauf der Geschichte verstehen.
2. die Gliederung des Textes in Einleitung, Hauptteil, Schluß erkennen und die Gliederungsfugen angeben.
3. die Akteure der Geschichte benennen.
4. bestimmen, welcher Art der Erzähler ist.
5. die wesentlichen Schritte des „Kampfes" im Hauptteil angeben.
6. die Steigerung der „Kampfmittel" im Hauptteil wahrnehmen.
7. die Schlußpointe entdecken.
8. die Funktion der Schlußpointe für die eigentliche Aussageabsicht des Textes erkennen.
9. das Mittel der humoristischen Übertreibung, und damit im altersspezifisch möglichen Ansatz das Satirische des Textes, erfassen.
 (Nur als Eventualziele:)
10. die Selbstgerechtigkeit („nie etwas zuschulden kommen lassen" (Z. 1 f.) und die fehlende Einsichtsbereitschaft der Familie erkennen können.
11. den humorvoll-satirischen Gegensatz zwischen dem korrekten („Polizei" (Z. 31), dem „kampfscheuen" Vater und der „kampfbegeisterten" Mutter erfassen können.

3.3.2 Pragmatische/ instrumentelle (dynamische) Teilziele
Die Schüler und Schülerinnen sollen
12. die eigentliche Aussageabsicht der Geschichte formulieren können.
13. (wieder einmal) zu einer Änderung ihrer häufigen Lesegewohnheit geführt werden, die nur auf eine vordergründige Inhaltsaufnahme zielt.

(Sofern man mit einer Reihe von Didaktikern die Hausaufgaben als Teil der Stunde sieht:)
14. Die Schüler und Schülerinnen sollen sich kreativ und sprachproduktiv mit der Geschichte auseinandersetzen.

3.2.3 Emotionale/ affektive Teilziele
Die Schüler und Schülerinnen sollen
15. zunächst geradezu „sportbegeistert" sein, d.h., Anteil nehmen am „Kampfgeschehen".
16. Freude am vordergründigen Humor der Geschichte haben.
17. mit einer gewissen Betroffenheit auf die Schlußpointe reagieren.
18. durch die Schlußpointe zur Bereitschaft geführt werden, die Geschichte „neu zu lesen", d.h., ihr Verständnis und ihr emotionales „Mitgehen" zu revidieren.
19. ihre meist vielleicht noch unreflektiert-naive Einstellung zu Gewaltdarstellungen im Fernsehen und in Videofilmen überprüfen und modifizieren.
20. ihr eigenes Verhalten überdenken und eventuell ihre Art im Umgang mit Konflikten ändern.
21. durch diese und andere Geschichten erneut einen Zugang zur Literatur erhalten und Anregung auch zur privaten Lektüre erhalten.[2]

---

[2] Dieses letztgenannte Teilziel ist auf das gesamte Unterrichtsvorhaben bezogen.

4. Methodische Reflexion

Das im Verlaufsplan dokumentierte methodische Vorgehen rechtfertigt sich aus folgenden Überlegungen:

Ich wähle den offenen Einstieg mit einer Zeichnung raufender Jungen (OHP). Die Begründung für diese Art der visuellen Impulsgebung sehe ich erstens inhaltlich in der Hinführung zum Thema und zweitens in einer besonderen Motivation der Schüler und Schülerinnen (Verwunderung, Neugier, möglicherweise Identifizierung).

Der motivierende Impuls soll sich in einer Phase spontaner Äußerungen der Schüler und Schülerinnen entladen. Ein weiterer Impuls liegt in der Aufforderung des Lehrers, eine Überschrift zu suchen.

Einen möglichen Alternativeinstieg mit dem über der Türe einer anderen Klasse hängenden Plakat „Flagge zeigen gegen Gewalt" habe ich verworfen; ein visueller Einstieg aus dem vertrauten schulischen Umfeld der Schüler und Schülerinnen wäre zwar gegeben gewesen, inhaltlich wäre aber zu früh eine Antwort formuliert worden.

Zur Textpräsentation: Ich habe mich entschlossen, die Stunde nicht durch eine inhaltliche Erschließung des Textes in einer vorbereitenden Hausaufgabe zu entlasten. Ausschlaggebend hierfür waren folgende Überlegungen:

1. Der Text ist kurz und (vordergründig) leicht zu verstehen, so daß die Phase der reinen Inhaltserschließung nicht viel Zeit in Anspruch nehmen dürfte.
2. Ich erwarte bei der ersten Begegnung der Schüler und Schülerinnen mit dem Text in der Stunde durch das Vorlesen eine Wirkung gerade auch in bezug auf die affektive Dimension, die in spontanen Äußerungen eine erste emotional-kognitive Basis für die weitere Arbeit mit dem Text bereitstellt.

Die methodische Variante, einem Schüler oder einer Schülerin das Vortragen des Textes anzuvertrauen, habe ich aus ähnlichen Gründen verworfen: Während grundsätzlich jede Schüleraktivierung wünschenswert erscheint, weil immer ein möglichst hohes Maß an schülerzentriertem Unterricht anzustreben ist, scheint mir doch hier die beabsichtigte Initialwirkung des Textes eher bei der vorbereiteten (sinndarstellenden, didaktisierten) Lektüre durch den Lehrer gesichert zu sein als bei der (sinnsuchenden) „Prima-vista-Darbietung" selbst durch einen leseübten Schüler. Auch der Übungsgewinn für den Schüler scheint mir in diesem Fall nicht so beträchtlich, als daß er den Ausschlag geben könnte. Im übrigen habe ich dem Lesetraining bisher schon viel Platz eingeräumt, und zwar nicht zuletzt im Hinblick auf den bald stattfindenden „Lesewettbewerb" in den 6. Klassen, auf den sich die Schüler und Schülerinnen freuen.

Nach der akustischen Rezeption des Textes sollen die Schüler und Schülerinnen in einer Spontanphase ihr primäres Verständnis artikulieren. Dabei werden sie eventuell schon ihnen bekannte analytische Kategorien verwenden. Grobe Mißverständnisse versucht der Lehrer auszuräumen.

Zu Beginn der ersten Erarbeitungsphase fordert der Lehrer die Schüler und Schülerinnen auf, Vorschläge für die Bearbeitung des Textes einzubringen. Somit erfahren die Schüler und Schülerinnen das für ihre Motivation und Leistungsbereitschaft wichtige Gefühl der Eigenverantwortlichkeit für den Unterricht. Der Lehrer sammelt die Beiträge und schreibt sie (in bereinigter Form) an die Tafel, damit die Schüler und Schülerinnen sie als Arbeitsanweisungen vor Augen haben. Werden wesentliche Bearbeitungsgesichtspunkte schülerseits nicht genannt, muß der Lehrer sie notfalls fragend-entwickelnd erschließen.

In der zweiten Erarbeitungsphase bearbeiten die Schüler und Schülerinnen die Texte den vorgeschlagenen Anweisungen gemäß in arbeitsgleicher Stillarbeit. Man könnte auch an arbeitsteilige Stillarbeit denken; sollte es aber nicht nur eine schematische Aufteilung sein, so wäre zu bedenken, daß die Schüler und Schülerinnen mit sinnvollen Einteilungskriterien (z.B. inhaltlich/ formal) überfordert sein könnten. Bei der Arbeit sind einzelne Gespräche der Schüler und Schülerinnen untereinander über ihre Arbeitsergebnisse möglich; organisierte Partnerarbeit halte ich aber für nicht effizient, weil sich die Schüler und Schülerinnen dann zu schnell vom Text lösen und wenig überlegte Ergebnisse diskutieren könnten. (Zur Gruppenarbeit vgl. oben)

In der Auswertungsphase tragen die Schüler und Schülerinnen ihre Ergebnisse vor.

Die Vertiefungsphase ist der anspruchsvollste Teil der Stunde; es ist nicht leicht abzuschätzen, was von den Schülern und Schülerinnen schon entdeckt worden ist und was noch erarbeitet werden muß.

Zur Ergebnissicherung schreiben die Schüler und Schülerinnen eine vom Lehrer vorgelegte Folie ab, welche die erwarteten Ergebnisse zusammenfaßt. Sollte die Zeit fortgeschritten sein, kann dies auch in der nächsten Stunde erfolgen. Es sollte aber noch eine Zusammenfassung des Profils der Stunde möglich sein.

Der Lehrer fragt nach Vorschlägen für die Hausaufgabe. Er lenkt die Schüler und Schülerinnen gegebenenfalls.

5 Dokumentation

5.1 Tafelbild (nach Maßgabe der Schüler änderbar)

Überschrift nach Maßgabe der Schüler	Inhalt? Ort? Zeit? Personen? Erzählform? Gliederung? Höhepunkt? Pointe? Moral/ Lehre?

5.2 Hausaufgabe

Schreibe an einen Freund/ an eine Freundin einen Brief über die Geschichte; denke Dir eine Überschrift aus!

Eventuelle Alternative: Zeitungsbericht.

5.3 Verlaufsplan

Phase	Meth.-did. Kommentar	Medien/ U-form	LZ
Einstieg 3 - 5'	Zeichnung raufender Jungen	OHP, Folie 1 offener, visueller Impuls	
	Spontane S-äußerungen Überschrift Tafelanschrieb	verbaler Impuls Tafel	
Textpräsentation 6 - 7'	Lehrer: Folie mit Worterläuterungen; liest den Text Schüler hören zu	OHP, Folie 2 didaktisierter Vortrag durch den Lehrer	1, 3, 15, 16
Spontanphase 3 - 5'	Schüler artikulieren ihr Primärverständnis – Lehrer berichtigt ggf.	Unterrichtsgespräch	1, 4, 15, 16
Erarbeitung I 2 - 4'	Textbearbeitungsmöglichkeiten? Schülervorschläge Tafelanschrieb	Verbaler Impuls Unterrichtsgespräch Tafel	1, 2, 4, 6
Erarbeitung II 9 - 11'	Schüler bearbeiten Text notieren Ergebnisse im Heft	arbeitsgleiche Stillarbeit, Bücher, Hefte	1, 2, 3, 4, 5, 6, 7
Auswertung 3 - 5'	Schüler tragen Ergebnisse vor	Unterrichtsgespräch	
Vertiefung Lernkontrolle	Lehrerimpuls zur vertieften Betrachtung, Erarbeitung des Hintergründigen	verbaler Impuls fragend-entwickelndes Verfahren	7, 8, 9, (10, 11), 12, 17, 18
Sicherung Zusammenfassung 5 - 7'	Schüler schreiben Folie 3 ab Lehrerimpuls: Zusammenfassung	OHP, Folie 3, Hefte Unterrichtsgespräch	
Hausaufgabe 2 - 3'	Mögliche Hausaufgabenstellung? Lehrer berät; notiert die HA an die Tafel	verbaler Impuls Unterrichtsgespräch Tafel	13, 14, 19, 20, 21

5.4 Literatur

Baurmann, J.; Hoppe, O. (Hg.): *Handbuch für Deutschlehrer.* Stuttgart 1984.

Richtlinien und Lehrpläne für das Gymnasium – Sekundarstufe I – in Nordrhein-Westfalen. Deutsch. Frechen 1993.

Wilpert, G. v.: *Sachwörterbuch der Literatur.* 4. Aufl., Stuttgart 1964.

Zwerenz, G.: *Nicht alles gefallen lassen.* In: bsv Deutsch 6 N. *Lesebuch*, München (1985), S. 200 f.

5.5 Folien
Folie 1

Folie 2

Worterklärungen:	
Scherenfernrohr: (Z. 23)	zweifach gebogenes Fernrohr, mit dem man sehen kann, ohne gesehen zu werden
hochrenommiert: (Z. 29)	angesehen, berühmt
Flakgeschütz: (Z. 49)	Kanone zum Abschuß von Flugzeugen
Richtkanonier: (Z. 58)	Derjenige, der die Kanone auf das 'Ziel' richtet

Folie 3

Zwerenz:	„Nicht alles gefallen lassen"
Gliederung:	Inhalt:
Einleitung (Z. 1-4)	Ursache des Konfliktes
Hauptteil: (Z. 5-65)	Steigerung des Konfliktes
Schluß:	Alle tot, Straße und Stadt vernichtet
Moral/ Lehre:	„Nichts gefallen lassen" führt zur völligen Vernichtung. Die Lösung von Konflikten kann nur durch Verständigung erreicht werden.

Der Entwurf enthält folgende Qualitätsmerkmale

1. Formal vorbildhafte Planungsarbeit unter Einbringung einer präzisen fachwissenschaftlichen und pädagogischen Terminologie
2. Stringenter Aufbau unter Berücksichtigung aller wesentlichen Planungskonstituenten
3. Nachvollziehbare Begründung aller didaktischen, vor allem aber methodischen Entscheidungsfindungen
4. Sehr detailliert ausgewiesene Erwartungshaltung in bezug auf zu erreichende Ergebnisse (vgl. Lernziele)
5. Abwechslungsreiche methodische Aufbereitung
6. Flexibilität in der Verlaufsplanung

Hinweise zur Verwendbarkeit
1. Das Thema (Gewalt), die Textsorte (Parabel, lehrhafte Erzählung) und Teile der methodischen Aufbereitung (visueller, stummer Impuls als Einstieg, Gelenkstellengestaltung, Zusammenfassung) sind ohne weiteres auf andere Fächer und Stunden transferierbar.
2. Der Entwurf enthält Informationen (vgl. Bedingungsanalyse), die über den Rahmen der geplanten Stunde hinausgehen. Hier könnte gekürzt werden.
3. Je nach Zielperson bei der Hospitation (etwa: Germanist) kann die Sachanalyse entfallen.

Deutsch	Jahrg. 6 (Gymn.)	additiver Entwurf
Scott O'Dell, Insel der blauen Delphine (Ganzschrift)		

Thema der Unterrichtsreihe:
Scott O'Dell, Insel der blauen Delphine – Einblicke in eine abenteuerliche Welt

Thema der vorangegangenen Unterrichtsstunde:
Was sich in Won-a-pa-leis Kopf abspielt – zur Situation der Einsamkeit (S. 40)

Thema der heutigen Unterrichtsstunde:
Won-a-pa-leis Umgang mit dem Schmuck der Aleuter – Erarbeitung der Handlung und ihrer Motive (Scott O'Dell, Insel der blauen Delphine, S. 43-44)

Thema der folgenden Unterrichtsstunde:
Won-a-pa-lei braucht Waffen – was Mädchen nicht dürfen

Bemerkungen zur Lernsituation
In der Klasse 6c, in der ich bisher 8 Stunden unterrichtet habe, herrscht ein sehr angenehmes Arbeitsklima. Die Schülerinnen beteiligen sich rege am Unterricht und sind leicht zu motivieren. Vor allem in Phasen, in denen ihre Phantasie oder Einfühlung gefragt ist, aber auch bei gestalterischen Aufgaben (z.B. bei der Erstellung der Insel-Collage) sind sie kaum zu bremsen.
Die Klasse ist recht homogen: Es gibt aktivere und weniger aktive Kinder, aber keines, das sich nie beteiligt; es gibt mehr oder weniger leistungsstarke Kinder, aber kein Kind, das ganz besonders herausragt.
So ist das Grundproblem weniger die Heterogenität der Klasse als ihre Größe: Es ist unmöglich, den 35 Schülerinnen, die alle etwas zu sagen haben, gerecht zu werden. Besonders deutlich wird dies nach Produktionsaufgaben. 20 Hände und flehende Blicke (mitunter auch lautstarke Willensbekundungen) signalisieren mir, daß ich ganz unbedingt alle diese Individuen aufrufen soll, damit sie ihre Arbeitsergebnisse vortragen dürfen. Ich entscheide mich häufig für eine kleine Unterrichtsverzögerung zugunsten dieser dringenden Wünsche, bin aber trotzdem mit vielen enttäuschten Gesichtern konfrontiert. Der Versuch, die Beachtung mehrerer Produkte dadurch zu erreichen, daß sie diese gegenseitig, z.B. in Kleingruppen würdigen, hilft auch nur zum Teil weiter, da die Schülerinnen zum einen noch sehr lehrerzentriert sind („Ich wollte es doch aber Ihnen vorlesen!"), zum anderen die Weiterarbeit mit den Produkten doch einen Vortrag im Plenum verlangt, was dann wieder alle wünschen.
Wie wohl in den meisten Klassen der Unterstufe ist auch in dieser das Schreibtempo im Durchschnitt nicht sehr zügig. Das Abschreiben erfordert außerdem noch die ganze Aufmerksamkeit der Schülerinnen, bedarf also einer je eigenen Phase.
Die Erzählung „Insel der blauen Delphine" lesen die Schülerinnen gerne. Eine Schülerin hatte das Buch bei der wöchentlichen Buchvorstellung ausgewählt, die anderen Kinder zeigten sich interessiert, dem Lehrer schien es geeignet. Eine Schülerin, Annika, kennt das Buch also schon. Sie ist stolz, daß ihr Buchvorschlag im

Unterricht aufgenommen wurde, hat aber manchmal Mühe, mit ihrem Vorwissen zielgerichtet umzugehen. Ich habe den Unterricht so angelegt, daß dieses Wissen an sich nicht stört; bei sehr vielen Arbeitsaufträgen ist sie aber ganz fixiert darauf, was die anderen noch nicht wissen und was sie deshalb nicht schreiben oder sagen kann. Für alle anderen ist das Buch neu.

Auffällig ist, mit wieviel Interesse am Detail die Schülerinnen das Buch lesen und diese Details für die Klärung in Frage stehender Sachverhalte auch sehr intelligent nutzen.[1] Sie haben – so verstanden – eine gute Textkenntnis. Gleichzeitig haben sie aber bei der strukturierten Wiedergabe des Textes, z.B. bei Nacherzählungen (auch wenn sie spielerisch oder ganz real motiviert sind) zum Teil noch große Mühe, in der exakten Reihenfolge sich auf das Wesentliche zu beschränken, ohne Wesentliches zu vergessen (nur Andrea und Sylvia meistern dies mühelos). Die Fähigkeit der Identifikation mit den Personen bzw. die Möglichkeit, die Innenwelt der Personen zu erschließen, ist sehr unterschiedlich ausgeprägt. Was allen noch schwerfällt, ist die Begründung dafür, warum an einer spezifischen Stelle ein bestimmter Eindruck entsteht.

Von Anfang an fasziniert hat mich in dieser Lerngruppe die Nachdenklichkeit gegenüber Sprache, die manchen eigen ist (z.B. Sarah). In anderen Klassen ist es häufig schwierig, die Motivation aufrechtzuerhalten in Phasen, in denen es um eine sensible Wahrnehmung der Sprache geht. In dieser Klasse gibt es einige Schülerinnen, die in aller Ruhe und mit großem Ernst sprachlichen Phänomenen nachspüren.

Das Buch wird Stück für Stück gemeinsam (im Unterricht und zu Hause) gelesen.[2] Bisher war ein zentraler Punkt der Erarbeitung die Inhaltssicherung – entlang der Handlung, aber auch thematisch. Besondere Beachtung fand bisher außerdem, wie das Auftreten verschiedener Personen im Buch dargestellt wird (z.T. verdeutlicht durch pantomimisches Nachspielen) und was das über die Personen aussagt. In dieser Woche stand eine identifizierende Auseinandersetzung mit der Situation Won-a-pa-leis im Vordergrund, wobei die Form des Gedankenprotokolls entwickelt wurde. Die Aufgabe zur heutigen Stunde besteht darin, den Beginn des Kapitels 9 zu lesen.

Der Klassenraum ist recht groß. Da aber 35 Schülerinnen darin Platz finden müssen, fehlt es trotzdem an ausreichendem Raum für eine „Bühne", auf der die Posen von allen gut gesehen werden können. Ich werde die Tische möglichst weit nach hinten schieben, um den Platz vorne zu vergrößern, für die Zuschauenden wird es aber wahrscheinlich trotzdem einiger Verrenkungen bedürfen, um alles genau sehen zu können.

---

[1] Mit Hilfe des Zeilometers, das zu Beginn der Reihe angefertigt wurde, teilen sie sich gegenseitig die Textstellen exakt mit, auf die sie Bezug nehmen.

[2] Es gibt sehr große Unterschiede im Lesetempo, weshalb ich die einen manchmal mit zu Hause zu lesenden Kapiteln fast überfordere, die anderen würden gerne schneller vorwärts kommen. Nur wenige aber sind beim Lesen im Buch weiter als die Gesamtgruppe.

Lernziele

Stundenziel:
Die Schülerinnen sollen das Verhalten Won-a-pa-leis im Umgang mit dem Schmuck der Aleuter genau verstehen, indem sie die einzelnen Handlungsschritte ins Bild setzen und die dahinterliegende Motivation in ihrer Dynamik durch die Produktion eines Gedankenprotokolls aus der Sicht Won-a-pa-leis textnah erfassen.

Teilziele:
Die Schülerinnen sollen
- sich in die Lage Won-a-pa-leis beim Fund hineinversetzen, indem sie sich dazu äußern, wie sie sich in einer entsprechenden Lage selbst verhalten würden.
- den Textabschnitt in Sinnabschnitte gliedern und deren Inhalt erfassen, indem sie den Text ausdrucksstark mit möglichst wenig stehenden Bildern darstellen und diese betiteln.
- die emotionalen Voraussetzungen des Entscheidungsprozesses erkennen, indem sie die Gedanken äußern, die Won-a-pa-lei in den Szenen der Begeisterung für den Schmuck und in der der Erinnerung an die Schlacht haben könnte.
- die Motivationslage, die zum Wegwerfen des Schmuckes führt, nachvollziehen, indem sie die Leerstelle des Textes – die Gedanken, die zu der Entscheidung führen – mit einem Gedankenprotokoll füllen.
- die Dynamik der Entscheidungsfindung im Detail erarbeiten, indem sie die selbstgeschriebenen Gedankenprotokolle auf ihre Kohärenz mit der Textvorlage hin überprüfen.
- evtl. die im Text explizit genannte Begründung der Entscheidung („Da die Kiste keine Speerspitzen enthielt, war sie für mich wertlos" S. 44, Z. 14-16) relativieren als Versuch Won-a-pa-leis, die Entscheidung im nachhinein rational abzusichern.

Verlaufsplan

Phase/ Zeit	Unterrichtsgeschehen	U-form/ Medien
Einstieg 8'	Die Lehrerin führt die Schülerinnen sprachlich in eine Situation, in der sie einen Schatz finden. Die Schülerinnen äußern sich spontan dazu, worin ein solcher Schatz bestehen könnte und was sie mit einem solchen machen würden. Einige Schülerinnen lesen aus „Insel der blauen Delphine" S.43, Z.23 - S.44, Z.17 vor. Die Schülerinnen äußern sich spontan zum Text, bemerken die Auffälligkeit des Verhaltens. Daraus entsteht die Frage, wie es dazu kommt, daß Won-a-pa-lei den faszinierenden Schmuck ins Meer wirft.	LV-UG SV/ Buch UG
Erarbeitungsphase I 12'	Won-a-pa-leis Umgang mit dem gefundenen Schmuck wird in einzelne Phasen gegliedert und inhaltlich gesichert, indem die Schritte der Handlung je in eine Pose gebannt und diese dann betitelt werden (begeisterte Entdeckung S.43, Z.23-30 – fasziniertes Ausprobieren des Schmuckes S.43, Z.30-S.44, Z.2 – Erinnerung an die Schlacht S.44, Z.3-6 – Nachdenken S.44, Z.6-11 – Entscheidung/ Wegwerfen des Schmuckes S.44, Z.11-17). Die Gliederung wird parallel zum UG an der Tafel gesichert. Die ersten drei Bilder werden ausgestaltet, indem die Schülerinnen die Gedanken, die Won-a-pa-lei in diesem Moment haben könnte, äußern.	Standbilder UG/ Buch/ Tafel Standbilder mit Stimmen
Erarbeitungsphase II 7'	Die Schülerinnen sollen schriftlich die Gedanken, die Won-a-pa-lei sich im vierten Sinnabschnitt wohl macht, in ein Gedankenprotokoll fassen. Sie müssen dabei die bereits mündlich erarbeiteten vorgängigen Gefühle beachten und den Textabschnitt, der die Gedanken begleitet, sowie den, der die Konsequenz des Nachdenkens schildert, im Blick haben. Außerdem bringen sie ihr im Verlauf der bisherigen Lektüre erworbenes Wissen über Won-a-pa-lei mit ein.	EA/ Buch/ Heft
Auswertung und Vertiefung 12'	Die Gedankenprotokolle werden vorgelesen. Gemeinsam wird jeweils überprüft, ob die Gedanken zur Handlungsabfolge, zum Text und zum bisherigen Wissen über Won-a-pa-lei passen. (Wiederholend wird dabei auch die Korrektheit der Form des Gedankenprotokolls beachtet). Folgendes soll dabei vertieft werden: – die Argumente für und gegen ein Behalten des Schmuckes (der Schmuck ist schön und macht sie schön, er bietet eine Abwechslung/ er gehört jetzt ihr – der Schmuck erinnert an den Tod der Männer, des Vaters und der Seeotter/ er kommt von den „Mördern" ihres Vaters/ sie sucht Nützliches, nicht Schönes/ Schmuck will Publikum („Häuptlingsbraut" S.44, Z.1) Die Argumente werden an der Tafel festgehalten. – ihr Hin- und Hergerissen-Sein (d.h., es handelt sich um eine schwierige Entscheidung) – die Dynamik der Entscheidung, die besonders daran zu erkennen ist, daß sie versucht, sich selbst – laut – einzureden, daß der Schmuck ja gar nichts mehr mit den Aleutern zu tun hat (Z. 9-11), daß sie nur zögernd den Schmuck abstreift (Z. 12) und daß sie den Schmuck ganz tief ins Meer versenkt (Z.14)	SV-UG/ Buch/ Tafel
Eventualphase	– Die Begründung, die Won-a-pa-lei selbst gibt, wird reflektiert und relativiert (S.44, Z.14-16).	UG/ Buch
Ergebnissicherung 5'	Der Tafelanschrieb wird auf ein Arbeitsblatt übertragen.	EA/ Tafel/ Arbeitsblatt

Hausaufgabe:
Gibt es in deiner Umgebung einen Gegenstand, den du nicht benutzen willst, weil er dich an etwas sehr Trauriges erinnert, oder einen Gegenstand, den du sehr gerne bei dir hast, weil er dich an etwas sehr Schönes erinnert? Erkläre das schriftlich den anderen deiner Klasse.

Didaktische Reduktion und Schwerpunktsetzung
Die heutige Stunde ist Teil einer Reihe, die sich mit dem Buch „Insel der blauen Delphine" von Scott O'Dell beschäftigt. Das mit dem deutschen Jugendliteraturpreis ausgezeichnete Jugendbuch handelt von einem Indianermädchen, das viele Jahre allein auf einer Insel verbringt, nachdem die anderen Mitglieder ihres Stammes entweder im Kampf umgekommen sind oder die Insel aufgrund dieser Katastrophe verlassen haben. Es wird erzählt, wie Won-a-pa-lei sich allein auf der Insel durchschlägt, wie sie ihr Leben organisiert, wie sie zu den Tieren der Insel Beziehungen aufbaut.

Die Erzählung halte ich für geeignet zur Lektüre in der Klasse: In einer reinen Mädchenklasse bietet sich ein Buch mit einer weiblichen Protagonistin[3] an; fast alle Kinder in dem Alter schwärmen für Tiere. Die Robinsonade spielt in einer fremden Welt in der es viel Neues zu entdecken gibt und spannende fremde Situationen miterlebt werden können.[4] Ohne platt die Erfahrungen der Schülerinnen zu wiederholen oder ihnen hochmoralische Lehren erteilen zu wollen, bietet die Erzählung aber auch die Möglichkeit, sich auf dem Hintergrund der eigenen Lebenswirklichkeit mit fundamentalen menschlichen Erfahrungen auseinanderzusetzen.[5]

Ich habe für diese Stunde eine Textpassage ausgewählt, die genau dieses ermöglicht. Durch den scharfen Blick auf eine Szene, die keines der Kinder so kennt, wird es doch möglich, die Motivation der erzählten Handlung sehr genau nachzuvollziehen auf der Grundlage eigener Erfahrungen und der Identifikation mit der Protagonistin: Won-a-pa-lei entdeckt auf der Suche nach Waffen den Schmuck, den die Aleuter der Inselbevölkerung zum Tausch für die Seeotter, die sie im Umkreis der Insel gejagt hatten, geboten haben. Da die Aleuter ihr Versprechen eines fairen Geschäfts nicht eingehalten hatten, war es damals zu dem grausamen Kampf gekommen, der Won-a-pa-leis Vater und den Großteil der Männer der Insel das Leben kostete. Fasziniert von dem Schmuck probiert sie diesen aus, schmückt sich, bewundert sich, bis sie an die Stelle gelangt, wo damals die Männer gefallen waren. Dort hält sie inne – von der Erinnerung an damals aufgeschreckt. Hin- und hergerissen zwischen der Schönheit des Schmuckes und der grausamen Erinnerung, die an diesem haftet, entschließt sie

---

[3] Interessant ist in diesem Falle zusätzlich, wie dieses Mädchen – durch die Einsamkeit dazu gezwungen – die ihr zugeschriebenen Rollen verläßt und – nicht ohne innere Konflikte – sich auch typisch männliche Arbeiten aneignet.

[4] Die Richtlinien betonen, wie wichtig es ist, den Schülern auch einfach Spaß an Büchern zu vermitteln (Richtlinien, S.53), außerdem wird durch diese Beschäftigung mit einer fremden Welt die ebenfalls in den Richtlinien geforderte Horizonterweiterung angestrebt (vgl. Richtlinien, S.49). Auf angemessenem Niveau wird die Begegnung unterschiedlicher Kulturen (mit unterschiedlichen Sprachen) im Buch selbst thematisiert, ist aber auch einfach durch die Beziehung, die zwischen den Leserinnen und dem Indianermädchen entsteht, Thema.

[5] Vgl. Richtlinien, S.49.

sich schließlich zögerlich, dann aber um so radikaler, den Schmuck nicht zu behalten: Sie versenkt ihn im Meer.

Wie auch sonst meist, so deutet die Erzählung hier das Innenleben der Hauptfigur nur an: In erster Linie werden Handlungen dargestellt, nicht Gefühle. Es ist daher reizvoll, hinter die Handlung auf die Motive zu blicken.[6] Da in diesem Ausschnitt der Erzählung die anfängliche verständliche Begeisterung über den Schmuck im krassen Widerspruch steht zum abschließenden Wegwerfen desselben, drängt sich die Frage nach dem Warum der Handlung geradezu auf.

Die Entstehung dieses Entschlusses nun ist aber nicht einfach eine Leerstelle im Text, die ausschließlich durch Einfühlung in das Mädchen gefüllt werden kann, sondern der Text zeichnet mit Hilfe der Darstellung der Handlung den Weg der Entscheidung. Dies und die Tatsache der Überschaubarkeit und Abgeschlossenheit der Episode macht diese Textstelle für eine genaue Erarbeitung der Handlung und ihrer Motive besonders geeignet.

Für das Verständnis der Erzählung ist die Episode nicht von zentraler Bedeutung. Sie steht aber an einer Schaltstelle der Erzählung, am Beginn der Vereinsamung Won-a-pa-leis, an dem sie sich mit der Erinnerung an ihre Familie und ihren Stamm auseinandersetzen muß. Erarbeitet werden kann diese Thematik meiner Meinung nach sehr gut an drei verschiedenen Textstellen: Won-a-pa-leis Auszug aus dem Dorf (Kap.9), ihre Alpträume (Kap. 10) oder eben ihr Umgang mit dem Schmuck. Alpträume der Won-a-pa-lei zu erfinden, ist sicherlich eine sehr gelungene Produktionsaufgabe,[7] um das Gesamtverständnis des bisher Gelesenen zu bündeln und zu vertiefen, die Passage bietet aber keine Möglichkeit zur genaueren Textarbeit. Die Motivationslage beim Auszug aus dem Dorf ist weniger komplex und widersprüchlich, außerdem recht explizit im Text,[8] lädt also weniger zum genauen Nachdenken und Hinschauen ein. Die von mir ausgewählte Textpassage verbindet den Bezug zum Textganzen mit der Möglichkeit detaillierter Analyse, kann deshalb gut genutzt werden, um zu einer intensiveren Textarbeit zu führen. Durch die Hin- und Hergerissenheit des Mädchens wird der Blick auf den Grund der Handlung interessant und lohnt eine Auseinandersetzung. Nicht zuletzt bietet sich diese Stelle meiner Meinung nach für die Erarbeitung dieses Inhalts besonders an, weil hier gleichzeitig mit der Erarbeitung des Inhalts der Erzählung ein interessantes Phänomen allgemein-menschlicher Erfahrung reflektiert werden kann: An sich neutrale Gegenstände können so direkt mit der Erinnerung an bestimmte – besonders gefühlsintensive – Ereignisse oder Personen verbunden werden, daß ein neutraler Umgang mit diesen nicht mehr möglich ist. Dieses unreflektiert allen Kindern vertraute Phänomen kann so – bedeutsam für Gegenwart und Zukunft – über die Arbeit an der Geschichte der Won-a-pa-lei verstanden werden.[9] In einem ersten Schritt soll der Ablauf der dargestellten Handlung

---

[6] So beschreiben die Richtlinien auch eine zentrale Aufgabe, die Schüler im Rahmen der Beschäftigung mit einem Jugendbuch meistern sollen, vgl. Richtlinien, S.66.

[7] Vgl. den entsprechenden Vorschlag in der Inselkartei, S. 14.

[8] An einer Stelle ist auch die von mir gewählte Textpassage deutlich (S. 44 Z.6). Allerdings öffnet die Nennung des nur oberflächlich richtigen Grundes für die Entscheidung (Z. 14-16) den Text auch wieder.

[9] Entsprechendes gilt für die Erfahrung des Hin- und Hergerissen-Seins zwischen sich widerstreitenden Gefühlen zu einer Sache, einer Handlung.

und dessen Bedeutung erarbeitet werden. Mit methodischer Hilfestellung sollen die Schülerinnen den Text gliedern,[10] bzw. – auf der Inhaltsebene – die einzelnen Schritte im Verlauf der Handlung wahrnehmen. Die exakte Wahrnehmung dieser Schritte bzw. Abschnitte wird im Anschluß daran in zwei Richtungen intensiviert: Bei der Benennung der einzelnen Schritte wird eine Abstraktion verlangt, welche die Struktur der Handlung bzw. des Textes verdeutlicht; bei der Erarbeitung der hinter der Handlung stehenden Gedanken wird der Text entfaltet, also in seiner Tiefe erfaßt.[11]

Dieser strukturierende und vertiefende Blick auf den dargestellten Handlungsverlauf beantwortet dann auch die Frage nach dem Grund dieses erstaunlichen Umgangs mit dem Schmuck. Dabei deutet schon die Struktur des Verlaufs eine widerstreitende Motivationslage an, die durch einen genauen Blick auf die Darstellung der Phase des Nachdenkens und des Vollzugs der Entscheidung in seiner Dynamik erst wirklich erfaßt werden kann. Die Stunde verfolgt so eine kontinuierliche Lernprogression.

Verbunden werden in dieser Stunde die Fähigkeit, Verbindungen von der einen Textstelle zum Textganzen herzustellen (denn nur so sind die Andeutungen des Textes verständlich), und die Fähigkeit, sich ganz detailliert mit einem Textabschnitt zu beschäftigen – beides Fähigkeiten, die in der weiteren Schullaufbahn von zentraler Bedeutung sind.

Da die Schülerinnen die genaue Arbeit am Text erst noch lernen müssen, sind vielseitige Überlegungen zur Methode notwendig.

Methodische Überlegungen

In den letzten Stunden haben sich die Schülerinnen intensiv mit dem Schicksal Won-a-pa-leis auseinandergesetzt. Sie werden deshalb keine Mühe haben, den Aspekt der Motive zu verstehen, der durch Won-a-pa-leis Erlebnisse und ihre Einsamkeit bestimmt ist. Um den Blick zu sensibilisieren, ist daher nur noch eine Einstimmung auf die in der Stunde zu bearbeitende spezifische Situation zu leisten: Won-a-pa-lei findet faszinierenden Schmuck und ist von diesem begeistert. Der Impuls soll genau dies leisten, mehr nicht, weshalb er kurz gehalten werden muß.

Bei der Präsentation des Textes habe ich mich dazu entschieden, die Schülerinnen vorlesen zu lassen. Sie lesen sehr gerne vor, können Übung außerdem gut brauchen. In diesem Fall ist ein perfekter Vortrag auch nicht besonders wichtig, die Schülerinnen können im Verlauf der Erarbeitung immer wieder auf den Text zurückgreifen, müssen ihn beim ersten Vortrag nicht völlig erfaßt haben. Im übrigen bietet er keine großen Schwierigkeiten.

In einer spontanen Reaktion auf den Text wird die Frage, warum Won-a-pa-lei den Schmuck ins Wasser wirft, sicher schon aufkommen. So kann sehr harmonisch die Fragestellung der Stunde herausgearbeitet werden. Es ist nicht unwahrscheinlich, daß einige Schülerinnen schon in dieser Phase Hypothesen zum Grund ihres Verhaltens haben. Auf diese werde ich in dieser Phase noch nicht näher eingehen, sie vielmehr als Überleitung zur Erarbeitung nutzen, da erst die Erarbeitung des Handlungsverlaufs

---

[10] Vgl. Richtlinien, S. 70
[11] Vgl. hierzu den Aufsatz von Spinner, indem er auf die Bedeutung des Wechsels von reduzierenden und entfaltenden Interpretationsgesprächen hinweist (K.H. Spinner, S.19).

und seiner Hintergründe allen einen Zugang zu den Gründen des Verhaltens ermöglicht und ein differenziertes Urteil erlaubt.

Die Gliederung eines Textabschnittes macht der Lerngruppe Mühe. Die Schüler erfassen zwar sehr präzise den Gesamtinhalt, die Abstraktion der Gliederung, die im Prinzip Grundlage jeder exakten Wiedergabe ist, gelingt ihnen jedoch häufig noch nicht. Deshalb habe ich die Erarbeitung der genauen Handlungsabfolge, die Gliederung des Textes, mit starker methodischer Hilfestellung geplant. Die Art der Darstellung im Text legt nahe, von der bildlichen Darstellung auszugehen. Die Aufgabe der Schülerinnen ist dann folgende: Der Film, der vor ihrem inneren Auge abläuft, soll in eine Bilderfolge aus möglichst wenig Bildern umgewandelt werden. Welche Einzelteile der Handlung wie wichtig sind, welche zu einer Einheit zusammengefaßt werden können, kann erprobt und optisch überprüft werden, d.h., es kann an konkretem Material gearbeitet und trotzdem eine Abstraktion geleistet werden. Durch die Aufgabe, den Bildern Titel zu geben, wird die durch die Bilder bereits geleistete Arbeit der Strukturierung versprachlicht.

Etwas schwer zu planen ist der zeitliche Aufwand, der für diese Phase notwendig ist. Je nachdem wieviel hier ausprobiert und verändert werden muß, kann der Ablauf etwas verzögert werden. Die Methode ist aber nur sinnvoll, wenn wirklich an den Posen gearbeitet werden darf und nicht doch alles im voraus sprachlich geklärt wird.

Ich gehe davon aus, daß die Schülerinnen trotz der besonderen Situation gerne spielen, da ihre Begeisterung für ähnliche Zugänge bisher sehr groß war. Das Problem, daß bei einer solchen Methode nur ein Bruchteil der Klasse diese aktiv nutzen kann, kann nicht vollständig behoben werden. Die Phase ist aber so angelegt, daß trotzdem alle an dem Geschehen beteiligt sind und niemand zum reinen Zuschauen verdammt ist: Nur wenige können spielen, also mit ihrem Körperausdruck den Sinn erfassen, viele aber können dies sehen und evtl. dann korrigieren. Bei der Suche nach Titeln sind wiederum die angesprochen, die nicht spielen. Und schließlich sollen ja einige Posen mit Gedanken „hinterlegt" werden, was wieder alle fordert. So sind alle beteiligt, und ein Zugang zum Text ist auf ganz verschiedene Art möglich: körperlich, optisch, sprachlich-einfühlend, sprachlich-abstrahierend.

Der Übergang von der Frage danach, was genau passiert, zu der, warum dies passiert, ist von der Sache her fließend, denn ein vertieftes Verständnis der Handlung beinhaltet die Frage nach dessen Grund. Dies ist auch methodisch berücksichtigt in der Stunde. Der genaue Blick hinter die Handlung nimmt seinen Anfang bei den schon erarbeiteten Posen. Andererseits wird diese zweite Phase der Erarbeitung aber mit einer neuen Aufgabe an den Posen klar vom Bisherigen abgesetzt - im Sinne eines Komplexitätsabbaus. Es sollen nun die Gedanken, die in Won-a-pa-leis Kopf sind, phantasiert werden. Diese Einfühlung verlangt von den Schülerinnen, Kohärenz zwischen der Textpassage und dem bisher Gelesenen herzustellen.

In der schriftlichen Produktionsaufgabe soll zum einen das bis dahin Erarbeitete aufgenommen werden, zum anderen aber der noch nicht genauer hinterfragte Text berücksichtigt werden.[12] Außerdem ist eine Identifikation mit dem Mädchen gefordert, die formal richtig in einem Gedankenprotokoll (Ich-Perspektive, Präsens) zum

---

[12] Einige Argumente und die Hin- und Hergerissenheit sind schon angedeutet durch die mündlich vorgetragenen Gedanken Won-a-pa-leis in den ersten Bildern.

Ausdruck kommen soll.[13] Die Produktion hält also nicht einen ersten, spontanen Zugang zum Text fest, sondern erfüllt vertiefende Funktion. Die Gedanken Won-a-paleis bei ihrem Entscheidungsprozeß zu formulieren, ist eine wesentlich komplexere Aufgabe als die Nennung möglicher Gedanken für die davorliegenden Handlungsschritte. Deshalb ist es an dieser Stelle sinnvoll, von der mündlichen zur schriftlichen Arbeitsform zu wechseln, was auch den Vorteil hat, daß alle diesen Arbeitsschritt aktiv gestalten.

Ich habe mich an dieser Stelle für Einzelarbeit entschieden. Das legen die identifizierende Schreibhaltung und der Gewinn, den eine große Pluralität bei den Produkten für das Gespräch irn Anschluß bringt, nahe. Es wäre außerdem eine Überforderung der Kinder, die eigenen Gedanken, die zwar teilweise vorbereitet sind und sich auf die Textvorlage beziehen sollen, die aber in diesem Alter noch ganz stark intuitiv, nicht argumentativ entstehen, mit den anderen Kindern abzustimmen. Der Schreibfluß ginge dabei verloren. Der natürlich sehr notwendige und gewinnbringende Austausch über die Gedankenprotokolle hat im Anschluß an die Einzelarbeit seinen Platz.

Bei der Frage nach der Güte der einzelnen Produkte werden die Ergebnisse der vorigen Arbeitsschritte wiederholt und dadurch gesichert. Vor allem aber zwingt die Beurteilung der Gedankenprotokolle neben der Überprüfung der Übereinstimmung mit dem Textganzen zu einem genauen Blick auf den Text. Die Begründung der Stimmigkeit des Gedankenprotokolls am Text wird für die Schülerinnen nicht einfach sein. Eine allzu detaillierte Reflexion auf die Sprachgestalt kann nicht erwartet werden, die Intuition der Schülerinnen kann aber anfanghaft reflektiert und an Textausschnitten begründet werden. Die größte Anforderung für die Schülerinnen ist es dabei, ihren Eindruck zu versprachlichen. Hier wird das Unterrichtsgespräch von den schon fortgeschrittenen Fähigkeiten weniger profitieren.

Eine Schwierigkeit in dieser Phase könnte der Umgang mit den vorgelesenen Produkten sein. Die Schülerinnen dieser Klasse hören sich in solchen Fällen normalerweise zwar gut zu, die Bewertung des Gehörten geht spontan aber nicht über ein „Ja, das gefällt mir gut." hinaus. Ich versuche seit einigen Stunden, dieses Urteil zu differenzieren, es ist aber trotzdem möglich, daß ich bei der Beschäftigung mit den Produkten der Schülerinnen relativ kleinschrittig fragen muß.

An der Tafel sollen in dieser Stunde nur der Aufbau der Handlung und die zentralen Argumente festgehalten werden; die Dynamik der Entscheidung wird nur angedeutet. Schon aus zeitlichen Gründen scheint es mir kaum möglich, die Erarbeitung im Detail festzuhalten, aber meiner Meinung nach ist dies auch nicht nötig: Zentrales wird gesichert, anhand dessen Details herausgearbeitet werden können.

Da die einzelnen Schritte vor allem im ersten Teil der Unterrichtsstunde zeitlich nicht genau kalkulierbar sind, muß ich bei der Vertiefung flexibel planen. Ob noch Zeit bleibt zu reflektieren, inwiefern die Begründung, die sie selbst für ihr Handeln gibt, schlüssig ist, muß offen bleiben.

Das Arbeitsblatt hilft den Schülerinnen, beim Abschreiben zügig zu arbeiten und sich nicht beim Zeichnen der einzelnen Linien aufzuhalten.

---

[13] Beides ist in der vorhergehenden Stunde eingeübt worden (vgl. Bemerkungen zur Lernsituation).

Nach der intensiven Arbeit am Verhalten Won-a-pa-leis soll in der Hausaufgabe (Rückseite des Arbeitsblattes) Raum sein, die reflektierte Erfahrung auf den eigenen Lebenskontext zu übertragen. Es ist mir bei der Aufgabenstellung wichtig, den kommunikativen Zweck der Aufgabe zu formulieren: die Überlegungen sollen ausgetauscht werden, deshalb ist es notwendig, die Erlebnisse verständlich zu formulieren.

Literaturverzeichnis
Scott O'Dell: *Insel der blauen Delphine*. München 1977.
Burkhard Seidler; Dietmar Wagner: *Die Inselkartei*. Mülheim an der Ruhr 1992.
Kaspar H. Spinner: *Interpretieren im Deutschunterricht*. In: PD 81 (1987), S. 17-23.
Richtlinien und Lehrpläne Deutsch. Gymnasium Sek.I. Die Schule in NRW, Frechen 1993.

Geplantes Tafelbild

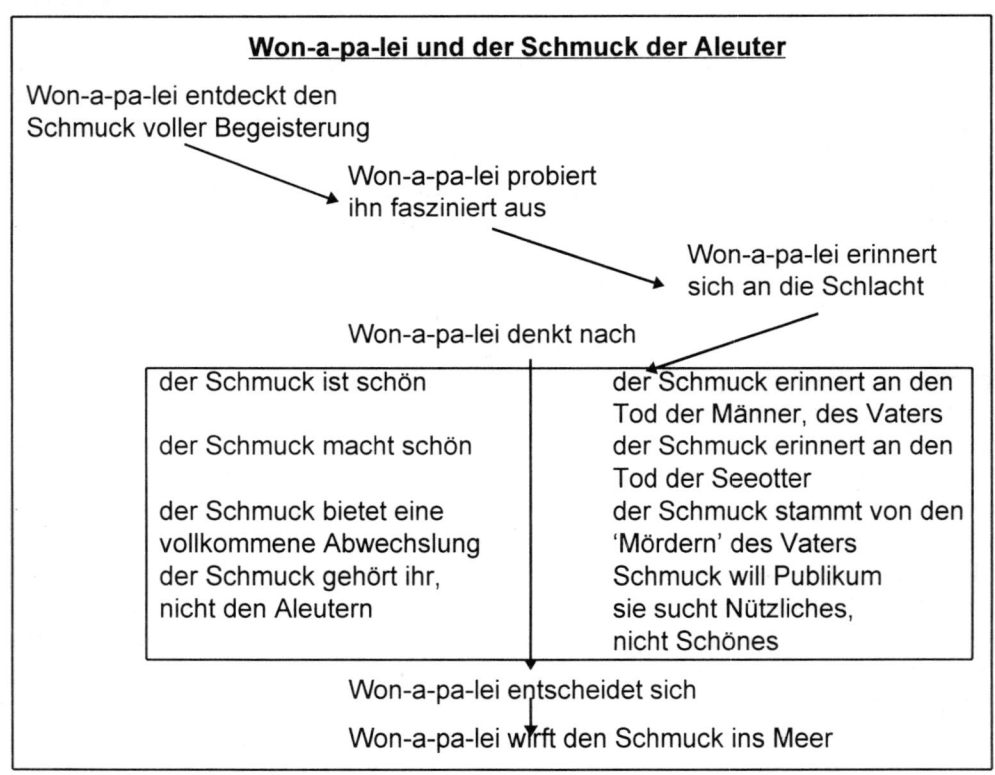

Textauszug:
S. 43, Z. 23 - S. 44, Z 17

23 Endlich lag die Kiste frei. Ich schlug den Deckel zurück. Da lagen sie vor mir, die Halsketten, Armbänder und Ohrringe, Dutzende und Dutzende in schillernden Farben. Ich vergaß die Speerspitzen, die ich hier zu finden gehofft hatte. Mit beiden Händen wühlte ich in dem Schatz. Jedes Schmuckstück, das mir besonders gefiel, hielt ich ins Sonnenlicht und drehte es nach allen Seiten, damit die
30 Strahlen sich in den gläsernen Perlen fangen konnten. Die längste Kette, die aus blauen Glasperlen bestand, legte ich mir um den Hals. Ich streifte mir auch ein Paar blaue Armbänder über die Handgelenke, und sie hatten genau die richtige Größe für mich. Dann spazierte ich den Strand entlang und bewunderte mich.
36 Ich schritt bis zum anderen Ende der Bucht. Die Perlen und die Armbänder klirrten. Ich fühlte mich wie eine
1 Häuptlingsbraut, wie ich da am Wasser auf und ab stolzierte.
An der Stelle, wo der Pfad abzweigt und wo der Kampf stattgefunden hatte, blieb ich plötzlich stehen. Hier waren
5 unsere Männer umgekommen, getötet von den Händen der Aleuter, deren Schmuck ich trug. Ich ging zurück zur Kiste. Dort stand ich lange Zeit und betrachtete die Armbänder und die Glasperlen an meinem Hals. Sie waren so schön, und sie glitzerten so herrlich in der Sonne.
10 »Sie gehören nicht mehr den Aleutern«, sagte ich laut, »sie gehören mir.« Dennoch wußte ich, daß ich sie nie wieder tragen würde. Zögernd streifte ich sie ab. Dann raffte ich alles zusammen, was in der Kiste lag, lief damit ins Meer hinaus und warf es ins Wasser, wo es am tiefsten war.
15 Da die Kiste keine Speerspitzen enthielt, war sie für mich wertlos geworden. Ich warf den Deckel zu und häufte Sand darüber.

Aus: Scott O'Dell: *Insel der blauen Delphine*. dtv junior, 1977

Der Entwurf enthält folgende Qualitätsmerkmale

1. Die didaktische Schwerpunktsetzung stellt eine gelungene Verbindung von anregender Textanalyse und ihrer Umsetzung in gestisch-mimische Präsentation dar. Diese und die Einbeziehung von Gedankenprotokollen stellen die Erfüllung von aktuellen Forderungen an einen abwechslungs- und ertragreichen Unterricht sicher durch interkulturelles Lernen, Handlungsorientierung und Festigung formaler Kriterien bei der Texterstellung.
2. Die Lerngruppenanalyse verrät ein hohes Maß an Sensibilität; sie stellt zudem argumentativ gesicherte Grundlagen für alle didaktischen und methodischen Entscheidungsfindungen bereit.
3. Es werden durchgehend wesentliche Implikationen zwischen den einzelnen Planungsfeldern gesehen.
4. Die Erwartungshaltung an den Unterricht (vgl. Lernziele) ist trotz des schwer „kalkulierbaren" spielerischen Elements klar und angemessen flexibel gehalten.

Hinweise zur Verwendbarkeit

1. Der Unterricht wurde für eine reine Mädchenklasse (Privatschule) geplant, in der die interpretatorische Sensibilität und schauspielerische Leistungen durch anthropogene Konstellationen, aber auch durch frühe Konfrontation mit entsprechenden Unterrichtselementen ein überdurchschnittliches Niveau aufwies.
Die Elemente (Interpretation, gestisch-mimische Umsetzung, Erstellung von Gedankenprotokollen) lassen sich einzeln sicherlich problemlos und gewinnbringend in unteren Klassen einsetzen, möglicherweise sogar fächerübergreifend.
Ihre Zusammenfügung empfiehlt sich nur in Doppelstunden, bei Unterrichtsversuchen in einem entsprechenden pädagogischen Umfeld (Projekte, Alternativschulen) oder bei ähnlich disponierten Lerngruppen.
2. Der Entwurf erscheint kürzbar um die die Buchwahl beschreibende Passage.

Englisch	Jahrg. 6 (Gymn.)	additiver Entwurf
Lehrbucharbeit – Grammatik		

Thema der Reihe:
Lehrbucharbeit Learning English – Green Line 2, Unit 21

Thema der vorangegangenen Stunde:
Bewußtmachung der Bildung und des Gebrauchs des Futurs mit *going to* und anschließende Übungsphase.

Thema der heutigen Stunde:
Situative Anwendung des *going to-*Future bei der Erstellung eines Tagesprogramms für einen Inselurlaub.

Thema der nachfolgenden Stunde:
Sprachliche und inhaltliche Erschließung des Lehrbuchtextes B: *Keeping a pet.*

Lehrbuch:
Biederstädt, W.; Hilgers, E. (Hg.): *Learning English – Green Line 2.* (Klett). Stuttgart 1986.

Bemerkungen zur Lernsituation:
Die Klasse 6c setzt sich aus 16 Schülern und 5 Schülerinnen zusammen. Sie ist mir aus einer Hospitationsphase und aus eigenem Unterricht bekannt. Während des vergangenen Schuljahres kam es unter den Schülern wiederholt zu Handgreiflichkeiten, auf die mit Eintragungen in die Klassenakte und Benachrichtigungen an die Eltern reagiert wurde. Im Verlauf dieses Schuljahres hat sich eine Beruhigung in bezug auf das soziale Klima eingestellt. In meinem Unterricht hat es bisher keine nennenswerten Zwischenfälle gegeben. Persönliche Animositäten sind dennoch im Unterricht zuweilen spürbar, wobei offenbar Konkurrenzdenken eine Rolle spielt. Eine Gruppe von 3 Schülern fällt durch provozierendes Verhalten gegenüber einem Schüler auf, der in vielen Fächern gute schulische Leistungen zeigt. Der Umgang ist nicht zuletzt durch den hohen Anteil an Jungen immer noch recht rauhbeinig. Insgesamt handelt es sich um eine sehr temperamentvolle und verspielte Klasse. Die große Lebhaftigkeit äußert sich in einem hohen Bewegungsdrang und leider auch in erheblichen Konzentrationsschwächen. 4 Schüler werden wegen dieser Konzentrationsdefizite, bzw. wegen auffällig aggressiven Verhaltens (s.o.) psychologisch betreut. Ein Schüler ist Diabetiker.
Positiv hervorzuheben sind die sprachliche Unbefangenheit der meisten Schüler, die Freude an spielerisch-kreativen Unterrichtselementen und die Offenheit für neue Erarbeitungs- und Übungsformen, auf deren Einsatz die Schüler bisher äußerst positiv reagierten. Das Bemühen um Abwechslung wird von Schülerseite durch eine gute Unterrichtsbeteiligung anerkannt und bestätigt. Nur wenige Schüler müssen vom

Lehrer zur aktiven Mitarbeit aufgefordert werden. Für die Aufmerksamkeit der Schüler sind inhaltliches Interesse und die Personalisierung des Unterrichtsgesprächs entscheidende Faktoren, die gezielt zur Steuerung des Lernprozesses zum Einsatz kommen.

Das <u>Leistungsvermögen</u> ist durchschnittlich bis gut. Eine relativ starke Gruppe von ca. 8 - 10 SchülerInnen zeigt gute Leistungen im Fach Englisch. Nur 2 Schüler sind als leistungsschwach zu bezeichnen. Der verbleibende Teil der Klasse bewegt sich auf mittlerem Leistungsniveau. Bezogen auf die vier Fertigkeitsbereiche (Hören, Sprechen, Lesen, Schreiben), ist das <u>Hörverstehen</u> vergleichsweise schlecht ausgeprägt. Auf die ungewohnte Diktion einer neuen Lehrkraft reagierten einige Schüler anfangs mit Irritation, im Hinblick auf die Ausbildung des Hörverstehens profitieren die Schüler aber insgesamt von dem vorübergehenden Lehrerwechsel. <u>Lesefähigkeit</u> und <u>Aussprache</u> sind zufriedenstellend. Im Bereich <u>Sprachproduktion</u> bereitet den Schülern das freie Sprechen Schwierigkeiten. Allzu oft weichen sie in die Muttersprache aus, wenn das Ausdrucksbedürfnis größer ist als das Ausdrucksvermögen. Um diese Ausweichstrategie zu vermeiden, müssen die Anforderungen an das freie Sprechen dem Leistungsstand angepaßt werden. Bedeutungsvolle Kommunikation muß im Rahmen der Möglichkeiten der Schüler stattfinden. Eine Steuerung ist notwendig, allerdings soll es in jeder Stunde auch Phasen freier Kommunikation geben, in denen die Fehlertoleranz deshalb höher sein muß. Im Bereich des <u>schriftlichen Ausdrucks</u> treten häufig Fehler auf, denen durch regelmäßige Schreibphasen entgegengewirkt wird. Außerdem ist eine gewisse Unlust am Schreiben festzustellen, die durch kreative Momente innerhalb des Schreibprozesses und Produktionsorientierung aufgefangen werden kann.

Der Unterricht verläuft weitgehend einsprachig. Vokabelklärungen und Grammatikarbeit erfolgen in der Muttersprache. Die Schüler sind an den Einsatz verschiedener <u>Medien</u> gewöhnt. Als <u>Sozialformen</u> wurden im Rahmen meines Unterrichts Einzel- und Partnerarbeit wiederholt praktiziert. Ich halte die Partnerarbeit im Englischunterricht nicht nur im Hinblick auf die Förderung der Kooperationsbereitschaft und Teamfähigkeit für sinnvoll, sondern auch im Sinne des Faches für notwendig. Nur so kann ein angemessener Sprachumsatz gewährleistet werden. Besonders in den unteren Jahrgängen, in denen die Schüler z.B. noch bereitwillig Rollenspiele in der Fremdsprache üben und vorbereiten, sollte deshalb die Partnerarbeit verstärkt zum Einsatz kommen. Aus der Überzeugung, daß gemeinsames Lernen zu einer Entspannung persönlicher Animositäten beitragen kann, rege ich einzelne Schüler gezielt zur Zusammenarbeit an.

Die Schüler verfügen für die heutige Stunde über sprachliche <u>Vorkenntnisse</u> in den Bereichen <u>Grammatik</u> und <u>Lexik</u>. Bezogen auf den <u>grammatischen Lerngegenstand</u> – *going to-Future* – befinden wir uns innerhalb des Lernprozesses nach der Phaseneinteilung von Zimmermann zwischen Transfer- und Anwendungsphase. Die Lernschritte wurden in folgender Weise organisiert: Nach der Einführungsphase im Rahmen des Textes wurde eine Imitationsphase angesetzt. Anschließend haben die Schüler das Paradigma für die Flektion von *to be* in einer Tabelle erarbeitet. Die Kognitivierung wurde auf ein Minimum beschränkt. Den Schülern sind zum jetzigen Zeitpunkt die Bildungselemente bekannt. Die Regel zur Anwendung beschränkt sich auf einen Bereich: den der Sprecherabsicht. Weiterführende Übungen wurden gemäß der grammatischen Progression angesetzt: *going to* im Aussagesatz mit Flektion von *to be*, Gebrauch von *to go* als Vollverb, verneinte Aussagesätze, Entscheidungsfragen mit Inversion, Fragen mit Fragewort. Die Aufmerksamkeit der Schüler richtet sich in der heutigen Stunde auf den Inhalt. Die grammatische Struktur wird vorausgesetzt; je nach der Qualität der in der Stunde erbrachten Leistungen muß aber ein bewußter Rückgriff auf die Bildungs- und Gebrauchsprinzipien erfolgen. Neu ist für die Schüler in der heutigen Stunde die selbständige Fragestellung mit Fragewort.

Im Bereich der Lexik kann man an die bereits erworbenen Kenntnisse der Schüler im Bereich „Ferien und Urlaub" anknüpfen und für die Bedürfnisse der vorgegebenen Situation erweitern.

Lernziele

Stundenziel

Die Schüler sollen ihre Kenntnisse über das Futur mit *going to* festigen, indem sie ihr Strukturwissen auf eine neue Situation übertragen und für eigene Ausdrucksbedürfnisse verwenden.

Teilziele

Die Schüler sollen
1. in einer Sammelphase mögliche Ferienaktivitäten benennen.
2. persönliche Vorlieben und Abneigungen in bezug auf die Feriengestaltung verbalisieren.
3. eine Karte von einer Insel im Hinblick auf Attraktionen und mögliche Aktivitäten beschreiben und dabei bekanntes Vokabular reaktivieren.
4. ein Tagesprogramm für einen Inselaufenthalt entwerfen und schriftlich fixieren.
5. sich über ihre Planungen austauschen, indem sie Fragen an ihre Mitschüler richten.
6. die Regeln zum Gebrauch und zur Bildung des *going to-Future* wiederholen. (evt.)

Didaktische Überlegungen

Die heutige Stunde dient der Festigung und Anwendung des *going to-Future* in einer vom Lehrbuch nicht vorgesehenen situativen Einbettung. Dabei sollen die Schüler auf der Grundlage einer Landkarte von einer Insel mögliche Ferienaktivitäten ableiten und anschließend ein persönliches Tagesprogramm zusammenstellen.[1] Das grammatische Lernziel, das *going to-Future* verfügbar zu machen, wird so mit einem bereits behandelten thematischen Aspekt verknüpft. Damit wird ein Anwendungskontext geschaffen, der von den Schülern eine Transferleistung verlangt, die aber aufgrund der Vorkenntnisse zu bewältigen ist. Thematisch entferne ich mich also vom unmittelbaren Lektionskontext. Vielmehr liefert die grammatische Struktur, die zum Pensum der 3. Lektion gehört, die Anbindung an den Unterrichtszusammenhang.

Mit dem Thema und dem Konzept für die heutige Stunde wird an die Forderungen der Richtlinien in den verschiedenen Lernbereichen für die Jahrgangsstufen 5 und 6

---

[1] Natürlich handelt es sich bei der Erstellung des Programms um eine fiktive Planung. Eine authentische Kommunikations- und Schreibsituation bietet sich im Rahmen des Unterrichts nur sehr selten. Denkbar wäre eine solche echte Kommunikationssituation für den geplanten Kontext im Rahmen der Vorbereitung einer Klassenfahrt.

angeknüpft. Im Bereich Strukturen gehört das Futur mit *going to* zu den obligatorischen Lerninhalten I. In dem Abschnitt „Strukturen festigen und verfügbar machen" wird in den Richtlinien auf die besondere Bedeutung gezielten und an Verwendungssituationen orientierten Übens hingewiesen (RL, S. 80).
Thematisch werden die Bereiche „Freizeitgestaltung" sowie „Urlaub und Reisen" (RL, S. 67 u. 71) aufgegriffen, die den Schülern aus der 1. Lektion des Lehrbuches bekannt sind. In den Bereichen Sprechen und Schreiben werden „elementare Sprechabsichten" geschult, hier in der Verbalisierung von Urlaubsplänen und der Beschreibung eines Tagesablaufs (RL, S. 71). Wortschatzarbeit findet in der heutigen Stunde weniger im Rahmen der Aufnahme neuer Wörter statt, sondern vielmehr in der Reaktivierung und im gezielten Umgang mit bereits vorhandenem Vokabular (RL, S. 77 f.).
Anhand der Beschreibung und Auswertung einer Landkarte üben die SchülerInnen, wichtige Sachinformationen zu entnehmen und für ihre Bedürfnisse auszuwählen und zu nutzen (RL, S. 74). Die Richtlinien fordern neben der Ausbildung sprachlicher Fertigkeiten die Berücksichtigung altersbedingter Fähigkeiten. Für die Jahrgangsstufen 5 und 6 sind Phantasie, Kreativität und sprachliche Unbefangenheit besonders zu nutzen und zu fördern (RL, S. 23). Dies geschieht im Rahmen der heutigen Stunde durch die Simulation einer Phantasiereise auf eine unbekannte Insel. Daneben findet das von den Richtlinien geforderte Prinzip der Schülerorientierung besondere Berücksichtigung, insbesondere im Hinblick auf ganzheitliches sprachliches Handeln, mitteilungsbezogene Kommunikation und die Steuerung von Unterrichtsphasen durch SchülerInnen (RL, S. 116). Integraler Bestandteil eines schülerorientierten Unterrichts ist die Produktorientierung (RL, S. 124), eine Möglichkeit, die genutzt wird, um Unterrichtsergebnisse zu sichern und Lernerfolg erfahrbar zu machen.
Im folgenden möchte ich kurz die Notwendigkeit der heutigen Übungs- und Anwendungsstunde zum Gebrauch des *going to-Future* begründen. Die aktuelle Lektion gliedert sich in zwei thematisch voneinander unabhängige Teile. Im ersten Teil wird das Futur mit *going to* im Rahmen eines Textes eingeführt, der einen Arztbesuch, das Gespräch mit dem Arzt und die Sorgen der Patientin wiedergibt. Im zweiten Teil werden Fragen der Haustierhaltung thematisiert. Entsprechende Pflegeanleitungen werden mit der Einführung und Reaktivierung von Modalverben verbunden. Im zweiten Teil gelingt die funktionale Einbettung des grammatischen Phänomens überzeugender, als dies im ersten Teil der Fall ist. Die gewählten kommunikativen Kontexte „Arztbesuch" und „über Krankheiten sprechen" sowie das begleitende Vokabular gehören zwar zum Überlebenstraining deutscher SchülerInnen im englischsprachigen Ausland, die Verbindung mit der grammatischen Struktur *going to* ist sinnvoll, allerdings nicht zwingend, so daß Strukturbewußtsein in weiterführenden Übungskontexten und in einer Kognitivierungsphase geschaffen werden muß.
Das Übungsangebot des Lehrbuches ist in bezug auf die Strukturprogression und die Anordnung wenig überzeugend. Die erste Übung im Anschluß an die Einführung ist aus folgenden Gründen überfrachtet: Erstens wird die inhaltliche Textauswertung mit der Bewußtmachung der Bildung und Anwendung der Struktur verbunden. Außerdem werden sowohl die Flektion von *to be* als auch Entscheidungsfragen und Fragen mit Fragewort gleichzeitig eingeführt und überprüft. Eine rein imitative Übung mit eindeutigen Bildimpulsen, die sich zur Habitualisierung der neuen Formen eignet, taucht dagegen erst viel später auf. Aufgrund des so beschriebenen Lehrbuch-

befundes halte ich es für sinnvoll, einen weiteren Kontext zu präsentieren, in dem die SchülerInnen eine zwingende Situation zum Gebrauch des *going to-Future* kennenlernen und gleichzeitig in einem systematischen Übungsprogramm ihr bereits vorhandenes grammatisches Wissen anwenden können.

Sachanalyse

Zur Verwendung von *going to* im Kontext der heutigen Stunde scheinen mir einige erklärende Bemerkungen angebracht. Das Futur mit *going to* wird in Lehrbüchern meistens als erste Möglichkeit eingeführt, zukünftiges Geschehen im Englischen darzustellen. Dabei spielt sowohl der häufige Gebrauch im Mündlichen eine Rolle als auch die Funktion, Absichten und Pläne des Sprechers auszudrücken.

Anders als im Deutschen wird mit den verschiedenen Möglichkeiten, auf die Zukunft Bezug zu nehmen, im Englischen nicht nur der temporale Aspekt wiedergegeben, sondern vielmehr auch die Einstellung des Sprechers gegenüber den zukünftigen oder zukünftig zu erwartenden Ereignissen. Außerdem treten im Englischen die Verlaufsformen dazu, die mit dem Begriff *aspect* bezeichnet werden. Diese Tatsache resultiert in einem komplexen System von formalen Möglichkeiten, die sich häufig nur in Bedeutungsnuancen voneinander unterscheiden und die im deutschen Tempussystem zum Teil keine Entsprechung finden.[2] Dies gilt auch für das *going to-future*.[3] Um bei den Schülern Verwirrung und Frustration zu vermeiden, ist es deshalb notwendig, Schwerpunkte bei der Auswahl zu setzen und für Eindeutigkeit in bezug auf die Anwendungsbereiche zu sorgen. Von Beginn an müssen einleuchtende und einprägsame Gebrauchskontexte zur Verfügung gestellt werden, auf die man später bei der Abgrenzung von anderen Formen des Futurs zurückgreifen kann.

Das Konzept der heutigen Stunde orientiert sich an dem Gebrauch des Futurs mit *going to*, wie ihn das Lehrbuch vorgibt. Dort wird die Absicht des Sprechers mit dem Gebrauch des *going to* betont, weniger der Ausdruck der Wahrscheinlichkeit und der Absehbarkeit zukünftiger Ereignisse aufgrund eindeutiger äußerer Anzeichen. Ebenso wird im Sinne der didaktischen Reduktion auf die Bedeutung von *going to* zum Ausdruck der Entschlossenheit verzichtet. Dieses Vorgehen, Teilphänomene zu isolieren und zu üben, halte ich für didaktisch sinnvoll. Der Behaltenseffekt und die Verfügbarkeit der Struktur sind höher, wenn das zu bewältigende Lernpensum reduziert und damit für die SchülerInnen überschaubar und einsichtig präsentiert wird. Das ganze System kann aufgrund der oben beschriebenen Komplexität nur schrittweise aufgebaut werden.

In der heutigen Stunde wird der bewußt planende Aspekt zukünftiger Ereignisse von Seiten des Sprechers stärker berücksichtigt als dies im Lehrbuch der Fall ist. Die

---

[2] Abgesehen vom *Future Perfect* und *Future Perfect Continuous*, gibt es im Englischen fünf formal unterschiedliche Moglichkeiten, um über die Zukunft zu sprechen. Daneben gibt es Möglichkeiten der lexikalischen Umschreibung mit bestimmten Verben, Modalverben oder Wendungen wie *be about to, be bound to be + infinitive*. Es kann im folgenden nicht darum gehen, den Gebrauch des *going to-Future* von allen anderen Möglichkeiten abzugrenzen. Fragen der Abgrenzung sind deshalb zum gegenwärtigen Zeitpunkt nicht relevant, weil die SchülerInnen erst am Anfang des Erwerbs des englischen Tempussystems stehen.

[3] Hilfreich können hier u.U. umschreibende Übersetzungen sein, in denen *to be going to* mit „vorhaben etwas zu tun" wiedergegeben wird.

Intentionalität kommt in den Überlegungen, in der Entscheidungsfindung und in der konkreten Planung eines Urlaubstages zum Ausdruck. In dem so beschriebenen Umfeld ist der Gebrauch des *Present Progressive* ebenfalls möglich, aber nicht zwingend erforderlich. Unumgänglich ist das *Present Progressive* erst bei der Absprache zeitlich eng umgrenzter Termine und bei einem Gespräch über bereits festgelegte Termine und Vereinbarungen. In unserem Fall geht es vielmehr um den Planungsprozeß, der mit *going to* sprachlich angemessen wiedergegeben wird. Neben diesen funktionalen Überlegungen sollte nicht unerwähnt bleiben, daß die Einführung des *Present Progressive* im jetzigen Stadium des Fremdsprachenerwerbs die Schüler völlig überfordern würde, weil die Gebrauchsbedingungen den bisher erlernten Anwendungsmöglichkeiten widersprechen.

Die Tatsache, daß *going to* außerdem gerne verwendet wird, um Handlungen auszudrücken, die in der nahen Zukunft liegen, ist in der geplanten Unterrichtssituation von untergeordneter Bedeutung, weil es sich um eine hypothetisch angelegte Situation handelt, die im „wirklichen" Leben keine Aussicht hat, realisiert zu werden.[4]

Die Bildung des Futurs mit *going to* möchte ich kurz im Hinblick auf mögliche Schwierigkeiten reflektieren. Das Futur mit *going to* ist eine zusammengesetzte Zeit, in der eine Form von *to be, going to* als festes Element und der Infinitiv eine formale und funktionale Einheit bilden. Eine immanente Schwierigkeit besteht in der Notwendigkeit, das als Hilfsverb gebrauchte *to be* zu flektieren. In der Aufnahmephase muß auf eine genaue Artikulation geachtet werden, damit die einzelnen Teile unterschieden werden können. Auf einige Schüler könnte die rein funktionale Bedeutung von *going to* befremdend wirken. Deshalb kann auf habitualisierendes Üben nicht ganz verzichtet werden. Interlinguale Interferenzen können durch die formale Ähnlichkeit mit dem *Present Progressive* auftauchen, insbesondere wenn *to go* als Vollverb gebraucht wird und es dadurch bei der Bildung des Futurs zu einer Doppelung kommt: z.B. bei: *Willy is going to go shopping.*

Das gewählte Bildmaterial als Arbeitsgrundlage für die heutige Stunde eignet sich in besonderem Maße, Sprechanlässe zu schaffen, in denen die Struktur mit *going to* zum Einsatz kommt und ist aufgrund der Anschaulichkeit altersgemäß.[5] Es handelt sich bei dem Einsatz der Karte von einer Insel um einen offenen Impuls, der bei den Schülern Vorstellungen von einem Inselurlaub auslöst. Die Planungsphase für die Erstellung des Tagesprogramms ist insofern kreativ angelegt, als mögliche Aktivitäten aus den skizzierten Attraktionen und landschaftlichen Gegebenheiten erarbeitet werden müssen. Das Anspruchsniveau ist sprachlich relativ hoch, weil die SchülerInnen nicht mit einem Text arbeiten, sich vielmehr das notwendige Vokabular selbst zusammenstellen. Das Wortmaterial, welches zur Beschreibung der Insel und möglicher Aktivitäten notwendig ist, ist den Schülern weitgehend bekannt und kann im Rahmen der heutigen Stunde reaktiviert und dadurch gefestigt werden: z.B. *holiday, to*

---

[4] Berücksichtigt man die Abhängigkeit der Situation von der rein hypothetischen Annahme, daß die SchülerInnen eine Reise gewinnen, dann käme gar das *Condtional* zum Tragen. Tatsächlich fungiert diese Bedingung in der Unterrichtssituation aber nur als Auslöser für die Planungssimulation, in die sich die SchülerInnen hineindenken sollen.

[5] Die Anregung zu dieser Stunde ist Penny Urs Band *Grammar Practise Activities. A Practical Guide for Teachers,* Cambridge 1988 entnommen. Die dort abgebildetet Inselkarte wurde dem Kenntnisstand und der Interessenlage der Klasse angepaßt.

climb mountains, to sail on lakes, to go surfing, river, forest, castle, museum, town, restaurant, shop, to be on the beach, to walk, to visit, to stay at a camping-site/ hotel, to tour. Neu eingeführt werden *to hire, circus, national park, harbour*, deren Semantisierung aufgrund des vorhandenen Anschauungsmaterials aber keine Schwierigkeiten bereiten dürfte. Gegebenenfalls werden weitere Vokabeln auf Nachfragen der Schüler angegeben. Grundsätzlich sollen die Schüler aber ermutigt werden, mit dem vorhandenen Wortschatz auszukommen.

Die heutige Stunde steht im Zeichen der Übungs- und Schüleraktivität. Die Schüler übertragen ihre Strukturkenntnisse auf eine neue Situation und durchlaufen gleichzeitig noch einmal ein systematisches Übungsprogramm gemäß der grammatischen Progression. Entscheidend ist dabei der ganzheitliche Ansatz, d.h., die Schüler verwenden die grammatische Struktur, um ein persönlches Tagesprogramm zu erstellen. Dieses Endprodukt wird in verschiedenen Phasen vorbereitet und schließlich präsentiert.

Natürlich kann im Rahmen einer Stunde das zu übende grammatische Phänomen nicht in allen Varianten zur Anwendung kommen. Die Flektion ist beispielsweise auf die 1. und 2. Person Singular und Plural beschränkt. Entscheidungsfragen werden von den Schülern nur rezeptiv beantwortet, aber wahrscheinlich nicht selbständig eingesetzt.

Schwierigkeiten können u.U. bei der Beschreibung und Auswertung der Karte auftauchen, weil die Schüler in dieser Phase „frei reden", und es deshalb zu einer Fehlerhäufung kommen kann. Eine mögliche Fehlerquelle ist z.B. der falsche Gebrauch von Präpositionen in Wendungen wie *on the beach, on the map* etc. Hier soll für die Fehlerkorrektur das Prinzip "fluency before correctness" gelten und nur soufflierend korrigiert werden, weil die Aufmerksamkeit der Schüler andernfalls auf ein weiteres grammatisches Problem gerichtet wird, welches nicht Gegenstand der heutigen Stunde ist.

Methodische Überlegungen

Das methodische Konzept der Stunde berücksichtigt die Grundsätze einer effektiven Übungsgestaltung: Anspruchsprogression in bezug auf die grammatische Struktur und auf den Grad eigenständiger Denk- und Sprachleistung, Moduswechsel (mündlich – schriftlich), Abwechslung in bezug auf die Sozialform, die Übungsform und den Medieneinsatz, kommunikative Relevanz und Schülerorientierung.[6]

Die Stunde beginnt im Sinne der Lernzieltransparenz mit einer kurzen Information für die Schüler über den Stundenablauf. Dabei werden sowohl das grammatische Ziel als auch inhaltliche Ziele benannt. Es erscheint mir wichtig, daß den Schülern früh der funktionale Einsatz grammatischer Strukturen klar wird. Mit der Erstellung eines Tagesprogramms ist ein Endprodukt in Aussicht gestellt, in dem das *going to*-Future in dienender Funktion für die Ausrucksbedürfnisse der Schüler verwendet wird. Die Produktorientierung hat sich in vergangenen Stunden positiv auf die Schreibmotivation

---

[6] Heuer, Helmut; Klippel, Friederike: *Englischmethodik. Problemfelder, Unterrichtswirklichkeit und Handlungsempfehlungen.* (Cornelsen). Berlin 1987

ausgewirkt. Der Übungscharakter der Stunde wird so mit einem an den Interessen der Schüler orientierten Gegenstand kombiniert.

In der anschließenden Phase wird die Hausaufgabe für die thematische Einstimmung genutzt. Verschiedene Schüler schreiben Ferienaktivitäten, die sie zuhause gesammelt haben, untereinander an die Tafel. Durch diese Aktivierung der Schüler wird zum einen ihrem Bewegungsdrang entsprochen (vgl. III), zum anderen haben die Schüler die Möglichkeit, Aktivitäten ihren Interessen und ihrem Ausdrucksvermögen entsprechend auszuwählen. Durch die Hausaufgabe wurde außerdem die lexikalische Reaktivierung, die für diese Stunde notwendig ist, vorbereitet. Eine sprachliche Aufwärmphase folgt, in der die Schüler mit dem Wortmaterial an der Tafel Sätze bilden. Durch die Fragestellung des Lehrers wird die Struktur *going to* eingefordert. Der Hinweis auf die Ferienplanung ist ein weiterer Impuls für die spontane Verwendung der Struktur. Sollten die Schüler die Struktur hier nicht einsetzten oder Fehler produzieren, erfolgt an dieser Stelle eine Reaktivierung der Regeln zum Gebrauch und zur Bildung, die u.U. auf Deutsch abläuft. Diese erste Anwendungs- oder Übungsphase verläuft nach dem *Stimulus-Response* Muster, ist aber durch den realistischen Kontext kein mechanischer *'Pattern Drill'*. Eine erste Schwierigkeit begegnet den Schülern in Wendungen wie *go swimming* oder *go surfing*, die eine Dopplung notwendig machen. Eine weitere grammatikalische Progression wird durch die Steuerung des Lehrers erwirkt. Entscheidungsfragen regen die Schüler dazu an, Wünsche und Abneigungen zu versprachlichen, in denen die Verneinung verwendet werden muß.

Es folgt der entscheidende Transferschritt, wobei die Schüler eine Karte von einer Insel inhaltlich und sprachlich so auswerten, daß sie auf der Grundlage der erarbeiteten Informationen ein Ferienprogramm zusammenstellen können. Das Hineinversetzen in eine imaginative Situation macht den Schülern erfahrungsgemäß keine Schwierigkeiten, sie werden im Gegenteil durch die Vorstellung einer Reise auf eine unbekannte Insel positiv beeinflußt. Diese Erarbeitungsphase stellt in zweifacher Hinsicht besondere Anforderungen an die SchülerInnen. Sie müssen zur Beschreibung der Insel erstens das Sprachmaterial aktivieren und zweitens ohne sprachliche Vorgabe Sätze bilden. Entlastet wird diese Phase dadurch, daß die Schüler sprachliches und inhaltliches Vorwissen mitbringen und einsetzen können. Das Unterrichtsgespräch bietet sich hier an, um eine gemeinsame Informationsgrundlage zu schaffen und durch gezielte Lenkung von seiten des Lehrers die Auswertung zu steuern und eine rein deskriptive Beschreibung zu verhindern. Außerdem können an dieser Stelle einzelne neue Vokabeln vermittelt werden. Wichtiges Wortmaterial wird als Hilfe für die spätere Schreibphase an der Tafel fixiert.

Der visuelle Impuls wurde gewählt, um dem altersgemäßen Bedürfnis nach Anschaulichkeit gerecht zu werden und die Phantasie der Schüler anzuregen. Durch den Einsatz einer Folie zur Projektion der Karte wird die Aufmerksamkeit aller Schüler nach vorne gerichtet. Eine solche gezielte Steuerung ist wegen der Konzentrationsdefizite der Lerngruppe (s.o.) angebracht.[7]

In der folgenden kurzen Phase wird die anschließende Schreibaufgabe mündlich vorbereitet und entlastet. Die SchülerInnen formulieren erste Planungsentscheidungen.

---

[7] Bei unvorteilhaften Lichtverhältnissen muß auf den Einsatz des Overheadprojektors verzichtet werden. In diesem Fall müssen die SchülerInnen von Beginn an mit den Arbeitsblättern arbeiten.

Ein solches Vorgehen entspricht dem Grundsatz der Progression der Schwierigkeiten (hier: vom Mündlichen zum Schriftlichen).
Die Erstellung eines persönlichen Tagesprogramms findet in Partnerarbeit statt. Dadurch wird zum einen der Lernprozeß individualisiert und damit intensiviert, zum anderen wirkt sich der Wechsel in der Sozialform positiv auf die Konzentration aus. Daneben wird durch die Produktorientierung ein Schreibanreiz geboten. Der inhaltliche Reiz der Aufgabe besteht in der Auswahl von Aktivitäten, die den individuellen Interessen entsprechen. In dieser Phase können die Schüler im Rahmen ihrer sprachlichen Möglichkeiten kreativ mit Strukturen und Inhalten umgehen. Gleichzeitig wird der Lernprozeß personalisiert und die Sprachverwendung kommunikativ relevant. Die Schreibphase ist aus folgenden Gründen als Partnerarbeit konzipiert: Erstens können die Schüler sich gegenseitig helfen, und zweitens erfolgt eine weitere grammatische Progression dadurch, daß die Pluralbildung erforderlich wird, in der die Flektion von *to be* zu beachten ist.
Die Schreibphase wird durch ein Arbeitsblatt unterstützt.[8] Auf diesem ist die Karte noch einmal abgebildet. Durch diese graphische Aufbereitung gewinnt das Arbeitsblatt für die Schüler an Wert, und die Motivation, möglichst wenig Fehler zu machen, steigt. Das Arbeitsblatt ist vorstrukturiert insofern, als das Programm nach Tageszeiten geordnet ist und so für die anschließende Auswertungsphase eine gewisse Variation in der Fragestellung ermöglicht. Außerdem erhält die Aufgabe dadurch einen Neuigkeitswert, daß drei zusätzliche Entscheidungsfelder aufgenommen werden. In Form von *Multiple-choice*-Aussagen geben die Schüler weitergehende Auskunft über ihre Urlaubspläne, die wiederum in der anschließenden Auswertungsphase erfragt werden.
Die Präsentation der Ergebnisse erfolgt schließlich als Kettenübung. Die Schüler tauschen sich über ihre Pläne aus. Die Kommunikation ist annähernd authentisch, da ein großes Interesse an den Plänen der anderen besteht. Eine Anspruchsprogression ergibt sich durch die selbständige Fragestellung der Schüler. Die Struktur muß hier in einer Form angewendet werden, welche die Schüler bisher nur rezeptiv verarbeitet haben. Um die Sprachproduktion vorzubereiten, werden Musterfragen an der Tafel festgehalten, die den Schülern als Vorlage dienen.
Die Stunde wird mit der Stellung der Hausaufgabe beschlossen, in der die Schüler aufgefordert werden, ein Programm für einen Regentag zu entwerfen und schriftlich festzuhalten. Die Hausaufgabe setzt einen neuen inhaltlichen Schwerpunkt. Sprachlich dient sie der Sicherung und Festigung der Verwendung von *going to*.
Die so konzipierte Stunde stellt ein strukturiertes Übungsprogramm zur Verfügung, in der das *going to*-Future in einem funktionalen und schülernahen Gesamtkontext angewendet und gefestigt wird. Damit wird die kommunikative Relevanz der Struktur für die Schüler unmittelbar nachvollziehbar. Die Stunde integriert kontrollierte Phasen, um die Struktur einzuschleifen, und Phasen freier Kommunikation, die spontane Sprachverwendung ermöglichen. Ein mechanisches Aneinanderreihen grammatischer Übungen und die Auseinandersetzung mit immer neuen Minisituationen, die nur

---

[8] Ziegésar stellt in seinem Band „Einführung von Grammatik im Englischunterricht", München 1992, eine Anzahl von Einsatzmöglichkeiten für Arbeitsblätter in der Produktionsphase vor. Ziégesar wählt für die Einführung der Struktur *going to* ebenfalls den Kontext der Ferienplanung (S. 47).

vordergründig den Ansprüchen eines kommunikativen Grammatikunterrichts entsprechen, wird damit ersetzt durch eine Anwendungssituation, welche die Interessen und die Persönlichkeit der Schüler ernstnimmt. Damit wird ein Versuch unternommen, die Aufmerksamkeit der Schüler über 45 Minuten aufrechtzuerhalten und die sprachlichen Fähigkeiten zu erweitern.

Literatur

Biederstädt, W.; Holgers, E. (Hg.): *Green Line 2.* (Klett). Stuttgart. 1986.
Heuer, H.; Klippel, F.: *Englischmethodik. Problemfelder, Unterrichtswirklichkeit und Handlungsempfehlungen.* (Cornelsen). Berlin 1987.
Kultusministerium NRW: *Richtlinien und Lehrpläne für das Gymnasium – Sekundarstufe I – Englisch.* Düsseldorf 1993
Leech, Geoffrey; Svartik, Jan: *A communicative Grammar of English.* (Longman). Marlow, Essex 1975.
Ungerer, Friedrich u.a.: *A Grammar of Present-Day English.* (Klett) Stuttgart 1984
Ur, Penny: *Grammar Practise Activities: A practical Guide for Teachers.* Cambridge 1988.
Ziegésar von, Margaret und Detlef: *Einführung von Grammatik im Englischunterricht.* (Ehrenwirth) München 1992
Zimmermann, Günther: *Grammatik im Englischunterricht.* (Diesterweg). Frankfurt 1977

Intendiertes Tafelbild

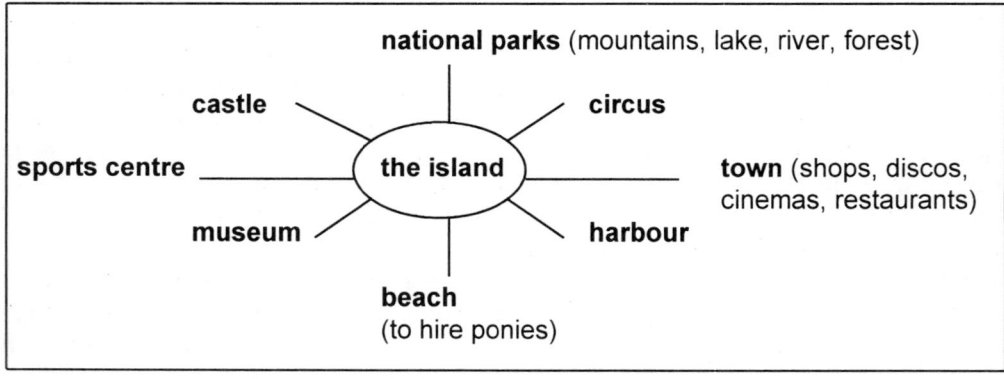

Verlaufsplan

PHASEN/ ZEIT/ TEILZIELE	UNTERRICHTSSCHRITTE	UFORMEN MEDIEN
Aufbau der Lernsituation / TZ 1 ca. 8-10'	Begrüßung u. Thema der Stunde. Integration der HA: „Collect holiday activities." -> Ss nennen Aktivitäten und schreiben Infinitive an die Tafel	LV SV/ Tf
TZ 2	L.: „Now think of your next holiday. Tell me about your plans. What are you going to do?" -> Ss bilden mit dem Wortmaterial an der Tafel Sätze.	fr. UG
(eventuell / TZ 6)	(Reaktivierung der Regel zum Gebrauch u. zur Bildung von going to.)	(gel. UG)
Erarbeitung Problemeröffnung TZ 3/ ca. 10-12'	Bildimpuls: Map of the island L.: „Imagine you've won a holiday trip. Have a look at the place where you're going to stay. -> Semantisierung (to hire, national park, circus) -> Ss beschreiben die Insel und ihre Attraktionen. -> Wortmaterial wird an der Tafel fixiert.	gel. UG OHP Tafel
Phase der Schwierigkeiten	L.: „It's your first day on the island. What are you going to do first when you arrive?"	gel. UG
Phase der Lösung ca. 3-5'	-> Ss formulieren Sätze selbständig u. mit Hilfe von Frageimpulsen.	
Phase des Tuns und Ausführens / TZ 4 ca. 10'	AA: Make a plan for your first day on the island. You are not going to spend your holiday alone. So decide what you are going to do and write down a programme for you and your partner. -> Arbeitsblätter werden ausgeteilt und kommentiert. (Zeitvorgabe 10')	PA/ AB
Integration der Ergebnisse / TZ 5 ca.5'	L. „Let's find out about your plans. Ask your classmates about their plans." -> Mögliche Fragen werden gesammelt und an der Tafel fixiert. -> Frage-Antwort-Gespräch evtl. bei zugeklappter Tafel.	gel. UG Tf KG
Ausblick ca. 2'	L: „You've made some very nice plans. But what are you going to do when it rains? -> Ss benennen mögliche Aktivitäten.	gel. UG
Hausaufgabe	Make a rainy day-programme and write it down.	

Arbeitsblatt

Our first day on the island

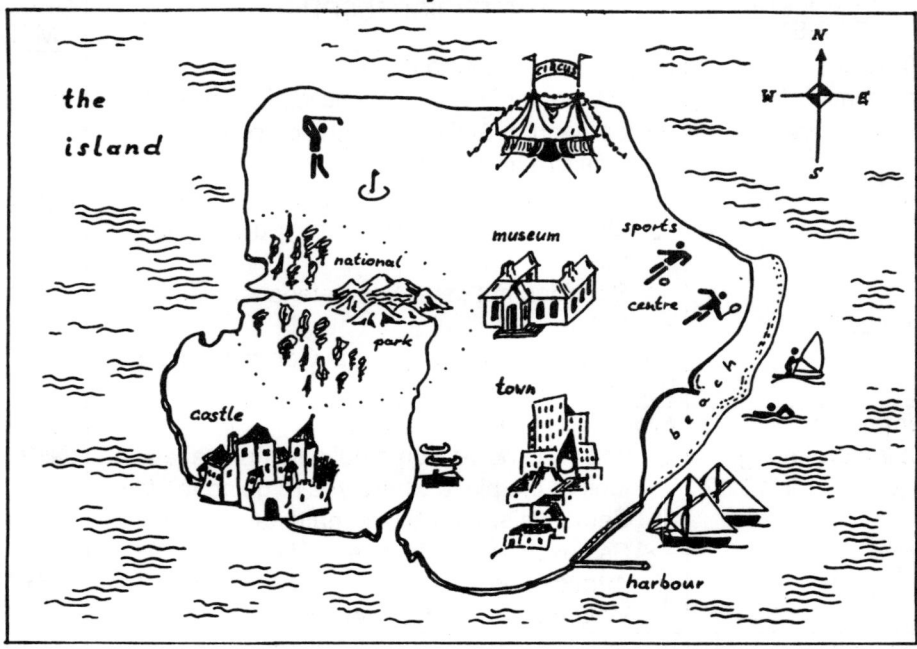

In the morning   _____
                    _____
                    _____

For lunch   _____

In the afternoon   _____
                    _____
                    _____

In the evening   _____
                    _____

We are going to stay   ☐ in a youth hostel.
                        ☐ at a hotel.
                        ☐ at a camping-site. ☐

I'm going to buy   ☐ an ice-cream.
                        ☐ postcards.
                        ☐ ....

I'm going to write   ☐ about 3 postcards.
                        ☐ between 5 and 10 postcards.
                        ☐ more than 10 postcards.

Der Entwurf enthält folgende Qualitätsmerkmale

1. Sehr gelungene, organisch aufeinander abgestimmte Verbindung traditioneller (Grammatik) und eher innovatorisch (phantasieanregende Momente, kreative Schreibentfaltung) einzustufender didaktischer Schwerpunktsetzung
2. Auskunftsträchtige Darlegung der Lernvoraussetzungen, wobei besonders die Ausführungen zu den sprachlichen Fertigkeitsbereichen (*language skills*) mit ihrem konreten Bezug auf die geplante Stunde vorbildhaft sind
3. Argumentativ überzeugend dargelegte Entscheidungsfindungen unter Einbezug von Implikationen zwischen den Planungsfeldern
4. Hoher Konkretisierungsgrad in allen Teilen
5. Nachvollziehbare Kritik am Lehrwerk mit logischer Konsequenz für die Unterrichtsplanung.

Hinweise zur Verwendbarkeit

1. Die grundlegenden Ideen dieser Unterrichtskonzeption sind sicherlich auf viele Fremdsprachenstunden übertragbar.
2. Der Plan ist deutlich kürzbar in dem Teil der Sachanalyse, der sich mit den verschiedenen Möglichkeiten der Futurbildung im Englischen auseinandersetzt. Hier würde eine (Kurz) Darstellung der Bildung und Funktionalität des für das Unterrichtsvorhaben relevanten *going-to* Futurs genügen.

| Englisch | Jahrg. 7 (Gymn.) | synoptischer Entw. |
| Bildergeschichte | | |

Thema der Stunde
Erschließung einer Bildergeschichte – *Analysis of a picture story.*

Legitimation:
(Richtlinien und Lehrpläne Gymnasium Englisch SI, Düsseldorf, 1993, S. 74 ff.) Unterbrechung der Lehrwerkarbeit aus motivationalen Gründen im Anschluß an die Behandlung einer langen *unit*. Lernprogression besteht in der erstmaligen Erschließung einer Bilderfolge und dem Finden einer Moral, bei gleichzeitiger Wiederholung bekannter Elemente.

Hausaufgabe: Wiederholung der *simple form* und der *progressive form* mit Anwendungsbeispielen

Angaben zur Lernsituation:

Allgemein:
4 (Einzel-)Wochenstunden in günstiger Lage. Klasse ist bekannt aus 10 Hospitations- und 25 selbst erteilten Stunden.

Lerngruppenanalyse:
32 Sch (18 J.;13 M.) im Alter zwischen 12 und 14 J.; entwicklungspsychologisch recht heterogen – Vor- bis Hochpubertätsphase – und entsprechenden Verhaltensdispositionen (verspielt – introvertiert), auf die durch individualisierende Feinsteuerung im didaktischen, v.a. aber methodischen Bereich eingegangen werden muß. Bei insgesamt guter Leistungsbereitschaft (vgl. HA-moral; Meldeverhalten) stellt sich das Leistungsvermögen (3 exzellente, 4 gute, 4 schlechte Schüler, breites Mittelfeld) bei ausgeprägteren Schwächen im schriftlichen (Orthographie, Grammatik), weniger im mündlichen Bereich (punktuelle Ausnahmen: Feinphonetik bei Endkonsonanten und *th, -s,*) ebenfalls als heterogen dar.

Fachspezifische Voraussetzungen:
Sprache:
Dominante Einsprachigkeit (Ausnahme: Erstpräsentation schwieriger grammatikalischer Phänomene), verschiedene Verfahren der Wortschatzvermittlung (Darbietungsgeflechte, synonymisch, antonymisch, deiktisch, eindeutige Kontextualisierung, Definition) sind bekannt.
Die einführende HA zur heutigen Stunde besteht in der Wiederholung der Bildung der *Progressive*-Formen (*Präsens/Past*) und unregelmäßiger Verben durch entsprechende Übungen im *Workbook*.

Wissen:
Landeskundliche Fakten (v.a. geographisch, eingeschränkter: historisch) von GB, weniger USA, sind bekannt (für heutige Stunde irrelevant).

Methode:
Interaktionelle Fehlerverbesserung, alle Sozialformen (v.a. Partnerarbeit), die systematische Erschließung von leichten Texten (Inhalt, Gliederung, Finden von Überschriften, einfache Stilmittel) – für diese Stunde irrelevant – ; kreatives Schreiben (Fortsetzung einer Geschichte, Perspektivwechsel) sowie die deskriptive (nur punktuell erklärende) Erschließung einzelner Bilder, sind ebenso bekannt wie Frageketten (*question chains*). Schüler werden zuweilen aufgefordert, den Stundenverlauf in simpler Sprachgebung auf der didaktischen (*What have we done?*) und methodischen Ebene (*How was the lesson done?*) nachzuvollziehen.

Bildmaterial:
Heaton, J.B.: *Composition through Pictures*. London 1966 (Longman), 23-4

Geplanter Unterrichtsverlauf

Phase/(ca) Zeit	Didaktische Schwerpunktsetzung
Einstieg/ Eröffnung Anbahnung (5')	Schüler äußern sich zu Tieren und ihren Eigenschaften, etwa unter Bezug auf Haustiere oder Zoobesuch.
Erarbeitungsphase I Präsentation und Verständniskontrolle der unbekannten Lexik (5')	Die Wörter *hat-maker, to shake one's fist, to get a shock, branch* werden unter Hinweis auf verschiedene Semantisierungsmöglichkeiten (*branch*) und Wortfeld - *a person's body* – (*fist*) erklärt, phonetisch gefestigt, unter Einbeziehung von Besonderheiten (*irregular verb, plural, possessive pronoun*) an Tafel fixiert, ihr Verständnis in bezug auf lexikalische, phonetische und orthographische Dimensionen durch entsprechende Satzbildungen (bei zugeklappter Tafel) kontrolliert.
Erarbeitungsphase II Präsentation und Versprachlichung der Folienbilder 1-4 über OHP. Gleichzeitig Kontrollphase in bezug auf HA (10')	Bei sukzessivem Aufdecken der einzelnen Bilder sollen die Sch. zunächst deskriptiv, dann zunehmend zusammenhängend die Bilderfolge versprachlichen. Hierdurch werden Teilfertigkeiten wie Beobachten/ Wahrnehmen und spontane Reaktionsfähigkeit in der Zielsprache gefördert. Gleichzeitig findet hier eine integrative Kontrolle der HA statt, da die Sch. die Verlaufsform anwenden müssen.
Vertiefungs-/ Erarbeitungsphase III (Kreativitätsphase) Still-/Partnerarbeit (4')	Sch. sollen ein sinnvolles Ende der Geschichte fixieren. Nach Hören, Sprechen jetzt Anwendung der *language skill* Schreiben.
Auswertungsphase (5')	3-4 Schüler tragen ihre Versionen vor. *Language skill* Lesen wird gefordert. Sollte die originäre Version getroffen werden, gibt der L. dies nicht zu erkennen, es sei denn: Stundenablauf ist unter Zeitdruck geraten.
Erarbeitungsphase IV Präsentation der Folienbilder 5 + 6 (4')	Versprachlichung, Wertung, Vergleich (mit selbsterstellten *endings*)

Methodische Überlegungen
Schülerzentrierte Phase mit Funktionen wie *warming up* (sprachphysiologisch; psychologisch) und Annäherung ans Thema/ Wortschatz (fachlich). L. moderiert zurückhaltend, bei Zögerlichkeiten: Provokationsimpulse, Einhilfen. Korrektur (lehrerseits oder interaktionell) nur bei gravierenden Mängeln – es gilt: *fluency before accuracy.*
Verschiedene Verfahren – Definition (*hat-maker, branch*); deiktisch/ kontextualisierend (*to shake one's fist; to get a shock*)   Breite Aktivierungsstreuung unter Einbezug auch schwacher Sch.
Schülerzentrierte Phase, in welcher der L. allenfalls moderiert, einhilft, ggf. nachfragt. Korrektur unauffällig (wenn möglich interaktionell).
Wechsel in der Sozialform. Angeregt wird Einzelarbeit, bei Bedarf Partnerarbeit, in der jedoch beide Sch. ihre Ergebnisse schriftlich fixieren sollen. L. geht kontrollierend durch Klassenraum, verschafft sich somit Überblick über Leistungsstand und -fortschritt.
Schülerzentrierte Phase. L. tritt völlig zurück, korrigiert allenfalls behutsam.   Im Sinne der Anspruchsprogression darf der erste Schüler ablesen, die nächste können frei, allenfalls mit Blickkontakt zu ihrem Heft vortragen. Alternativ kann man einzelne Schüler ihre Versionen auf Folie schreiben lassen, nicht gewählt, weil dadurch Vorselektion in der Aktivierung gegeben wäre.
Erneut hohe Schülerzentriertheit. L. moderiert und korrigiert lediglich.

Phase/(ca) Zeit	Didaktische Schwerpunktsetzung
Vertiefungsphase Gruppenarbeit (5')	Sch. finden passende Überschrift (etwa: Mr. Hat's adventure; Tit for tat (evtl. auf D); Never give up etc. und/oder passende Moral (evtl. auf D, z.B.: (The one who laughs last, laughs best; Do not give up - imitate; An idea in need is helpful indeed etc.) Sollte die Stunde unter Zeitdruck geraten sein, kann arbeitsteilig vorgegangen, bzw. 1 Aufgabe weggelassen oder beide Anforderungen in die HA verlagert werden.
Hausaufgabenstellung (1')	In the evening of that day the hatter tells his wife about his adventure. Begin like this: „This afternoon I had a funny experience: I was sitting under a big tree waiting for customers to pass by and buy some hats, when I saw some monkey playing in that tree ...
Ausstieg (Restzeit)	Fragekette. Bei vorher festgestellten Schwierigkeiten geschieht dies mit aufgedeckten Folien, anonsten aus dem Kurzzeitgedächtnis.

Methodische Überlegungen
Sch. bilden zügig Vierergruppen. Hier ist ein Ansatz zur Binnendifferenzierung gegeben: die besseren Sch. werden beide Anforderungen, die anderen nur eine erfüllen können.
Als methodische Alternative ist denkbar, daß der L. verschiedene *moral tags* vorbereitend auf Folie geschrieben hat., etwa: *early to bed early to rise, makes the man healthy, wealthy and wise; an apple a day keeps the doctor away* etc., die er nacheinander aufdeckt, (evtl. mit Einhilfen) erklären läßt, ehe er zum Schluß eine passende Version (vgl. links) aufdeckt und ihre Richtigkeit begründen läßt. Dieses Vorgehen hat den Nachteil, daß es v.a. bei ungeübten Lerngruppen sehr zeitaufwendig ist, bietet jedoch die Möglichkeit eines sehr flexiblen Umgangs mit der Zeit. Der hier geforderte Perspektivwechsel im Tempus stellt einerseits Anforderungen in Wiederholungs- andererseits im Transferbereich dar.
Die Stellung der HA vor dem Ausstieg stellt sicher, daß sie von allen in Ruhe ins HA-heft eingetragen werden kann. Bei entstandenem Zeitdruck ist die HA bei verdeckter Tafel (in der vorangegangenen Gruppenarbeitsphase fixiert) bzw. durch eine vorgefertigte Folie/ Blatt den Schülern zeitsparend nahegebracht worden.
Diese Phase bietet den Vorteil eines flexiblen Umgangs mit der Restzeit. Als Alternativen sind denkbar: Jeder Sch. schreibt drei Fragen auf. Nachteile: zeitaufwendiger, fördert nicht Spontaneität .Vorteile: keine Überforderung durch Fragestellung in direkter Anbindung an Antwort, erneutes Schreiben. Wurde nicht gewählt, weil Lerngruppe recht routiniert mit Frageketten umgeht (vgl. Lerngruppenanalyse). Denkbar wäre auch, Ergebnisse und methodischen Gang der Stunde zusammenfassen zu lassen. Wegen des recht hohen Schwierigkeitsgrades im method. Bereich, der geringeren Motivationsträchtigkeit und um Redundanzen zu den beiden vorangegangenen Stdn. zu vermeiden, wird dieser Ausstieg nicht gewählt.
Denkbar wäre auch das Nachspielen der Geschichte in einer Art Pantomimen- Show. Dieses Vorgehen verbindet sich allerdings mit dem Nachteil, daß nur wenige Schüler aktiviert werden und kein Sprachumsatz geleistet wird; zudem würden in dieser Lerngruppe einige Schüler (vgl. Lerngruppenanalyse) zu stark zu Albernheiten neigen.

Heaton, J.B.: *Composition through Pictures*. London 1966 (Longman), 23-4

Der Entwurf enthält folgende Qualitätsmerkmale

1. Die Darstellung ist in allen Teilen hochkondensiert; der Verlaufsplan gibt in synoptischer Form argumentativ gestützte Auskunft über alle Entscheidungsfindungen.
2. Das Planungsvorhaben bezieht alle sprachlichen Fertigkeiten sowie viele motivationsanreichernde Elemente (visuelle Darbietung einer lustigen Geschichte, verzögerte Spannungsauflösung) ein.
3. Der Entwurf ist konkret in der Erwartungshaltung, doch insgesamt mit hoher Flexibilität konzipiert.
4. Der Entwurf gibt Anregungen zur alternativen Gestaltung einzelner Phasen.

Hinweise zur Verwendbarkeit

1. Der Entwurf wurde konzipiert mit Blick auf eine zu vielfältigen Ideen anregende Lehrdemonstration vor (z.T. fachfremden) Lehramtsanfängern.
Vor diesem Hintergrund erklären sich die über den Stundenrahmen hinausgehenden Informationen zu den Lernvoraussetzungen und die Hinweise zu verworfenen Alternativen mit Blick auf die spezifische Lerngruppe. Sie erscheinen in einem anderen Anforderungsrahmen verzichtbar.
2. Die Grundideen des Planungsablaufes können gleichsam „baukastenartig" in vielen anderen Fremdsprachenstunden verwendet werden. Die Anforderungen müssen dabei dem Kompetenzstand der jeweiligen Lerngruppe angepaßt werden.
3. Dem Charakter eines synoptischen Entwurfes entsprechend, wurde auf einzelne Planungsfelder – etwa Lernziele – verzichtet. Sie lassen sich aber problemlos aus einzelnen Teilen des Verlaufsplanes ableiten.

Französisch	Jahrg. 11 - LK	additiver Entwurf
Lyrik / Chanson		

Thema der Unterrichtsreihe:
Einführung in Lyrik und Chansons.

Thema der vorangegangenen Unterrichtsstunde:
Einführung und Analyse von Marceline Desbordes-Valmore *Les Roses de Saadi*.

Thema der heutigen Unterrichtsstunde:
Einführung und Analyse des Chansons von Francis Cabrel *La Cabane du Pêcheur*.

Thema der folgenden Unterrichtsstunde:
Rückgabe und Besprechung der Klausur.

Hausaufgaben zur folgenden Unterrichtsstunde:
Brief einer Figur des Chansons an eine Freundin unter Erläuterung der Bedeutung eines zentralen Motivs des Chansons.

I. BEDINGUNGSANALYSE

Es handelt sich um einen Französisch-Leistungskurs 11.2, bestehend aus 20 Schülern (18 M.; 2 J.), die sich in einem Kooperationskurs zwischen allen Schulen der Stadt zusammengefunden haben. Bedingt durch diese „Mischung" besteht noch kein rechter Zusammenhalt in der Lerngruppe. Auch kommen die Schüler natürlich mit unterschiedlichen Leistungsvoraussetzungen in den Kurs, was noch dadurch verschärft wird, daß 10 Schüler (die Hälfte!) Französisch als dritte Fremdsprache gewählt haben.

Dennoch ist die Lernmotivation überdurchschnittlich hoch. Es besteht ein gesundes Interesse an den Unterrichtsgegenständen und ein echtes Bestreben, die Ausdrucksfähigkeit in Richtung auf den Stand eines Leistungskurses zu erweitern. Die Schüler sind auch bereit, die Herausforderung schwieriger Gegenstände anzunehmen und sich ihnen ihrem Vermögen entsprechend anzunähern.

Bislang liegen die Ergebnisse nur einer Klausur vor, die im Durchschnitt im Dreierbereich lagen (nur drei Schüler im Defizitbereich).

Die Grundsituation ist so, daß die zweite Klausur zum Thema *Les Jeunes* geschrieben worden ist und daß ich nach dieser Klausur in dem Kurs eingestiegen bin. Bislang habe ich acht Stunden in dem Kurs unterrichtet. Der Fachlehrer stellte mir die Themenauswahl frei, so daß ich mich mit den Schülern nach einer Einführungsstunde zu Patricia Kaas *Tu me dis que je suis belle* schnell auf eine Unterrichtsreihe Chansons und Gedichte einigte. Die Schüler würden außerdem gerne noch französische Filme sehen und besprechen. Unsere Arbeit im Rest des Halbjahres ist also nicht mehr unmittelbar klausurrelevant, was ein entspannteres Lernen, ein tentatives Herantreten an unbekannte Ausdrucksformen und ein Eindrücke sammelndes Sich-Umtun im Bereich Chanson und Lyrik ermöglicht.

Bei der Behandlung des Chansons von Patricia Kaas waren allerdings nur sieben Schüler anwesend (Kooperationskurse werfen das Problem des Fehlens von großen Schülergruppen bei schulischen Veranstaltungen auf), so daß in dieser Stunde der Angang über Hörverstehen und inhaltliche Erschließung (incl. Übersetzung wegen großer sprachlich-lyrischer Dichte) gesucht wurde und das metasprachliche Vokabular zum Chanson wegen des Fehlens des Großteils der Schüler nicht aufgebaut wurde. Das themensprachliche Vokabular zum Bereich Liebe ist ansatzweise vorhanden aus der Analyse des Chansons und bislang dreier Liebesgedichte. Es wurde allerdings noch nicht systematisiert im Sinne der Erstellung eines Wortfeldes, was in einer der folgenden Stunden zu leisten ist.

Die Kenntnisse der Schüler im Textentschlüsselungsverfahren sind gut entwickelt. Insbesondere bei den Gedichten wurden die Schüler angeleitet, über die Herausarbeitung von Schlüsselwörtern und deren Inbezugsetzung den Sinn zu erschließen. Bei der Informationsverarbeitung ist die weitgehend der Eigeninitiative der Schüler entspringende Übertragung der Kenntnisse aus anderen sprachlichen Fächern (wohl vor allem Deutschunterricht) auf die hier auftretenden lyrischen Phänomene besonders lobenswert. Der Informationsbewertung stehen die Schüler sehr aufgeschlossen gegenüber.

Zu den Fertigkeitsbereichen:

1. Sprechen: Die Schüler sind bemüht und es gelingt den meisten, ihre Gedanken zu versprachlichen, wobei im grammatischen Bereich doch noch recht viele Fehler gemacht werden und auch öfters Vokabelhilfen gegeben werden müssen.

2. Lesen: Die Schüler lesen im allgemeinen flüssig. Bei den Gedichten wurden Anleitungen zum Vortrag gegeben (Behandlung des <e muet>). Der Gedichtvortrag fällt allerdings noch schwer, sowohl bezüglich der Versifikation als auch bezüglich einer die Gefühle ausdrückenden Emphase.

3. Verstehen: Hier ist auch beim Lehrervortrag Vorsicht angesagt. Deutlichkeit und Einfachheit der Lehrersprache können nur sicherstellen, daß alle Schüler dem Unterricht folgen und sich beteiligen können. Das Hörverstehen bei dem Chanson war eher mäßig ausgebildet, was allerdings auch an der Tonqualität gelegen haben mag.

4. Schreiben: Die Schüler bemühen sich um einen guten Stil. Auch erweitern sie über Schreibaufgaben beständig ihr Vokabular.

Die Schüler sind an eine durchgehende Einsprachigkeit gewöhnt. Der Kursraum ist mit Overheadprojektor ausgestattet. Besonders günstig: eigens für den Sprachunterricht in den romanischen Sprachen eingerichteter Raum: Frankreichkarten an der Wand und reichlich Französischwörterbücher (ein- und zweisprachig) im Schrank.

II. SACHANALYSE

Das vorliegende Chanson von Francis Cabrel *La cabane du pêcheur* wurde in einer Schulfunksendung des WDR 5 im Rahmen der Sendereihe *Aimez-vouz la chanson?* ausgestrahlt. Der Text entstammt dem dazugehörigen Programmheft Schuljahr 1994/95 - II. S.34.

Francis Cabrel schreibt seine Lieder und Texte selber. Er stammt aus dem Südwesten Frankreichs, was man auch in dem Lied aufgrund seines Akzents recht deutlich hören kann. Anders als die meisten anderen erfolgreichen Chansonniers hat ihn der Drang nach Ruhm nicht nach Paris geführt. Er besteht auf seiner regionalen Identität und lebt weiterhin in dem kleinen Ort Astaffort im Süden Frankreichs.

Den Hintergrund des vorliegenden Chansons bildet auch „das Landleben", hier die Begegnung am Ufer der Garonne eines älteren Anglers und eines jungen Mädchens, das Liebeskummer hat.

Nach einer ersten Strophe, die in Atmosphäre (*lourdeur*) und situativen Rahmen einführt (der Angler räumt am Abend ein und ein Mädchen mit von Tränen glänzenden Augen nähert sich), beginnt ein Dialog zwischen Angler und Mädchen. Hierbei ist der Angler „das lyrische Ich" und das Mädchen „das angesprochene Du". Die jeweiligen Sprechpartien werden durch *Je lui ai dit* bzw. *Elle m'a dit* eingeleitet. Die üblichen Höflichkeitsfloskeln zur Herstellung des Kontakts werden ausgelassen. Der Angler geht direkt auf das Problem des Mädchens ein und gibt ihm gute Ratschläge: Sinngemäß, daß Liebeskummer etwas ganz Gewöhnliches sei (Davon geht die Welt nicht unter.), weil die Jungen meistens gar keine Liebe schenken können. Er als alter weiser Mann will ihr von der Liebe erzählen. Die Parts des Mädchens beschränken sich darauf, daß sie ihr „brennendes" Interesse an den Erhellungen des Anglers kundtut.

Inhaltsangabe
Der Angler lädt das Mädchen in seine Anglerhütte ein. Es solle diesen bösen Traum vergessen. Die jungen Leute schweben zwischen himmelhoch jauchzend und zu Tode betrübt. Zu hohe Erwartungen zeitigen tiefe Enttäuschungen. Das zentrale Bild ist, das Mädchen solle sich selber „seine Farben mischen". Dies bedeutet, daß es einen Sinn für die vielfältigen Möglichkeiten des Lebens aus ihren eigenen Bedürfnissen und Vorlieben heraus entwickeln soll. Die Absolutsetzung einer Möglichkeit (die Liebe zu einem bestimmten Jungen) bringt nur Unglück. Es gibt jemanden, der seinem Leben Licht spenden wird: darauf darf es mit Zuversicht hoffen. Angler und Mädchen teilen diese Erfahrung des Trostspendens miteinander und schenken sich gegenseitig Wärme. Der Angler hofft auf eine bessere Welt.

Formalanalyse
Das Lied besteht aus sieben Strophen, wobei in der fünften und sechsten Strophe Versatzstücke aus den vorangegangenen Strophen wiederholt werden und die siebte Strophe mit der viermaligen Wiederholung von *la cabane du pêcheur* einen liedüblichen Wiederhall des Motivs als Ausklang darstellt. Das Abgleiten ins Klischeehafte (*attendre que le monde soit meilleur*) wird zum Ende besonders deutlich. Der Text stellt keine Lyrik dar, weil Versmaß und, bis auf Ausnahmen, auch Reim fehlen. Wohl aber enthält er lyrische Elemente, die besonders im Bereich der Alliteration liegen. Auffallend sind die vielen zentralen Worte, die mit „harten" Verschlußlauten beginnen *(z.B.cabane, pêcheur, couleurs, clair, poissons)*. Der Klang dieser Wörter trägt zur Verbindlichkeit der Aussage des Anglers bei.

Diese Verbindlichkeit wird auch durch die Musik unterstützt. Die Stimme ist hart, klar und deutlich. Der flotte Rhythmus läßt erst gar keine Zweifel aufkommen. Außerdem lädt dieser Rhythmus natürlich zum „Mitgehen" (tanzen, sich zur Musik bewegen) ein.

Evaluation
Das Chanson war 1994 in Frankreich ein „Hit". Der Preis, den man für den Erfolg zahlt, ist in der populären Musik fast immer eine verflachte Aussage und eine Anpassung an

den gängigen Musikstil. Francis Cabrel ist nicht mehr der *chanteur hippie* seiner Anfangsjahre mit klassischer Gitarre und feinsinniger Lyrik.

Man mag darüber kontrovers urteilen: aber zumindest wird er heute gehört. Und der Text hat durchaus seine unterschiedlichen Qualitäten. Die abendliche Stimmung wird als Spiegel des seelischen Zustandes des Mädchen präsentiert. *On ne voyait plus que du feu* ist das Abendrot und die Verwirrung des Mädchens. Das Weinen wird nur *angedeutet briller ses yeux*. Licht und Feuer durchdringen als Metaphern das gesamte Chanson. Dem Abgleiten ins Klischeehafte wirkt weiterhin eine gewisse Komik entgegen, die der überlegenen Weisheit des Anglers entspringt. Die Art, wie er die Probleme des Mädchens ohne Umschweife anspricht, ist an sich schon komisch. Das Bild von den Jungen, die weniger liebevoll als Fische sind, ist recht erfrischend, weil überraschend. Die Belehrung, daß nicht alles entweder schwarz oder weiß ist, ist zwar nicht originell, dafür aber gerade für die Jugendlichen, die das Lied wohl anspricht, sehr nützlich. Von suggestiver Kraft ist die zentrale Aufforderung *Viens faire toi-même le mélange des couleurs*. Jeder kann für sich überlegen, was das für sein persönliches Leben bedeuten könnte. Die vierte Strophe ist durchsetzt mit Allgemeinplätzen, die jedoch nicht stören, weil man die Situation der Belehrung annimmt. Im Gegenteil: das Gefühl des Aufgehobenseins in der Welt wird auf ansprechende Weise vermittelt.

III. DIDAKTISCHE ANALYSE

Das vorliegende Chanson reiht sich ein in eine Unterrichtsreihe zu lyrischen Ausdrucksformen im französischen Gedicht und Chanson.

Kontextualisierung

Die Reihe stellt einen Vorgriff auf Themenstellungen der 12.1 dar, wenn literaturkundliches Wissen auch im Bereich poetischer Strukturen vermittelt werden soll (s. Richtlinien S. 136).

Legitimation

Dies erscheint mir vertretbar, da das Anliegen darin besteht, einen ersten Zugriff zu gewinnen und die Reihe Neugier erwecken soll für das, was die Schüler im späteren Verlauf des Leistungskurses erwartet. Auch spricht gerade das vorliegende Chanson die Lebenserfahrungen der Schüler an (jugendliche Liebe, ihre Übersteigerung und Hilfestellung für einen „vernünftigen" Umgang mit jugendlichem emotionalem Überschwang). Zudem knüpft das Chanson an die Thematik der vorangegangenen Unterrichtsreihe *Les jeunes* an.

Sprachanalyse

Das Chanson enthält geringe vokabularische Schwierigkeiten. Der Titel soll vorab geklärt werden (*la cabane* dürfte den Schülern unbekannt sein). Andere Wörter wären auf Nachfrage zu klären; evtl.:

le poids – peser müßte bekannt sein

la canne (á pêche) – on pêche des poissons avec une canne a pêche

la prière – prier qn. de faire qch. ist bekannt (gestisch kann die religiöse Bedeutung von *prier* verdeutlicht werden.)

affectueux – l' affection ist bekannt

respirer – gestisch

Auch die Ambiguität des Ausdrucks *On ne vovait plus que du feu* könnte erklärt werden.
Grammatisch fällt die umgangssprachliche Auslassung des *ne* auf: *Tu seras pas la dernière*. Auch in dem Einleitungstext (Dialog) findet sich dieses Phänomen in verstärkter Form. In der vorletzten Zeile tritt der *subjonctif* auf: *J'attends que le monde soit meilleur*. Auf diese grammatischen Phänomene soll jedoch nur auf Schülernachfrage eingegangen werden, da der Schwerpunkt der U.stunde auf einer inhaltlichen Klärung und Ausdeutung des Chansons und auf dem Aufbau von Beschreibungsinstrumentarien für das Chanson liegt. Bezüglich der Beschreibung der Musik wurde ein Arbeitsblatt erstellt, in dem die unterschiedlichen Beschreibungsebenen mit dazugehörigem Beschreibungsvokabular aufgeführt sind:

    type de musique: *chanson traditionnelle*
                                          la variété
                                          la musique pop, rock, rap etc.
    le tempo: *lent, rapide*
    le rythme: *fluide, saccadé*
    le timbre de la voix: *doux, tendre, aigu (aiguë), grave, rauque*
    l'accompagnement (m.):   *des guitares sèches, électriques*
                                            du piano
                                           de la batterie, etc.

Die einzelnen Wörter und Begriffe lassen sich zum großen Teil leicht „lautmalerisch" erklären.

Schwierigkeitsanalyse (Antizipation möglicher Schwierigkeiten und didaktisch-methodische Konsequenzen)
Die Schüler sollen zunächst ohne Vorgaben versuchen, die Musik zu beschreiben. Auch sollen sie Beschreibungskategorien erstellen. Es ist jedoch davon auszugehen, daß die Schüler recht wenige Beschreibungselemente nennen werden, so daß das Arbeitsblatt zur Komplettierung notwendig wird. Aufgrund der Vorgaben des Arbeitsblattes ist die Musik dann ohne Schwierigkeiten beschreibbar.
Es ist davon auszugehen, daß die Schüler den Chansontext vom reinen Hörverstehen her nur sehr schwer verstehen werden, auch wenn der Inhalt über den Einstiegsdialog vorentlastet wurde. Ein zweites Vorspielen mit Text wird notwendig, wobei in dem Text einige wenige Lücken gelassen werden, um die Aufmerksamkeit der Schüler nicht zum reinen Lesen hinzulenken.
Die landeskundliche Relevanz des Chansons liegt in der Vorstellung des Chansonniers Cabrel als eines für Frankreich untypischen erfolgreichen *chanteur régional*. Der Fluß Garonne kann auf der Frankreichkarte gezeigt werden. Eine Schülerin verbrachte kürzlich drei Monate in Toulouse. Sie wird den Fluß kennen, und vielleicht wird sie auch einige Bemerkungen zum Akzent Cabrels machen können.
Eine Ausdeutung des Chansons wird aus zeitlichen Gründen nur evtl. an einigen Kernstellen möglich sein.
Ganz auszulassen ist der poetische Aspekt des Chansons, der in der darauffolgenden Stunde thematisiert wird. Die Schüler sollen auch über den Vergleich mit einem *chanson poème* (Jean Ferrat: *Que serais-je sans toi?*, Gedicht von Louis Aragon) für die unterschiedlichen Möglichkeiten lyrischen Ausdrucks im Chanson sensibilisiert

werden. Auch musikalisch und inhaltlich bieten die Chansons gute Ansatzpunkte für eine kontrastierende Behandlung.

IV. METHODISCHE REFLEXION

Als Einstieg wird der gesprochene Dialog zwischen Angler und Mädchen aus der Schulfunkreihe eingesetzt. Er dient der inhaltlichen und sprachlichen Vorentlastung. Der Dialog ist leicht verständlich, und die Schüler werden somit die dem Chanson zugrundeliegende Situation kennenlernen.

Auf den Impuls hin *Décrivez la situation* sollen die Schüler vortragen, was sie verstanden haben. Möglicherweise wird ein Schüler den Rahmen vorgeben, und einige andere Schüler können ergänzende Bemerkungen machen.

Die Schüler werden darauf hingewiesen, daß dies die Situation ist, die dem in dieser U.stunde zu erarbeitenden Chanson zugrundeliegt. *Quelle sorte de chanson est-ce que vous attendez?* Nach ersten Schülerbeiträgen soll das Unterrichtsgespräch gelenkt werden in Richtung auf ein Finden von verschiedenen Beschreibungsebenen für ein Chanson und deren inhaltliche Füllung. Das Arbeitsblatt wird zur Komplettierung des Gesagten ausgeteilt. Die Schüler können Fragen zu den Begriffen stellen, die entweder von den anderen Schülern oder von der Lehrerin beantwortet werden. Nach einem kurzen Vortrag der Lehrerin zur Person Francis Cabrels, in den die Schülerin einbezogen wird, die drei Monate in Toulouse verbracht hat, wird das Chanson zum ersten Mal vorgespielt. *Ecoutez la chanson, faites attention à la musique et au texte.*

Nach dem ersten Vorspielen lautet der Impuls: *Vous avez quelle impression de la chanson?* Hier sollen auch die Erwartungen mit der tatsächlich realisierten Fassung verglichen werden. Weiterhin werden die Schüler befragt, was sie über die Grundsituation hinaus von dem Chanson verstanden haben.

Anschließend wird das Arbeitsblatt mit dem verlückten Text ausgeteilt, den die Schüler ausfüllen sollen.

Die Füllwörter werden über eine von einem Schüler ausgefüllte Folie überprüft. Der Schüler präsentiert seine Version, und die übrigen sollen fehlende Füllwörter ergänzen, bzw. falsche Füllwörter korrigieren.

Vokabel- und Inhaltsfragen der Schüler zum Chansontext werden geklärt.

Hier ist dann eine Überleitung zur Interpretation als Eventualphase möglich, wenn entweder von den Schülern oder von der Lehrerin die Erläuterung von Sätzen wie *Tes rêves sont toujours trop clairs ou trop noirs* angeregt wird. Auch ansatzweise informationsbewertende Stellungnahmen wären hier denkbar. Es ist schwer absehbar, wieviel Interpretationsansätze in dieser Stunde gefunden werden können. Möglicherweise werden die Schüler schon nach der Präsentation des Hörverstehenstextes zentrale Ideen interpretatorisch herausarbeiten. Auch erscheint mir die Textaussage leicht zugänglich. Deshalb halte ich eine Hausaufgabe zur vertiefenden Auseinandersetzung mit der Textaussage für durchaus angemessen, auch wenn die Eventualphase nicht realisiert wird.

Die Hausaufgabe lautet: *Viens faire toi-même le mélange des couleurs. Qu'est-ce que cela pourrait signifier pour la fille dans la chanson? Elle ècrit une lettre à une copine dans laquelle elle parle du sens qu'ont ces mots pour elle. Rédigez cette lettre!*

Die Sozial- und Aktionsformen ergeben sich zwingend aus dem methodischen Konzept.

Der Einsatz der Medien Kassette, Tageslichtschreiber, Arbeitsblätter, Frankreichkarte wurde bereits oben erwähnt. Der Tafel kommt in dieser Stunde stützende und ergänzende Funktion zu.

An der Tafel werden Name des Sängers, Titel des Chansons und der Flußname „la Garonne" notiert. Die Erwartungen der Schüler zur Musik werden an der Tafel festgehalten, um einen besseren Vergleich von Erwartungen und Chanson zu gewährleisten. Nach dem ersten Hören werden die Erwartungen durch Häkchen oder durch Durchstreichen und Revidieren überprüft.

Weiterhin werden natürlich neu im Unterrichtsgespräch auftauchende Vokabeln festgehalten. Sollten die Schüler bei vorliegendem Text noch lexikalische Verständnisschwierigkeiten haben, so werden entsprechende Vokabeln nicht noch zusätzlich an der Tafel festgehalten werden.

Das Tafelbild dient auch zum Festhalten der Schülerbeiträge zum Inhalt, wobei nur Schlagwörter niedergeschrieben werden sollten. Es soll nicht versucht werden, ein vorab geplantes Tafelbild durch Lehrerfragen 'durchzusetzen'. Die Schlagwörter werden aufgegriffen und niedergeschrieben, um den Ertrag zu sammeln. Dies erscheint umso wichtiger, als inhaltliche und ansatzweise interpretatorische Beiträge in den einzelnen Phasen verstreut geleistet werden können.

V. LERNZIELE

Stundenziel:
Die Schüler sollen das Beschreibungsvokabular für das Chanson kennenlernen und auf das Chanson von Francis Cabrel anwenden. Sie sollen ferner den Chansontext verstehen und während der Präsentation den verlückten Chansontext komplettieren.

1. Lernbereich Sprache:
Die Schüler sollen
- einen in einfachem Französisch gesprochenen Dialog als Hörtext verstehen.
- ihr themenspezifisches Vokabular zum Bereich zwischenmenschliche Beziehungen wiederholen, festigen und vertiefen.
- ihr metasprachliches Vokabular zur Beschreibung eines Chansons um die Begriffe *la variété, le tempo, le rythme saccadé, fluide, le timbre de la voix, aigu, grave, rauque, l' accompagnement, la guitar sèche, la batterie* erweitern.
- ihre Eindrücke von der Musik versprachlichen.

2. Lernbereich Methode
Die Schüler sollen
- einen Hörtext in seinen wichtigsten inhaltlichen Elementen zusammenfassen.
- aufgrund der Kenntnis des Inhalts Mutmaßungen über eine mögliche musikalische Gestaltung anstellen.
- Beschreibungskategorien für Chansons finden und sie inhaltlich füllen.
- ihre Eindrücke zum Chanson auf der Basis vorgegebenener Beschreibungsmöglichkeiten ausdrücken.
- ihre Eindrücke mit ihren Erwartungen vergleichen.
- bei einer zweiten Präsentation des Chansons einen Lückentext ausfüllen.
- einige zentrale Stellen des Chansons ausdeuten.

3. Lernbereich Wissen
Die Schüler sollen
- die Grundsituation des Chansons verstehen.
- die Gefahr der Verabsolutierung eines einzigen Wertes (hier: Liebe zu einem Jungen) erkennen
- erfahren, daß der junge Mensch mit seinen Problemen nicht alleine steht, daß es die Möglichkeit gibt, Rat und Trost bei erfahrenen Menschen zu finden.
- Francis Cabrel als einen modernen französischen Chansonnier kennenlernen.
- Francis Cabrel als *chansonnier régional* kennenlernen.

4. Affektive Lernziele
Die Schüler sollen
- erfahren, daß das moderne französische Chanson ihrem Geschmack in Musikstil und Aussage entsprechen kann.
- Anregungen erhalten, französische Chansons auch in ihrer Freizeit zu hören.

VI. ARTIKULATION

Phasen	Lernschritte	Sozial- und Aktionsformen / Medien
Einstieg	Präsentation eines Hörverstehenstextes zur Grundsituation des Chansons	Kassette
Ertrag	Zusammentragen der Informationen aus dem Hörverstehenstext	Schülerbeiträge/ Tafel
Erarbeitung	a. S. versprachlichen ihre Vorstellung von einer Chansonfassung dieses Inhalts S. entwickeln Beschreibungsebenen für Chansons	L.frage/ S.antworten Tafel
	b. Verteilen und Kommentierung eines AB mit Beschreibungsmöglichkeiten des Chanson	S.fragen/ L.antworten AB
	c. Sammeln der S.erwartungen zu den Beschreibungsebenen	S.beiträge/ Tafel
Präsentation	Vorspielen des Chansons von Kassette mit dem Auftrag, auf Musik und Text zu achten	Kassette
Auswertung	Sammeln von S.eindrücken zum Chanson und Vergleich mit Erwartungen	S.beiträge/ Tafel
Präsentation	Erneutes Vorspielen des Chansons mit dem Auftrag, einen Lückentext auszufüllen	Stillarbeit/ AB
Auswertung	Ein S. präsentiert seine Füllwörter auf Folie. Die übrigen ergänzen und korrigieren	S.beiträge/ Folie
Erarbeitung	S. stellen Fragen zum Text	S.fragen
Eventualphase	Inhaltl.-interpretatorische Klärung von einigen Textpassagen	S.fragen o. Lehrerfragen/ S.antworten

Textblatt

Francis Cabrel   La cabane du pêcheur

Le soir tombait de tout son poids
Au-dessus de la riviere
Je rangeais mes cannes
On ne voyait plus que du feu
5   Je l'ai vue ....
La tête ailleurs dans ses prières
Il m'a semblé voir trop briller ses veux

Je lui ai dit
Si tu pleures pour un garçon
10 Tu seras pas la derniere
Souvent les .... sont bien plus affectueux
Va faire un petit tour, respire le grand air!
Apres, je te parlerai de l'amour
Si je me souviens un peu

15 Elle m'a dit
Elle a dit justement c'est ce que je voudrais savoir
Et j'ai dit viens t'asseoir dans la cabane du pêcheur
C'est un ...., oublie-le!
Tes rêves sont toujours trop clairs ou trop noirs
20 Alors, viens faire toi-même le mélange des couleurs
Sur les murs de la cabane du pêcheur
Viens t'asseoir

Je lui ai dit
Le monde est pourtant pas si loin
25 On voit les lumières
Et la terre peut faire
Tous les bruits qu'elle veut
Y'a sûrement quelqu'un qui
Là-haut dans l'univers
30 Peut-être tu demandes plus qu'il ne peut?

Elle m'a dit
Elle a dit justement c'est ce que je voudrais savoir
Et j'ai dit viens t'asseoir dans la cabane du pêcheur
C'est un mauvais rêve, oublie-le!
35 Tes reves sont toujours trop
Alors, viens faire toi-même le mélange des couleurs
Sur les murs de la cabane du pêcheur
Viens t'asseoir

Elle m'a dit
Finalement, je brûle de tout savoir
Et j'ai dit viens t'asseoir dans la cabane du pêcheur
Y'a sûrement de la place pour deux!
Cette route ne mène nulle part
Alors, viens faire toi-même le
Sur les murs de la cabane du pêcheur
On va comparer nos malheurs
Là, dans la cabane du pêcheur
Partager un peu de
Là, dans la cabane du pêcheur
Moi, j'attends que le monde soit meilleur
Là, dans la cabane du pêcheur.

Devoirs:
Viens faire toi-même le mélange des couleurs. Qu'est-ce que cela pourrait signifier pour la fille dans la chanson? Elle écrit une lettre à une copine dans laquelle elle parle du sens qu'ont ces mots pour elle. Rédigez cette lettre.

Arbeitsblatt

Vocabulaire pour décrire une chanson
1. type de musique
   la chanson traditionnelle
   la variété
   la musique pop, rock, rap. etc.
2. le tempo
   lent
   rapide
3. le rythme
   saccadé
   fluide
4. le timbre de la voix
   doux, tendre
   aigu, aiguë
   grave
   rauque
5. l'accompagnement (m.)
   la guitare sèche
   la guitare électrique
   la batterie
   le piano etc.

Der Entwurf enthält folgende Qualitätsmerkmale

1. Alle Planungsfelder sind informationsreich aufbereitet. Die jeweils zugrundegelegte Aufschlüsselung in Teilbereiche – vgl. Fertigkeitsbereiche bei der Lerngruppenanalyse, Analyseebene bei der Sachanalyse und der didaktischen Analyse, Dimensionierung der Lernziele – vermittelt eine überzeugende Systematik.
2. Die Aktivierung verschiedener sprachlicher Fertigkeitsbereiche sowie das Zusammenführen von text- und musikbezogener Analyse stellt sich als gelungen dar. Der schwierige, da selten geübte, Anspruch der Chanson-Beschreibung wird in sinnvoller Form durch Bereitstellung eines zielgerechten Beschreibungsvokabulars verfolgt. Damit wird die Sprachentfaltung nicht gehemmt, sondern gefördert.
3. Die Verlaufsplanung zeichnet sich durch die Erfüllung folgender Anspruchskategorien aus:
   - Anwendung eines anerkannten Artikulationsschemas (Präsentation, erste Verständniskontrolle, Hörverstehen, Erarbeitung von Erwartungen, Detailanalyse unter Einbezug einer Verschriftlichung)
   - Verwendung eines bewährten Erschließungsverfahrens (hermeneutisch-analytisch)
   - Anspruchsprogression
   - methodische Variabilität unter Berücksichtigung wesentlicher Fertigkeitsbereiche
   - Ansätze zur Methodenschulung
4. Die fachspezifische und didaktisch-methodische Terminologie ist präzise.

Hinweise zur Verwendbarkeit

1. Der Entwurf kann in seiner Systematik und Terminologieverwendung als modellhaft eingestuft werden.
2. Die dem Verlaufsplan zugrundeliegenden Momente können auf zahlreiche Inhalte (Lyrik, Einbezug sprachlicher Fertigkeitsbereiche, Methodenschulung), Medien (Erschließung einer visuellen Vorlage; akustische Präsentation) und Methoden (Textvortrag) übertragen werden.

Erdkunde	Klasse 8	additiver Entwurf
Industrial Farming - USA		

Thema der Unterrichtsreihe:
Räume im Wandel: Strukturwandel USA – hochindustrialisierte Landwirtschaft

Thema der vorangegangenen Unterrichtsstunde:
Die Grundzüge der topographischen und klimatischen Bedingungen in Kalifornien und die Bewässerungsmethoden im kalifornischen Längstal

Thema der heutigen Unterrichtsstunde:
Industrial Farming **am Beispiel des Industrietomatenanbaus in Kalifornien – Erste Analysen von Problementwicklungen**

Hausaufgaben zur heutigen Unterrichtsstunde:
Schreibt anhand des obigen Textes (vgl. Anhang) die Maßnahmen zur Ertragssteigerung der landwirtschaftlichen Produkte im kalifornischen Längstal auf!

Thema der folgenden Unterrichtsstunde:
Sozioökonomische und geoökologische Auswirkungen durch den Übergang zum hochmechanisierten Industrietomatenanbau

Bemerkungen zur Lernsituation
Die Klasse 8b setzt sich aus 28 Schülern (8 M; 20 J) zusammen. Der Unterricht findet 2-stündig pro Woche in Einzelstunden statt. Uns steht in beiden Stunden der große Erdkunderaum mit sehr guter Ausstattung zur Verfügung. Er enthält z.B. einen Overhead-, Dia- und Filmprojektor sowie eine Verdunklungsmöglichkeit.
Die Schüler besitzen, im Gegensatz zur Parallelklasse, kein aktuelles Erdkundelehrbuch. Dies liegt in der Tatsache begründet, daß die vorherigen Jahrgänge wesentlich kleiner waren und für diese große Klasse kein Klassensatz mehr zur Verfügung steht. Da im kommenden Schuljahr neue Lehrbücher eingeführt werden, hat die Fachschaft Erdkunde beschlossen, keine ältere Diercke-Ausgabe (1986) mehr anzuschaffen. Bei Bedarf setze ich die wenigen noch vorhandenen Bücher im Unterricht in Partner- oder Kleingruppenarbeit ein. Überwiegend versuche ich jedoch, aktuelles Material für die Schüler zusammenzustellen, und gebe ihnen verstärkt Arbeitsblätter an die Hand, die von den Schülern in eine Mappe eingeheftet werden.
Aus dem vergangenen Jahr (7. Klasse) ist mir die Klasse in etwas anderer Konstellation aus dem Fach Sport bekannt. Im Fach Erdkunde hospitierte ich seit Beginn dieses Schuljahres in dieser Klasse 6 Unterrichtsstunden und unterrichtete bisher 8.
Das Arbeitsklima in der Klasse empfinde ich manchmal als anstrengend, aber dennoch konstruktiv. Die Schüler sind pünktlich, höflich und hilfsbereit. Die meisten zeigen sich dem Erdkundeunterricht gegenüber, hier dem Thema USA, aufgeschlossen und interessiert.

Das Klassenleistungsprofil ist heterogen. Auffällig ist, daß die Schüler der rechten Seite, wo auch mehrere Leistungsträger sitzen, im Vergleich zur linken Seite, sehr aktiv sind, obwohl ich beide Seiten gleichmäßig anspreche. Herauszuheben sind v.a. 4-5 Schüler, die sehr fleißig und deren Antworten qualifiziert sind. 3-4 Schüler melden sich häufig, ihre Antworten bedürfen jedoch meistens einer Ergänzung oder Korrektur. Bei dem breiten Mittelfeld hängt die Beteiligung sowohl vom jeweiligen Unterrichtsinhalt als auch von der persönlichen Tagesform ab. Vor allem in Hinsicht auf die Stundenlage (5. Stunde) fällt auf, daß die Aufmerksamkeit und Konzentration nachläßt, was ich durch Zeigen von Filmen, Dias oder Arbeiten in Kleingruppen auffangen möchte.

Die stilleren Schüler arbeiten dennoch gewissenhaft und effektiv, vor allem in Stillarbeits- oder Partnerarbeitsphasen. Im Unterricht versuche ich, sie durch persönliche Ansprache zu aktivieren, zu motivieren und ihre Hemmungen vor der Gruppe zu minimieren. Von diesen grenzen sich zwei bis drei schwache Schüler ab, die durch mangelnde innere Aufmerksamkeit auffallen. Zu erwähnen ist noch, daß die Schüler bis zu dem Beginn dieses Schuljahres in Erdkunde ausschließlich fachfremd unterrichtet worden sind. Dies ist aber an dieser Schule für die Unter- und Mittelstufe die Regel, da die beiden Fachlehrer fast gänzlich in der Oberstufe eingesetzt werden.

Im Hinblick auf die Lernvoraussetzungen ist den Schülern das fragend-entwickelnde Unterrichtsgespräch durch den vorherigen Lehrer gut bekannt. Ferner setzte er neben dem Lehrbuch Filmmaterialien im Unterricht ein. Ungewohnt zeigte sich bisher das Arbeiten in Kleingruppen, Partner- und Stillarbeit. Ein wichtiges Ziel meines bisherigen Erdkundeunterrichts in dieser Klasse war es, einen schülerorientierten Unterricht mit, soweit wie in der Mittelstufe möglich, eigenständiger Bearbeitung exemplarischer Inhalte in den Vordergrund zu stellen. Hierbei bot sich auch hinsichtlich der Motivationsförderung und der Anschaulichkeit ein Wechsel der unterschiedlichsten geographischen Arbeitsmittel an. Wir arbeiteten u.a. mit Karten, Texten, originalen Gegenständen (stummer Impuls), Overheadfolien, Filmen, Dias und Statistiken, vereinzelt auch mit Blick auf Methodenschulung. Zur Förderung der Selbständigkeit, der Aktivierung stillerer Schüler und ebenfalls zur Motivationssteigerung arbeiten die Schüler – neben den schon zuvor erwähnten Aktions- und Sozialformen – in Kleingruppen und mit Partner zusammen. Vor allem die Gruppen- und Partnerarbeit als Sozialform motiviert die Schüler und bringt Abwechslung. Die Schüler beginnen sofort mit der Arbeit und auch die schwächeren tragen die Ergebnisse zusammen. Bei der Vorstellung der Ergebnisse bereitet es den Schülern Schwierigkeiten, auf die Antwort eines Mitschülers Bezug zu nehmen. Hier erweist sich, genau wie in der Stillarbeit und dem Abschreiben von der Tafel, das unterschiedliche Leistungsvermögen und Arbeitstempo als problematisch.

In Sicherungs- und Festigungsphasen fällt auf, daß die schwächeren Schüler sich eher trauen, mitzuarbeiten und Gelerntes zu wiederholen.

Die Anfertigung der Hausaufgaben erfolgt von den Schülern gewissenhaft. Bei selten vorkommenden Versäumnissen melden sich die Schüler selbst. Je nach Thema und Umfang kontrolliere und bewerte ich die Hausaufgaben einzeln.

Hinsichtlich der Verwendung von Fachtermini fällt auf, daß einige Schüler geographische Begriffe kennen und auch anwenden. Häufiger werden sie jedoch in einen falschen, ungenauen oder unangebrachten Zusammenhang gebracht. Andere Schüler vermeiden spezielle Begriffe und umschreiben diese, wobei manchmal nicht ganz klar wird, ob dies aus Unkenntnis geschieht oder aus Scheu, einen falschen Begriff zu verwenden. Sinnvoll erscheint mir, verstärkt auf den regelmäßigen und richtigen Umgang im Sprachgebrauch mit schon bekannter und auch, nach entsprechender Erklärung, neuer Fachterminologie Wert zu legen.

Im Rahmen der Unterrichtsreihe „Räume im Wandel: Strukturwandel USA – hochindustrialisierte Landwirtschaft" lernten die Schüler als Grundlage die topographischen und klimatischen Bedingungen der USA kennen. Die Großlandschaften Nordamerikas (Kanadischer Schild, Appalachen, Innere Ebene, Rocky Mountains) mit einem entsprechenden Landschaftsprofil waren neben der Auseinandersetzung mit Staaten, Flüssen und Gewässern, Gebirgen und Städten Unterrichtsgegenstände. Von der Lage Nordamerikas und den Kriterien Niederschlag und Temperatur leiteten wir die klimatischen Gegensätze (u.a. die Begriffe Tornado, Blizzard) und die sich daraus ergebenden Klimaregionen ab. Wir ordneten den Klimazonen Klimadiagramme zu und exemplarisch zeichneten wir einzelne.

Die Erschließung der USA durch unterschiedliche Einwanderergruppen und durch die Eisenbahn war den Schülern aus dem Englischunterricht gut bekannt und wurde im Unterricht durch kurze Schülervorträge wiederholt.

Im Anschluß beschäftigten wir uns mit den Siedlungs- und Flurformen (Streusiedlungen mit Blockflur, Reihendörfer mit Streifenflur, Plantagen, quadratische Landaufteilung in *Townships* und *Sections* sowie kreisförmige Bewässerungsfelder). Die Schüler lernten die USA als größten Agrarproduzenten kennen. Wir gingen im Rahmen der hochindustrialisierten Landwirtschaft auf die intensive Landwirtschaft, die hohen Ertragsleistungen (Absatzmarkt, Export) und den damit verbundenen Strukturwandel ein. An Beispielen einer Maisfarm in Iowa und dem Weizengürtel der USA (Mähdrescherkolonnen) wurde den Schülern die zunehmende Mechanisierung und Spezialisierung verdeutlicht. Agrarindustrielle Unternehmen und intensive Viehwirtschaft wurden den Schülern in einem Film am Beispiel der Rindfleischproduktion in Colorado (*Feedlots*) vermittelt.

Zum Thema Kalifornien lernten die Schüler bisher die klimatischen und natürlichen Gegebenheiten und die Bewässerungsmethoden im kalifornischen Längstal kennen.

Die Begriffe hochindustrialisierte Landwirtschaft, extensive und intensive Land- und Viehwirtschaft, Strukturwandel, Kapitalintensität, Mechanisierung, Rationalisierung, Spezialisierung, Produktionssteigerung, Agroindustrie sind den Schülern bekannt.

Didaktisch-Methodische Überlegungen

Das Thema der Unterrichtsreihe „Räume im Wandel: Strukturwandel USA – hochindustrialisierte Landwirtschaft" legitimiert sich aus den Richtlinien NRW „Erdkunde" für das Gymnasium SI. In der Doppeljahrgangsstufe 7/8 ist im Themenfeld II die Umwertung von Räumen verankert. Die Intention lautet: „Erfahren, daß veränderte Bedarfslagen zu einer verstärkten Nutzung von Geopotentialen führen und deren Bedeutung für die Entwicklung von Wirtschaftsräumen abschätzen" (Richtlinien, S.73). Unter dem Thema b „Wissenschaft und Technik erschließen und verändern Agrarräume" werden folgende thematische Schwerpunkte genannt:

1. Technisierte Landwirtschaft und ihre naturräumlichen Rahmenbedingungen und dann 2. Veränderung der Produktion und Erschließung neuer landwirtschaftlicher Nutzflächen durch moderne Bewässerungsmethoden.

Auch das neu überarbeitete schulinterne Curriculum beinhaltet das Themenfeld „Wertwandel von Räumen". Dieses Themenfeld mit entsprechenden Unterrichtsgegenständen wird von dem didaktischen Regulativ Schüler- und Wissenschaftsorientierung bestimmt. Das Themenfeld hilft den Schülern, die allgemeine Zielvorstellung „raumbezogene Handlungskompetenz" in Verbindung mit der Erschließung sachgerechter und problemorientierter Sachverhalte zu erschließen. Solche Formen des methodenbewußten, systematisch gliedernden Arbeitens decken Gesetzmäßigkeiten und Strukturen auf und erlauben Transferleistungen. Das Themenfeld leistet einen entscheidenden Beitrag zur Grundlegung wissenschaftspropädeutischen Lernens und selbständigen Arbeitens und bereitet auf die Anforderungen in der gymnasialen Oberstufe vor. (Richtlinien, S. 33 f.)

Mit diesem Hintergrund lautet das exemplarisch gewählte, heutige Stundenthema aus der thematisch-regionalen Geographie: „*Industrial Farming* am Beispiel des Industrietomatenanbaus in Kalifornien und sich daraus ergebende Probleme". Nach Engelhard sind Exemplarität und Problemorientierung „repräsentative Merkmale des auf Qualifizierung für Problemlösungsverhalten und Handlungsfähigkeit zielenden Geographieunterrichts". Der Schüler soll erkennen, daß die Entwicklungen und Probleme der US-Landwirtschaft räumlich übergreifend und produktunabhängig sind.

Die Schüler werden durch das Thema mit Inhalten und Problemen vertraut gemacht, die ihnen helfen, sich in der gegenwärtigen und zukünftigen Wirklichkeit zu orientieren. Denn die Landwirtschaft ist nicht nur in den USA von Interesse, die US-amerikanische Agrarindustrie stellt für die Landwirte Europas eine ernstzunehmende Konkurrenz dar. Die USA hat die einschneidenden Prozesse des Strukturwandels bereits durchgemacht, die uns in Europa möglicherweise noch bevorstehen, wenn sich in der Agrarpolitik nicht bald ein Umdenken durchsetzt. Hieran erkennt man die Gegenwarts- und Zukunftsbedeutung des Themas mit einer Problematik für das nähere Umfeld der Schüler.

Die topographische Verflechtung stellt eine Verbindung zwischen themengebundenen Einsichten und topographischen Kenntnissen her. „Sie leisten einen unverzichtbaren Beitrag zum Aufbau einer gedanklich geordneten topographischen Vorstellungswelt." (Richtlinien, S. 60).

In Hinsicht auf die Themenauswahl halte ich das heutige Stundenthema aus den vielfältigsten Gründen für besonders geeignet: Da die kalifornische Landwirtschaft im Rahmen der Behandlung der USA und der globalen Agrarproduktion eine herausragende Stellung eingenommen hat und das Zusammenspiel von günstigen klimatischen Voraussetzungen (u.a. fruchtbare Alluvialböden, Mittelmeerklima, Verfügbarkeit von Wasser), billigen Arbeitskräften und leistungsfähiger Forschung gewährleistet ist, kann den Schülern hier die *High-Tech*-Landwirtschaft eindrucksvoll nähergebracht werden. Exemplarisch sollen die Schüler den Anbau, die Ernte und die Verarbeitung einer Sonderkultur (Tomaten) in Kalifornien im Rahmen der Industrialisierung der US-amerikanischen Landwirtschaft und der Faktoren, die den Industrialisierungsprozeß gesteuert haben, kennenlernen.

Im Mittelpunkt der Unterrichtstunde steht die Erzeugung sowie die Be- und Verarbeitung von Gemüse- und Industrietomaten. Hier könnte man als Alternative ebenfalls andere für Kalifornien typische Obst- bzw. Gemüsesorten wie Orangen, Brokkoli, Sellerie etc., genauer betrachten. Seit den vergangenen Jahren beträgt der Anteil der Erzeugung von Industrietomaten an der Gesamterzeugung der USA ca. 90%. Diese Zahl weist auch die Schüler auf eine markante Konzentration spezieller Produkte in Verbindung mit der zunehmenden Mechanisierung hin. Ferner bietet sich die Industrietomate aufgrund zweier in direkter Verbindung dazu stehender wichtiger, interessanter Erfindungen an: des Tomatenvollernters und der hartschaligen Tomate. Beide machten die mechanisierte Form der Produktion mit der Vorstellung *factories in field* erst möglich.

Ferner halte ich die Tomate als Produkt im Sinne einer besonders wichtigen Schülerorientierung für sehr geeignet. Bezüglich der Ernährung und des von den Schülern (leider!) zu häufig bevorzugten und verzehrten *fast food* spielt die Tomate eine entscheidende Rolle. Folglich haben die meisten Schüler zu den Tomaten mehr Bezug als zu Sellerie oder Orangen. Hieraus läßt sich folgern, daß die Motivation und das Interesse bei dem Anbau, der Ernte und der Weiterverarbeitung der Tomate u.a. zu *Ketchup* sehr hoch ist.

Aufgrund der bisher genannten Vorzüge bietet sich der Industrietomatenanbau in Kalifornien, in Verbindung mit der Aktualität des Themas und der zur Verfügung stehenden aktuellen, ebenfalls motivierenden Film- und Datenmaterialien, als gutes Beispiel des *Industrial Farming* an.

Zu den Grundsätzen meiner Unterrichtsgestaltung gehört die altersangemessene Progression unter besonderer Berücksichtigung des Prinzips der Anschaulichkeit. Die Methodenvielfalt und der Wechsel von Arbeits- und Sozialformen orientieren sich nicht nur an der Struktur des Gegenstandes, sondern auch an den unterschiedlichen Voraussetzungen und Lernwegen der Schüler.

Verzichten möchte ich auf die Behandlung der illegal arbeitenden mexikanischen Wanderarbeiter (*Chicanos*) und auf die räumlichen Verlagerungsprozesse. Die Finanzierung der Forschungsarbeit, die Universitätsprojekte in Richtung Gentechnologie, -manipulation, die Synopse der Entwicklung des Tomatenvollernters, die Begriffe 'regionale' und 'sektorale' Konzentration, die führenden Counties im Anbau von Industrietomaten in Kalifornien sowie Versalzung sind mögliche Themen im Rahmen der Oberstufe, ebenso die Auswertung diverser, komplexer statistischer Materialien.

Hauptsächlich geht es mir in dieser Stunde darum, daß die Schüler mit entsprechendem Hintergrundwissen (s. Kap. II) Einblick erhalten in den Anbau und die Verarbeitung von Tomaten in Kalifornien. Hieran wird die Industrialisierung in der amerikanischen Landwirtschaft vorgestellt. Die Schüler erhalten Informationen über Faktoren, die den Industrialisierungsprozeß gesteuert haben. Die damit verbundenen Probleme im Blick auf Ökologie (Überdüngung, Krankheiten etc.), Arbeitskräfte und Farmsterben sollen in Ansätzen diskutiert werden.

Auf der Grundlage der bisherigen Überlegungen möchte ich nun die didaktisch-methodischen Überlegungen der einzelnen Unterrichtsphasen näher erläutern. Der Einstieg in die heutige Unterrichtsstunde beginnt mit einem originalen Gegenstand: einer Flasche „*Heinz* Tomaten-Ketchup". Dieser Gebrauchsgegenstand (Nahrungsmittel) aus dem Alltag der Schüler (s.o.) soll die Schüler motivierend auf das Unterrichtsthema einstimmen. Schülerbemerkungen und -fragen werden durch einen visuellen, stummen Impuls provoziert. Die Schüler sind an die sich mit dem stummen Impuls verbindende Forderung nach fachspezifischer Methodenschulung (s. Kap. II) gewöhnt..

U.a. sind Begriffe wie Ketchup, Tomaten, USA, Kalifornien, vom Anbau zur Verarbeitung zu erwarten. Damit den Schülern der Stundenverlauf in groben Zügen durchsichtig ist, sollen sie das Ziel selbständig oder mit Hilfe formulieren. Als Alternative könnte man zum motivationalen Einstieg auch eine Fernsehwerbung von „Heinz Tomaten-Ketchup" o.ä. wählen. Wegen des größeren Aufwandes, der nicht im Verhältnis zur Zielsetzung dieser kurzen Phase steht, und weil ich glaube, daß die große Ketchup-Flasche die Schüler mehr anspricht, habe ich mich für diese entschieden. Ebenfalls möglich wäre ein Einstieg mit Dias über eine Doppelprojektion. Man könnte ein Dia der früheren Tomatenernte mit Handpflückern einem modernen Tomatenvollernter gegenüberstellen und das Stundenthema daran festmachen. Dieses Vorgehen würde jedoch Sachverhalte für die Erarbeitungsphasen vorwegnehmen.

Auf der Grundlage der Einstiegsphase soll ein Schüler in der Phase der topographischen Einordnung – im Sinne einer raumbezogenen Handlungskompetenz – die Lage Kaliforniens und des kalifornischen Längstals an einer Wandkarte zeigen. Diese Wiederholung dient der Festigung der Lage Kaliforniens und bietet für alle Schüler eine gemeinsame Basis. Die Schüler sollen in dieser Phase weitere Obst- und Gemüsesorten nennen, die im kalifornischen Längstal angepflanzt und weiterverarbeitet werden. Der Text zur vorbereitenden Hausaufgabe (siehe M 2) hilft ihnen. Wichtig ist, daß die Schüler nicht den Eindruck gewinnen, daß in Kalifornien nur Tomaten angepflanzt und verarbeitet werden, sondern daß es sich hier um ein Beispiel handelt.

In der Erarbeitungsphase 1 tragen die Schüler anhand der vorbereitenden Hausaufgabe die Maßnahmen zur Ertragssteigerung zusammen. Auf diese Vorentlastung bzw. Wiederholung möchte ich in dieser Gruppe nicht verzichten, damit auch den schwächeren Schülern die unterschiedlichsten Maßnahmen zur Ertragssteigerung bewußt werden. Ferner können viele Schüler, vor allem die schwächeren, aktiviert werden (s. Kap. II).

Auf eine Kontrolle der Hausaufgaben im einzelnen möchte ich in dieser Stunde verzichten, da sich durch die Sammlung der Maßnahmen zur Ertragssteigerung viele Schüler einbringen können. In dieser Phase werde ich zur Kontrolle aber auch Schüler ansprechen, die sich nicht melden. Zum Vergleich mit den Eintragungen im Heft sind die Ertragssteigerungsmaßnahmen an der Tafel fixiert und können ggf. im Schülerheft ergänzt werden. Die sich aus den Ertragssteigerungsmaßnahmen ergebenden Folgerungen werden von den Schülern im Sinne einer Schülerorientierung im vorbereiteten Tafelbild ergänzt. Da die Schüler das Schreiben an der Tafel nicht gewöhnt sind, kann es kleinere Probleme hinsichtlich der Deutlichkeit der Schrift oder der Rechtschreibung geben.

Durch diese Phase wird den Schülern ebenfalls transparent, daß die verschiedenen Baum- und Feldfrüchte (Trauben, Nüsse, Datteln, Pfirsiche, Oliven, Tomaten) maschinell geerntet werden.

In der Erarbeitungsphase 2 zeige ich einen 6-minütigen Filmausschnitt aus dem 16-mm-Tonfilm „Industrialisierte Landwirtschaft in den USA - Tomaten aus Kalifornien" (FWU, 1990). Da die Originallänge des Films (insg. 16 Min.) für das heutige Thema zu viele Informationen (Bildfülle) für eine detaillierte anschließende Auswertung beinhaltet, habe ich mich für eine Kürzung entschieden. Sonst müßte der Film zwischendurch unterbrochen werden, was aber sowohl technische Nachteile (mehrmalige Verdunklung), ökonomische (zeitaufwendig) als auch didaktische Nachteile (keine klare Trennung zwischen Vorführung und Auswertung) zur Folge hätte. Somit verzichte ich hinsichtlich einer didaktischen Reduktion auf die im Film enthaltene Anwerbung von Landarbeitern in Verbindung mit der Ernte der Gemüsetomaten (überwiegend Handarbeit). Ferner entfällt die Filmsequenz über das Forschungslabor der Universität in Davis. Hier wird angestrebt, den Reifungsprozeß, Geschmack etc. zu verändern. Auch die Chlorierung zur Bakterienabtötung und die Begasung mit Ethylen zur Bestimmung einer festgelegten Reifezeit werden heute nicht gezeigt. Für den Einsatz dieses Filmausschnitts entscheide ich mich aufgrund der Anschaulichkeit. Neben der Wirklichkeit kommt der Film der „originalen Begegnung" am nächsten, und er kann somit weitgehend ein naturgetreues Abbild der Wirklichkeit geben. Desweiteren handelt es sich um einen didaktisch gut aufbereiteten, aktuellen Film. Die Vorzüge des 16-mm-Films liegen in der Realitätsnähe, der Einprägsamkeit bildlicher Aussagen, der hohen Motivationskraft, der Aktivierung des Unterrichtsgesprächs und der Möglichkeit des Films, schwierigere Zusammenhänge durchschaubar zu machen. Diesen Aspekten wird die Klasse durch eine hohe filmische Sehtüchtigkeit (siehe Kap. II) gerecht.

Alternativ könnte man die Thematik anhand von Dias oder Bildern erörtern. Die Motivation, der Lernzuwachs und die Behaltenseffektivität liegen beim Unterrichtsfilm jedoch höher als bei anderen Medien. Da der 16-mm-Film mit dem gleichen Titel seit Ende letzten Jahres auf VHS-Video erhältlich ist, wäre auch dessen Einsatz möglich. Da die Bildfläche sehr klein ist, möchte ich die größere und originalgetreuere Großprojektion nutzen.

Im Sinne der Transparenz teile ich den Schülern die Länge des Films und die Aufgabe mit, im Anschluß daran ein Arbeitsblatt (s. M 4) mit Fragen zum Film auszufüllen. Folglich wird ihnen im Vorfeld schon bewußt, daß der Film recht kurz ist und auch Details wichtig sein können, die sie sich einprägen müssen (nicht nur Konsum wie im Kino). Der Raum wird kurz vor der Projektion bis zu deren Ende verdunkelt, damit die Schüler weniger abgelenkt werden. Auch von der Aufforderung, sich während des laufenden Films Notizen zu machen, möchte ich bei diesem kurzen, aber sehr informationsträchtigen Film keinen Gebrauch machen. Hier besteht die Gefahr, daß die Filmsequenzen schon wechseln, während die Schüler noch schreiben. Folglich hätten sie manche Aspekte nicht oder nur unvollständig gesehen.

Man könnte den Film auch im direkten Anschluß besprechen. Da ich aber plane, daß auch die stilleren Schüler aktiviert werden, gebe ich ein Arbeitsblatt (s. M 4) zur Sicherung aus, welches in Partnerarbeit beantwortet werden soll. Das Arbeitsblatt zwingt die Schüler, nicht nur bruchstückhaft Sachverhalte wiederzugeben, sondern ihr Erinnerungsvermögen zu dokumentieren. Die Partnerarbeit als Sozialform fördert das gemeinsame (soziale) Lernen und das Erarbeiten von Ergebnissen durch Interaktion,

Kommunikation, „Sich-gegenseitig-helfen" und „Sich-ergänzen" sowie Selbsttätigkeit (s. Kap. II).

Mit der Zeitvorgabe von 5 Minuten sollen die Schüler die Fragen in Stichworten beantworten. Die Zeitangabe hilft ihnen, den Aufwand zu überblicken und zeigt ihnen, daß sie konzentriert arbeiten müssen. Während der Partnerarbeit schaue ich, ob es Probleme bei der Bearbeitung gibt, werde ggf. durch gezielte Hilfen Hinweise geben und somit auch den schwächeren Schülern/ Partnern zum Lernerfolg verhelfen (individualisierte Betreuung). Es kann sein, daß manche Schüler sich schwertun, mit dem Partner zusammenzuarbeiten; ihnen werde ich im Einzelfall den Sinn des gemeinsamen Arbeitens verständlich machen. Sollte es in dieser Phase zu unruhig werden oder sollten die Schüler nicht nur zu zweit arbeiten, werde ich auch hier darauf hinweisen.

Im anschließenden Unterrichtsgespräch können die erarbeiteten Ergebnisse vorgetragen werden. Zu erwarten ist, daß auch die schwächeren Schüler sich sicherer als nach einer auch möglichen Stillarbeit fühlen und sich durch Wortmeldungen in das Gespräch miteinbringen. Die guten Schüler können die Antworten ergänzen. Spontane Schüleräußerungen sowie anders formulierte Antworten können ohne Schwierigkeiten in diese Phase integriert werden. Alle Schüler verbessern falsche Beantwortungen auf ihrem Blatt, bzw. ergänzen Stichworte, die sie vorher nicht gefunden haben. Die Inhalte tauchen folglich mehrmals auf: wenn der Schüler sie selbst sieht, wenn er sie mit seinem Partner bespricht und wenn sie vor der Klasse vorgetragen werden. Dieser Wiederholungseffekt dient der Lernsicherung (s. Kap. II).

Nach der Bearbeitung der Fragen 4 und 5 zu den Anbauverträgen und den Großunternehmern werde ich den in diesem Zusammenhang stehenden Begriff *Industrial Farming* evtl. in einem kurzen Lehrervortrag einbringen und erklären. Die Bedeutung wurde von mir schon vorher an der Tafel (s. M 3) fixiert. Nach dem Umklappen derselben sollen die Schüler die Erklärung zur Sicherung ins Heft schreiben.

Nach der Frage 6 (Spritzen der Felder) werden die Schüler das Bedürfnis haben, über die Probleme des Industrietomatenanbaus zu sprechen. Hierbei werden nicht nur ökologische (Überdüngung, Krankheiten etc.), sondern auch soziologische Probleme (weniger Abeitskräfte, Farmsterben) Thema sein. Diese Problemorientierung, die auch eine Anspruchsprogression innerhalb der Unterrichtsstunde bedeutet, halte ich in diesem Zusammenhang für sehr wichtig, so daß ich eine (ansatzweise) Diskussion unterstützen werde (siehe Kap. II).

Aufgrund der zunehmenden Komplexität der im Unterricht zu behandelnden Themen, Frage- und Problemstellungen gewinnen das selbständige Fragen und das Urteilen an Bedeutung. Das heutige Stundenthema soll zumindest in Ansätzen zur kritischen Auseinandersetzung mit der gezeigten Problematik anleiten. Diese hilft den Schülern, raumorientierte, gegenwartsbezogene und zukunftsrelevante Problemlösungen zu entwickeln sowie mit schon bekannten Beispielen zu vergleichen (Weizenanbau, Rindermast etc.).

In der Eventualphase lege ich zur Anwendung und Vertiefung des bisher Erlernten eine Folie auf, und zwar mit selbst zusammengestellten, vereinfachten Statistiken zur Entwicklung der Anbaufläche (%), der Produktion, der Anbaueranzahl in Bezug zur

Durchschnittsgröße der Anbaufläche (ha). Die letzte Statistik liefert Vergleichszahlen der Landwirtschaft in den USA (s. M 5).

Außerdem ist im Sinne einer Methodenschulung und der Förderung der Selbständigkeit das Üben einzelner Arbeitsschritte zur Informations- und Erkenntnisgewinnung wichtig, um fachrelevante Arbeitsweisen zu verbessern (s. Kap. II).

Diese Statistiken sollen im Unterrichtsgespräch einzeln beschrieben und erklärt sowie Entwicklungstendenzen aufgezeigt werden. Damit die Konzentration sich auf die zu diesem Zeitpunkt zu besprechende Statistik richtet, decke ich die folgenden Statistiken ab. Da die Daten nicht so komplex sind und die Schüler das Arbeiten mit Statistiken schon kennen, können die Schüler Merksätze formulieren, die wir fixieren. Je nach Zeitrahmen können Verbindungen der einzelnen Ergebnisse sowie funktionale und kausale Beziehungen hergestellt werden. Diese Ergebnisse bestätigen die schon vorher kennengelernten Entwicklungen des Weizenanbaus jetzt am Beispiel des Tomatenanbaus und lassen sich durch den Bezug zu den Gesamtdaten der USA für die US-Landwirtschaft verallgemeinern. Die Schüler sollen hier also eine Transferleistung erbringen.

Je nach Verlauf der vorherigen Phasen werde ich entscheiden, welche Statistik Vorrang hat. Möglich ist es, die Statistik 1 (Entwicklung Anbaufläche und Produktion) zur Vertiefung und Festigung einzusetzen. Hieran kann ich zur Sicherung das Stundenthema und den -verlauf wiederholen lassen. Falls die Probleme in der vorherigen Phase nicht genügend angesprochen worden sind oder aber auch das Interesse hier besonders groß war, werde ich die Statistiken 2.1 und 2.2 mit übergreifendem, verallgemeinerndem Charakter im Sinne einer Anspruchsprogression einsetzen. Dies macht den Schülern das heutige Stundenthema als exemplarisches Thema transparent und bildet den Stundenabschluß als Sicherung. Die Schüler sind jetzt in einem Alter, in dem sie, ausgehend von der Anschauung, Einsichten in komplexere Sachzusammenhänge und Regelhaftigkeiten gewinnen können.

Als Hausaufgabe sollen die Schüler den Ausspruch: *Hard Tomatoes – Hard Times* erklären (schriftlich). Die Hausaufgabe stellt eine Form der Einzelarbeit dar und dient der Zusammenfassung und Vertiefung des heute im Unterricht erarbeiteten Stoffes. Die produktiv-kreative Aufgabenstellung hat einen Aufgabenanreiz, weil sie für die Schüler eine eigene Leistung und damit ein Stück Selbstverwirklichung ermöglicht. Selbständiges Denken und Arbeiten sind hier gefordert. Damit die Hausaufgabe nicht am Ende der Stunde ohne Sinnzusammenhang steht, möchte ich sie am Ende der Erarbeitungsphase 2 (Probleme) als integrierten Bestandteil des Lernprozesses aufgeben. Hier können sie dann auch besser Rückfragen stellen oder um Hilfen bitten. Alternativ könnte man die noch nicht besprochenen Statistiken beschreiben und erklären lassen, wobei sie sich auch gut für einen wiederholenden Einstieg in der nächsten Stunde eignen.

Stundenziel:
Die Schüler sollen das *Industrial Farming* am Beispiel des Industrietomatenanbaus in Kalifornien beschreiben, erklären und in Ansätzen werten können.

Teilziele:
Die Schüler sollen
TZ 1: angeben, daß die Tomaten für „Heinz-Ketchup" in Kalifornien angebaut und geerntet werden.
TZ 2: die Lage des kalifornischen Längstals an einer Wandkarte zeigen.
TZ 3: Obst- und Gemüsesorten, die im kalifornischen Längstal angebaut werden, nennen.
TZ 4: Maßnahmen zur Ertragssteigerung und sich daraus ergebende Folgerungen zusammentragen und erläutern (s. Tafelbild 1 u. vorb. HA [M 1]).
TZ 5: einen Filmausschnitt konzentriert verfolgen und unter fachspezifisch relevanten Aspekten wiedergeben (siehe Arbeitsblatt, M 2).
TZ 6: bereit sein und Freude daran haben, mit einem Partner zusammenzuarbeiten.
TZ 7: die mechanisierte Ernte und die Verarbeitung von Industrietomaten beschreiben und die Entwicklung des Vollernters erklären.
TZ8: den Begriff *„Industrial Farming"* kennenlernen (s. Tafelbild 2), sich daraus ergebende Probleme (weniger Arbeitskräfte, Farmsterben, Überdüngung, Krankheiten etc.) ableiten und in Ansätzen werten können.

Eventualziele:
Die Schüler sollen
Evtl. 1: einfache Statistiken zur Entwicklung des Industrietomatenanbaus in Kalifornien (Anbaufläche, Produktion, Anbaueranzahl, Durchschnittsgröße der Anbauflächen) beschreiben, erklären und hierzu Merksätze formulieren (s. M 3).
Evtl. 2: für die Auswertung einer Statistik die Arbeitsschritte zur Entnahme von Informations- und Erkenntnisgewinnung üben.
Evtl. 3: die Ergebnisse (s. Evtl. 1) mit Zahlen zur gesamten Landwirtschaft in der USA vergleichen und verallgemeinern.

Die Lernzielerstellung erfolgt nach dem stundenchronologischen Konzept des Fachseminars Erdkunde. Ich bin mir bewußt, daß auch eine Dimensionierung nach kognitiven, affektiven, instrumentalen und sozialen Zielen möglich wäre.

GEPLANTER UNTERRICHTSVERLAUF:

Unterrichts-schritte	Unterrichts-form	Arbeistmittel Medien	Erwartete Ergebnisse (Inhalte)
Einstieg TZ1 3'	Stummer Impuls	Flasche Heinz-Ketchup (M1)	Ketchup aus Tomaten, Tomaten aus USA, Kalifornien, vom Anbau zur Verarbeitung
Topogr. Einordnung TZ 2/3 3'	S. zeigt	Wandkarte	Westküste, kalifornisches Längstal Was wächst noch dort? Datteln, Nüsse, Orangen etc. (vorb. HA, M 1)
Erarbeitungsphase 1 und Hausaufgabenbesprechung (mit integr. Sicherung) TZ 4/ 5'	UG/ SV S. schreibt	Heft (HA zu Text M2) Tafel, Heft	Sammlung von Maßnahmen zur Ertragssteigerung: Rationalisierung, Mechanisierung, Spezialisierung, Ausdehnung Anbauflächen, Düngemitteleinsatz, Frost- und Schädlingsbekämpfungsmittel, Bewässerung Folgerungen: hohe Erträge, mehrere Ernten/ Jahr, Versorgung USA, Export
Erarbeitungsphase 2 TZ 5 TZ 6 mit integrierter Sicherung TZ 7 TZ8 20-30'	S. schauen zu/ Einzelarbeit Partnerarbeit UG LV	Filmausschnitt (M3) Arbeitsblatt M4 Tafel/ Heft	Fragen 1-5: natürliche Gegebenheiten kalifornisches Längstal (Sonne, fruchtbarer Boden, windgeschützt plus Bewässerungsmöglichkeit); mechanisierte Ernte von Industrietomaten; diese nur möglich durch Züchtung hartschaliger Tomaten und Erfindung des mechanischen Vollernters –> "*factories in the field*"; Anbau erfolgt auf Grundlage eines Vertrages mit der Verarbeitungsindustrie (Sorte, Menge, Liefertermin, Preis festgelegt); Tomate gewinnbringende Frucht (evtl. Ertragsverringerung im Herbst durch Regen), Verarbeitung der Tomaten durch 23 Großunternehmer. Große Farmen (Agrarfabriken) gehören nicht einzelnen Farmern, sondern Gesellschaften. Oft sind dies nicht nur Agrarfirmen, sondern weltbekannte Großunternehmen, wie Kodak, Coca-Cola, Boeing, Standard Oil. Für diese Firmen ist die agrarische Massenproduktion ein Geschäft wie jedes andere. Diese Art Landwirtschaft wird als *Industrial Farming* bezeichnet.

	UG diskussions-ähnlich		Problematisierung (Frage 6): Spritzen von Tomatenfeldern –> ökologische Probleme, Gefährdung der Landarbeiter, Rückstände in Pflanzen; weitere Probleme: weniger Arbeitskräfte, Farmsterben etc..
	Aufgaben-stellung		Hausaufgabe: s.u.
Eventual-phase Sicherung E1-E3 10'	UG Heft	Folie (M5); Statistik 1-3	S. beschreiben und erklären einfache Statistiken zur Entwicklung des Industrietomatenanbaus in Kalifornien (–> mehr Anbaufläche, mehr Produktion, weniger Anbauer) und vergleichen diese mit Zahlen der gesamten US-Landwirt-schaft –> Verallgemeinerung
Sicherung 3'	S.vortrag		Gute S. fassen die Stunde zusammen

Hausaufgabe: Erkläre den Ausspruch: *Hard tomatoes – Hard times!* (schriftlich)

VI. Geplante Tafelbilder:

Tafelbild 1: (aus: Brucker; Ehlers: 1986, S. 88)

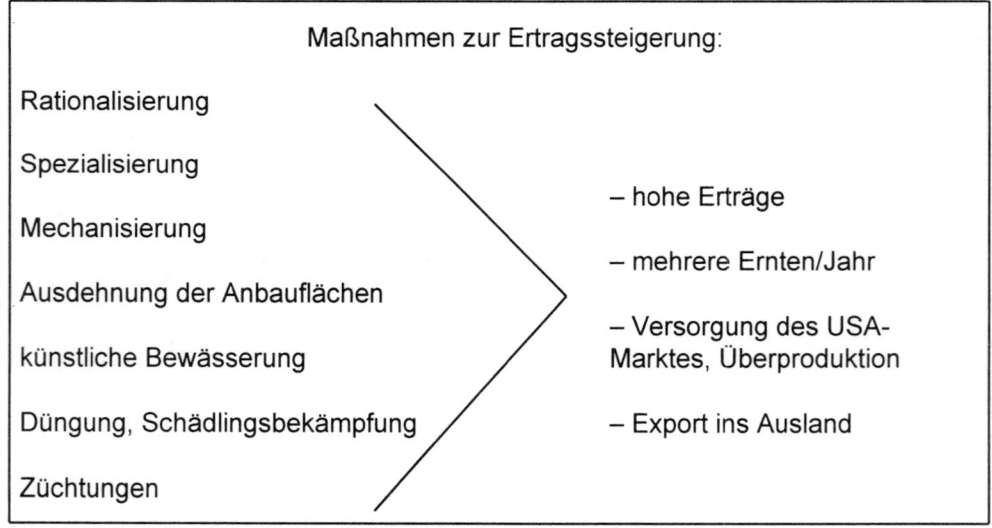

Tafelbild 2: (aus: Becks, F. u.a.: 1995, S.88f.)

> Industrial Farming: Großfarmen (Agrarfabriken) gehören oft nicht einzelnen Farmern, sondern weltbekannten, nicht-agrarischen Großunternehmen wie Kodak, Coca-Cola, Boeing. Für sie ist die agrarische Massenproduktion ein Geschäft wie jedes andere.

VII. verwendete Materialien:

Material 1: Flasche Heinz-Ketchup, hergestellt aus kalifornischen Tomaten

Material 2:
vorbereitende Hausaufgabe:
Zusammengestellter Text über die Maßnahmen zur Ertragssteigerung und die maschinelle Ernte von Obst und Gemüse in Kalifornien

Viele landwirtschaftliche Betriebe in den USA werden immer stärker rationalisiert, indem sie sich auf ein Produkt spezialisieren und Maschinen einsetzen.
In Kalifornien, das wie ein riesiger Fruchtgarten erscheint, werden die verschiedensten Obst- und Gemüsesorten auf ausgedehnten Flächen angebaut. Grundlage dafür ist die künstliche Bewässerung. Durch neue Züchtungen, intensive Düngung und Schädlingsbekämpfung sind die Erträge ständig gesteigert worden. Es kann mehrmals pro Jahr geerntet werden. Die Obst- und Gemüsefarmen versorgen die kalifornischen Städte ständig mit frischer Ware. Mit Kühlwaggons der Eisenbahn oder per Flugzeug werden auch die Städte im Nordosten der USA oder auch das Ausland ganzjährig beliefert. Bei uns in Deutschland kann man beispielsweise kalifornische Walnüsse, Datteln etc. kaufen.
Nirgendwo sonst auf der Welt, nicht einmal im übrigen Amerika, ist die Entwicklung der Landwirtschaft so weit fortgeschritten wie hier. Was um die Jahrhundertwende mit Traktor und Mähdrescher begann, wollen die Kalifornier mit Spezialgeräten für jede Baum- und Feldfrucht vollenden:
Weintrauben werden maschinell geerntet. Hydraulische Rüttler schütteln Mandeln und Walnüsse von den Bäumen. Riesige Greifer holen Datteln von den Palmen. Pflückroboter mit weichen Fangarmen aus Plastikschläuchen ernten Pfirsische, Pflaumen, Aprikosen und Oliven. Inzwischen sind schon die passenden Früchte zu den Maschinen gezüchtet, zum Beispiel Tomaten mit einer kantigen Form, damit sie nicht vom Förderband rollen.
(Nach Becks, F.; Kroß. E.)

Material 3:
Filmausschnitt (ca. 6 Min.) aus dem 16mm-Film „Industrialisierte Landwirtschaft in den USA – Tomaten aus Kalifornien" (Originallänge 16 Min.). Hg.: Institut für Film und Bild in Wissenschaft und Unterricht (FWU), 1990

Material 4:
Selbsterstelltes Arbeitsblatt mit Fragen zum Filmausschnitt „Tomaten in Kalifornien":
(Nach Becks, F.; Kroß, E)

1. Welche drei natürlichen Gegebenheiten werden im Film für die Vorteile eines Obst- und Gemüseanbaus im kalifornischen Längstal genannt, und welches System macht den Anbau erst möglich?
    1. _____
    2. _____
    3. _____
    4. _____

2. Womit und wie werden die Industrietomaten geerntet?
   _____
   _____
   _____

3. Durch welche zwei Erfindungen wurde die maschinelle Ernte von Tomaten erst möglich?
    1. _____
    2. _____

4. Mit wem werden Anbauverträge abgeschlossen, und was wird dabei festgelegt?
    1. _____
    2. _____

5. Die Firma Heinz ist einer der wenigen Großunternehmer, welche die Tomaten verarbeiten. Was geschieht hier mit den Tomaten?
   _____
   _____

6. Die Tomatenfelder werden von einem Hubschrauber aus gespritzt. Welche Probleme ergeben sich?
    1. _____
    2. _____
    3. _____

Material 5 (Folie): Zusammengestellte Statistiken zu Veränderungen in der Landwirtschaft in Kalifornien im Vgl. zur USA

Statistik 1: Der Anteil Kaliforniens an der Anbaufläche und der US-Gesamtproduktion von Industrietomaten (1947-1987): (aus: Windhorst, H.-W.: 10/1991 u. 1995.)

Jahr	Anbaufläche (%)	Produktion (%)
1947-1951	26,9	42,4
1952-1956	33,4	53,6
1957-1961	45,0	57,7
1962-1966	52,1	61,5
1967-1971	59,8	67,7
1972-1976	74,2	81,7
1977-1981	79,7	86,1
1982-1986	81,1	85,6
1987	83,7	91,2

Merksatz: _____

Statistik 2.1: Die Anzahl der Industrietomatenanbauer und die Durchschnittsgröße der Anbaufläche in Kalifornien (1956-1987)

Jahr	Anzahl der Industrietomatenanbauer in Kalifornien	Durchschnittsgrößen der Industrietomatenanbaufläche (ha) in Kalifornien
1956	ohne Angabe	34,6
1964	1072	52,8
1975	845	144,8
1987	445	188,8

Merksatz: _____

Statistik 2.2: Vergleich zur Gesamtfarmeranzahl und der Durchschnittsgröße der Gesamtanbaufläche (ha) in der USA

Jahr	Anzahl der gesamten Farmer der USA*	Durchschnittsgröße der Gesamtanbaufläche (ha) der USA
1959	3.710.503	123,3
1969	2.730.250	158,5
1980	2.439.510	173,4
1990	2.140.420	187,8

* Mir lagen keine Daten zu den für Kalifornien aufgeführten Jahreszahlen vor. Wichtig ist, daß die zu verallgemeinernden Aussagen möglich sind.
Merksatz: _____

Literatur
1. Becks, F. u.a.: *Mensch und Raum. Geographie 7/8. Gymnasium NRW;* Berlin 1995, S. 82-89
2. Bender; Ruhren von der (Hg.): *SII – Länder und Regionen, USA.* Stuttgart 1990
3. Brucker/Ehlers (Hg.): *Erdkunde für Gymnasien NRW.* Lehrerband 7/8; Braunschweig 1986, S. 71-89
4. Engelhard, K.: *Didaktische Analyse.* In: Haubrich, H. u.a.: *Didaktik der Geographie konkret.* München 1993, S. 358-364
5. Fachkonferenz Erdkunde: *Schulinternes Curriculum des Städt. Gymnasiums Schleiden für die Klassen 5-9 vom 28.10.1994.*
6. Fischer, P.: *Zur praktischen Arbeit mit 16-mm-Filmen.* In: Praxis Geographie, Braunschweig, 10/1980, S. 251-253
7. FWU: 16mm-Film: *Industrialisierte Landwirtschaft in den USA: Tomaten aus Kalifornien.* (plus Begleitheft), Grünwald 1990
8. Hahn, R.: *USA: Immer mehr Nahrungsmittel durch immer weniger Farmer.* In: *Geographie heute.* H. 38, 3/1986, S. 41 f.
9. Haubrich, H. u.a.: *Didaktik der Geographie konkret.* München 1993,
10. Ketzer, G.: *Didaktische Innovationen beim geographischen Unterrichtsfilm.* In: *Praxis Geographie.* Braunschweig 10/1980, S. 247-251
11. Klohn; Windhorst: *Die Landwirtschaft der USA.* (u.a. Verlagerung des Industrietomatenanbaus), Vechtaer Materialien zum Geographieunterricht, Heft 1; Vechta, 1995
12. Köck, H. (Hg.): *Handbuch des Geographieunterrichts. Bd. 1. Grundlagen des Geographieunterrichts.* Köln 1986
13. Könnecke, M.: *High-Tech-Landwirtschaft – raumwirksame Einflüsse dargestellt an Beispielen Kaliforniens.* Band 1 und Ergänzungsband mit Daten bis 1992, Unterregionalisierte Lehrerfortbildung Erdkunde. 1990 u. 1993
14. Kroß, E. u.a.: *Terra 8, Erdkunde für Gymnasien NRW.* Stuttgart 1992, S. 22-27
15. Kroß, E. (Hg.): *Terra 7/8, Erdkunde für Realschule NRW.* Stuttgart 1994, S. 156-157
16. Kultusministerium NRW: *Richtlinien und Lehrpläne Erdkunde.* Gymnasium Sekundarstufe I. Düsseldorf 1993
17. Newig, J.: *Wie man dem Lehrer die Arbeit mit Unterrichtsfilmen erleichtern kann.* In: *Praxis Geographie.* Braunschweig 10/1980, S. 242-246
18. Oborowski, P.: *Fertig ausgearbeitete Unterrichtsbausteine für das Fach Erdkunde.* Kissing 1995, Kap. 7/4
19. Stein, C.: *Der Einstieg im Geographie-Unterricht.* In: *Praxis Geographie.* Braunschweig 11/1981, S. 298-304
20. Stein, C.: *Der Einstieg mit originalen Gegenständen.* In: *Praxis Geographie.* Braunschweig 11/1981, S. 326-327
21. Windhorst, H.-W.: *Industrietomatenanbau in Kalifornien.* In: *Praxis Geographie.* Braunschweig 10/1991, S. 41-46

Der Entwurf enthält folgende Qualitätsmerkmale

1. Sehr detaillierte, auskunftsträchtige Darstellungen in allen Planungsfeldern unter Berücksichtigung zahlreicher, punktuell auch fächerübergreifender Teilaspekte (Lernvoraussetzungen, didaktische Schwerpunktsetzungen, Legitimation mit Blick auf Richtlinien, schulinternes Curriculum, Stellenwert für Mitglieder der Lerngruppe jenseits der Schule, Sachanalyse, methodische Entscheidungsfindungen).
2. Sehr aufwendig zusammengestelltes, in überzeugender Didaktisierung aufbereitetes Material.
3. Realitätsnahe, auf Ergebnisträchtigkeit angelegte Planung mit Blick auf (verworfene) und im Unterrichtsverlauf mögliche Alternativen. Dabei werden Implikationen zwischen den Planungsfeldern gesehen und argumentativ zur Entscheidungsfindung herangezogen.

Hinweise zur Verwendbarkeit

1. Das Thema und die verwendeten Materialen lassen sich ganz oder in Teilen in anderen Fächern (Politik, Wirtschaftslehre) und Lernstufen (Unterrichtsreihe in Erdkunde über USA in S II) einsetzen. Die Anlage der Stunde kann als exemplarisch für den Unterricht auf SI in den gesellschaftswissenschaftlichen Fächern eingestuft werden.
2. Das Planungsverhalten erklärt sich aus einem hohen Sicherheitsbedürfnis (Examenslehrprobe vor Fremdprüfern). Vor diesem Hintergrund ergeben sich zahlreiche Möglichkeiten einer Straffung. Diese lassen sich beziehen auf:
   – Grundsätzliche Kürzungen in allen Planungsfeldern durch Verwendung von (optisch hervorgehobener) strukturierender Überschriftengebung (bei Bedingungsanalyse etwa: fachspezifische Voraussetzungen im Bereich Wissen, Terminologie, Methode; im Bereich „Didaktisch-Methodische Vorüberlegungen" etwa: Legitimation etc.).
   – Vermeidung von leichten Redundanzen (vgl. etwa: Verhalten, Motivationslage bei Bedingungsanalyse).
   – Verzicht auf die breite Darstellung möglicher Alternativen
   – Unter Anlegung strenger Kondensationsansprüche würde das Stundenvorhaben durch den Verlaufsplan (und Anhang) hinreichend dokumentiert.
3. Kontrovers kann diskutiert werden, ob der personale Bezug in der Darstellung (Ich/ Wir) verfolgt werden sollte.

Geschichte	Jahrg. 10 (Gymn.)	integrativer Entwurf
Die britische Appeasement-Politik		

Thema der Stunde
Problematisierung der britischen Appeasement-Politik gegenüber Hitler am Beispiel des Münchener Abkommens

I. Informierender Teil

Die heutige Stunde ist Bestandteil einer Unterrichtsreihe über die Außenpolitik des Dritten Reiches von 1933-39. Bisher wurden die einzelnen Phasen der expansiven Politik Hitlers, die dabei zur Geltung kommenden Zielvorstellungen ('Lebensraum', 'Weltherrschaft'), die offiziell propagierte Rechtfertigung ('Revision von Versailles') und die aggressive Vorgehensweise der Nationalsozialisten (am Fall der Annexion Österreichs) thematisiert. In der der Lehrprobe vorausgegangenen Stunde habe ich die Folgen des von Großbritannien, Frankreich, Italien und dem Deutschen Reich geschlossenen Münchener Abkommens für den tschechoslowakischen Staat herausgestellt. In der heutigen Stunde soll erstmals die Expansion der Nationalsozialisten aus der Sicht der Westmächte explizit thematisiert werden. Dieser Perspektivenwechsel ist an dieser Stelle der Reihe eingeplant, da den Schülern im Laufe des bisherigen Lernprozesses das Verhalten Englands und Frankreichs zunehmend befremdlich erscheinen mußte. Die Frage nach den Ursachen des Vorgehens der Westmächte drängte sich dabei besonders in der letzten Stunde auf, nachdem den Schülern bewußt geworden war, daß beide Staaten nicht nur die Verstöße Hitlers gegenüber dem Versailler Vertrag ohne nennenswerten Widerstand hinnahmen, sondern sogar an der Einverleibung der sudetendeutschen Gebiete in das Deutsche Reich auf der Münchener Konferenz mitwirkten. Nachdem heute dieser Problematik nachgegangen worden ist, kann in der folgenden Stunde die Reihe mit der Behandlung des Kriegsausbruches (deutscher Überfall auf Polen, Hitler-Stalin-Pakt) abgeschlossen werden.

II. Geplanter Stundenverlauf

Phase/ Ziele/ Zeit		Inhalt	Methode/ Medium
Einstieg TZ 1/ 2	10'	Karikatur von David Low von 1936 zum Verhalten der demokratischen Regierungen	Impulsunterricht Karikatur
Erarbeitung TZ 3/ 4/ 5	20'	Chamberlains Rechtfertigung seiner Politik gegenüber Hitler auf der Münchener Konferenz	Stillarbeit Impulsunterricht Quelle/ Tafelbild
TZ 6/ 7/ 8	10'	Die rüstungsökonomischen Hintergründe der englischen Haltung gegenüber Hitler	Impulsunterricht Tafelbild
Integration TZ 9/ 10	5'	Stellungnahme zur englischen Appeasement-Politik	Impulsunterricht Karikatur (Rückgriff)

III. Lernziele

Stundenziel

Die Schüler sollen die Problematik der britischen Appeasement-Politik gegenüber Hitler während der Münchener Konferenz diskutieren und dabei berücksichtigen, daß die prinzipielle Bereitschaft Chamberlains, möglichen Weltherrschaftsbestrebungen Deutschlands entgegenzutreten, durch die rüstungswirtschaftliche Situation Englands eingeschränkt war.

Teilziele

Die Schüler sollen
1. erkennen, daß der englische Karikaturist den demokratischen Regierungen vorwirft, durch ihr nachgiebiges Verhalten Hitlers Weg zur Weltherrschaft zu ermöglichen.
2. weitere Beispiele für die Zeit nach 1936 nennen, die diesen Eindruck bestätigen könnten, und dabei besonders das Verhalten der Westmächte auf der Münchener Konferenz von 1938 berücksichtigen.
3. erkennen, daß Chamberlain im Interesse der Friedenserhaltung bereit war, Hitlers Forderungen in der Sudetenfrage entgegenzukommen.
4. erkennen, daß Chamberlain nicht bereit war, deutschen Weltherrschaftsbestrebungen nachzugeben und aus diesem Grunde für den Eventualfall militärische Vorkehrungen trifft.
5. wissen, daß Chamberlains Politik der begrenzten Nachgiebigkeit gegenüber Hitler als 'Appeasement-Politik' bezeichnet wird.
6. erkennen, daß Großbritannien in den 30er Jahren in weitaus geringerem Maße aufgerüstet hat als das Deutsche Reich.
7. erkennen, daß dieser Rückstand mit ausschlaggebend für die nachgiebige Haltung Großbritanniens auf der Münchener Konferenz war.
8. überlegen, welche Konsequenzen sich aus der von Chamberlain eingeleiteten Aufrüstungspolitik für das zukünftige Verhalten Englands gegenüber Hitler hätten ergeben können (z.B. Abschreckung, Kriegsandrohung).
9. Stellung nehmen zur britischen Appeasement-Politik gegenüber Hitler und dabei berücksichtigen, daß Chamberlains Nachgiebigkeit gegenüber Hitler begrenzt war.
10. beachten, daß die Appeasement-Politik Englands die Mißachtung der tschechoslowakischen Souveränität zur Folge hatte.

IV. Zusammenfassende Begründung

Nachdem in der letzten Stunde das Münchener Abkommen unter dem Aspekt der Mißachtung der tschechoslowakischen Staatssouveränität durch Großbritannien, Frankreich, Deutschland und Italien behandelt worden ist, soll heute das Augenmerk auf die Beweggründe der englischen Regierung gelenkt werden, da diese maßgeblich am Zustandekommen der Abmachung beteiligt war. Aus der Rechtfertigung des Premierministers Neville Chamberlain soll den Schülern deutlich werden, daß der sich ihnen möglicherweise aufdrängende Eindruck eines 'schwächlichen' oder 'ängstlichen' Zurückweichens Großbritanniens während der Sudetenkrise in dieser krassen Form sachlich nicht haltbar ist. Das zentrale Ziel der heutigen Stunde ist es also, die Schüler zu einem historisch fundierten Urteil über das politische Verhalten Englands auf der Münchener Konferenz zu befähigen. Für diesen Zweck eignet sich die Rede besonders gut, die Chamberlain kurz nach der Besetzung der 'Rest-Tschechei' durch die deutsche Wehrmacht am 17.3.1939 in Birmingham gehalten hat (Freund, a.a.O., Bd.II, S. 14-21), da in ihr sowohl die Gründe für die nachgiebige Haltung als auch die Grenzen der britischen Beschwichtigungspolitik deutlich werden.

Die anspruchsvolle Zielsetzung, Schüler der 10. Jahrgangsstufe zu einem differenzierten Urteil über dieses historische Ereignis zu befähigen, macht entscheidende Hilfestellungen des Lehrers erforderlich. Aus diesem Grund werde ich vor der Erarbeitung der Birmingsham-Rede eine Karikatur einsetzen, die durch ihre satirische Überzeichnung den Eindruck eines schwächlichen Zurückweichens der Westmächte gegenüber der Expansionspolitik Hitlers verstärken kann. In den anschließenden Erarbeitungsphasen soll die überspitzte Darstellungsweise auf ihren historischen Gehalt zurückgeführt werden, um dadurch die Schüler zu einer fundierten Meinungsäußerung zu veranlassen.

Die Karikatur von David Low von 1936 eignet sich für diesen Zweck besonders gut. Mit der Darstellung der 'rückgratlosen' demokratischen Führer, die sich widerstandslos zu 'Trittsteinen' für Hitlers Weg zur Weltherrschaft degradieren lassen, wird eine massive Kritik an der Außenpolitik der Westmächte geäußert. Die Schüler dürften im Rückgriff auf vorangegangene Stundenergebnisse in der Lage sein, diese Perspektive auf die diplomatischen Vorgänge während der Sudetenkrise 1938 zu beziehen. Auf diese Weise kann eine motivierende Wirkung für die Auseinandersetzung mit den tatsächlichen Plänen Chamberlains erreicht werden. Zugleich läßt sich mit Hilfe der Karikatur der exemplarische Charakter der heute zu behandelnden Thematik verdeutlichen. Die ersten 'Trittsteine' auf dem Weg zur Weltherrschaft werden in der Karikatur ausdrücklich genannt: Wiederbewaffnung und Befestigung des Rheinlandes. Die Schüler können diese Ereignisse erläutern und gleichzeitig weitere Beispiele für die Zeit nach 1936 nennen, die den in der Karikatur vermittelten Eindruck bestätigen, wobei das Münchener Abkommen besondere Berücksichtigung finden sollte. Durch diese Vorgehensweise bietet sich nicht nur die Gelegenheit zu einer immanenten Wiederholung, sondern auch die Möglichkeit, den Schülern bewußt zu machen, daß das Verhalten der westlichen Regierungen während der Sudetenkrise im Zusammenhang mit anderen außenpolitischen Vorgängen gesehen werden kann.

Auf Grund des hohen Leistungsvermögens des größten Teils der Lerngruppe ist der Einsatz der Karikatur gerechtfertigt, zumal sich die Klasse durch anspruchsvolle Fragestellungen besser motivieren läßt. Allerdings ist den Schülern der Umgang mit Karikaturen nur wenig vertraut, so daß ich im Unterrichtsgespräch auf eine genaue Trennung der Beschreibungs- von der Interpretationsebene achten muß (vgl. hierzu: Faust, a.a.O., bes. S. 742). Das Verständnis wird durch einige Hinweise zum englischsprachigen Text (Untertitel, Begriff 'spineless') und durch das Wegretuschieren der Andeutung der Vorgänge in Danzig erleichtert (Bildung einer nationalsozialistischen Senatsregierung 1933). Am Ende der Besprechung der Karikatur werde ich einen Schüler auffordern, das Ergebnis der Erarbeitung zu wiederholen, um mich dadurch zu vergewissern, daß die Lerngruppe die für den weiteren Verlauf der Stunde entscheidende Fragestellung erfaßt hat. Ansonsten werde ich angesichts der Leistungsstärke der Klasse in der Einstiegsphase auf ein allzu enges Lenken des Unterrichtsgespräches verzichten können.

Das Leistungsniveau der Lerngruppe ist auch mitentscheidend für die Auswahl des Leitmediums. Für eine schwächere Klasse wäre die Heranziehung der Antwort Chamberlains auf die Sportpalastrede Hitlers vom 26.9.1938 (Freund, a.a.O., Bd.I, S. 216 f.), bzw. die einen Tag später erfolgende Rundfunkrede des Premierministers (Freund, a.a.O., Bd.I, S. 227) denkbar. Diesen Materialien lassen sich sowohl die Nachgiebigkeit Chamberlains als auch die Grenzen seiner Beschwichtigungsstrategie entnehmen. Allerdings ist die Birmingham-Rede für die Untersuchung der Motive Chamberlains ergiebiger, da sich der Premierminister nach der Annexion der Rest-Tschechei zu einer ausführlichen Rechtfertigung seiner Appeasement-Politik veranlaßt sah (eine umfangreiche Darstellung der englischen Motive findet sich bei: Weinberg, a.a.O., S. 416 f.). Die Schüler können anhand dieser Quelle die Ambivalenz des Vorgehens Chamberlains detailliert herausarbeiten, indem sie die vom englischen Regierungschef geäußerte Hoffnung, Hitlers außenpolitische Bestrebungen durch entgegenkommende Maßnahmen zu besänftigen, mit dem emphatischen Bekenntnis zur Abwehr von Weltherrschaftsbestrebungen kontrastieren.

Das Mißtrauen der englischen Regierungschefs gegenüber Hitler läßt sich in der Birmingham-Rede auch dem Hinweis auf die Aufrüstungsmaßnahmen entnehmen, die auf Drängen Chamberlains in Großbritannien eingeleitet worden waren (Weinberg, a.a.O., S. 417). Demgegenüber bieten die beiden oben erwähnten Quellen den Vorzug, eindrucksvolle Hinweise zu liefern auf das geringe Interesse, das die englische Regierung dem tschechoslowakischen Staat in der Sudetenfrage gegenüber zeigte. Da jedoch bereits in der letzten Stunde die Mißachtung der staatlichen Souveränität der CSR durch das Münchener Abkommen hervorgehoben worden ist, dürfte eine weitere Vertiefung nicht unbedingt notwendig sein.

Für die Besprechung der Birmingham-Rede im Unterricht habe ich die Textstellen ausgewählt (siehe Anhang), die nicht zu hohe Anforderungen an eine 10. Klasse bezüglich der Quelleninterpretation stellen. Aus diesem Grund entfallen alle Passagen, die offensichtlich der nachträglichen Legitimation der Appeasement-Politik dienen (Wehrlosigkeit der Westmächte gegenüber einer gewaltsamen Annexion sudetendeutscher Gebiete durch Hitler). Auch die voraussetzungsreichen Hinweise auf eine prinzipielle Berechtigung der deutschen Forderung nach einer Revision des Versailler Vertrages im Interesse einer europäischen Generalbereinigung bleiben unberücksichtigt. Die Textpassage, in der Chamberlain seine Konzeption der Befriedungspolitik ausdrücklich darstellt, wurde ebenfalls nicht aufgenommen, da die deduktive Ableitung einzelner Gesichtspunkte aus einer außenpolitischen Gesamtstrategie eine nur sehr schwer zu bewältigende Anforderung an eine 10. Klasse darstellen würde.

Demgegenüber bevorzuge ich eine induktive Vorgehensweise, derzufolge die Schüler die einzelnen Argumente Chamberlains nennen sollen, um dann anschließend seine Politik gegenüber Hitler mit einer umfassenden Beschreibung charakterisieren zu können. Diese methodische Entscheidung bestimmt die einzelnen Schritte der Texterarbeitung. Die Schüler sollen mit Hilfe der Leitfrage: 'Wie rechtfertigt Chamberlain sein Vorgehen während der Münchener Konferenz?' die einzelnen Argumente herausarbeiten.

Die von den Schülern genannten Gesichtspunkte werden von mir während des Unterrichtsgespräches an der Tafel festgehalten, um dadurch die genaue Kennzeichnung der Politik Chamberlains gegenüber Hitler vorzubereiten. Die Schüler könnten das Vorgehen des englischen Regierungschefs als 'begrenzte Nachgiebigkeit' oder als 'eingeschränktes Entgegenkommen' charakterisieren. Sollten die Bemerkungen der Schüler erkennen lassen, daß sie die Ambivalenz der Haltung Chamberlains erfaßt haben, werde ich mit einem kurzen Hinweis den Fachbegriff 'Appeasement-Politik' einführen. Dadurch kann der Lerngruppe bewußt werden, daß dieser ihnen möglicherweise bereits bekannte Terminus nicht als 'schwächliches Zurückweichen' gegenüber einem Aggressor interpretiert werden kann; vielmehr schließt der Begriff 'Appeasement-Politik' für Chamberlain die Vorsorge für den Fall des Scheiterns der Beschwichtigung ein. Die induktive Vorgehensweise hat zur Folge, daß der in der Rede von Chamberlain erwähnte Begriff „Befriedungspolitik" noch nicht zu Beginn der Quellenerarbeitung geklärt werden kann. Am Ende der Besprechung kann auf die gleichlautende Bedeutung dieses Terminus' mit „Appeasement" hingewiesen werden. Die legitimatorische Funktion der Birmingham-Rede dürfte demgegenüber nicht zu großen Irritationen führen. Die Schüler könnten zwar zu Recht darauf hinweisen, daß es sich bei diesem Dokument um eine nachträgliche Rechtfertigung einer gescheiterten politischen Strategie handelt. Es läßt sich jedoch an der Quelle nachweisen, daß Chamberlains Skepsis gegenüber Hitler bereits während der Sudetenkrise für seine Gesamtstrategie mit ausschlaggebend war. Da der Umgang mit Quellen der Lerngruppe vertraut ist, dürften die relativ langen Textpassagen ihr nicht allzuviele Schwierigkeiten bereiten. Kleinere Mißverständnisse, wie z.B. das Wort 'Krise', das als Hinweis auf die Sudetenkrise zu deuten ist, lassen sich ggf. von mir schnell ausräumen.

Da der größte Teil der Klasse während der Quellenbesprechung zu eigenständigen Überlegungen in der Lage ist, die über eine reine Textinterpretation hinausgehen, ist ein enges Lenken des Unterrichtsgespräches weder erforderlich noch wünschenswert. Allerdings halten sich einige Schüler in der mündlichen Mitarbeit häufig zurück. Diesen Teil der Lerngruppe versuche ich an geeigneten Stellen durch direktes Ansprechen zu aktivieren. In der heutigen Stunde bietet sich hierfür besonders nach der Stillarbeitsphase Gelegenheit. Diese Form der Einzelarbeit ist notwendig, da die Lektüre der Quelle erst nach Erarbeitung der erkenntnisleitenden Fragestellung zu Beginn der Stunde erfolgen kann. Auf Grund des hohen Leistungsniveaus der Klasse dürfte auch die sich an die Quellenanalyse anschließende Besprechung einiger statistischer Daten zur Rüstungsproduktion Deutschlands und Großbritanniens in den 30er Jahren keine allzu großen Schwierigkeiten bereiten. Die Berücksichtigung dieser Zahlen (siehe Anhang) ist notwendig, um den Schülern die historische Relevanz der Aussagen Chamberlains zu verdeutlichen (die Daten sind entnomrnen: Geschichte und Geschehen IV, a.a.O., S. 86). An den von mir ausgewählten Daten wird ersichtlich, daß die Haltung Chamberlains gegenüber Hitler von dem Gefühl militärischer Unterlegenheit mitbestimmt war (vgl. Weinberg, S. 417). Im Rahmen einer gesonderten Arbeitsphase haben die Schüler Gelegenheit, diesen in der Quelle nur angedeuteten Sachverhalt herauszuarbeiten, um dadurch zu einer genaueren Einschätzung der englischen Politik zu gelangen. Aus dem Bemühen Chamberlains, die militärischen Defizite gegenüber dem Deutschen Reich auszugleichen, läßt sich die Absicht erkennen, nötigenfalls dem Eroberungsdrang Hitlers Einhalt zu gebieten. Das Münchener Abkommen kann unter diesem Blickwinkel als Versuch interpretiert werden, für die englische Aufrüstung Zeit zu gewinnen. Die Schüler können daher im Anschluß an die Auswertung der kurzen Statistik überlegen, welche zukünftigen Handlungsmöglichkeiten sich für Großbritannien gegenüber Hitler ergeben könnten (Abschreckung, Kriegsandrohung). Für diesen Zweck reicht die Analyse der Daten zur Rüstungsproduktion und zum jeweilige Anteil am Bruttosozialprodukt für den Zeitraum zwischen 1933 und 1939 aus. Die Schüler müßten in der Lage sein, die prinzipiellen Unterschiede zügig zu beschreiben, da sie Erfahrung im Umgang mit Statistiken haben. Allerdings ist es notwendig zu überprüfen, ob den Schülern der Fachterminus 'Bruttosozialprodukt' bekannt ist.

Um eine klare Trennung der beiden Erarbeitungsschritte zu gewährleisten, werde ich die statistischen Daten erst im Anschluß an die Quellenerarbeitung den Schülern an der Tafel präsentieren. Eine Überlagerung der beiden Unterrichtsphasen ist nicht sinnvoll, da die Statistik erst im Anschluß an die Erfassung des Textes in ihrer Bedeutung verständlich wird. Nach dieser sachgerechten Erarbeitung dürften die Voraussetzungen für eine fundierte Beurteilung der britischen Appeasement-Politik erfüllt sein. Auch hier ist eine möglichst offene Fragestellung zur Einleitung des Unterrichtsgespräches angesichts des Leistungsstands der Lerngruppe angemessen. Die meisten Schüler neigen nicht zu einer krassen 'Schwarz-Weiß-Malerei', sondern bemühen sich um abwägende Stellungnahmen. Allerdings tritt ein Schüler gelegentlich durch ausufernde und verworrene Äußerungen hervor, die häufig die jeweilige Thematik nicht treffen und daher auf die übrige Klasse demotivierend wirken. Ich versuche dieser Gefahr vorzubeugen, indem ich den Schüler auffordere, sich knapp und prägnant zu der jeweiligen Thematik zu äußern, bzw. seine Bemerkungen zu einem späteren, passenderen Zeitpunkt einzubringen. Ansonsten werde ich mich in der Schlußphase der Stunde darauf beschränken, durch geeignete Impulse die Schüler zu einer eigenen Stellungnahme anzuregen. Dabei sollte im Mittelpunkt der Erarbeitung die Relativierung der Aussage des Karikaturisten stehen. In diesem Zusammenhang sollen sich die Schüler nochmals bewußt machen, daß das politische Vorgehen Chamberlains – bei allem Verständnis für seine Motive – die Mißachtung der tschechischen Staatssouveränität zum Ausdruck brachte. Sollten die Äußerungen der Schüler erkennen lassen, daß die Karikatur nicht als eindeutige Beschreibung der historischen Realität anzusehen ist und daß die englische Appeasement-Politik unter Berücksichtigung unterschiedlicher Aspekte zu beurteilen ist, wäre das Ziel der vorliegenden Unterrichtsplanung erreicht.

Falls für eine erschöpfende Problematisierung nicht genügend Zeit zur Verfügung stehen sollte, könnten einzelne Aspekte in der Einstiegsphase der folgenden Stunde angesprochen werden. Nachdem dabei nochmals die eingeschränkt-nachgiebige Haltung Chamberlains herausgestellt worden ist, ließe sich die für den Unterricht zentrale Fragestellung formulieren, wann die Grenzen des Entgegenkommens Englands erreicht sein dürften. (Thema der folgenden Stunde: Deutscher Überfall auf Polen).

Literaturangaben
- M. Freund: *Geschichte des Zweiten Weltkrieges in Dokumenten*. 2 Bde, Freiburg/ München 1953
- M. Faust: *Politische Karikaturen im Geschichtsunterricht der Sekundarstufe I*. In: GWU 12/ 1980 S. 739 – 751
- G. L. Weinberg: *Deutschlands Wille zum Krieg*. In: K. D. Brecher u.a.: *Nationalsozialistische Diktatur 1933-45 – Eine Bilanz*. Düsseldorf 1983, S. 407 - 426

V. Anhang

Geplantes Tafelbild

Chamberlains Rechtfertigung des Münchener Abkommens:

- Aussicht auf Verhinderung eines europäischen Krieges
- Voraussetzung für Frieden: Abtretung der Sudetengebiete an Deutschland
- Glaubwürdigkeit der Bereitschaft Hitlers: Verzicht auf weitere territoriale Ansprüche
- Militärische Vorkehrungen als Vorsichtsmaßnahmen
- Bekenntnis zum Widerstand gegen Weltmachtbestrebungen
- Politik der 'begrenzten Nachgiebigkeit' = Appeasement-Politik

---

Vorzulegende Statistik

Rüstungsausgaben und Bruttosozialprodukt des Deutschen Reiches und Großbritanniens

Jahr	Deutsches Reich		Großbritannien	
	Rüstungsausgaben in Mrd. RM	in % des BSP	Rüstungsausgaben in Mrd. Pfund	in % des BSP
1929	0,8	1	0,1	2
1933	1,9	3	0,1	3
1935	6,0	8	0,1	2
1936	10,8	13	0,2	5
1938	17,2	17	0,4	8
1939	30,0	23	1,1	22

Aus: *Geschichte und Geschehen*. Bd. IV. Stuttgart 1987, (vereinfacht)

Stepping Stone to Glory (Trittsteine zum Ruhm) (1936)

| Boss of the universe | Spineless »Leaders« of democracy | Rhineland Fortification | Rearmament |

| Chef des Universums | Rückgratlose »Führer« der Demokratie | Besetzung des Rheinlandes | Wiederaufrüstung |

Karikatur von David A. C. Low.
Aus: Low, D. A. C., Years of wrath. A cartoon history 1932–1945, Gollancz, London 1949, S. 35.

Arbeitsblatt:

Rede des britischen Premierministers, Neville Chamberlain, in Birmingham (17.03.1939)

Als ich mich entschloß, nach Deutschland zu reisen, erwartete ich nicht, daß man mich mit Kritik verschonen würde. Ich bin wahrhaftig nicht hingegangen, um mich populär zu machen. Ich bin in allererster Linie hingegangen, weil sich mir dadurch, inmitten einer allem Anschein nach verzweifelten Situation, die einzige Möglichkeit zu bieten schien, einen europäischen Krieg zu vermeiden. [...]
Als ich von meinem zweiten Besuch zurückkam, berichtete ich dem Unterhaus von einer Unterredung mit Herrn Hitler, in der er, mit großem Ernst sprechend, wiederholte, was er schon in Berchtesgaden gesagt hatte, nämlich, daß dies der letzte seiner territorialen Ansprüche in Europa sei und daß er nicht wünsche, in das Deutsche Reich Angehörige nichtdeutscher Rassen einzubeziehen. [...]
Nun, angesichts dieser wiederholten, mir aus freiem Willen abgegebenen Zusicherungen hielt ich mich für berechtigt, die Hoffnung darauf zu gründen, daß nach der Erledigung des tschechoslowakischen Problems, die in München im Bereich des Wahrscheinlichen zu liegen schien, es möglich sein würde, die von mir umschriebene Befriedungspolitik weiterzuführen. Trotzdem war ich damals nicht bereit, unsere Vorsichtsmaßnahmen zu vernachlässigen, solange ich nicht überzeugt war, daß diese Politik sich eingespielt hatte und von anderen akzeptiert worden war, und daher wurde unser Verteidigungsprogramm nach München beschleunigt und erweitert, um gewisse Mängel, die während der Krise offenbar geworden waren, zu beseitigen. [...]
Es sind erst sechs Wochen her, daß ich in dieser Stadt sprach und auf Gerüchte und Zweifel anspielte, welche, wie ich sagte, hinweggefegt werden müßten. Ich wies darauf hin, daß jeder Anspruch auf Weltherrschaft durch Gewalt den Widerstand der Demokraten finden müsse, und ich fügte hinzu, ich könne nicht glauben, daß eine solche Herausforderung geplant sei, weil keine Regierung, der die Interessen ihres Volkes am Herzen liegen, eines solchen Anspruches wegen dieses Volk den Schrecken des Weltkrieges aussetzen könne. [...]
Ich fühle mich verpflichtet zu wiederholen, daß [...] kein größerer Fehler begangen werden könnte als der, zu glauben, unsere Nation habe, weil sie den Krieg für eine sinnlose und grausame Sache hält, so sehr ihr Mark verloren, daß sie nicht bis zur Erschöpfung ihrer Kraft einer solchen Herausforderung entgegentreten werde, sollte sie jemals erfolgen.

Aufgabe:
Wie rechtfertigt Chamberlain sein Vorgehen während der Münchener Konferenz?

Der Entwurf enthält folgende Qualitätsmerkmale

Die vorliegende Stundenplanung stellt ein gelungenes Beispiel eines integrativen Unterrichtsentwurfs dar. Alle wesentlichen Planungselemente wie Lerngruppe, Sachgegenstand, Wahl der Medien und Methoden, Lernziele, Strukturierung der Stunde werden differenziert dargelegt und in ein Interdependenzgefüge gebracht.

1. Die kurzen Angaben über die Stellung der Stunde in der Reihe erlauben trotz der gebotenen Kürze, den Stellwert der Einzelstunde im Reihenkontext nachzuvollziehen.
2. Die Ausführungen zum Unterrichtsgegenstand sind fachwissenschaftlich einwandfrei und berücksichtigen den modernen Erkenntnisstand. Außerdem ist die Sachanalyse in erkennbarer didaktischer Absicht verfaßt.
3. Die getroffene didaktische Reduktion und Schwerpunktsetzung werden begründet an die Lerngruppe, den Lernprozeß und die Reihen- und Stundenziele angebunden.
4. Die Ausführungen zur Lerngruppe sind nicht nur differenziert und informativ, sondern auch planungsrelevant, da sie bei den weiteren Planungsentscheidungen mitbedacht und funktionalisiert werden.
5. Die Auswahl der Medien und Methoden erfolgt nach dem Sachanspruch, nach lernpsychologischen und unterrichtsökonomischen Gesichtspunkten. Die dem Unterricht zugrundegelegten Materialien sind in ihrem Wechsel gut geeignet, genuine Motivation zu wecken, Erkenntnisinteresse und eine organische Lernprogression zu erzeugen.
6. Die gewählten Aktions- und Sozialformen sehen eine angemessene Beteiligung der Schüler vor.

Hinweise zur Verwendbarkeit

1. Der mit dem Einsatz der Karikatur verbundene Impulsunterricht läßt sich als didaktisch-methodisch äußerst gewinnbringende Gestaltung der Einstiegsphase auf zahlreiche Fächer übertragen.
2. Übertragbar erscheint auch die Nennung der zentralen Problemstellung für die nächste Stunde am Ende der geplanten. Damit ist eine stundenübergreifende Gelenkstelle geschaffen.
3. Generell transferierbar ist auch die gelungene Mischung in der Gesprächsführung, die bekannte Inhalte (und Methoden) reaktivierend aufgreift und dies mit entsprechenden Anforderungen verbindet.

Mathematik	Jahrg. 5 - (Gymn.)	integrativer Entwurf
Das Zweiersystem		

Thema der Unterrichtsreihe:
Stellenwertsysteme

Thema der vorangegangenen Stunde:
Spielerische Einführung des Dreiersystems

Thema der heutigen Unterrichtsstunde:
Das Zweiersystem – Spielerische Einführung als Grundlage für die Analyse der Gesetzmäßigkeiten von Stellenwert-Systemen und als Vorbereitung seiner fundamentalen Bedeutung in Mathematik und Informatik

Hausaufgaben zur heutigen Stunde: Lehrbuch S. 146, 12 [Kuypers]

Thema der folgenden Unterrichtsstunde:
Addition und Subtraktion im Zweiersystem

Lernziele der Stunde

Stundenziel
Die Schüler sollen über ein Würfelspiel mit den Stufenzahlen des Zweiersystems vertraut gemacht werden und anhand der erforderlichen Zahlzeichen des Zweiersystems auf die Funktionsweise des Taschenrechners hingeführt werden.

Teilziele
Die Schüler sollen
- mit Hilfe der 'Tauschregel 2' die Stufenzahlen im Zweiersystem erarbeiten.
- die Stellenwerttafel des Zweiersystems entwerfen.
- das Prinzip, das zur Bildung der Stufenzahlen führt (verdoppeln), erfassen und Stufenzahlen aufstellen können.
- Zahlen aus dem Zweiersystem in das Zehnersystem umwandeln können.
- Zahlen aus dem Zehnersystem in das Zweiersystem umwandeln können.
-------------------- (evt.)
- den Zusammenhang zwischen dem Zweiersystem und der grundsätzlichen Funktionsweise des Taschenrechners kennenlernen.

Stundenverlaufsplanung

Phase	U-Gegenstand	AF/ SF	Medien	Kommentar
Einstieg/ Motivation	Was hat der Taschenrechner mit dem Zweiersystem zu tun?	L-Fragen S-Antworten	Taschenrechner	nur Vermutung
1. Erarbeitung	a) Tauschregel im Zweiersystem b) Stellenwerttafel	GUG	Tafel	
1. Übung	Würfelspiel mit 'Tauschregel 2' ohne Protokoll	PA	Duplo/ Lego Würfel	Vorform Zweiersystem
LZ-Kontrolle	Tauschen in höherwertige Steine	FE	Tafel Duplo	1. Beispiel nur Tafel
1. Vertiefung	Ziffern im Zweiersystem	LV/ FE	Tafel	Endform Zweiersysteme
Sicherung		Abschrift	Heft	
2. Übung	Spiel mit Protokoll	PA	Tafel Heft	
2. Vertiefung	Ziffern im Zweiersystem als Stromzustände	LV/ GUG		Aufnahme des Einstiegs
1. mögl. Schluß LZ-Sicherung Festigung	(Dekodieren) Übertragung von Zahlen aus Dualsystem	L-Fragen S-Antworten	Lehrbuch Tafel Heft	Begriff wird nicht erwähnt Vorbereitung der Hausaufg.
2. mögl. Schluß 3. Vertiefung LZ-Sicherung	(Kodieren)	PA/ EA	Lehrbuch Tafel Heft	s.o.

Hausaufgabe: Lehrbuch S. 145, 1 (evt. 6) [Kuypers]

Zusammenfassende Begründung der Planung

a) Bemerkungen zur Lernsituation
Die Klasse ist sehr lebhaft, macht gerne Mathematik, ist i.g. leistungsstark, hat jedoch auch mehrere schwächere Schüler. Es kann durchaus sein, daß einige wenige Schüler das Zweiersystem in der Grundschule schon kennengelernt haben. Diese Bedingungen haben in der methodischen Planung Berücksichtigung gefunden.

b) Stellung der Stunde in der Reihe
Bei der vorliegenden Unterrichtsreihe über Stellenwertsysteme bildet das heutige Thema den Einstieg in das zweite neue Stellenwertsystem, das Dualsystem oder Zweiersystem. In der letzten Stunde haben die Schüler das Dreiersystem spielerisch als Vorform einer exakten Stellenwertanalyse kennengelernt.

c) Intention, Sachanalyse und didaktische Entscheidungen

Folgende Überlegungen führten zur Konzipierung dieser Stunde:
Mein Ziel ist es, fundamentale mathematische Sachverhalte spielerisch einzubringen (vgl. Lerngruppe). Dabei liegt die motivierende Kraft eines Spiels im Tätigsein, in der Freude am Spiel und im Erfolgserlebnis. Die Funktion des Spiels zeigt sich in der Verwandtschaft des Spiels mit der mathematischen Axiomatik, wobei Begriffe, Verfahren, Gesetzmäßigkeiten und Vorgehensweisen nach logischen Regeln abgeleitet werden können (siehe b) [Hole]. Die Spielregeln sind einfach und das Spiel zügig durchführbar: Verschiedenfarbige Legosteine stellen unterschiedlich wertige Spielsteine dar, die man beim Würfeln gewinnen kann und jeweils gegen höherwertige Steine austauschen muß, wobei sich die Notwendigkeit des Tausches aus pragmatischen Gründen ergibt, nämlich passende Steine zu finden, wenn keine passenden Steine mehr bereitliegen.

Der Aufbau der Operationen im Sinne Aeblis (hier: 1. Konstruktion von Dualzahlen und 2. Umformung von Dualzahlen in Dezimalzahlen und die Umkehrung) verläuft mit dem Spiel über die Handlung, Handlungsschemata und ihre Verinnerlichung (Interiorisation) [Aebli]. Darüber hinaus werden durch die spielerische Handlung Kinder, die sich in unterschiedlichen Stadien ihrer Denkentwicklung befinden, was hier in starkem Maße der Fall ist (Stadium der konkreten Operationen, Stadium der formalen Operationen) [Piaget], gleichermaßen angesprochen, indem die Stufenzahlen für die einen unterschiedlich wertige Spielsteine bleiben (Einer, Zweier, Vierer...), für die anderen aber schon den Stellenwert im Sinne eines Stellenwertsystems beinhalten. Beides führt zum angestrebten Ziel (innere Differenzierung).

Das Thema 'Stellenwertsysteme' gehört zu den verbindlichen Unterrichtsgegenständen der Klasse 5. Es soll das Zehnersystem, das die Schüler auf einer naiven Basis aus der Grundschule kennen, durch Gegenüberstellung und Analyse eines anderen Systems (Kontrastprinzip) in seiner Systematik als Stellenwertsystem begriffen werden. Ich wähle zum tieferen Verständnis und leichteren Transfer zwei Systeme, wobei das Dreiersystem als Vorbereitung für das anwendungsbezogen relevantere und in seiner Einfachheit unübertreffbare Dualsystem dient. Das Dualsystem bildet die Grundlage der Informatik und Computertechnik und sollte deshalb meiner Meinung nach auf jeden Fall vorgestellt werden (Handlungsorientierung) [Horstmann].

Über das gewählte Spiel und die Vorform des Zweiersystems entwickelt sich die notwendige Begrifflichkeit – Tauschregel, Stellenwerte, Stufenzahlen, Stellenwerttafel und Zahlzeichen im Zweiersystem – elementar und nahezu zwingend von selbst. Auf die Potenzschreibweise der Stufenzahlen wird nur auf Schülervorschlag eingegangen.

d) Methodische Entscheidungen

Die methodische Vorgehensweise ist relativierend [Hole], d.h., in dem Spiel sind erst einmal alle zusammengehörigen verschiedenen Blickrichtungen enthalten. Durch die Erstellung von Regeln, Wertigkeit der Steine, Tauschen und Vorbereitung des Spiels mit Protokoll (Stellenwerttafel) wird im gelenkten Unterrichtsgespräch auf Detailprobleme eingegangen. Die Schüler haben schon aus der letzten Stunde farbige Legosteine, mit denen sie in Partnerarbeit das Spiel durchführen können. Flankierend dazu kann auch je nach Erfordernis mit großen Duplosteinen am Lehrertisch exemplarisch gearbeitet werden. Logisch bedingt durch das vorgegebene Spiel, möglichst viele Punkte mit unterschiedlich wertigen Steinen zu erwürfeln, ergibt sich der methodische Aspekt der <u>Tauschregel</u> für die unterschiedlich wertigen Steine und nicht der Aspekt der <u>Bündelung</u>, wie ihn unser Lehrbuch vorgibt. Die Schüler werden für die „Tauschregel 2" durch die Frage nach der Funktionsweise von Taschenrechnern motiviert. Diese kann jedoch erst beantwortet werden, wenn die Schüler herausgefunden haben, daß das Dualsystem nur zwei Zahlzeichen I/ 0 (entspricht Strom an/ Strom aus) hat. Auf eine detailiertere Funktionsweise des Taschenrechners kann in dieser Stunde noch nicht eingegangen werden, weil dieser Aspekt in der heutigen Stunde zu weit vom Thema wegführen könnte. Bei möglichen Fragen der Schüler wird auf die Stunde verwiesen, in der die Addition von Dualzahlen behandelt wird, ein Thema, das sich noch besser eignet, die Funktionsweise eines Taschenrechners zu erläutern, weil die Schüler dann außer Eingabeeinheit, Ausgabeeinheit, Kodieren und Dekodieren auch das Rechenwerk eines Taschenrechners simulieren können. Nachdem das vorliegende Problem auf der enaktiven Ebene (Spiel) und der ikonischen Ebene (Anlage der Stellenwerttafel) behandelt wurde, wird auf die symbolische Ebene übergegangen, indem Dualzahlen vorgegeben werden, die rein formal in Dezimalzahlen umzuwandeln sind. Hier wird durch eine abschließende Stillarbeitsphase versucht, den Konzentrationsschwächen einer 6. Stunde entgegenzuwirken.

e) Hausaufgabe

Tauschen in höherwertige Steine aus der Protokollierung der Vorversuche des Arbeitsblattes (nach 1. und 2. möglichen Schluß) oder Lehrbuch S.145, 1 (mit Stellenwerttafel) evt. 6

f) Literatur:

Hole, V.: *Erfolgreicher Mathematikunterricht.* Freiburg 1976

Aebli, H: *Zwölf Grundformen des Lehrens.* Stuttgart 1983

Piaget, J.: *Psychologie der Intelligenz.* Zürich 1947

Kuypers, W., u.a.: *Mathematik. 5.Schuljahr. Neu.* Düsseldorf 1992 – eingeführtes Lehrwerk der Schule

Horstmann. K., u.a.: *Handlungsorientierung im Mathematikunterricht.* In: *Mathematiklehren.* H. 25. Stuttgart 1987

Der Entwurf enthält folgende Qualitätsmerkmale

1. Konzentration auf die wesentlichen Elemente der Unterrichtsplanung; damit wohltuender Umfang im Vergleich zu den sonstigen Entwürfen
2. Bewußte motivationsträchtige, spielerische Einführung/ Hinführung zu systematischer Arbeit mit Stellenwertsystemen
3. Lernpsychologische Begründung des methodischen Vorgehens
4. Verfolgen von Handlungsorientierung
5. Ausweisen einer Sollbruchstelle unter Berücksichtigung der Voraussetzungen

Hinweise zur Verwendbarkeit

1. Die spielerischen Elemente sind generell übertragbar auf Unterrichtsgegenstände aus Alltagssituationen.
2. Die Ausrichtung auf anwendungsbezogene Untersuchungen und Erklärungsversuche sollte im Sinne motivationsfördernder Maßnahmen – wenn immer möglich – erfolgen. Besonderes Augenmerk ist in diesen Fällen jedoch der didaktischen Reduktion zu widmen.

Biologie	Jahrg. 11 - GK	additiver Entwurf
Ionenfallenmechanismus		

Thema der Unterrichtsreihe:
Aufbau und Funktion der Biomembran

Thema der vorangegangenen Unterrichtsstunde:
Das Fluid-Mosaik-Modell

Thema der heutigen Unterrichtsstunde:
Der Ionenfallenmechanismus – eine Hinführung zu Möglichkeiten des Stofftransportes über Membranen

Hausaufgaben zur heutigen Unterrichtsstunde: keine

Thema der folgenden Unterrichtsstunde:
Erleichterte Diffusion – Stofftransport über Carrier

I. Bedingungsanalyse

Der Grundkurs 11, den ich ohne vorherige Hospitationsphase erst seit 6 Stunden unterrichte, ist, wie üblich für diese Jahrgangsstufe, neu formiert worden, so daß – bedingt durch die unterschiedliche Schulvorbildung – starke Niveauunterschiede bei den Schülern festzustellen sind. Neben wenigen Leistungsträgerinnen (Alexandra, Katrin, Ulrike, Lydia) sind die meisten Schüler zwar interessiert, aber eher zurückhaltend, so daß sie gezielt zur Mitarbeit aufgefordert werden müssen. Vorwiegend bei den Realschülern tritt mitunter das Problem auf, daß sie Unterrichtsergebnisse vorwegnehmen, die sie sich zwar angelesen, jedoch nicht wirklich durchdrungen haben. Die anfänglich starke Abneigung des gesamten Kurses gegenüber chemischen Aspekten, die gerade das Thema Biomembran mit sich bringt, ist inzwischen deutlich reduziert, die Schüler bemühen sich, dem Unterricht zu folgen und etwaige Unklarheiten direkt durch Fragen zu beseitigen.

II. Methodisch-didaktischer Kommentar

Der Kurs ist an einen schülerzentrierten Unterricht gewohnt. Die Reihe „Bau und Funktion der Biomembran" im Grundkurs „Cytologie" schloß sich an Besprechungen des Licht- und Elektronenmikroskops, Versuche zur Osmose, Diffusion und Plasmolyse an.
Für die Planung der heutigen Unterrichtsstunde wurden folgende bisher erarbeiteten Grundlagen vorausgesetzt: chemische Kenntnisse (Begriffe hydrophil/ hydrophob, lipophil/ lipophob, polar/ unpolar, Ionen, pH-Wert), Diffusion, Konzentrationsausgleich, Tonoplast, Plasmalemma, Fluid-Mosaik-Modell der Membran. Zudem ist den Schülern vom Unterricht des Fachlehrers her der Umgang mit dem Mikroskop vertraut.
Die Thematik der Stunde wird von den Richtlinien für die gymnasiale Oberstufe unter Punkt 8.3 Experimente zur Biomembran (S. 42) als fakultativer Gegenstand des Kursthemas „Cytologie" empfohlen.

Die didaktische Reduktion bezieht sich auf folgende Punkte:
1. Aussparen der Strukturformel für das Neutralrotmolekül bzw. das -kation
   Den Schülern soll klar sein, daß es sich beim Neutralrot um einen Farbstoff handelt, der je nach pH-Wert verschieden gefärbt ist (saurer Bereich: rot; basischer Bereich: gelb).
   Da es sich ansonsten nicht um einen in der Biologie grundlegenden Stoff handelt, halte ich es für angebracht, ihn nicht chemisch detailliert zu besprechen.
   Die Strukturformel könnte zwar möglicherweise einen Hinweis auf die Größe des Stoffes geben, doch dieser Aspekt würde vom Gesichtspunkt „Ladung" ablenken und die Schüler auf einen falschen Weg führen.
2. Ansetzen des Versuchs
   Die Vorarbeit, das Herstellen von Epidermisstückchen der Küchenzwiebel und das Einlegen in die unterschiedlich gefärbten Neutralrotlösungen, wurde bereits vorgenommen. Zum einen ist die erforderliche Technik bereits hinlänglich geübt worden, zum andern wird zeitlichen Problemen vorgebeugt und das eigentlich Interessante zum Stundengegenstand erhoben, nämlich die sich ergebende Beobachtung und der Weg zu ihrer Interpretation.
3. Wegfall von Versuchen zur Kontrolle der Lebensfähigkeit der Zelle nach Behandlung mit Neutralrot (Plasmolysebeweis)
   Grundsätzlich wäre ein solcher Versuch zu fordern. Aus zeitlichen Gründen muß hierauf jedoch verzichtet werden. Zudem gehe ich aufgrund der experimentellen Ergebnisse – ein Zelltod würde bedeuten, daß die Membran nicht mehr selektieren könnte – davon aus, daß sich dieses Problem für Schüler erst gar nicht stellt. Andernfalls wäre nach Methoden zu fragen, die Aufschluß über die Lebensfähigkeit der Zelle geben. Das Phänomen „Plasmolyse" könnte noch einmal gefestigt werden, ohne daß es nötig wäre, mikroskopische Versuche zu wiederholen.

Der geplante Stundenverlauf sieht zur _Motivationsförderung_ den direkten Einstieg über das Schülerexperiment vor. Hierfür notwendig ist allerdings ein kurzer Vorversuch in Form einer Lehrerdemonstration (Zugabe von Neutralrot in verdünnte HCl bzw. NaOH). Die pH-abhängige Färbung von Neutralrot wird an der Tafel festgehalten.

Nach einer kurzen Beschreibung durch den Lehrer zum Versuchsansatz und dem Überführen der eingelegten Zwiebelepidermisstückchen auf den Objektträger mikroskopieren die Schüler.

Die Mikroskope werden also erst dann eingesetzt, wenn die Aufgabenstellung gegeben ist (Umgehen der Ablenkungsgefahr). Die Schüler sollen eine der beobachteten Zellen skizzieren und dabei festhalten, welche Färbung wo lokalisiert ist. Um das Arbeitstempo zu beschleunigen, soll dabei arbeitsteilig vorgegangen werden und zwar so, daß die beiden Versuchsansätze (vgl. Verlaufsplan) alternierend verteilt werden. Ein Vergleich mit der Nachbargruppe wird dadurch möglich und jeder Schüler kann beide Versuchsansätze unter dem Mikroskop betrachten. Die Beobachtungen werden als Versuchsskizze von zwei Schülern an der Tafel fixiert.

Vom Stundenablauf wäre nun eine _Phase der Hypothesenbildung_ denkbar, jedoch muß ausdrücklich darauf hingewiesen werden, daß aufgrund des geringen chemischen Vorwissens der Schüler hier nur wenige Möglichkeiten gegeben sind.

Daher erscheint mir ein Zusatzversuch nötig, von dem aus die Beobachtungen des Hauptversuchs dann erklärt werden können. Dazu werden zwei Reagenzgläser mit unterschiedlich gefärbten Neutralrotlösungen jeweils mit Hexan überschichtet und anschließend geschüttelt. Eine Abänderung der Versuchsvorschrift, wonach statt Hexan eigentlich Benzol verwendet werden soll, ist angebracht aufgrund der Toxizität des Benzols und der Tatsache, daß Hexan den Schülern bereits aus anderen Mischbarkeitsversuchen der Unterrichtsreihe bekannt ist. Bereits in vorausgegangenen Stunden erarbeitete Begriffe (polar, unpolar, lipophil, lipophob, hydrophil, hydrophob) sind auf den Zusatzversuch anzuwenden und können damit gefestigt werden – zunächst im Unterrichtsgespräch, dann durch Festhalten auf der Folie/ im Heft.

Die Ergebnisse des Zusatzversuchs sind nun als <u>Transfer</u> auf den Hauptversuch anzuwenden. Dabei sollen folgende Aspekte herausgearbeitet werden:

1. Neutralrot-Moleküle liegen im alkalischen Bereich ungeladen vor und können nur so die Membran passieren.
2. Die Neutralrot-Moleküle gehen in der Vakuole in den geladenen Zustand über (Farbänderung!).
3. Dies ist nur dadurch erklärbar, daß der pH-Wert der Vakuolenflüssigkeit im sauren Bereich liegen muß.
4. Liegen die Neutralrotmoleküle aber in saurer Lösung geladen vor, so gelangen sie nicht in die Vakuole. Die Membran läßt Neutralrot-Moleküle im geladenen Zustand nicht passieren.

Aus diesen Sachverhalten könnte sich bei den Schülern das Problem des Rücktransportes der Ionen aus der Vakuole ergeben. Wenn die Frage im Unterrichtsgespräch nicht aufgeworfen werden sollte, dann kann über einen Lehrerimpuls auch direkt zum Langzeitversuch hingelenkt werden. Den Schülern wird eine Folie präsentiert, die nun verschiedene Stadien des Ansatzes I (Epidermisstücke in basischer Lösung) bei unterschiedlichsten Inkubationszeiten zeigt. Die Akkumulation des Farbstoffs im Vakuoleninnenraum erfolgt demnach auch entgegen des Konzentrationsgefälles, d.h. ein Rücktransport der Ionen erfolgt nicht. Sobald dieser Aspekt im Unterrichtsgespräch genannt ist, kann der Begriff „Ionenfalle" eingeführt werden und der Titel des Versuches ergänzt werden.

Insgesamt gesehen ist die heutige Stunde induktiv angelegt, so daß die Diffusion als ein Beispiel eines (passiven) Transports über Membranen erkannt werden sollte, welches ausgeweitet werden kann auf andere Transportmöglichkeiten (z.B. erleichterte Diffusion über Carrier). In diese Richtung werden die Schüler in der Hausaufgabe gelenkt durch eine neue Problemstellung, wonach die Zelle – gerade im Widerspruch zum heutigen Stundenergebnis – Ionen aufnimmt. In der Hausaufgabe wird von den Schüler/innen einerseits eine Verallgemeinerung der am Neutralrotmolekül erarbeiteten Prinzipien gefordert. Es ergibt sich ferner für die nächste Stunde die Forderung nach anderen Tranportmechanismen für Ionen und damit wiederum die direkte, in der Hausaufgabe aber schon vorbereitete Anknüpfung an das Fluid-Mosaik-Modell, wenn die Carrier als Proteine erkannt werden.

Möglicherweise könnte auch in der heutigen Stunde bereits der Gedanke geäußert werden, daß die Neutralrotmoleküle über Proteine durch die Membran gelangen – zumal integrale Proteine bekannt sind. Diese Überlegungen wurden zugunsten einer gründlichen Erarbeitung in den Folgestunden zurückgestellt.

Im Verlaufsplan sind die Bruchstellen markiert, wobei sich die Hausaufgaben wie angegeben natürlich auch ändern müssen.

Der grundlegende Erkenntnisansatz der Naturwissenschaft, das Eingehen auf Struktur-Funktions-Zusammenhänge, wird in der Unterrichtsreihe geleistet, wobei die heutige Unterrichtsstunde Transportfunktion, Selektivität und gleichzeitig ansatzweise schon Kompartimentierung als Hauptaufgaben der Membran beinhaltet, auf die wieder zurückgegriffen werden kann.

III. Lernziele

Stundenziel:
Die Schüler sollen am Beispiel des Ionenfallenmechanismus selbständig erkennen, daß die Zellmembran für ungeladene Moleküle permeabel ist, nicht aber für geladene Moleküle.

Teilziele:
Die Schüler sollen

T1 angeregt durch den Vorversuch formulieren, daß der Farbstoff Neutralrot je nach pH-Wert unterschiedlich gefärbt ist.

T2 mit Hilfe des Mikroskops beobachten, daß es bei den in alkalischer Neutralrotlösung inkubierten Zwiebelepidermisstückchen zu einer Rotfärbung der Vakuole kommt, wahrend eine Akkumulation des Farbstoffs im Parallelversuch mit saurer Neutralrotlösung unterbleibt.

T3 die Rotfärbung unter Rückgriff auf den Vorversuch dadurch erklären, daß der Vakuoleninnenraum einen sauren pH-Wert aufweisen muß.

T4 anhand von zusätzlichen Mischbarkeitsversuchen und unter Anwendung ihrer bisherigen chemischen Kenntnisse zum Hexan auf die Eigenschaften der jeweiligen Neutralrotlösungen schließen, d.h. die Zuordnung der Begriffe unpolar, lipophil, hydrophob zur basischen, gelben Neutralrotlösung sowie der jeweiligen Gegenbegriffe zur sauren, roten Neutralrotlösung leisten.

T5 in einem Transfer auf den Hauptversuch rückschließen und erkennen, daß ungeladene Moleküle durch die Membranen (Plasmalemma und Tonoplast) diffundieren können, geladene Teilchen wie das Neutralrotion dagegen nicht, wobei dieser Sachverhalt noch einmal gesichert werden kann durch die Problematisierung des Ionentransports (Ionenfalle).

T6 durch Auswertung der in der Hausaufgabe gegebenen Versuchsergebnisse einen Widerspruch zum heute erworbenen Wissen feststellen, der die Frage nach weiteren für Ionen geeigneten Transportmechanismen der Membran aufwerfen soll.

IV. Verlaufsplan

Phasen/Zeit Teilziele	Unterrichtsschritte	Unterrichtsformen/ Medien
Hinführung T1 ca.4'	Zugabe von Neutralrotlösungen zu HCl bzw. NaOH in zwei Reagenzgläsern und anschließendes Schütteln, Festhalten der Beobachtungen an der Tafel kurze Erläuterung des Versuchsansatzes Überführen der vorbereiteten Präparate und mikroskopieren Arbeitsaufträge: 1. Skizziert jeweils eine Zelle Eures Präparates und haltet fest, welche Färbung wo lokalisiert ist! 2. Notiert Euch, in welchem pH-Bereich Euer Epidermisstück inkubiert wurde!	Lehrer-Demonstration SV, Tafel LV arbeitsteilige Gruppen EA
Erarbeitung T2 (T2/T3)	Benennen und Festhalten der gruppenteiligen Beobachtungen an der Tafel zur Verdeutlichung für alle Schüler. Zusätzliche Mischbarkeitsversuche: 2 Reagenzglaser mit roter bzw. gelber Neutralrotlösung werden jeweils mit Hexan überschichtet und geschüttelt. Schüler geben ihre Beobachtungen wieder. Schüler notieren sich den Versuch kurz und erklären als Hausaufgabe vor diesem Hintergrund die mikroskopischen Ergebnisse.	SV, Tafel SV, UG Lehrerdemonstration
T4 ca.8' Zwischensicherung ca.5' (Festigung und mögliche Hausaufgabe)	Welche chemischen Eigenschaften hat Hexan? Um welche Neutralrotlösungen muß es sich handeln? Abermaliges Nennen und Zuordnen der Begriffe „lipophil, lipophob, hydrophil, hydrophob, polar, unpolar" zur roten/sauren bzw. gelben/alkalischen Neutralrotlösung Schüler schreiben die Ergebnisse in ihr Heft. Wertet den auf dem Arbeitsblatt beschriebenen Langzeitversuch aus!	Impuls/ fragendentw.UG sammelndes UG/ Folie/ OHP Heft AB

T5 ca. 12'	Übertragen der Ergebnisse auf den Hauptversuch	SV/ fragend-entw. UG
	Stichwortartiges Festhalten der Ergebnisse an der Tafel	Tafel
Zwischen-sicherung	Problematisierung des Rücktransportes anhand des Langzeitversuchs (siehe Anhang)	UG
	Einführung des Terminus „Ionenfalle"	LV
	Bekanntgabe des Versuchtitels, evtl.	LV, Tafel
evt. Festigung	Wiederholung durch Schüler	SV
Hausaufgabe T6 ca. 1'	Bearbeite die Fragen 1-3 des Arbeitsblattes!	AB

V. Mögliches Tafelbild

Versuch: Der Ionenfallenmechanismus (Beispiel: Küchenzwiebel-Epidermiszellen)
1. Vorversuch: Farbstoff Neutralrot: saurer Bereich (pH< 7): rot
                                      alkalischer Bereich (pH>7):gelb
2. Mikroskopieren von Zwiebelepidermisstückchen nach 20-minütigem Einwirken von saurer bzw. basischer Neutralrotlösung

Versuchsskizze:

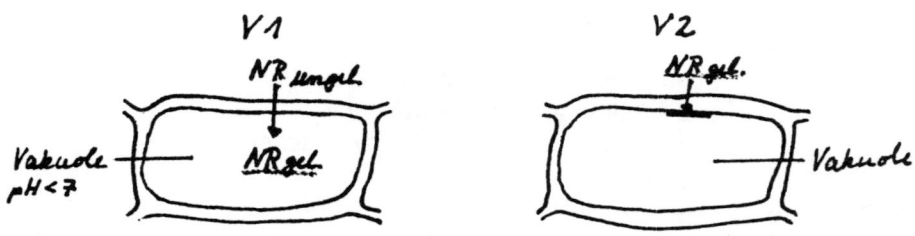

(mögliche Hypothesen)

3. Zusatzversuch

4. Versuchsergebnis: Ungeladene Neutralrotmoleküle diffundieren durch die Membranen und gehen infolge des sauren pH-Wertes der Vakuole in die Ionenform über (Farbänderung).
Geladene Neutralrotteilchen können die Membran nicht passieren (vgl. Ionenfalle bezgl. Rücktransport in V1, weiterer Beweis V2)
Selektivität der Membran

VI. Literaturangaben

Alberts/ Bray/ Lewis et al.: *Molekularbiologie der Zelle*. Weinheim 1986, S.313/ 314
Knodel, H. (Hg.): *Neues Biologiepraktikum Linder. Biologie. Lehrerband*. Stuttgart 1985, S. 32-34 (unter leichter Abänderung der Versuchsangaben)

Arbeitsblatt:
Langzeitversuch mit Zwiebelepidermisstückchen, die in basische Neutralrotlösung eingelegt wurden

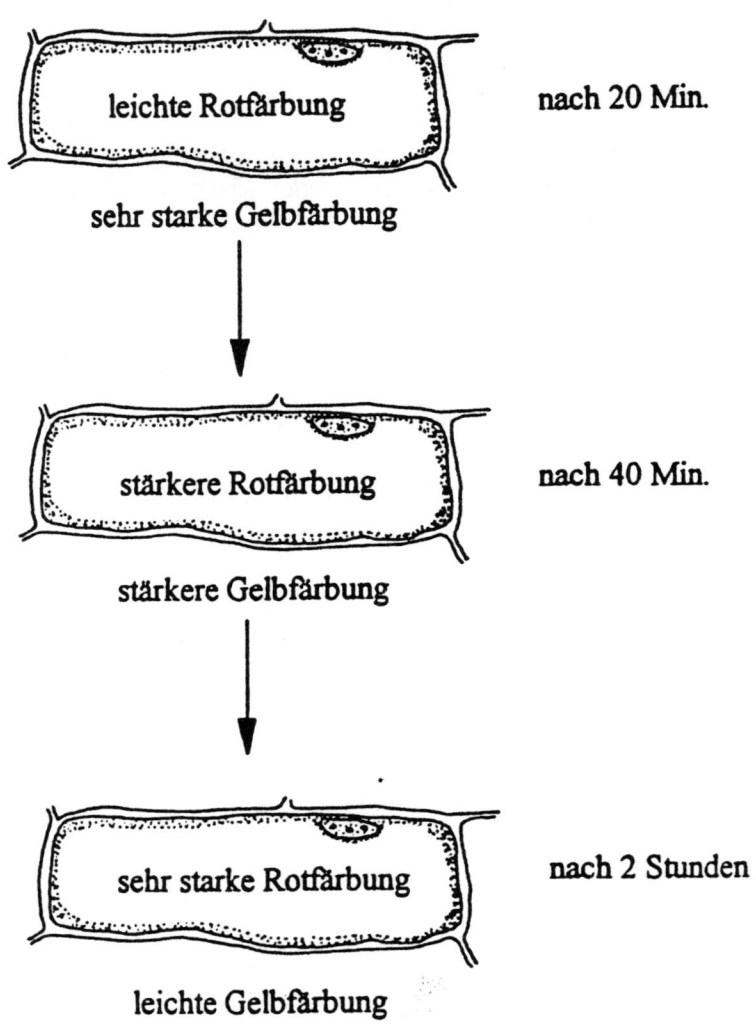

Arbeitsauftrag:
Interpretiere den dargestellten Langzeitversuch, der als Fortführung des in der Stunde besprochenen Versuchsansatzes I (basische Neutralrotaußenlösung) zu verstehen ist!

Arbeitsblatt:

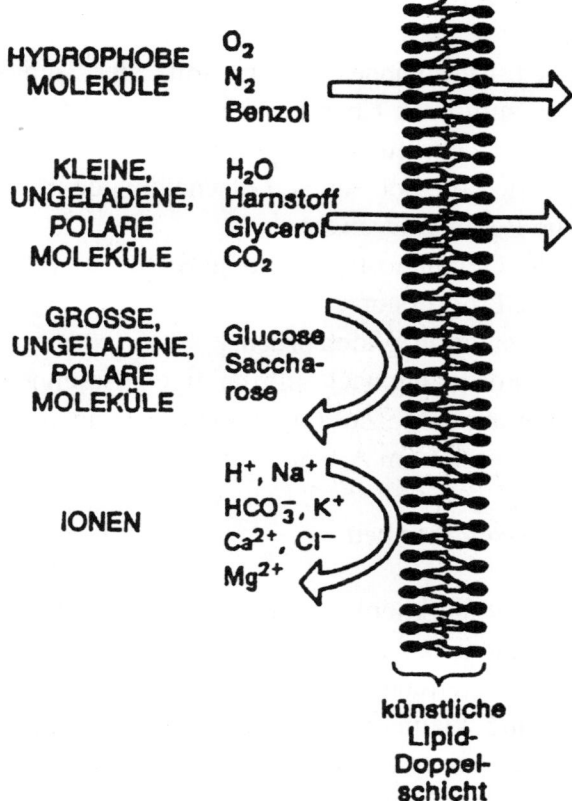

künstliche Lipid-Doppelschicht

Arbeitsaufträge:
1a) Werte die Tabelle aus!

Ion	Konzentration innen (nM)	Konzentration außen (nM)
Na^+	5-15	145
K^+	140	5
Mg^{2+}	30	1-2
Ca^{2+}	1-2	2,5-5
Cl^-	4	110

Säugetierzellen wurden in verschiedene Salzlösungen eingelegt. Gemessen wurden die Ionenkonzentrationen innerhalb und außerhalb der Zellen.
1) Was fällt Dir auf der Grundlage der Stundenergebnisse auf?
2) Erläutere die Abbildung!
3) Bringe die beiden Untersuchungsergebnisse der Arbeitsaufträge I und 2 in Zusammenhang und versuche, sie auf der Grundlage Deiner Kenntnisse zur Membran zu begründen!

Der Entwurf enthält folgende Qualitätsmerkmale

1. Ausführliche Auseinandersetzung mit der didaktischen Reduktion (Abgrenzung zum Fach Chemie, Vorarbeiten zum Experimentalunterricht, fachlich intensive Nachuntersuchungen)
2. Begründung der methodischen Entscheidungen mit Sachbezug und mit Blick auf die Bedingungsanalyse
3. Beachtung der Gefahrstoffverordnung/ Sicherheitsvorschriften
4. Ausgewiesene Progression
5. U.a. Motivation durch Widerspruch
6. Beachten der Forderung nach selbständigem Erkennen
7. Lernzielsicherung durch Zusammenfassungen an der Tafel, auf Folie etc.
8. sinnvolle Progression im Arbeitsblatt der Hausaufgabe

Hinweise zur Verwendbarkeit

1. Die geschickte Verknüpfung des Stundenthemas mit dem Inhalt der gesamten Reihe kann als vorbildlich für die Gestaltung von Unterricht unter fächerübergreifenden Aspekten gelten.
2. Die Einbindung kleinerer Demonstrationsexperimente zur Vorbereitung von umfangreicheren Schülerversuchen ist auf Unterrichtsthemen aller Experimentalfächer übertragbar.
3. Der gewählte induktive Weg ist mit fortschreitender Hypothesenbildung in schülerzentrierten Unterrichtsformen als grundsätzlich geeignetes Verfahren in naturwissenschaftlichen Fächern anzusehen.

Chemie	Jahrg. 12 - LK	integrativer Entwurf
Reaktionsgeschwindigkeit		

Thema der Reihe:
Reaktionskinetik

Thema der Stunde:
Untersuchung der Abhängigkeit der Reaktionsgeschwindigkeit von den Anfangskonzentrationen der Edukte bei der Reaktion von Natriumthiosulfat mit Salzsäure mit Hilfe eines durch die Schüler geplanten Schülerexperiments

I. Informierender Teil

Der Leistungskurs der Jahrgangsstufe 12 setzt sich aus 2 Schülerinnen und 8 Schülern zusammen und besteht schon seit 11.1, da an dieser Schule nach einem anderen als dem sonst in NRW üblichen Oberstufenmodell gearbeitet wird. Die Schüler wählen ab 11.1 drei fünfstündige Leistungskurse, von denen sie einen zu Beginn von 13.1 als 3. Abiturfach abstufen.

Im Rahmen des Kursthemas „Das chemische Gleichgewicht" habe ich zuerst das Thema „Energetik chemischer Reaktionen" behandelt, das mit der 1. Klausur des Halbjahres abgeschlossen wurde (Notendurchschnitt 2,0). Der Einstieg in das Reihenthema „Reaktionskinetik" erfolgte mit Hilfe des Schülerexperiments „Beobachtung des zeitlichen Verlaufs der Reaktion von Zink mit Salzsäure". Nach der Klärung des Begriffs „Reaktionsgeschwindigkeit" können nun im weiteren Verlauf die Abhängigkeiten dieser Größe von verschiedenen Faktoren betrachtet werden. Vor dieser Unterrichtsstunde wird die Abhängigkeit der Reaktionsgeschwindigkeit von der Temperatur erarbeitet. Dies geschieht ebenfalls an der Reaktion von Natriumthiosulfat mit Salzsäure.

II. Geplanter Unterrichtsverlauf

Phase	Unterrichtsverlauf/-gegenstand	Unterrichts-form/ Medien
Einstieg (Hinführung zum Problem)	Experimente: In zwei Reagenzgläsern werden jeweils 14 ml von verschieden konzentrierten Natriumthiosulfatlösungen vorgelegt. Dazu werden gleichzeitig jeweils 2 ml verschieden konzentrierter Salzsäure gegeben. (Den Schülern werden die Konzentrationen nicht bekanntgegeben.) Beobachtung: In einem Fall fällt erheblich schneller Schwefel aus als im anderen. Diskussion über die Gründe für diese Beobachtung und Bekanntgabe der Konzentrationen auf Nachfrage der Schüler	Lehrer-Demonstrationsexperimente Unterrichtsgespräch
Problemformulierung	Wie hängt die Reaktionsgeschwindigkeit von den Anfangskonzentrationen der Edukte ab?	U-Gespräch Tafel
Aufstellen einer Hypothese zur Lösung des Problems	Mögliche Formulierungen: – Die Reaktionsgeschwindigkeit der Reaktion verdoppelt sich bei Verdopplung der Konzentration des einen Edukts und ebenso beim anderen usw. – Die Reaktionsgeschwindigkeit ist proportional zur Anfangskonzentration jedes Edukts.	U-Gespräch Tafel
Planung und Durchführung eines Experiments zur Überprüfung der Hypothese	Die Schüler sollen ein Überprüfungsexperiment planen. Es reicht dabei, die Überlegung anzustellen, daß man jeweils die Anfangskonzentration eines Edukts bei Beibehaltung der Anfangskonzentration des anderen verändert. Die genauen Zahlenwerte zum arbeitsteiligen Schülerexperiment werden dem Arbeitsblatt entnommen.	U-Gespräch Schülerexperiment/ 3. AB zur Kinetik
Verifizierung, bzw. Falsifizierung der Hypothese	Sammlung der Meßergebnisse Bearbeitung der Aufgaben c) und d) des Arbeitsblatts	U-Gespräch Folie PA/ AB
Ergebnissicherung	Die Reaktionsgeschwindigkeit hängt im Rahmen der Meßgenauigkeit nicht von der Anfangskonzentration der Salzsäure ab, sondern von der Anfangskonzentration der Natriumthiosulfatlösung. (Mindestergebnis). Genauer: Sie ist proportional zu dieser.	U-Gespräch Folie

III. Begründender Kommentar

Im Rahmen des Kursthemas „Das chemische Gleichgewicht" soll nach den Richtlinien der gymnasialen Oberstufe auch die Kinetik chemischer Reaktionen besprochen werden ([RIC81] S.39). Untersuchungen auf diesem Gebiet sind vor allem für praktische Anwendungen, z.B. in großtechnischen Anlagen, aber auch zum Verständnis in Alltagssituationen wichtig. Ein wesentlicher Punkt ist dabei die Beeinflussung der Reaktionsgeschwindigkeit; oft sind nur aufgrund solcher Kenntnisse Reaktionen in vernünftiger Ausbeute führbar.

Es stellt sich nun dem Lehrer die Frage, in welcher Reihenfolge er die Faktoren, von denen die Reaktionsgeschwindigkeit abhängt, behandelt. Ich habe mich dazu entschlossen, mit der Abhängigkeit von der Temperatur zu beginnen. Da schon an anderen Stellen im Unterrichtsgang erwähnt wurde, daß sich die Teilchen bei einer Erhöhung der Temperatur schneller bewegen, können die Schüler meiner Ansicht nach dies auch hier übertragen. Sie können schließen, daß es durch die Erhöhung der Teilchengeschwindigkeit zu einer Erhöhung der Kollisionshäufigkeit und damit zu einer Erhöhung der Reaktionsgeschwindigkeit kommt. Daß dieser Effekt gering ist und wesentlich eigentlich die Erhöhung des Bruchteils der Teilchen ist, die einen bestimmten notwendigen Energiewert überschreiten, und dadurch zu einer Erhöhung der „erfolgreichen" Kollisionen führt ([WAM93] S.109), soll an dieser Stelle des Unterrichts nicht thematisiert werden, sondern erst bei der Behandlung der Arrhenius-Gleichung. Wichtig für den weiteren Unterrichtsgang ist, daß die Schüler erste Überlegungen in Richtung „Stoßtheorie" anstellen und diese in der hier beschriebenen Unterrichtsprobe auf die Abhängigkeit von der Konzentration übertragen können.

Daß die Konzentrationsabhängigkeit der Reaktionsgeschwindigkeit im Unterricht mit Hilfe eines Experiments erarbeitet werden sollte, ist wohl aufgrund der zentralen Stellung des Experiments für die Chemie unbestritten und muß hier nicht diskutiert werden. Es bleibt die Wahl des Experiments. Aus dem Einstiegsexperiment in die Reihe „Zink mit Salzsäuren" ließe sich auch ein Geschwindigkeit-Konzentrations-Diagramm erstellen, wobei aber nur die Abhängigkeit von der Konzentration der Hydroniumionen ermittelt werden kann, da es sich hier um eine heterogene Reaktion handelt. Dieses Beispiel hielt ich für besonders geeignet als Einstieg, da es ermöglicht, den zeitlichen Verlauf der Reaktion anhand des entstehenden Wasserstoffvolumens direkt zu verfolgen. Dies ist, wie im folgenden noch erläutert wird, bei der in dieser Unterrichtsprobe verwendeten Reaktion nicht möglich.

Mögliche Experimente sind:
- Reaktion eines unedlen Metalls, z.B. Mg, mit einer Säure, z.B. Salzsäure: Dazu werden gleichlange Stücke Magnesiumband mit unterschiedlich konzentrierten Salzsäuren zur Reaktion gebracht ([WAM93] S.13f). Die Nachteile dieser Möglichkeit sind, daß mehrere Phasen eine Rolle spielen, daß sich die Oberfläche des Magnesiums verändert und daher nicht als konstant angesehen werden kann, daß die entstehende Wärme in sehr unterschiedlichen Zeiten abgegeben wird und dadurch nicht immer reproduzierbare Versuchsbedingungen geschaffen werden können. Wie schon oben erwähnt, läßt sich hier nur die Abhängigkeit von der Konzentration eines Edukts feststellen.

- Photometrische Untersuchungen, z.B. an der Reaktion von Ferroin-Lösung und Salzsäure ([WAM93] S.60ff) oder der Alcotest-Reaktion ([WAM93] S.63 f.): Nachteile liegen hier in der Benötigung eines Photometers, so daß kein Schülerversuch möglich ist, und darin, daß noch theoretische Grundlagen wie z.B. das Lambert-Beersche Gesetz gelegt werden müssen. Allerdings könnte man hier die moderne Methode der Meßwerterfassung durch den Computer in die Unterrichtsreihe einbauen; da das benötigte Interface und Programm nicht zur Verfügung steht, ist dies aber leider nicht möglich.
- Inversion von Rohrzucker ([WAM93] S.71 f.): Diese Reaktion ist sehr langsam und, da an der Schule nur ein Polarimeter vorhanden ist, nicht als Schülerversuch durchführbar. Gut wäre hierbei, daß an den Unterrichtsstoff der Jahrgangsstufe 11.2 (Optische Aktivität) angeschlossen werden könnte.
- Reaktion von Iodid- mit Peroxodisulfationen ([CHE88] S.74 f.): Diese Reaktion ist ziemlich kompliziert, da auch noch zur Erkennung eines Endpunkts der Zusatz von Stärke und Thiosulfationen nötig ist. Die Reaktionsgeschwindigkeit dieser Reaktion ist jeweils linear abhängig von der Konzentration der beiden Edukte. Dies ist überraschend, da in der Bruttoreaktion jeweils zwei Iodidionen mit einem Peroxodisulfation reagieren, wird aber die Schüler nicht so erstaunen wie eine Reaktion, die unabhängig von der Konzentration eines ihrer Edukte ist.
- Reaktion von Natriumthiosulfat mit Salzsäure: Da ich diese Möglichkeit gewählt habe, möchte ich im folgenden meine Entscheidung näher begründen.

Es handelt sich hierbei um eine homogene Reaktion, da beide Edukte in Lösung vorliegen. Man kann also die Abhängigkeit der Reaktionsgeschwindigkeit von der Konzentration beider Edukte ermitteln. Man wendet dazu die Methode der Anfangsgeschwindigkeiten an. Die Bruttoreaktionsgleichung der Reaktion lautet:

$$Na_2S_2O_3(aq) + 2\ HCl(aq) \rightarrow SO_2(g) + H_2O(l) + S(s) + 2\ NaCl(aq)$$

Der Reaktionsmechanismus läßt sich folgendermaßen beschreiben ([KUR82] S. 111; [ELE89] S. 27):

$$S_2O_3^{2-} + 2\ H_3O^+ \rightarrow H_2S_2O_3 + 2\ H_2O \quad \text{(Austreiben)}$$
$$H_2S_2O_3 \rightarrow S + SO_2 \uparrow + H_2O \quad \text{(Zerfall)}$$
$$nS \rightarrow S_n \downarrow \quad \text{(Zusammenballung)}$$

Die aus den Thiosulfat- und den Hydroniumionen gebildete Thioschwefelsäure zerfällt in Schwefeldioxid, Wasser und Schwefel. Die gebildeten Schwefelatome lagern sich erst zu Molekülen und diese dann zu Kristallen zusammen, die ab einer gewissen Größe als schwache Opaleszenz zu sehen sind. Daraus wird dann eine Trübung, und weißgelber Schwefel fällt aus.

Mißt man nun nach dem Zusammengeben der Edukte die Zeit, bis eine schwache Opaleszenz vor schwarzem Hintergrund sichtbar wird, so geschieht dies bei allen Versuchen bei der gleichen Schwefelmenge. Daher sind bis zu diesem Zeitpunkt die Konzentrationsänderungen immer gleich groß (Beachte: konstantes Reaktionsvolumen). Die mittlere (Anfangs-)Reaktionsgeschwindigkeit ist deshalb proportional zum Kehrwert der Reaktionszeit. Ich messe nur die Reaktionszeit bis zu einer schwachen

Opaleszenz, wie in [JEN75] S. 280, [ELE89] S. 27, [KUR82] S. 111 und [WAM93] S. 56 vorgeschlagen und nicht, bis ein aufgemaltes Kreuz durch die Trübung nicht mehr zu erkennen ist, wie in [DEH93] S. 74, [CHE88] S. 75 und [SCH77] S. 50 verlangt, da die Abweichungen von der wahren Anfangsgeschwindigkeit bei der Methode der Anfangsgeschwindigkeiten mit steigendem Umsatz der Reaktion größer werden ([DEH94] S.52). So kann man hier auch sagen, daß die Anfangsgeschwindigkeit dem Kehrwert der Reaktionszeit proportional ist, denn außerdem nimmt die Konzentration zu Beginn der Reaktion annähernd linear ab.

Vorteilhaft an diesem Versuch ist auch, daß die Schüler die Methode der Anfangsgeschwindigkeiten kennenlernen, die vor der Einführung der Beobachtung des zeitlichen Verlaufs einer Reaktion mit Hilfsmitteln wie einem Photometer eine wichtige Methode zur Bestimmung von Reaktionsgeschwindigkeiten war. Diese Methode und die Versuchsdurchführung lernen die Schüler schon in der Doppelstunde zur Temperaturabhängigkeit der Reaktionsgeschwindigkeit kennen, so daß in dieser Stunde hier keine Probleme zu erwarten sind. Den Schülern ist daher schon bekannt, an welchem Punkt die Zeit gestoppt werden muß, so daß auch in einem arbeitsteiligen Schülerexperiment Meßwerte im Rahmen der üblichen Meßgenauigkeit zu erwarten sind. Eigentlich wäre es günstiger, wenn alle Messungen von derselben Person durchgeführt würden ([WAM93] S. 56); dies ist aber sehr zeitaufwendig und meiner Meinung nach nicht nötig, wenn die Schüler sich über den Stoppunkt geeinigt haben.

Ich habe mich dazu entschieden, diesen Versuch als <u>Schülerexperiment</u> durchzuführen, da:

– schon von den Richtlinien für einen Leistungskurs mehr Schülerexperimente und quantitative Betrachtungen ([RIC81] S.39]) gefordert werden
– laut eines Beschlusses der Fachkonferenz Chemie der Schule durchschnittlich ein Schülerexperiment pro Woche im Leistungskurs durchgeführt werden soll
– in Klausuren auch sehr häufig Schülerexperimente durchgeführt werden und dies geübt werden muß
– gerade quantitative Experimente die Schüler zu sorgfältigem Arbeiten zwingen;
– die Motivation durch Schülerexperimente in dieser Lerngruppe sehr gesteigert wird
– sich die Schüler mit einem selbst ermittelten Ergebnis mehr identifizieren und es lieber auswerten
– die Kommunikationsfähigkeit, Selbständigkeit etc. gefördert wird;
– dieses Experiment sich gut arbeitsteilig durchführen läßt und daher den Zeitaufwand erheblich reduziert
– eine Meßreihe dieser Art mit ca. 10 Messungen als Demonstrationsexperiment langweilig wäre.

(Die Liste erhebt keinen Anspruch auf Vollständigkeit.)

Da die Schüler diesen Versuch schon in der letzten Stunde bei verschiedenen Temperaturen zweimal durchgeführt haben und sie auch allgemein im Experimentieren relativ gut geübt sind, sollte das Experiment in einem überschaubaren Zeitrahmen (ca. 15 Minuten) abgeschlossen werden können.

Wie aus der Reaktionsgleichung zu entnehmen, entsteht bei der Reaktion giftiges Schwefeldioxid. Da hier nur mit sehr geringen Konzentrationen gearbeitet wird, können die Versuche trotzdem am Schülerarbeitsplatz durchgeführt werden (R: 23 - 36/ 37; S: 7/ 9-44; MAK-Wert: 5 mg/m3. Es entstehen maximal 4,64 mmol SO_2. Da der

Chemieraum größer als 60 m³ ist, wird der MAK-Grenzwert daher nicht überschritten. Außerdem gilt dieser Wert noch bei einer achtstündigen Belastung.). Durch Öffnen der Fenster kann für eine bessere Durchlüftung gesorgt werden, so daß der Geruch keine Behinderung darstellt. Zusätzlich müssen die Schüler aber darauf aufmerksam gemacht werden, daß sie nicht ihre Nasen direkt über das Reagenzglas halten.

Ein weiterer Vorteil der gewählten Reaktion besteht in ihrer Bedeutung im Hinblick auf die gewählte Artikulation. Wie aus dem Stundenverlaufsplan zu entnehmen ist, können die Schüler in dieser Stunde dem typischen Weg der Erkenntnisgewinnung in den Naturwissenschaften folgen: Aus den Beobachtungen zu einigen Versuchen und bekannten Modellvorstellungen wird eine Hypothese erstellt, welche durch weitere Experimente bestätigt, bzw. erhärtet oder verneint werden kann. Die Unterrichtsstunde erfüllt also die Forderung der Richtlinien nach Wissenschaftspropädeutik ([RIC81] S.14f.). Da die Reaktionsgeschwindigkeit der verwendeten Reaktion im Rahmen der Meßgenauigkeit nicht von der Anfangskonzentration der Salzsäure abhängt und die Schüler dies sicher nicht vermuten werden, kann die Hypothese hier falsifiziert werden. Dies ist wichtig für den Lernprozeß der Schüler, da sie sonst leicht das Gefühl bekommen, daß alle Modelle, die man entwickelt und aus denen man Hypothesen ableitet, richtig sind, da Hypothesen im Unterricht fast immer verifiziert werden. Im alltäglichen Leben ist dies aber selten der Fall, so daß es wichtig für das weitere Leben der Schüler ist, auch einmal Rückschläge zu erfahren, die sie aber dann aus eigener Kraft im weiteren Unterrichtsgang lösen können. Nach [DEH94] S. 53 und [CHE89] S.111 besteht zwischen der Reaktionsgeschwindigkeit und der Konzentration der Salzsäure kein einfacher Zusammenhang; die Geschwindigkeitsgleichung lautet:

$$v = \frac{k \cdot c(H^+)}{1 + k' \cdot c(H^+)} c(S_2O_3^{2-}).$$

Bei den von mir gewählten Versuchsbedingungen ist diese Abhängigkeit von der Konzentration der Salzsäure aber nicht feststellbar. Bei Vorversuchen ergab sich, wie auch in [WAM93] S. 55 geschildert, im Rahmen der Meßgenauigkeit keine Abhängigkeit. Aus der Geschwindigkeitsgleichung ist zu erkennen, daß bei der Wahl einer möglichst hohen Salzsäurekonzentration die Abhängigkeit keine Rolle mehr spielt. Für einen Schülerversuch sollte aber aus Sicherheitsgründen die Konzentration der verwendeten Salzsäure nicht zu hoch sein.

Die <u>Versuchsanleitung</u> und die verwendeten Volumina wurden zum Teil aus [KUR82] S. 111 f. entnommen (siehe Anlage: 3. Arbeitsblatt zur Reaktionskinetik). Da die Natriumthiosulfatausgangslösung eine Konzentration von 0,08 mol l^{-1} hat, wurde aus rechentechnischen Gründen ein konstantes Reaktionsvolumen von 16 ml gewählt.

Nun möchte ich noch einige <u>Erläuterungen zum geplanten Unterrichtsverlauf</u> anschließen. Die Einstiegsexperimente werden von mir vorgeführt, weil sie nicht der zentrale Punkt der Stunde sind, sondern nur zum Problem hinführen sollen. Da die Schüler die Reaktion aus der letzten Stunde kennen, braucht sie nicht lange diskutiert zu werden. Vielmehr sollen die Schüler Vermutungen anstellen, warum die Reaktionsgeschwindigkeit im einen Fall größer ist als im anderen. Falls sie nicht auf die Idee von verschieden konzentrierten Ausgangslösungen kommen, werde ich sie darauf hinweisen, daß ich bei der Vorführung der Experimente einige Angaben verschwiegen habe. Auf Nachfrage teile ich die unterschiedlichen Konzentrationen mit, und wir können das Problem der Abhängigkeit der Reaktionsgeschwindigkeit von den Anfangskonzentrationen der Edukte formulieren.

Eine qualitative Aussage zum Problem läßt sich nach den Einführungsexperimenten machen. Falls die Schüler nicht von alleine eine quantifizierte Vermutung äußern, werde ich durch gezielte Fragen in die Richtung steuern. Da, wie oben erwähnt, schon bei der Temperaturabhängigkeit Aspekte der „Stoßtheorie" angesprochen werden, sollte es den Schülern hier nicht schwerfallen zu schließen, daß es z.B. bei einer Verdopplung der Konzentration eines Edukts zu einer doppelt so großen Stoßhäufigkeit kommt und damit zu einer Verdopplung der Reaktionsgeschwindigkeit. Bei der Planung des Überprüfungsexperiments reicht es, wenn die Schüler die Verdopplung, Verdreifachung etc. der Anfangskonzentration jeweils eines Eduktes bei gleichzeitiger Beibehaltung der Anfangskonzentration des anderen Edukts vorschlagen. Die genauen Zahlenwerte können dann dem Arbeitsblatt entnommen werden. Da die Reaktion schon in ähnlicher Form als Experiment bei unterschiedlichen Temperaturen mit gleichbleibenden Konzentrationen durchgeführt wurde, werden die Schüler kaum eine vollkommen andere Versuchsdurchführung vorschlagen, so daß ich das Arbeitsblatt schon in ihrem Sinne vorbereiten konnte.

Die Schüler sind zwar geübt im Experimentieren, neigen aber dazu, Schülerexperimente sehr „locker" anzugehen; sie müssen daher immer wieder auf die Notwendigkeit des sorgfältigen Arbeitens hingewiesen werden. Da das Experiment arbeitsteilig durchgeführt wird, müssen nach Beendigung der Experimentiertätigkeit die Meßergebnisse im Unterrichtsgespräch gesammelt und auf einer vorbereiteten Folie für alle sichtbar festgehalten werden. Schon hier müßte sich an den gemessenen Zeiten der Arbeitsgruppen D und E erkennen lassen, daß keine Abhängigkeit von der Anfangskonzentration der Salzsäure vorliegt und die Hypothese für diesen Fall falsifiziert werden muß.

Vielleicht werden die Schüler schon Erklärungsversuche dafür anbringen, doch dies soll eigentlich an späterer Stelle geschehen. Für die Abhängigkeit von der Konzentration an Natriumthiosulfat läßt sich aus den Meßergebnissen sofort die qualitative Vermutung bestätigen, doch sie muß noch quantifiziert werden. Wenn das Schülerexperiment länger dauert, als ich erwarte, läßt sich aber hier schon ein Stundenabschluß mit qualitativem Ergebnis finden. Dieses kann als Hausaufgabe mit Hilfe einer Zeichnung quantifiziert werden, so daß das eigentlich noch in dieser Stunde angestrebte Ergebnis dann in der nächsten Stunde erfolgen kann. Wenn genügend Zeit vorhanden ist, kann die Proportionalität noch in dieser Stunde festgehalten und eventuell Überlegungen zur Erklärung angestellt werden. Falls die Schüler nicht auf die Idee kommen, sich den Reaktionsmechanismus, den wir in der letzten Stunde besprochen haben, näher anzusehen, kann ich sie darauf hinweisen. Dies werde ich auch tun, wenn die Aufgabe e) des Arbeitsblatts als Hausaufgabe erteilt wird.

Aufgrund der <u>Ergebnisse des Experiments</u> dieser Stunde können nun in den folgenden Unterrichtsstunden die Begriffe „Geschwindigkeitsgleichung", „Geschwindigkeitskonstante" und „Reaktionsordnung" eingeführt werden. Es kann die Bedeutung der experimentellen Ermittlung der Reaktionsordnung und die Rückschlüsse auf den geschwindigkeitsbestimmenden Schritt behandelt werden. An dieser Stelle muß dann auch die Stoßtheorie vertieft werden. Die Meßergebnisse des Versuchs zur Temperaturabhängigkeit können mit Hilfe der Arrhenius-Gleichung zur Bestimmung der Aktivierungsenergie der Reaktion ausgenutzt werden. Als weiterer wichtiger Faktor zur Beeinflußung der Reaktionsgeschwindigkeit müssen noch Katalysatoren besprochen werden.

IV. Unterrichtsziele

Stundenziel:
Die Schüler sollen mit Hilfe eines von ihnen geplanten Schülerexperiments feststellen, daß die Reaktionsgeschwindigkeit der Reaktion von Natriumthiosulfat mit Salzsäure nur von der Anfangskonzentration an Natriumthiosulfat abhängt, aber (im Rahmen der Meßgenauigkeit) nicht von der Anfangskonzentration der Salzsäure.

Teilziele:
Die Schüler sollen
- aus den Einstiegsexperimenten schließen, daß die Reaktionsgeschwindigkeit abhängig von den Anfangskonzentrationen der Edukte ist.
- eine quantitative Hypothese zu dieser Abhängigkeit aufstellen.
- ein Überprüfungsexperiment planen.
- dieses sorgfältig durchführen.
- ihre Meßergebnisse auswerten können, d.h. anhand der Meßergebnisse die (von mir erwartete) Hypothese im einen Fall falsifizieren, im anderen verifizieren.
- erkennen, daß eine Erklärung für die falsifizierte Hypothese gefunden werden muß, d.h., entweder sind die bisherigen Überlegungen in Richtung „Stoßtheorie" falsch, dem widerspricht aber die Verifizierung im anderen Fall, oder der Fehler in den Überlegungen liegt auf anderem Gebiet.

V. Literatur
[CHE88] *Chemie heute SII*. Schroedel, Hannover 1988
[CHE89] Chemie heute SII. Lehrerband. Schroedel, Hannover 1989
[DEH93] Klaus Dehnert u.a.: *Allgemeine Chemie*. Aktualisierte Ausgabe. Schroedel, Hannover 1993
[DEH94] Klaus Dehnert u.a.: *Allgemeine Chemie*. Aktualisierte Ausgabe. Kommentare und Lösungen. Schroedel, Hannover 1994
[ELE89] *elemente Chemie II*. Klett, Stuttgart 1989
[IEN75] Alfred Jenette, Roland Franik: *Chemie*. Bd. 1. bsv, München 1975, 2. Auflage
[KUR82] *Kursheft Praktikum Chemie*. Klett, Stuttgart
[RIC81] Kultusministerium Nordrhein-Westfalen (Hrsg.): *Richtlinien für die gymnasiale Oberstufe in NRW, Chemie*. Verlagsgesellschaft Ritterbach, Frechen 1981
[SCH77] Hans-Jürgen Schmidt, Hatto Seitz: *Denken und Experimentieren - Experimentieren und Denken*. Aulis Kolleg Chemie. Aulis Verlag, Köln 1977
[WAM93] Heinz Wambach (Hg.): *Materialien-Handbuch Kursunterricht Chemie. Band 3, Kinetik - Gleichgewichte - Massenwirkungsgesetz*. Aulis Verlag, Köln 1993

CH LK 12 3. Arbeitsblatt zur Reaktionskinetik

Thema: Abhängigkeit der Reaktionsgeschwindigkeit von den Anfangskonzentrationen der Edukte

Beispiel: Reaktion von Natriumthiosulfatlösung mit Salzsäure (Vorunterricht)

Geräte und Chemikalien:
Reagenzgläser, ein passender Stopfen, Reagenzglasständer, Stück schwarzer Karton, Meßzylinder (10 ml), Meßpipetten, Peleusball, Stoppuhr, Schutzbrille, Kittel, Papiertücher;
Lösung 1 (L1): Natriumthiosulfatlösung ($c = 0{,}08$ mol l^{-1});
Lösung 2 (L2): Salzsäure ($c = 2$ mol l^{-1}), destilliertes Wasser.

Versuchsdurchführung:
1. Die Arbeitsgruppen A, B und C geben nach den Angaben in der Tabelle (siehe Seite 2) jeweils die angegebenen Volumina der Lösung 1 und des Wassers in ein Reagenzglas. Danach wird das entsprechende Volumen der Lösung 2 hinzugefügt und die Dauer gemessen, bis eine schwache Opaleszenz vor schwarzem Hintergrund sichtbar wird. Auf eine gute Durchmischung der Flüssigkeiten zu Beginn des Versuchs ist zu achten!
2. Die Arbeitsgruppen D und E geben nach den Angaben in der Tabelle (siehe Seite 2) jeweils die angegebenen Volumina der Lösung 2 und des Wassers in ein Reagenzglas. Danach wird das entsprechende Volumen der Lösung 1 hinzugefügt und die Dauer gemessen, bis eine schwache Opaleszenz vor schwarzem Hintergrund sichtbar wird. Auf eine gute Durchmischung der Flüssigkeiten zu Beginn des Versuchs ist zu achten!

Aufgaben:
a) Führt die Versuche Eurer Arbeitsgruppe durch!
b) Tragt Eure Meßergebnisse in die umseitige Tabelle ein! Die Meßergebnisse der anderen Arbeitsgruppen werden im Plenum festgehalten und eingetragen
c) Ergänzt die Tabelle!
d) Ermittelt einen Zusammenhang zwischen der Reaktionsgeschwindigkeit und den Anfangskonzentrationen an Natriumthiosulfatlösung und Salzsäure!
e) Interpretiert Eure Ergebnisse!

Arbeits-gruppe	V(L1) ml	V(H$_2$O) ml	V(L2) ml	c(Naths) mol l^{-1}	c(HCl) mol l^{-1}	t s	1/t s^{-1}
A	2	12	2				
A	4	10	2				
B	6	8	2				
B	8	6	2				
C	10	4	2				
C	12	2	2				
(A)	4	10	2				
D	4	8	4				
D	4	6	6				
E	4	4	8				
E	4	2	10				

Erläuterungen:
c(Naths): Anfangskonzentration an Natriumthiosulfat
c(HCl): Anfangskonzentration an Salzsäure

Der Entwurf enthält folgende Qualitätsmerkmale

1. Knappe, aber hinreichende Informationen über die Voraussetzungen und die besonderen Bedingungen der Schule (Spezifika des Leistungskurses)
2. Ausführliche Darstellung der Experimentauswahl (Abwägung des fachwissenschaftlichen Erkenntnisweges)
3. Begründung der methodischen Entscheidungen (Schülerexperiment)
4. Berücksichtung der Sicherheitsvorkehrungen
5. Umfangreiches, gut strukturiertes (oberstufengemäßes) Arbeitsblatt
6. Die Planung des Unterrichts erscheint zu umfangreich für eine einzelne Unterrichtsstunde (vor allem unter Berücksichtigung des Einsatzes von Schülerexperimenten).
7. Überlegungen zu möglichen Sollbruchstellen wären wünschenswert.

Hinweise zur Verwendbarkeit:

1. Die Bemühungen um die Planung zur Überprüfung einer aufgestellten Hypothese können in allen Fächern verfolgt werden. (Hier: Experimentplanung)
2. Der Stundenverlauf gibt einen typischen Weg der Erkenntnisgewinnung im naturwissenschaftlichen Bereich wieder.

Sport	Jahrg. 11 - GK	additiver Entwurf
Volleyball		

Thema der Unterrichtsreihe:
Volleyball – Schulung der Grundfertigkeiten im Hinblick auf die Verbesserung der Spielfähigkeit auf dem Normalfeld (6:6)

Thema der vorangegangenen Stunde:
Verbesserung des Aufschlags von unten und oben

Thema der heutigen Unterrichtsstunde:
Verbesserung der Grundfertigkeiten (Pritschen und Baggern) unter besonderer Berücksichtigung der Reaktions- und Orientierungsfähigkeit

Thema der folgenden Unterrichtsstunde:
Verbesserung der Grundfertigkeiten unter besonderer Berücksichtigung der Differenzierungsfähigkeit

Bemerkungen zur Lernsituation
Der Grundkurs Volleyball der Jahrgangsstufe 11 wird von 24 Schülern (10 Mädchen, 14 Jungen) besucht, die mir seit Schuljahresbeginn durch Hospitationsstunden und eigenen Unterricht bekannt sind. Das Alter der Schüler liegt im Durchschnitt zwischen 16 und 17 Jahren. Mit Blick auf die körperliche Reife und den motorischen Entwicklungsstand sind die Schüler in Anlehnung an WINTER (1976) der zweiten Phase der Reifungszeit (Adoleszenz) zuzuordnen. Diese ist gekennzeichnet durch die Verbesserung der Dynamik von Bewegungsabläufen, was in der „Zunahme der Zielbestimmtheit von Bewegungshandlungen", der „Stabilisierung der Bewegungsführung", der „Weiterentwicklung der motorischen Anpassungs-, Umstellungs- und Kombinationsfähigkeit" sowie in der „Steigerung der Antizipations- und Reaktionsfähigkeit" (WINTER 1976, 384/385) zum Ausdruck kommt (siehe Sachanalyse und Didaktische Vorüberlegungen).
Der Unterricht umfaßt zwei Wochenstunden (jeweils mittwochs 9./10. Unterrichtsstunde). Die heutige Stunde ist aus organisatorischen Gründen (Examen) in die 7. Stunde verlegt worden. Die Schüler wurden diesbezüglich eingehend informiert, so daß keine Schwierigkeiten zu erwarten sind. In der heutigen Unterrichtsstunde stehen jedoch nur zwei Hallendrittel (sonst ganze Halle) zur Verfügung (siehe Methodische Vorüberlegungen).
Das soziale Verhalten der Lerngruppenteilnehmer untereinander ist unproblematisch, aber bedingt durch die Neukonstituierung des Kurses (Schüler aus unterschiedlichen Klassen, verschiedene Lehrkräfte) noch im Aufbau begriffen. Dies zeigt sich z. B. dadurch, daß einzelne Schüler, die schon vor Unterrichtsbeginn die Halle betreten, es vorziehen, sich allein mit einem Volleyball zu beschäftigen, anstatt sich gemeinsam einzuspielen. Auch Gruppen- und Mannschaftsbildungen erfolgen noch eher aufgrund

persönlicher Zuneigung (bestehender Kontakte des alten Klassenverbandes) als nach spieldienlichen Gesichtspunkten.

Die Spielleistung nahezu aller Kursteilnehmer ist, mit Blick auf die curricularen Vorgaben für die Jahrgangsstufe 11, als zu schwach zu bezeichnen. Obwohl die meisten Schüler die technische Bewegungsausführung des Pritschens und Baggerns in Grobform beherrschen und diese auch in den vergangenen Unterrichtseinheiten verbessert wurde, mangelt es doch an räumlich-zeitlichen und dynamischen Ausführungsqualitäten. Längere Spielzüge mit entsprechender Spielfreude können nicht inszeniert werden, weil die für einen Spielaufbau nötigen Bewegungshandlungen nicht früh genug erkannt und eingeleitet werden. Besonders deutlich zeigen sich die bestehenden Defizite bei Spielversuchen auf dem Normalfeld 6:6. Die oben dargestellte Situation steht in direktem Bezug zur Themenwahl der heutigen Stunde, in der die koordinativen Fähigkeiten, mit dem Schwerpunkt auf der Reaktions- und Orientierungsfähigkeit bezüglich des oberen und unteren Zuspiels, verbessert werden sollen (siehe Sachanalyse und Didaktische Vorüberlegungen).

Da innerhalb der Lerngruppe Auffälligkeiten hinsichtlich der allgemeinen, nicht volleyballspezifischen motorischen Leistungsvoraussetzungen wie auch des Ausprägungsgrades und der Genauigkeit des oberen und unteren Zuspiels bestehen, bietet es sich an, in der heutigen Stunde differenzierende Lehrverfahren einzusetzen (siehe Methodische Vorüberlegungen).

Die Schüler kennen das Arbeiten in Kleingruppen aus den vom Fachlehrer und mir durchgeführten Unterrichtseinheiten. Der Grad der Selbständigkeit und Eigenorganisation in bezug auf sportliche Handlungssituationen ist altersgemäß (Jahrgangsstufe 11,I) noch entwicklungsbedürftig und stellt daher ein wesentliches Lernziel dieser Stunde dar (siehe Lernziele im organisatorischen Bereich, TZ 3).

Im kognitiven Bereich wissen die Schüler, daß taktische Fähigkeiten und technische Fertigkeiten wesentliche Bedingungsfaktoren der Spielfähigkeit sind. Die Bedeutung der technischen Fertigkeiten für den Spielerfolg wurde in der Vorstunde am Beispiel des Aufschlags erläutert und nachvollzogen. In der heutigen Stunde werden die Teilnehmer der Lerngruppe erstmals mit den Begriffen „Reaktions- und Orientierungsfähigkeit" im Bereich der koordinativen Fähigkeiten konfrontiert. Das den Schülern aus der Vorstunde bekannte Plakat zur Spielfähigkeit (siehe Anhang) ist daher im Rahmen der Reflexionsphasen zu erweitern (siehe Methodische Vorüberlegungen).

Sachanalyse

Unter der sportlichen Spielfähigkeit versteht man die komplexe Fähigkeit, „die verschiedenartigen und ständig wechselnden Spielsituationen individuell oder in Kooperation mit anderen Spielern bei indirekter oder direkter gegnerischer Einwirkung lösen zu können." (STIEHLER u.a., 1988, 77)

Die Entwicklung der volleyballspezifischen Spielfähigkeit ist daher nicht allein durch eine entsprechende Schulung der spieladäquaten Technik und Taktik herzustellen. Vielmehr sind für ein Gelingen des Volleyballspiels neben konstitutionellen (z.B. Körpergröße) und konditionellen Leistungsvoraussetzungen (z.B. Kraft, Ausdauer, Schnelligkeit) auch die koordinativen Fähigkeiten der Spieler von entscheidender Bedeutung.

Die Bezeichnung „koordinative Fähigkeiten" wird in der allgemeinen und volleyballspezifischen Fachliteratur terminologisch nicht einheitlich gebraucht und abgegrenzt (siehe Abb. 1).

Hirtz (1964)	Blume (1978)	Meinel/Schnabel 1976	Pohlmann, Kirchner/ Wohlfahrt (1979)
Gewandtheit: Reaktionsvermögen Anpassungsvermögen Steuerungsvermögen Orientierungsvermöagen Gleichgewichtsvermögen Kombinationsvermögen Wendigkeit Geschicklichkeit	*Koordinative Fähigkeiten:* Orientierungsfähigkeit Kopplungsfähigkeit Differenzierungsfähigkeit Gleichgewichtsfähigkeit Rhythmisierungsfähigkeit Reaktionsfähigkeit Umstellungsfähigkeit	*Allgemeine koordinative Fähigkeit (Gewandtheit):* - Motorische Steuerungsfähigkeit - Motorische Anpassungs- und Umstellungsfähigkeit - Motorische Lernfähigkeit *Spezielle koordinative Fähigkeiten:* - Geschicklichkeit - Gleichgewichtsfähigkeit - Bewegungselastizität - Motorische Kombinationsfähigkeit - Bewegungsphantasie	*Psychomotorische Fähigkeiten:* Sensorische Differenzierungsfähigkeit Beobachtungsfähigkeit Vorstellungsfähigkeit Antizipationsvermögen Rhythmische Umsetzungsfähigkeit Motorische Koordinationsfähigkeit Motorische Lernfähigkeit Motorische Reaktionsfähigkeit Motorische Ausdrucksfähigkeit

Abb. 1: Ansätze zur Strukturierung koordinativer Fähigkeiten (nach TEIPEL. 1988, 53)

Neben dem Begriff „Gewandtheit" (vgl. HIRTZ) findet sich in anderen gängigen Werken auch „Geschicklichkeit" zur Beschreibung des Gesamtkomplexes der koordinativen Leistungsvoraussetzungen (z.B. JONATH/ KREMPEL, 1985, 100). Ohne auf die Diskussion der wissenschaftlich-systematischen Abgrenzung näher einzugehen, wird im Sinne einer vereinfachenden Sprachregelung im weiteren die allgemein anerkannte Bezeichnung „koordinative Fähigkeiten" in Anlehnung an BLUME (1978) gebraucht. Diese bietet sich auch an mit Blick auf die didaktische Umsetzung und Verwirklichung der Unterrichtsprinzipien Anschaulichkeit, Exemplarik, Transparenz und Begrifflichkeit und wurde zudem auch in das offizielle Lehrbuch des Deutschen Volleyballverbandes (CHRISTMANN/ FAGO, 1987, 35) übernommen (siehe Abb. 2).

Als koordinative Fähigkeiten sind im Volleyball vor allem die Gleichgewichts-, Reaktions-, Orientierungs-, Umstellungs-, Differenzierungs-, Kopplungs- und Rhythmisierungsfähigkeit bedeutsam. Gleichgewichts- und Reaktionsfähigkeit beanspruchen in erster Linie die Reizleitung im inneren Regelkreis; Orientierungs- und Umstellungsfähigkeit die Wahrnehmungs- und Entscheidungsfähigkeit; Differenzierungs-, Kopplungs- und Rhythmisierungsfähigkeit die Steuerung der Bewegungsausführung selbst.

Hervorzuheben ist, daß aufgrund der Komplexität motorischer Bewegungshandlungen die völlig isolierte Schulung und Erfolgskontrolle einer der obengenannten koordinativen Fähigkeiten weder möglich noch sinnvoll ist, auch wenn – mit Einschränkung – Akzentuierungen durch Spiel- und Übungsformen realisierbar sind (siehe Didaktische Vorüberlegungen).

Koordinative Fähigkeiten	Volleyballspezifische Anforderungen
Gleichgewichtsfähigkeit	Aufrechterhaltung und/ oder Wiederherstellung des Gleichgewichts nach Drehungen, Landungen, Sprüngen usw.
Reaktionsfähigkeit	Schnelles Einleiten von Bewegungen bei erwarteten (z.B. Zuspiel, Angriff) und überraschenden (z.B. Finte, Abpraller) Reizen
Orientierungsfähigkeit	Einordnen der eigenen und fremden Position zu Mitspieler, Gegner, Ball, Feld, Netz; Abschätzen des Ballweges; Anpassung an Hallengröße und -höhe
Umstellungsfähigkeit	Anpassung von gelernten einzelnen und komplexen Bewegungen an neue Bedingungen und Antizipation von Situationen
Differenzierungsfähigkeit	Feinabstimmung der Kraft-, Zeit- und Raummerkmale beim Erreichen des Handlungsortes und genaues Weiterspielen des Balles
Kopplungsfähigkeit	Räumlich-zeitlich-dynamische Koordination von Teilkörper- und Komplexbewegungen mit und ohne Ballkontakt
Rhythmisierungsfähigkeit	Optimale Abstimmung von Weg-Zeit-Kraftmerkmalen

Abb. 2: Koordinative Fähigkeiten im Volleyball (verändert nach CHRISTMANN/ FAGO. 1987, 35)

Die Schulung der (auch volleyballspezifischen) koordinativen Fähigkeiten kann durch eine Vielzahl von Trainingsformen und Methoden betrieben werden (FISCHER/ ZOGLOWEK, 1991, 50):

A. Variation der Bewegungsausfiihrung
- Bewußtes Verändern der Bewegungsrichtung
- Bewußtes Verändern des Bewegungstempos
- Beidseitiges Üben
- Verändern der Ausgangsstellung und -lage
- Zusatzaufgaben vor, während oder nach der eigentlichen Bewegungshandlung
- Varationen im Krafteinsatz
- Erschweren der Gleichgewichtserhaltung
- Bewußtes Übertreiben oder Betonen einzelner Teilbewegungen oder Bewegungsphasen

B. Veränderung der äußeren Bedingungen
- Verändern der Spielfeldgröße, des zur Verfügung stehenden Raumes
- Verändern des Ballmaterials
- Verändern der Spielerzahl

C. Kombination von Bewegungsfertigkeiten
- Verbinden von (Alltags-)Bewegungen (z.B. Sprüngen, Rollen, Drehungen) mit spielspezifischen Bewegungsaufgaben
- Verbinden von schwierigeren simultan auszuführenden Aufgaben
- Rascher Wechsel verschiedener Fertigkeiten (sukzessiv)

D. Bewegungsausführung unter Zeitdruck
- Bewegungsausführung mit hoher Frequenz
- Mehrfachhandlungen kurz hintereinander
- Bewegungsausführungen mit Handlungsalternativen (Auswahlreaktion, Entscheidungstraining)

E. Variation der Informationsaufnahme
- Einschränkung des optischen Analysators
- Erschweren der Orientierung durch zusätzliche Aktionen
- Wahl der Aktionen von optischen Informationen abhängig machen

BREDEMEIER u.a. (1990, 20) fassen diese grundlegenden Methoden prägnant in der Formel zusammen: „Koordinationsschulung = einfache Bewegungen + erschwerte Bedingungen".
Die koordinativen Fähigkeiten sind nicht nur Voraussetzung für sportliche Leistungen, sondern auch ihr Ergebnis, das heißt, sie entwickeln sich nur in der Tätigkeit selbst (MEINEL/SCHNABEL, 1976, 267). Neben der Bewegungsaktivität ist für die Entwicklung der koordinativen Fähigkeiten die Reifung in sensitiven Phasen entscheidend. WINTER (1976, 360) weist die zweite Phase der Reifungszeit (Adoleszenz) als Höhepunkt in der Entwicklung der koordinativen Fähigkeiten aus (siehe Bemerkungen zur Lernsituation).

Didaktische Vorüberlegungen

Das Thema der heutigen Unterrichtsstunde legitimiert sich einerseits durch die curricularen Vorgaben und andererseits durch die in der Lerngruppe vorliegenden Bedingungen.
Der Lehrplan sieht in Einheit VII für die Jahrgangsstufen 11-13 das „Spiel 6:6 im Normalfeld" vor (siehe RL Sport, Band III, 1980, 92). Ebenso werden das „Wecken von Spiel- und Einsatzfreude" und die Anregung der Schüler zur „Reflexion über das Unterrichtsgeschehen" gefordert. Die Verbesserung der koordinativen Fähigkeiten subsumiert der Lehrplan unter den Bereich der konditionellen Leistungsvoraussetzungen „Verbesserung der Reaktionsschnelligkeit und Gewandtheit ..." (RL Sport, Band III, 1980, 95). Aufgrund der festgestellten Defizite der Lerngruppe (siehe Bemerkungen zur Lernsituation) kann den oben dargestellten Vorgaben des Lehrplans (Spiel 6:6 auf dem Normalfeld) längerfristig nur dann entsprochen werden, wenn die Lerngruppe eine gezielte Förderung im Bereich der koordinativen Fähigkeiten erfährt. Prospektivisch kann damit auch den Intentionen der affektiven Lernzielebene (Spiel- und Einsatzfreude) entsprochen werden.
Nachdem die Schüler in den vergangenen Unterrichtseinheiten die Grundfertigkeiten (Pritschen, Baggern, Aufschlag) mit Blick auf die technische Bewegungsausführung verbessert haben, müssen nun die mit den Techniken des Volleyballspiels eng verknüpften koordinativen Fähigkeiten berücksichtigt werden. Dabei können über eine Schulung der koordinativen Fähigkeiten sowohl der Einsatz der Technik im Spiel (z.B. Reaktions-, Orientierungsfähigkeit) als auch die Qualitäten der Bewegungsausführung (z.B. Differenzierungs-, Kopplungs-, Rhythmisierungsfähigkeit) verbessert werden. Mit Blick auf die oberstufengemäße Bewußtheit des Lernens (kognitive Lernzielebene) muß den Schülern deutlich werden, daß die erfolgreiche Inszenierung gerade des normierten Volleyballspiels nicht durch isoliertes Techniktraining allein erreicht werden kann, sondern daß Spielfähigkeit auch von der Fähigkeit abhängt, adäquat zu reagieren und sich orientieren zu können (siehe Sachanalyse).
Aufgrund der Komplexität des Themenfeldes Koordination (siehe Sachanalyse) ist für die Umsetzung im Sportunterricht eine didaktische Reduktion unbedingt erforderlich. Diese betrifft sowohl die unterrichtspraktischen Inhalte als auch die begleitend angelegte Theorievermittlung. Da die Schüler in der heutigen Stunde erstmals mit dem Begriff der koordinativen Fähigkeiten konfrontiert werden, habe ich mich entschieden, den Schwerpunkt auf die Verbesserung der Orientierungs- und Reaktionsfähigkeit zu legen. Diese beiden koordinativen Fähigkeiten sind nicht nur für den erfolgreichen

Spielaufbau von erheblicher Bedeutung, um erlernte Techniken in Spielsituationen variabel und adäquat einzubringen (siehe Sachanalyse), sondern sie bieten außerdem den Vorteil, daß sie von der Bezeichnung her leicht verständlich und damit auch für eine erste Auseinandersetzung mit den Fachbegriffen geeignet sind. Die Verbesserung und Reflexion der erläuterungsbedürftigeren anderen koordinativen Fähigkeiten (z.B. Differenzierungsfähigkeit, Kopplungsfähigkeit) bleibt aus Zeitgründen den folgenden Unterrichtseinheiten (Doppelstunden) vorbehalten. Es ist an dieser Stelle nochmals darauf hinzuweisen, daß durch die Spiel- und Übungsformen auch in der heutigen Stunde immer alle koordinativen Fähigkeiten, jedoch in unterschiedlicher Akzentuierung, geschult werden, da wegen der Vielgestaltigkeit sportlicher Bewegungen ein isoliertes Üben nicht möglich ist (siehe Sachanalyse und Methodische Vorüberlegungen). Aus Gründen der Anschaulichkeit sollen in der heutigen Stunde nur die Reaktions- und Orientierungsfähigkeit thematisiert werden. Sollten die Schüler jedoch andere Fähigkeiten, etwa die Gleichgewichtsfähigkeit, nennen, bietet es sich an, diese bereits in das Tafelbild mit aufzunehmen.

Die Schüler sollen nicht nur die Bedeutung der Reaktions- und Orientierungsfähigkeit für das Gelingen des Volleyballspiels kennen, sondern im Hinblick auf eine <u>Anspruchsprogression</u> auch wissen, daß die Spielfähigkeit im Volleyball von einer Vielzahl von Leistungskomponenten (siehe Sachanalyse) abhängt. Im Sinne einer <u>Methodenreflexion</u> sollen die Schüler die von ihnen durchgeführten Übungen schwerpunktmäßig den koordinativen Fähigkeiten Reaktion und Orientierung zuordnen, wobei Überschneidungen der Aussagen möglich sind und thematisiert werden können (siehe oben). Damit verbindet sich gleichzeitig eine <u>wissenschaftspropädeutische Funktion</u> (siehe RL Sport, Band V, 1980, 15ff.) des Unterrichts, da das Erfahren der Bedeutung wissenschaftlicher Erkenntnisse (hier konkret: einzelner Aspekte der Trainingslehre) für das sportliche Handeln diesem allgemeinen Erziehungsziel der gymnasialen Oberstufe Rechnung trägt. Mit Blick auf das zukünftige Unterrichtsgeschehen können die Teilnehmer das von ihnen erworbene Wissen bezüglich der Spielfähigkeit und des Trainings der koordinativen Fähigkeiten mit Einschränkung auch auf andere Sportspiele (z.B. Ergänzungssportarten) <u>transferieren</u>.

Methodische Vorüberlegungen

Die <u>Erwärmungsphase</u> der Unterrichtseinheit beginnt mit einem Laufspiel, das der allgemeinen Aktivierung des Herz-Kreislauf-Systems dient. In Vorbereitung auf den Stundenschwerpunkt sind bereits volleyballspezifische Reaktions- und allgemeine Orientierungsübungen eingebunden. Sollten in der ersten Reflexionsphase, in der die Schüler die Anforderungen „Orientierung" und „Reaktion" beschreiben sollen, Schwierigkeiten auftreten, kann im Sinne einer Hilfestellung nochmals Bezug auf dieses Spiel genommen werden. Das Spiel ermöglicht außerdem ein schnelles Bilden von Dreiergruppen für das sich anschließende kurze Einspielen (Gelenkstelle). Dreiergruppen wurden gewählt, um ein möglichst spielnahes Einarbeiten (Richtungswechsel, Orientierung zum anfliegenden Ball und annehmenden Spieler) zu ermöglichen.

Der <u>methodische Einstieg</u> in die Erarbeitungsphase der heutigen Stunde folgt dem <u>erarbeitenden Verfahren.</u> Den Schülern wird nach der Erwärmungsphase eine Grundübung (siehe Verlaufsplan) vorgestellt, die sie ausprobieren und anschließend reflektieren sollen. Es bietet sich an, diese Übung den Schülern verbindlich vorzugeben, weil sich an dieser sowohl die Reaktions- als auch die Orientierungsfähigkeit im Rahmen einer ersten Reflexion in geeigneter Weise und wenig zeitaufwendig problematisieren lassen. Im Sinne der nachfolgend vorzunehmenden Differenzierung (siehe Bemerkungen zur Lernsituation) empfiehlt es sich, den Schülern ihren Leistungsvoraussetzungen entsprechend Stationen zuzuweisen. Von alternativen Möglichkeiten, z.B. offenen Bewegungsaufgaben, die zum Ausdenken und Ausprobieren von Spiel- und Übungsformen zur Verbesserung der Orientierungs- und Reaktionsfähigkeit anregen könnten, habe ich zunächst bewußt abgesehen, weil die direkte Umsetzung der gerade erst eingeführten Begriffe für die Schüler kaum zu bewältigen wäre. Wegen der Heterogenität der Lerngruppe bietet es sich auch aus sicherheitstechnischen Gründen an, gerade bei Übungen unter erschwerten Bedingungen (wie hier zur Schulung der Reaktions- und Orientierungsfähigkeit), einen entsprechenden Organisationsrahmen verbindlich vorzugeben (siehe Anhang: Organisationsplan).

Die Schüler werden jedoch an den Stationen selbst dazu angeregt, mit Blick auf das individuelle Gelingen der Übungs- und Spielformen kreativ tätig zu sein. Sie haben zudem im Rahmen der Hausaufgabe Gelegenheit, eigene Übungen mit affinem Organisationsrahmen zu entwickeln.

Um den Schülern ein <u>leistungsdifferenziertes Üben</u> zu ermöglichen (siehe Bemerkungen zur Lernsituation), ist ein <u>Stationsbetrieb</u> vorgesehen. Geplant ist die Bildung von zwei Großgruppen, die, entsprechend ihren Leistungsvoraussetzungen, jeweils eine Station zur Verbesserung der Reaktionsfähigkeit und eine zur Schulung der Orientierungsfähigkeit durchlaufen sollen. Um einen intensiven Übungsbetrieb zu ermöglichen, soll an den Stationen selbst in Partnerarbeit oder in Dreiergruppen gearbeitet werden. Die Kleingruppen erhalten dazu leistungsbezogene <u>Arbeitskarten</u> (siehe Anhang) zur Verbesserung der Reaktionsfähigkeit (siehe Station 1/3) bzw. Orientierungsfähigkeit (siehe Station 2/4) und erhalten einen entsprechenden Übungsraum in der Halle (Feld 1 bzw. Feld 2) zugewiesen. Das Üben im gruppenunterrichtlichen Verfahren wurde dem gemeinsamen Üben im Frontalbetrieb vorgezogen, weil sich so die unterschiedliche Leistungsfähigkeit der Lerngruppenteilnehmer in geeigneter Weise berücksichtigen läßt (Schülerorientierung). Außerdem sollen die Schüler zu selbständigem, kooperativem und differenziertem Üben angeleitet werden (Selbständigkeit in sozialer Verantwortung). Die Übungen sind im Sinne der oben angeführten Intention so angelegt, daß sie bei Nichtgelingen im Schwierigkeitsgrad von den Schülern selbst nach unten veränderbar sind. Zum Beispiel kann das Spiel über das verdeckte Netz 1:1 auch als Spielform 1 mit 1 gespielt werden. Denkbar sind bei allen Übungen Abwandlungen, indem der Ball nur zugeworfen oder mit Zwischenspiel weitergespielt wird. Auch durch die Variation von Abständen oder die Veränderung des Abspielzeitpunktes des Balls an den Übenden lassen sich weitere Differenzierungen – auch nach oben hin – vornehmen. Um die Schüler in ihrer Selbständigkeit zu fördern (oberstufengemäßer Unterricht), sollten Möglichkeiten zunächst von seiten der Schüler aufgezeigt werden. Gefundene Lösungen der Gruppen werden durch den Lehrer kommentiert, aber aus Zeitgründen in der heutigen Stunde nicht thematisiert, da es hierdurch im Rahmen der Reflexionsphase zu Akzentverschiebungen bezüglich des Stundenschwerpunkts (Bedeutung der Reaktions- und Orientierungsfähigkeit für die Spielfähigkeit im Volleyball) kommen würde.

Eine Thematisierung erfolgt daher in der Folgestunde (siehe Hausaufgabe). Durch das eigenständige Verändern der Übungs- und Spielsituationen werden die Schüler befähigt, auch in Situationen des außerschulischen Volleyballspiels zu handeln. Sie werden so auf ein lebenslanges Sporttreiben vorbereitet (Aufgaben des Schulsports). Über den Einsatz übungsförderlicher Maßnahmen durch den Lehrer wird aus den oben angeführten Gründen situativ und flexibel entschieden. Sollten wiederholt gleiche Schwierigkeiten an mehreren Stationen auftreten, so ist eine kurze Unterbrechung des Übungsbetriebes für Sammelkorrekturen und Hinweise möglich. Durch den Stationsbetrieb wird, neben der Leistungsdifferenzierung, eine zusätzliche Differenzierung der Lehrerhilfe nach oben und unten möglich.

Bei der Auswahl der Stationen waren mit Blick auf das didaktische Prinzip der Schülerorientierung auch motivationale Aspekte (z.B. Spiel über verdecktes Netz, Berühren von Luftballons, Rollen auf der Matte) ausschlaggebend.

Eine objektive Erfolgskontrolle hinsichtlich der Verbesserung einzelner koordinativer Fähigkeiten ist wegen der Komplexität motorischer Handlungssituationen und der damit verbundenen fehlenden Operationalisierbarkeit kaum möglich (siehe Sachanalyse). Erschwerend kommt hinzu, daß sich echte Erfolge im Spiel und in spielnahen Situationen nicht unmittelbar abzeichnen müssen, sondern häufig erst nach mehrmaligem Üben (Lernprozeß) zu verzeichnen sind.

Außerdem ist durch das Üben eine mögliche Ermüdung der Schüler, die eine Anwendung negativ beeinflussen könnte, nicht auszuschließen. Sollten die Schüler an den Stationen sehr motiviert arbeiten, kann daher eventuell auf eine Anwendungsphase verzichtet werden, weil sich die Verbesserung der Reaktions- und Orientierungsfähigkeit aus der Tätigkeit selbst ergibt (siehe Sachanalyse). Die Anwendungsphase ist daher als Eventualphase angelegt, die bei ausreichender Zeit schnell organisierbar ist. Ein Rundlauf im Dreieck (vier Schüler, eine Ecke doppelt besetzt), bei dem in den vergangenen Unterrichtsstunden maximal sechs ununterbrochene Ballwechsel zustande kamen, könnte – mit Einschränkung – erste Rückmeldungen über mögliche Fortschritte geben.

Die Integration der nicht aktiv am Unterricht beteiligten Schüler kann in der heutigen Stunde über eine verstärkte Einbindung in den Reflexionsphasen, bzw. über Helferaufgaben an den Stationen erfolgen.

Lernziele

Stundenziel:
Die Schüler sollen die Grundfertigkeiten Pritschen und Baggern unter besonderer Berücksichtigung der Reaktions- und Orientierungsfähigkeit verbessern.

Teilziele im motorischen Bereich:
1 TZ: Die Schüler sollen ihre Reaktions- und Orientierungsfähigkeit bezüglich des oberen und unteren Zuspiels verbessern.

Teilziele im kognitiven Bereich:
2. TZ: Die Schüler sollen die Bedeutung der Reaktions- und Orientierungsfähigkeit für die Spielfähigkeit im Volleyball erläutern können.

Teilziele im organisatorischen Bereich:
3. TZ: Die Schüler sollen selbständig und differenziert mit Arbeitskarten umgehen können.

Längerfristige Intentionen im sozial-affektiven Bereich:
Die Schüler sollen erleben, daß durch eine verbesserte Reaktions- und Orientierungsfähigkeit die Spielfähigkeit ausgebaut werden kann. Sie sollen dadurch zu größerer Spielfreude gelangen.

Literatur

BREDEMEIER u.a.: *Handball Handbuch 2*. Münster 1990
CHRISTMANN/ FAGO (Hg.): *Volleyball Handbuch*. Reinbek bei Hamburg 1987
FISCHER/ ZOGLOWEK: *Hand-Ball-Grundschulung*. In: Sportpädagogik, 6/1991
FISCHER/ ZOGLOWEK: *Sportiv - Volleyball*. Kopiervorlagen für den Volleyballunterricht. Leipzig 1995
JONATH/ KREMPEL: *Konditionstraining*. Reinbek bei Hamburg 1985
KLEINMANN/ KRUBER: *Technik-, Taktik- und Konditionsschulung Volleyball. Arbeitskarten für den Volleyballunterricht*. Schorndorf 1985[2]
KULTUSMINISTER NRW (Hg.): *Richtlinien Sport*, Band III u. V, Köln 1980
MEINEL/ SCHNABEL: *Bewegungslehre- Sportmotorik*. Berlin 1976
STIEHLER u.a.: *Sportspiele. Theorie und Methodik der Sportspiele*. Berlin 1988
TEIPEL: *Diagnostik koordinativer Fähigkeiten*. München 1988
WINTER: *Die motorische Entwicklung des Menschen von der Geburt bis ins hohe Alter*. In: MEINEL/ SCHNABEL: *Bewegungslehre- Sportmotorik*. Berlin 1976, 275-397

Tapete

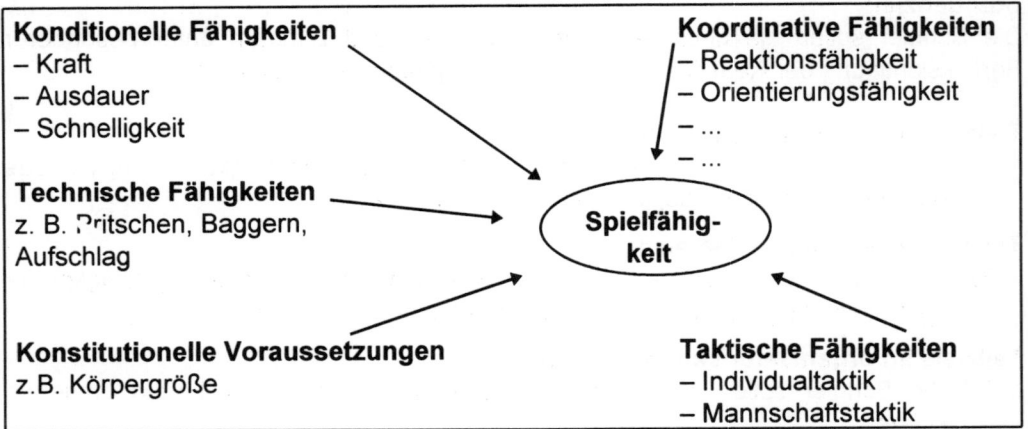

Hausaufgabe: (Aufgabenblatt)
Gestalte zu der von Dir im Unterricht absolvierten Übungsform eine neue Variante, die in der nächsten Stunde <u>zu dritt</u> gespielt werden kann!
1. Fixiere die Übungsanweisung in leicht verständlicher Form schriftlich und zeichnerisch (Laufwege, Ballwege) auf dem Arbeitsblatt
2. Gib mögliche erschwerende Zusatzaufgaben und Erleichterungsmöglichkeiten an!

ORGANISATIONSPLAN

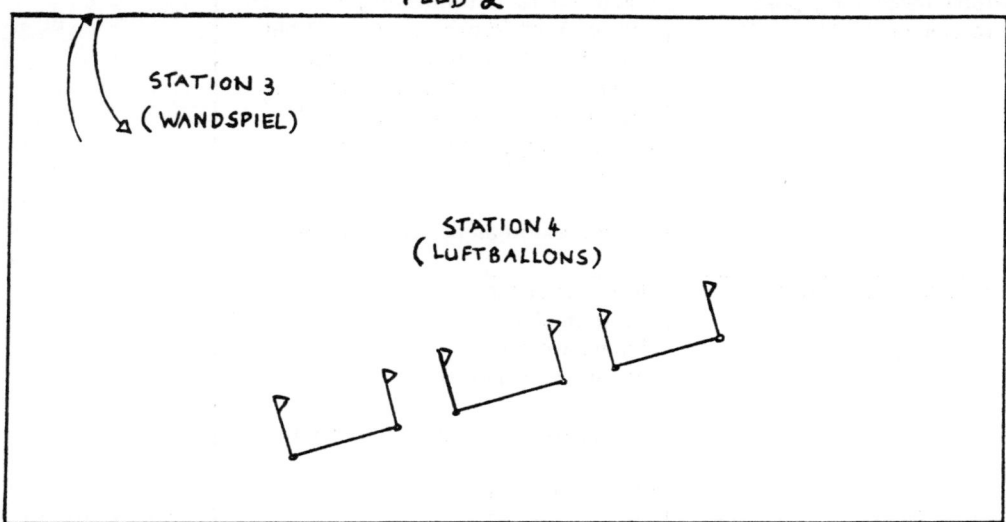

Geplanter Unterrichtsverlauf

Phase/ Ziele	Handlungsfolge/ Organisation
Spezifische Erwärmung	Laufen in Kombination mit Reaktions- und Orientierungsspiel
Einspielen	Freies Einarbeiten in Dreiergruppen
Problematisierungsphase Erarbeitung TZ 1/2	Vorstellen der **Grundübung** durch den Lehrer (A mit Rücken zu B, B ruft bei Abwurf den Namen von A, A muß schnell reagieren [sich umdrehen] und sich orientieren, um den Ball zu B zurückzupritschen oder -zubaggern) Üben **Kurzreflexion** an der Wandtapete
Erarbeitung TZ 4/1/2/3	**Differenzierung** (Ausgabe der Arbeitskarten und Geräte, Raumzuweisung) Aufbau der Stationen Differenziertes **Üben an Stationen** Stationswechsel Üben
Erarbeitung TZ 2	**Reflexionsphase**
Eventualphase: Anwendungsphase	Rundlauf im Dreieck (vier Schüler, eine Ecke doppelt besetzt)

Schwierigkeiten/ Reaktion	Did./ meth. Kommentar
Schüler haben Spiel nicht verstanden ⇨ Hinweise ggf. Unterbrechung durch den Lehrer	Laufspiel = spezifische Erwärmung, gleichzeitig schnelles Bilden von Dreiergruppen für das Einspielen. Das Einarbeiten in Dreiergruppen impliziert Spielnähe und hat Bezug zum Stundenschwerpunkt, weil die erforderlichen Richtungswechsel beim Abspiel und das Annehmen des Balles Orientierung erfordert.
Schüler rufen den Namen der Mitschüler nicht laut genug ⇨ ggf. Sammelkorrektur, bzw. Veränderung der Übung, z.B. optisches Signal durch einen Dritten Schüler können Grundübung nicht den koordinativen Fähigkeiten zuordnen und Reaktion bzw. Orientierung nicht be- bzw. umschreiben ⇨ gezieltes Nachfragen, ggf. Lehrerinformation	Grundübung ermöglicht die Thematisierung von Reaktions- und Orientierungsfähigkeit Grundkursadäquate Theorievermittlung: Praxis ⇨ Theorie ⇨ Praxis Ggf. Integration der Passiven (Reflexion, bzw. Helferaufgaben an den Stationen)
Schüler haben Schwierigkeiten, Stationen aufzubauen, oder sie haben sie unsachgemäß aufgebaut (Schwierigkeitsgrad, Unfallgefahr) ⇨ Hilfestellung durch den Lehrer, ggf. Umbau. Schüler können Übungen nicht angemessen variieren, so daß ein intensiver Übungsbetrieb nicht möglich ist ⇨ Lehrerhilfe situativ und flexibel, um adäquates Übungsangebot zu schaffen (Möglichkeiten: Verändern der Abstände, des Abspielzeitpunktes, statt Zuspiel nur Zuwurf oder umgekehrt)	Förderung der Selbständigkeit der Kursteilnehmer Differenzierung nach Leistungsvoraussetzungen Differenzierende Lehrerhilfe nach oben und unten Schülerorientierung (Motivation) Erarbeitung = Sicherung (siehe Sachanalyse)
Schüler können die Stationen nicht der jeweiligen koordinativen Fähigkeit zuordnen und/ oder sind nicht in der Lage, 'Spielfähigkeit' als komplexes Gefüge verschiedener Leistungskomponenten zu beschreiben ⇨ ggf.: gezieltes Nachfragen, Unterrichtsgespr.	Anspruchsprogression Methodenreflexion Erweitern des Wissens bezüglich der Spielfähigkeit
	Kann entfallen, wenn Schüler durch Stationsbetrieb ermüdet sind und damit eine erfolgreiche Anwendung in Frage gestellt ist. Siehe auch Probleme der Erfolgskontrolle im Hinblick auf kordinative Fähigkeiten (Sachanalyse/ Methodische Vorüberlegungen)

Station 1
A spielt gegen B (1:1 mit Sichtblende).
Der Ball soll vorwiegend gepritscht werden

Station 2
A steht mit dem Rücken zu B. B ruft Signalwort und wirft gleichzeitig den Ball zu A. A dreht sich um und spielt zu B zurück. Anschließend führt A eine Rolle vorwärts auf der Matte aus. B wirft sich den Ball selbst an und pritscht zu A'.

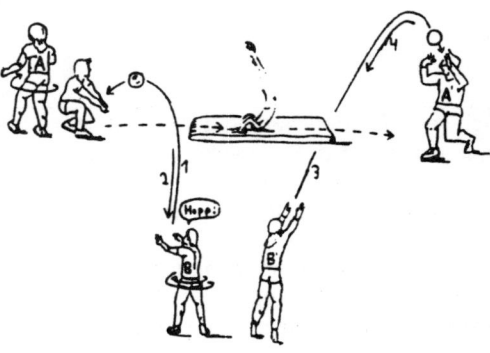

Erleichterungen/ Zusatzaufgaben
(je nach Könnenstand):?

Erleichterungen/ Zusatzaufgaben
(je nach Könnenstand):?

Station 3
Pritscht und baggert den Ball (zu zweit oder dritt) so gegen die Wand, daß Ihr möglichst ununterbrochen spielen könnt!

Station 4
A pritscht zu B. B mit Zwischenspiel. A wechselt von Malstab zu Malstab (side steps), spielt am Malstab den Luftballon mit der Hand hoch und erhält anschließend sofort wieder den Ball von B.
(Wechsel nach 10-maligem Luftballonschlagen)

Erleichterungen/ Zusatzaufgaben
(je nach Könnenstand):?

Erleichterungen/ Zusatzaufgaben
(je nach Könnenstand):?

Der Entwurf enthält folgende Qualitätsmerkmale

1. Formal vorbildhaft; präzise Fachterminologie
2. Sehr klare Darlegung der Lernvoraussetzungen
3. Beeindruckender Konkretisierungsgrad der argumentativ abgesicherten Entscheidungen unter Berücksichtigung wesentlicher Implikationen zwischen den einzelnen Planungsfeldern
4. Konkrete Ausweisung der zu erwartenden Ergebnisse, vor allem mit Blick auf die Erfüllung einer klaren Anspruchsprogression, ein gerade im Sportunterricht nicht immer deutlich verfolgter Anspruch
5. Hohe Variabilität im unterrichtlichen Ablauf
6. Andeutung möglicher Alternativen
7. Vielfältig angelegte Binnendifferenzierung, z.T. von den Schülern selbst gesteuert
8. Überzeugend angelegter Verlaufsplan, der mögliche Schwierigkeiten und deren Behebung antizipiert

Hinweise zur Verwendbarkeit

1. Die verfolgte Variabilität, vor allem aber die vielfältige, z.T. schülerzentriert angelegte Binnendifferenzierung empfiehlt sich für vergleichbare andere Sportarten, sogar Fächer.
2. Teile der Bedingungsanalyse (Phase der Reifungszeit), vor allem aber die an den Begriff 'koordinative Fähigkeiten' angebundenen vielfältigen terminologischen Abgrenzungen (z.T. unter Rückgriff auf ältere Literatur) erscheinen deutlich kürzbar, da sie für die konkret verfolgten Anforderungen dieser Stunde nur wenig hergeben.
3. Es ist denkbar, daß sich bei entsprechendem Anforderungsrahmen die Planungsdokumentation auf den Verlaufsplan beschränkt, vor allem, da dieser sehr konkret gehalten ist und wesentliche didaktische (Schwierigkeiten) und methodische (Reaktion) Momente enthält.

Vierter Teil
Anhang

1 Wichtige Erlasse und Rechtsvorschriften

Es sind wegen der speziellen Ausrichtung des Buches nur solche Erlasse und Rechtsvorschriften in ausführlicher Form übernommen worden, die unmittelbaren Bezug zum Unterricht haben (Hausaufgaben, Lernerfolgskontrollen, Leistungsbewertung und Sicherheitsbestimmungen).

Die Quellen hierzu sind:
ASchO	Allgemeine Schulordnung (Leistungsbewertung)
AVO-SI	Verordnung über die Abschlüsse und die Versetzung in der Sekundarstufe I (mit Verwaltungsvorschriften)
APO-GOSt	Ausbildungs- und Prüfungsordnung der gymnasialen Oberstufe
Erl. 29.3.1993	Sicherheitsmaßnahmen beim Schwimmen (Schulsport)
Erl. 20.1.1995	Umgang mit Gefahrstoffen und Sicherheit im naturw.-techn. Unterricht der allgemeinbildenden Schulen

Verwiesen sein sollte jedoch auch auf Vorschriften allgemeinerer Art, deren Aufnahme in dieses Buch nicht sinnvoll gewesen wäre:
ASchO	Allgemeine Schulordnung (Aufsicht/ Erziehungs- und Ordnungsmaßnahmen/ Versetzung und Abschlüsse etc.)
ADO	Allgemeine Dienstordnung für Lehrer ... an öffentlichen Schulen
SchVG	Schulverwaltungsgesetz
SchMG	Schulmitwirkungsgesetz
RGOzSchMG	Rahmengeschäftsordnung zum SchMG (Konferenzen)
SchOG	Schulordnungsgesetz
WRL	Wanderrichtlinien

Es muß darauf hingewiesen werden, daß es sich um Vorschriften aus NRW handelt, die aber in anderen Bundesländern in (nahezu) identischer Füllung vorliegen.

1.1 Hausaufgaben

Hausaufgaben für die Klassen 1 bis 10 aller Schulformen
RdErl. d. Kultusministers vom 2. 3. 1974 (GABl. NW. S. 249)

1   *Hausaufgaben ergänzen die schulische Arbeit, deren wesentlicher Teil im Unterricht geleistet wird. Hausaufgaben können*
1.1 dazu dienen, das im Unterricht Erarbeitete einzuprägen, einzuüben und anzuwenden;
1.2 zur Vorbereitung neuer Aufgaben genutzt werden, die im Unterricht zu lösen sind;
1.3 Gelegenheit zu selbständiger Auseinandersetzung mit einer begrenzten neuen Aufgabe bieten. Sie tragen damit dazu bei, daß Schüler fähig werden, Lernvorgänge selbst zu organisieren sowie Arbeitstechniken und Arbeitsmittel selbst zu wählen und einzusetzen.
1.4 Hausaufgaben, die als Ersatz für fehlenden oder ausfallenden Unterricht verwandt werden sollen, oder der Disziplinierung dienen, sind nicht zulässig.
2   *Hausaufgaben werden nach folgenden Grundsätzen erteilt:*
2.1 Alle Hausaufgaben müssen aus dem Unterricht erwachsen und wieder zu ihm zurückführen. Hausaufgaben, die diese Bedingungen nicht erfüllen, sind unzulässig.
2.2 Hausaufgaben müssen in ihrem Schwierigkeitsgrad und Umfang die Leistungsfähigkeit der Schüler berücksichtigen und von diesem selbständig, d.h. ohne fremde Hilfe, in angemessener Zeit gelöst werden können. Damit die selbständige Lösung von Hausaufgaben möglich ist, müssen diese eindeutig und klar, ggf. schriftlich formuliert werden; die Schüler müssen entsprechend der jeweiligen Altersstufe Ratschläge für die Durchführung der Arbeit erhalten und mit den Arbeitstechniken sowie den zur Verfügung stehenden Hilfsmitteln vertraut gemacht werden.
2.3 Es empfiehlt sich, die gestellten Aufgaben nach Leistungsfähigkeit, der Belastbarkeit und den Neigungen der Schüler zu differenzieren.
3   *Für den Umfang der Hausaufgaben ist folgendes zu beachten:*
3.1 Von Samstag zu Montag ist ohne Einschränkung aufgabenfrei; dasselbe gilt für alle Tage, denen ein Feiertag oder Nachmittagsunterricht vorangeht.
3.2 In Schulen mit 5-Tage-Woche können von Freitag zu Montag Hausaufgaben gegeben werden, wenn am Freitag kein Nachmittagsunterricht stattfindet. Für Schulen mit 5-Tage-Woche, die in Ganztagsform geführt werden, gelten besondere Regelungen.
3.3 Hausaufgaben sollen so bemessen sein, daß sie, bezogen auf den einzelnen Tag, in folgenden Arbeitszeiten erledigt werden können:
   für die Klassen 1 und 2 in 30 Minuten
   für die Klassen 3 und 4 in 60 Minuten
   für die Klassen 5 und 6 in 90 Minuten
   für die Klassen 7 bis 10 in 120 Minuten.
Der Klassenlehrer hat in Zusammenarbeit mit den in der Klasse unterrichtenden Fachlehrern das Ausmaß der Hausaufgaben zu beobachten und ggf. für einen Ausgleich zu sorgen.
4   *Hausaufgaben müssen regelmäßig überprüft und für die weitere Arbeit im Unterricht ausgewertet werden. Sie werden in der Regel nicht zensiert, sollten jedoch unter pädagogischen Aspekten Anerkennung finden.*

5 Sinn, Ausmaß und Verteilung von Hausaufgaben sollen mit den Schülern und in den Klassenpflegschaftsversammlungen sowie in Einzelberatungen mit Eltern erörtert werden.
6 Die Konferenzen sollen sich regelmäßig mit den Grundsätzen und den Maßstäben für Hausaufgaben sowie deren Verteilung befassen.

Hausaufgaben für die Jahrgangsstufen 11 bis 13 aller Schulformen in der Sekundarstufe II;
Hausaufgabenfrei von Samstag zu Montag
RdErl. d. Kultusministers v. 21.8.1974
(GABl. NW. S.528)
Für die Erteilung von Hausaufgaben in den Jahrgangsstufen 11 bis 13 aller Schulformen in der Sekundarstufe II treffe ich folgende Regelung:
Von Samstag zu Montag ist ohne Einschränkung aufgabenfrei.
In Schulen mit 5-Tage-Woche können von Freitag zu Montag Hausaufgaben gegeben werden, wenn am Freitag kein Nachmittagsunterricht stattfindet. Für Schulen mit 5-Tage-Woche, die in Ganztagsform geführt werden, gelten besondere Regelungen.

§ 23 ASchO
„Hausaufgaben ergänzen die Arbeit im Unterricht. Sie dienen zur Festigung und Sicherung des im Unterricht Erarbeiteten sowie zur Vorbereitung des Unterrichts. Sie sollen zur selbständigen Arbeit hinführen. Hausaufgaben müssen in ihrem Schwierigkeitsgrad und ihrem Umfang die Leistungsfähigkeit der Schüler berücksichtigen und von diesen ohne fremde Hilfe in angemessener Zeit gelöst werden können."
HA, die ein Lehrer erteilt, sind außerhalb der Schule und der Unterrichtszeit auszuführen. Der Schule wird hier das Recht eingeräumt, in einem begrenzten Umfang in die außerschulische Sphäre der Schüler und den Erziehungsbereich der Eltern einzugreifen. Von den Erziehungsberechtigten kann die Schule erwarten, daß sie die Schule unterstützen, indem sie mit darauf hinwirken, daß die erteilten Aufgaben von ihren Kindern ordnungsgemäß erledigt werden.

Regelungen für Sonderfälle:

Ganztagsschulen der Sekundarstufe I, der Schulen für Lernbehinderte und Grundschulen
Die Belange der Schüler, die Ganztagsangebote wahrnehmen, sind bei der Stellung der HA angemessen zu berücksichtigen.

Richtlinien zur Förderung von Schülern mit isolierter Lese-Rechtschreibschwäche (LRS)
Sofern Förderkurse am Nachmittag stattfinden, sind die Teilnehmer an den Kurstagen von den HA zu befreien.
Silentien (=Fördermaßnahmen in den Fächern Deutsch, Mathematik und in den Fremdsprachen) Werden in den Silentien auch HA angefertigt, ist die damit verbundene Zielsetzung mit den Schülern zu erörtern. Zusätzliche Aufgaben, die zu Hause zu fertigen sind, werden in Silentien nicht gestellt.[1]

---

[1] (Zu den letztgenannten Abschnitten vgl. auch BASS (= Bereinigte Amtliche Sammlung von Schulvorschriften des Landes NRW - Auflage jedes Jahr)

1.2 Lernerfolgskontrollen

ASchO
V. Abschnitt: Leistungsbewertung, Versetzung

§ 21 Leistungsbewertung
(1) Die Leistungsbewertung soll über den Stand des Lernprozesses des Schülers Aufschluß geben; sie soll auch Grundlage für die weitere Förderung des Schülers sein. Bei der Beratung über den Bildungsgang des Schülers durch die Schule soll sie eine wesentliche Hilfe sein.
(2) Die Leistungsbewertung bezieht sich auf die im Unterricht vermittelten Kenntnisse, Fähigkeiten und Fertigkeiten.
(3) Bei der Bewertung von Schülerleistungen ist der Eigenart der Schulstufe, der Schulform und des Unterrichtsfachs Rechnung zu tragen. Es werden der Umfang sowie die selbständige und richtige Anwendung der Kenntnisse, Fähigkeiten und Fertigkeiten sowie die Art der Darstellung bewertet.
(4) Grundlage der Leistungsbewertung sind alle vom Schüler im Zusammenhang mit dem Unterricht erbrachten Leistungen, insbesondere schriftliche Arbeiten, mündliche Beiträge und praktische Leistungen. Die Leistungen bei der Mitarbeit im Unterricht sind für die Beurteilung eines Schülers ebenso zu berücksichtigen wie die übrigen Leistungen.
(5) Auf Wunsch ist der Schüler jederzeit über seinen Leistungsstand zu unterrichten.
(6) Hat der Schüler aus von ihm nicht zu vertretenden Gründen die erforderlichen Leistungsnachweise nicht erbracht, können nach Maßgabe der Ausbildungs- und Prüfungsordnung Leistungsnachweise nachgeholt und kann der Leistungsstand des Schülers durch eine Prüfung festgestellt werden.
(7) Verweigert ein Schüler die Leistung, so wird dies wie eine ungenügende Leistung bewertet.
(8) Bedient sich ein Schüler zur Erbringung einer Leistung unerlaubter Hilfe, so begeht er eine Täuschungshandlung. Bei geringem Umfang der Täuschungshandlung wird der ohne Täuschung erbrachte Teil bewertet, der übrige Teil wird als nicht erbracht gewertet. Bei umfangreicher Täuschungshandlung wird die gesamte Leistung wie eine ungenügende Leistung bewertet. Bei Unklarheit über den Umfang der Täuschungshandlung wird die Wiederholung der Arbeit angeordnet. Wird eine Täuschungshandlung erst nach Abschluß der Leistung festgestellt, so ist entsprechend zu verfahren.

§ 22 Schriftliche Arbeiten und Übungen
(1) Die durch die Ausbildungs- und Prüfungsordnung vorgeschriebenen schriftlichen Arbeiten zur Leistungsfeststellung (Klassenarbeiten, Kursarbeiten, Klausuren) sollen gleichmäßig über das Schuljahr verteilt werden. Die Arbeiten sollen entsprechend dem Alter der Schüler in der Regel vorher angekündigt werden. In einer Woche sollen nicht mehr als zwei Arbeiten, an einem Tag darf nur eine Arbeit geschrieben werden, soweit die Ausbildungs- und Prüfungsordnung nichts anderes bestimmt.
(2) Die Anforderungen in den Arbeiten sind so zu bemessen, daß sie der durchschnittlichen Leistungsfähigkeit der Klasse oder Lerngruppe entsprechen. Erreicht bei einer Arbeit ein Drittel der Schüler kein ausreichendes Ergebnis, so entscheidet der Schulleiter nach Anhörung des Fachlehrers, ob die Arbeit gewertet wird oder ob eine neue Arbeit zu schreiben ist.
(3) Die Arbeiten werden nach Benotung und Besprechung mit den Schülern diesen mit nach Hause gegeben, damit die Erziehungsberechtigten Kenntnis nehmen können; sie sind auf Verlangen spätestens nach einer Woche an die Schule zurückzugeben.
(4) Neben den vorgeschriebenen schriftlichen Arbeiten zur Leistungsfeststellung sind in allen Fächern gelegentliche kurze schriftliche Übungen zulässig. Sie dürfen sich nur auf begrenzte Stoffbereiche im unmittelbaren Zusammenhang mit dem jeweiligen Unterricht beziehen und können wie eine zusätzliche mündliche Leistung bewertet werden; die Überprüfung der mündlichen Leistung darf dadurch nicht ersetzt werden.

§ 24 Verfügung über Schülerarbeiten
(1) Die im oder für den Unterricht angefertigten Schülerarbeiten sind Eigentum des Schülers. Sie können von der Schule zeitweilig einbehalten werden. Sie sind auf Anforderung zu Beginn des folgenden Schuljahres oder dann zurückzugeben, wenn der Schüler die Schule verläßt. Aus wichtigen Gründen, insbesondere zur Beweissicherung, kann die Schule die Arbeiten darüber hinaus einbehalten.

Schülerarbeiten, die nach Ablauf eines Jahres nach dem Ende der Einbehaltungszeit nicht abgeholt werden, können auf Anordnung des Schulleiters vernichtet werden.
(2) Prüfungsarbeiten verbleiben bei der Schule und können nach Ablauf von zehn Jahren nach Abschluß der Prüfung vernichtet werden, sofern die Ausbildungs- und Prüfungsordnung nichts anderes bestimmt.
(3) Arbeiten, die von Schülern zweckbestimmt für die Schule angefertigt werden, gehen in das Eigentum der Schule über.

§ 25 Notenstufen

(1) Bei der Bewertung einzelner Schülerleistungen sowie in Zeugnissen werden die folgenden Notenstufen zugrunde gelegt:
1. sehr gut (1)
   Die Note „sehr gut" soll erteilt werden, wenn die Leistung den Anforderungen in besonderem Maße entspricht.
2. gut (2)
   Die Note „gut" soll erteilt werden, wenn die Leistung den Anforderungen voll entspricht.
3. befriedigend (3)
   Die Note „befriedigend" soll erteilt werden, wenn die Leistung im allgemeinen den Anforderungen entspricht.
4. ausreichend (4)
   Die Note „ausreichend" soll erteilt werden, wenn die Leistung zwar Mängel aufweist, aber im ganzen den Anforderungen noch entspricht.
5. mangelhaft (5)
   Die Note „mangelhaft" soll erteilt werden, wenn die Leistung den Anforderungen nicht entspricht, jedoch erkennen läßt, daß die notwendigen Grundkenntnisse vorhanden sind und die Mängel in absehbarer Zeit behoben werden können.
6. ungenügend (6)
   Die Note „ungenügend" soll erteilt werden, wenn die Leistung den Anforderungen nicht entspricht und selbst die Grundkenntnisse so lückenhaft sind, daß die Mängel in absehbarer Zeit nicht behoben werden können.

(2) Neben oder anstelle der Noten nach Absatz 1 kann nach Maßgabe der Ausbildungs- und Prüfungsordnung auch ein Punktsystem verwendet werden. Noten- und Punktsystem müssen untereinander übertragbar sein.
(3) Die Ausbildungs- und Prüfungsordnung kann für die Klassen 1 und 2 der Grundschule und für Sonderschulen anstelle der Noten schriftliche Aussagen über die Leistungsbewertung vorsehen.

§ 26 Zeugnisse

(1) Der Schüler erhält nach Maßgabe der Ausbildungs- und Prüfungsordnung zum Ende des Schulhalbjahres oder des entsprechenden Ausbildungsabschnittes sowie zum Ende des Schuljahres ein Zeugnis über die erbrachten Leistungen, eine entsprechende Bescheinigung über die Schullaufbahn oder Informationen zum Lernprozeß. Die Erziehungsberechtigten, bei Berufsschülern auch die für die Berufserziehung Mitverantwortlichen, nehmen von dem Zeugnis oder der Bescheinigung Kenntnis und bestätigen dies durch Unterschrift.
(2) Das Zeugnis zwischen den Versetzungsterminen enthält einen Vermerk über eine etwaige Gefährdung der Versetzung; in dem Vermerk ist auf etwaige besondere Folgen einer Nichtversetzung des Schülers hinzuweisen. Unterbleibt der Vermerk, so kann daraus kein Anspruch auf Versetzung hergeleitet werden.
(3) Der Schüler, der die Schule verläßt, erhält nach näherer Bestimmung der Ausbildungs- und Prüfungsordnung ein Abgangszeugnis oder ein Abschlußzeugnis, beim Wechsel in eine andere Schule ein Überweisungszeugnis.
(4) Der während des Schulhalbjahres vom Religionsunterricht befreite Schüler erhält, wenn die Voraussetzungen für eine Benotung vorliegen, die Note mit einem Zusatz über die Dauer seiner Teilnahme. Die Note wird in das Abgangs- und Abschlußzeugnis nicht aufgenommen, wenn die Erziehungsberechtigten oder der religionsmündige Schüler dies verlangen.

§ 27 Versetzung

(1) Ein Schüler wird nach Maßgabe der Ausbildungs- und Prüfungsordnung in die nächsthöhere Klasse oder Jahrgangsstufe versetzt, wenn er die Leistungsanforderungen der bisherigen Klasse oder

Jahrgangsstufe erfüllt hat. Die Ausbildungs- und Prüfungsordnung kann vorsehen, daß Übergänge in die nächsthöhere Klasse oder Jahrgangsstufe auch ohne Versetzung möglich sind.

(2) Über die Versetzung entscheidet die Klassen- oder Jahrgangsstufenkonferenz als Versetzungskonferenz. Mitglieder der Versetzungskonferenz sind, soweit die Ausbildungs- und Prüfungsordnung nichts anderes bestimmt, alle Lehrer, die den Schüler im Schuljahr in den in der Stundentafel vorgesehenen Fächern unterrichtet haben sowie der Vorsitzende. Den Vorsitz führt der Schulleiter oder sein ständiger Vertreter, im Falle ihrer Verhinderung der vom Schulleiter hierzu beauftragte Lehrer. Bei Schulen, die in Abteilungen gegliedert sind, kann die Ausbildungs- und Prüfungsordnung bestimmen, daß der Abteilungsleiter Vorsitzender der Versetzungskonferenz ist. Soweit die Ausbildungs- und Prüfungsordnung dies vorsieht, können an der Versetzungskonferenz weitere Personen ohne Stimmrecht teilnehmen.

(3) Die Versetzungskonferenz ist beschlußfähig, wenn mindestens zwei Drittel ihrer Mitglieder anwesend sind. Beschlüsse werden mit der Mehrheit der abgegebenen Stimmen gefaßt. Stimmenthaltung ist nicht zulässig. Bei Stimmengleichheit gibt die Stimme des Vorsitzenden den Ausschlag. Über die Versetzungskonferenz ist ein Protokoll zu führen.

(4) Die Versetzungskonferenz trifft ihre Entscheidung aufgrund der seit der letzten Zeugniserteilung vom Schüler erbrachten Leistungen. Leistungen in einem im ersten Schulhalbjahr erteilten und vorher als versetzungswirksam angekündigten Halbjahresunterricht sind einzubeziehen, sofern die Ausbildungs- und Prüfungsordnung nichts anderes bestimmt. Die Gesamtentwicklung des Schülers während des ganzen Schuljahres ist zu berücksichtigen.

(5) Der Fachlehrer entscheidet über die Note in seinem Fach und begründet diese auf Verlangen in der Versetzungskonferenz. Die Note kann durch Konferenzbeschluß nicht abgeändert werden; die schulaufsichtliche Überprüfung bleibt unberührt. Bei der Beschlußfassung über die Versetzung muß der Fachlehrer die Leistungen des Schülers in allen Fächern berücksichtigen.

(6) Verläßt ein Schüler innerhalb der letzten 4 Wochen vor der Versetzung die Schule, so ist über seine Versetzung zu entscheiden.

(7) Die Versetzung oder Nichtversetzung eines Schülers ist im Zeugnis zu vermerken. Auf Abgangszeugnissen entfällt ein Vermerk über die Nichtversetzung.

(8) Ist die Versetzung eines Schülers gefährdet, weil die Leistungen in einem Fach abweichend von den im letzten Zeugnis erteilten Noten nicht mehr ausreichen, so sind die Erziehungsberechtigten schriftlich zu benachrichtigen und zu einem Beratungstermin einzuladen. Auf etwaige besondere Folgen einer Nichtversetzung des Schülers ist hinzuweisen. Die Benachrichtigung erfolgt in der Regel zehn Wochen vor dem Versetzungstermin; für die Sekundarstufe II kann die Ausbildungs- und Prüfungsordnung eine kürzere Frist vorsehen. Unterbleibt eine notwendige Benachrichtigung, so kann daraus kein Anspruch auf Versetzung hergeleitet werden, die nicht abgemahnte Minderleistung in einem Fach wird bei der Versetzungsentscheidung jedoch nicht berücksichtigt.

§ 28 Wiederholung, Rücktritt, Vorversetzung

(1) Ein Schüler kann, sofern die Ausbildungs- und Prüfungsordnung nichts anderes bestimmt, auf Antrag der Erziehungsberechtigten die vorhergegangene Klasse oder Jahrgangsstufe einmal freiwillig wiederholen oder spätestens im Anschluß an die Aushändigung des Zwischenzeugnisses in die vorhergegangene Klasse oder Jahrgangsstufe zurücktreten, wenn er in seiner Klasse oder Jahrgangsstufe nicht mehr erfolgreich mitzuarbeiten vermag. Die Entscheidung trifft die Versetzungskonferenz. Die Ausbildungs- und Prüfungsordnung kann vorsehen, daß eine Klasse auch wiederholt werden kann, um einen Abschluß oder eine Berechtigung zu erwerben. § 29 Abs. 3 Satz 1 findet insoweit keine Anwendung.

(2) Im Einvernehmen mit den Erziehungsberechtigten kann ein Schüler, der in der bisherigen Klasse nicht mehr angemessen gefördert werden kann und aufgrund seiner Leistungen am Unterricht der nächsthöheren Klasse mit Erfolg teilzunehmen in der Lage ist, auf Beschluß der Versetzungskonferenz vorversetzt werden, sofern die Ausbildungs- und Prüfungsordnung nichts anderes bestimmt.

§29 Folgen der Nichtversetzung

(1) Ein Schüler, der nicht versetzt worden ist, kann zu Beginn des folgenden Schuljahres eine Nachprüfung ablegen, um nachträglich versetzt zu werden, wenn dies die Ausbildungs- und Prüfungsordnung vorsieht. Ebenso kann ein Schüler einen Abschluß oder eine Berechtigung nachträglich erwerben. Der Schüler wird zur Nachprüfung zugelassen, wenn die Verbesserung einer mangelhaften Leistung in einem einzigen Fach um eine Notenstufe genügt, um die Versetzungsbedingungen zu erfüllen, oder wenn die Verbesserung einer Leistung in einem einzigen Fach um eine Notenstufe genügt, die Abschluß- oder Berechtigungsbedingungen zu erfüllen.

(2) Ein Schüler, der endgültig nicht versetzt worden ist, wiederholt die bisher besuchte Klasse oder Jahrgangsstufe.
(3) Ein Schüler kann dieselbe Klasse oder Jahrgangsstufe in einer Schulform in der Regel nur einmal wiederholen. Durch die Wiederholung darf die in der Ausbildungs- und Prüfungsordnung für den Bildungsgang festgelegte Verweildauer nicht überschritten werden.

AVO-SI
(Verordnung über die Abschlüsse und die Versetzung in der Sekundarstufe I); (vom 19. Juli 1984/ zuletzt geändert durch Verordnung vom 15. Mai 1993/ VerwVorschriften Rd.Erl. vom 30. Juli 1984)

APO-GOSt
(Ausbildungs- und Prüfungsordnung Gymnasiale Oberstufe)
3. Abschnitt
Leistungsbewertung
§ 14 Grundsätze der Leistungsbewertung in den Jahrgangsstufen 11 bis 13
(1) Im Kurssystem der Jahrgangsstufen 11 bis 13 ergibt sich die Kursabschlußnote für den Schüler in einem Kurs mit schriftlichen Arbeiten (Klausuren) aus seinen Leistungen im Beurteilungsbereich „Klausuren" (§ 15) und seinen Leistungen im Beurteilungsbereich „Sonstige Mitarbeit" (§ 16). Die Kursabschlußnote wird gleichwertig aus den Endnoten beider Beurteilungsbereiche gebildet, bei Kursen ohne Klausuren ist die Endnote im Beurteilungsbereich „Sonstige Mitarbeit" die Kursabschlußnote. Eine rechnerische Bildung der Kursabschlußnote ist unzulässig. Bei der Ermittlung der Kursabschlußnote im Leistungsfach Sport wird der Bereich „Klausuren" gegenüber den sonstigen Unterrichtsleistungen mit einem Drittel gewertet.
(2) Der Lehrer ist verpflichtet, die Schüler zu Beginn des Kurses über die Art der geforderten Klausuren und Leistungsnachweise im Beurteilungsbereich „Sonstige Mitarbeit" zu informieren. Etwa in der Mitte des Kurshalbjahres unterrichtet der Lehrer die Schüler über den bis dahin erreichten Leistungsstand. Die Kursabschlußnote in Kursen der Jahrgangsstufe 13/II wird dem Schüler vom Fachlehrer vor der ersten Sitzung des Zentralen Abiturausschusses bekanntgegeben.
(3) Der Schüler ist verpflichtet, die geforderten Leistungsnachweise zu erbringen.
(4) Hat ein Schüler aus von ihm nicht zu vertretenden Gründen die erforderlichen Leistungsnachweise nicht erbracht, so ist ihm Gelegenheit zu geben, Leistungsnachweise nachträglich zu erbringen. Im Einvernehmen mit dem Schulleiter kann der Fachlehrer den Leistungsstand dieses Schülers auch durch eine Prüfung feststellen.
(5) Für die Leistungsbewertung gilt im übrigen § 21 der Allgemeinen Schulordnung. Zur Leistungsbewertung in bilingualen Kursen erläßt der Kultusminister besondere Regelungen.

§ 15 Der Beurteilungsbereich Klausuren
(1) In der Jahrgangsstufe 11/I sind in vier Fächern ein bis zwei Klausuren zu schreiben. Unter den Fächern mit Klausuren müssen sein: Deutsch, Mathematik, die Fremdsprachen. Der Schüler kann weitere Grundkursfächer als Fächer mit Klausuren benennen.
(2) Von der Jahrgangsstufe 11/II bis zum Ende der Jahrgangsstufe 12 sind je Halbjahr zwei Klausuren zu schreiben. In den zwei Leistungsfächern und in zwei weiteren vom Schüler anzugebenden Grundkursfächern. Der Schüler kann weitere Grundkursfächer als Fächer mit Klausuren benennen. Ein Wechsel in der Wahl eines Faches mit Klausuren ist zu Beginn der Jahrgangsstufe 12/I möglich. Unter den Fächern mit Klausuren müssen in jedem Fall Deutsch, Mathematik, die Fremdsprachen sein.
(3) In der Jahrgangsstufe 13/1 sind in den vier Abiturfächern und in der von der Jahrgangsstufe 11/I an neu begonnenen Fremdsprache je zwei Klausuren, in der Jahrgangsstufe 13/II im ersten bis dritten Abiturfach und in der neu begonnenen Fremdsprache je eine Klausur zu schreiben.
(4) Im Grundkursfach Sport werden keine Klausuren geschrieben. Schüler, die Sport als viertes Abiturfach gewählt haben, führen in der Jahrgangsstufe 13 ein Fach mit Klausuren aus der Jahrgangsstufe 12 fort.

(5) In einer Woche dürfen für den Schüler nicht mehr als drei Klausuren angesetzt werden.
(6) Für die Klausuren gelten im übrigen § 22 der Allgemeinen Schulordnung und die Richtlinien und Lehrpläne für den Unterricht in der gymnasialen Oberstufe. Die Aufgabenstellung muß auf die Anforderungen in der Abiturprüfung vorbereiten.

§ 16 Der Beurteilungsbereich „Sonstige Mitarbeit"
(1) Zum Beurteilungsbereich „Sonstige Mitarbeit" gehören alle schriftlichen, mündlichen und praktischen Unterrichtsleistungen außerhalb der Klausuren.
(2) Die Formen der „Sonstigen Mitarbeit" richten sich nach den Richtlinien und Lehrplänen für den Unterricht in der gymnasialen Oberstufe sowie den fachspezifischen und fachdidaktischen Zielsetzungen und der methodischen Anlage des Kursunterrichts.

§ 17 Notenstufen
Die in den Jahrgangsstufen 11 bis 13 erbrachten Schülerleistungen werden mit den Notenstufen gemäß §25 der Allgemeinen Schulordnung bewertet. Den Noten wird gegebenenfalls die Notentendenz beigefügt.

Richtlinien gymnasiale Oberstufe
4. Lernerfolgsüberprüfungen

4.1 Allgemeine Hinweise

Lernerfolgsüberprüfungen in der gymnasialen Oberstufe können sehr verschiedene Funktionen erfüllen. Sie dienen insbesondere
- als eine Grundlage für die Planung und Steuerung konkreter Unterrichtsverläufe, da sie u. a. Daten und Erkenntnisse liefern über Lernvoraussetzungen, Lernfortschritte, Lernschwierigkeiten, Lerninteressen etc. der einzelnen Mitglieder einer Kursgruppe;
- als eine Grundlage für die individuelle Beratung des Schülers anläßlich seiner Fächerwahlentscheidungen und bei der Wahl einzelner Grund- und Leistungskurse ebenso wie anläßlich konkreter Probleme, die im Zusammenhang mit seinem Lernverhalten, seinen Arbeitsweisen, seinen Leistungsmotivationen, seiner Selbstwerteinschätzung etc. stehen;
- als eine Grundlage für Beurteilungen, die rechtliche Konsequenzen vor allem bei der Versetzung in die Jahrgangsstufe 12, bei der Zulassung zum Abitur und bei der Zuerkennung der allgemeinen Hochschulreife haben und die damit auch Informationen und Entscheidungshilfen für Außenstehende in anderen Schulen (im Falle eines Schulwechsels) bzw. in Hochschule und Berufswelt darstellen.

Darüber hinaus können Lernerfolgsüberprüfungen auch Daten und Argumente liefern für die Beurteilung und Revision bzw. Fortentwicklung didaktischer und unterrichtsorganisatorischer Prinzipien und Elemente in allgemeineren (fachspezifischen und fächerübergreifenden) Richtlinienbestimmungen und einzelnen Curriculummaterialien.

Im Kontext dieser verschiedenen Funktionen sind die folgenden allgemeinen Grundsätze für Lernerfolgsüberprüfungen in der gymnasialen Oberstufe zu sehen. Sie werden in den Abschnitten 4.2 bis 4.4 fachspezifisch konkretisiert und entfaltet.

(1) Ein erster entscheidender Grundsatz betrifft die Stimmigkeit von Lernerfolgsüberprüfungen im Gesamtzusammenhang der vorliegenden Richtlinien. Danach müssen Auswahlentscheidungen und unterrichtliche Konkretisierungen, die auf der Basis der voraufgegangenen Richtlinienabschnitte vorgenommen werden, schlüssige Konsequenzen auch für Formen und Inhalte der entsprechenden Lernerfolgsüberprüfungen haben. Das bedeutet beispielsweise, daß diese Formen und Inhalte den allgemeinen Unterrichts- und Erziehungszielen nicht nur nicht entgegenstehen dürfen, sondern nach Möglichkeit deren Verwirklichung fördern sollen; daß sie, bezogen auf fachspezifische Lernziele und Lerninhalte, nicht nur dem Grundsatz „geprüft wird nur, was auch unterrichtet wurde" entsprechen müssen, sondern daß die Schwerpunkte des Fachunterrichts auch in ihnen akzentuiert erscheinen sollen; daß sie mit den gewählten Unterrichtsverfahren nicht nur vereinbar sein müssen, sondern diese auch so weit wie möglich stützen und befördern sollen.

(2) Die geforderte Stimmigkeit erscheint, bezogen auf den einzelnen Grund- und Leistungskurs, insbesondere dadurch realisierbar, daß neben den nach Anzahl, Umfang und fachspezifischer Ausrichtung festgelegten Klausuren ein breit gefächertes Spektrum weiterer Überprüfungsformen nicht nur zugelassen, sondern in diesen Richtlinien ausdrücklich bejaht wird, so daß für die unterschiedlichsten Arbeitsvorhaben und Lernprozesse die fachspezifisch jeweils angemessenen Lernerfolgsüberprüfungen gewählt und in den betreffenden Kurs eingepaßt werden können. Dadurch werden auch Überprüfungsformen ermöglicht, die nicht nur Gelerntes überprüfen, sondern gleichzeitig wichtige Funktionen für den weiteren Fortgang der Arbeit im Kurs erfüllen und dabei Erkenntnisfortschritte für den einzelnen Schüler wie für die gesamte Kursgruppe einschließen.

(3) Das zuletzt Gesagte verweist auf die - ebenfalls aus dem Prinzip der Stimmigkeit ableitbare - Forderung nach einer möglichst bruchlosen Integration der Lernerfolgsüberprüfungen in den gesamten Kursverlauf. Nicht zuletzt diesem Ziel dient, daß - bezogen auf die Bildung der Kursabschlußnote - die Gleichwertigkeit der Klausuren einerseits und der unter dem Begriff der „sonstigen Mitarbeit" zusammengefaßten übrigen Lernerfolgsüberprüfungen andererseits festgelegt ist: durch diese Regelung erscheint die im Kurszusammenhang nicht endgültig aufhebbare Gewichtigkeit und Sonderstellung der Klausuren wenigstens deutlich relativiert.

(4) Der Grundsatz der Stimmigkeit gilt auch für das Verhältnis der kontinuierlichen Lernerfolgsüberprüfungen in den Jahrgangsstufen 11 bis 13 (vgl. Abschnitt 4.2 und 4.3) zu den punktuellen in der Abiturprüfung (vgl. Abschnitt 4.4). Stimmigkeit meint hier die unverzichtbare Kongruenz von Bildungsgang und Abschlußprüfung. Mit anderen Worten: die einzelnen Kurse der Oberstufe einschließlich der in ihnen praktizierten Formen der Lernerfolgsüberprüfung stellen auch eine systematische Vorbereitung auf die Abiturprüfung dar, deren Anforderungen dadurch für den Schüler transparent und einschätzbar werden. Dabei ist allerdings nachdrücklich zu betonen, daß diese Vorbereitungsfunktion wohl eine notwendige, nicht aber eine hinreichende Bestimmung der kontinuierlichen Lernerfolgsüberprüfungen in den einzelnen Kursen ist, da im Vergleich zu ihnen im Abitur nur ein begrenzter Ausschnitt der fachrelevanten Lernziele überprüft werden kann.

(5) Der Informationscharakter, den Lernerfolgsüberprüfungen für Lehrer und Schüler jeweils haben, gewinnt in der gymnasialen Oberstufe deswegen eine besondere Bedeutung, weil hier Schullaufbahnentscheidungen getroffen werden, die neben der Berücksichtigung struktureller Vorgaben auch eine Berücksichtigung individueller Möglichkeiten und Interessen erlauben. Diese Entscheidungen werden nicht einfach zu Beginn der Oberstufe für deren gesamten Verlauf in einem einzigen Akt der Schullaufbahnwahl gesetzt, sondern erfolgen sukzessiv und sind in bestimmtem Umfang korrigierbar. Zu den wesentlichen Grundlagen dieser Entscheidungen gehören die Ergebnisse, die der Schüler bei Lernerfolgsüberprüfungen in den Jahren der vorangehenden Sekundarstufe I ebenso wie in den Kursen der Oberstufe erzielt hat. Im Rahmen der Oberstufe lassen sie Folgerungen zu, denen bei aller individuellen Unterschiedlichkeit folgende allgemeine Handlungsmöglichkeiten gemeinsam sind:
- die Umwahl von Fächern;
- die zusätzliche Belegung von Kursen;
- die Wiederholung von Kursen;
- die Nutzung der Ausgleichsmöglichkeiten, die im Rahmen der Gesamtqualifikation bestehen.

In diesen für die gymnasiale Oberstufe konstitutiven Entscheidungsmöglichkeiten eröffnen sich für den Schüler Umsetzungsmöglichkeiten für seine individuellen Lernerfahrungen, wie es sie außerhalb eines flexiblen Kurssystems nicht gibt. Sie eröffnen damit Chancen für eine Verbesserung individueller Lernleistungen, die in vielen Fällen über das hinausgehen wird, was durch bloße Verhaltensänderung erreichbar wäre.

(6) Die komplexe Frage nach dem Niveau der Leistungsanforderungen bei der Beurteilung/Benotung von Lernerfolgsüberprüfungen läßt sich in allgemeiner Form kaum beantworten. Grundsätzlich wichtig ist hier, daß die Überprüfung kriterien- bzw. lernzielorientiert (und damit gebunden an die vorliegenden Richtlinien mit ihren Niveauvorgaben) angelegt sein muß, ohne daß dabei freilich der Bezug zur konkreten Situation der jeweiligen Kursgruppe verlorengehen darf. Der Bezug zu den Richtlinien wird am Ende in der Benotung erkennbar, während die schriftliche Begründung der Note - die bei Klausuren bereits mit Beginn der Jahrgangsstufe 11 gegeben werden muß – ein geeigneter Ort für die Hervorhebung und Kommentierung individueller Lernfortschritte bzw. noch vorhandener Lerndefizite ist. Der Richtlinienbezug und damit die

Lernzielorientierung der Lernerfolgsüberprüfungen kann im übrigen zur Folge haben, daß angesichts der spezifischen Kurszusammensetzungen in der gymnasialen Oberstufe die Streuungsbreite der Noten geringer ist als im Klassenverband - die bei Lernerfolgsüberprüfungen gewöhnlich an der jeweiligen Klasse orientierte sog. Normalverteilung der Noten 1 bis 6 braucht hier also keinesfalls den Regelfall darzustellen.

(7) Die Kursabschlußnote gibt Auskunft darüber, mit welchem Erfolg der Schüler die Lernziele des Kurses erreicht hat.

In Kursen, in denen Klausuren geschrieben werden, werden zur Vorbereitung der Bildung der Kursabschlußnote in jedem Kursabschnitt die in den Klausuren erzielte Note und die Note für die „Sonstige Mitarbeit" gesondert ausgewiesen. Diese Zwischennoten sollen dem Schüler Aufschluß über seinen Stand im Lernprozeß in den beiden Beurteilungsbereichen geben. Somit liegen für jeden Beurteilungsbereich (Klausuren/Sonstige Mitarbeit) Noten aus dem 1. und 2. Kursabschnitt vor.
Für jeden Beurteilungsbereich (Klausuren/Sonstige Mitarbeit) wird zunächst eine Endnote - ggf. mit Angabe der Notentendenz - gebildet. Hierbei ist die Gesamtentwicklung des Schülers während des Kurshalbjahres in dem jeweiligen Beurteilungsbereich zu berücksichtigen. Insbesondere für den Beurteilungsbereich „Sonstige Mitarbeit" ist zu beachten, daß die Notenfindung im Kurs ein kontinuierlicher Prozeß ist. Dadurch kommt der Zwischennote nach dem 1. Kursabschnitt ein relativer Stellenwert zu.
Die Kursabschlußnote wird gleichwertig aus den Endnoten der beiden Beurteilungsbereiche (Klausuren/Sonstige Mitarbeit) - ggf. mit Angabe der Notentendenz - gebildet. Eine rechnerische Bildung der Kursabschlußnote ist unzulässig.
Durch diese Form der Notenbildung wird für den Lehrer der zur schulischen Leistungsbewertung notwendige Ermessensspielraum offengehalten; zugleich wird durch die vorgegebene Beurteilungsstruktur sein Ermessen umschrieben. Sie erlaubt ihm, sowohl bei der Bildung der Endnoten für die beiden Beurteilungsbereiche als auch bei der Bildung der Kursabschlußnote eine an den Lernzielen des Kurses orientierte angemessene Beurteilung der Gesamtleistung des Schülers.
Bei Kursen ohne Klausuren ist die Endnote im Beurteilungsbereich „Sonstige Mitarbeit" die Kursabschlußnote.

4.2 Kontinuierliche Lernerfolgsüberprüfungen:
Beurteilungsbereich Klausuren
Alle Schülerleistungen im Kurssystem der gymnasialen Oberstufe sind zwei Beurteilungsbereichen zugeordnet: dem Bereich Klausuren (schriftliche Arbeiten) und dem Bereich „Sonstige Mitarbeit".

4.2.1 Übersicht über die Klausurenregelung im Fach X
(Anzahl und Dauer; verpflichtend/ nach Wahl des Schülers)
...
In einer Woche dürfen für den Schüler nicht mehr als drei Klausuren angesetzt werden.
Die Klausuren sind so auf das Kurshalbjahr zu verteilen, daß in jedem Kursabschnitt eine Klausur geschrieben wird.
An einem Schultag darf ein Schüler nur eine Klausur schreiben. Die Termine für die Klausuren sind dem Schüler frühzeitig bekanntzugeben.
Befinden sich in einem Kurs neben Schülern, für die die Klausuren verbindlich sind, auch Schüler, die dieses Fach nicht als schriftliches Fach gewählt haben, so sind letztere nicht berechtigt, die Klausuren mitzuschreiben.
Für sie darf zur gleichen Zeit auch keine „schriftliche Übung", die benotet wird, im Fach X angesetzt werden, da diese Übung für alle Kursteilnehmer verbindlich ist, wenn der Fachlehrer sie zu Beginn des Kurshalbjahres als Form der „Sonstigen Mitarbeit" angekündigt hat.

4.2.2 Allgemeine Hinweise zur Aufgabenstellung bei Klausuren
Klausuren dienen der schriftlichen Überprüfung der Lernergebnisse in einem Kursabschnitt. Klausuren sollen darüber Aufschluß geben, inwieweit im laufenden Kursabschnitt gesetzte Lernziele erreicht werden.
Klausuren müssen so angelegt sein, daß die Schüler inhalts- und methodenbezogene Kenntnisse nachweisen können, die sie in dem Kursabschnitt erworben oder vertieft haben. Die Aufgabenstellung muß auf die Anforderungen in der Abiturprüfung vorbereiten. Für die Aufgabenstellung in den Klausuren der Jahrgangsstufen 12 und 13 sind daher die Aufgabenarten für die schriftliche Abiturprüfung verbindlich. [...]
(je nach Fach verschieden)

Die Aufgabenstellung in der Jahrgangsstufe 11 führt zu diesen Aufgabenarten hin. D. h., daß die Aufgaben in dieser Jahrgangsstufe allmählich komplexer werden. Bei der Konstruktion von Klausuraufgaben in der Jahrgangsstufe 11 sollten daher einfache Arbeitsaufträge formuliert werden mit dem Ziel, den Schülern Gelegenheit zu geben:
- das Verbalisieren gelernter Sachverhalte einzuüben
- gelernte Sachverhalte unter einem anderen Gesichtspunkt neu zu ordnen
- gelernte Sachverhalte auf vergleichbare, neue Situationen selbständig zu übertragen
- gelernte Denkmethoden und Lösungsverfahren zur Bewältigung von nicht zu komplexen Problemen einzusetzen.

4.2.3 Korrektur von Klausuren

Die nachfolgenden Ausführungen gelten sowohl für die Korrektur von Klausuren als auch für die Korrektur der schriftlichen Prüfungsarbeiten im Abitur.

Ein Fehler sollte durch knappes Unterstreichen im Text lokalisiert und am Rande mit dem entsprechenden Korrekturzeichen und gegebenenfalls Fehlerzeichen versehen werden.

Korrekturzeichen dienen zur Kennzeichnung der Art des Fehlers. Durch Setzen eines Fehlerzeichens wird deutlich gemacht, daß dieser Fehler in die Bewertung eingeht. Das verwendete Fehlerzeichen gibt gleichzeitig Auskunft über das Gewicht des Fehlers.

Folgende Fehlzeichen sind anzuwenden:
- leichter Fehler
| mittelschwerer Fehler
+ schwerer Fehler

Weiterhin sind folgende Korrekturzeichen zu verwenden:

D	Denkfehler
FA	Ausdrucksfehler im Bereich der Fachsprache
A	allgemeiner Ausdrucksfehler
R	Rechtschreibfehler
Gr	Grammatikfehler
Z	Interpunktionsfehler
Sb	Satzbaufehler
Bz	Beziehungsfehler
[–]	Streichung
V	Einschub

Häufige Verstöße gegen die sprachliche Richtigkeit in der Muttersprache können zur Reduzierung der Note im Umfang einer Notentendenz führen.

Randbemerkungen, die nicht mit einem Fehlerzeichen oder Korrekturzeichen versehen werden, sind möglich; aus der Perspektive des Schülers stellen sie jedoch zu Recht keine Fehler, sondern Zweifel oder Anregungen des Korrektors dar.

Zur Präzisierung eines Fehlers kann der korrigierende Lehrer nach pädagogischem Ermessen auch zusätzlich Verbesserungsvorschläge setzen, denn für den Schüler ist die Korrektur ihrer Grundintention nach begründend, helfend und beurteilend.

In formaler Hinsicht besteht die Klausur aus der Aufgabenstellung, der Schülerarbeit, der Korrektur (in Rot), der Begründung der Note, der Note, der Paraphe des Lehrers und dem Datum der abschließenden Bearbeitung.

Die Begründung der Note, die Note, die Paraphe und das Datum sind unmittelbar unter die Schülerarbeit zu schreiben.

Die Klausuren werden mit den Noten 1 bis 6 bewertet, denen gegebenenfalls die jeweilige Notentendenz hinzuzufügen ist. Die Anwendung des Punktesystems auf die Klausurergebnisse ist nicht zulässig, da das Punktesystem nur der Addition der Kursabschlußergebnisse zu einer Gesamtqualifikation dient.

(Der Lehrer ist zur Positivkorrektur mit Blick auf Hilfestellungen für Schülerr verpflichtet. Diese Pflicht besteht bei Abiturarbeiten nicht.)

4.2.4 Rückgabe der Klausuren

Die Klausuren sind sobald wie möglich zu korrigieren und zu benoten, den Schülern zurückzugeben und zu besprechen. Vor der Rückgabe und Besprechung der Klausur oder am Tage der Rückgabe darf im gleichen Kurs keine neue Klausur geschrieben werden.

Erreicht bei einer Klausur ein Drittel der Schüler kein ausreichendes Ergebnis, entscheidet der Schulleiter nach Anhörung des Fachlehrers, ob die Arbeit gewertet wird oder ob eine neue Arbeit zu schreiben ist. Bei der Entscheidung ist die Zahl der an der Klausur beteiligten Schüler und die Zusammensetzung der Kursgruppe zu berücksichtigen.

Die Klausuren werden nach Benotung und Besprechung mit den Schülern diesen mit nach Hause gegeben, damit ggf. die Erziehungsberechtigten Kenntnis nehmen können; sie sind auf Verlangen spätestens nach einer Woche an die Schule zurückzugeben.

4.3 Kontinuierliche Lernerfolgsüberprüfungen: Beurteilungsbereich „Sonstige Mitarbeit"

4.3.1 Allgemeine Hinweise

Unter „Sonstiger Mitarbeit sind alle Leistungen zu verstehen, die ein Kursteilnehmer neben den Klausuren erbringt. Beide Beurteilungsbereiche – Klausuren und „Sonstige Mitarbeit" gelten als gleichwertig. Für Schüler, die keine Klausuren schreiben, bildet die „Sonstige Mitarbeit" die ausschließliche Grundlage für die Leistungsbewertung.

Neben der mündlichen Mitarbeit des Schülers im Kursunterricht sind auch andere Formen der Mitarbeit wie Protokolle, Referate und schriftliche Übungen in besonderem Maße geeignet, in studienspezifische Arbeitstechniken einzuführen und solche einzuüben. Die erwähnten Aktivitätsformen stellen Elemente für die Unterrichtsplanung und Unterrichtsdurchführung dar, die dem einzelnen Schüler die Gelegenheit bieten, einen zusammenhängenden, längeren und gegebenenfalls selbständigen Unterrichtsbeitrag zu leisten. Dieser Aspekt umschreibt und verdeutlicht die didaktisch-pädagogische Funktion des Bereichs der „Sonstigen Mitarbeit".

Außerdem gibt dieser Richtlinienabschnitt Hinweise zur Bewertung von Schülerleistungen. Auf dieser Ebene soll er zu Vereinheitlichung der Verfahren führen.

Im folgenden werden die einzelnen Arbeitsformen der „Sonstigen Mitarbeit" näher charakterisiert. Die meisten der dort aufgeführten Formen sind nicht spezifisch für das Fach X; sie unterscheiden sich jedoch innerhalb der einzelnen Unterrichtsfächer in ihrer Funktion.

Grundsätzlich können die mündlichen Beiträge zum Unterricht allein als Bewertungsgrundlage ausreichen. Da sich der Einsatz aller Formen der Sonstigen Mitarbeit aus der didaktischen Konzeption des Kurses ergeben muß, braucht der Lehrer nicht alle Formen der Sonstigen Mitarbeit in jeder Kurseinheit zu berücksichtigen. Unabdingbar ist für jeden Kursteilnehmer die regelmäßige mündliche Mitarbeit.

Formen der Sonstigen Mitarbeit können z. B. sein

4.3.2 Mündliche Unterrichtsbeiträge
4.3.3 Protokolle
4.3.4 Referate
4.3.5 Hausaufgaben
4.3.6 Schriftliche Übungen
4.3.7 Versuchsvorbereitung, -durchführung und -protokoll

Nicht in jedem Kursabschnitt wird die Gelegenheit gegeben sein, alle aufgeführten Aktivitätsformen in den Kursablauf einzubeziehen. Wenn es aber methodisch sinnvoll erscheint, die eine oder die andere einzusetzen, sollte dies auch geschehen.

4.3.2 Mündliche Mitarbeit

Innerhalb dieses Bereiches existiert eine Reihe verschiedenartiger Arbeitsformen und Arbeitsaufträge, aufgrund derer eine Schülerleistung beurteilt werden kann:
- Beiträge zum gebundenen und freien Unterrichtsgespräch
- Mitarbeit an Problemlösungen
- Aufbereitung von Unterrichtsmaterialien (z. B. Auswertung von Tabellen, Texten u. ä.)
- Beiträge, die aus Einzel-, Partner- und Gruppenarbeit erwachsen
- Längere mündliche Zusammenfassungen (auch als Einübung für die mündliche Abiturprüfung).

Während die Funktion der ersten vier genannten Formen klar ist, soll die Aufgabe der „längeren mündlichen Zusammenfassung" näher beschrieben werden. Sie kann im Kursunterricht dazu dienen, die Form der mündlichen Abiturprüfung zu simulieren. Auf diese Weise stellt sie für den Schüler eine Übung dar, die es ihm ermöglicht, sich optimal auf die mündliche Abiturprüfung einzustellen. Überdies leistet damit auch das Fach X einen Beitrag zur kommunikativen Kompetenz des Schülers.

Die Beurteilung der Schülerleistungen in der mündlichen Mitarbeit sollte nicht punktuell erfolgen. Der Lehrer sollte über einen längeren Zeitraum die Schülerleistungen beobachten und sich entwickeln lassen. Aus der Beteiligung des Schülers in den verschiedenen Phasen des Unterrichts z. B. Vortrag von Hausaufgaben und Zusammenfassungen, Transfer von Ergebnissen und Methoden, Beteiligung am Erfassen von Problemen, Finden und Begründen von Lösungsvorschlägen ergibt sich das Leistungsbild des Schülers in der mündlichen Mitarbeit.

4.3.3 Protokolle
Für den Unterricht kommen folgende Arten der Protokolle in Betracht:
- Verlaufsprotokoll
- Protokoll des Diskussionsprofils
- Ergebnisprotokoll.

Das Anfertigen von Protokollen einer Stunde gehört zum Erlernen studienvorbereitender Arbeitstechniken. Dazu gehört das Einüben in konzentriertes Zuhören, das Erfassen von Diskussionsabläufen, das Ordnen von Diskussionsbeiträgen, das Zusammenfassen von Ergebnissen, das genaue Beobachten von Versuchsabläufen, das Zusammenfassen von Versuchsergebnissen, das präzise Erfassen von Versuchsauswertungen und deren angemessene Formulierung unter Einbeziehung der Fachsprache und der fachspezifischen Argumentationsmuster (chemische Formeln, Reaktionsschemata, Formulierung von Reaktionsmechanismen, Apparaturskizzen u.ä.).

Das **Verlaufsprotokoll** soll den Gang der Unterrichtsstunde in den wesentlichen Zügen wiedergeben.

Das Protokoll des **Diskussionsprofils** nimmt aus dem Gang der Unterrichtsstunde diejenigen Beitrage heraus, die die Diskussion entscheidend bestimmt haben. Es macht die unterschiedlichen Standpunkte und ihre Begründung deutlich.

Das **Ergebnisprotokoll** verzichtet auf die Wiedergabe des Unterrichtsverlaufs und auf die Darstellung des Diskussionsprofils und hält statt dessen genau die Unterrichtsergebnisse fest.

Zu Beginn der Stunde sind der Protokollant und die Art des Protokolls zu bestimmen. Eine erst nach Abschluß der Unterrichtsstunde erfolgte Beauftragung des Protokollanten ist für das Erlernen der Arbeitstechniken nicht sinnvoll.

Ist ein Protokoll angefertigt worden, sollte es zu Beginn der folgenden Unterrichtsstunde verlesen und besprochen werden. Die vom Protokollanten erbrachte Leistung ist vom Lehrer mündlich zu beurteilen und die Beurteilung zu begründen.

Der Schwerpunkt des Erlernens der für Protokolle erforderlichen Arbeitstechniken soll in der Jahrgangsstufe 11 liegen.

4.3.4 Referate
Es können Referate gehalten werden, die zum Beispiel:
- Unterrichtsergebnisse vorbereiten
- Zusatzinformationen liefern
- Lösungswege untersuchen
- Materialien vorbereiten oder auswerten
- Experimente kommentieren
- Fachliteratur auswerten.

Die Arbeitsform „Referat" ist besonders geeignet zum Erlernen studienvorbereitender Arbeitstechniken und planender Arbeitsverfahren sowie zur Vorbereitung auf die in der mündlichen Abiturprüfung geforderte Qualifikation des zusammenhängenden Vortrages einer selbständig gelösten, begrenzten Aufgabe. Als zu erlernende Arbeitstechniken lassen sich z. B. erwähnen:
- Selbständige Planung der Anlage eines Referates
- Informationsmaterial themabezogen zusammenstellen, ordnen und auswerten
- Korrektes Zitieren
- Exakte Anwendung der Fachsprache
- Exzerpte anfertigen
- Arbeitsunterlagen für Mitschüler erstellen
- Wahl der angemessenen Fachmethode
- Stichwortzettel vorbereiten
- Adressatenbezogen referieren und argumentieren
- Den Zeitfaktor sowohl für die Vorbereitung als auch für die Dauer des Referates berücksichtigen
- Experimente sinnvoll auswählen
- Experimente vorbereiten und durchführen
- Die Experimente in das Referat sinnvoll einbeziehen.

Bei der Aufgabenstellung sind vom Lehrer folgende Bedingungen zu berücksichtigen:
- Schülerreferate sollten grundsätzlich nicht mehr als 10–15 Minuten Vortragszeit benötigen.
- Das Thema muß eindeutig formuliert und so begrenzt sein, daß es in der vorgesehenen Vortragszeit bewältigt werden kann.
- Für die Anfertigung sollte ein Zeitraum von 2–3 Wochen ausreichend sein.
- Das Thema muß sich aus dem Kursunterricht ergeben und für den Kursverlauf gebraucht werden. Deshalb sollte der Referent nach den Vorarbeiten mit dem Fachlehrer Rücksprache nehmen.

Das Referat sollte an dem Tag, für den es vorgesehen ist, auch im Unterricht eingesetzt werden. Es sollte nicht abgelesen werden. Der Schüler kann einen Stichwortzettel, der den Gedankengang unterstützt, benutzen. Zitate, Zahlenangaben usw. können verlesen werden. Im Anschluß an das Referat sollen die Mitschüler Gelegenheit zur Rückfrage und zur Diskussion erhalten.
Das Referat ist vom Lehrer mündlich zu beurteilen. Die Beurteilung ist zu begründen.

4.3.5 Hausaufgaben

Hausaufgaben ergänzen die Arbeit im Unterricht. Sie dienen zur Festigung und Sicherung des im Unterricht Erarbeiteten sowie zur Vorbereitung des Unterrichts.
Die Hausaufgaben besitzen insofern einen hohen Stellenwert, als sie folgende Funktionen erfüllen können:
- Schulung der Fähigkeit, einen Sachverhalt mündlich oder schriftlich in angemessener Fachsprache darzulegen
- Erlernen eines zielorientierten Arbeitens
- Einüben fachmethodischer Techniken
- Anwenden von Unterrichtsergebnissen
- Vertiefung von Gelerntem
- Vorbereitung kleiner, begrenzter, neuer Gebiete.

Hat der Schüler die Hausaufgabe gelöst, so erhält er eine Bestätigung dafür, daß er das Gelernte verstanden hat und es sinnvoll anwenden kann. Hatte er bei der Lösung der Hausaufgaben Schwierigkeiten oder konnte er sie gar nicht lösen, so kann er sich seiner Kenntnis- und Verständnislücken bewußt werden und versuchen, die entsprechenden Defizite mit Hilfe des Lehrbuches, seiner Aufzeichnungen aus dem Unterricht, durch Gespräche mit den Mitschülern oder durch Fragen in der folgenden Unterrichtsstunde auszugleichen. Daraus ist für die Stellung der Hausaufgaben zu fordern, ab sie aus dem Unterricht sinnvoll erwachsen, in sich begrenzt und sprachlich klar formuliert sind. Eine Hausaufgabe muß einen angemessenen Schwierigkeitsgrad haben, weil eine Aufgabe mit zu geringem Schwierigkeitsgrad eine falsche Sicherheit hervorrufen, eine Aufgabe mit zu hohem Schwierigkeitsgrad sinnloses Abschreiben bewirken kann.

Folgende Hausaufgabentypen sind denkbar:
- Wiederholende Stundenzusammenfassung in geraffter Form anhand der Aufzeichnungen
- Zusammenfassende Wiederholung zurückliegender Unterrichtsabschnitte unter einem bekannten oder neuen Aspekt
- Numerische Behandlung eines Problems anhand bekannter Formeln
- Zeichnungen von Versuchsaufbauten mit Erläuterungen
- Anfertigung eines Versuchsprotokolls
- Auswerten von Versuchsprotokollen
- Erarbeiten eines Abschnittes eines vorgelegten Textes
- Übertragen bekannter Lösungswege auf die Lösung eines neuen Problems.

Die Hausaufgabe sollte in der Stunde, zu der sie gestellt ist, besprochen werden. Mehrere Schülerlösungen kann man miteinander vergleichen lassen. Die Hausaufgabe kann in ein Unterrichtsgespräch einmünden.

4.3.6 Schriftliche Übung

Eine Form der schriftlichen Übung im Beurteilungsbereich „Sonstige Mitarbeit" ist die schriftliche Übung, die benotet wird. Sie kann in allen Kursen der Jahrgangsstufen 11 bis 13 in den Beurteilungsbereich „Sonstige Mitarbeit" wie eine zusätzliche mündliche Leistung einbezogen werden. In den Jahrgangsstufen 11/I bis 13/I sind je Kurs ein bis zwei derartige Übungen zulässig, in der Jahrgangsstufe 13/II eine schriftliche Übung.
Die Aufgabenstellung muß sich unmittelbar aus dem Unterricht ergeben, sie muß so begrenzt sein, daß für ihre Bearbeitung in der Regel nicht mehr als dreißig Minuten, bei Vorlage von Arbeitsmaterial (z. B. Texten) höchstens fünfundvierzig Minuten erforderlich sind.
Eine schriftliche Übung, die benotet werden soll, darf nur an einem Tag angesetzt werden, an dem für die betreffenden Schüler keine Klausuren geschrieben werden. Sie ist den Schülern rechtzeitig anzukündigen.

Sind an einer Schule generell bestimmte Zeitabschnitte für Klausuren vorgesehen, so sind schriftliche Übungen dieser Art innerhalb dieser Zeitabschnitte nicht zulässig.

Während die Klausuren den Lernerfolg eines Kursabschnittes überprüfen, bezieht sich die Rückgriffsmöglichkeit der schriftlichen Übungen auf den unmittelbar vorausgegangenen Unterricht. Der Rückgriff sollte in der Regel sechs Unterrichtsstunden nicht überschreiten. Die Fragestellung bezieht sich auf einen dem Schüler bekannten Aspekt.

Schriftliche Übungen, die benotet werden, sind sobald wie möglich nachzusehen und zurückzugeben, damit ihre Ergebnisse in den Unterrichtsverlauf einbezogen werden können. Der Lehrer überprüft die schriftlichen Übungen und bewertet sie mit den Notenstufen 1–6. Es erfolgt jedoch keine umfassende Korrektur wie bei der Klausur.

Die schriftliche Übung sollte in der Regel vom Schüler ausformuliert sein. Stichworte sind möglich, wenn der Gedankengang zweifelsfrei erkennbar ist.

Mehr als zwei schriftliche Übungen dürfen für den Schüler an einem Tag nicht angesetzt werden.

Schriftliche Übungen, die zum Beispiel:
- die Hausaufgaben überprüfen,
- einen Unterrichtsaspekt darstellen,
- ein bekanntes Problem charakterisieren,
- ein zentrales Unterrichtsergebnis formulieren,
- einen im Unterricht besprochenen Lösungsweg nachvollziehen.
- einen im Prinzip bekannten Versuchsablauf beschreiben.

sind methodische Hilfen zur Sicherung des Unterrichtserfolges.

Schriftliche Übungen können in Kursen mit und ohne Klausuren geschrieben werden. Das heißt, daß auch Schüler, die in einem Kurs Klausuren schreiben, nicht von einer angesetzten schriftlichen Übung befreit sind. Der Schüler soll lernen, kurze begründete Stellungnahmen zu einem begrenzten Thema abzugeben und aus dem Unterrichtszusammenhang sich ergebende vorbereitete Fragestellungen zu beantworten. Die hier verlangte Arbeitstechnik zielt auf das genaue Erfassen der Frage und auf die Beantwortung mit den für diese Frage wesentlichen Gesichtspunkten. Diese Arbeitstechnik ist Voraussetzung für die in der Vorbereitung der mündlichen Abiturprüfung geforderte Qualität, innerhalb einer Vorbereitungszeit von 30 Minuten die Prüfungsaufgabe zu erfassen und die für sie wesentlichen Gesichtspunkte oder Lösungswege festzuhalten.

Die Aufgabenstellung in der schriftlichen Übung, die mit einer Fragestellung im Unterricht vergleichbar ist und von allen Schülern in schriftlicher Form beantwortet wird, muß so begrenzt sein, daß für ihre Anfertigung eine Arbeitszeit von in der Regel 30 Minuten, höchstens jedoch von 45 Minuten erforderlich ist. Es handelt sich dabei um die reine Arbeitszeit.

Eine Abfolge unzusammenhängender Einzelfragen ist für die Aufgabenstellung nicht zulässig; der Arbeitsauftrag an die Schüler ist so zu strukturieren, daß alle Notenstufen erreicht werden können.

4.3.7 Versuchsvorbereitung, Versuchsdurchführung, Versuchsprotokoll
(für Experimentalfächer)

Da für die naturw. Fächer das Experiment konstitutiv sein kann, muß es auch eine tragende Bedeutung haben und einen hohen Rang im Unterrichtsgeschehen einnehmen. Eine Beurteilung ist auch dann möglich, wenn kleine Schülergruppen (2–3 Personen) beispielsweise zur Vorbereitung eines Referats Versuche planen, vorbereiten und durchführen. Das gilt insbesondere für Experimente, die im Unterricht einen zu großen Zeitraum einnehmen würden:
- Aufbau von umfangreichen Apparaturen
- Darstellung von Substanzen, die als Ausgangsmaterialien für Untersuchungen im Unterricht dienen (z. B. Farbstoffe für Färbeversuche)
- Vorbereitung von Materialien
- Bereitstellung von experimentellen Ergebnissen und Meßwerten.

Die Schüler referieren im Kursunterricht über die experimentellen Ergebnisse, damit ein einheitlicher Kenntnisstand der Kursteilnehmer gesichert und die Leistung des einzelnen Schülers beurteilt werden kann.

Referate als Wiederholung, Ergänzung oder Weiterführung des Unterrichts (vgl. Abschnitt 4.3.4) können durch Versuche begleitet und gestützt werden. Diese Experimente werden von Kursteilnehmern weitgehend selbständig vorbereitet und erarbeitet[2]. Zu den allgemeinen Zielen, die im Gruppenunterricht

---

[2] Dabei sind die einschlägigen Unfallverhütungsvorschriften zu beachten.

erreicht werden können (Teamarbeit, selbständiges Überwinden von Schwierigkeiten) treten fachspezifische Ziele (sachgerechtes Lesen der Gerätebeschreibungen in deutscher und eventuell englischer Sprache, exaktes Aufschreiben der Meßwerte, angemessene graphische Darstellungen, schriftliche oder mündliche Formulierung der Ergebnisse, Referieren über die Ergebnisse vor der Gesamtgruppe).

In diesem Zusammenhang sei auf die Abfassung von Versuchsprotokollen hingewiesen, welche eine Sonderform der Protokolle darstellen, und daher bewußt nicht in den Abschnitt 4.3.3 aufgenommen wurden. Das Versuchsprotokoll gibt die Problemstellung bekannt, die zu einem Versuch führt, benennt die für einen Versuch wesentlichen Geräte und Chemikalien, beschreibt und skizziert den Versuchsaufbau, hält den Versuchsablauf genau fest und gibt die Schlüsse aus den Beobachtungen wieder (Versuchsergebnis).

4.3.8 Bildung der Kursabschnittsnote für den Beurteilungsbereich „Sonstige Mitarbeit"

Die Grundlage für die Beurteilung eines Schülers im Beurteilungsbereich „Sonstige Mitarbeit" bilden die Qualität und Kontinuität seiner mündlichen Mitarbeit im Unterricht.

Eine generelle Festlegung der Bedeutung der übrigen Formen der „Sonstigen Mitarbeit" für die Bildung der Zwischennote ist nicht möglich, Diese Formen ermöglichen dem Schüler in der Regel einen längeren, zusammenhängenden Unterrichtsbeitrag, dessen unterschiedlicher Schwierigkeitsgrad nur vom Lehrer bestimmt werden kann.

Die schriftliche Übung hat gegenüber den anderen Formen der Sonstigen Mitarbeit zwar den Vorteil, daß die geforderte Leistung von allen Schülern eines Kurses zu erbringen ist, dieses darf aber nicht dazu führen, daß die schriftliche Übung in ihrer Bedeutung für die Notenfindung wie eine Klausur verstanden wird. Die in ihr erzielte Note hat nur den Stellenwert eines zusammenhängenden Unterrichtsbeitrages von vergleichbarem Schwierigkeitsgrad.

1.3 Sicherheitsbestimmungen

Strahlenschutz in Schulen
RdErl. d. Kultusministeriums v. 22. 4. 1994 (GABl. NW. I S. 87)

[...]
1.3 Begriffsbestimmungen
Im Rahmen dieser Richtlinien werden folgende Begriffsbestimmungen getroffen:
1.3.1 Vorrichtungen – im Zusammenhang mit dem Unterricht in Schulen verwendete Lehrmittel, die bestimmungsgemäß ionisierende Strahlen aussenden, einschließlich Neutronenquellen, Schulröntgeneinrichtungen und radioaktive Mineralien,
1.3.2 radioaktive Vorrichtungen – Vorrichtungen nach Nr. 1.3.1, die offene oder umschlossene radioaktive Stoffe enthalten,
1.3.3 Verwendung – Einsatz von Vorrichtungen nach Nr. 1.3.1 einschließlich des „Betriebs" i. S. der Röntgenverordnung.
Im übrigen wird auf die in Anlage 1 StrlSchV und in Anlage I RöV festgelegten Begriffe zurückgegriffen.
1.4 Information des Schulträgers
Die Schulträger als Strahlenschutzverantwortliche (vgl. Nr. 5) sind über alle im Rahmen dieses Erlasses notwendigen Maßnahmen rechtzeitig zu unterrichten. Anzeigen und Mitteilungen an das Staatliche Amt für Arbeitsschutz als der atomrechtlichen Aufsichtsbehörde sind über die Schulträger zu leiten. Sofern in Fällen besonderer Eilbedürftigkeit das Staatliche Amt für Arbeitsschutz unmittelbar zu informieren ist, sind die Schulträger gleichzeitig in Kenntnis zu setzen. Die Anschriften und Zuständigkeitsbereiche (Bezirke) der Staatlichen Ämter für Arbeitsschutz in Nordrhein-Westfalen sind der Anlage zu entnehmen.

2. Umfang der erlaubten Tätigkeit
2.1 Grundsatz
Verwendung und Lagerung von Vorrichtungen nach Nr. 1.3 im Zusammenhang mit dem Unterricht in Schulen müssen vom Unterrichtsziel her gerechtfertigt sein und auf das unbedingt notwendige Maß beschränkt werden. Dabei dürfen nur Vorrichtungen folgender Art verwendet und gelagert werden:
2.1.1 Vorrichtungen, die nach der Strahlenschutzverordnung oder der Röntgenverordnung auch im häuslichen Bereich genehmigungs- und anzeigefrei verwendet und gelagert werden dürfen, oder
2.1.2 Vorrichtungen, deren Bauart nach Anlage VI Nr. 3, 4 oder 5 StrlSchV oder nach Anlage III Nr. 4 RöV für Unterrichtszwecke zugelassen ist.
2.2 Ausnahmen
Soweit es das Unterrichtsziel erfordert, können berufsbildende Schulen im Einzelfall
- radioaktive Stoffe aufgrund einer Genehmigung nach §3 Abs.1 oder einer Anzeige nach §4 Abs.1 StrlSchV verwenden und lagern oder
- Röntgeneinrichtungen, die der Bauart nach nicht als Schulröntgeneinrichtungen zugelassen sind, aufgrund einer Anzeige nach §4 Abs.1 RöV betreiben.
Anträge nach §3 Abs.1 StrlSchV sind an die Bezirksregierung, Anzeigen nach §4 Abs.1 StrlSchV oder §4 Abs.1 RöV sind an das Staatliche Amt für Arbeitsschutz zu richten.

3. Veränderungsverbot, Schutzmaßnahmen
Vorrichtungen nach Nr. 1.3.1 dürfen in den für den Strahlenschutz wesentlichen Merkmalen nicht verändert werden. Eine Vorrichtung, die infolge Abnutzung, Beschädigung oder Zerstörung nicht mehr den Vorschriften der Strahlenschutzverordnung oder der Röntgenverordnung, den im Zulassungsschein bezeichneten, für den Strahlenschutz wesentlichen Merkmalen oder späteren Anordnungen oder Auflagen der Zulassungsbehörde entspricht, darf nicht mehr verwendet werden. Die Strahlenschutzbeauftragten müssen unverzüglich die notwendigen Schutzmaßnahmen treffen, um Strahlenschäden zu verhüten. Die Schulleiterin oder der Schulleiter unterrichtet unverzüglich das Staatliche Amt für Arbeitsschutz.

4. Erwerb und Abgabe radioaktiver Stoffe, Inbetriebnahme von Röntgeneinrichtungen, Inventarverzeichnis
Vorrichtungen nach Nr. 1.3.1 dürfen nur von Schulen erworben werden, an denen die notwendigen räumlichen Voraussetzungen für eine sachgerechte Lagerung (Nr. 7) vorhanden und an denen Lehrerinnen

oder Lehrer zu Strahlenschutzbeauftragten (Nr. 6) bestellt sind. Im Zweifelsfall sollte beim Erwerb solcher Vorrichtungen das Staatliche Amt für Arbeitsschutz um Beratung gebeten werden. [...]
Für alle Vorrichtungen nach Nr. 1.3.1 ist ein besonderes Inventarverzeichnis anzulegen. Sofern es sich um bauartzugelassene Vorrichtungen handelt, sind dem Verzeichnis Abdrucke der Zulassungsscheine beizufügen.
Aufzeichnungen und Zulassungsscheine sind dem Staatlichen Amt für Arbeitsschutz auf Verlangen vorzulegen.

5. Strahlenschutzverantwortliche
Strahlenschutzverantwortliche im Sinne des §29 StrlSchV/ §13 RöV sind die Schulträger, die die Schulleiterin oder den Schulleiter mit der Wahrnehmung dieser Aufgaben nach ihren Weisungen gemäß §20 Abs.4 Schulverwaltungsgesetz (BASS 1-2) beauftragen. Die Aufgaben der Strahlenschutzverantwortlichen ergeben sich aus der Strahlenschutzverordnung und der Röntgenverordnung. [...]

6. Strahlenschutzbeauftragte
6.1 Bestellung
An den Schulen sind alle Lehrerinnen und Lehrer, die den erforderlichen Fachkundenachweis erbracht haben und im Unterricht Vorrichtungen nach Nr. 1.3.1 verwenden, von der Schulleiterin oder dem Schulleiter nach §31 Abs.4 StrlSchV/ §13 Abs.5 RöV zu Strahlenschutzbeauftragten zu bestellen. Dabei ist nach §29 Abs.2 StrlSchV/ §13 Abs.2 RöV der innerschulische Entscheidungsbereich zu regeln. Insbesondere sind die Sammlungsleitung (einschließlich Vertretung), die Buchführung, die Aufbewahrung und Ausgabe der Schlüssel sowie die Zuständigkeit der Lehrerinnen und Lehrer für ihren Unterrichtsbereich festzulegen.

6.2 Fachkundenachweis
Zur Fachkunde der Strahlenschutzbeauftragten gehört neben den notwendigen fachwissenschaftlichen Kenntnissen die Kenntnis der einschlägigen Schutzbestimmungen.
Als Fachkundenachweis gilt die entsprechende Lehrbefähigung (Physik, Chemie oder entsprechende berufliche Fachrichtungen) in Verbindung mit der Bescheinigung, daß die Strahlenschutzfachkunde in der Ausbildung vermittelt worden ist. Soweit dies nicht in der Ausbildung erfolgt ist, kann die Strahlenschutzfachkunde durch Teilnahme an einer entsprechenden Fortbildungsveranstaltung erworben werden. Solche werden von den Schulaufsichtsbehörden durchgeführt. Sie stellen auf Antrag die Fachkundebescheinigung aus.

6.3 Aufgaben
Die Strahlenschutzbeauftragten sind verantwortlich für die Einhaltung der Schutzbestimmungen für die Verwendung, die Kennzeichnung und die sichere Aufbewahrung sowie die Beseitigung von Vorrichtungen und radioaktiven Stoffen (§31 Abs.2 StrlSchV/ §15 Abs.2 RöV). Sie müssen insbesondere darauf achten, daß
- jede unnötige Strahlenexposition oder Kontamination von Personen, Sachgütern oder der Umwelt vermieden wird und
- jede Strahlenexposition oder Kontamination von Personen, Sachgütern oder der Umwelt unter Beachtung des Standes von Wissenschaft und Technik und unter Berücksichtigung aller Umstände des Einzelfalles auch unterhalb der in der Strahlenschutzverordnung oder der Röntgenverordnung festgelegten Grenzwerte so gering wie möglich gehalten wird (§28 Abs.1 StrlSchV/ §15 Abs.1 RöV). Dies ist beim bestimmungsgemäßen Gebrauch von intakten, für den Unterricht in Schulen bauartzugelassenen Vorrichtungen regelmäßig der Fall.

7. Lagerung und Sicherung
Vorrichtungen müssen, solange sie nicht verwendet werden, so gelagert werden, daß eine unzulässige Exposition der Umgebung vermieden wird und sie gegen Abhandenkommen und gegen den Zugriff durch Unbefugte geschützt sind. Sie sind in der Regel in einem abschließbaren Stahlblechbehältnis gesondert unter Verschluß aufzubewahren. Röntgeneinrichtungen sind gegen unbefugtes Inbetriebsetzen zu sichern.

8. Radioaktive Vorrichtungen
8.1 Kennzeichnung
Vorrichtungen nach Nr. 1.3.2, die aufgrund einer Genehmigung oder Anzeige verwendet und gelagert werden, sowie die zugehörigen Schutzbehälter und Aufbewahrungsbehältnisse müssen dauerhaft mit dem

Strahlenzeichen und dem Wort „RADIOAKTIV" gekennzeichnet sein. Schutzbehälter und Aufbewahrungsbehältnisse, die mit dem Strahlenzeichen gekennzeichnet sind, dürfen nur zur Aufbewahrung von radioaktiven Stoffen verwendet werden. Sie dürfen nur aus dem Verkehr gezogen oder beseitigt werden, wenn sichergestellt ist, daß die Kennzeichnung vollständig entfernt und keine Kontamination vorhanden ist.

8.2 Verlust
Das Abhandenkommen von Vorrichtungen nach Nr. 1.3.2 ist dem Staatlichen Amt für Arbeitsschutz oder der örtlichen Ordnungsbehörde unverzüglich anzuzeigen.

8.3 Radioaktive Abfälle
Sollen Vorrichtungen nach Nr. 1.3.2 im Unterricht nicht weiter verwendet werden und ist die Verwendung an einer anderen Schule nicht möglich, so sind sie an die Lieferfirma zurückzugeben oder als radioaktiver Abfall durch die Landesanstalt für Arbeitsschutz, Außenstelle Stetternicher Forst (Landessammelstelle), 52428 Jülich, Tel. (02461) 4449, abholen zu lassen. Wer radioaktive Abfälle an die Landessammelstelle übergibt, hat deren Benutzungsordnung in der jeweils gültigen Fassung (SMBl. NW. 8053) zu beachten.

9. Verstöße gegen Strahlenschutzvorschriften
Bei Verstößen gegen die Strahlenschutzverordnung oder die Röntgenverordnung kann gemäß §87 StrlSchV/ §46 RöV gegen die Strahlenschutzverantwortlichen oder die Strahlenschutzbeauftragten ein Ordnungswidrigkeitsverfahren eingeleitet werden.

10. Schlußbestimmungen
Den allgemeinbildenden Schulen werden von den Bezirksregierungen und den Staatlichen Ämtern für Arbeitsschutz atomrechtliche Genehmigungen für die Verwendung von Vorrichtungen, die nicht für den Unterricht in Schulen bauartzugelassen sind, nicht mehr erteilt; bisher aufgrund einer Genehmigung oder Anzeige atomrechtlich erlaubte Tätigkeiten können bis Schuljahresende 1995/96 fortgeführt werden.
Im Einvernehmen mit dem Ministerium für Arbeit, Gesundheit und Soziales.

Anschriften (s. BASS 18-29 Nr.3)
Staatliche Ämter für Arbeitsschutz in Nordrhein-Westfalen

Umgang mit Gefahrstoffen und Sicherheit im naturwissenschaftlich-technischen Unterricht der allgemeinbildenden Schulen
RdErl. d. Kultusministeriums v. 20.1.1995 (GABl. NW. I S. 42)

1. Verantwortung der Schule
Der Auftrag der Schulen, das Sicherheits- und Umweltbewußtsein der Schülerinnen und Schüler zu wecken und zu fördern und für die Verhütung von Unfällen zu sorgen (§46 ASchO), schließt die Verantwortung dafür ein, daß in den Schulen mit Gefahrstoffen sowie mit Materialien und Geräten stets sorgfältig umgegangen wird. Das gilt in besonderem Maße für die naturwissenschaftlich-technischen Unterrichtsfächer.
Zu dieser Verantwortung der Schule gehört auch, die in der Schule tätigen Personen sowie andere Personen, die sich in der Schule aufhalten, vor entsprechenden Gefährdungen zu schützen.

2. Umgang mit Gefahrstoffen

2.1 Anwendung der Gefahrstoffverordnung
Die bundesrechtliche Verordnung zum Schutz vor gefährlichen Stoffen (Gefahrstoffverordnung - GefStoffV) vom 26. Oktober 1993 (BGBl. I S. 1782) in der jeweils geltenden Fassung enthält wichtige Vorschriften, die auch von den Schulen zu beachten sind.
Zweck der Gefahrstoffverordnung ist es, die Menschen vor arbeitsbedingten und sonstigen Gesundheitsgefahren und die Umwelt vor stoffbedingten Schädigungen zu schützen, insbesondere sie erkennbar zu machen, sie abzuwenden und ihrer Entstehung vorzubeugen. Die Gefahrstoffverordnung enthält Schutzvorschriften für Arbeitnehmerinnen und Arbeitnehmer, die auch für die Schülerinnen und Schüler gelten. Diese sind durch §3 Abs.4 der Verordnung den Arbeitnehmerinnen und Arbeitnehmern gleichgestellt.

Zum Umgang mit Gefahrstoffen gehören das Herstellen und Gewinnen sowie das Verwenden, wobei unter dem Begriff Verwenden das Gebrauchen, Verbrauchen, Lagern, Aufbewahren, Be- und Verarbeiten, Abfüllen, Umfüllen, Mischen, Entfernen, Vernichten und das innerbetriebliche Befördern zusammengefaßt werden.

Die Gefahrstoffverordnung gehört zum Bereich des Arbeitsschutzes und damit zum Aufgabengebiet der Staatlichen Ämter für Arbeitsschutz. An den Schulen in kommunaler Trägerschaft achten zusätzlich die technischen Aufsichtsbeamtinnen und -beamten der Unfallversicherungsträger unter dem Gesichtspunkt des Unfallschutzes und der Unfallverhütung darauf, daß beim Umgang mit Gefahrstoffen etwaigen Gefährdungen vorgebeugt wird.

Dieser Runderlaß bezieht sich nicht auf stoffbedingte Schädigungen, die von der baulichen Ausstattung der Schulen ausgehen können. Insoweit gelten für die in den Schulen tätigen Personen die Vorschriften des allgemeinen Gesundheitsschutzes, d.h. für Lehrerinnen und Lehrer im Beamtenverhältnis insbesondere §85 LBG sowie §§30ff. BeamtVG, für Lehrerinnen und Lehrer im Angestelltenverhältnis sowie für Schülerinnen und Schüler die Vorschriften der RVO über den Schutz bei Arbeitsunfällen und Berufskrankheiten.

2.2 Äußere Schulangelegenheiten

Die Pflichten des Arbeitgebers und damit auch dessen Verantwortung nach der Gefahrstoffverordnung obliegen in äußeren Schulangelegenheiten dem Schulträger (§30 SchVG). Er hat auch die finanziellen Aufwendungen zu tragen, die durch die Umsetzung der Gefahrstoffverordnung an den Schulen entstehen.

Der Schulträger ist dafür verantwortlich, daß für die Reinigung der Schulräume nur gesundheitlich unbedenkliche Reinigungsmittel beschafft und verwendet werden. Die Schulleiterin oder der Schulleiter kann sich - auch zur Information der Lehrerinnen und Lehrer - mit der Bitte um Auskunft über die verwendeten Reinigungs- und Pflegemittel an den Schulträger wenden.

Im unmittelbaren Zusammenhang mit dem Unterricht dürfen nur Reinigungsmittel verwendet werden, die keine gefährlichen Stoffe enthalten. Dies gilt insbesondere auch für die Körperreinigung von Schülerinnen und Schülern und für Reinigungsaufgaben, die von Schülerinnen und Schülern erledigt werden.

Der Schulträger ist auch für die Lagerung brennbarer Flüssigkeiten (z.B. Umdruckflüssigkeit) entsprechend der Verordnung über brennbare Flüssigkeiten (VbF) vom 27. Februar 1980 (BGBl. I S. 229) in der jeweils geltenden Fassung verantwortlich.

Zur Reinigung von Druckmaschinen im Schulbereich sind in der Regel gefahrstofffreie und biologisch abbaubare Reinigungsmittel ausreichend. Für den Umgang mit Gefahrstoffen in der Verwaltung der Schule ist die Schulleiterin oder der Schulleiter verantwortlich.

2.3 Innere Schulangelegenheiten

In den inneren Schulangelegenheiten tragen die Schulleiterinnen und Schulleiter für den Arbeitgeber die Verantwortung für die Einhaltung der Vorschriften der Gefahrstoffverordnung (§§ 20 SchVG, 46 ASchO, 18 Abs.7 ADO). Sie können die ihnen obliegenden Aufgaben in genau festzulegendem Umfang auf fachlich geeignete Lehrerinnen und Lehrer übertragen, die in ihrem Bereich eigenverantwortlich tätig werden. Insoweit nehmen Lehrerinnen und Lehrer, die selbst Arbeitnehmerinnen und Arbeitnehmer im Sinne der Gefahrstoffverordnung sind, zugleich Aufgaben des Arbeitgebers wahr.

Im Unterricht, vor allem in den naturwissenschaftlich-technischen Unterrichtsfächern, sollen Schülerinnen und Schüler auch einen sicherheits- und umweltbewußten Umgang mit Stoffen, Materialien und Geräten kennenlernen und einüben. Dazu ist es notwendig, daß Schülerinnen und Schüler an Versuchen beteiligt werden und z.B. im Chemieunterricht auch selbst experimentieren. Versuche mit Gefahrstoffen an Schülerinnen und Schülern sind jedoch streng untersagt.

2.4 Betriebsanweisungen

[...] Von Schulleiterinnen und Schulleitern sind deshalb für die Lehrerinnen und Lehrer sowie für die Schülerinnen und Schüler entsprechende Betriebsanweisungen zu erlassen. Muster solcher Betriebsanweisungen sind vom Landesinstitut für Schule und Weiterbildung erarbeitet worden.

Den Schulleiterinnen und Schulleitern wird empfohlen, sich bei der Erstellung der Betriebsanweisungen unter Berücksichtigung der jeweiligen örtlichen Verhältnisse und Bedürfnisse an diesen Mustern zu orientieren.

Die Betriebsanweisungen für Hausmeisterinnen und Hausmeister und Reinigungspersonal erläßt der Schulträger.

2.5 Entsorgung

In allen Bereichen, in denen mit Gefahrstoffen umgegangen wird, ist eine sachgerechte und umweltbewußte Entsorgung sicherzustellen.

Die Entsorgung der in der Schule endgültig nicht mehr benötigten oder verwendbaren Gefahrstoffe obliegt dem Schulträger. Er muß ggf. auch die erforderlichen Sammelbehälter bereitstellen, in denen die Gefahrstoffe bis zum Abtransport durch das von ihm beauftragte Entsorgungs- bzw. Transportunternehmen sachgerecht aufbewahrt werden. Einzelheiten der Entsorgung sind zwischen dem Schulträger, der Schule und dem Entsorgungs- bzw. Transportunternehmen abzustimmen. Solange vom Schulträger kein anderes Entsorgungskonzept bestimmt worden ist, wird den Schulen empfohlen, nach dem Vorschlag eines Entsorgungskonzepts zu verfahren, das ebenfalls vom Landesinstitut für Schule und Weiterbildung erarbeitet worden ist.

2.6 Chemikalienliste

Zur Einstufung von Chemikalien nach der Gefahrstoffverordnung wird beim Landesinstitut für Schule und Weiterbildung eine Liste geführt und regelmäßig aktualisiert, die zu schulrelevanten Gefahrstoffen die Kennbuchstaben der Gefahrenbezeichnungen, die Hinweise auf besondere Gefahren (R-Sätze), die Sicherheitsratschläge (S-Sätze) sowie Angaben über krebserzeugende und erbgutverändernde Eigenschaften enthält.

Die Liste soll dazu beitragen,
- die in den Sammlungen der Schulen vorhandenen Gefahrstoffe festzustellen,
- diese entsprechend der Gefahrstoffverordnung bzw. den Richtlinien zu kennzeichnen und zu lagern,
- bereits bei der Planung von Experimenten zu entscheiden, ob es sich bei den vorgesehenen Substanzen um Gefahrstoffe handelt, welche Schutzmaßnahmen getroffen werden müssen oder welche weniger gefährlichen Stoffe verwendet werden sollten.

2.7 Richtlinien für den Umgang mit Gefahrstoffen

[...] Die in den Richtlinien zitierten Vorschriften der Gefahrstoffverordnung sind für die Schulen verbindlich; von ihnen darf nur mit schriftlicher Genehmigung der Staatlichen Ämter für Arbeitsschutz abgewichen werden. Die Anforderungen dieser Vorschriften der Gefahrstoffverordnung werden erfüllt, wenn die zusätzlich gegebenen Erläuterungen eingehalten werden. Dies schließt nicht aus, daß den Anforderungen der Gefahrstoffverordnung auch auf andere Weise entsprochen werden kann.

3. Sicherheit im naturwissenschaftlich-technischen Unterricht

Für den naturwissenschaftlich-technischen Unterricht an den allgemeinbildenden Schulen werden im Einvernehmen mit dem Ministerium für Arbeit, Gesundheit und Soziales ferner Sicherheitshinweise erlassen, die sich insbesondere auf
- den Umgang mit biologischem Material,
- das Experimentieren mit elektrischer Energie,
- den Umgang mit Lasern

beziehen.[...]

Sicherheit im Bereich Sport/Schwimmen/Baden

Trampolinspringen in Schulen
RdErl. d. Kultusministeriums v. 14. 5. 1975 (GABl. NW. S. 363)
Auf die besondere Aufsichts- und Sorgfaltspflicht der Lehrkräfte beim Einsatz des großen Trampolins und des Absprungtrampolins wird hingewiesen.
Die Besonderheit des Trampolins besteht gegenüber anderen Turngeräten in der erhöhten Eigenschwingung, die den Schülerinnen und Schülern anfangs unbekannt ist und an die sie sich erst anpassen müssen. Es ist daher das Trampolinspringen methodisch sehr sorgfältig vorzubereiten und beim Üben die Aufsichtspflicht besonders zu beachten. Es sollten nur Lehrkräfte mit dem Trampolin arbeiten, die sich selbst mit diesem Gerät vertraut gemacht haben.

Sicherheitsmaßnahmen beim Schwimmen im Rahmen des Schulsports
RdErl. d. Kultusministeriums v. 29. 3. 1993 (GABl. NW. I S. 115)

Schwimmen ist ein wesentlicher Bestandteil des Schulsports. In Zusammenarbeit mit den Schulträgern sind alle Maßnahmen zu ergreifen, um die Durchführung des Schwimmens im Sportunterricht und im außerunterrichtlichen Schulsport entsprechend den „Richtlinien und Lehrplänen für den Sport in den Schulen im Lande Nordrhein-Westfalen (Hefte 5011 bis 5015 der Schriftenreihe des Kultusministeriums „Die Schule in Nordrhein-Westfalen") innerhalb der örtlichen Gegebenheiten und unter den gegebenen personellen Voraussetzungen zu ermöglichen. Bei der Durchführung des Schwimmens im Rahmen des Schulsports sind folgende Sicherheitsmaßnahmen zu beachten:

1. Rettungsfähigkeit der Lehrkräfte
Mit der Aufsicht über Schülerinnen und Schüler beim Schwimmen sowie mit der Erteilung von Schwimmunterricht dürfen nur Lehrkräfte beauftragt werden, die
- entweder im Besitz des Deutschen Rettungsschwimmabzeichens (Bronze) sind oder
- das Deutsche Schwimmabzeichen (Bronze) besitzen und zugleich rettungsfähig im Sinne dieses Erlasses sind.

Rettungsfähig im Sinne dieses Erlasses ist, wer
- von der Wasseroberfläche aus einen etwa 5 kg schweren Gegenstand vom Beckenboden (aus 2 – 3 m Wassertiefe) heraufholen und zum Beckenrand bringen
- ca. 10 m weit tauchen,
- Umklammerungen durch in Gefahr geratene Personen entweder vermeiden oder sich aus diesen lösen,
- einen etwa gleichschweren Menschen mittels Kopf- oder Achselschleppgriff ca. 15 m weit schleppen und an Land bringen und lebensrettende Sofortmaßnahmen ergreifen kann.

Diese Rettungsfähigkeit ist Voraussetzung für die Aufsicht über Schülerinnen und Schüler beim Schwimmen sowie für das Erteilen von Schwimmunterricht in allen Schwimmbecken.
Ausnahmen im Hinblick auf die Rettungsfähigkeit der Lehrkräfte bestehen bei der Benutzung von Schwimmstätten, in denen nur ein Lehrschwimmbecken mit einer maximalen Wassertiefe von 1,35 m vorhanden ist bzw. ein entsprechendes Lehrschwimmbecken sich in einem abgeschlossenen Raum oder Gebäudeteil befindet. Voraussetzung für die Leitung von Schwimmgruppen in solchen separaten Lehrschwimmbecken ist, daß die Lehrkräfte im Besitz des Deutschen Schwimmabzeichens (Bronze) sind und daß sie
- einen etwa 5 kg schweren Gegenstand von der tiefsten Stelle des Beckens heraufholen und zum Beckenrand bringen,
- ca. 10 m weit tauchen und
- lebensrettende Sofortmaßnahmen ergreifen können.

Die Lehrkräfte sind grundsätzlich verpflichtet sicherzustellen, daß sie die vorgenannten Anforderungen unter den jeweiligen Bedingungen der Schwimmstätte erfüllen, in der sie Aufsicht über Schülerinnen und Schüler führen bzw. Schwimmunterricht erteilen.
Die Rettungsfähigkeit muß durch eine Bescheinigung der jeweiligen Schulaufsichtsbehörde, der Deutschen Lebens-Rettungs-Gesellschaft, der Wasserwacht des Deutschen Roten Kreuzes oder einer Institution der Lehrerausbildung oder -fortbildung nachgewiesen werden. Es ist erforderlich, daß sich die Lehrkräfte dafür fortbilden und entsprechende Angebote nutzen. Soweit solche Fortbildungsveranstaltungen von weiteren Trägern angeboten werden, liegt die Teilnahme in der Regel im dienstlichen Interesse.

2. Organisation des Schwimmunterrichts

2.1 Grundsätze

Als Voraussetzung für den Schwimmunterricht in Hallen- und Freibädern muß gewährleistet sein, daß in dem der Schule zugeteilten Becken oder Beckenteil nicht gleichzeitig öffentlicher Badebetrieb stattfindet. Werden mehrere Lerngruppen in einem Schwimmbecken unterrichtet, sollte der Unterricht in der Regel in abgegrenzten Bereichen durchgeführt werden.

Jeweils vor Beginn einer Unterrichtseinheit im Sportbereich Schwimmen muß sich die Lehrkraft über die Sicherheits- und Rettungsvorkehrungen und über die Badeordnung der jeweiligen Schwimmstätte unterrichten; die Schülerinnen und Schüler sind über die Gefahren und Vorsichtsmaßnahmen (dazu gehört auch die Vermittlung der Baderegeln) zu belehren.

Lehrkräfte und weitere aufsichtführende Personen müssen während des Schwimmunterrichts Schwimm- oder Sportbekleidung tragen.

Die Vollzähligkeit der Lerngruppe ist jeweils
- vor dem Betreten der Schwimmstätte,
- unmittelbar nach dem Verlassen des Schwimmbeckens (in der Regel vor dem Umkleiden) und
- vor dem Verlassen der Schwimmstätte

zu überprüfen.

2.2 Lerngruppengröße

Die Festlegung der Lerngruppengröße beim Schwimmunterricht erfolgt auf der Grundlage der Vorgaben für die Klassen- bzw. Kursgröße (vgl. VO zu §5 SchFG - BASS 11-11 Nr.1) und unter Berücksichtigung der Zusammensetzung der Lerngruppe sowie der organisatorischen und räumlichen Bedingungen für den Schwimmunterricht.

Die Lerngruppengröße beim Schwimmunterricht soll in der Regel den Klassen- bzw. Kursgrößen gemäß den für die einzelnen Schulstufen und Schulformen geltenden Vorgaben entsprechen.

Wenn der Unterricht mit Nichtschwimmerinnen bzw. Nichtschwimmern nur unter erschwerten Bedingungen (z.B. Abgleitgefahr aufgrund eines deutlichen Knicks des Beckenbodens am Übergang vom Nichtschwimmer- zum Schwimmerteil, gleichzeitiger Unterricht mehrerer Lerngruppen) durchgeführt werden kann, so ist die Lerngruppengröße in der Regel auf 15 Schülerinnen bzw. Schüler pro Lehrkraft zu begrenzen.

Sofern spezielle pädagogische Maßnahmen nicht auf eine gemeinsame Arbeit abgestellt sind (z.B. Anleitung zur Hilfestellung), sollen Schwimmerinnen bzw. Schwimmer und Nichtschwimmerinnen bzw. Nichtschwimmer in getrennten Lerngruppen unterrichtet werden. Dies kann erforderlichenfalls (zur Herstellung einer vertretbaren Lerngruppengröße) auch klassen- und jahrgangsübergreifend erfolgen.

Schülerinnen und Schüler gelten als Schwimmerinnen oder Schwimmer, wenn sie ohne Unterbrechung 25 m schwimmen, vom Beckenrand ins Wasser springen und einen Gegenstand mit den Händen aus schultertiefem Wasser holen können.

In Lerngruppen der Sonderschulen und bei gemeinsamem Unterricht von behinderten und nichtbehinderten Kindern und Jugendlichen ist die Lerngruppengröße nach den besonderen pädagogischen Erfordernissen festzulegen.

Die Entscheidung über die Lerngruppengröße beim Schwimmunterricht trifft die Schulleiterin oder der Schulleiter in Abstimmung mit den beteiligten Lehrkräften.

2.3 Aufsichtsführung

Grundsätzlich gilt auch im Schwimmunterricht wie im sonstigen Sportunterricht die verantwortliche Zuständigkeit einer Lehrkraft je Lerngruppe (vgl. auch §12 ASchO - BASS 12 - 01 Nr. 2 - und VV zu §12 ASchO - BASS 12 - 08 Nr. 1).

Badeaufsichtspersonal kann, wenn es den öffentlichen Badebetrieb beaufsichtigt, nicht gleichzeitig an der Aufsichtsführung im schulischen Schwimmunterricht beteiligt werden.

Die Anwesenheit weiterer Personen entbindet die Lehrkraft jedoch nicht von ihrer Aufsichtspflicht.

Die Lehrkraft muß ihren Platz so wählen, daß sie alle im Wasser befindlichen Schülerinnen und Schüler sehen kann. Sie soll sich nicht gleichzeitig mit Schülerinnen und Schülern im Wasser aufhalten, sofern dies nicht in besonderen Fällen aus pädagogischen bzw. methodischen Gründen erforderlich ist.

Wird eine Lerngruppe mit Schwimmerinnen bzw. Schwimmern und Nichtschwimmerinnen bzw. Nichtschwimmern von nur einer Lehrkraft beaufsichtigt, so ist sie im Lehrschwimmbecken oder im Nichtschwimmerteil eines Schwimmbeckens zu unterrichten.

Nichtschwimmerinnen bzw. Nichtschwimmer dürfen sich im Lehrschwimmbecken oder nur im Nichtschwimmerteil eines Schwimmbeckens aufhalten, in dem sie ungefährdet in höchstens brusttiefem

Wasser stehen können und das deutlich vom Schwimmerteil abgegrenzt ist. Ein ausreichender Abstand vom Begrenzungsseil zum Schwimmerbereich ist einzuhalten.
Einzelbeaufsichtigung ist erforderlich, wenn Schülerinnen und Schüler lernen sollen, im tiefen Wasser frei zu schwimmen, und beim Strecken- und Tieftauchen.

2.4 Beteiligung weiterer Personen an der Gestaltung des Schwimmunterrichts
Weitere Personen (z.B. Eltern oder geeignete Schülerinnen bzw. Schüler), die rettungsfähig bzw. im Besitz des Deutschen Renungsschwimmabzeichens (Bronze) oder des Grundscheins der Deutschen Lebens-Rettungs-Gesellschaft sind, können an der Gestaltung des Schwimmunterrichts beteiligt werden.

3. Besondere Regelungen

3.1 Startsprünge, Wasserspringen, Flossenschwimmen mit Maske und Schnorchel, Sporttauchen
Bei Startsprüngen sowie bei tiefen Wenden (Rollwenden) ist auf eine ausreichende Wassertiefe zu achten. Wasserspringen ist nur dort zulässig, wo die Wasserfläche von der dafür zuständigen Badeverwaltung für diesen Zweck freigegeben ist. Beim Wasserspringen ist darauf zu achten, daß die jeweilige Absprungfläche erst betreten werden darf, wenn die Wasserfläche im Sprungbereich frei ist.
Die Durchführung des Flossenschwimmens mit Maske und Schnorchel, des Wasserspringens und des Sporttauchens ist nur Lehrkräften gestattet, die über entsprechende fachliche Voraussetzungen verfügen.

3.2 Schwimmen in Freiwilligen Schülersportgemeinschaften
Mit der Leitung von Freiwilligen Schülersportgemeinschaften im Schwimmen beauftragte Personen, die nicht Lehrkräfte sind, müssen im Besitz des Deutschen Rettungsschwimmabzeichens (Bronze) oder des Grundscheins der Deutschen Lebens-Rettungs-Gesellschaft sein.

3.3 Schwimmen und Baden bei sonstigen Gelegenheiten
Schwimmen und Baden ist mit Schülerinnen und Schülern bei sonstigen Gelegenheiten (z.B. bei Schulwanderungen und Schulfahrten) in der Regel nur im Rahmen eines öffentlichen, beaufsichtigten Badebetriebes zulässig (vgl. Nr. 5.4 der Richtlinien für Schulwanderungen und Schulfahrten - BASS 14 -12 Nr. 2).
Wird im Einzelfall ein öffentlicher, aber nicht beaufsichtigter Badeplatz benutzt, müssen alle Schülerinnen und Schüler im Besitz des Deutschen Jugendschwimmabzeichens (Bronze) sein. Die aufsichtführende Lehrkraft muß das Deutsche Rettungsschwimmabzeichen (Silber) oder das Leistungsabzeichen der Deutschen Lebens-Rettungs-Gesellschaft besitzen und die Bedingungen des Badeplatzes kennen.

3.4 Weitere Anwendungsbereiche
Lehrkräfte, die mit Schülerinnen und Schülern im Sportunterricht bzw. im außerunterrichtlichen Schulsport sonstige Wassersportarten (z.B. Kanu, Rudern, Segeln, Segelsurfen, Sporttauchen) betreiben, müssen im Besitz des Deutschen Rettungsschwimmabzeichens (Silber) oder des Leistungsabzeichens der Deutschen Lebens-Rettungs-Gesellschaft sein. Dies gilt auch für sonstige Personen, die mit der Leitung von Freiwilligen Schülersportgemeinschaften in den o.g. sonstigen Wassersportarten beauftragt sind.
Schülerinnen und Schüler, die im Rahmen des Sportunterrichts bzw. des außerunterrichtlichen Schulsports sonstige Wassersportarten betreiben, müssen im Besitz des Deutschen Jugendschwimmabzeichens (Bronze) sein. Hinsichtlich weiterer Regelungen in der Sportart Kanu wird auf die „Richtlinien und Lehrpläne für den Sport in den Schulen im Lande Nordrhein-Westfalen", Bd. IV S. 61, verwiesen.
[...]

2 Nützliche Adressen

2.1 Kultusministerien der Länder

Baden-Württemberg: Ministerium für Kultus und Sport, 70173 Stuttgart, Schloßplatz 4, Tel.: (0711) 279-0, Fax: 279-2810

Bayern: Bayerisches Staatsministerium für Unterricht, Kultus, Wissenschaft und Kunst, 80333 München, Salvatorstraße 2, Tel.: (089) 2186-01, Fax: 2186-2800

Berlin: Senatsverwaltung für Schule, Jugend und Sport, 10407 Berlin, Storkower Straße 133, Tel.: (030) 4214-0, Fax: 4214-4001

Brandenburg: Ministerium für Bildung, Jugend und Sport, 14473 Potsdam, Heinrich-Mann-Allee 107, Tel.: (0331) 866-0, Fax: 866-3595

Bremen: Senator für Bildung, Wissenschaft, Kunst und Sport, 28195 Bremen. Rembertiring 8-12, Tel.: (0421) 361-0, Fax: 361-4176

Hamburg: Behörde für Schule, Jugend und Berufsbildung, 22083 Hamburg, Hamburger Straße 31, Tel.: (040) 2988-0, Fax: 29 88-2883

Hessen: Hessisches Kultusministerium, 65185 Wiesbaden, Luisenplatz 10, Tel.: (0 6121) 368-0, Fax: 368-2099

Mecklenburg-Vorpommern: Kultusministerium des Landes Mecklenburg-Vorpommern, 19055 Schwerin, Werderstraße 123, Tel.: (0385) 588-0, Fax: 588-7082

Niedersachsen: Niedersächsisches Kultusministerium, 30159 Hannover, Schiffgraben 12, Tel.: (0511) 120-1, Fax: 120-8436

Nordrhein-Westfalen: Ministerium für Schule und Weiterbildung des Landes NRW, 40221 Düsseldorf, Völklinger Straße 49, Tel.: (0211) 896-03, Fax: 896-3220

Rheinland-Pfalz: Ministerium für Kultur, Jugend, Familie und Frauen des Landes Rheinland-Pfalz, 55116 Mainz, Mittlere Bleiche 61, Tel.: (06131) 16-1, Fax: 16-2878

Saarland: Ministerium für Bildung, Kultur und Wissenschaft, 66117 Saarbrücken, Hohenzollernstraße 60, Tel.: (0681) 503-1, Fax: 503291

Sachsen: Sächsisches Staatsministerium für Kultus, 01097 Dresden, Carolaplatz 1, Tel.: (0351) 564-0, Fax: 564-2887

Sachsen-Anhalt: Kultusministerium des Landes Sachsen-Anhalt, 39104 Magdeburg, Breiter Weg 31, Tel.: (0391) 567-01, Fax: 5673774

Schleswig-Holstein: Die Ministerin für Wissenschaft, Forschung und Kultur, 24105 Kiel, Düsternbrooker Weg 64, Tel.: (0431) 988-0, Fax: 988-58 88

Thüringen: Thüringer Kultusministerium, 99096 Erfurt, Werner-Seelenbinder-Straße 1, Tel.: (0361) 3471-0, Fax: 3471-900

2.2 Fachverbände

Verband kath.Religionslehrer an Gymnasien in West- und Norddeutschland e.V.:
StD' Maria Friese, 45277 Essen, Uhlenbank 13, Tel.: (0201) 585769

Gemeinschaft evangelischer Erzieher e.V. Rheinland/ Saar/ Westfalen.
Geschäftsstelle: 47142 Duisburg, Postfach 11 02 30, Tel.: (0203) 547244

Deutscher Germanisten-Verband: Prof. Jürgen Wolff,
70619 Stuttgart, Oelschlägerstraße 22, Tel. (0711) 478623. „Mitteilungen" (viertelj.)

Deutscher Altphilologen-Verband: Prof. Dr. Friedrich Maier, Humboldt-Universität,
10117 Berlin, Unter den Linden 6, Tel (030) 2255 „Gymnasium"

Fachverband Moderne Fremdsprachen: Prof. Dr. Konrad Schröder, 86179 Augsburg,
Marconistraße 30 B. „Neusprachliche Mitteilungen aus Wissenschaft und Praxis"

Vereinigung der Französischlehrer e.V.: Prof. Dr. Jürgen Olbert,
78628 Rottweil, Wasenäcker Str. 9, Tel.: (07 41) 3 21 49. „französisch heute"

Bundesverband der Lehrkräfte der russischen Sprache an Gymnasien und
Hochschulen e.V.: OStR Hartmut Nickig,
41564 Kaarst, Birkhofstraße 45, Tel./ Fax: (02131) 514073

Fachvereinigung Niederländisch e.V.: Dr. Paul-Wolfgang Jägers,
52074 Aachen, Gallierstraße 72, Tel./ Fax: (0241) 870691.
„Nachbarsprache Niederländisch"

Verband der Geschichtslehrer Deutschlands: Rolf Ballof,
38723 Seesen, St.-Annen-Straße 23. „Geschichte in Wissenschaft und Unterricht"

Fachverband Philosophie: StD Dr. Jürgen Hengelbrock,
44799 Bochum, Markstraße 260, Tel.: (0234) 771228

Verband der Pädagogiklehrer e.V.: Geschäftsstelle (Nießen):
46485 Wesel, Hubertusstraße 32. „Pädagogikunterricht"

Verband der Psychologielehrerinnen und -lehrer e.V.: Friederike Schöf-Möller,
53947 Nettersheim, Mechernicher Straße 2, Tel.: (02440) 1534.
„Psychologieunterricht"

Deutsche Vereinigung für politische Bildung e.V.:
StD' Dorothea Weidinger, 81927 München, Freischützstraße 102

Deutscher Verein zur Förderung des mathematischen und naturwissenschaftlichen
Unterrichts: Geschäftsführer: StD F. Becker, 22763 Hamburg, Bielfeldtstraße 14,
Tel.: (040) 8806781 „Der mathematische und naturwissenschaftliche Unterricht"

Verband Deutscher Schulgeographen e.V.:
Geschäftsführung: StD Dr Frank-Michael Czapek, 30167 Hannover, Im Moore 25,
Tel.: (0511) 704225, Fax: 704225. „Geographische Rundschau"

Bund Deutscher Kunsterzieher e.V.:
Geschäftsstelle: 30163 Hannover, Jakobistraße 40, Tel.: (0511) 662229

Verband Deutscher Schulmusiker e.V.: Bundesgeschäftsstelle:
55116 Mainz, Weihergarten 5, Tel.: (06131) 234049. „Musik und Bildung"

Deutscher Sportlehrer-Verband: Geschäftsstelle: 47809 Krefeld, Johansenaue 3, Tel./ Fax: (02151) 544005. „sportunterricht"

Verband deutscher Lehrer im Ausland e.V.: 25801 Husum, Postfach 11 12, Tel.: (04841) 81269, Fax: 81981

Bundesarbeitskreis der Seminar- und Fachleiter e.V.:
Geschäftsstelle: Volker Huwendiek, 76698 Ubstadt-Weiher, Hebelstr. 17, Tel.:/ Fax: (07251) 634 54. „Seminar" (vierteljährlich)

2.3 Allgemeine Einrichtungen

Bund-Länder-Kommission für Bildungsplanung und Forschungsförderung
53113 Bonn, Friedrich-Ebert-Allee 39, Tel.: (0228) 5402-0

Bundesverwaltungsamt - Zentralstelle für das Auslandsschulwesen
50735 Köln, Barbarastraße 1, Tel.: (0221) 758-0

Carl-Duisberg-Gesellschaft für Nachwuchsförderung
50668 Köln, Konrad-Adenauer-Ufer 41-45, Tel.: (0221) 735645

Deutsche Forschungsgemeinschaft
53175 Bonn, Kennedyallee 40, Tel.: (0228) 885-1

Deutscher Akademischer Austauschdienst
53175 Bonn, Kennedyallee 50, Tel.: (0228) 882-0, Fax: 882-4 44

Deutsches Studentenwerk e.V., 53113 Bonn, Weberstraße 55, Tel.: (0228) 26906-0

Hochschulrektorenkonferenz
53175 Bonn, Ahrstraße 39, Tel.: (0228) 887-0, Fax: 887110

Sekretariat der Ständigen Konferenz der Kultusminister der Länder in der Bundesrepublik Deutschland
53113 Bonn, Nassestraße 8, Tel.: (0228) 501-0, Fax: 501301

Studienstiftung des deutschen Volkes (Begabtenförderung)
53173 Bonn, Mirbachstraße 7, Tel.: (0228) 82096-0

Wissenschaftsrat, 50968 Köln, Marienburger Straße 8, Tel.: (0221) 386002

Zentralstelle für die Vergabe von Studienplätzen (ZVS),
44137 Dortmund, Sonnenstraße 171, Tel.: (0231) 10810

2.4 Rundfunk- und Fernsehanstalten

ARD
Postfach 20 06 65, 8006 München, Tel.: (089) 59003344, Fax: 550-1259

Arte
2 a, Rue de Ja Fonderie, F-67000 Straßburg, Tel.: (0033) 88142222
Fax: 88142150

Bayern 3
Floriansmühlstraß 60 , 80939 München, Tel.: (089) 38061, Fax: 59003386

3SAT
Anschrift: siehe ZDF

Deutsche Welle tv
50588 Köln, Radeberggürtel 50, Tel.: (0221) 389-0, Fax: 3894155

DSF
85774 Unterföhring, Tel.: (089) 95002600, Fax: 95002329

Eurosport
Siedlerstraße 2, 85774 Unterföhring, Tel.: (089) 9505244, Fax:95829209

Hessen 3
Bertramstaße 8, 60320 Frankfurt, Tel.: (069) 1553119, Fax: 1553244

Kabel 1
Gutenbergstr. 1, 85774 Unterföhring, Tel.: (089) 95072-100, Fax:9507-2204

MDR
Springerstr. 22-24, 04105 Leipzig, Tel.: (0341) 300-0, Fax: 5595-544/545

Nord 3
Gazellenkamp 57, 22504 Hamburg, Tel.: (040) 41560, Fax: 447602

n-tv
Taubenstraße 1, 10117 Berlin, Tel.: (030) 201900, Fax: 20190505

ORB
August-Bebel-Str. 26-53, 14482 Potsdam-Babelsberg, Haus 307,
Tel.: (0331) 7210, Fax: 7213624

premiere
Tonndorfor Hauptstraße 90, 22045 Hamburg, Tel.: (040) 66800, Fax: 66801199

PRO 7
Bahnhofstr. 28, 85767 Unterföhring, Tel.: (089) 95071-0, Fax: 95971122

Radio Bremen
Hans-Bredow-Straße 10, 28307 Bremen, Tel.: (0421) 2460, Fax: 2462010

RTL
Aachener Straße 1036, 50858 Köln, Tel.: (0221) 0138-1050, Fax: 4564294

RTL 2
82031 Grünwald, Bavariafilmplatz 7, Tel.: (089) 64185-0, Fax: (089) 8410246

SAT 1
Otto-Schott-Str. 13, 55127 Mainz, Zuschauertelefon: 01383838, Fax.: (06131) 900100

Sender Freies Berlin
Masurenallee 8-14, 14057 Berlin, Tel.: (030) 30310, Fax: 3015062

Süddeutscher Rundfunk
Neckarstr. 230, 70190 Stuttgart, Tel.: (0711) 9290, Fax: 9292600

Südwest 3
Hans-Bredow-Straße, 76530 Baden-Baden, Tel.: (07221) 922769, Fax: 922025

Super RTL
Postfach 301111, 50781 Köln, Tel.: (0138) 1111

TM3
Bavariafilmplatz 7, 82031 Grünwald, Tel.: (0138) 3833, Fax: (089) 64195319

Viva/Viva 2
Claudius-Dornier-Str. 5b, 50829 Köln, Tel.: (0221) 956820, Fax: (0221) 9568282

VOX
Richard-Byrd-Straße 6, 50829 Köln, Tel.: (0138) 1090, Fax: (0221) 9534800

WDR Fernsehen
Appellhofplatz 1, 50667 Köln, Tel.: (0221) 2201, Fax: (0221) 2204800

ZDF
Postfach 40 40, 55100 Mainz, Tel.: (06131) 702161 - 64, Fax: 702157

MTV Europe
17-29 Hawley-Crescent, London NW 18 TT, Telefon (0044171) 2847777

2.5 Schulbuchverlage

Ludwig Auer GmbH, Heilig Kreuz-Straße 16, 86609 Donauwörth
[Postfach 1152, 86601 Donauwörth], Tel.: (0906) 73240-42, Fax: (0906) 73177

Aulis Verlag Deubner & Co. KG, Antwerpener Straße 6-12, 50672 Köln
Tel.: (0221) 951454-0, Fax: (0221) 951454-3

Bayerische Verlagsanstalt GmbH, Laubanger 23, 96052 Bamberg
[Postfach 2709, 96018 Bamberg], Tel.: (0951) 7902-0, Fax: (0951) 7902-35

Bayerischer Schulbuch-Verlag, Hubertusstr. 5, 80639 München
[Postfach 192053, 80602 München], Tel.: (089) 179120, Fax: (089) 1784787

Julius Beltz GmbH & Co. KG, Am Hauptbahnhof 10, 6469 Weinheim
[Postfach 100154, 69441 Weinheim], Tel.: (06201) 6007-0, Fax: (06201) 17464

C.C. Buchners Verlag KG, Laubanger 8, 96052 Bamberg
[Postfach 1269, 96003 Bamberg], Tel.: (0951) 96501-0, Fax: (0951) 61774

Cornelsen Verlag GmbH & Co., Mecklenburgische Straße 53, 14197 Berlin
[Postfach 330109, 14171 Berlin], Tel.: (030) 89785-0, Fax: (030) 89785-299

Deutscher Taschenbuch Verlag GmbH & Co. KG, Friedrichstr. 1a, 80801 München
[Postfach 400422, 80704 München], Tel.: (089) 381706-0, Fax: (089) 346428

Verlag Moritz Diesterweg GmbH & Co., Wächtersbacher Straße 89, 60386 Frankfurt
[Postfach 630180, 60351 Frankfurt], Tel.: (069) 42081-0, Fax: (069) 42081-100

Ferdinand Dümmlers Verlag, Kaiserstraße 31-37, 53113 Bonn
[Postfach 1480, 53004 Bonn], Tel.: (0228) 9134-0, Fax: (0228) 213040

Ehrenwirth Verlag GmbH, Schwanthalerstraße 91, 80336 München
[Postfach 200761, 80007 München], Tel.: (089) 544335-0, Fax: (089) 534739

Max Hueber Verlag GmbH & Co. KG, Max-Hueber-Straße 4, 85737 Ismaning
[Postfach 1142, 85729 Ismaning], Tel.: (089) 9602-0, Fax: (089) 9602-358

Kamp Schulbuchverlag GmbH & Co. KG, Widumestraße 6, 44787 Bochum
[Postfach 101330, 44713 Bochum], Tel.: (0234) 9142-0, Fax: (0234) 9142-199

Ernst Klett Schulbuchverlag GmbH, Rotebühlstraße 77, 70178 Stuttgart
[Postfach 106016, 70049 Stuttgart], Tel.: (0711) 6672-0, Fax: (0711) 624310

Ernst Klett Schulbuchverlag Leipzig GmbH, Braunstraße 12, 04347 Leipzig
Tel.: (0341) 2396-0, Fax: (0341) 2396-300

Julius Klinkhardt, Ramsauer Weg 5, 83670 Bad Heilbrunn
[Postfach 29, 83667 Bad Heilbrunn], Tel.: (08046) 1482, Fax: (08046) 1383

Langenscheidt KG, Neusser Straße 3, 80807 München
[Postfach 401120, 80711 München], Tel.: (089) 36096-0, Fax: (089) 36096-222

Hermann Luchterhand Verlag GmbH, Heddesdorfer Straße 31, 56564 Neuwied
[Postfach 1780, 56513 Neuwied], Tel.: (02631) 801-0, Fax: (02631) 801-210

G.J. Manz AG Verlag und Druckerei, Anzinger Straße 15, 81671 München
[Postfach 801280, 81612 München], Tel.: (089) 413001-0, Fax: (089) 413001-38

Merkur Verlag Rinteln Hutkap GmbH & Co. KG, 31735 Rinteln
Tel.: (05751) 9503-0, Fax: (9503-44)

R. Oldenbourg Verlag GmbH, Rosenheimer Straße 145, 81671 München
[Postfach 801360, 81613 München], Tel.: (089) 45051-0, Fax: (089) 45051-290

Justus Perthes Verlag Gotha GmbH, Justus-Perthes-Straße 3-5, 99867 Gotha
[Postfach 274, 99854 Gotha], Tel.: (03621) 385-0. Fax: (03621) 385-102

Philipp Reclam jun. Verlag GmbH, Siemensstraße 32, 71254 Ditzingen
[Postfach 1349, 71252 Ditzingen], Tel.: (07156) 163-0, Fax: (07156) 163-197

Otto Salle Verlag GmbH & Co., Wächtersbacher Straße 89, 60386 Frankfurt
[Postfach 630180, 60351 Frankfurt], Tel.: (069) 42981-0, Fax: (069) 42081-100

Schroedel Schulbuchverlag GmbH, 30517 Hannover, Tel.: (0511) 8388-0
Hildesheimer Straße 202-206, 30519 Hannover, Fax: (0511) 8388-343

TR-Verlagsunion GmbH, Thierschstraße 11, 80538 München
[Postfach 260202, 80059 München], Tel.: (089) 225431, Fax: (089) 296129

Vandenhoeck & Ruprecht GmbH & Co. KG, 37070 Göttingen
Theaterstraße 13, 37073 Göttingen, Tel.: (0551) 54782-0, Fax: (0551) 54782-14
Robert-Bosch-Breite 6, 37079 Göttingen, Tel.: (0551) 6959-0, Fax: (0551) 6959-17

Verlag Ferdinand Kamp GmbH & Co. KG, Widumestraße 6-8, 44787 Bochum
[Postfach 101309, 44713 Bochum], Tel.: (0234) 9142-0, Fax: (0234) 9142-142

Verlag Ferdinand Schöningh GmbH, Jühenplatz am Rathaus, 33098 Paderborn
[Postfach 2540, 33055 Paderborn], Tel.: (05251) 1275, Fax: (05251) 127860

Verlag Handwerk und Technik GmbH, Lademannbogen 135, 22339 Hamburg
[Postfach 630500, 22331 Hamburg], Tel.: (040) 53808-0, Fax: (040) 53808-101

Verlag Herder GmbH & Co. KG, Hermann-Herder-Straße 4, 79104 Freiburg
[Postfach, 79024 Freiburg], Tel.: (0761) 2717-0, Fax: (0761) 2717-520

Volk und Wissen Verlag GmbH, 10107 Berlin
Lindenstraße 54 b, 10117 Berlin, Tel.: (030) 20183-500, Fax: (030) 2071-846

Westermann Schulbuch Verlag GmbH, Westermann-Allee 66, 38104 Braunschweig
[Postfach 4938, 38039 Braunschweig], Tel.: (0531) 708-0, Fax: (0531) 708-248

3 Bibliographie

Achtenhagen, Frank (Hg.): *Neue Verfahren zur Unterrichtsanalyse.* Düsseldorf 1982

Achtenhagen, Frank; Meyer, Hilbert (Hg.): *Curriculumrevision. Möglichkeiten und Grenzen.* München 1971 (Kösel)

Aebli, Hans: *Grundformen des Lehrens.* Ein Beitrag zur psychologischen Grundlegung der Unterrichtsmethoden. 2., unveränderte Aufl. Stuttgart 1963 (Klett)

Aebli, Hans: *Zwölf Grundformen des Lehrens.* Eine Allgemeine Didaktik auf psychologischer Grundlage. Stuttgart 1983 (Klett)

Arbeitsgruppe Bildungsbericht am Max-Planck-Institut für Bildungsforschung: *Das Bildungswesen in der Bundesrepublik Deutschland.* Ein Überblick für Eltern, Lehrer, Schüler. Reinbek bei Hamburg 1990 (Rowohlt)

Bielefelder Sportpädagogen: *Methoden im Sportunterricht.* Schorndorf 1989

Beiträge zum Lernzielproblem. Heft 16. März 1972 (= Strukturförderung im Bildungswesen des Landes Nordrhein-Westfalen. Eine Schriftenreihe des Kultusministers)

Bildung und Erziehung. 38. Jg., Heft 1; März 1985: *Mikrocomputer und Erziehung.*

Bildungskommission NRW: *Zukunft der Bildung – Schule der Zukunft.* Denkschrift der Kommission „Zukunft der Bildung – Schule der Zukunft" beim Ministerpräsidenten des Landes Nordrhein-Westfalen. Neuwied, Kriftel, Berlin 1995 (Luchterhand)

Bildungskommission, Dt. Bildungsrat: *Strukturplan für das Bildungswesen.* 1970

Blankertz, Herwig: *Theorien und Modelle der Didaktik.* München 1977 (10. Aufl.); (Grundfragen der Erziehungswissenschaft; 6); (Juventa)

Blaß, Josef Leonard: *Modelle pädagogischer Theoriebildung.* Bd. II: Pädagogik zwischen Ideologie und Wissenschaft. Stuttgart u.a. 1978 (Kohlhammer)

Bloom, Benjamin S. (Hg.): *Taxonomie von Lernzielen im kognitiven Bereich.* 4. Aufl. Weinheim, Basel 1974 (Beltz)

Böhm, Winfried: *Wörterbuch der Pädagogik.* Begründet von Wilhelm Hehlmann. Stuttgart 1988 (13., überarbeitete Aufl.); (Kröners Taschenausgabe; Bd. 94)

Bönsch, Manfred: *Handlungsorientierter Unterricht.* Oldenburger Vordrucke. Heft 28. Oldenburg, 1988

Bönsch, Manfred: *Offener und kommunikativer Unterricht – Freiarbeit und Beziehungsdidaktik.* Oldenburger Vordrucke. Heft 150. Oldenburg 1991

Bönsch, Manfred: *Variable Lernwege. Ein Lehrbuch der Unterrichtsmethoden.* Paderborn 1991

Bovet, Gislinde; Huwendiek, Volker: *Leitfaden Schulpraxis*. Pädagogik und Psychologie für den Lehrberuf. Berlin 1994 (Cornelsen)

Braun, Dieter; Buckenmaier, Armin; Kalbreyer, Walter: *Lernzielorientierter Unterricht*. Planung und Kontrolle. Anregungen für die Lehrerfortbildung. Heidelberg 1976 (Quelle & Meyer); (rpi-Diskussion; Bd.1)

Bruner, Jerome S.: *Entwurf einer Unterrichtstheorie*. Berlin, Düsseldorf 1974 (Berlin Verlag; Schwann)

Brunnhuber, Paul: *Prinzipien effektiver Unterrichtsgestaltung*. 4. Aufl. Donauwörth 1973 (Auer)

Bücking, Hans-Jörg u.a.: *Zur Zukunft der Berufsbildung*. Sankt Augustin 1994 (Aktuelle Fragen der Politik. Hg. v. d. Konrad-Adenauer-Stiftung; Heft 9)

Burow, Olaf-Axel: *Grundlagen der Gestaltpädagogik*. Dortmund 1988.

Chiout, Herbert; Steffens, Wilhlem: *Unterrichtsvorbereitung und Unterrichtsbeurteilung*. Frankfurt a. M., Berlin, München 1978 (4. Aufl.); (Diesterwegs Rote Reihe)

Comenius, Johan Amos: *Große Didaktik*. Hg. v. Andreas Flitner. Düsseldorf, München 1966

Corte, Erik de u.a.: *Grundlagen didaktischen Handelns*. Von der Didaktik zur Didaxologie. Weinheim, Basel 1975 (Beltz)

Cube, Felix von: *Kybernetische Grundlagen des Lernens und Lehrens*. 2. Aufl. Stuttgart 1968 (Klett)

Dave, R. H.: *Eine Taxonomie pädagogischer Ziele*. In: Ingenkamp, Karl-Heinz: *Möglichkeiten und Grenzen der Testanwendung*. Weinheim 1969

Dichanz, Horst; Kolb, Günter (Hg.): *Unterrichtstheorie und Medienpraxis*. Stuttgart 1979 (Klett)

Döring, Klaus W.: *Lehrerverhalten: Theorie - Praxis - Forschung*. Ein Lehrbuch. Weinheim, Basel 1980 (Beltz)

Drögemüller, Hans-Peter: *Handbuch für Studienreferendare*. Sachorientierte Unterrichtsplanung und -realisierung, Lehrer und Lerngruppe. Stuttgart 1977 (Klett)

Einsiedler, Wolfgang: *Faktoren des Unterrichts*. Donauwörth 1978 (Auer); (Schulpädagogik. Eine Einführung; Bd.3)

Einsiedler, Wolfgang; Härle, Helmut (Hg.): *Schülerorientierter Unterricht*. Donauwörth 1978 (3. Aufl.); (Auer)

Engelmayer, Otto: *Pädagogische Psychologie für Schule und Unterricht*. München 1974 (6. völlig neu bearbeitete Auflage der Psychologie für den schulischen Alltag.); (Ehrenwirth)

Frommer, Helmut (Hg.): Handbuch. *Praxis des Vorbereitungsdienstes.* 2 Bde. Düsseldorf 1981/82 (Schwann)

Fischbach, Marc u.a.: *Qualitätssicherung des Gymnasiums.* St. Augustin 1994 (Aktuelle Fragen der Politik. Hg. v. d. Konrad-Adenauer-Stiftung; Heft 8)

Frank, Helmar S.: *Kybernetische Grundlagen der Pädagogik.* Eine Einführung in die Pädagogistik für Analytiker, Planer und Techniker des didaktischen Informationsansatzes in der Industriegesellschaft. 2 Bde. Baden Baden, Stuttgart 1969 (2. Aufl.); (Agis; Kohlhammer)

Fuhrmann, Elisabeth; Weck, Helmut: *Forschungsproblem Unterrichtsmethoden* Berlin 1980 (. 2. Aufl.); (Volk und Wissen); (Beiträge zur Pädagogik; Bd. 4)

Gage, Nathaniel L.; Berliner, David C.: *Pädagogische Psychologie.* 2 Bde. München 1979 (2. Aufl.)

Gagné, Robert M.: *Die Bedingungen des menschlichen Lernens.* Hannover 1980 (Schroedel); (Beiträge zu einer neuen Didaktik)

Garlichs, Ariane u.a.: *Didaktik offener Curricula.* Acht Vorträge vor Lehrern. Weinheim, Basel 1976 (2. Aufl.); (Beltz)

Gaude, Peter; Teschner, Wolfgang: *Objektivierte Leistungsmessung in der Schule.* Frankfurt 1970 (Diesterweg)

Gaudig, Hugo: *Didaktische Präludien.* Leipzig 1923

Gehlen, Arnold: *Anthropologische Forschung.* Zur Selbstbegegnung und Selbstentdeckung des Menschen. Reinbek bei Hamburg 1974 (Rowohlt)

Geißler, Erich E.: *Analyse des Unterrichts.* Bochum 1978 (4. Aufl.); (Kamp); (Standardwerk des Lehrers)

Geißler, Erich E.: *Allgemeine Didaktik. Grundlegung eines erziehenden Unterrichts.* Stuttgart 1983 (2. Aufl.); (Klett)

Geißler, Erich E.: *Die Schule. Theorien, Modelle, Kritik.* Stuttgart 1984 (Klett)

Gergeley, S.M.: *Wie der Computer den Menschen und das Leben verändert.* München, Zürich 1986

Gössmann, Wilhelm: *Lernen ist verrückt oder Schule lebenslänglich.* Eine literarische Inspektion. Düsseldorf 1984 (Erb)

Golluch, Norbert: *Lustig ist das Lehrer-Leben.* Das fröhliche Handbuch für souveräne Lehrer. Frankfurt a. M. 1988 (Eichborn)

Grell, Jochen; Grell, Monika: *Unterrichtsrezepte.* München, Wien, Baltimore 1979 (Urban und Schwarzenberg)

Greving, Johannes; Meyer, Hilbert; Paradies, Liane: *Gruppenunterricht.* Oldenburger Vordrucke. Heft 191/93. Oldenburg

Grzesik, Jürgen: *Die Steuerung von Lernprozessen im Unterricht*. Heidelberg 1976 (UTB; 598)

Gudjons, Herbert; Teske, Rita; Winkel, Rainer (Hg.): *Unterrichtsmethoden*. Grundlegung und Beispiele. Hamburg 1991 (3. Aufl.); (Bergmann und Helbig)

Gudjons, Herbert; Teske, Rita; Winkel, Rainer (Hg.): *Didaktische Theorien*. Aufsätze aus der Zeitschrift Westermanns Pädagogische Beiträge. Braunschweig 1983 (2. Aufl.); (Westermann)

Gümbel, Gerhard; Messer, Adolf; Thiel, Siegfried: *Sachunterricht*. Entwicklung, Ansätze und Perspektiven. Ravensburg 1977 (Maier); (Workshop Schulpädagogik. Materialien 18)

Günther, Henning: *Kritik des offenen Unterrichts*. Bielefeld 1996

Guildford, J.P.: *A system of psychomotor abilities*. In: American Journal of Psychology. 1971

Gutjahr-Löser, Peter; Knütter, Hans-Helmuth; Rothenpieler, Friedrich Wilhelm (Hg.): *Theodor Litt und die Politische Bildung der Gegenwart*. München 1981 (Olzog)

Hage, Klaus et al.: *Das Methodenrepertoire von Lehrern*. Opladen. 1985

Hage, Willi; Westermann, Rainer: *Zur Wirkungsweise von Zielvorgaben beim Lernen aus Texten*. Psychologie in Erziehung und Unterricht. 1986

Heckhausen, Heinz: *Förderung der Lernmotivierung und der intellektuellen Tüchtigkeiten*. In: Heinrich Roth: Begabung und Lernen. Stuttgart 1976 (10. Aufl.); (Klett)

Heimann, Paul; Otto, Gunter; Schulz, Wolfgang: *Unterricht*. Analyse und Planung. Hannover u.a. 1972 (6. Aufl.); (Schroedel)

Heinrichs, Heribert: *Brennpunkte neuzeitlicher Didaktik*. Bochum o.J. (9. Aufl.); (Kamps pädagogische Taschenbücher; 2)

Heinrichs, Heribert: *Roboter vor der Schultür?* Vom Schulfernsehen zum Lernautomaten. Bochum o.J. (2. bearbeitete Aufl.); (Kamps pädagogische Taschenbücher; 17)

Heldmann, Werner: *Kultureller und gesellschaftlicher Auftrag von Schule*. Bildungstheoretische Studie zum Schulkonzept „Die soziale Leistungsschule" des Philologen-Verbandes Nordrhein-Westfalen. Krefeld 1990 (Pädagogik & Hochschul Verlag)

Heller, Kurt (Hg.): *Leistungsbeurteilung in der Schule*. Heidelberg 1978 (3. Aufl.); (Quelle & Meyer)

Hentig, Hartmut von: *Das Bielefelder Oberstufen-Kolleg.* Dokumentation. Curriculumwerkstatt. Wissenschaftliche Propädeutik. Allgemeine Bildung/ Spezialisierung. Begründung, Funktionsplan und Rahmen-Flächenprogramm. Stuttgart 1971 (Klett)

Herbart, Johann Friedrich: *Umriß pädagogischer Vorlesungen.* Paderborn 1964 (2. Aufl.)

Hildebrand, Jens: *internet: ratgeber für lehrer.* Köln 1996 (Aulis)

Hilligen, Wolfgang: *Zur Didaktik des politischen Unterrichts.* Wissenschaftliche Voraussetzungen. Didaktische Konzeptionen. Unterrichtspraktische Vorschläge Bonn. 1985 (4. Aufl.); (Schriftenreihe der Bundeszentrale für politische Bildung; 228)

Hüholdt, Jürgen: *Wunderland des Lernens.* Lernbiologie, Lernmethodik, Lerntechnik. Bochum 1990 (5. neubearbeitete Aufl.); (Verlag für Didaktik)

Hülshoff, Friedhelm; Kaldewey, Rüdiger: *Training. Rationeller lernen und arbeiten.* Stuttgart 1976 (Klett)

Hurrelmann, Klaus; Wolf, H. K.: *Schulerfolg und Schulversagen im Jugendalter.* Weinheim, München 1986

Hurrelmann, Klaus; Ulich, Dieter (Hg.): *Neues Handbuch der Sozialisationsforschung,* Weinheim 1991 (Beltz)

Huwendieck, Volker: *Praktisches Lernen im Seminar.* Bericht über den Landesseminartag 1990 des BAK, Landesverband Baden-Württemberg, am 21./22. Juni 1990 in Bad Herrenalb. Rinteln 1990 (Mitteilungen des Bundesarbeitskreises der Seminar- und Fachleiter e.V. 4/ 1990)

Huwendieck, Volker: *Ganzheitliches, soziales und handlungsorientiertes Lernen in Schule und Seminar.* Rinteln 1994 (Mitteilungen des Bundesarbeitskreises der Seminar- und Fachleiter e.V. 3-4/ 1994)

Illich, Ivan: *Entschulung der Gesellschaft.* München 1970 (Kösel)

Ingenkamp, Karl-Heinz (Hg.): *Beobachtung und Analyse von Unterricht.* Weinheim, Basel 1973 (Beltz)

Ingenkamp, Karl-Heinz (Hg.): *Die Fragwürdigkeit der Zensurengebung.* Texte und Untersuchungsberichte Weinheim, Basel 1977 (7. Aufl.); (Beltz Studienbuch)

Ingenkamp, Karl-Heinz (Hg.): *Tests in der Schulpraxis* Weinheim, Basel 1976 (5. Aufl.); (Beltz Bibliothek)

Ingenkamp, Karl-Heinz et al (Hg.): *Empirische Pädagogik von 1970 - 1990.* Weinheim 1992

Jahnke, J.: *Motivation in der Schulpraxis.* Freiburg 1976

Joerger, Konrad: *Einführung in die Lernpsychologie.* Freiburg 1980 (6. Aufl.)

Joerger, Konrad: *Lernanreize*. Königstein/Ts. 1980

Jolles-Neugebauer, Evelyn (Hg.): *Die Ausbildung von Lehrerinnen und Lehrern in der zweiten Phase*. Rinteln 1991 (Mitteilungen des Bundesarbeitskreises der Seminar- und Fachleiter e.V. 2/1991)

Jolles-Neugebauer, Evelyn (Hg.): *Erziehung und Schule heute*. Rinteln 1992 (Mitteilungen des Bundesarbeitskreises der Seminar- und Fachleiter e.V. 2/1992)

Jolles-Neugebauer, Evelyn (Hg.): *Allgemeine Didaktik – Seminardidaktik – Fachdidaktik*. Bericht über den 27. Seminartag des BAK in Friedrichroda. Rinteln 1994 (Mitteilungen des Bundesarbeitskreises der Seminar- und Fachleiter e.V. 1/1994)

Jung, Manfred (Hg.): *Schule im Spannungsfeld von pädagogischem Auftrag und gesellschaftlichen Erwartungen*. Eine Ost-West-Begegnung. 24. - 26. Oktober 1991 Friedrichroda/ Thüringen. Rinteln 1991 (Mitteilungen des Bundesarbeitskreises der Seminar- und Fachleiter e.V. 3-4/1991)

Jürgens, Eiko: *(Offener) Unterricht und Schülerinteresse. Was sagt die neuere Forschung zum interessegeleiteten Lernen*. Oldenburger Vordrucke. Heft 216. Oldenburg 1993.

Kaiser, Arnim; Kaiser, Ruth: *Studienbuch Pädagogik*. Grund- und Prüfungswissen. Frankfurt a.M. 1991 (7. Aufl.); (Cornelsen Scriptor)

Kahl, Thomas N.: *Unterrichtsforschung*. Kronberg 1977

Kamm, Helmut; Müller, Erich H.: *Hausaufgaben - sinnvoll gestellt*. Freiburg i. Br. 1979 (3. Aufl.); (Herder)

Kant, Immanuel: *Über Pädagogik*. Hg. v. Theo Dietrich. Bad Heilbrunn 1960 (Klinkhardt)

Kirchner, Ursula (Hg.): *Schule zwischen gesellschaftlicher Verpflichtung und autonomer Selbstbesinnung*. Möglichkeiten und Grenzen einer Öffnung. Bericht über den 26. Seminartag 21.-25.09.1992 in Hamburg. Rinteln 1993 (Mitteilungen des Bundesarbeitskreises der Seminar- und Fachleiter e.V. 3/1993)

Kirsch, Hans-Christian: *Bildung im Wandel*. Die Schule gestern, heute und morgen. Düsseldorf, Wien 1979 (Econ)

Kirsten, Rainer E.: *Lehrerverhalten*. Stuttgart 1973 (Klett)

Klafki, Wolfgang u.a.: *Erziehungswissenschaft*. Eine Einführung. Bd. 1-3. Frankfurt a. M. 1970 (Fischer Funk-Kolleg Erziehungswissenschaft)

Klafki, Wolfgang: *Neue Studien zur Bildungstheorie und Didaktik*. Beiträge zur kritisch-konstruktiven Didaktik. Weinheim, Basel 1985 (Beltz)

Klafki, Wolfgang; Otto, Gunter; Schulz, Wolfgang: *Didaktik und Praxis*. Weinheim, Basel 1979 (2. Aufl.); (Beltz)

Klingberg, Lothar: *Einführung in die Allgemeine Didaktik.* Berlin (O) 1989 (7. Aufl.)

Koch, Karl; Meyners, Eckart: *Unterrichtsplanung, Unterrichtsbeobachtung, Unterrichtsbeurteilung.* Schorndorf 1970

Kochan, Detlef C. (Hg.): *Allgemeine Didaktik – Fachdidaktik – Fachwissenschaft.* Ausgewählte Beiträge aus den Jahren 1953 bis 1969. Darmstadt 1972 (2. Aufl.); (Wissenschaftliche Buchgesellschaft)

König, Ernst; Riedel, Harald: *Unterrichtsplanung I.* Konstruktionsgrundlagen und -kriterien. Weinheim, Basel 1975 (Beltz Praxis)

Kösel, Edmund: *Sozialformen des Unterrichts.* Ravensburg 1976 (5. Aufl.); (Maier); (Workshop Schulpädagogik. Materialien 4)

Krathwohl, David u.a.: *Taxonomie von Lernzielen im affektiven Bereich.* Weinheim, Basel 1975 (Beltz Studienbuch)

Krüger, Heinz-Hermann: *Abschied von der Aufklärung.* Opladen 1990.

Krüger, Heinz-Hermann; Lersch, Reiner: *Lernen und Erfahrung. Perspektiven einer Theorie schulischen Handelns.* Opladen 1993

Krüger, Hans-Peter: *Soziometrie in der Schule.* Verfahren und Ergebnisse zu sozialen Determinanten der Schülerpersönlichkeit. Weinheim, Basel 1976 (Beltz)

Kunert, Kristian: *Theorie und Praxis des offenen Unterrichts.* München 1978 (Kösel)

Lado, Robert: *Moderner Sprachunterricht.* München 1967

Lewin, Kurt: *Führungsstil in der Gruppe.* In: Flitner, A.; Scheuerl, H. (Hg.): Einführung in pädagogisches Sehen und Denken. München 1972

Löw, Michael: *Was den Menschen zum Lehrer macht.* Aufzeichnungen des Studienreferendars Leo Nips. Heidelberg 1979 (Quelle & Meyer)

Louis, Brigitte: *Unterrichtliche Steuerung und Selbständigkeit des Denkens.* München 1974

Lohmann, Knut (Hg.): *Der Beitrag der Unterrichtsfächer zur Allgemeinbildung.* Bericht über den 23. Seminartag des Bundesarbeitskreises der Seminar- und Fachleiter e.V. (BAK) vom 02. bis 06.10.1989 in der Universität Bielefeld in Zusammenarbeit mit dem Oberstufen-Kolleg der Universität Bielefeld. Rinteln 1990 (Mitteilungen des Bundesarbeitskreises der Seminar- und Fachleiter e.V. 1/1990)

Mager, Robert F.: *Lernziele und programmierter Unterricht.* Weinheim, Berlin, Basel 1971 (Beltz)

Martial, Ingbert Knecht von; Bennack, Jürgen: *Einführung in schulpraktische Studien.* Vorbereitung auf Schule und Unterricht. Baltmannsweiler 1994 (Schneider-Verlag Hohengehren)

Martial, Ingbert Knecht-von: *Theorie allgemeindidaktischer Modelle.* Köln, Wien 1986 (Böhlau); (Bildung und Erziehung. Beiheft 4)

Maskus, Rudi: *Motivation in Erziehung und Unterricht.* Ein Beitrag zu einer pädagogischen Problemgeschichte in systematischer Sicht. Neuburgweier 1972 (Schindele); (Erziehungswissenschaft. Beiträge - Studien - Texte)

Menck, Peter: *Unterrichtsanalyse und didaktische Konstruktion.* Studien zu einer Theorie des Lehrplans und des Unterrichts. Frankfurt a. M. 1975 (Athenäum Fischer)

Mende, Georg: *Philosophie und Ideologie.* Marxistisch-leninistische Polemik in philosophiehistorischer Bewährungsprobe. Frankfurt a. M. 1971 (Marxistische Blätter. Zur Kritik der bürgerlichen Ideologie; 9)

Meyer, Ernst: *Unterrichtsvorbereitung in Beispielen.* Bochum 1973 (16. Aufl.); (Kamps pädagogische Taschenbücher; 6)

Meyer, Ernst; Okon, Wincenty: *Frontalunterricht.* Frankfurt a. M. 1984 (Scriptor-Ratgeber Schule; Bd.13)

Meyer, Hilbert: *Einführung in die Curriculum-Methodologie.* München 1974 (Kösel); (2. durchgesehene Aufl.)

Meyer, Hilbert: *Leitfaden zur Unterrichtsvorbereitung.* Frankfurt a. M. 1984 (6. Aufl.); (Scriptor Ratgeber Schule; Bd.6)

Meyer, Hilbert: *Unterrichtsmethoden.* I: Theorieband. II: Praxisband. Frankfurt a. M. 1994 (6. Aufl.); (Cornelsen Scriptor)

Meyer, Hilbert: *Trainingsprogramm zur Lernzielanalyse.* Kronberg 1977 (6. erweiterte Aufl.); (Athenäum Taschenbücher Erziehungswissenschaft; 3101)

Meyer, Hilbert; Paradies, Liane: *Frontalunterricht lebendiger machen.* Oldenburger Vordrucke. Heft 192. Oldenburg 1993

Meyer, Hilbert; Paradies, Liane: *Plädoyer für Methodenvielfalt im Unterricht.* Oldenburger Vordrucke. Heft 219. Oldenburg 1993

Ministerium für Schule und Weiterbildung des Landes Nordrhein-Westfalen. *Projekte und Profile: Schulen sind so frei.* Düsseldorf 1996

Möller, Christine: *Technik der Lernplanung.* Methoden und Probleme der Lernzielerstellung. Weinheim, Basel 1976 (5. Aufl.); (Beltz)

Müller, Karl (Hg.): *Gymnasiale Bildung.* Texte zur Geschichte und Theorie seit Wilhelm von Humboldt. Heidelberg 1968 (Quelle & Meyer)

Müller, Kurt R.: *Kurs- und Seminargestaltung.* Weinheim 1994 (5. Aufl.); (Beltz)

Neber, Heinz (Hg.): *Entdeckendes Lernen.* Weinheim, Basel 1981 (3. Aufl.); (Beltz)

Neill, Alexander S.: *Theorie und Praxis der antiautoritären Erziehung.* Das Beispiel Summerhill. Reinbek bei Hamburg 1969 (Rowohlt)

Nicklis, Werner S. (Hg.): *Handwörterbuch der Schulpädagogik.* Bad Heilbrunn 1975 (2. durchgesehene Aufl.); (Klinkhardt)

Nolzen, Heinz: *Computer als Medium im lehrergeleiteten Geographieunterricht am Beispiel des Programms FOEHN.* In: Geographie und Schule. Heft 50. Köln 1987

Odenbach, Karl: *Studien zur Didaktik der Gegenwart.* Braunschweig 1974 (5. Aufl.); (Westermann); (Grundthemen der pädagogischen Praxis)

Oelmann, Gernot: *Zweiter Prüfungsweg. Prüferverhalten.* Landesinstitut für Curriculumentwicklung, Lehrerfortbildung und Weiterbildung. Neuss 1981

Osanko, Bernhard; Wessing-Pieper, Monika: *Vorbereitungsdienst und Zweite Staatsprüfung für das Lehramt.* Ausgabe Nordrhein-Westfalen. Stuttgart 1982 (Klett); (2.Aufl.)

Ostertag, Hans-Peter; Spiering, Theo: *Unterrichtsmedien.* Technologie und Didaktik. Ravensburg 1975 (Maier); (Workshop Schulpädagogik. Materialien 15)

Pädagogische Psychologie. Teil I: Basisteil. Bearbeitete Neuausgabe der Studienbegleitbriefe des DIFF zum Funkkolleg Pädagogische Psychologie. Weinheim, Basel 1976 (Beltz)

Pätzold, Günter: *Aspekte der Unterrichtsorganisation in Institutionen des Zweiten Bildungsweges.* Landesinstitut für Curriculumentwicklung, Lehrerfortbildung und Weiterbildung. Neuss 1982 (Wb: Praxis; Heft 14)

Petersen, Peter; Petersen, Else: *Die pädagogische Tatsachenforschung.* Paderborn 1965 (Schöningh)

Peterßen, Wilhelm H.: *Gegenwärtige Didaktik: Positionen, Entwürfe, Modelle.* Ravensburg 1977 (Maier); (Workshop Schulpädagogik. Materialien 20)

Peterßen, Wilhelm H.: *Grundlagen und Praxis des lernzielorientierten Unterrichts.* 3. Aufl. Ravensburg 1978 (Maier); (EGS Texte)

Peterßen, Wilhelm H.: *Handbuch der Unterrichtsplanung.* Grundfragen, Modelle, Stufen, Dimensionen. 2. Aufl. München 1984 (Ehrenwirth)

Peterßen, Wilhelm H.: *Lehrbuch allgemeine Didaktik.* München 1983 (Ehrenwirth); (EGS Texte)

Piaget, Jean: *Psychologie der Intelligenz.* München 1974 (6. Aufl.); (Kindler); (Geist und Psyche)

Post, Werner: *Kritische Theorie und metaphysischer Pessimismus.* Zum Spätwerk Max Horkheimers. München 1971 (Kösel)

Postman, Neil: *Das Verschwinden der Kindheit.* Frankfurt a. M. 1992 (Fischer)

Postman, Neil: *Wir amüsieren uns zu Tode.* Frankfurt a. M. 1987 (Fischer)

Potthoff, Willy: *Curriculum-Entwicklung.* Modelle und Strategien. Ravensburg 1974 (2. Aufl.); (Maier); (Workshop Schulpädagogik. Materialien 7)

Potthoff, Willy: *Erfolgskontrolle.* Ravensburg 1974 (Maier); (Workshop Schulpädagogik. Materialien 13)

Pukies, J.: *Das Verstehen der Naturwissenschaften.* Braunschweig 1979

Reinert, Gerd-Bodo (Hg.): *Praxishandbuch Unterricht.* Grundwissen für Lehrer. Reinbek bei Hamburg 1980 (Rowohlt)

Remplein, Heinz: *Die seelische Entwicklung des Menschen im Kindes- und Jugendalter.* Grundlagen, Erkenntnisse und pädagogische Folgerungen der Kindes- und Jugendpsychologie. München, Basel 1966 (14. Aufl.); (Reinhardt)

Richtlinien SI. Köln 1993 (Kultusminster des Landes NRW)

Riedel, Harald: *Allgemeine Didaktik und unterrichtliche Praxis.* Eine Einführung. München 1977 (Kösel)

Ritzel, Wolfgang: *Pädagogik als praktische Wissenschaft.* Von der Intentionalität zur Mündigkeit. Heidelberg 1973 (Quelle & Meyer); (Hochschulwissen in Einzeldarstellungen)

Robinsohn, Saul B.: *Bildungsreform als Revision des Curriculums.* Neuwied, Berlin 1975 (5. Aufl.); (Luchterhand); (Arbeitsmittel für Studium und Unterricht)

Robinsohn, Saul B.; Thomas, Helga: *Differenzierung im Sekundarschulwesen.* Vorschläge zur Struktur der weiterführenden Schulen im Licht internationaler Erfahrungen. Stuttgart 1971 (3. Aufl.); (Klett)

Rogers, C.R.: *Lernen in Freiheit.* München 1974

Rosemann, Hermann: *Intelligenztheorien.* Forschungsergebnisse zum Anlage-Umwelt-Problem im kritischen Überblick. Reinbek b. Hamburg 1979 (Rowohlt)

Roth, Heinrich; Blumenthal, Alfred (Hg.): *Didaktische Analyse.* Hannover u.a. 1969 (10. Aufl.); (Schroedel); (Auswahl. Grundlegende Aufsätze aus der Zeitschrift Die Deutsche Schule; 1)

Roth, Heinrich: *Pädagogische Psychologie des Lehrens und Lernens.* 13. Aufl. Hannover 1971.

Roth, Heinrich (Hg.): *Begabung und Lernen.* Ergebnisse und Folgerungen neuer Forschungen. 8. Aufl. Stuttgart 1972 (Klett); (Deutscher Bildungsrat. Gutachten und Studien der Bildungskommission; 4)

Roth, Leo (Hg.): *Handlexikon zur Didaktik der Schulfächer.* Studienausgabe. München 1980 (Ehrenwirth)

Roth, Leo (Hg.): *Handlexikon zur Erziehungswissenschaft.* 2 Bde., Reinbek bei Hamburg 1980 (Rowohlt)

Ruprecht, Horst u.a.: *Modelle grundlegender didaktischer Theorien.* Hannover u.a. 1976 (3. durchgesehene Aufl.); (Schroedel); (Beiträge zu einer neuen Didaktik. Reihe A)

Sander, Elisabeth: *Lernstörungen.* Ursachen, Prophylaxe, Einzelfallhilfe. Stuttgart u.a. 1981 (Kohlhammer)

Sander, Martin: *Der programmierte Unterricht in der allgemeinbildenden Schule.* Bad Neuenahr o.J. (Mars Lehrmittelverlag)

Schiffler, Horst: *Fragen zur Kreativität.* Ravensburg 1973 (2. Aufl.); (Maier); (Workshop Schulpädagogik. Materialien 6)

Schiffler, Horst: *Schule und Spielen.* Ravensburg 1976 (Maier); (Workshop Schulpädagogik. Materialien 19)

Schmitt, Guido: *Beruf und Rolle des Lehrers.* Ravensburg 1978 (5. Aufl.); (Maier); (Workshop Schulpädagogik. Materialien 8)

Schnuer, Günther: *Die deutsche Bildungskatastrophe.* 20 Jahre nach Picht - Lehren und Lernen in Deutschland. Herford 1986 (Busse Seewald)

Schöler, Walter: *Strukturen und Modelle des Unterrichts.* Paderborn 1977 (Schöningh); (Lehrbücher zur Didaktik; Bd.1)

Scholz, Günter; Bielefeldt, Heinz: *Schuldidaktik.* München 1982 (2.Aufl.); (Ehrenwirth); (Kompendium Didaktik)

Schreckenberg, Wilhelm: *„Guter" Unterricht - „schlechter" Unterricht.* Zur Theorie und Praxis der Unterrichtsbeurteilung. Düsseldorf 1980 (Schwann)

Schrettenbrunner, Helmut: *Hunger in Afrika.* In: Geographiedidaktische Forschungen. Nürnberg 1991

Schröder, Hartwig: *Leistungsmessung und Schülerbeurteilung.* Stuttgart 1976 (2. Aufl.); (Klett)

Schröter, Gerhard: *Strömungen der Gegenwartsdidaktik.* Düsseldorf 1980 (Schwann)

Schülerduden Pädagogik. Mannheim, Wien, Zürich 1989 (Dudenverlag)

Schulz, Wolfgang: *Unterrichtsplanung.* München, Wien, Baltimore 1980 (2. Aufl.); (Urban & Schwarzenberg)

Schwerdt, Theodor: *Kritische Didaktik in klassischen Unterrichtsbeispielen.* Paderborn u.a. 1952 (17. Aufl.); (Schöningh); (Pädagogisches Handbuch)

Seiffert, Helmut: *Einführung in die Wissenschaftstheorie.* 3 Bde. München 1971-1985 (4. Aufl.); (Beck'sche Schwarze Reihe; 60. 61. 270)

Seiffert, Helmut: *Information über die Information.* Verständigung im Alltag – Nachrichtentechnik – Wissenschaftliches Verstehen – Informationssoziologie – Das Wissen des Gelehrten. München 1971 (3. Aufl.); (Beck)

Simon, H. (Hg.): *Computer-Simulation und Modellbildung im Unterricht.* Datenverarbeitung; Informatik im Bildungsbereich. 3. Aufl. München, Wien 1980.

Singer, Kurt: *Maßstäbe für eine Humane Schule.* Mitmenschliche Beziehung und angstfreies Lernen durch partnerschaftlichen Unterricht. Frankfurt a. M. 1981 (Fischer)

Slama, Heidrun (Hg.): *Allgemeinbildung.* Bericht über den 21. Seminartag des Bundesarbeitskreises der Seminar- und Fachleiter e.V. (BAK) vom 21. bis 25. September 1987 in Goslar. Rinteln 1988 (Erziehungswissenschaft und Beruf. Vierteljahresschrift für Unterrichtspraxis und Lehrerbildung. 8. Sonderheft)

Speck, Josef; Wehle, Gerhard (Hgg.): *Handbuch pädagogischer Grundbegriffe.* 2 Bde. München 1970 (Kösel)

Stevens, John O.: *Die Kunst der Wahrnehmung.* Übungen der Gestalttherapie. München 1975 (Kaiser)

Stöcker, Karl: *Neuzeitliche Unterrichtsgestaltung.* 17. Aufl. München 1970 (Ehrenwirth)

Struck, Peter: *Neue Lehrer braucht das Land.* Darmstadt 1994 (WBG)

Tausch, Reinhard.; Tausch, Anne-Marie: *Erziehungspsychologie.* Göttingen 1971

Thiel, Siegfried: *Lehr- und Lernziele.* Ravensburg 1976 (5. Aufl.); (Maier); (Workshop Schulpädagogik. Materialien 2)

Vester, Frederic: *Denken, Lernen, Vergessen.* Stuttgart 1975 (Deutsche Verlagsanstalt)

Vierlinger, Rupert: *Die Auswirkungen verschiedener Unterichtskonzepte auf Aufmerksamkeit und Störverhalten der Schüler.* In: Unterrichtswissenschaft, 1984

Vogel, Alfred: *Artikulation des Unterrichts.* Verlaufsstrukturen und didaktische Funktionen. Ravensburg 1975 (4. Aufl.); (Maier); (Workshop Schulpädagogik. Materialien 3)

Vogel, Alfred: *Unterrichtsformen I.* Arbeits- und Aktionsformen im Unterricht. Ravensburg 1975 (2. Aufl.); (Maier); (Workshop Schulpädagogik. Materialien 12)

Vogel, Alfred: *Unterrichtsformen II.* Ravensburg 1976 (2. Aufl.); (Maier); (Workshop Schulpädagogik. Materialien 17)

Wagenschein, Martin: *Verstehen lernen.* Genetisch – Sokratisch – Exemplarisch. Weinheim, Basel 1989 (8. Aufl.); (Beltz)

Wagner, Angelika C. (Hg.): *Schülerzentrierter Unterricht.* München, Berlin, Wien 1982 (Urban & Schwarzenberg)

Wagner, Harald (Hg.): *Begabung und Leistung in der Schule.* Modelle der Begabtenförderung in Theorie und Praxis. Bad Honnef 1995 (Bock)

Wasna, Maria: *Motivation, Intelligenz und Lernerfolg*. München 1972 (Kösel)

Weber, Erich: *Erziehungsstile*. Donauwörth 1974 (5. Aufl.); (Auer)

Wedekind, J.: *Unterrichtsmedium Computersimulation. Neue Lernverfahren*. Weil 1981

Weimer, Hermann; Weimer, Heinz: *Geschichte der Pädagogik*. 17., neubearbeitete Aufl. Berlin 1967 (de Gruyter & Co); (Sammlung Göschen; 145/145a)

Weniger, Erich: *Didaktik als Bildungslehre*. Teil 1: Theorie der Bildungsinhalte und des Lehrplans. 9. Aufl. Weinheim 1971. Teil 2: Didaktische Voraussetzungen der Methode in der Schule. 6. Aufl. Weinheim 1965

Winkel, Rainer: *Momentmal. 20 pädagogische Miniaturen*. Baltmannsweiler 1993 (Pädagogik. Themenheft Wirtschaft, Schule, Leistung)

Winkeler, Rolf: *Schulformen und Schulorganisation*. Ravensburg 1978 (4. Aufl.); (Maier); (Workshop Schulpädagogik. Materialien 1)

Winkeler, Rolf: *Differenzierung. Funktionen, Formen und Probleme*. Ravensburg 1978 (4. Aufl.); (Maier); (Workshop Schulpädagogik. Materialien 14)

Winkeler, Rolf: *Hausaufgaben in der Schulpraxis*. Ravensburg 1977 (Workshop Schulpädagogik. Materialien 21)

Winnefeld, Friedrich: *Pädagogischer Kontakt und pädagogisches Feld*. Beiträge zur pädagogischen Psychologie. München, Basel 1971 (5. Aufl.); (Erziehung und Psychologie; Heft 7)

Winter, Heinrich: *Entdeckendes Lernen im Mathematik-Unterricht*. Braunschweig 1991 (2. Aufl.)

Wörterbuch der Pädagogik in drei Bänden. Hg. v. Willmann-Institut München - Wien. Freiburg, Basel, Wien 1977 (Herder)

Wurzel, Bettina: *Methodenaspekte bei der Vermittlung von Fertigkeiten*. In: sportunterricht 8, Schorndorf 1990

Zacharias, Rainer (Hg.): *Allgemeine Didaktik und Fachdidaktik*. Möglichkeiten ihrer Verzahnung in seminardidaktischen Ausbildungsveranstaltungen. Rinteln 1981 (Erziehungswissenschaft und Beruf. Vierteljahresschrift für Unterrichtspraxis und Lehrerbildung. Pädagogische Reihe; Heft 2)

Ziegenspeck, Jörg: *Zensur und Zeugnis in der Schule*. Hannover 1973.

Fachdidaktik bei AULIS!

Kompetente Ratgeber für Lehrer, Didaktiker, Studenten und Referendare

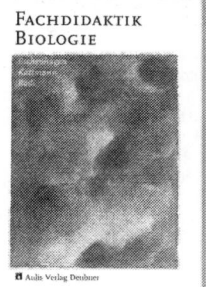

Die „**Fachdidaktik Biologie**" in aktueller Neufassung, bei der alle wichtigen Themenkomplexe ausführlich behandelt werden. Ein systematischer, fundierter und gut lesbarer Überblick über den gegenwärtigen Stand der Fachdidaktik Biologie für alle, die lehren oder das Lehren gerade lernen.

Fachdidaktik Biologie
von D. Eschenhagen, U. Kattmann und D. Rodi
4., neubearbeitete Auflage, Best.-Nr. 335-02087,
506 S., Format 14,6 x 21 cm

Die „**Fachdidaktik Chemie**" in überarbeiteter Auflage, bei der auch die Fülle neuer fachdidaktischer Forschungsergebnisse hinreichend Berücksichtigung findet. Das moderne Standardwerk als kompetenter Ratgeber für Ihren Chemieunterricht!

Fachdidaktik Chemie
von H.-J. Becker, W. Glöckner, F. Hoffmann, G. Jüngel
2., neubearb. Auflage, Best.-Nr. 335-01409,
512 S., Format 14,6 x 21 cm

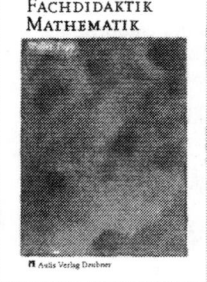

Grundgedanke dieses Buches: Wer versteht, wie sich Mathematik im Laufe der Jahrhunderte entwickelt hat, kann auch die moderne Mathematik besser verstehen. Zahlreiche Textquellen dokumentieren die historische Entwicklung, und das Buch zieht daraus didaktische Konsequenzen. Nachschlagewerk und anregende Lektüre zugleich!

Fachdidaktik Mathematik
von Walter Popp
Best.-Nr. 335-02125, 416 S., Format 14,6 x 21 cm

AULIS VERLAG DEUBNER & CO KG

Antwerpener Str. 6–12
D-50672 Köln

Klausur- und Abiturtraining

Physik, Mathematik, Chemie, Biologie, Deutsch, Geographie, Englisch

KAT – Die Formel für Erfolg!

Erfahrene Lehrer haben in den **KAT-Bänden** typische Aufgabenbeispiele für Klausuren oder Abitur zusammengestellt. Mit Hinweisen und Musterlösungen.

Kurz: Mit **KAT** stehen die Weichen auf Erfolg.

Klausur- und Abiturtraining Physik
Band 1: Kinematik, Dynamik, Kreisbewegung/ Gravitation, Schwingungen, Wellen, Best.-Nr. 3-01082
Band 2: Elektrizitätslehre, Optik, Atomphysik, Relativitätstheorie, Best.-Nr. 3-01083

Klausur- und Abiturtraining Mathematik
Band 1: Grundkurse Analysis – Funktionsuntersuchungen, Best.-Nr. 3-02092
Band 2: Grundkurse Analysis – Extremwertaufgaben Best.-Nr. 3-01917
Band 3: Grundkurse Analysis – Integralrechnung Best.-Nr. 3-01211
Band 4: Grundkurse Lineare Algebra/Analytische Geometrie, Teil 1: Lineare Algebra Best.-Nr. 3-01353
Band 5: Grundkurse Lineare Algebra/Analytische Geometrie, Teil 2: Analytische Geometrie Best.-Nr. 3-01395
Band 6: Grundkurse Stochastik: Elementare Wahrscheinlichkeitsrechnung (i.Vb.)
Band 7: Grundkurse Stochastik: Binomial- und Normalverteilung, Best.-Nr. 3-01283
Band 8: Leistungskurse Analysis Best.-Nr. 3-01566
Band 9: Leistungskurse Lineare Algebra, Analytische Geometrie, Best.-Nr. 3-01923

Klausur- und Abiturtraining Chemie
Band 1: Analytische Methoden, Modelle/Bindungen, Energetik, Elektrochemie, Chemisches Gleichgewicht, Massenwirkungsgesetz, Kernchemie Best.-Nr. 3-01080
Band 2: Protolyse, Strukturaufklärung, Stoffklassen, Synthesen, Indikatoren, Kunststoffe Best.-Nr. 3-01081
Band 3: Redoxreaktionen, Strukturaufklärung, Energetik, Donator-Akzeptor-Reaktionen, Biochemie Best.-Nr. 3-01819
Band 4: Allgemeine Chemie: Säure-Base-Reaktionen, Chemisches Gleichgewicht, Best.-Nr. 3-01429
Band 5: Elektrochemie, Best.-Nr. 3-01567
Band 6: Chemie der funktionellen Gruppen Best.-Nr. 3-01871

Klausur- und Abiturtraining Biologie
Band 1: Zellbiologie, Stoffwechsel, Ökologie, Entwicklungsbiologie, Best.-Nr. 3-01089
Band 2: Genetik, Evolution, Nerven-, Sinnes- und Hormonphysiologie, Verhaltensbiologie Best.-Nr. 3-01090
Band 3: Genetik, Best.-Nr. 3-01575
Band 4: Evolution, Best.-Nr. 3-01428
Band 5: Verhaltensbiologie, Best.-Nr. 3-01875

Klausur- und Abiturtraining Deutsch
Band 1: Einführung in den Roman, Best.-Nr. 3-01913
Band 2: Einführung in das Drama, Best.-Nr. 3-01914
Band 3: Einführung in die Kurzprosa Best.-Nr. 3-01565
Band 4: Einführung in die Lyrik, Best.-Nr. 3-01621

Klausur- und Abiturtraining Geographie
Band 1: Stadt-/Raumordnung, Best.-Nr. 3-01483
Band 2: Entwicklungsländer, Best.-Nr. 3-01551

Klausur- und Abiturtraining Englisch
Band 1: Education, Work/Employment Best.-Nr. 3-01795
Band 2: Mass Media, Aggression/Violence Best.-Nr. 3-01796
Band 3: Minorities, Law/Justice, Best.-Nr. 3-01797

AULIS VERLAG

AULIS VERLAG DEUBNER & CO KG
Antwerpener Straße 6–12 · 50672 Köln